Great Ambitions of Conquering the Central Plains: Burial Culture and Social Evolution from Tuoba Xianbei to the Northern Wei Dynasty

Ni Run'an

Shanghai Chinese Classics Publishing House

光宅中原

拓跋至北魏的墓葬文化与社会演进

倪润安 著

上海古籍出版社

图书在版编目(CIP)数据

光宅中原：拓跋至北魏的墓葬文化与社会演进 / 倪润安著. —上海：上海古籍出版社，2022.10
ISBN 978-7-5732-0435-6

Ⅰ.①光… Ⅱ.①倪… Ⅲ.①墓葬(考古)—文化—中国—北魏②社会史—中国—北魏 Ⅳ.①K878.84②K239.21

中国版本图书馆 CIP 数据核字(2022)第 177640 号

光宅中原

拓跋至北魏的墓葬文化与社会演进

倪润安 著

上海古籍出版社出版发行

(上海市闵行区号景路159弄1-5号A座5F 邮政编码201101)

(1) 网址：www.guji.com.cn
(2) E-mail：guji1@guji.com.cn
(3) 易文网网址：www.ewen.co

上海展强印刷有限公司印刷

开本 787×1092 1/16 印张 22.75 插页 12 字数 489,000
2022 年 10 月第 1 版 2022 年 10 月第 1 次印刷
ISBN 978-7-5732-0435-6
K·3254 定价：105.00 元
如有质量问题，请与承印公司联系
电话：021-66366565

倪润安

男,1974年10月生,现任北京大学考古文博学院教授,主要研究方向为汉唐考古、民族考古。曾先后参加北京市房山区琉璃河西周燕都遗址、青海省都兰县热水吐蕃墓葬、山东省章丘市东平陵故城遗址、陕西省凤翔县秦都雍城遗址等田野发掘工作。在《考古学报》《考古》《文物》《北京大学学报》等刊物发表考古学论文50余篇。主持或参加国家文物局文化遗产保护科学和技术研究课题、教育部人文社会科学研究一般项目、国家社会科学基金一般项目、北京市社会科学基金重大项目、教育部人文社会科学重点研究基地重大项目、国家社会科学基金重大委托项目等10余项。

嘎仙洞外景

扎赉诺尔圈河墓地出土的广口陶罐

扎赉诺尔圈河墓地出土的镂形陶罐　　扎赉诺尔圈河墓地出土的三鹿纹金牌饰（残）

商都东大井墓地出土中口陶罐　商都东大井墓地出土漩涡纹金耳饰

大同沙岭北魏壁画墓出土陶器

大同沙岭北魏壁画墓墓室东壁壁画

大同云波里路北魏壁画墓墓室东壁（左）、南壁（右）壁画（局部）

大同雁北师院北魏墓 M2 出土
胡人杂技俑

洛阳北魏杨机墓出土陶俑

太原北齐徐显秀墓墓室北壁壁画

序

齐东方

西晋"八王之乱",搅乱了政治格局。接下来"五胡乱华",胡人部落联盟趁机南下。各种势力逐鹿中原,为什么拓跋鲜卑能横扫北方,最终建立了北魏王朝?北魏文化为何竟能被隋唐继承?这些现象涉及了东北亚各民族的势力消长、迁徙生存,也展示着中国历史的进程。自现代学术兴起以来,许多学者持续了百余年的探索,五胡之中,鲜卑人更是倍受关注。遗憾的是,文献记录几乎被淘尽,并被反复推敲,存疑的问题,没有新史料,难以深入,研究几乎陷入死结。如何取得突破,现代考古是希望。考古发现的都是新资料,而且实物史料能使看问题的角度、依据、理论、假设有所不同,对以往的结论、未知的史实、争议的焦点有新的思考,而取得跨越性的进展。

倪润安的这部书便是以考古学为路径,来理清从拓跋至北魏的历史脉络。考古学研究常常由考古发现决定,个别的发现只能作个案分析,资料增多后,关注点就应该有新的方向。这部"从拓跋至北魏"的著作应时代呼唤而出,既是考古资料积淀的必然,也体现出作者学术上的敏锐认知。

研究历史,人们有时会抱怨资料不足,而资料太多又常感到无从下手。如今北方地区的墓葬资料已经很多,可如何与鲜卑挂钩,是个大问题。1959年、1960年发掘的扎赉诺尔墓地,被疑似为拓跋鲜卑的遗迹,开启了对拓跋鲜卑遗迹的认定。1977—1978年,宿白发表"鲜卑遗迹辑录"三篇,确认出一批鲜卑遗迹,引起不少学者追随讨论。1980年,米文平在大兴安岭北段的嘎仙洞中,发现北魏太平真君四年的祝文刻石,认定嘎仙洞就是拓跋鲜卑祖先居住的"旧墟石室",又掀起了利用考古发现研究鲜卑的一轮高潮。随着研究的深入,后续的研究者需要不断捕捉考古资料的新增信息,加深对旧有资料的理解,提升统合资料的能力。

草原民族具有文化同质的特点,分辨哪些是鲜卑人的墓,哪些又是拓跋鲜卑的墓,难度自然很大,如何切入会有多种选择。本书对拓跋族源的论证是这样做的:先将呼伦贝尔地区汉晋时期的遗迹进行全面地检讨和筛选,把相关的墓葬分为完工组、拉布达林组、扎赉诺尔组、团结组、伊和乌拉墓葬M2组,归纳出各组的文化因素和来源,建立起考古学年代、地域和文化演变的序列。随后提出:哪一种文化因素居于主导地位,将决定拓跋的族源;而居主导地位的那支文化的发源地,才可称之为拓跋的发祥地。与拓跋起源关系最大的遗存是扎赉诺尔组。因此,该组所反映的红马山文化因素、布尔霍图伊早期文化因素、平洋文化因素遗绪等就是拓跋起源的文化来源。这里讨论的不是一个"点",而是多个"面",试图先用类型学方法夯实考古资料,再去确定哪些墓葬与拓跋鲜卑有关,令无声的考古资料张口说话,这是具有可操作性的思路和做法。对墓葬进行分组并非简单易行,要对墓葬形制、随葬品等反复分析排比,找出共性与个性。本书的具体分组是否客观,各组与各文化关系的分析是否得当等,虽然还可以讨论,甚至可以推翻重来,但作为一种方法和对于首次综合、系统、全面地梳理拓跋起源这一问题,具有开创之功。相信以往由于文献史料贫乏而产生的各种学说,以及截然不同的结论,可在这一新的框架中得到启示。

考古、历史研究中,对细节的推敲有时是成败的关键。如嘎仙洞石刻文字的发现,引起学者的兴奋之后,逐渐出现了质疑。因为铭文是北魏太武帝得知有石室后派人拜祭时留下的,能否作为数百年前拓跋先祖的"旧墟石室",本身颇可怀疑。如何给嘎仙洞遗迹一个准确的定性?倪润安仔细分析了嘎仙洞试掘时所开四条探沟和两条保护沟的不同地层中的出土遗物,认为从单纯的细石器文明到较成熟的陶器文明,其间的年代缺环较大。因此,嘎仙洞不像是一个有较大族群曾经长期连续居住过的遗址。嘎仙洞遗址第2层应属于红马山文化的范畴,但嘎仙洞遗址并不在该文化的中心地带,因而不宜给其贴上拓跋发祥地的"标签"。

考古发现的墓葬,一定有其族属,却大都没有直接的表达。将墓葬与拓跋南迁路线联系起来时,同样需要鉴别族属。好在考古发现的墓葬地点明确,时代的大致范围也可判定,比起用文献推测南迁路线会更直接、直观。书中列举了东汉至魏晋时期嫩江流域至内蒙古中南部、河北北部、山西北部等地的30余处相关墓葬,对随葬器物进行了详细的类型学分析和型式统计。通过这一艰苦的工作,使器物群体的文化特征变得具体、清晰了,为判断墓葬族属提供了实在的依据。所得结论中具有新意的是尝试区分出了檀石槐鲜卑遗存或文化因素。指出从考古学文化上看,饰戳点纹或戳点式附加堆纹、泥条式附加堆纹的中口陶罐、马纹饰牌、鹿纹饰牌、漩涡纹耳饰、圈点纹骨角器等,都是檀石槐鲜卑文化体现的新元素。这些元素的来源,有可能部分吸收了漠北地区的内亚性文化因素。这一结论也许容易引起争议,却很重要,要缩小探寻拓跋南迁遗存的范围,能找到檀石槐鲜卑的遗迹几乎是一个必须的途径。

考古研究要得出一个结论,必须对器物进行仔细的类型学排比,书中那些对器物口沿、腹部、底部、装饰、质地、制法等等的描述,读起来枯燥,却是不能逾越的分析过程。器物的变化是一个客观现象,把握得准确,便可以看到一些文化演变、文化转型的信息。源于森林草原的鲜卑人的历史,其动态性和复杂性,以及发展中的迂回曲折,通过细致地分析实物史料会有意想不到的收获。

作为考古学者,野外考察有时会使人对文献、对遗迹的理解豁然开朗,解开很多不解之谜。倪润安的研究下了很大功夫,除了书案爬梳,还溯河、穿林、越湖、跨草原,足迹几乎遍及了"鲜卑"人活动的范围。如今那里虽不是荒无人烟,却也是浩瀚苍茫。考察没有"九难八阻",却也长途跋涉。他是有充分准备的野外考察,我曾一同走过,看到他如何在遗址、博物馆、库房观看实物,埋头工作。他还与从事科技考古的崔剑锋合作,带上仪器,现场测试,获得很多鲜为人知的资料和数据。实地考察也是人生的磨砺和学术感悟、乐趣。记得在呼伦湖,在大兴安岭,在呼伦贝尔草原,他能兴奋地随口讲出鲜卑人某时某事与眼前的联系,因此他书中提到的山脉河流不只是纸上得来。

在全面分析和掌握墓葬资料的基础上,倪润安对拓跋至北魏的发展脉络,进行了与以往史家不同的论述。将其历史演变分为六个阶段:拓跋所在族群的起源与文化确立;拓跋部的形成与南迁匈奴故地;力微联盟对檀石槐鲜卑文化的继承;北魏早期对边疆文化的整合;北魏中、晚期文化向"晋制"的复归;北魏文化余脉开启"唐制"新模式。在不断发展壮大的过程中,拓跋经历了一次次的文化转型。地下资料与文献的重组,使演变过程的缩影清晰了很多。

拓跋终结了十六国纷乱的局面,建立了北魏王朝。作为第一个成功扎根中原的草原民族,其建立的王朝为后世做出了怎样的示范,文化面貌又是如何变化的呢?考古资料得天独厚,能够生动鲜活地给以回应。书中根据墓葬排比,将北魏墓葬文化的演变过程展示如下:北魏早期,都城平城地区的墓葬中还保留着草原文化随葬马、牛、羊、狗等动物骨骼的殉牲旧俗,陶器曾一度体现着早期阶段的风格;同时,也开始使用汉式的漆棺或石椁葬具,还有描绘墓主宴饮、杂耍乐舞、车马出行、山林狩猎、庄园生活的壁画,甚至伏羲、女娲、青龙、白虎等也悄然进入。北魏早期墓葬整合了边疆地区承袭的汉魏传统,与东北地区的三燕、高句丽文化和河西地区的魏晋十六国文化有着密切关系。北魏中期,随葬俑群和模型明器是平城墓葬的最大亮点,与之对应的是墓葬壁画的急剧衰落,葬具上流行忍冬纹、水波纹、莲花纹、兽面等。可以明显感觉到平城墓葬已经摒弃了北魏早期的多样性特征,趋向简约,日益接近西晋中原地区的墓葬文化。北魏晚期,新都洛阳地区的墓葬沿着向"晋制"转变的汉化路线继续前进,终于完成全局性的文化转型,形成了北魏本身特有的文化面貌,而后分为东魏北齐、西魏北周两条脉络进行传承,终被隋唐所重组和发扬。当然,墓葬资料也有局限性,但毕竟具有可视性,对物质文化面貌的观察更为客观,讨论更具体,比起只能依据片断的记载谈文化面貌能有突破性的进展,令模糊和不确定的历史真实有了更多的显现。

倪润安的著作尽力做到视野开阔,把握了考古与史料的结合,关注了人种学对人骨研究的成果,也借鉴了年代测定的科技方法,研究涵盖了多种角度和层面。我是倪润安学术成长的见证人,深深了解他做学问有着坚定执着、心无旁骛的精神。这部书的初稿当年作为他的博士学位论文,已下了多年苦功,却没有急于出版,又经过7年多的反复思索和大幅度修订、补充,如今呈献出来。我知道,他对这一课题系统、全面的探索努力仍在继续。考古学总有持续不断的新发现,研究也必然会不断更新、不断完善。我希望这部书只是他学术前程中的一个里程碑,将来能走得更远更远。

目　　录

序	（i）
绪　论	（1）
第一节　拓跋—北魏史的多学科研究路径	（1）
第二节　拓跋至北魏墓葬文化研究的问题与思路	（7）
第一章　拓跋起源的直接线索与呼伦贝尔地区汉晋遗存	（10）
第一节　拓跋起源的文献记载与研究现状	（10）
第二节　呼伦贝尔地区汉晋时期墓葬的分组与演变关系	（20）
第三节　嘎仙洞遗址的文化属性	（39）
第四节　拓跋起源研究的趋势	（41）
第二章　拓跋南迁匈奴故地的相关墓葬及其属性	（43）
第一节　拓跋南迁研究的现状与问题	（43）
第二节　与南迁相关的墓葬概况	（50）
第三节　南迁相关墓葬随葬器物群的划分	（66）
第四节　各随葬器物群的文化属性	（97）
第五节　拓跋南迁相关墓葬的族群属性	（109）
第六节　拓跋南迁匈奴故地的始末过程	（115）
第三章　北魏早期墓葬文化的旧俗新风	（121）
第一节　北魏创建前后的历史阶段与研究切入点	（121）
第二节　北魏早期墓葬的发现与认知	（124）
第三节　北魏早期墓葬文化因素的来源	（138）
第四节　北魏早期墓葬文化因素的消长形势	（169）
第四章　复归晋制的北魏中期墓葬文化	（173）
第一节　北魏中期墓葬文化研究的现状	（173）
第二节　宋绍祖墓与北魏中期平城地区墓葬文化	（177）
第三节　平城地区前、后双室墓的政治意蕴	（193）
第四节　北魏中期平城地区墓葬文化的辐射	（197）

第五节　北魏中期平城墓葬文化转型的目标 …………………………（221）
第五章　北魏晚期墓葬文化格局的形成与重构 ……………………………（223）
　　第一节　北魏晚期墓葬的考古发现与区域分布 ………………………（223）
　　第二节　洛阳地区墓葬文化的复兴 ……………………………………（228）
　　第三节　北魏晚期墓葬文化的对立格局 ………………………………（245）
　　第四节　东魏北齐对北魏晚期残局的重构 ……………………………（264）
第六章　南北朝墓葬文化的正统争夺 ………………………………………（278）
　　第一节　南北朝正统争夺的形势 ………………………………………（278）
　　第二节　南朝墓葬的文化格局与正统争夺的应对策略 ………………（282）
　　第三节　北朝压制南朝墓葬文化的举措 ………………………………（291）
　　第四节　南北朝墓葬文化正统争夺的结局 ……………………………（298）
结　论　拓跋至北魏墓葬文化的演进道路 …………………………………（300）
　　第一节　拓跋至北魏墓葬文化演进的历史阶段 ………………………（300）
　　第二节　光宅中原："中原道路"的选择及其历史意义 ………………（310）
参考文献 ………………………………………………………………………（317）
后　记 …………………………………………………………………………（345）

插 图 目 录

图1-1	完工组第一群陶器：长颈壶、短颈罐、鸭形壶、鬲及相关比较	（22）
图1-2	完工组第二群陶器：长颈壶、短颈罐及相关比较	（24）
图1-3	拉布达林组陶器：杯、广口罐、双耳壶及相关比较	（26）
图1-4	拉布达林组铜镜、铜钱及相关比较	（27）
图1-5	拉布达林1992年发掘墓葬分布示意图	（28）
图1-6	扎赉诺尔组第一群陶器：杯、钵、广口罐、中口罐、双耳壶及相关比较	（30）
图1-7	扎赉诺尔组第二群陶器：鍑形罐及相关比较	（31）
图1-8	扎赉诺尔组第二群陶器：广口罐及相关比较	（33）
图1-9	扎赉诺尔组第二群陶器：双耳罐及相关比较	（34）
图1-10	扎赉诺尔组第三群陶器：罐、壶及相关比较	（34）
图1-11	团结组陶器：鍑形罐及相关比较	（35）
图1-12	团结组陶器：广口罐、中口罐及相关比较	（37）
图1-13	伊和乌拉M2组陶器：鍑形罐、展沿壶及相关比较	（38）
图1-14	嘎仙洞与红马山文化陶罐的比较	（40）
图1-15	布尔霍图伊文化与匈奴文化陶罐的比较	（42）
图2-1	宿白所绘拓跋南迁路线图	（48）
图2-2	南迁相关遗迹A组器物群：鍑形陶罐、鍑形铜罐	（67）
图2-3	南迁相关遗迹A组器物群：广口陶罐	（69）
图2-4	南迁相关遗迹A组器物群：陶杯、陶钵及相关比较	（70）
图2-5	南迁相关遗迹A组器物群：鹿纹饰牌及相关比较	（71）
图2-6	南迁相关遗迹A组器物群：桦皮器及相关比较	（72）
图2-7	南迁相关遗迹B组器物群：鼓腹陶壶、鼓腹陶罐、折腹陶罐、陶盂、陶把杯、铜把杯	（73）
图2-8	南迁相关遗迹B组器物群：铜串饰及相关比较	（75）
图2-9	南迁相关遗迹C组器物群：展沿陶壶	（76）
图2-10	南迁相关遗迹D组器物群：平底陶罐（一）	（78）

图 2-11　南迁相关遗迹 D 组器物群：平底陶罐（二）……………………………（ 80 ）
图 2-12　南迁相关遗迹 D 组器物群：圜底陶罐、陶碗、陶盆、陶壶、陶井、陶案 ……（ 81 ）
图 2-13　南迁相关遗迹 D 组器物群：铜钱…………………………………………（ 82 ）
图 2-14　南迁相关遗迹 D 组器物群：铜镜 ………………………………………（见插页）
图 2-15　南迁相关遗迹 E 组器物群：广口陶罐、小口陶罐、陶瓮………………（ 85 ）
图 2-16　南迁相关遗迹 E 组器物群：铜（铁）鍑…………………………………（ 87 ）
图 2-17　南迁相关遗迹 E 组器物群：网格纹铜饰牌………………………………（ 88 ）
图 2-18　南迁相关遗迹 F 组器物群：陶壶…………………………………………（ 89 ）
图 2-19　南迁相关遗迹 F 组器物群：广口陶罐……………………………………（ 89 ）
图 2-20　南迁相关遗迹 F 组器物群：中口陶罐、小口陶罐及相关比较 …………（ 91 ）
图 2-21　南迁相关遗迹 F 组器物群：马纹饰牌、鹿纹饰牌 ………………………（ 93 ）
图 2-22　南迁相关遗迹 F 组器物群：漩涡纹耳饰及相关比较 ……………………（ 95 ）
图 2-23　南迁相关遗迹 F 组器物群：圈点纹骨角器及相关比较 …………………（ 96 ）
图 2-24　呼伦贝尔地区出土的与早期拓跋相关的桦皮器 …………………………（ 98 ）
图 2-25　平洋文化、汉书二期文化与红马山文化陶器举例 ………………………（100）
图 2-26　汉墓出土陶器举例…………………………………………………………（103）
图 2-27　匈奴器物举例………………………………………………………………（106）
图 2-28　拓跋南迁匈奴故地路线示意图 ……………………………………………（117）
图 3-1　另皮窑与讨合气墓葬出土带具的使用方式示意及相关比较 ………………（128）
图 3-2　讨合气墓葬出土带扣及相关比较……………………………………………（129）
图 3-3　呼和浩特添密梁墓葬出土陶壶及相关比较…………………………………（131）
图 3-4　1955 年呼和浩特美岱村北魏墓出土器物……………………………………（133）
图 3-5　1961 年呼和浩特美岱村北魏墓墓室形制、出土器物及相关比较 ………（134）
图 3-6　七郎山墓葬与阿善沟门墓葬、陈武沟墓葬的形制比较……………………（136）
图 3-7　沙岭壁画墓、尉迟定州墓和梁拔胡墓纪年题记……………………………（139）
图 3-8　北魏早期平城、盛乐及附近地区土质墓的型式……………………………（141）
图 3-9　北魏早期平城、盛乐及附近地区砖质墓的型式……………………………（142）
图 3-10　河西魏晋十六国墓葬形制举例……………………………………………（143）
图 3-11　沙岭壁画墓、尉迟定州墓和梁拔胡墓出土陶器及相关比较……………（149）
图 3-12　大同南郊电焊器材厂北魏墓地的中口陶罐………………………………（150）
图 3-13　北魏平城墓葬出土灰枕及相关比较………………………………………（152）
图 3-14　平城地区北魏早期墓葬壁画模式…………………………………………（155）

图 3-15	沙岭壁画墓、梁拔胡墓墓主人图像及相关比较	(156)
图 3-16	沙岭壁画墓车马出行图及相关比较	(158)
图 3-17	梁拔胡墓山林狩猎图及相关比较	(159)
图 3-18	沙岭壁画墓、梁拔胡墓庄园生活图	(160)
图 3-19	河西魏晋十六国墓葬壁画举例	(161)
图 3-20	高句丽地区墓葬壁画举例	(163)
图 3-21	沙岭壁画墓、梁拔胡墓的门吏武士图及相关比较	(164)
图 3-22	沙岭壁画墓伏羲、女娲图及相关比较	(165)
图 3-23	河西魏晋墓葬四神图举例	(167)
图 3-24	沙岭壁画墓甬道两侧壁画及相关比较	(168)
图 4-1	北魏宋绍祖墓形制	(178)
图 4-2	平城出土北魏墓志举例	(179)
图 4-3	平城出土北魏石、砖葬具	(181)
图 4-4	关陇十六国墓与平城北魏墓葬陶俑群、模型明器组合的演变关系	(183)
图 4-5	大同县陈庄北魏壁画墓的形制与墓室壁画	(187)
图 4-6	宋绍祖墓石椁图像及相关比较	(188)
图 4-7	大同市文瀛路壁画墓的形制与葬具图像	(189)
图 4-8	智家堡石椁壁画墓的形制、壁画及相关比较	(191)
图 4-9	田村北魏墓的形制与出土遗物	(192)
图 4-10	平城地区前、后双室墓的形制及相关比较	(194)
图 4-11	北魏平城地区墓葬启门图及相关比较	(195)
图 4-12	云冈石窟二期开凿的双窟	(196)
图 4-13	呼和浩特大学路北魏墓与平城乐舞俑组合比较	(199)
图 4-14	临城南孟村北魏墓与平城墓葬的比较	(201)
图 4-15	苗圃、巴图湾水库、寨沟村北魏墓与平城墓葬陶壶的比较	(202)
图 4-16	吴家圪旦墓葬、补卜代墓葬与平城墓葬花纹砖的比较	(203)
图 4-17	靖边县八大梁墓地 M2、M3 和谷地梁墓地 M1、M2 形制、图像与器物	(204)
图 4-18	北京地区北魏墓葬形制与出土遗物	(205)
图 4-19	关中地区北魏墓的形制、器物及相关比较	(207)
图 4-20	宁夏固原北魏漆棺画墓的漆棺图像	(见插页)
图 4-21	北魏"一人二龙"造型	(209)
图 4-22	朝阳地区舟形墓举例	(210)

图4-23	朝阳地区北魏墓葬形制	(213)
图4-24	朝阳地区北魏墓葬A组陶器举例(一)	(214)
图4-25	朝阳地区北魏墓葬A组陶器举例(二)	(216)
图4-26	朝阳地区北魏墓葬B组陶器与三燕陶器的比较	(217)
图4-27	北魏中、晚期平城墓葬的盘口陶罐	(219)
图4-28	洛阳北魏董富妻郭氏墓的形制与出土器物	(220)
图5-1	洛阳地区北魏晚期墓葬实用陶器分期图	(见插页)
图5-2	洛阳地区北魏晚期墓葬实用瓷器分期图	(见插页)
图5-3	洛阳地区北魏晚期墓葬陶俑与模型明器分期图(一)	(见插页)
图5-4	洛阳地区北魏晚期墓葬陶俑与模型明器分期图(二)	(见插页)
图5-5	洛阳地区北魏晚期墓志分期图	(237)
图5-6	洛阳地区北魏晚期墓葬形制型式图	(241)
图5-7	洛阳吉利济涧北魏墓的形制与墓顶浮雕	(242)
图5-8	洛阳北魏王温墓的形制与东壁壁画	(243)
图5-9	平城及其外围地区北魏晚期墓志举例	(246)
图5-10	靖边八大梁M1墓葬形制与壁画	(248)
图5-11	河朔地区南小区北魏晚期墓葬形制举例	(249)
图5-12	河朔地区南小区北魏晚期墓葬陶俑举例	(254)
图5-13	河朔地区南小区北魏晚期墓葬出土器物举例	(255)
图5-14	河朔地区北魏晚期临淄崔氏墓地出土陶俑	(256)
图5-15	关中地区北魏晚期墓葬形制举例	(257)
图5-16	关中地区北魏晚期墓志举例	(258)
图5-17	关中地区北魏晚期墓葬陶俑举例	(261)
图5-18	陇山西麓地区北魏王真保墓随葬品及相关比较	(262)
图5-19	临淄东魏崔混墓出土陶俑	(269)
图5-20	磁县东魏尧赵氏墓出土陶劳作女俑	(270)
图5-21	晋阳与邺城北齐墓道仪仗图举例比较	(275)
图5-22	邺城与晋阳地区北齐陶俑举例比较	(276)
图6-1	南朝墓葬石棺座、石祭台、石门及其与高句丽地区墓葬的比较	(287)
图6-2	南朝陵墓石刻及相关比较	(290)
图6-3	北朝墓葬石人与石兽	(297)

插 表 目 录

表 2-1　拓跋南迁相关墓葬器物型式数量单项统计表 …………………………（见插页）
表 2-2　拓跋南迁相关墓葬各组器物型式总量的比较 ……………………………（110）
表 3-1　《大同南郊北魏墓群》与《大同南郊北魏墓群研究》北魏早期墓葬的划分比较 ………………………………………………………………………………（137）
表 3-2　早期鲜卑相关墓葬的墓向统计 ……………………………………………（146）
表 3-3　沙岭壁画墓、梁拔胡墓绘画题材的比较 …………………………………（154）
表 3-4　北魏早期墓葬文化因素的来源 ……………………………………………（169）
表 4-1　平城时代平城地区发现的砖、石墓志 ……………………………………（179）
表 4-2　北魏中期平城地区的石棺床图像 …………………………………………（190）
表 5-1　洛阳地区北魏晚期葬具图像举例 …………………………………………（244）
表 5-2　北魏晚期洛阳地区与河朔地区随葬器物种类的比较 ……………………（251）
表 5-3　关中地区北魏晚期墓葬随葬器物种类 ……………………………………（259）
表 5-4　邺城东魏墓葬与北魏晚期洛阳墓葬随葬品比较 …………………………（266）
表 5-5　北齐邺城与晋阳地区近方形墓葬的等级比较 ……………………………（272）
表 5-6　北齐邺城与晋阳地区长方形墓葬的等级比较 ……………………………（273）
表 5-7　晋阳地区北齐墓葬壁画举例 ………………………………………………（274）

绪　　论

第一节　拓跋—北魏史的多学科研究路径

拓跋至北魏墓葬文化的研究，是拓跋—北魏史研究的一个重要方面。自现代学术思想和方法兴起以来，学术界对拓跋—北魏史的探讨和总结已持续百余年，颇受多学科领域的重视，在不同阶段引入了不同学科的研究路径，不断获得新的进展，积累了丰富的研究成果和资料。这些既有的学术积淀，为拓跋至北魏墓葬文化的研究扫清了部分难点障碍，为新的探索创造了一定的有利条件。

在这里，首先对主要的学科领域做一番梳理，可归纳为四条研究路径。

（一）历史比较语言学的研究路径

对拓跋—北魏史的研究，正如通常的做法那样，首先是要追根溯源。而早期研究中，可以用来做这方面探讨的依据就是残存在史籍中的语言资料。因而，学者们探讨拓跋鲜卑的得名、族属、语族、起源等问题时，最开始就是从这些语言资料展开的。

日本学者白鸟库吉在这方面具有开拓之功。《魏书·序纪》对拓跋鲜卑姓氏由来的解释是"黄帝以土德王，北俗谓土为托，谓后为跋，故以为氏"[①]。1911年，白鸟氏认为此说"本系俗解，非托拔二字之正确解释"，为此他引入了古音比较，说"托拔之名，颇有种种异译：《魏书》及《南齐书》作托跋，《宋书》作讬跋，杜氏《通典》作拓跋，《广韵》作拓拔，慧琳《辩正论音义》作祏拔，皆同语之异译也"，"托、讬、拓三字古皆音tak，而拔、跋二字古皆音bat或pat矣。托拔二字古音果为tak-pat，则《魏书》之以托拔语之togho-boghin当之，而解为土后之义者，亦但为其因声音上之稍有类似而起之俗说而已；托拔之本义，仍属不明也"[②]。1936年，美国汉学家卜弼德（Peter A. Boodberg）研究了拓跋魏的语言，认为拓跋鲜卑属于突厥语族[③]。1970年，匈牙利东方学家李盖提（Louis Ligeti）研究了拓跋鲜卑

---

　①　《魏书》卷一《序纪》，北京：中华书局，1974年，第1页。
　②　［日］白鸟库吉：《東胡民族考》之《托跋氏考》，（日本）《史学雑誌》第22编第11、12号，1911年；中译本，方壮猷译：《东胡民族考》，上海：商务印书馆，1934年，第128—129页。
　③　Peter A. Boodberg. The language of the T'o-pa Wei, *Harvard Journal of Asiatic Studies*, Vol. 1, No. 2, 1936, pp. 167-185.

的语言属性,考证出"土"和拓跋之"拓"是同一个词,认为《魏书》对拓跋名义的解释是可信的①。1979年,中国学者亦邻真通过对"纥真"一词的考证,认为鲜卑人包括东部鲜卑和拓跋鲜卑的语言都是蒙古语,更确切地说,鲜卑族各方言属于东胡后裔诸语言,这些语言与蒙古语有着共同的祖源②。罗新在《中古北族名号研究》一书中,探讨了拓跋鲜卑的得名、北魏太武帝的鲜卑本名等问题③。

从历史比较语言学的路径研究拓跋鲜卑,自起步以来已百余年,时至今日也仍然被一些学者所采用,但得出的研究结果往往差异很大,难以定论。究其原因,一方面可供研究和比较的语料太少,新语料的发现属于偶然,无法支持研究工作进行大量举证。另一方面研究者在运用对音解读的方法时,也存在很多问题。正如张久和所归纳的那样:在缺乏明确直接释义的文献记载条件下,仅靠所谓对音得出结论,结论有很大的不可靠性;许多研究者没有对族名的汉字古音作相对严格的构拟复原工作,就与民族文字进行对比,充满了任意性;没有或很少阐述相应的民族文字的历史及演变情况,仅凭现代发音与某一族名相近就将二者扯在一起,许多观点是非历史的④。

(二)文献史学的研究路径

以传统文献为基础、结合近现代史学理论的历史学研究,对拓跋—北魏史的探讨起到了非常重要的作用,产出的研究成果是最多的,其中不乏经典作品。

通论方面,1962年的马长寿《乌桓与鲜卑》⑤是具有里程碑意义的代表作。该书以马克思主义的历史唯物论为指导,研究鲜卑起源的地点和年代、东部鲜卑与拓跋鲜卑的区别、人口迁徙与部族融合、经济生活和社会组织、汉化等问题,提出的一些概念和观点影响深远,指出了至今仍需继续努力探索的研究目标。1990年,林幹《东胡史》⑥出版,相比《乌桓与鲜卑》取得了新的进展和贡献,主要是引用了大量的考古资料来研究乌桓、鲜卑史⑦。此外,还有张博泉《鲜卑新论 女真新论》⑧、刘学铫《鲜卑史论》⑨、林干和再思《东胡乌桓鲜卑研究与附论》⑩、何光岳《东胡源流考》⑪,以及日本学者谷川道雄《隋唐帝国形

---

① Louis Ligeti. Le Tabghatch, un dialecte de la Langue Sien-pi, *Mongolian Studies* (*Bibliotheca Orientalis Hungarica*, Vol. XIV), Budapest: 1970, pp. 265-308.
② 亦邻真:《中国北方民族与蒙古族族源》,《内蒙古大学学报(哲学社会科学版)》1979年第3、4期合刊。
③ 罗新:《中古北族名号研究》,北京:北京大学出版社,2009年。
④ 张久和:《东胡系各族族名研究及其存在问题——兼谈译名研究的可行性条件》,《内蒙古大学学报(哲学社会科学版)》1996年第1期。
⑤ 马长寿:《乌桓与鲜卑》,上海:上海人民出版社,1962年初版;桂林:广西师范大学出版社,2006年。
⑥ 林幹:《东胡史》,呼和浩特:内蒙古人民出版社,1990年初版,2007年再版。
⑦ 冯继钦:《读林幹先生新著〈东胡史〉》,《黑龙江民族丛刊》1991年第4期。
⑧ 张博泉:《鲜卑新论 女真新论》,长春:吉林文史出版社,1993年。
⑨ 刘学铫:《鲜卑史论》,台北:南天书局,1994年。
⑩ 林干、再思:《东胡乌桓鲜卑研究与附论》,呼和浩特:内蒙古大学出版社,1995年。
⑪ 何光岳:《东胡源流考》,南昌:江西教育出版社,2004年。

成史论》①、内田吟風《北アジア史研究·鮮卑柔然突厥篇》②、船木勝馬《古代遊牧騎馬民の国：草原から中原へ》③、川本芳昭《魏晋南北朝時代の民族問題》④，韩国学者朴漢濟《中國中世胡漢體制研究》⑤，西方学者Jennifer Holmgren "Marriage, Kinship and Power in Northern China"⑥、艾安迪（Andrew Eisenberg）"Kingship in Early Medieval China"⑦等专著。

专论方面，逯耀东《从平城到洛阳——拓跋魏文化转变的历程》⑧、严耀中《北魏前期政治制度》⑨、杜士铎主编《北魏史》⑩、康乐《从西郊到南郊——国家祭典与北魏政治》⑪、陶克涛《毡乡春秋·拓跋篇》⑫、李凭《北魏平城时代》⑬、田余庆《拓跋史探》⑭、张继昊《从拓跋到北魏——北魏王朝创建历史的考察》⑮、张金龙《北魏政治史》⑯、罗新《黑毡上的北魏皇帝》⑰，以及日本学者前田正名《平城历史地理学研究》⑱、松下憲一《北魏胡族体制論》⑲等专著影响较大。《从平城到洛阳》对拓跋定都平城到迁都洛阳的近一个世纪中的文化转变进行了研究，探讨拓跋魏与汉文化直接接触后，在不同的转变阶段所产生的不同问题和影响，第一次比较具体地揭示了拓跋魏文化从最初胡汉杂糅的文化形态，转变到最后完全放弃自己的文化传统，融于汉文化之中的过程。《从西郊到南郊》研究了从拓跋起源到北魏灭亡的一系列问题，目的是探讨北魏孝文帝如何利用改革国家祭典以推行其汉化政策，对孝文帝迁都与汉化运动为什么间接导致北魏帝国的土崩瓦解这样一个问题进行了解答。《北魏平城时代》首次正式提出了"北魏平城时代"的概念，将平城时代的离散诸部措施、子贵母死制、拓跋部落兄终弟及遗制之影响、太子监国制、保母抚养太子制，与当时重大政治事件，如建立封建国家、拓跋绍弑父、正平事变、冯太后专权等，有机地联系起来，高屋建瓴而又细致地分析前因后果，使平城时代扑朔迷离的历史和演变规律清晰地凸显出来。《拓跋史探》从"子贵母死"制度始，对其起源提出了新鲜的解释，由此引出一系列相关问题，探讨了拓跋部族向国家演变过程中所遇到的重大问题，以及解决这些问题

---

① ［日］谷川道雄著，李济沧译：《隋唐帝国形成史论》，上海：上海古籍出版社，2004年。
② ［日］内田吟風：《北アジア史研究·鮮卑柔然突厥篇》，京都：同朋舍，1975年。
③ ［日］船木勝馬：《古代遊牧騎馬民の国：草原から中原へ》，東京：誠文堂新光社，1989年。
④ ［日］川本芳昭：《魏晋南北朝時代の民族問題》，東京：汲古書院，1998年。
⑤ ［韩］朴漢濟：《中國中世胡漢體制研究》，서울：一潮閣，1988年。
⑥ Jennifer Holmgren. *Marriage, Kinship and Power in Northern China*. Aldershot, Hampshire, Great Britain; Brookfield, Vermont, USA: Variorum, 1995.
⑦ Andrew Eisenberg. *Kingship in Early Medieval China*. Leiden; Boston: Brill, 2008.
⑧ 逯耀东：《从平城到洛阳——拓跋魏文化转变的历程》，台北：联经出版事业公司，1979年；北京：中华书局，2006年。
⑨ 严耀中：《北魏前期政治制度》，长春：吉林教育出版社，1990年。
⑩ 杜士铎主编：《北魏史》，太原：山西高校联合出版社，1992年。
⑪ 康乐：《从西郊到南郊——国家祭典与北魏政治》，台北：稻乡出版社，1995年。
⑫ 陶克涛：《毡乡春秋·拓跋篇》，呼和浩特：内蒙古人民出版社，1997年。
⑬ 李凭：《北魏平城时代》，北京：社会科学文献出版社，2000年。
⑭ 田余庆：《拓跋史探》，北京：生活·读书·新知三联书店，2003年。
⑮ 张继昊：《从拓跋到北魏——北魏王朝创建历史的考察》，台北：稻乡出版社，2003年。
⑯ 张金龙：《北魏政治史（1—9册）》，兰州：甘肃教育出版社，2008、2011年。
⑰ 罗新：《黑毡上的北魏皇帝》，北京：海豚出版社，2014年。
⑱ ［日］前田正名著，李凭、孙耀、孙蕾译：《平城历史地理学研究》，北京：书目文献出版社，1994年。
⑲ ［日］松下憲一：《北魏胡族体制論》，札幌：北海道大學出版会，2007年。

的方式，从中揭示出一些前人注意不多的历史规律，其中最重要的就是一个部落与其他部落间的姻戚、结盟、共生关系，对这个部族向国家过渡也具有重大影响，这种影响甚至在国家与王权诞生之后仍长期存在。《从拓跋到北魏》首先由拓跋氏活动地域中相关重要氏族着手，厘清晋北地域社会中诸势力之地理位置及互动情况，再进而以势力的扩张与权力核心的收缩为切入点探讨拓跋氏由初现至北魏王朝确立的过程，结合环境背景、国际互动，重新审视拓跋氏发展各阶段的特点。《黑毡上的北魏皇帝》从北魏皇帝即位仪式的代北因素入手，既观察了拓跋鲜卑政治传统与华夏传统的遭遇、碰撞与变异，也揭示了鲜卑旧俗与内亚政治传统间的联系，突出了从内亚视角探讨北朝史的研究方法。

从文献史学研究的主要成果看，由于受古籍史料的限制，其研究对象主要是北魏史，在史料贫乏的拓跋史方面就显得力不从心。田余庆对代北拓跋开国前史的研究，在资料也还不少的情况下，已感到"结论难下"，"有时所抓住的问题旁证不少，结论依稀可见，却偏偏在某个环节上缺少直接证据，不得不出之推测"，因此将之归为拓跋史实上的"模糊区域"①。至于对拓跋起源问题的探讨，依靠文献史学的研究路径就更难取得突破。

（三）考古学的研究路径

考古学和文献史学同属历史学的范畴。以往考古学研究在史前时期具有明显的优势，历史时期研究则主要依靠文献史学。但近些年来，随着史学研究的深入和扩展，考古学研究在历史时期的作用也越来越突出。

目前对拓跋—北魏的考古学研究，以石窟寺考古最为深入，已确立了较系统的研究体系，宿白《中国石窟寺研究》②是其标志性成果。不过，受石窟开凿年代所限，其相关研究主要集中在北魏时期。除了以石窟寺为主的宗教遗迹，城址和墓葬也是拓跋—北魏考古的主要资料。城址面积广大，考古工作需要很长的时间，一些重要的城址如北魏平城、汉魏洛阳城等，资料不足，研究仍处于起步阶段。而墓葬方面，经过长期的积累，已具有一定的规模，基本覆盖了拓跋—北魏的全部发展阶段和地域范围，是拓跋—北魏考古中最具系统性的研究对象。

1935—1944年，日本学者江上波夫等人先后四次对内蒙古达尔罕茂明安联合旗百灵庙墓地进行发掘，共清理出8座墓葬③。这些墓葬与拓跋鲜卑具有关联性，但该批资料引起重视和得到进一步研究的时间较晚。因此，真正揭开拓跋—北魏墓葬考古研究序幕的是另一处重要发现，即内蒙古文物工作队1959年发现和初掘、1960年连续清理的扎赉诺尔圈河墓地④。1961年，该墓地两次发掘的简报及时发表，迅即引起国内学者的关注和讨

---

① 田余庆：《拓跋史探》，北京：生活·读书·新知三联书店，2003年，第6—7页。
② 宿白：《中国石窟寺研究》，北京：文物出版社，1996年。
③ ［日］江上波夫：《内蒙古百靈廟砂凹地の古墳》，《東洋文化研究所紀要》第5册，東京：東京大學東洋文化研究所，1954年。后收入江上波夫：《アジア文化史研究·論考篇》，東京：東京大學東洋文化研究所，1967年，第247—264頁；江上波夫：《江上波夫文化史論集4·北アジア諸民族の歷史と文化》，東京：山川出版社，2000年，第373—392頁。
④ 郑隆：《内蒙古扎赉诺尔古墓群调查记》，《文物》1961年第9期；内蒙古文物工作队：《内蒙古扎赉诺尔古墓群发掘简报》，《考古》1961年第12期。

论,成为汉代考古研究的重要课题。1977—1978年,宿白总结此前积累的鲜卑考古资料,接连发表"鲜卑遗迹辑录三篇",掀起了拓跋—北魏墓葬考古研究的第一轮高潮,提出了不少影响至今的重要见解。如推断扎赉诺尔圈河墓群是拓跋祖先推寅(宣帝)南迁大泽前后的遗迹①;提出南杨家营子遗址和墓葬是拓跋南迁匈奴故地过程中在大兴安岭南段东侧留下的遗迹②;指出冯氏永固陵墓园的布局特点是墓地和佛寺结合③;率先归纳出北魏洛阳北邙墓区的布局④等。1980—1981年发掘的榆树老河深遗址中层墓葬被判定为鲜卑遗存⑤、1984年发掘的平洋墓葬被判定为拓跋鲜卑及其先世遗存⑥都是本轮高潮的反映。1998年起,乔梁陆续发表《内蒙古中部的早期鲜卑遗存》⑦、《鲜卑遗存的认定与研究》⑧、《北朝墓葬研究》⑨、《早期拓跋鲜卑遗存试析》⑩等论文,带动了拓跋—北魏墓葬考古研究第二轮高潮的到来。这轮高潮体现了四个特点:一是与拓跋起源密切相关的考古学文化研究取得重要进展,为起源问题的解决扫清了一些障碍。如潘玲的《平洋墓葬的年代与文化性质》⑪、《完工墓地的文化性质和年代》⑫和张伟的《红马山文化辨析》⑬等论文。二是一批发掘报告较为集中地出版,如2004年《内蒙古地区鲜卑墓葬的发现与研究》⑭、2006年《大同南郊北魏墓群》⑮、2008年《大同雁北师院北魏墓群》⑯等。三是出现了中国学者关于鲜卑考古研究的第一本学术专著,即孙危的《鲜卑考古学文化研究》⑰在2007年面世。四是潘玲《长城地带早期鲜卑遗存文化因素来源分析》、《对部分与鲜卑相关遗存年代的再探讨》等系列论文⑱显示出对鲜卑文化和年代问题的研究更趋深入,并有

---

① 宿白:《东北、内蒙古地区的鲜卑遗迹——鲜卑遗迹辑录之一》,《文物》1977年第5期。
② 宿白:《东北、内蒙古地区的鲜卑遗迹——鲜卑遗迹辑录之一》,《文物》1977年第5期。
③ 宿白:《盛乐、平城一带的拓跋鲜卑—北魏遗迹——鲜卑遗迹辑录之二》,《文物》1977年第11期。
④ 宿白:《北魏洛阳城和北邙陵墓——鲜卑遗迹辑录之三》,《文物》1978年第7期。
⑤ 吉林省文物考古研究所:《榆树老河深》,北京:文物出版社,1987年,第1、116—117页。
⑥ 黑龙江省文物考古研究所、杨志军、郝思德、李陈奇:《平洋墓葬》,北京:文物出版社,1990年,第2、182页。
⑦ 乔梁:《内蒙古中部的早期鲜卑遗存》,《青果集——吉林大学考古系建系十周年纪念文集》,北京:知识出版社,1998年,第301—308页。
⑧ 乔梁:《鲜卑遗存的认定与研究》,《中国考古学的跨世纪反思(下)》,香港:商务印书馆(香港)有限公司,1999年,第483—508页。
⑨ 乔梁:《北朝墓葬研究》,《宿白先生八秩华诞纪念文集(上)》,北京:文物出版社,2002年,第161—184页。
⑩ 乔梁、杨晶:《早期拓跋鲜卑遗存试析》,《内蒙古文物考古》2003年第2期。
⑪ 潘玲、林沄:《平洋墓葬的年代与文化性质》,《边疆考古研究》第1辑,北京:科学出版社,2002年,第194—203页。
⑫ 潘玲:《完工墓地的文化性质和年代》,《考古》2007年第9期。
⑬ 张伟:《红马山文化辨析》,《北方文物》2007年第3期。
⑭ 魏坚主编:《内蒙古地区鲜卑墓葬的发现与研究》,北京:科学出版社,2004年。
⑮ 山西大学历史文化学院、山西省考古研究所、大同市博物馆:《大同南郊北魏墓群》,北京:科学出版社,2006年。
⑯ 大同市考古研究所刘俊喜主编:《大同雁北师院北魏墓群》,北京:文物出版社,2008年。
⑰ 孙危:《鲜卑考古学文化研究》,北京:科学出版社,2007年。
⑱ 潘玲:《两汉时期匈奴和鲜卑考古遗存的对比分析》,《辽宁考古文集(二)》,北京:科学出版社,2010年,第405—413页;潘玲:《东汉至魏晋早期鲜卑葬俗的特征与演变分析——以性别和年龄差异为例》,《草原文物》2012年第1期;潘玲:《长城地带早期鲜卑遗存文化因素来源分析》,《边疆考古研究》第11辑,北京:科学出版社,2012年,第183—198页;潘玲:《对部分与鲜卑相关遗存年代的再探讨》,《边疆考古研究》第13辑,北京:科学出版社,2013年,第207—226页;潘玲、萨仁毕力格:《鲜卑马形牌饰的来源》,《边疆考古研究》第16辑,北京:科学出版社,2014年,第387—400页。

所反思。从单篇简报到成本报告，从系列论文到研究专著，表明拓跋—北魏墓葬考古研究的积累日益丰富，在开展全面、深入的综合研究方面条件更加成熟。

（四）人种学的研究路径

早期拓跋墓葬的研究，首先要解决的问题是把它们辨识出来，除对其墓葬形制和随葬品等特征进行总结和比较，还希望有更多的方法来加以印证，因而考古学对科技手段的重视程度日益提高。人种学研究作为其中的一个重要手段近些年来发展很快，对东胡、匈奴、东部鲜卑、拓跋鲜卑等人骨研究的积累，为分辨早期拓跋墓葬资料提供了更多参考。

在对拓跋及相关民族人种学的研究中，代表性的人物有两位。一位是潘其风，发表的相关论文有《东汉北方草原游牧民族人骨的研究》[1]、《平洋墓葬人骨的研究》[2]、《内蒙古和东北地区商周时期至汉代居民的人种类型及其相互关系》[3]等。另一位是朱泓，发表的相关论文有《扎赉诺尔汉代墓葬第三次发掘出土颅骨的初步研究》[4]、《从扎赉诺尔汉代居民的体质差异探讨鲜卑族的人种构成》[5]、《人种学上的匈奴、鲜卑与契丹》[6]、《辽宁朝阳魏晋时期鲜卑墓葬人骨的研究》[7]、《察右后旗三道湾汉代鲜卑族颅骨的人种学研究》[8]、《中国东北地区的古代种族》[9]、《吉林省大安县渔场墓地汉晋时期人骨研究》[10]、《东胡人种考》[11]等。

人种学研究是伴随着考古学对科技手段重视程度的提高而发展起来的，除了需要考古发掘所提供的人骨样品，还很大程度依赖考古学研究所提供的年代判断和背景分析，实际上是对考古学研究的补充。潘其风也已指出："人种学的研究是追溯族属起源的重要方法之一，但毕竟有其局限性。因此，仅仅从人种学的研究去探索族属问题是不可能取得令人信服的结论的。它必须和考古学、历史民族学、语言学及民俗学等学科相配合进行综合研究。在民族史的研究过程中，我们既不应忽略人种学研究的重要意义，也不能过高地估计其作用。"[12]

通过对四条研究路径特点的总结，可以预计今后能够在拓跋—北魏史整体研究中取得更大突破的研究路径首推考古学。与其他路径相比，考古学研究的特点是从考古资料

---

[1] 潘其风、韩康信：《东汉北方草原游牧民族人骨的研究》，《考古学报》1982年第1期。
[2] 潘其风：《平洋墓葬人骨的研究》，载《平洋墓葬》，北京：文物出版社，1990年，第187—235页。
[3] 潘其风：《内蒙古和东北地区商周时期至汉代居民的人种类型及其相互关系》，《中国考古学论丛》，北京：科学出版社，1993年，第267—278页。
[4] 朱泓：《扎赉诺尔汉代墓葬第三次发掘出土颅骨的初步研究》，《人类学学报》1989年第2期。
[5] 朱泓：《从扎赉诺尔汉代居民的体质差异探讨鲜卑族的人种构成》，《北方文物》1989年第2期。
[6] 朱泓：《人种学上的匈奴、鲜卑与契丹》，《北方文物》1994年第2期。
[7] 朱泓：《辽宁朝阳魏晋时期鲜卑墓葬人骨的研究》，《辽海文物学刊》1996年第2期。
[8] 朱泓：《察右后旗三道湾汉代鲜卑族颅骨的人种学研究》，《内蒙古文物考古文集》第二辑，北京：中国大百科全书出版社，1997年，第421—430页。
[9] 朱泓：《中国东北地区的古代种族》，《文物季刊》1998年第1期。
[10] 朱泓：《吉林省大安县渔场墓地汉晋时期人骨研究》，《边疆考古研究》第2辑，北京：科学出版社，2004年，第353—361页。
[11] 朱泓：《东胡人种考》，《文物》2006年第8期。
[12] 潘其风、韩康信：《东汉北方草原游牧民族人骨的研究》，《考古学报》1982年第1期。

出发。在考古资料还不充分的情况下，考古学像历史语言学、文献史学等一样，对许多问题的解决，往往是要先提出一些阶段性的总结和论断。随着发掘资料的不断丰富，经过新材料的反复验证，既可以推翻原有的推论，也能进一步肯定已做的推论。考古学这种持续的自我更新、自我完善的能力，是历史语言学、文献史学研究难以比拟的。考古学研究可将拓跋史与北魏史打通，既可以把拓跋起源到北魏灭亡的一系列重大问题作为一个整体来通盘考虑，也可以深入到史料所不能涵盖的多种历史角度和层面。对人种学研究而言，还需继续依赖于考古学的发展，通过考古学的推进，建立起充分的样品数据库，才能形成比较独立的科学判断能力。

拓跋—北魏考古资料中，最适合作为贯穿拓跋—北魏史全程的研究对象是墓葬。但是，拓跋—北魏墓葬考古研究不能孤立而行，仍要充分重视拓跋—北魏史相关研究由来已久的多学科背景和成果积淀。从宏观层面来说，拓跋—北魏墓葬考古研究须遵循历史演变的线索，其研究结果不能只停留在对考古资料的分析和总结上，而必然要与历史背景、文献史学相结合，去解读已湮没或模糊的历史现象。从微观层面来说，以考古学研究方法为主的同时，要发扬拓跋—北魏史多学科研究路径的历史传统，除了参考已有几种学科路径的研究方法或结论，还要主动结合新的研究路径，如测年和成分分析等科技方法，以获得学科局限之外的新发现。如此一来，以考古资料为基础的墓葬研究，就能够成为兼收多方优势、包涵性更大、延展性更强的墓葬文化研究。

第二节　拓跋至北魏墓葬文化研究的问题与思路

拓跋至北魏墓葬文化的研究，除了深入理解相关学科的方法和手段，还要考虑解决什么样的问题，而优先的问题是从墓葬文化解读拓跋至北魏的社会演进过程，从新的角度和资料认知拓跋—北魏历史的变化。结合《魏书》的记载，我们知道每个阶段都与一些重要的历史问题相关联。

1. 自昌意至毛之前的各世。这一阶段最主要的问题是拓跋起源，包括族源和起源地两大内容。

2. 自毛至诘汾的十四世。又可分为前、后两段。前段，自毛至俟的十二世，整合了众多小的氏族或部落，所谓"至成皇帝讳毛立，聪明武略，远近所推，统国三十六，大姓九十九，威振北方，莫不率服"[1]，部落联盟首领无世袭关系。后段，自邻至诘汾的二世，进一步重组各部落，"七分国人"[2]，部落联盟首领变成世袭。这一阶段涉及的重大事件是两次南

---

[1]《魏书》卷一《序纪》，北京：中华书局，1974年，第1页。
[2]《魏书》卷一一三《官氏志》，北京：中华书局，1974年，第3005页。

迁，前段宣皇帝推寅时"南迁大泽"，后段圣武皇帝诘汾在献皇帝邻的授命下"南移"，"始居匈奴之故地"①。

3. 自力微至拓跋珪迁都平城以前，即拓跋部在代北地区壮大发展、建立代国的阶段。拓跋部从始祖神元帝力微258年迁于盛乐到398年道武帝拓跋珪迁都平城，在近一个半世纪里，盛乐一直是其活动中心。穆帝猗卢、烈帝翳槐、昭成帝什翼犍都曾修筑盛乐城。因此有学者称这一阶段为"盛乐时期"②或"盛乐时代"③。本阶段涉及拓跋与檀石槐鲜卑、东部鲜卑、乌桓、匈奴等胡族及中原王朝的复杂关系，是拓跋逐渐脱离原有文化发展轨迹，走向文化转型的时期。

4. 自拓跋珪迁都平城至北魏灭亡，即北魏王朝时期。也分为前、后两段，分别是定都平城时期和定都洛阳时期，有学者亦称为"平城时代"④和"洛阳时代"⑤。平城时代，北魏完成了对北方的统一，来自后燕、大夏、北燕、北凉、南朝等地的移民聚集平城及其附近，使平城地区文化进入向汉化转型的阶段。洛阳时代，汉化政策得到坚定执行，洛阳地区文化呈现出强烈的汉化面貌。

这些问题和现象都是拓跋—北魏史研究中不可回避的重要方面，也是考古学研究所面临的基本任务。但企图通过墓葬文化研究，面面俱到地解决所有问题也是不现实的，在相关的一连串问题中，要力求先抓核心问题。如在拓跋起源方面，包括族源和起源地两大问题；在拓跋南迁匈奴故地方面，解决了路线问题，南迁的起因、时间、领导人等问题就易于把握；在代国至北魏的各时期墓葬文化方面，先了解各时期文化的基本面貌，搞清其来龙去脉，才能进一步探讨所揭示的考古学文化现象及相关问题。

当前拓跋起源问题的焦点集中在呼伦贝尔地区汉晋时期的考古遗存上，而首先遇到的难点是这些遗存之间年代序列不明。本书将呼伦贝尔地区汉晋时期的墓葬分为完工组、拉布达林组、扎赉诺尔组、团结组、伊和乌拉墓葬M2组共五组，分析各组的文化因素和来源，并与相关的考古学文化进行比较，借助已有研究在年代判断上所取得的成果作为参照，勾勒出各组间的时空框架和文化演变关系，然后讨论嘎仙洞遗址在这一框架中的位置，从而厘清拓跋族源的几种来源，为根本解决这一问题夯实考古学基础。族源问题一旦理顺，发祥地问题就会迎刃而解。

拓跋南迁匈奴故地研究，包含三个层面的问题：首先是路线，其次是时间和领导人，再次是起因。相关研究非常丰富，但观点各异，令人莫衷一是。本书搜集了30余处相关的墓葬遗迹，集中分布在嫩江流域至内蒙古中南部地区，年代范围为东汉至魏晋时期，又

---

① 《魏书》卷一《序纪》，北京：中华书局，1974年，第2页。
② 田余庆：《拓跋史探》，北京：生活·读书·新知三联书店，2003年，第10页注[1]。
③ 王凯：《北魏盛乐时代》，呼和浩特：内蒙古人民出版社，2003年。
④ 李凭：《北魏平城时代》，北京：社会科学文献出版社，2000年，第1页。
⑤ 李凭：《从平城时代到洛阳时代——论述北魏王朝的发展历程》，《黄河文化论坛》第九辑，北京：中国戏剧出版社，2003年，第1—17页。后经增补易名为《北朝发展的轨迹》，发表于《北朝研究存稿》，北京：商务印书馆，2006年，第3—22页；同时以《北朝的发展轨迹》为名，发表于《4—6世纪的北中国与欧亚大陆》，北京：科学出版社，2006年，第1—11页。

以东汉晚期最为多见。由于这些墓葬详细分期的条件还不成熟,本书转换角度,对所有相关遗迹的主要器物进行总的排比和分类,划分出分别反映早期拓跋文化因素、东汉平洋文化因素、檀石槐鲜卑文化因素、早期慕容鲜卑文化因素、汉文化因素、匈奴文化因素的六组器物群,尝试从中区分出檀石槐鲜卑遗存及其文化因素。辨识檀石槐鲜卑遗存,可以缩小探寻拓跋南迁遗存的范围,筛选出与拓跋南迁关系更直接和紧密的遗迹,以勾画出确定性更强的南迁路线图,并对时间、领导人、起因等学术界众说纷纭的观点做出判断和选择。而且,拓跋鲜卑与檀石槐鲜卑遗存之间的文化演变关系搞清楚后,对认识力微至代国时期拓跋文化的转型是十分重要的。

北魏时期,拓跋文化向汉化的转变是主流趋势,但不是一蹴而就的,而是经历多次转型。北魏早期,在逐步统一北方的过程中,平城地区墓葬文化呈现出多地区文化因素集聚的现象,其中东北地区、河西地区等边疆因素的注入,并占据主导,是引人注目的。其背后的文化形成动机值得探讨。北魏中期,平城墓葬文化明显复归"晋制"。为什么北魏统治者要放弃颇显繁荣的具有多样性的北魏早期墓葬文化,转向明显取舍、总体简约的"晋制"文化?北魏晚期,洛阳墓葬文化将"晋制"进行到底,但貌似带来的后果是国家的分裂与灭亡。这是推行"晋制"的错误,还是另有问题的症结?这一系列北魏文化的转变问题,都是本书所要重点分析的。

对拓跋至北魏墓葬文化的发展进程有了系统认知之后,本书在北朝至隋唐文化演变的纵向比较中,考察北魏墓葬文化余脉如何开启"唐制"墓葬文化新模式;还把北魏墓葬文化置于南北朝对峙发展的横向比较中,探讨北魏与南朝争夺文化正统的过程。最后,本书试图总结拓跋至北魏墓葬文化演变道路的特点及其历史意义。

第一章　拓跋起源的直接线索与呼伦贝尔地区汉晋遗存

第一节　拓跋起源的文献记载与研究现状

拓跋起源问题包括两个核心内容：一是族源为何，二是发祥地在哪里。历史文献在这方面留有简单的记载，众多学者也进行了长期的讨论。适时地对这些文献和研究进行梳理，明确新的思路，对于继续推进问题的解决是十分必要的。

关于拓跋起源的文献记载及相关研究，主要围绕着五种说法展开。我们按照各说法出现时间的先后分述如下。

（一）东夷说

《国语·晋语八》曰："昔成王盟诸侯于岐阳，楚为荆蛮，置茅蕝，设望表，与鲜卑守燎，故不与盟。"三国吴韦昭注："鲜卑，东夷国。"①

《国语》大致成书于战国前期②，是最早提到"鲜卑"一词的文献。不过，《国语》的叙事并不主要针对鲜卑，未能反映鲜卑的自身情况，韦昭以之为"东夷"，实际上是三国时东吴人的看法，仅谈到族源，而不涉及发祥地。

有些现、当代学者循着韦昭的思路，试图证明鲜卑（包括拓跋）确实出自东夷。吕思勉指出"鲜卑，此族似即古所谓析支"，又说"鲜卑，即《禹贡》之析支"③。王献唐考证"析支犹訾郲也"④。李德山由此推出鲜卑即是訾郲，而訾又同郲，则鲜卑的本字乃是"郲郲"，"郲郲"又同于郲娄；郲娄是上古时期东夷族系内的一个强大支族，其中一支向北方纵深地区迁徙，一部分人后转称鲜卑；又考证"东胡"也是"郲娄"的转写，东胡就是鲜卑；而"拓跋"应是"东胡"的对译，所以拓跋出自"东胡"，源于东夷之"郲娄"⑤。何光岳把鲜卑归为

---

① ［三国吴］韦昭注：《国语》，北京：中华书局，1985 年，第 167—168 页。
② 邵毅平：《〈国语〉的作者与时代》，《图书馆杂志》2004 年第 4 期。
③ 吕思勉：《中国民族史》，北京：东方出版社，1996 年，第 2、102 页。
④ 王献唐：《炎黄氏族文化考》，济南：齐鲁书社，1985 年，第 105 页。
⑤ 李德山：《试论鲜卑史研究中的几个问题》，《社会科学战线》1993 年第 2 期；李德山：《东北古民族与东夷渊源关系考论》，长春：东北师范大学出版社，1996 年，第 253、259、261、268 页。

东夷之鸟夷,得名于锦鸡的叫声"鲜卑! 鲜卑!";西周初年逐渐向东北迁徙,秦统一六国、北驱匈奴时,与乌桓等组成东胡部落联盟;汉初冒顿单于大破东胡,东胡瓦解,鲜卑北逃,一部分鲜卑人进入大兴安岭之内,成为拓跋鲜卑的祖先①。

(二) 东 胡 说

《三国志·鲜卑传》裴注引曹魏王沈撰《魏书》曰:"鲜卑亦东胡之余也,别保鲜卑山,因号焉。……鲜卑自为冒顿所破,远窜辽东塞外,不与余国争衡,未有名通于汉,而自与乌丸相接。至光武时,南北单于更相攻伐,匈奴损耗,而鲜卑遂盛。"②

《翰苑·蕃夷部·鲜卑》注引西晋司马彪撰《续汉书》曰:"鲜卑者,亦东胡之支也,别依鲜卑山,故因号焉。"③

南朝宋范晔撰《后汉书·鲜卑传》曰:"鲜卑者,亦东胡之支也,别依鲜卑山,故因号焉。……汉初,亦为冒顿所破,远窜辽东塞外,与乌桓相接,未常通中国焉。光武初,匈奴强盛,率鲜卑与乌桓寇抄北边,杀略吏人,无有宁岁。"④

唐房玄龄等撰《晋书·慕容廆载记》曰:"其先有熊氏之苗裔,世居北夷,邑于紫蒙之野,号曰东胡。其后与匈奴并盛,控弦之士二十余万,风俗官号与匈奴略同。秦汉之际为匈奴所败,分保鲜卑山,因以为号。"⑤

此说确立于魏晋,首次完整说明了鲜卑的族源和发祥地,即源于东胡,以鲜卑山为发祥地。但正如《晋书》所记载的那样,上述起源方式的鲜卑通常与东部鲜卑有着直接的关系。那么,拓跋与东部鲜卑是什么关系? 亦是东胡之后? 或是别有渊源?

张博泉认为,拓跋鲜卑与东部鲜卑"是各自出自北狄大鲜卑与东北的戎狄,是属于两个不同的属源和族源的民族"⑥。郑君雷认为,早期东部鲜卑的活动区域可能抵达呼伦贝尔地区,当东汉前中期某些与匈奴存在文化或族源关系的部族南迁至呼伦贝尔地区后,与原住居民发生民族融合,形成了包括早期拓跋鲜卑的新的民族集团;因此,早期拓跋鲜卑墓葬呈现出既有与匈奴相似的因素,又与早期东部鲜卑存在某些共性,而且可能也继承有平洋和完工墓地文化因素的复合性状,而在体质上也呈现出部分居民与"外贝加尔匈奴组"异乎寻常的相似,部分居民出现北亚蒙古人种与东北亚蒙古人种混血类型的复杂情况;虽然拓跋鲜卑在形成和发展过程中与东部鲜卑有着密切关系,但是他认为宜将两者明确区别为两个民族⑦。

---

① 何光岳:《鲜卑族的来源与迁徙》,《黑龙江文物丛刊》1984 年第 4 期;何光岳:《东胡源流考》,南昌:江西教育出版社,2004 年,第 46—53 页。
② 《三国志》卷三〇《鲜卑传》,北京:中华书局,1959 年,第 836 页。
③ [唐]张楚金撰,[唐]雍公叡注:《翰苑》,收入金毓绂主编:《辽海丛书》第四册,沈阳:辽沈书社,1985 年影印本,第 2514 页。
④ 《后汉书》卷九〇《乌桓鲜卑传》,北京:中华书局,1965 年,第 2985 页。
⑤ 《晋书》卷一〇八《慕容廆载记》,北京:中华书局,1974 年,第 2803 页。
⑥ 张博泉:《鲜卑族属源流研究》,《鲜卑新论 女真新论》,长春:吉林文史出版社,1993 年,第 42 页。
⑦ 郑君雷:《早期东部鲜卑和早期拓跋鲜卑族系关系概论》,《青果集——吉林大学考古系建系十周年纪念文集》,北京:知识出版社,1998 年,第 315—317 页。

乔梁认为,在战国至西汉较早阶段,呼伦贝尔草原主要属于汉书二期系统文化的分布区域,空间的距离和文化的阻隔似乎都表明拓跋鲜卑在起源之初同退保鲜卑山的鲜卑可能并无联系;几种可能属于东胡的遗存同早期拓跋鲜卑遗存均有很大的差别,早期拓跋鲜卑并非战国后期被燕将秦开所破东胡的后裔;而俄罗斯外贝加尔地区布尔霍图伊文化的主体显然应同中国一侧的早期拓跋鲜卑遗存密切相关①。郑、乔二人的研究,都比较强调外贝加尔地区有关文化对早期拓跋鲜卑形成的影响,并意在表明早期拓跋鲜卑与早期东部鲜卑不同源。

不过,多数学者将拓跋视为东胡后裔鲜卑的一支,认为拓跋与东部鲜卑具有相同的族源。杜佑在《通典·边防十二》中就直接说"拓跋氏,亦东胡之后,别部鲜卑"②。马长寿虽然指出东部鲜卑与拓跋鲜卑显然有所区别,但仍认为二者最初的起源可能相同,只是越到后来,分别越大③。干志耿、孙秀仁认为这个判断是正确的④。平洋墓葬的整理者,在对其族属的判定上,提出平洋墓葬为东胡遗存,或许就是拓跋鲜卑(北部鲜卑)及其先人的文化遗存⑤。龙华则从语言、习俗与心理意识、文化遗存三个方面论证拓跋鲜卑与东部鲜卑有着共同的历史渊源,起源于一个共同的祖先,在汉魏以前就已是一个统一的民族⑥。田立坤、冯永谦等还专门从考古学的角度对拓跋鲜卑与东部鲜卑的同源进行了论述⑦。张金龙也提到外贝加尔地区有关文化对早期拓跋鲜卑形成的影响,并明确指出该文化与丁零相关;但他的结论却恰恰与郑君雷、乔梁相反。他说,拓跋鲜卑为东胡后裔,是西汉初年东胡灭亡后形成的鲜卑部落的分支,东汉中叶北匈奴灭亡后鲜卑徙居其地,有丁零氏族加入拓跋部落,同时与匈奴余部发生了血缘交融,因而在血统上具有丁零和匈奴的因子⑧。

(三)匈汉杂种说

南朝梁沈约撰《宋书·索虏传》曰:"索头虏姓托跋氏,其先汉将李陵后也。陵降匈奴,有数百千种,各立名号,索头亦其一也。"⑨

南朝梁萧子显撰《南齐书·魏虏传》曰:"魏虏,匈奴种也,姓托跋氏。……初,匈奴女名托跋,妻李陵,胡俗以母名为姓,故虏为李陵之后,虏甚讳之,有言其是陵后者,辄见杀。"⑩

---

① 乔梁、杨晶:《早期拓跋鲜卑遗存试析》,《内蒙古文物考古》2003年第2期。
② [唐]杜佑:《通典》卷一九六《边防十二》,北京:中华书局,1984年,第1063页。
③ 马长寿:《乌桓与鲜卑》,桂林:广西师范大学出版社,2006年,第160、12页。
④ 干志耿、孙秀仁:《关于鲜卑早期历史及其考古遗存的几个问题》,《民族研究》1982年第1期。
⑤ 郝思德、杨志军、李陈奇:《平洋墓葬族属初论》,《北方文物》1989年第3期。
⑥ 龙华:《对鲜卑源流关系的文化考察》,《贵州师范大学学报》1990年第6期。
⑦ 田立坤:《鲜卑文化源流的考古学考察》,《青果集——吉林大学考古专业成立二十周年考古论文集》,北京:知识出版社,1993年,第366页;冯永谦、米文平:《拓跋鲜卑与慕容鲜卑同源的考古学研究——兼论乌桓考古学文化》,《博物馆研究》2004年第3期。
⑧ 张金龙:《北魏政治史(一)》,兰州:甘肃教育出版社,2008年,第225—226页。
⑨ 《宋书》卷九五《索虏传》,北京:中华书局,1974年,第2321页。
⑩ 《南齐书》卷五七《魏虏传》,北京:中华书局,1972年,第983、993页。

此说首次直接针对拓跋起源提出看法,可也只讲了族源,而未及发祥地。从出现时间看,此说仅见于南朝梁人所撰的史书,当时与梁敌对的北方王朝正是拓跋建立的北魏。所以,马长寿指出"他们认为拓跋是匈奴的一种,汉将李陵没陷匈奴中,遂以拓跋为李陵之后裔。其中还包括了辱骂拓跋魏为胡汉杂种的意思,更不可取"①。马长寿对本说的态度是否定,但所言"杂种"之意却可能正中其实。他不同意拓跋是"胡汉杂种",而主张是匈奴和鲜卑融合的结果,即"鲜卑父胡母"②,也就是"匈鲜杂种"。孙同勋即认为"鲜卑早在与中国接触之前,就已吸收了一部分匈奴人,其种并不纯粹,南方人因隔膜而误拓跋氏为匈奴种,甚有可能"③。张书城、崔明德更进一步论述了拓跋作为"杂种"的来历,认为李陵投降匈奴后,与匈奴女婚配,其子孙皆胡化,为匈奴上层贵族;其一子因参与匈奴五单于争立而被杀,其子孙一支逃入"东胡别部鲜卑",在嘎仙洞一带落脚,与当地鲜卑人共居、通婚,形成了汉人、匈奴、鲜卑等族融合的拓跋部④。于长春等对拓跋与匈奴之间的亲缘关系进行了遗传学分析,得出的结果表明两者有着较近的遗传关系,存在一定的母系基因交流,对拓跋源于"鲜卑父胡母"后裔的观点提供了支持⑤。

孙进己对拓跋兼及匈奴、鲜卑的情况有不同看法,他认为如果拓跋真起源于鲜卑,就不应产生《宋书》《南齐书》的说法,既能称为匈奴种,又能称为鲜卑的,只能是匈奴自号鲜卑者⑥,也就是说拓跋只是源于匈奴,后改号鲜卑而已。李志敏认为拓跋魏之先世为匈奴的奴隶部落,与匈奴一样都来源于塞北之地,即拓跋鲜卑是来自漠北的部族⑦。

(四)黄帝后裔说

北齐魏收撰《魏书·序纪》开篇即云:"昔黄帝有子二十五人,或内列诸华,或外分荒服,昌意少子,受封北土,国有大鲜卑山,因以为号。其后,世为君长,统幽都之北,广漠之野,畜牧迁徙,射猎为业,淳朴为俗,简易为化,不为文字,刻木纪契而已,世事远近,人相传授,如史官之纪录焉。黄帝以土德王,北俗谓土为托,谓后为跋,故以为氏。"⑧

此说首次完整表述了拓跋起源的两个主要问题,明确以拓跋为黄帝后裔,以大鲜卑山为拓跋发祥地。因此,此说对学者们的吸引程度最高,围绕着此说的真实性所发表的讨论众多,聚讼纷纭,起伏消长。

---

① 马长寿:《乌桓与鲜卑》,桂林:广西师范大学出版社,2006年,第222页。
② 马长寿:《乌桓与鲜卑》,桂林:广西师范大学出版社,2006年,第3、26、230—231页。
③ 孙同勋:《拓跋氏的汉化》,台北:文盛印书馆,1965年,第1—2页。
④ 张书城:《拓跋魏系李陵之后小考》,《兰州大学学报(社会科学版)》1990年第2期;张书城:《拓跋鲜卑起源、形成与南迁年代考异》,《北朝研究》1993年第4期;崔明德:《李陵·拓跋氏·黠戛斯——兼论汉唐时期北方少数民族的寻根现象和认同心态》,《烟台大学学报(哲学社会科学版)》1995年第1期。
⑤ 于长春、谢力、张小雷、周慧、朱泓:《拓跋鲜卑和匈奴之间亲缘关系的遗传学分析》,《遗传》2007年第10期。
⑥ 孙进己:《鲜卑源流考》,《黑龙江文物丛刊》1982年第3期。
⑦ 李志敏:《嘎仙洞的发现与拓跋魏发祥地问题》,《中国史研究》2002年第1期。
⑧ 《魏书》卷一《序纪》,北京:中华书局,1974年,第1页。

对该说在族源上的观点，学术界存在截然不同的态度。一方表示赞同，认为绝非附会。陈棠栋、陆思贤从两件拓跋鲜卑的龙纹饰牌出发，论证拓跋鲜卑以"拓跋"为族名，是以龙为社神即地母神的形象，故"拓跋"也释义为"土后"或"后土"，成为地母大神黄帝的后裔①。金刚则从语言民族学的角度，考证"鲜卑"之称为复合词，义为"虎虎"，而"拓跋"则源于"鲜卑"之称的变体，论证了鲜卑（包括拓跋）作为轩辕黄帝之裔，同样为虎（狮）图腾的民族②。何光岳也认为拓跋氏"是黄帝的一支支系，决无可疑"③。另一方则认为不可信。白鸟库吉断言"此皆汉天子自许为天下之君主，汉民族自以同化大地万国人民为己任，出自国民的欲望之托辞耳"④，把拓跋氏为黄帝之后视做汉族强加的。内田吟风、姚薇元、马长寿、孙同勋表示拓跋为黄帝苗裔之说显属附会之说⑤，其真实性令人怀疑⑥，为绝对之伪造⑦。20世纪80年代以来的研究，则倾向于把该说视为北方民族心态、观念、行为发生重大转变时寻求理论支持的一种反映，认为《魏书·序纪》将拓跋先世远追到黄帝，与大多数北方民族将自己视为与中原汉人同宗同流的现象如出一辙，是北方民族自身基于某种政治需要而进行的虚构⑧。林幹⑨、杜士铎⑩、船木胜马⑪、张博泉⑫、川本芳昭⑬、姚大力⑭等均表现出这样的研究认识。张博泉系统地指出，"说拓跋鲜卑是黄帝少子昌意之后始均之裔，是受春秋战国以来华夷同源说的影响，而这种影响与'或在中国，或在夷狄'有关，同时与后来兴起的族为证明与华无异、都是先帝先王之后有关"，"变夷从夏、变外为内是他们的愿望，因而附是先帝先王后，以取得中国民族和中国皇帝，以及治先王之民，行先王之政，治先王土地的资格"，"是想充先帝先王之后得到中原皇帝的合法性，同时也是从认识上说明与汉族同为华夏的一种表现"。姚大力则认为《魏书·序纪》这段话显示了将拓跋部的先世史"嫁接"到中原古史的言说框架内的强烈倾向，是在汉文化观念的影响下，依托中原古史重构出来的，基本完成于北魏道武帝拓跋珪时期，证明了道武帝统治北中国的坚定意志。

---

① 陈棠栋、陆思贤：《鲜卑动物形装饰中反映的拓跋氏族源与祖源神话的创作》，《辽海文物学刊》1993年第2期。
② 金刚：《虎狮民族鲜卑源流（上、下）》，《满语研究》2003年第1、2期。
③ 何光岳：《东胡源流考》，南昌：江西教育出版社，2004年，第78页。
④ [日]白鸟库吉著，方壮猷译：《东胡民族考》，上海：商务印书馆，1934年，第121页。
⑤ [日]内田吟风：《魏書序紀特にその世系記事に就て——志田不動麿学士〈代王世系批判〉を読む》，（日本）《史林》第22卷第3號，1937年；后收入同氏著《北アジア史研究·鮮卑柔然突厥篇》，京都：同朋舎，1975年，第97页。姚薇元：《北朝胡姓考（修订版）》，北京：中华书局，2007年，第4页。
⑥ 马长寿：《乌桓与鲜卑》，桂林：广西师范大学出版社，2006年，第222页。
⑦ 孙同勋：《拓跋氏的汉化》，台北：文盛印书馆，1965年，第3页。
⑧ 温淑清：《北魏、北周、唐时期追祖李陵现象述论——以"拓跋鲜卑系李陵之后"为中心》，《民族研究》2007年第3期。
⑨ 林幹：《东胡史》，呼和浩特：内蒙古人民出版社，2007年，第81页。
⑩ 杜士铎主编：《北魏史》，太原：山西高校联合出版社，1992年，第43页。
⑪ [日]船木勝馬：《古代遊牧騎馬民の国：草原から中原へ》，東京：誠文堂新光社，1989年，第176—177页。
⑫ 张博泉：《鲜卑族属源流研究》，《鲜卑新论 女真新论》，长春：吉林文史出版社，1993年，第31、40页；张博泉：《乌桓山、鲜卑山、大鲜卑山考略》，《鲜卑新论 女真新论》，第57页。
⑬ [日]川本芳昭：《魏晋南北朝時代の民族問題》，東京：汲古書院，1998年，第368页。
⑭ 姚大力：《论拓跋鲜卑部的早期历史——读〈魏书·序纪〉》，《复旦学报（社会科学版）》2005年第2期。

《魏书》不仅提出拓跋的发祥地是"大鲜卑山",还为大鲜卑山的位置提供了一个标志物——石室。《魏书·礼志》记载:"魏先之居幽都也,凿石为祖宗之庙于乌洛侯国西北。自后南迁,其地隔远。真君中,乌洛侯国遣使朝献,云石庙如故,民常祈请,有神验焉。其岁,遣中书侍郎李敞诣石室,告祭天地,以皇祖先妣配。"①《魏书·乌洛侯传》更记载了鲜卑石室的细节情况:"世祖真君四年来朝,称其国西北有国家先帝旧墟,石室南北九十步,东西四十步,高七十尺,室有神灵,民多祈请。世祖遣中书侍郎李敞告祭焉,刊祝文于室之壁而还。"②因而,"大鲜卑山"和"石室"成了研究拓跋发祥地的直接和关键线索。长期以来,对"大鲜卑山"位置的考证有大兴安岭说、外兴安岭说、贝加尔湖附近伊尔库斯克一带说等,对"石室"位置的考证有额尔古纳河流域说、贝加尔湖附近说、嫩江和额尔古纳河之间的大兴安岭山脉之内说、在嫩江流域而靠近大兴安岭说等③。对发祥地最为集中的推断是大兴安岭,并以马长寿的大兴安岭北段说④影响最大。

1980年,米文平在大兴安岭北段的嘎仙洞发现北魏太平真君四年祝文刻石,还对嘎仙洞进行了试掘⑤;随后发表论文《鲜卑石室的发现与初步研究》,对石刻祝文进行释读,并与《魏书·礼志》所记载的祝文进行比对,认为"石壁上镌刻之祝文,与《魏书》记载的内容基本相符,只是字句稍有出入","石刻祝文的发现,确凿地证实了嘎仙洞即拓跋鲜卑祖先居住的旧墟石室。因而我们有足够的理由可以作出结论:历史学界长期没有解决的大鲜卑山的所在,不言而喻,当然就在这一带","可以说,嘎仙洞一带地方,就是鲜卑族的发源地"⑥。他还以鲜卑石室所在的嘎仙洞为坐标,考证了大鲜卑山、大泽、乌洛侯、地豆于、难水、室韦等的所在方位⑦。

米文平的发现与研究不仅为马长寿的说法提供了实证,而且很快引起历史和考古学界的关注和好评。1981年,佟柱臣指出嘎仙洞石刻"不仅为拓跋鲜卑的起源地提出了准确的地理座标,也为阐明东胡族系的分布,提供了新的证据"⑧。1982年,干志耿、孙秀仁将刻石祝文誉为近代鲜卑学形成和发展"第四阶段的里程碑","由此,确定了大鲜卑山即为今大兴安岭,鲜卑石室即今嘎仙洞,鲜卑发源地即在此地区,确定无疑地证实了《魏书》记载的真实性,在鲜卑学的文献与考古相结合的历程中又飞跃了一大步"⑨。1982年,王承礼、张忠培、林沄、方起东评价说,"这一发现不但为研究拓跋鲜卑早期历史和多民族祖国的历史补充了重要资料,也为研究东北历史地理和古代民族分布提供了一个崭新的、鲜

---

① 《魏书》卷一〇八《礼志一》,北京:中华书局,1974年,第2738页。
② 《魏书》卷一〇〇《乌洛侯传》,北京:中华书局,1974年,第2224页。
③ 米文平:《鲜卑石室的发现与初步研究》,《文物》1981年第2期;米文平:《鲜卑石室所关诸地理问题》,《民族研究》1982年第4期。
④ 马长寿:《乌桓与鲜卑》,桂林:广西师范大学出版社,2006年,第223页。
⑤ 呼伦贝尔盟文物管理站:《鄂伦春自治旗嘎仙洞遗址1980年清理简报》,《内蒙古文物考古文集》第二辑,北京:中国大百科全书出版社,1997年,第444—452页。
⑥ 米文平:《鲜卑石室的发现与初步研究》,《文物》1981年第2期。
⑦ 米文平:《鲜卑石室所关诸地理问题》,《民族研究》1982年第4期。
⑧ 佟柱臣:《嘎仙洞拓跋焘祝文石刻考》,《历史研究》1981年第6期。
⑨ 干志耿、孙秀仁:《关于鲜卑早期历史及其考古遗存的几个问题》,《民族研究》1982年第1期。

明的座标,是东北考古学一项令人振奋的突破"①。1982年,王世民认为1981年少数民族和边境地区的考古研究成果"以在大兴安岭北部山区找到的鲜卑旧墟石室最为难能可贵,使我国北方少数民族史上一大疑难——鲜卑族的发源地问题得到了彻底的解决"②。1982年,谭其骧主编的《中国历史地图集》吸收米文平的观点,新增了鲜卑石室和大鲜卑山的标注,乌洛侯、地豆于等方位也据以修订③。1982年,陈连开赞誉道,"这一发现,不仅解答了史学上一个千古之谜,也不只是为鲜卑史研究提供了一个重要遗址,还为研究黑龙江流域历史地理确立了一个关键座标","确实是鲜卑史研究的一座丰碑"④。1983年,曹熙认同嘎仙洞就是鲜卑族祖先居住过的旧墟石室,进而认为古籍中记载的"幽都"就是嘎仙洞⑤。1984年,宿白据鲜卑石室的发现,认为起码在5世纪中期相传的拓跋鲜卑故地在今天的嫩江上游一带⑥。1985年,夏鼐肯定鲜卑石室的发现"解决了鲜卑族的发源地问题"⑦。1987年,曹永年认为"1980年嘎仙洞李敞祝文石刻的发现,证实大兴安岭北段地区就是拓跋先人生息之'幽都'。有了这样一个准确的地理座标,宣帝南迁之'大泽'为呼伦贝尔草原上的呼伦湖,殆可成为定论;而扎赉诺尔和完工的古墓葬之为拓跋鲜卑的遗存,亦似可确定下来"⑧。1988年,肖黎评价曰:"我国考古工作者在大兴安岭嘎仙洞找到了鲜卑石室,并发现了石刻祝文,这就为拓跋鲜卑的发源地和其远祖的口碑史料的可信性提供了重要的依据。"⑨

自20世纪80年代后半期以来,质疑米文平观点的意见渐多。1988年,中国台湾学者康乐最早提出异议,他认为根据目前所得资料,顶多只能说嘎仙洞是5世纪时的拓跋人所认为的祖先原居地;就算拓跋人的祖先曾经在此山洞停留过,也不能就此认定这就是拓跋鲜卑的"发源地",因为他们还可能是从别处迁徙过来的;鲜卑人最早起源于西伯利亚的说法并非毫无可能⑩。90年代以后,大陆学者也开始明确地表示不同看法。1991年,陶克涛在最初发表的论文里以较为和缓的行文提出质疑,认为嘎仙洞是真的,刊刻在洞内的"祝文"也是真的,而所谓"祖宗之庙",并因此而推定这里就是拓跋人的起源地,却是可疑的⑪。此文1997年纳入他专著之中,否定的用语变得格外鲜明,将"可疑的"改为"不实

---

① 王承礼、张忠培、林沄、方起东:《东北考古的主要收获》,《东北考古与历史》第1辑,北京:文物出版社,1982年,第3页。
② 王世民:《一九八一年的中国考古研究》,《考古》1982年第5期。
③ 谭其骧主编:《中国历史地图集》,第二册第40—41、67页标注"大鲜卑山",第四册第3—4、17—18、19—20、21—22页标注"石室",北京:地图出版社,1982年;谭其骧主编:《〈中国历史地图集〉释文汇编·东北卷》,北京:中央民族学院出版社,1988年,第56—59页;米文平:《鲜卑石室寻访记》,济南:山东画报出版社,1997年,第66页。
④ 陈连开:《鲜卑史研究的一座丰碑》,《民族研究》1982年第6期。
⑤ 曹熙:《〈楚辞〉中的鲜卑与幽都考》,《齐齐哈尔师范学院学报》1983年第4期。
⑥ 宿白:《"鲜卑"考古的提出和近期的发展》,(日本)橿原考古学研究所纪要《考古學論攷》第10册,奈良县立橿原考古学研究所,1984年,第1—5页。
⑦ 夏鼐:《中国文明的起源》,北京:文物出版社,1985年,第16页。
⑧ 曹永年:《早期拓跋鲜卑的社会状况和国家的建立》,《历史研究》1987年第5期。
⑨ 肖黎:《对历史研究热点的思考》,《光明日报》1988年12月7日第3版。
⑩ 康乐:《鲜卑石室的发现》,(台湾)《历史月刊》第5期,1988年;康乐:《从西郊到南郊——国家祭典与北魏政治》,台北:稻禾出版社,1995年,第5页。
⑪ 陶克涛:《论嘎仙洞刻石》,《民族研究》1991年第6期。

的",指出视嘎仙洞为拓跋的"祖宗之庙",实在是不伦不类,并认为"大鲜卑山"就是鲜卑山,是被魏收妄加一"大"字而已,鲜卑山本身就是未知数,所在地不易确定,任何试图论定拓跋人源于大兴安岭,嘎仙洞就是他们的"祖庙"云云,都是太过迂执而上了魏收的当①。1993年,张博泉认为"以发现的嘎仙洞中的北魏刻石为据断定为拓跋鲜卑的'祖宗之庙'和起源地,依我看就是在文献与考古结合上,忽视了对文献记载的真伪考证,以误为真而得出的看法,至少这种看法是应当商榷的"②。1998年,郑君雷认为"嘎仙洞祝文只能说明早期拓跋鲜卑在这一地区活动过,并不能证明其起源地就在这里"③。2002年,李志敏认为嘎仙洞所发现的文物除拓跋鲜卑自己派人在洞壁上所镌刻的"石刻祝文"外,全然与东胡鲜卑以及拓跋鲜卑毫无联系;据"石刻祝文"则知拓跋魏的"先帝旧墟石室"之说源自乌洛侯神话传说,并不始于本民族;鄂尔多斯高原才是拓跋鲜卑实际的发祥地④。2006年,杨军认为在没有发现相应的考古学文化之前,就盲目相信乌洛侯人的传闻,断定嘎仙洞就是大鲜卑山附近的拓跋鲜卑原居住地,显然是粗率的,但嘎仙洞附近的遗存也许真的可以证明拓跋鲜卑曾生活在这里⑤。2012年,吴松岩认为"嘎仙洞所处的大兴安岭北段地区,一定与其起源发展有着千丝万缕的联系,但如果将拓跋鲜卑的起源仅仅认定在嘎仙洞,就将这个民族起源发展的历史简单化了"⑥。2013年,罗新将北魏太武帝时期派人拜祭"鲜卑旧墟石室"看作嘎仙洞的第一次发现,把米文平等找到北魏铭文看作是嘎仙洞的第二次发现,然后从民族起源史研究中普遍存在方法论陷阱的角度,探讨嘎仙洞从历史想象获得历史真实性的过程,认为"嘎仙洞的第一次发现,不能用作三百年前拓跋先世历史的可靠史料,因为这个史料本身,就是为了现实服务的历史想象"⑦。

(五) 北 夷 说

此说出现时间最晚,是当代学者从东夷说中进一步分化出来的一种认识。王钟翰主编《中国民族史》分析道:

> 或谓鲜卑先世似与九夷中的白夷有关,属于东夷北支系统。从拓跋鲜卑称东部鲜卑为白部,氐人称慕容鲜卑为白虏,均可印证此点。《晋书·慕容廆载记》提到慕容氏的祖先"世居北夷,邑于紫蒙之野,号曰东胡"。《十六国春秋·前燕录》指出:"以君北夷,世居辽左,号曰东胡。秦汉之际为匈奴所败,分保鲜卑山,因复以为号。"

---

① 陶克涛:《毡乡春秋·拓跋篇》,呼和浩特:内蒙古人民出版社,1997年,第196、207、70页。
② 张博泉:《嘎仙洞刻石与对拓跋鲜卑史源的研究》,《黑龙江民族丛刊》1993年第1期;张博泉:《嘎仙洞刻石与对鲜卑历史的研究》,《鲜卑新论 女真新论》,长春:吉林文史出版社,1993年,第68页。
③ 郑君雷:《早期东部鲜卑与早期拓跋鲜卑族源关系概论》,《青果集——吉林大学考古系建系十周年纪念文集》,北京:知识出版社,1998年,第315页。
④ 李志敏:《嘎仙洞的发现与拓跋魏发祥地问题》,《中国史研究》2002年第1期。
⑤ 杨军:《拓跋鲜卑早期历史辨误》,《史学集刊》2006年第4期。
⑥ 吴松岩:《嘎仙洞考古发现意义的再思考》,《边疆考古研究》第12辑,北京:科学出版社,2012年,第283—290页。
⑦ 罗新:《民族起源的想像与再想像——以嘎仙洞的两次发现为中心》,《文史》2013年第2辑。

都说明东部鲜卑是北夷(或东夷、东北夷)的一支,很可能是《竹书纪年》所记九夷中的白夷,留下了尚白的习俗,故被沿称为白部或白房。但据东汉服虔云,"山戎,盖今鲜卑",说明鲜卑由东胡上溯,其先当为山戎,而后融合于东胡。……从上述可知,最初的鲜卑部落可能是源于山戎和东夷北支的白夷等。根据各部落发源地区和同其他部落融合情况,大致可分为东部鲜卑和北部鲜卑,后又在两者基础上演化出西部鲜卑。东部鲜卑起源于内蒙古自治区东部的鲜卑山,即今科尔沁右翼中旗西哈勒古河附近的大罕山,亦即辽东塞外之鲜卑山,……北部鲜卑在大鲜卑山,即今大兴安岭北段。……北部鲜卑主要是指拓跋鲜卑。①

王钟翰的说法是意图糅合东夷说和东胡说,先根据《晋书·慕容廆载记》和《十六国春秋·前燕录》论证东部鲜卑是北夷的一支,进而扩展出最初的鲜卑源于山戎和东夷北支的白夷等,并认同各部鲜卑(包括拓跋)是同源的。王钟翰在"北夷"一词的使用上,未能脱离"东夷"的涵盖,字里行间可见用"东夷""东北夷""东夷北支"等词汇来表达与"北夷"相同的意思。温玉成则鲜明地将拓跋作为北夷,且不将北夷与东胡混在一起。他依据《晋书·武帝纪》太康六年四月的记载"参离四千余落内附",认为"参离"即"索离",就是归附幽州刺史卫瓘的拓跋力微各部;从而认为拓跋部不是鲜卑人,而是起源于黑龙江北岸的北夷索离国,分布于精奇里江沿岸,与夫余有密切关系;直到第二次南下进入匈奴故地后,拓跋才自谓鲜卑②。

在汇总以上诸说的基础上,我们试图加以检讨和有所筛选。

东夷说出现最早,但在古代响应者甚少。现当代学者重拾此论,基本上是从历史语言学的角度来研究。由吕思勉、王献唐到李德山的连环论证建立在一条很长的音转链条之上,每一环节并非毫无疑问;即便音转角度说得通,从民族的角度讲,由郯娄到析支再到鲜卑的转变本质上是由东夷到西戎再到东胡的转变;从历史地理的角度讲,由郯娄到析支再到鲜卑的转变意味着鲜卑的先祖曾从华东迁到西北后又迁到东北③。太多的不确定性使东夷说的立论基础非常脆弱。北夷说的出现是东夷说的一种衍生,立足点是文献中片断记载之间似有似无的联系,难以确信。

匈汉杂种说是在南北朝对立的特殊背景下出现的。南朝史书将拓跋作为投降匈奴的汉将李陵的后裔,马长寿指出"这种说法,只是代表南朝士大夫一种臆想"④,可信度不高。但脱离这种与具体历史人物的比附,我们并不能完全否定拓跋与匈奴之间存在的亲缘关系。换句话说,我们在研究拓跋形成的过程中,要重视匈奴文化因素所起的作用。

东胡说和黄帝后裔说是影响最大的两个说法。鲜卑在东汉以前和中原王朝是没有接

---

① 王钟翰主编:《中国民族史》,北京:中国社会科学出版社,1994年,第183—184页。
② 温玉成:《论拓跋部源自索离》,《新疆师范大学学报(哲学社会科学版)》2012年第6期;温玉成:《嘎仙洞遗迹考察》,《中国国家博物馆馆刊》2011年第10期。
③ 慕容浩:《"鲜卑"族名与山名关系初探》,《北方经济》2005年第9期。
④ 马长寿:《乌桓与鲜卑》,桂林:广西师范大学出版社,2006年,第222页。

触的,东汉光武帝"(建武)二十五年(49年),鲜卑始通驿使"①。鲜卑在东汉继匈奴而兴起,叱咤风云,引起汉人瞩目,开始关注其根源。从现存时代确切的史料看,三国时南、北方形成了对鲜卑起源不同的认识,南方是以东吴韦昭为代表的东夷说,北方则是以曹魏王沈为代表的东胡说。黄帝后裔说实际上是东胡说的翻版。十六国时期,北方胡族君主为与东晋南朝争正统,纷纷标榜自己是三皇五帝的后裔,其中慕容氏追祖有熊氏②。南朝刘宋裴骃撰《史记集解》引徐广曰:"(黄帝者)号有熊。"③这样看来,拓跋以黄帝为先祖,和慕容鲜卑所认的祖先有熊氏是相同的。而在发祥地上,《魏书·序纪》所称拓跋的"大鲜卑山"明显有模仿鲜卑的"鲜卑山"的痕迹。因此,此二说的内涵是基本相同的。

从考古学探索拓跋起源的可操作性而言,东胡说和黄帝后裔说提供的信息最为重要。一是拓跋认为与鲜卑(包括慕容)同源,那么鲜卑之源的东胡与拓跋的关系,就是解决拓跋起源不能回避的问题。二是"大鲜卑山"的命名虽然模仿自"鲜卑山",但给出了可供探索的地域;研究者多认为"大鲜卑山"在大兴安岭北段的可能性大,那么此地段及其周边的呼伦贝尔地区、嫩江流域,以至于"鲜卑山"可能所在的大兴安岭南段④及其附近的西拉木伦河流域,都是需要关注的范围。

拓跋起源问题并不简单,不只是一两个表象问题,而有着很深的关联性,牵扯到鲜卑、东胡的形成,以及中国北方草原游牧文化如何演变的大背景,必须逐步来完成。本章将从学术界已经形成的焦点入手,首先对与拓跋起源直接相关的考古遗存开展研究,即以呼伦贝尔地区汉晋时期的相关遗存作为研究对象。这与其中两处遗存颇为引人注目有关。一处是被视为拓跋发祥地的嘎仙洞遗址,在前文已有较多叙介。另一处是满洲里市的扎赉诺尔圈河墓地⑤,被认为属于拓跋鲜卑早期遗存。1959年,内蒙古文物工作队郑隆等在扎赉诺尔圈河发掘古墓群,1960年再次发掘,并在1961年及时发表了调查记⑥和发掘简报⑦。关于扎赉诺尔圈河墓地的族属,郑隆的意见是"应属于东汉末鲜卑族的一支"⑧。但这一认识在考古界并未很快得到认同。1961年,黄展岳提出另一种意见,认为"属于较典型的匈奴文化遗物"⑨。1964年,安志敏认为"还没有足够的证据得出属于鲜卑人的论点,也不能肯定属于匈奴人"⑩。直到1977年,宿白推测扎赉诺尔圈河墓群"大约是拓跋

---

① 《后汉书》卷九〇《乌桓鲜卑传》,北京:中华书局,1965年,第2985页。
② 《晋书》卷一〇八《慕容廆载记》,北京:中华书局,1974年,第2803页。
③ 《史记》卷一《五帝本纪》,北京:中华书局,1959年,第2页。
④ 陈连开:《鲜卑山考》,《社会科学战线》1982年第3期。
⑤ 郑隆:《内蒙古扎赉诺尔古墓群调查记》,《文物》1961年第9期;内蒙古文物工作队:《内蒙古扎赉诺尔古墓群发掘简报》,《考古》1961年第12期;王成:《扎赉诺尔圈河古墓清理简报》,《北方文物》1987年第3期;陈凤山、白劲松:《内蒙古扎赉诺尔鲜卑墓》,《内蒙古文物考古》1994年第2期;内蒙古文物考古研究所:《扎赉诺尔墓群1986年清理发掘报告》,《内蒙古文物考古文集》第一辑,北京:中国大百科全书出版社,1994年,第369—383页。
⑥ 郑隆:《内蒙古扎赉诺尔古墓群调查记》,《文物》1961年第9期。
⑦ 内蒙古文物工作队:《内蒙古扎赉诺尔古墓群发掘简报》,《考古》1961年第12期。
⑧ 内蒙古文物工作队:《内蒙古扎赉诺尔古墓群发掘简报》,《考古》1961年第12期。
⑨ 中国科学院考古研究所:《新中国的考古收获》,北京:文物出版社,1961年,第88、135页。
⑩ 安志敏:《关于内蒙古扎赉诺尔古墓群的族属问题》,《文物》1964年第5期。

祖先推寅(宣帝)'南迁大泽方千余里,厥土昏莫沮洳'前后的遗迹"①。1979年,李逸友又进一步论证扎赉诺尔圈河古墓为东汉时期的拓跋鲜卑遗迹②。此后,由郑、宿、李逐步完善的观点才为人普遍接受。

以嘎仙洞遗址、扎赉诺尔圈河墓地为中心,对其附近的遗存进行更多的深入分析,是探索拓跋起源问题的直接线索。除这两处遗存外,呼伦贝尔地区还有其他九处两汉至魏晋时期遗存的资料被公布,包括陈巴尔虎旗完工墓地③、鄂温克族自治旗伊敏车站墓地④、孟根楚鲁墓葬(含孟根楚鲁北M1、白云乌拉墓地两处)⑤、二道沟墓葬⑥、额尔古纳右旗拉布达林墓地⑦、七卡墓地⑧,新巴尔虎旗伊和乌拉墓地⑨,海拉尔区团结墓地⑩等,都是墓葬。这十一处遗存中,十处墓葬均在大兴安岭西侧,唯有嘎仙洞遗址在大兴安岭东麓。

第二节 呼伦贝尔地区汉晋时期墓葬的分组与演变关系

族源和发祥地,是两个具有逻辑关系的问题,即族源决定发祥地,只有先解决族源问题,才能明确发祥地。因此,我们首先围绕着大兴安岭西侧的十处墓葬来探寻拓跋族源的可能来源,而把涉及发祥地问题的嘎仙洞放在后一阶段探讨。

根据文化来源与组成的不同,上述十处墓葬可分为五组。本节将分析各组的文化因素和来源,并与相关的考古学文化进行比较,借助已有研究在年代判断上所取得的成果作为参照,从而建立起各组间的发展演变关系,为进一步确定文化来源的主脉奠定基础。

(一) 完 工 组

包括完工、伊敏车站等处墓葬。

---

① 宿白:《东北、内蒙古地区的鲜卑遗迹——鲜卑遗迹辑录之一》,《文物》1977年第5期。
② 李逸友:《扎赉诺尔古墓为拓跋鲜卑遗迹论》,《中国考古学会第一次年会论文集》,文物出版社,1980年,第328—331页。
③ 潘行荣:《内蒙古陈巴尔虎旗完工索木发现古墓葬》,《考古》1962年第11期;内蒙古自治区文物工作队:《内蒙古陈巴尔虎旗完工古墓清理简报》,《考古》1965年第6期。
④ 程道宏:《伊敏河地区的鲜卑墓》,《内蒙古文物考古》总第2期,1982年。
⑤ 程道宏:《伊敏河地区的鲜卑墓》,《内蒙古文物考古》总第2期,1982年。
⑥ 赵玉明:《鄂温克旗二道沟墓葬调查清理简报》,《呼伦贝尔文物》总第五期,2000年。
⑦ 赵越:《内蒙古额右旗拉布达林发现鲜卑墓》,《考古》1990年第10期;内蒙古文物考古研究所、呼伦贝尔盟文物管理站、额尔古纳右文物管理所:《额尔古纳右旗拉布达林鲜卑墓群发掘简报》,《内蒙古文物考古文集》第一辑,北京:中国大百科全书出版社,1994年,第384—396页。
⑧ 呼伦贝尔盟文物管理站、额尔古纳右旗文物管理所:《额尔古纳右旗七卡鲜卑墓清理简报》,《内蒙古文物考古文集》第二辑,北京:中国大百科全书出版社,1997年,第457—460页。
⑨ 呼伦贝尔盟文物管理站:《新巴尔虎旗伊和乌拉鲜卑墓》,《内蒙古文物考古文集》第二辑,北京:中国大百科全书出版社,1997年,第453—456页。
⑩ 陈凤山、殷焕良、白劲松、李明忠:《呼伦贝尔市团结墓地》,《内蒙古地区鲜卑墓葬的发现与研究》第一章,北京:科学出版社,2004年,第3—15页。

完工位于海拉尔河南岸,东距海拉尔区约60公里,其西南约0.5公里处发现一处墓地。1958年在该处发现人骨架和马骨架,1961年发现两座墓葬,1963年又发现4座墓葬(编号分别为M1A、M1B、M2、M3,M1A、1B实际为同一座墓,M1A是M1B的二层台)。这几座墓葬的基本形制均是长方形竖穴土坑墓,葬具为木棺,实行多人葬,殉葬马、牛、狗;随葬品中,陶器有鬲、罐、壶和三耳鸭形器等,石器有刮削器、镞、璜等,骨器有镞、锥、珠、鸣镝、弧状器、长条形器、牛角形器、尖状器及饰片等,铜器有带饰、带扣、扣、铃、环等,铁器有刀、环、带扣等,金银器有金片饰、银耳坠、银碗等,蚌器有蚌饰、贝饰、小海螺等,玉石器有绿松石饰、白石饰、滑石饰、玛瑙饰、珊瑚枝饰等,桦皮器有器皿底盖等,漆器残片在桦树皮外涂朱漆并绘黑色花纹,另发现丝绸、麻布、皮带、皮革等。

伊敏车站位于伊敏河左岸,1979年在其西北0.5公里处清理墓葬4座。由于破坏较甚,形制不详,实行单人葬,殉葬马、羊、狗的头、蹄;随葬品有陶壶、铁马衔、铜饰针、铜扣、银扣、骨镞、海贝、串珠等。M4中出土双耳红衣陶壶一件,在完工63M1B中有类似陶壶发现。这些墓葬所出的海贝、骨镞、铜扣等也与完工墓葬大致相同。因此,伊敏车站墓葬应与完工墓葬的文化性质相近,归为同组墓葬。

本组墓葬所出陶器主要分为二群,分别反映平洋文化和匈奴文化的因素①。

第一群 反映平洋文化因素的陶器。

平洋文化的代表性遗存是平洋墓葬(包括砖厂和战斗两个墓地),其他内涵相同的有黑龙江齐齐哈尔市的三家子和东土岗、黑龙江杜尔伯特县官地、吉林通榆县兴隆山墓葬、吉林松原市后土木墓葬,以及黑龙江富裕县小登科、齐齐哈尔市老龙头、吉林大安市东山头的部分墓葬等②。该文化的年代下限至少已进入到西汉时期③。

长颈壶:鼓腹,平底。依颈部和耳部差异,可分为二型。

A型 斜直颈,无耳。如完工1961年墓葬出土1件(图1-1:1)以及63M1B:62(图1-1:2)。砖厂墓地M111(图1-1:3)、兴隆山墓葬(图1-1:4)出有相似陶壶。

B型 竖直颈,肩部有横双耳,器表施红陶衣。如完工63M1B:72(图1-1:5),以及伊敏车站墓葬出土的1件(图1-1:6),具有与三家子采:5(图1-1:7)一样的特点。

短颈罐:曲颈,侈口,无耳,平底。依腹部差异,可分为二型。

---

① 潘玲:《完工墓地的文化性质和年代》,《考古》2007年第9期。该文中,潘玲认为完工墓葬既有汉书二期文化的因素,又有西汉匈奴文化的因素。这里所指的汉书二期文化,从文中所举的例证看,实际上属于通常所认为的平洋文化。而且,潘玲主张将平洋文化、汉书二期文化视为同一文化(潘玲、林沄:《平洋墓葬的年代与文化性质》,《边疆考古研究》第1辑,北京:科学出版社,2002年,第194—203页)。

② 张伟:《松嫩平原战国两汉时期文化遗存研究》,《北方文物》2005年第4期。相关遗存的出处分别是:黑龙江省文物考古研究所:《平洋墓葬》,北京:文物出版社,1990年;黑龙江省博物馆、齐齐哈尔市文管站:《齐齐哈尔市大道三家子墓葬清理》,《考古》1988年第12期;齐齐哈尔市文物管理站:《黑龙江省齐齐哈尔市东土岗青铜时代墓葬清理简报》,《北方文物》2002年第3期;黑龙江省博物馆:《嫩江下游左岸考古调查简报》,《考古》1960年第4期;赵善桐:《黑龙江官地遗址发现的墓葬》,《考古》1965年第1期;中澍、相伟:《通榆县兴隆山鲜卑墓清理简报》,《黑龙江文物丛刊》1982年第3期;郑新城:《吉林松原市后土木村发现古代墓葬》,《考古》1999年第4期;张泰湘、曲炳仁:《黑龙江省富裕县小登科出土的青铜时代遗物》,《考古》1984年第2期;黑龙江省文物考古研究所:《黑龙江小登科墓葬及相关问题》,《北方文物》1986年第2期;吉林省博物馆:《吉林大安东山头古墓葬清理》,《考古》1961年第8期等。

③ 潘玲、林沄:《平洋墓葬的年代与文化性质》,《边疆考古研究》第1辑,北京:科学出版社,2002年,第202页。

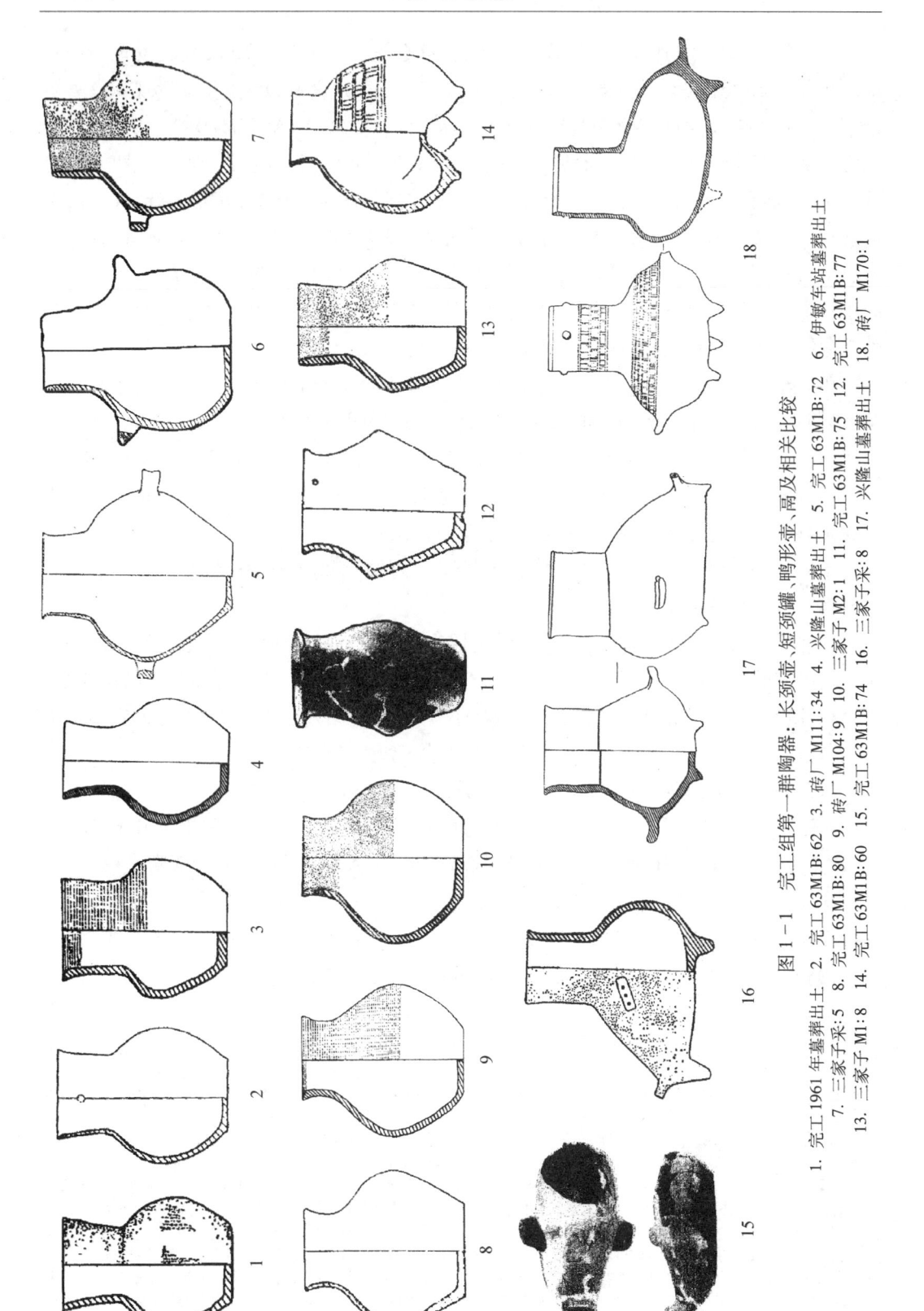

图 1-1 完工组第一群陶器：长颈壶、短颈罐、鸭形壶、扁及相关比较

1. 完工 1961 年墓葬出土 2. 完工 63M1B:62 3. 完工 63M1B:80 4. 砖厂 M111:34 5. 兴隆山墓葬出土 6. 伊敏车站墓葬出土
7. 三家子采:5 8. 三家子 M1:8 9. 砖厂 M104:9 10. 三家子 M2:1 11. 完工 63M1B:75 12. 完工 63M1B:77
13. 完工 63M1B:74 14. 完工 63M1B:60 15. 完工 63M1B:72 16. 三家子采:8 17. 兴隆山墓葬出土 18. 砖厂 M170:1

A型 横鼓腹。如完工 63M1B:80(图 1-1:8)与砖厂 M104:9(图 1-1:9)、三家子 M2:1(图 1-1:10)特点相同。

B型 折腹。如完工 63M1B 出土三件,两件完整的为 63M1B:75(图 1-1:11)和 63M1B:77(图 1-1:12),与三家子 M1:8(图 1-1:13)的折腹特点相近。

鸭形壶:如完工 63M1B:74(图 1-1:15),与三家子采:8(图 1-1:16)、兴隆山墓葬出土的 1 件(图 1-1:17)、砖厂 M170:1(图 1-1:18)相似。

鬲:如完工 63M1B:60(图 1-1:14),小口,肩至上腹部饰篦点格形纹,形体较高瘦,形制上与平洋墓葬出土的形体矮胖的大口鬲迥异,但在纹饰上,则与砖厂 M170:1 鸭形壶(图 1-1:18)的纹饰很相近①。

在以上例证中,通榆兴隆山墓葬出土九枚五铢钱,皆为汉武帝时铸造,简报撰写者由此判断该墓的年代可能是西汉中晚期②。汉武帝时期属于西汉中期,把该墓年代定得较晚一些,大概是考虑了五铢钱使用时间会较长的因素。以此墓为基点,可推证其他出土相似平洋文化陶器的墓葬,包括完工组墓葬,年代也相当于西汉中晚期。因此,完工组第一群陶器反映的是西汉中晚期阶段平洋文化的特点。

第二群 反映匈奴文化因素的陶器。

完工墓葬出土两件长颈陶壶和两件短颈陶罐,以器表饰竖向摩擦暗纹,肩部饰弦纹、波浪纹或戳印纹为特征(图 1-2:2、5、8、9)。在外贝加尔地区的匈奴文化遗存中,具有这种纹饰特征的陶器较常见,伊沃尔加墓地和德列斯图依墓地可见到与完工这四件陶器几乎相同的器形(图 1-2:1、3、4、7);伊沃尔加城址和墓地的很多陶器底部有印记(图 1-2:6),其形状与风格同完工 1961 年墓葬出土那件短颈陶罐底部的印记相似(图 1-2:5)③。基于对完工组墓葬年代的推定,可认为第二群陶器反映的是西汉中晚期外贝加尔地区匈奴文化的特点。

(二)拉布达林组

以拉布达林墓葬为代表。

拉布达林墓葬分布在根河南岸拉布达林镇小西山的东南坡上,1987 年调查、清理 3 座墓葬,1992 年再次发掘墓葬 24 座。这些墓葬的基本形制均是长方形竖穴土坑墓,多数设有葬具,以木棺为主,有的墓葬在墓坑上覆盖石板,流行单人葬,殉葬马、牛、羊、猪的头、蹄;随葬品中,陶器有罐、壶、尊、钵、碗等器形,桦皮器有罐、壶、筒、弓囊、箭囊、人形饰和明器等,骨器有镞、珥、扣、弓把、刀把、锥、针、簪、带孔板、弧形器、钻孔羊距骨、喇叭状角饰、鸣镝、管形饰等,铜器有镜、铃、扣、镞、镯、环、饰件、"大泉五十"钱等,铁器有棺钉、环、带扣、镞、刀、矛、马衔等,金器有耳坠,石器有镞,玉石器有绿松石饰、玛瑙饰、滑石饰等,蚌器有管形饰,另外还有木制品、丝织物、毛毡等。

---

① 潘玲:《完工墓地的文化性质和年代》,《考古》2007 年第 9 期。
② 中澍、相伟:《通榆县兴隆山鲜卑墓清理简报》,《黑龙江文物丛刊》1982 年第 3 期。
③ 潘玲:《完工墓地的文化性质和年代》,《考古》2007 年第 9 期。

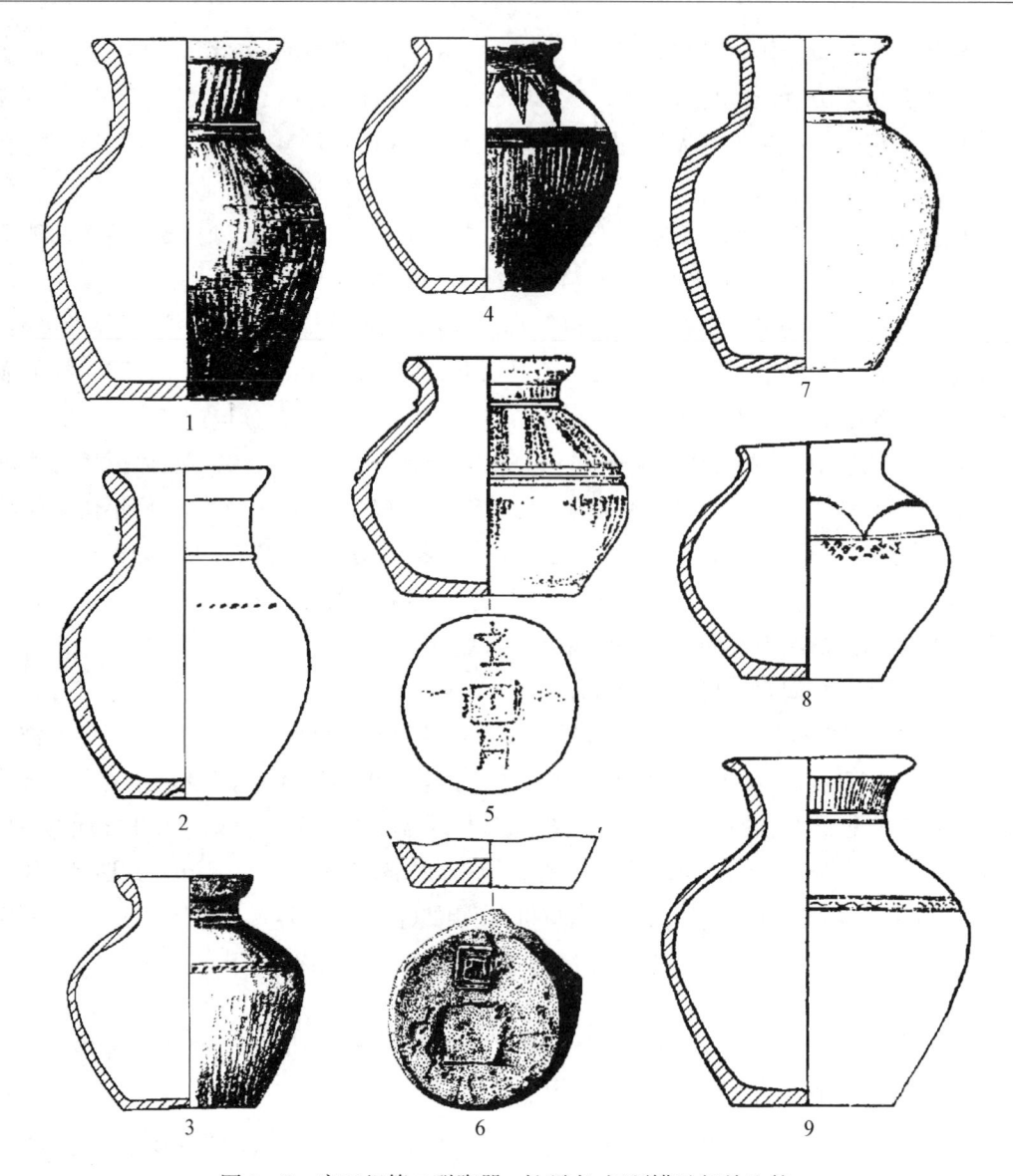

图 1-2　完工组第二群陶器：长颈壶、短颈罐及相关比较

1. 伊沃尔加 M211 出土　2. 完工 61M 出土　3. 伊沃尔加 M183 出土
4. 伊沃尔加 M119 出土　5. 完工 61M 出土　6. 伊沃尔加 F38 出土
7. 德列斯图依 M16 出土　8. 完工 63M1B:71　9. 完工 63M1B:61
（引自潘玲：《完工墓地的文化性质和年代》图三，《考古》2007 年第 9 期）

本组遗存所出陶器的主体反映的是红马山文化的要素，应属红马山文化的范畴。据研究，目前归为红马山文化的遗存包括大兴安岭东侧嫩江中游黑龙江讷河市境内的二克浅晚期墓葬①、库勒浅晚期墓葬②、红马山遗址、兔子地遗址，以及嫩江县境内的铁古拉遗

---

① 安路、贾伟明：《黑龙江讷河二克浅墓地及其问题探讨》，《北方文物》1986 年第 2 期；黑龙江省文物考古研究所：《黑龙江讷河市二克浅青铜时代至早期铁器时代墓葬》，《考古》2003 年第 2 期。
② 黑龙江省文物考古研究所：《黑龙江讷河市库勒浅青铜至早期铁器时代墓葬》，《考古》2006 年第 5 期。

址等,年代为西汉晚期至东汉时期①。拉布达林组陶器与上述红马山文化遗存多有相似之处,比较如下。

杯:敞口,斜腹壁,平底。依耳部差异,可分为二型。

A 型 腹中部有单耳。如拉布达林 92M7 出土一件(图 1-3:1),与库勒浅 M29 上:3(图 1-3:2)、二克浅 85NEM24:8(图 1-3:3)、红马山 H64:2(图 1-3:4)特征相似。

B 型 无耳。如拉布达林 92M20 出土一件(图 1-3:5),与二克浅 2001NEM1:2(图 1-3:6)有相似之处。

广口罐:口径大于或略近于腹径,平底。依腹部、口部和纹饰差异,可分为四型。

A 型 筒腹,腹壁较直,素面,侈口,圆唇。如拉布达林 92M6、92M13 出土的两件(图 1-3:7、8),与红马山 H57:3(图 1-3:9)的特征相似。

B 型 鼓腹,素面,侈口,圆唇。如拉布达林 92M5 出土的一件(图 1-3:10),与兔子地 H34:1(图 1-3:11)有相似点。

C 型 纵长鼓腹,方唇。依口部和纹饰差异,可分为二亚型。

Ca 型 侈口,口沿外侧饰戳点纹。1992 年发掘的拉布达林墓葬出土有这种特征的陶罐,无图,和红马山 H104 出土的残罐口沿(图 1-3:12)相似。

Cb 型 盘口,素面。如拉布达林 87M2 出土的一件(图 1-3:13)。

D 型 纵长鼓腹,侈口,口沿外侧饰一周戳点式附加堆纹。如拉布达林 92M19 出土的一件陶罐(图 1-3:14)。这种特征的陶罐亦见于兔子地遗址(图 1-3:15)。

双耳壶:侈口,颈部有竖双耳,鼓腹,平底。如拉布达林 87M2 出土一件(图 1-3:16),红褐色,与上腹至口施红衣的二克浅 85NEM24:10(图 1-3:17)特征很相似。

拉布达林墓地年代的推断,主要依据出土的铜镜和铜钱。拉布达林 92M5 出土一件铜镜残片(图 1-4:1),内圈有一周残存文字,内容为"而日之月而";西安地区新莽时期 1997FXCM22 出土了一件同样的完整铜镜(图 1-4:2),其内圈文字为"内而青而以昭而明,光而象夫而日之月,而三而不泄"②。这表明拉布达林 92M5 所出的是新莽时期的昭明镜。拉布达林 92M6 出土一件铜镜残片(图 1-4:3),仅余外圈纹饰,从外至内依次为双线锯齿纹、单线锯齿纹、斜短线栉齿纹各一周。这种纹饰所见的其他铜镜例子,年代在西汉晚期至东汉早期之间,如西安 2000SYTFM94 出土的鸟纹博局镜(图 1-4:4),这种镜出现于西汉晚期,新莽至东汉早期为最盛期③;又如朝鲜平壤出土的"居摄元年"连弧铭带镜

---

① 张伟:《松嫩平原战国两汉时期文化遗存研究》,《北方文物》2005 年第 4 期;张伟:《红马山文化辨析》,《北方文物》2007 年第 3 期。后来,张伟在《东北地区鸭形陶壶研究》(《文物》2009 年第 6 期)和《嫩江流域夏至东汉时期的五支考古学文化》(《北方文物》2010 年第 2 期)中,将红马山文化的年代改定为东汉时期。这一改动主要是为了论证嫩江流域东汉时期的鸭形由鸭形变成兽形,应是受到呼伦贝尔草原扎赉诺尔和拉布达林墓地等早期拓跋鲜卑文化的影响,进而认为东汉时期嫩江流域平洋墓葬一类遗存与东进的早期拓跋鲜卑文化融合,形成了红马山文化。本书不采纳其改定后的年代,而恰恰持相反的观点,认为西进的红马山文化是早期拓跋鲜卑文化形成的主要来源之一。
② 程林泉、韩国河:《长安汉镜》,西安:陕西人民出版社,2002 年,第 112、114、116—117 页。
③ 程林泉、韩国河:《长安汉镜》,西安:陕西人民出版社,2002 年,第 133、135、138 页。

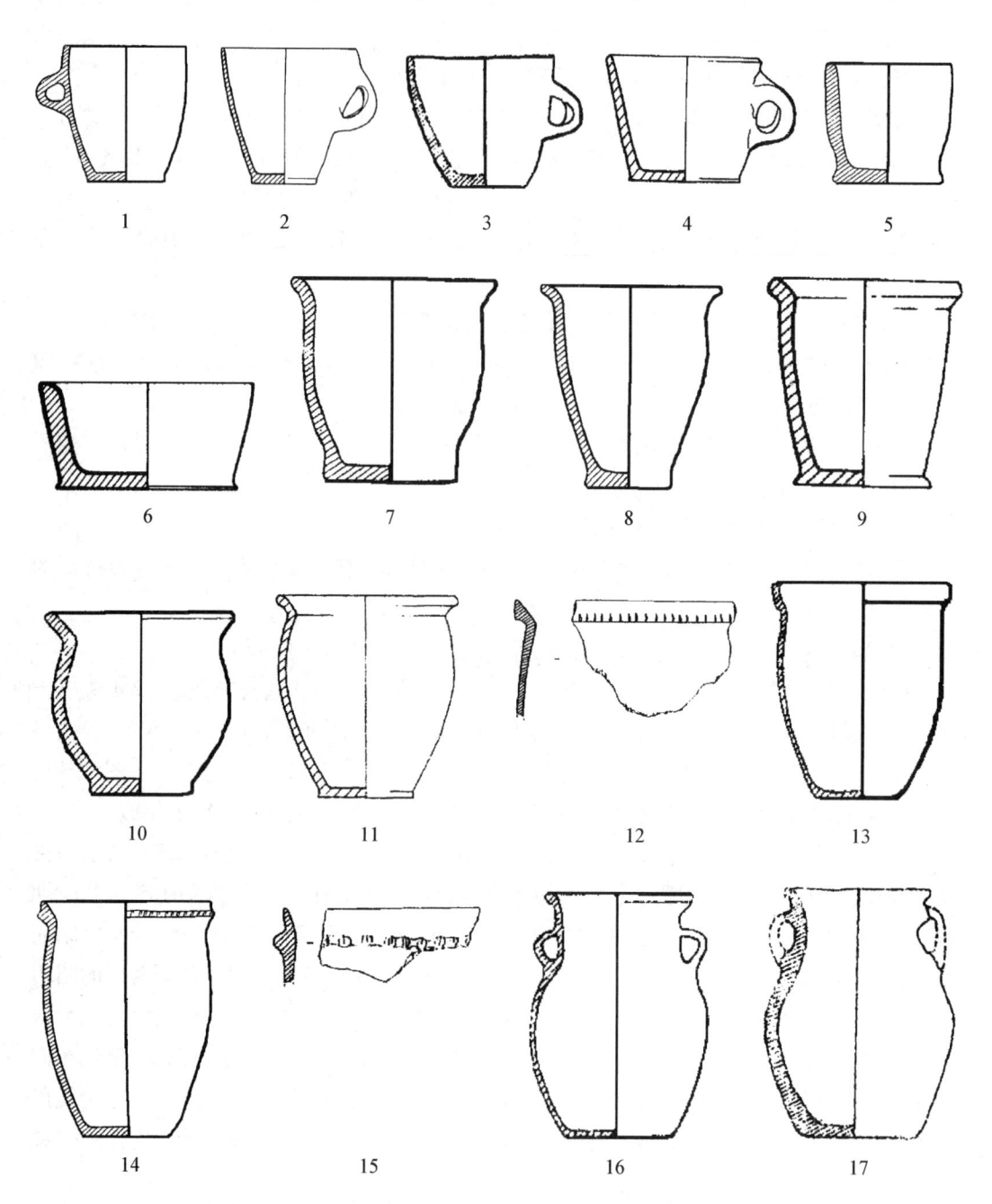

图 1-3 拉布达林组陶器：杯、广口罐、双耳壶及相关比较

1. 拉布达林 92M7 出土 2. 库勒浅 M29 上:3 3. 二克浅 85NEM24:8 4. 红马山 H64:2
5. 拉布达林 92M20 出土 6. 二克浅 2001NEM1:2 7. 拉布达林 92M6 出土 8. 拉布达林 92M13 出土
9. 红马山 H57:3 10. 拉布达林 92M5 出土 11. 兔子地 H34:1 12. 红马山 H104 出土
13. 拉布达林 87M2 出土 14. 拉布达林 92M19 出土 15. 兔子地采集
16. 拉布达林 87M2 出土 17. 二克浅 85NEM24:10

图 1-4 拉布达林组铜镜、铜钱及相关比较

1. 拉布达林 92M5 出土 2. 西安 1997FXCM22:6 3. 拉布达林 92M6 出土 4. 西安 2000SYTFM94:1 5. 居摄元年镜 6. 洛阳出土新莽镜 7. 湖南资兴东汉早期墓出土 8. 拉布达林 92M24 出土

（图 1-4：5）①，居摄为西汉孺子刘婴年号，即公元 6 年，属西汉末年，离新莽建国只差 3 年；再如洛阳出土新莽时期四神博局镜（图 1-4：6）②、湖南资兴东汉早期墓出土四神博局镜（图 1-4：7）③等。拉布达林 92M24 出土 5 枚铜钱，均为新莽时期的"大泉五十"（图 1-4：8）。对以上遗物年代的分析，比较统一地指向新莽前后。另外，拉布达林墓地 1992 年发掘的 24 座墓，可划分为北、中、南三个墓区，在各墓区内，墓葬分布比较集中，相互不叠压（图 1-5），表明各墓区内墓葬的年代应接近；而 92M24 是北墓区 7 座墓葬之一，92M5、M6 是中墓区 13 座墓葬中的两座。可见拉布达林组墓葬的出现年代大致在新莽至东汉早期的两汉之际。

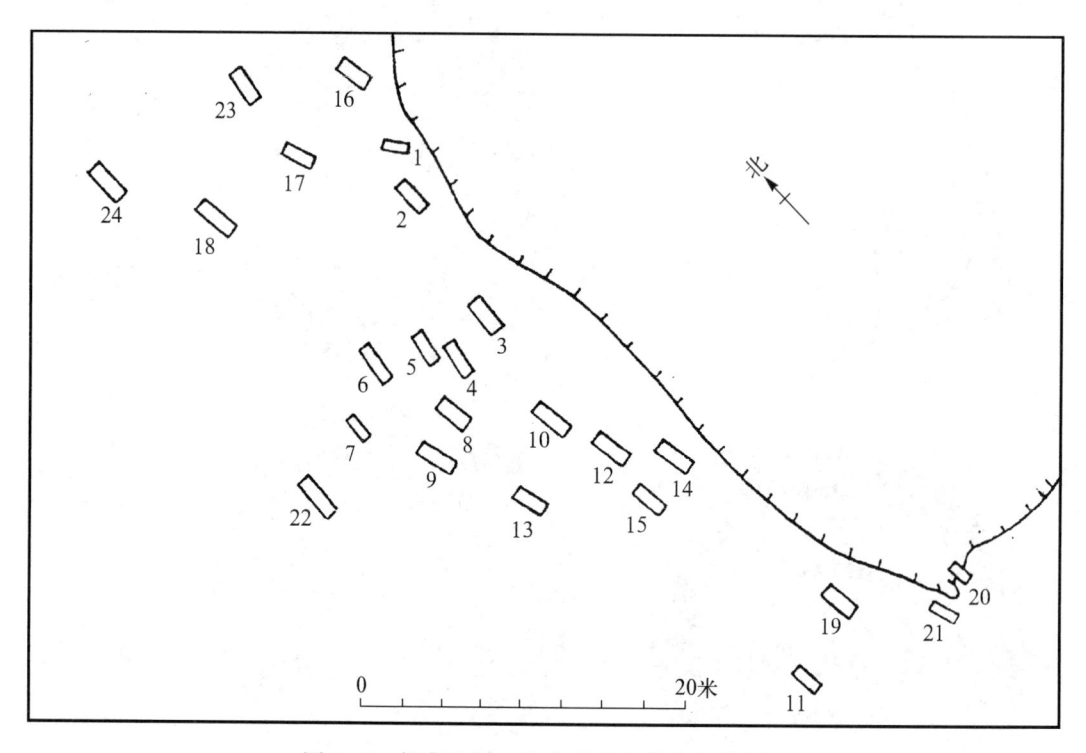

图 1-5　拉布达林 1992 年发掘墓葬分布示意图

（三）扎赉诺尔组

包括扎赉诺尔圈河墓地、七卡墓葬、二道沟墓葬等。

扎赉诺尔圈河墓地位于扎赉诺尔矿区南约 7.5 公里的木图那雅河（俗称圈河）东岸坡地上，1959、1960、1984、1986、1994 年先后进行了 5 次考古发掘和清理，共清理墓葬 56 座。这些墓葬的基本形制均是长方形竖穴土坑墓，普遍发现木棺葬具，绝大多数为单人葬，殉

---

① 孔祥星、刘一曼：《中国铜镜图典》，北京：文物出版社，1992 年，第 241 页。
② 孔祥星、刘一曼：《中国铜镜图典》，北京：文物出版社，1992 年，第 296 页。
③ 孔祥星、刘一曼：《中国铜镜图典》，北京：文物出版社，1992 年，第 287 页。

葬牛、马、羊的头、蹄;随葬品中,陶器有罐、壶、钵、杯等,铜器有镂、飞马纹饰牌、奔马纹饰牌、三鹿纹饰牌、人形纹饰牌、羊形饰牌、锯齿形垂饰、带扣、耳坠、镯、钏、戒指、环、泡、镜等,铁器有矛、镞、衔、刀、剑、鞘等,骨器有镞、珥、簪、镳、衔、锥、带扣、角器、鸣镝、刀把、饰板、饰件、弧形器、羊距骨等,木器有勺、弓、梳、珠饰、梭形器、条形器等,桦皮器有器皿底盖、壶、盒、弓囊等,玉石器有玉环、玉片、玉珠、石球、石饰牌、砺石、煤精饰牌、煤精管饰、琥珀饰、绿松石饰、玛瑙饰、水晶饰等,另外还有琉璃饰、漆器、贝壳、丝织品等。

七卡墓葬位于拉布达林西北约 80 公里、七卡生产队西 200 米的山南坡下侧,西距额尔古纳河约 1 公里,1998 年清理残墓 2 座,1990 年清理残墓 3 座。这 5 座墓葬均为长方形竖穴土坑墓,无葬具,墓坑下半部填土、上半部填石块,全为单人葬,殉葬有马蹄;随葬品中,陶器有罐、杯等,骨器有镞、扣、坠、鸣镝,铁器有马衔、带扣、刀,铜器有耳环,桦皮器有器皿底盖等。

二道沟墓葬位于辉河当中一块台地的南坡下段,西北距鄂温克旗二道沟牧场约 5 公里。1999 年调查时发现两座墓葬,清理了其中遭破坏较重的一座。此墓为竖穴土坑墓,无葬具,墓中两具尸骨男左女右,仰身屈肢。尸骨上有许多桦树皮,已粉碎。两个头骨上方都摆有一件陶罐,下垫青石。填土中也出有 1 件陶罐。扰乱的土中还发现铁刀 2 件、铁环 1 件、铁镞 1 件。

本组墓葬所出陶器主要分为三群,分别反映了红马山文化因素、布尔霍图伊文化早期遗存因素和平洋文化因素的遗绪。

第一群　反映红马山文化因素的陶器。

杯:侈口,无耳,斜直腹壁,平底。如 1960 年扎赉诺尔圈河墓葬出土的一件(图 1-6:1),具有与二克浅 2001NEM1:2 相似的特征(图 1-3:6)。

钵:鼓腹,敛口,平底。如七卡 M1:1(图 1-6:2)、1960 年扎赉诺尔圈河墓葬出土的一件(图 1-6:3)、扎赉诺尔圈河 86M3006:7(图 1-6:4)。这种器形是新增种类,而红马山文化有这种器形,如库勒浅 T302②:1(图 1-6:5)。

广口罐:侈口,口径大于或略近于腹径,平底。依腹部和口部差异,可分为二型。

A 型　纵长鼓腹,方唇,外观似盘口。依纹饰差异,可分为二亚型。

Aa 型　口沿外侧饰戳点纹一周。如扎赉诺尔圈河 60M28 出土的一件(图 1-6:6)、84M4 出土的一件(图 1-6:7)、86M3009:1(图 1-6:8)和七卡 M3:1(图 1-6:9),均与红马山 H104 出土的残罐口沿相似(图 1-3:12)。

Ab 型　素面。如扎赉诺尔圈河 84M2 出土的 1 件(图 1-6:10),与拉布达林 87M2 出土的一件相似(图 1-3:13)。

B 型　纵长筒腹,圆唇,素面。如扎赉诺尔圈河 86M3012:5、86M3013:1(图 1-6:11、12)。这种罐是对红马山 H138:3(图 1-6:13)器形的继承和发展。

中口罐:侈口,口径明显小于腹径,接近底径,鼓腹,平底,素面。如 1960 年扎赉诺尔圈河墓葬出土的一件(图 1-6:14),与库勒浅 M39:7(图 1-6:15)相似。

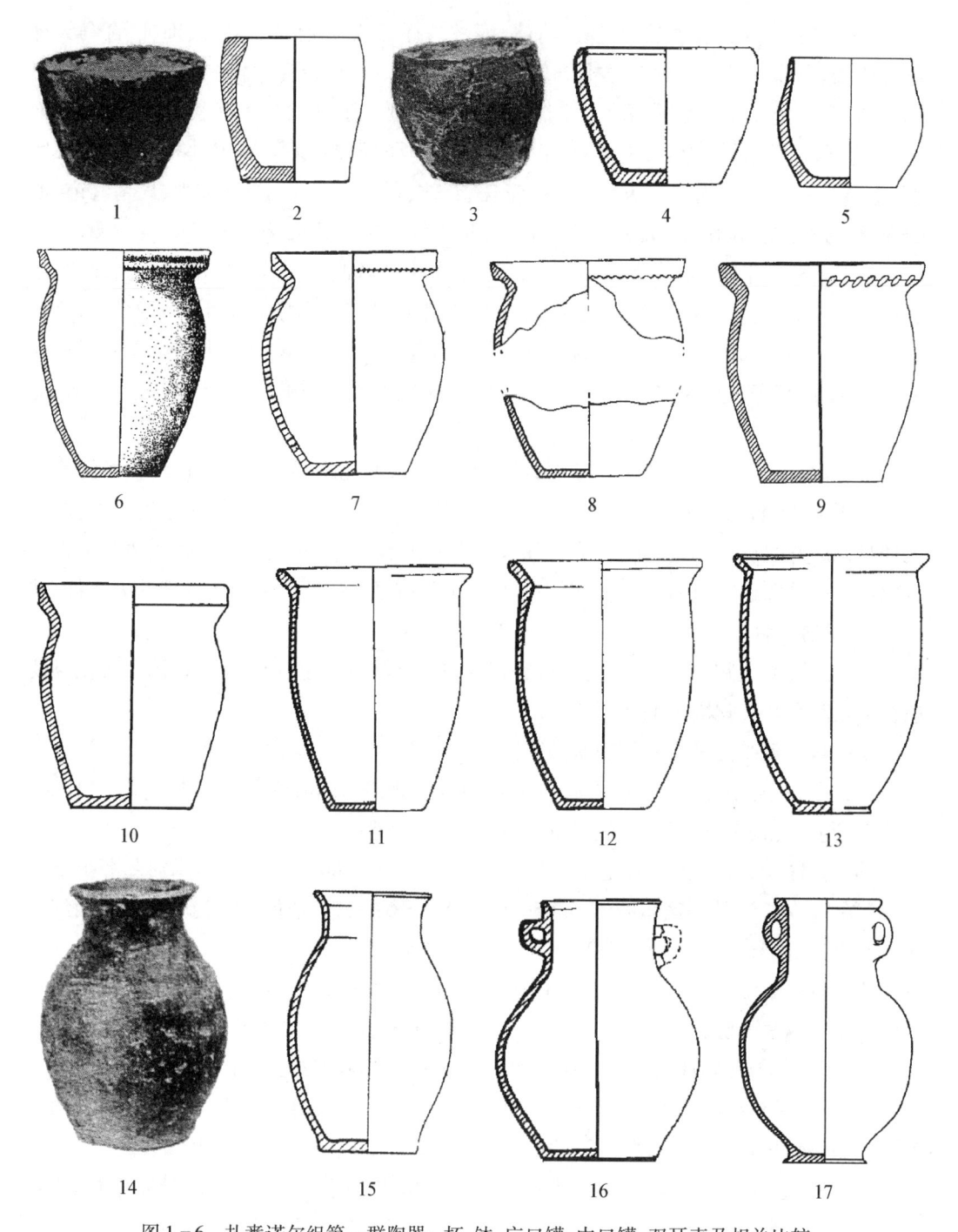

图 1-6 扎赉诺尔组第一群陶器：杯、钵、广口罐、中口罐、双耳壶及相关比较

1. 1960 年扎赉诺尔圈河墓葬出土　2. 七卡 M1:1　3. 1960 年扎赉诺尔圈河墓葬出土
4. 扎赉诺尔圈河 86M3006:7　5. 库勒浅 T302②:1　6. 扎赉诺尔圈河 60M28 出土
7. 扎赉诺尔圈河 84M4 出土　8. 扎赉诺尔圈河 86M3009:1　9. 七卡 M3:1
10. 扎赉诺尔圈河 84M2 出土　11. 扎赉诺尔圈河 86M3012:5　12. 扎赉诺尔圈河 86M3013:1
13. 红马山 H138:3　14. 1960 年扎赉诺尔圈河墓葬出土　15. 库勒浅 M39:7
16. 扎赉诺尔圈河 86M3014:4　17. 二克浅 2001NEM11:1

双耳壶：直颈，鼓腹，平底，素面。如扎赉诺尔圈河86M3014∶4（图1-6∶16），与二克浅2001NEM11∶1（图1-6∶17）相似。

第二群　反映布尔霍图伊文化早期遗存因素的陶器。

"布尔霍图伊文化"的命名是由苏联学者А·П·奥克拉德尼科夫提出。后来该文化内涵不断扩大，成为对东外贝加尔地区鄂嫩河—石勒喀河流域公元第一千纪墓葬遗存的笼统命名，包括多种各具特点的文化类型及其变体，涵盖了该地区不同历史时期、不同民族的墓葬文化。已有研究者指出外贝加尔地区布尔霍图伊文化的主体显然应同中国一侧的早期拓跋鲜卑遗存密切相关①。在俄罗斯学者著述的《中世纪时代外贝加尔的游牧民族》一书中，列举了六幅布尔霍图伊文化墓葬出土陶器的图版（以下简称外贝加尔图版）②，其中相当一部分陶器应属早期遗存，其特点与扎赉诺尔组所出陶器相似或相同，试做比较。

铍形罐：侈口，纵长腹，圈足。依口部、耳部和纹饰差异，可分为三型。

A型　尖圆唇，颈部饰戳点纹一周，假耳。如1959年扎赉诺尔圈河墓葬出土的一件（图1-7∶1），外贝加尔图版中与其口、足特征相似的陶器见于图版叁∶2（图1-7∶2）、图版肆∶8（图1-7∶3）等。

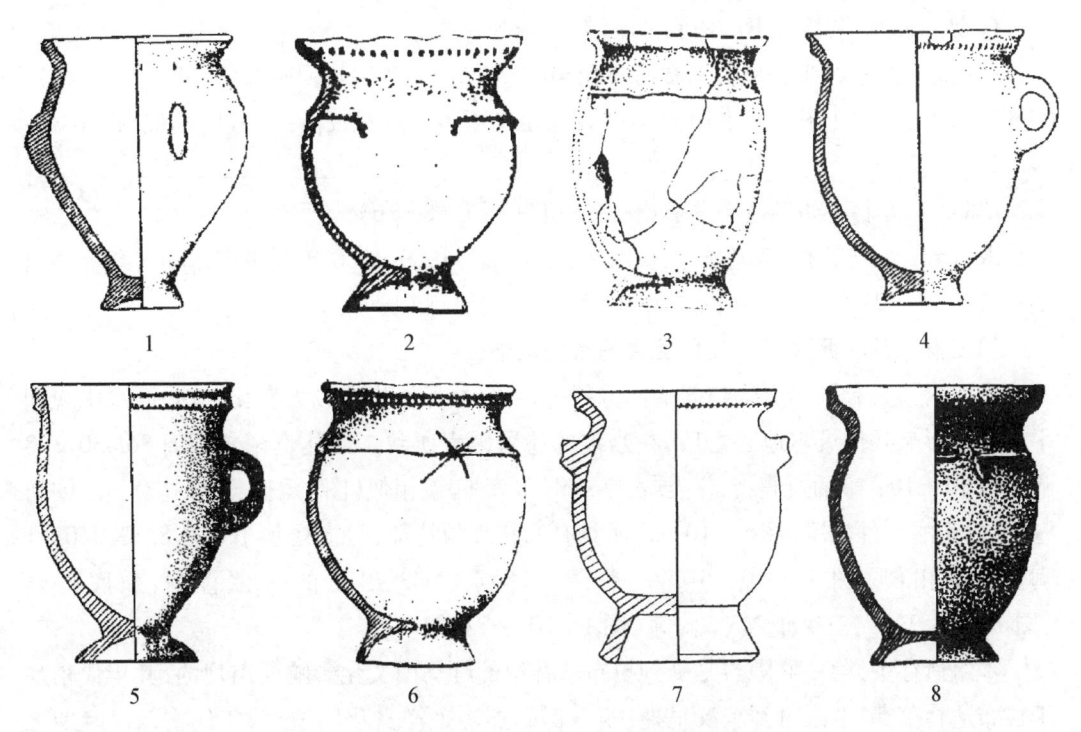

图1-7　扎赉诺尔组第二群陶器：铍形罐及相关比较

1. 1959年扎赉诺尔圈河墓葬出土　2. 外贝加尔图版叁∶2　3. 外贝加尔图版肆∶8　4. 1959年扎赉诺尔圈河墓葬出土　5. 扎赉诺尔圈河60M10出土　6. 外贝加尔图版肆∶7　7. 扎赉诺尔圈河84M3出土　8. 外贝加尔图版陆∶13

---

① 乔梁、杨晶：《早期拓跋鲜卑遗存试析》，《内蒙古文物考古》2003年第2期。
② ［俄］И·В·阿谢耶夫、И·И·基里洛夫、Е·В·科维切夫著，王德厚、高秀云译：《中世纪时代外贝加尔的游牧民族》，《东北亚考古资料译文集·俄罗斯专号》，哈尔滨：北方文物杂志社，1996年，第71—172页。

B型 叠唇,口沿外侧饰戳点纹一周,单耳。如1959年扎赉诺尔圈河墓葬出土的一件(图1-7:4)、扎赉诺尔圈河60M10出土的一件(图1-7:5)。外贝加尔图版肆:7(图1-7:6)的口、足特征与之相似。

C型 方唇,外观似盘口,口沿外侧饰戳点纹一周,双耳。如扎赉诺尔圈河84M3出土的一件(图1-7:7),外贝加尔图版陆:13(图1-7:8)的口、足特征与之相似。

广口罐: 侈口,口径大于或略近于腹径,平底。依口部和纹饰差异,可分为三型。

A型 叠唇,口沿外侧饰戳点纹一周,纵长鼓腹。如扎赉诺尔圈河86M3002:9(图1-8:1)、86M3007:1(图1-8:2),与外贝加尔图版叁:7(图1-8:3)、图版陆:12(图1-8:4)相似。

B型 圆唇,口沿外侧饰戳点纹一周,纵长鼓腹。依口沿不同,可分为二式。

BⅠ式 口沿较长。如1959年扎赉诺尔圈河墓葬出土的一件(图1-8:5),外贝加尔图版壹:6、图版贰:4、图版贰:7与之相似(图1-8:6—8)。另如二道沟墓葬出土的一件(图1-8:9)。

BⅡ式 口沿短。如二道沟墓葬出土的一件(图1-8:10)。

C型 素面,纵长鼓腹。依唇部不同,可分为二式。

CⅠ式 圆唇。如扎赉诺尔圈河86M3011:3(图1-8:11)、94M2:1(图1-8:12)、60M20出土的一件(图1-8:13),与外贝加尔图版叁:8、图版伍:3有所相似(图1-8:14、15)。

CⅡ式 方唇。如二道沟墓葬出土的一件(图1-8:16)。

双耳罐: 纵长鼓腹,双耳饰于颈部,平底,素面。1959、1960年扎赉诺尔圈河墓葬各出土一件(图1-9:1、2),与外贝加尔图版陆:16相似(图1-9:3)。

第三群 反映西汉平洋文化因素遗绪的陶器。

本群陶器具有平洋文化陶器的部分特征,部分器形发生了较大变化,应是西汉中晚期平洋文化影响呼伦贝尔地区之后,在当地的遗留因素所致。如扎赉诺尔圈河86M3013:3陶罐(图1-10:1)的折腹特征,与完工63M1B:75陶罐相似(图1-10:4);扎赉诺尔圈河84M4出土的一件陶罐(图1-10:2)所具有的斜直颈特征,与富裕县小登科85FXM101:1陶壶颈部相似(图1-10:5);扎赉诺尔圈河84M3出土的一件直颈、鼓腹陶壶(图1-10:3),与三家子M3:9陶壶(图1-10:6)相似。

本组遗存中,第一群陶器是受到拉布达林组的红马山文化影响而出现的,其年代稍晚于拉布达林墓葬,上限可到东汉早期;第三群陶器是平洋文化的遗绪,年代在西汉晚期之后。扎赉诺尔圈河墓地1959年的发掘中,出土一面残铜镜,为八乳四神博局镜;该类铜镜出现于西汉晚期,新莽至东汉早期为最盛期,东汉中期以后逐渐退化、减少[1]。扎赉诺尔圈河墓地当出现于东汉早期。七卡墓地头盖骨,2012年由崔剑锋与笔者取样,并经北京

---

[1] 程林泉、韩国河:《长安汉镜》,西安:陕西人民出版社,2002年,第138页。

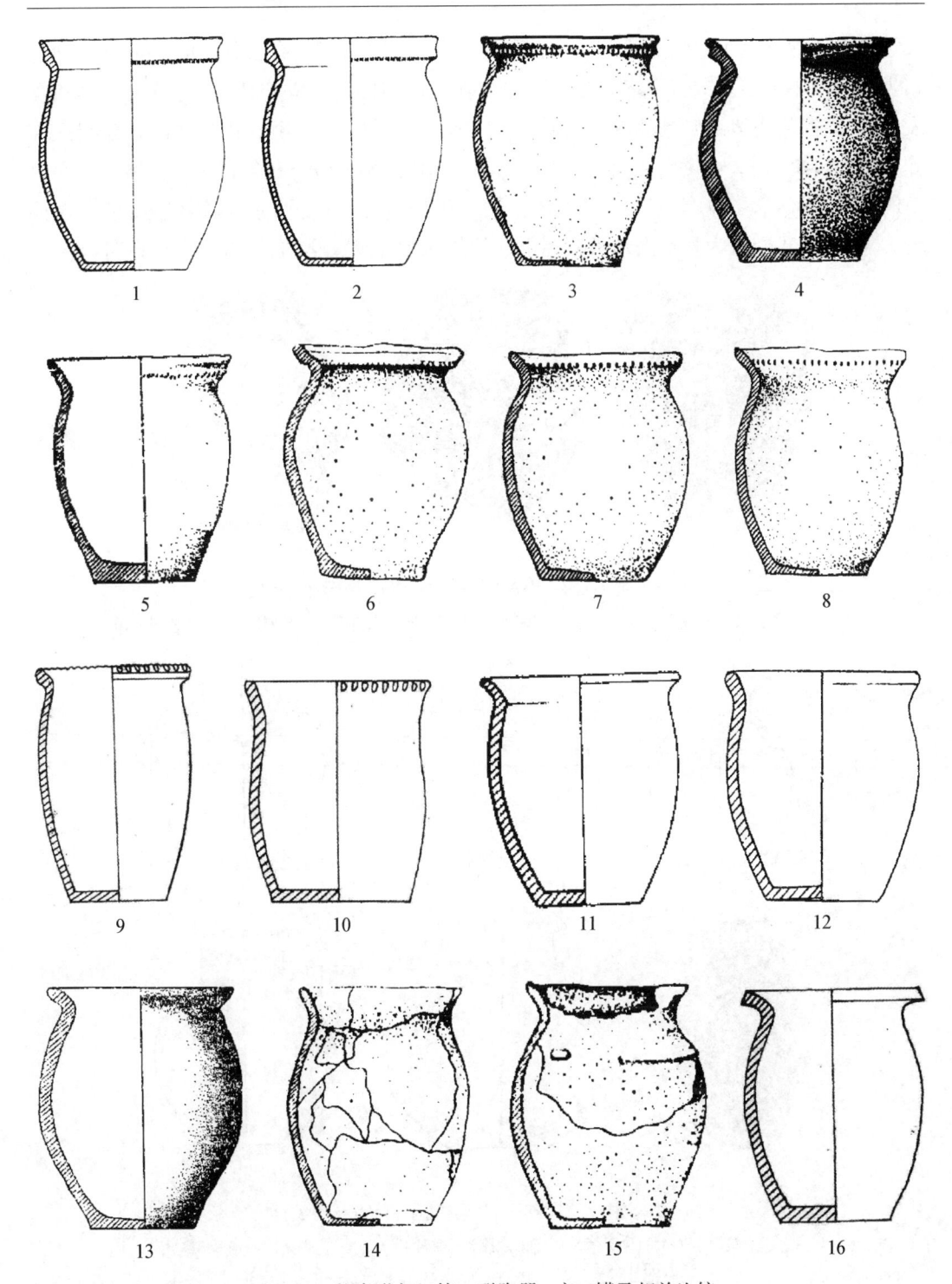

图1-8 扎赉诺尔组第二群陶器：广口罐及相关比较
1. 扎赉诺尔圈河86M3002:9 2. 扎赉诺尔圈河86M3007:1 3. 外贝加尔图版叁:7 4. 外贝加尔图版陆:12
5. 1959年扎赉诺尔圈河墓葬出土 6. 外贝加尔图版壹:6 7. 外贝加尔图版贰:4 8. 外贝加尔图版贰:7
9—10. 二道沟墓葬出土 11. 扎赉诺尔圈河86M3011:3 12. 扎赉诺尔圈河94M2:1
13. 扎赉诺尔圈河60M20出土 14. 外贝加尔图版叁:8 15. 外贝加尔图版伍:3 16. 二道沟墓葬出土

大学考古文博学院年代学实验室碳十四测年和树轮校正,年代在公元130—215年之间,相当于东汉中晚期。二道沟墓葬出土陶器与扎赉诺尔圈河墓葬相比,已有较大变化和发展,与大兴安岭南段东侧墓葬具有相似性,BⅡ式广口罐(图1-8:10)与林西县苏泗汰墓葬出土广口罐(图2-3:5)①相似,CⅡ式广口罐(图1-8:16)与扎鲁特旗额日格吐墓葬出土广口罐(图2-3:14)②近同。该墓应属拓跋南迁时期的遗迹,年代为东汉晚期的可能性较大。因此,我们认为扎赉诺尔组遗存出现的年代约在东汉早期,发展到东汉晚期。

图1-9 扎赉诺尔组第二群陶器:双耳罐及相关比较

1. 1959年扎赉诺尔圈河墓葬出土　2. 1960年扎赉诺尔圈河墓葬出土　3. 外贝加尔图版陆:16

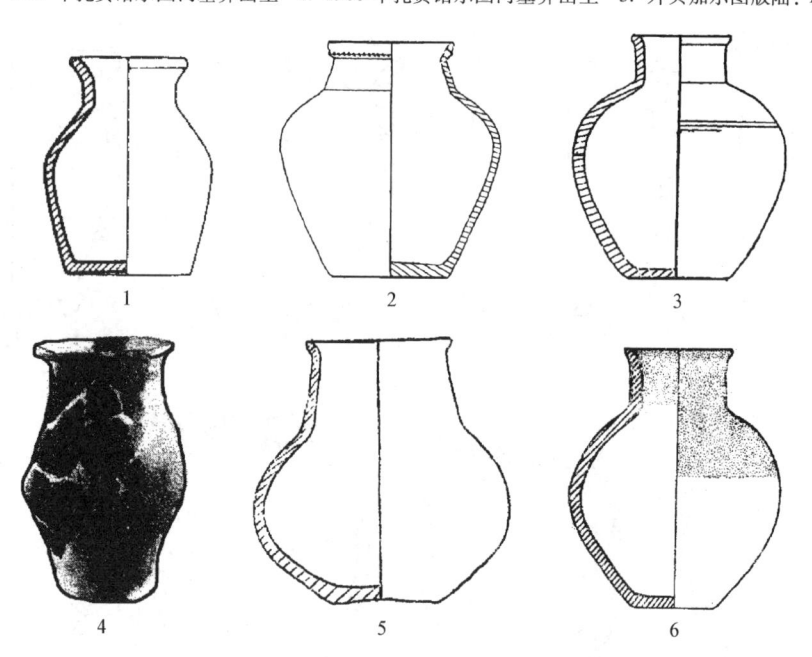

图1-10 扎赉诺尔组第三群陶器:罐、壶及相关比较

1. 扎赉诺尔圈河86M3013:3　2. 扎赉诺尔圈河84M4出土　3. 扎赉诺尔圈河84M3出土
4. 完工63M1B:75　5. 小登科85FXM101:1　6. 三家子M3:9

---

① 林西县文物管理所:《林西县苏泗汰鲜卑墓葬》,《内蒙古文物考古文集》第二辑,北京:中国大百科全书出版社,1997年,第461—462页。
② 孙衷然:《扎旗额日格吐鲜卑墓》,《哲盟博物馆馆刊》总第4期,1996年;关丽娟、刘桂兰:《扎鲁特旗额日格吐鲜卑墓》,《内蒙古文物考古》2007年第2期。

（四）团 结 组

包括团结墓地、孟根楚鲁北 M1、白云乌拉墓地、伊和乌拉墓葬 M1 等。

团结墓地位于海拉尔区哈克镇团结村西约 0.5 公里处的海拉尔河南岸的台地上，2001 年经抢救性发掘，清理墓葬 7 座，另采集到陶器 5 件。这些墓葬的形制基本是长方形竖穴土坑墓，无葬具，单人葬，殉葬牛、马、羊的头、蹄；随葬品中，陶器有罐，铁器有镞，铜器有耳饰，玉石器有琥珀饰、萤石珠等，另有玻璃珠。

孟根楚鲁墓葬位于伊敏河右岸，包括两处地点，1980 年共发掘墓葬 7 座。一处在原孟根楚鲁公社所在地北 1 公里，发掘了墓葬 1 座，即 M1；另一处在原孟根楚鲁公社所在地北 20 公里，实际是白云乌拉生产队东侧的台地上，发掘了墓葬 6 座，即 M2—M7。均为长方形竖穴土坑墓，设有二层台，有的有木葬具，全为单人葬，殉葬牛、马、羊的头、蹄；随葬品中，陶器有罐，金器有耳坠、头饰、项圈，铜器有镯，铁器有矛、镞、刀、镯、穿、甲片、带钩、马衔等，骨器有镞、刀、扣、鸣镝、弧形器等，玉石器有石管、琥珀饰、绿松石饰等，另有琉璃饰。

伊和乌拉 M1，1996 年发现于新巴尔虎旗伊和乌拉山西南的一沙坑内，位于海拉尔河北岸台地上。长方形竖穴土坑墓，无葬具，单人葬，殉葬有牛头、牛蹄和两件陶罐。

本组墓葬主要反映了布尔霍图伊文化早期遗存因素的影响。

镟形罐：侈口，圆唇，纵长腹，下腹部近底处收缩较大，底径偏小。依纹饰差异，可分为三型。

A 型 素面。如伊和乌拉 M1:1（图 1-11:1）、伊和乌拉 M1:2（图 1-11:2）、团结

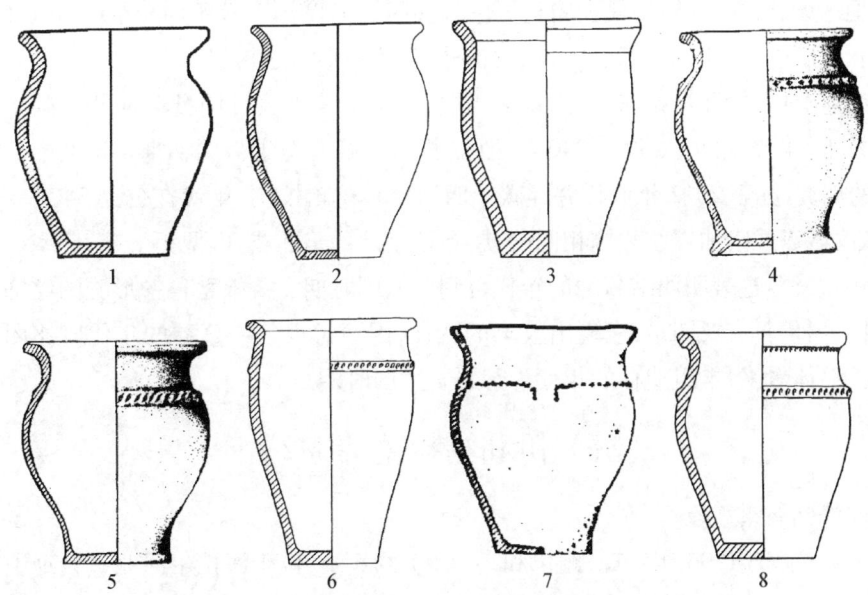

图 1-11 团结组陶器：镟形罐及相关比较
1. 伊和乌拉 M1:1　2. 伊和乌拉 M1:2　3. 团结 HTM6:1　4. 孟根楚鲁 M7:2
5. 孟根楚鲁 M3:1　6. 团结 HTM7:1　7. 外贝加尔图版叁:1　8. 团结 HTM5:1

HTM6∶1(图1-11∶3)。

B型 肩部饰戳点式附加堆纹一周。依底部不同,可分为二式。

BⅠ式 矮圈足。如孟根楚鲁M7∶2(图1-11∶4)。

BⅡ式 小平底。如孟根楚鲁M3∶1(图1-11∶5)、团结HTM7∶1(图1-11∶6),可与外贝加尔图版叁∶1(图1-11∶7)的口、底部特征和肩部饰泥条式附加堆纹的做法比较。

C型 口沿外侧饰戳点纹一周,肩部饰戳点式附加堆纹一周。如团结HTM5∶1(图1-11∶8)。

广口罐: 侈口,圆唇,纵长鼓腹,口径大于或略近于腹径,平底。依纹饰差异,可分为三型。

A型 素面。如孟根楚鲁M2∶1(图1-12∶1)、团结HTC∶1(图1-12∶2),与外贝加尔图版叁∶10(图1-12∶3)相似。

B型 肩部饰弦纹一周。如团结HTC∶2(图1-12∶4)。外贝加尔图版壹∶1、图版贰∶8、图版贰∶3(图1-12∶5—7)除在口沿外侧饰戳点纹一周外,其他特征与之相同。

C型 肩部饰戳点式附加堆纹一周。如团结HTC∶3(图1-12∶8)。外贝加尔图版贰∶2、图版壹∶4均有在肩部饰附加堆纹的做法(图1-12∶9、10)。

中口罐: 侈口,口径明显小于腹径但大于或接近底径,短颈,鼓腹,平底,肩部饰戳点式附加堆纹一周。依腹部和耳部不同,可分为三型。

A型 双耳,纵长鼓腹,最大腹径居中。如团结HTM1∶1(图1-12∶11)。

B型 无耳,纵长鼓腹,最大径居肩部。如团结HTC∶5(图1-12∶12)。

C型 无耳,横长鼓腹,最大腹径居中。如团结HTM5∶2、HTC∶4(图1-12∶13、14),外贝加尔图版壹∶9(图1-12∶15)除纹饰外,整体器形与之相似。

本组遗存中,伊和乌拉M1∶2陶罐的烟炱,与七卡墓地头骨同批取样并经碳十四测年和树轮校正,年代在公元250—340年之间,相当于魏晋至十六国初期。B型中口罐团结HTC∶5的烟炱,亦于2012年取样并经碳十四测年和树轮校正,年代在公元340—410年之间;与该罐戳点式附加堆纹装饰相同的,还有该墓地的BⅡ式、C型鍑形罐,C型广口罐和A、C型中口罐。这表明团结墓地的年代可到十六国时期。孟根楚鲁鍑形罐的纹饰与团结墓地相同,但仍具有矮圈足,表现出较早的特征,因而孟根楚鲁墓葬的年代应比团结墓地稍早些。总体看来,本组遗存的年代为魏晋十六国时期。

(五)伊和乌拉墓葬M2组

目前仅此一座墓葬。

伊和乌拉M2,1996年发现,距伊和乌拉M1约5米,位于海拉尔河北岸台地上。形制为长方形竖穴土坑墓,单人葬,殉葬牛头、马头,随葬陶器2件、半环状金饰品1件、铁马衔1件、铁腰刀1件。

鍑形罐: 出土一件M2∶3(图1-13∶1),侈口,口沿外侧饰戳点纹一周。口径略大于

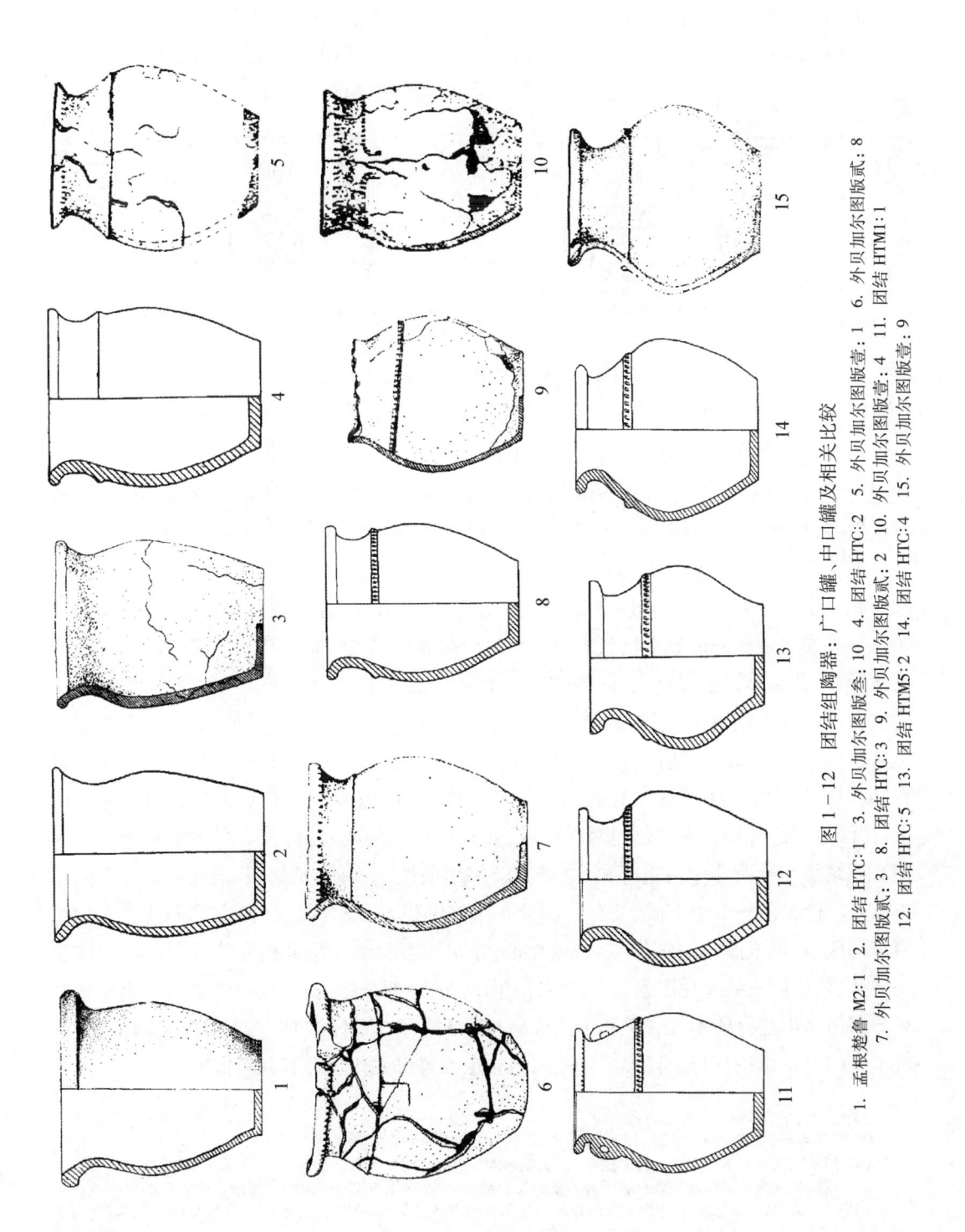

图1–12 团结组陶器：广口罐、中口罐及相关比较

1. 孟根楚鲁 M2:1　2. 团结 HTC:1　3. 外贝加尔图版叁:10　4. 团结 HTC:2　5. 外贝加尔图版壹:1　6. 外贝加尔图版贰:8
7. 团结 HTC:5　8. 团结 HTC:3　9. 外贝加尔图版贰:2　10. 外贝加尔图版壹:4　11. 团结 HTM1:1
12. 团结 HTM5:2　13. 团结 HTC:4　14. 团结 HTC:1　15. 外贝加尔图版壹:9

腹径,鼓腹,下腹部近底处收缩较大,平底较小,与伊和乌拉 M1:2(图1-11:2)器形相似。

展沿壶: 出土一件,即 M2:1(图1-13:2),侈口,沿部外展,舌状唇,鼓腹,平底,颈部饰竖向磨光暗纹,腹部饰滚轮压印的几何纹,与内蒙古东南部的六家子墓地①、舍根文化墓葬②所出展沿陶壶(图1-13:3—5)的器形、纹饰特点相同。

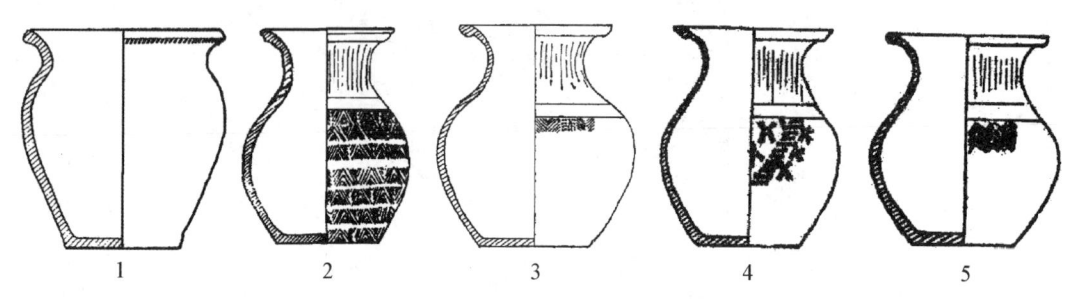

图1-13 伊和乌拉 M2 组陶器:镎形罐、展沿壶及相关比较
1. 伊和乌拉 M2:3 2. 伊和乌拉 M2:1 3. 六家子墓地:96 4. 舍根文化墓葬:2042 5. 舍根文化墓葬:2043

伊和乌拉 M2:3 镎形罐的烟炱,经碳十四测年和树轮较正,年代在公元280—325年之间,相当于西晋至十六国初期。另外,六家子墓地、舍根文化墓葬的展沿壶是早期东部鲜卑的遗存,年代为东汉晚期至西晋③。因此,伊和乌拉 M2 的年代大致在西晋时期。

综合上述分组和相应的年代分析,可勾勒出呼伦贝尔地区汉晋时期墓葬的时空框架和文化演变关系。西汉中晚期,完工组遗存占据主导,分布在海拉尔河南侧地区,反映了来自外贝加尔地区的匈奴文化与来自大兴安岭东侧的平洋文化在该地区接触的情况。两汉之际,拉布达林组遗存形成,分布在海拉尔河北侧地区,属于来自大兴安岭东侧的红马山文化。东汉早期,扎赉诺尔组遗存形成,分布在海拉尔河两岸附近地区,主要文化因素是来自海拉尔河以北地区的红马山文化和来自外贝加尔地区的布尔霍图伊文化早期遗存,同时也包含了此前平洋文化在当地的遗留因素,此组遗存延续到东汉晚期。魏晋时期,团结组遗存开始在海拉尔河两岸形成,并有较长时间的发展,其时代下限到十六国时期。团结组与扎赉诺尔组遗存相比,既有较多相似性,又有明显差别,很可能是扎赉诺尔组离开呼伦贝尔一带南下后,又有一部分布尔霍图伊文化早期遗存向东进入扎赉诺尔组原来的区域,形成团结组遗存④。也就是说,布尔霍图伊文化早期遗存曾两次影响海拉尔河地区,较早阶段的文化因素是扎赉诺尔组形成的主要来源之一,较晚阶段的文化因素则主导了团结组遗存的形成。伊和乌拉墓葬 M2 组遗存,西晋时期出现在海拉尔河沿岸,反映了当地团结组遗存与来自大兴安岭东侧的东部鲜卑文化遗存的共存情况。

---

① 张柏忠:《内蒙古科左中旗六家子鲜卑墓群》,《考古》1989年第5期。
② 张柏忠:《哲里木盟发现的鲜卑遗存》,《文物》1981年第2期。
③ 张柏忠:《内蒙古科左中旗六家子鲜卑墓群》,《考古》1989年第5期;张柏忠:《哲里木盟发现的鲜卑遗存》,《文物》1981年第2期;郑君雷:《早期东部鲜卑与早期拓跋鲜卑族源关系概论》,《青果集——吉林大学考古系建系十周年纪念文集》,北京:知识出版社,1998年,第310—314页。
④ 潘玲:《长城地带早期鲜卑遗存文化因素来源分析》,《边疆考古研究》第11辑,北京:科学出版社,2012年,第185页。

第三节　嘎仙洞遗址的文化属性

接下来,我们再来看看嘎仙洞遗址在上述框架中的位置,这对解决关于该遗址性质日益增多的争议是十分重要的。这些争议之所以存在,就在于仅想依靠史籍文献和刻石文字一锤定音尚不能完全服众,需要对嘎仙洞内的考古遗存进行更深入的分析,给它一个准确的定性。

1980 年对嘎仙洞的试掘,开了四条探沟和两条保护沟。探沟地层分为三层:第1层,出土少量陶片和兽骨、不见细石器;第 2 层,多出陶片和少量的细石器,陶器均为手制夹砂陶,以黑褐陶敞口罐为主,亦有少量直口罐,不见壶、瓶、盆、碗等;第 3 层,出土遗物以细石器为主,无陶器和其他器物,所出动物骨骼均为全新世野生动物。简报认为第 3 层可能属中石器时代文化堆积,第 2 层属早期鲜卑文化层。① 从发掘情况看,嘎仙洞内的考古遗存并不丰富,而且从单纯的细石器文明到较成熟的陶器文明,其间的年代缺环较大,因此,这不像是一个有较大族群曾经长期连续居住过的遗址。

进一步对嘎仙洞遗址第 2 层出土的广口罐和直口罐做型式分析和相关比较如下。

广口罐:依口部和纹饰差异,可分为三型。

A 型　侈口圆唇,素面。如图 1-14:1、3、5,分别与红马山 H138:3(图 1-14:2)、红马山 H78:1(图 1-14:4)、兔子地 H34:1(图 1-14:6)相似。

B 型　侈口圆唇,颈部饰一周泥条附加堆纹。如图 1-14:7,与兔子地 H13 出土的一件陶罐口沿残片(图 1-14:8)相似。

C 型　侈口方唇,外观似盘口,口沿外侧饰一周戳点纹。如图 1-14:9,与红马山 H104 出土的一件陶罐口沿残片(图 1-14:10)相似。

直口罐:依纹饰差异,可分为二型。

A 型　颈部饰一周泥条附加堆纹。如图 1-14:11,与红马山 H58 出土的一件陶罐口沿残片(图 1-14:12)相似。

B 型　颈部饰一周戳点式附加堆纹。如图 1-14:13,与兔子地采集的一件陶罐口沿残片(图 1-14:14)相似。

从比较的结果看,嘎仙洞遗址第 2 层应属于红马山文化的范畴,是受嫩江中游流域红马山文化影响的结果。红马山文化是扎赉诺尔组墓葬的主要来源之一。嘎仙洞遗址虽然处于其分布范围之内,但并不是该文化的中心地带,因而不宜给其贴上拓跋发祥地的"标签"。

---

① 呼伦贝尔盟文物管理站:《鄂伦春自治旗嘎仙洞遗址 1980 年清理简报》,《内蒙古文物考古文集》第二辑,北京:中国大百科全书出版社,1997 年,第 444—452 页。

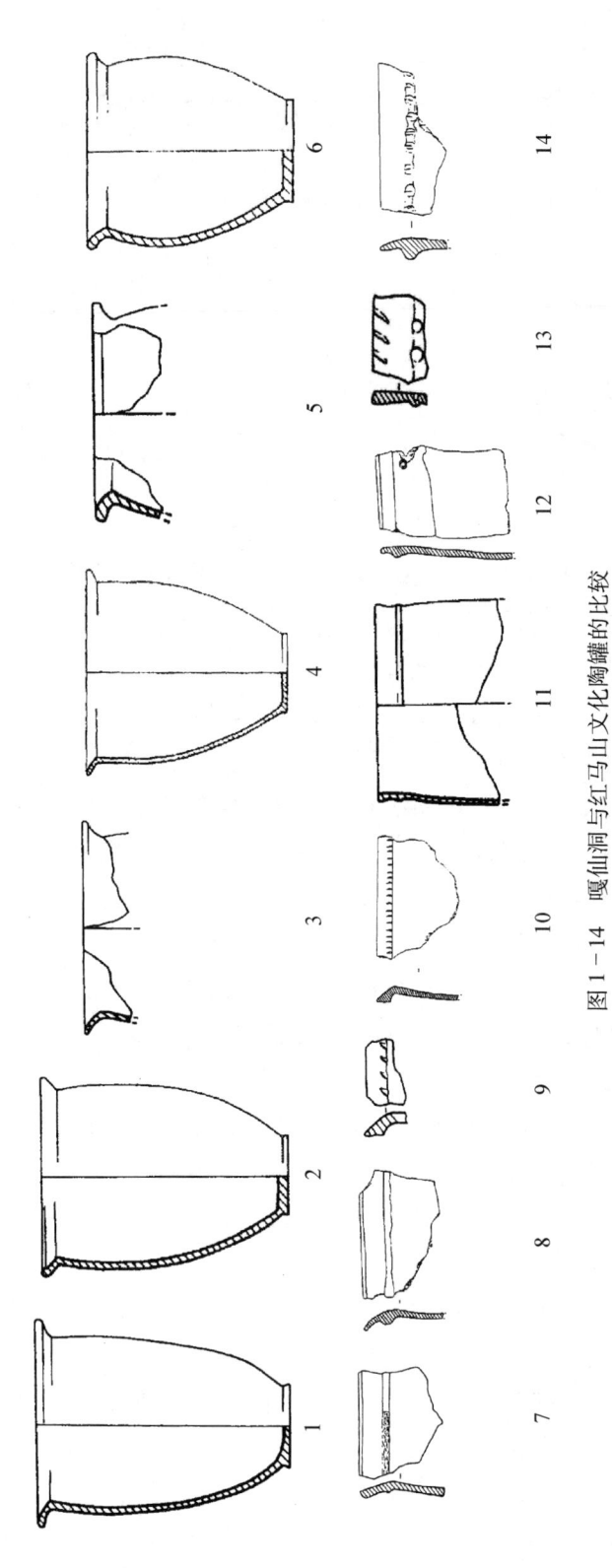

图 1-14　嘎仙洞与红马山文化陶罐的比较

1、3、5、7、9、11、13. 嘎仙洞出土　2. 红马山 H138：3　4. 红马山 H78：1
6. 兔子地 H34：1　8. 兔子地 H13 出土　10. 红马山 H104 出土　12. 红马山 H58 出土　14. 兔子地采集

第四节　拓跋起源研究的趋势

从对呼伦贝尔地区汉晋时期遗存的年代与演变关系的分析看,与拓跋起源关系最大的遗存是扎赉诺尔组。那么,平洋文化、红马山文化、布尔霍图伊文化早期遗存等就是拓跋起源的文化来源。

西汉中晚期,平洋文化对呼伦贝尔地区发生影响,与匈奴文化接触,但比较有限。西汉晚期以后,由于匈奴势力的削弱,嫩江中游红马山文化越过大兴安岭向西发展,深入到海拉尔河北侧地区。东汉早期,布尔霍图伊文化早期遗存进入呼伦贝尔地区,与红马山文化在海拉尔河沿岸发生融合。以这两种文化为主要推动力,形成了拓跋所在族群的文化。

红马山文化是嫩江流域接续汉书二期文化和平洋文化的一种考古学文化,还受到滚兔岭文化的影响,但主体仍保持着以往嫩江流域考古学文化的传统①。平洋文化与汉书二期文化相比,文化特征上具有较强的相似性,潘玲主张二者为同一文化②。搞清平洋文化、汉书二期文化、红马山文化之间的相互关系,将决定红马山文化的族属与性质。

外贝加尔地区的布尔霍图伊文化地处蒙古草原的东侧,从其早期遗存出土的陶器看,与匈奴文化陶器具有不少相似之处,如镞形罐、广口罐、中口罐、双耳罐等(图1-15:1、2、4、7、8、10、13),与伊沃尔加墓地和城址出土的陶器相似(图1-15:3、5、6、9、11、12、14、15)③。但布尔霍图伊文化早期遗存陶器中不见匈奴陶器具有典型意义的陶瓷,匈奴陶器上常见的水波纹也不见。这说明这个时期的布尔霍图伊文化既与匈奴文化有着密切联系,自身又具有一定程度的独特性。

拓跋起源问题有着很深的关联性,需要扩大视野去探讨。在初步完成对呼伦贝尔地区汉晋时期考古遗存分组和演变关系探讨的基础上,进一步的研究目标是向呼伦贝尔周边地区的考古学文化扩展,深化对它们性质与族属的认识,以便于厘清呼伦贝尔地区诸文化来源的属性,为拓跋正本清源。搞清楚平洋文化、红马山文化、布尔霍图伊文化早期遗存等的族属和相互关系,对于继续推进拓跋族源问题的解决是十分关键的,其中哪一种文化因素居于主导地位,将决定拓跋的族源。而居主导地位的那支文化的发源地,才可称之为拓跋的发祥地。而长期作为发祥地代表符号的嘎仙洞,需要做进一步的发掘工作,以对其在汉晋时期的年代分布范围有更准确的认识。对发祥地的探索,当然不能再胶着在这样一个"点"上,而应扩展到一个或多个"面"的研究。这是拓跋起源研究的趋势所在。

---

① 张伟:《红马山文化辨析》,《北方文物》2007年第3期。
② 潘玲、林沄:《平洋墓葬的年代与文化性质》,《边疆考古研究》第1辑,北京:科学出版社,2002年,第194—203页。
③ 伊沃尔加城址和墓地出土陶器图,转引自潘玲:《伊沃尔加城址和墓地及相关匈奴考古问题研究》,北京:科学出版社,2007年,第24—25、53—54页。

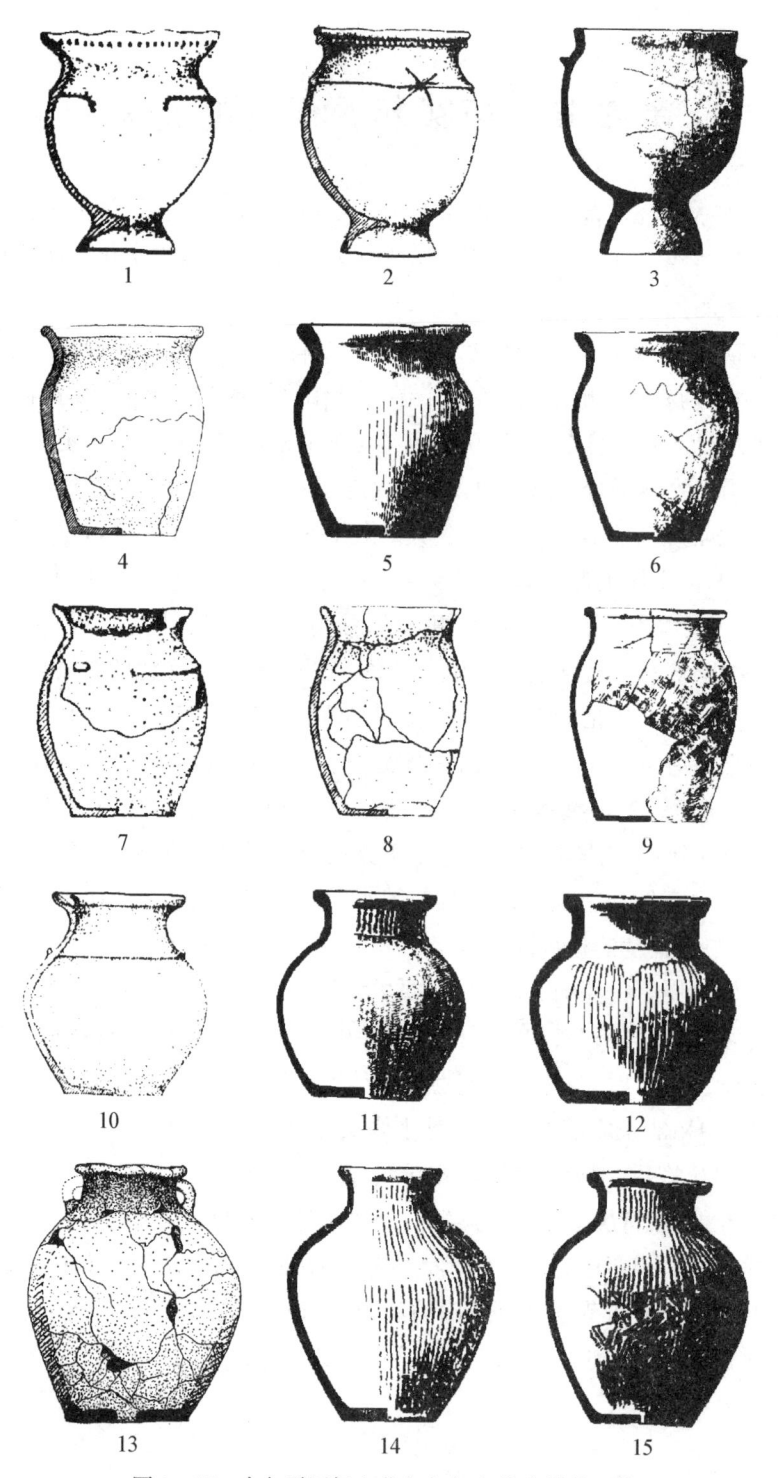

图 1-15 布尔霍图伊文化与匈奴文化陶罐的比较

1、2、4、7、8、10、13. 布尔霍图伊文化陶罐 3. 伊沃尔加墓地 M139 出土 5. 伊沃尔加墓地 M94 出土
6. 伊沃尔加墓地 M160 出土 9. 伊沃尔加城址 H69 出土 11. 伊沃尔加墓地 M189 出土
12. 伊沃尔加墓地 M100 出土 14. 伊沃尔加城址 F36 出土 15. 伊沃尔加墓地 M88 出土

第二章 拓跋南迁匈奴故地的相关墓葬及其属性

第一节 拓跋南迁研究的现状与问题

拓跋南迁匈奴故地之记载见于《魏书·序纪》,文曰:

> 献皇帝讳邻立。时有神人言于国曰:"此土荒遐,未足以建都邑,宜复徙居。"帝时年衰老,乃以位授子。圣武皇帝讳诘汾。献帝命南移,山谷高深,九难八阻,于是欲止。有神兽,其形似马,其声类牛,先行导引,历年乃出。始居匈奴之故地。其迁徙策略,多出宣、献二帝,故人并号曰"推寅",盖俗云"钻研"之义。①

研究者由此引发出对拓跋南迁匈奴故地三大问题的探讨。

(一)南迁领导人献帝邻的身份问题

《三国志·鲜卑传》裴注引王沈《魏书》曰:

> 檀石槐既立,……乃分其地为中东西三部。从右北平以东至辽东,接夫余、濊貊为东部,二十余邑,其大人曰弥加、阙机、素利、槐头。从右北平以西至上谷为中部,十余邑,其大人曰柯最、阙居、慕容等,为大帅。从上谷以西至敦煌,西接乌孙为西部,二十余邑,其大人曰置鞬、落罗、日律、推演、宴荔游等,皆为大帅,而制属檀石槐。②

此处西部大人中有"推演"者,胡三省最早将其与拓拔历史上的"推寅"对应起来。他在《资治通鉴》的注中说"推演,盖即推寅也"③,即认为"推演"就是第一推寅宣帝。白鸟库吉④、姚薇元⑤、高敏⑥等均持此说。

---

① 《魏书》卷一《序纪》,北京:中华书局,1974年,第2页。
② 《三国志》卷三〇《鲜卑传》,北京:中华书局,1959年,第837—838页。
③ 《资治通鉴》卷七七《魏纪》九景元二年(261年)胡注,北京:中华书局,1956年,第2459页。
④ [日]白鸟库吉著,方壮猷译:《东胡民族考》,上海:商务印书馆,1934年,第123页。
⑤ 姚薇元:《北朝胡姓考(修订本)》,北京:中华书局,2007年,第4页。
⑥ 高敏:《论北魏的社会性质》,《魏晋南北朝史发微》,北京:中华书局,2005年,第179页。

马长寿认为"这种见解是有卓识的,但其中尚有欠考虑之处","西部大人推演,只能是力微之祖、诘汾之父的第二推寅邻,而不是第一推寅所谓宣帝"①。万绳楠后来整理他1947—1948年在清华大学的听课笔记,追述陈寅恪的看法,"以时间推之,檀石槐时期的西部大人推演当即被追谥为献皇帝的拓跋邻,而非宣皇帝的拓跋推寅","胡注以为为宣帝推寅,有误"②。孙同勋③、王仲荦④、万绳楠⑤、陈启汉⑥、曹永年⑦、林幹⑧、米文平⑨、杜承武⑩、郭治中⑪、魏坚⑫、张金龙⑬等均赞同此说法。

黄烈则认为不论第一推寅还是第二推寅,与西部大人推演"在年代上均不相当",二推寅为推演之说"均难成立"⑭。张书城⑮、安介生⑯、陶克涛⑰、姚大力⑱、杨军⑲等也持"推寅"与"推演"无关的观点。

(二)南迁的时间问题

关于拓跋南迁匈奴故地的时间,由于研究者所依据的讨论背景不同,而得出不同的看法,其时间分布可归纳为四种。

第一种:东汉早、中期之际。时值北匈奴败亡,漠北大乱。曹熙推算,东汉击败北匈奴后,诘汾才带本部人马离开大泽南迁,时间约在2世纪初⑳,即东汉和帝至安帝时期。陈可畏推算,诘汾迁至匈奴故地是在公元1世纪80年代㉑,时为东汉章、和之际。

第二种:东汉中期。陶克涛认为当在公元140年左右㉒,时为东汉顺帝时期。他把这

---

① 马长寿:《乌桓与鲜卑》,桂林:广西师范大学出版社,2006年,第225—226页。
② 万绳楠整理:《陈寅恪魏晋南北朝史讲演录》,合肥:黄山书社,1987年,第91页。
③ 孙同勋:《拓跋氏的汉化》,台北:文盛印书馆,1965年,第6—7页。
④ 王仲荦:《魏晋南北朝史》下册,上海:上海人民出版社,1980年,第508页。
⑤ 万绳楠:《魏晋南北朝史论稿》,合肥:安徽教育出版社,1983年,第252页。
⑥ 陈启汉:《论拓跋鲜卑南迁及其氏族制度解体》,《广东社会科学》1985年第1期。
⑦ 曹永年:《拓跋鲜卑南迁匈奴故地时间和契机考》,《内蒙古社会科学》1987年第4期。
⑧ 林幹:《东胡史》,呼和浩特:内蒙古人民出版社,2007年,第82页。
⑨ 米文平:《拓跋鲜卑的两次南迁考实》,同氏著《鲜卑史研究》,郑州:中州古籍出版社,1994年,第61—62页。
⑩ 乌兰察布博物馆:《察右后旗三道湾墓地》,《内蒙古文物考古文集》第一辑,北京:中国大百科全书出版社,1994年,第429页;杜承武、李兴盛:《察右后旗三道湾墓地》,《内蒙古地区鲜卑墓葬的发现与研究》第二章,北京:科学出版社,2004年,第46页。
⑪ 郭治中、魏坚:《察右前旗下黑沟鲜卑墓及其文化性质初论》,《内蒙古文物考古文集》第一辑,北京:中国大百科全书出版社,1994年,第436页。
⑫ 魏坚主编:《内蒙古地区鲜卑墓葬的发现与研究·前言》,北京:科学出版社,2004年,第x页。
⑬ 张金龙:《北魏政治史(一)》,兰州:甘肃教育出版社,2008年,第27页。
⑭ 黄烈:《拓跋鲜卑早期国家的形成》,《魏晋隋唐史论集》第二辑,北京:中国社会科学出版社,1983年,第66页;黄烈:《中国古代民族史研究》,北京:人民出版社,1987年,第278、286页。
⑮ 张书城:《拓跋鲜卑起源、形成与南迁年代考异》,《北朝研究》1993年第4期。
⑯ 安介生:《试论拓跋鲜卑的早期迁徙问题》,《原学》第二辑,北京:中国广播电视出版社,1995年,第88页。
⑰ 陶克涛:《毡乡春秋·拓跋篇》,呼和浩特:内蒙古人民出版社,1997年,第90—95页。
⑱ 姚大力:《论拓跋鲜卑部的早期历史——读〈魏书·序纪〉》,《复旦学报(社会科学版)》2005年第2期。
⑲ 杨军:《拓跋鲜卑早期历史辨误》,《史学集刊》2006年第4期。
⑳ 曹熙:《早期鲜卑史初探》,《齐齐哈尔师范学院学报》1985年第1期。
㉑ 陈可畏:《拓跋鲜卑南迁大泽考》,《黑龙江民族丛刊》1989年第4期。
㉒ 陶克涛:《毡乡春秋·拓跋篇》,呼和浩特:内蒙古人民出版社,1997年,第141页。

次南迁的造端,归结于气候的骤然变冷及生态的变故①。

第三种:东汉晚期。这一阶段,檀石槐鲜卑的崛起和大联盟的形成,标志着北方草原上鲜卑完全取代了匈奴,而各种势力也随之面临重新整合和调整。又可细分为四种意见。

1. 桓帝时期(147—167年)。孙同勋以拓跋邻为西部大人推演,从而判断他们移居匈奴故地的时间约当桓帝时代②。曹永年认为拓跋南迁乃按檀石槐的部署进行,约在公元163至166年之间③。米文平认为,拓跋鲜卑当在公元156年至166年之前不久已到达匈奴故地④。温玉成认为诘汾率部进入匈奴故地,时间是在公元160年左右⑤。

2. 桓、灵时期(147—189年)。陈启汉⑥、林幹⑦、杜士铎⑧等持此观点,林幹还推算约在160年或170年左右。

3. 灵、献时期(168—220年)。马长寿认为是东汉末年,当时檀石槐部落联盟已瓦解⑨,时为灵帝后期至献帝时期。安介生认为其时最早也在灵帝末年⑩。

4. 献帝时期(189—220年)。杨军先推算约在170—198年之间,继而认为绝不会早于190年⑪,其范围便由灵、献时期缩小至献帝时期。张书城假设,北魏统治者把第二推寅邻追封为"献皇帝",是在暗示南迁匈奴故地的年代约略在东汉献帝在位时期⑫。

第四种:曹魏时期。本说法以轲比能集团的兴衰为讨论背景。姚大力认为,拓跋部至匈奴故地的时间必定发生在以轲比能为首要人物的"后檀石槐"势力在230年代被曹魏摧毁,漠南草原形成一时间的权力真空的时候⑬。

(三)南迁的路线问题

谈到路线问题,首先要涉及的是起点和终点的问题。而对这两"点"的研究意见已是众说纷纭。

起点是第一推寅宣帝领导拓跋部第一次南迁所到达的"大泽"。《魏书·序纪》云:

---

① 陶克涛:《毡乡春秋·拓跋篇》,呼和浩特:内蒙古人民出版社,1997年,第144页。
② 孙同勋:《拓跋氏的汉化》,台北:文盛印书馆,1965年,第8页。
③ 曹永年:《拓跋鲜卑南迁匈奴故地时间和契机考》,《内蒙古社会科学》1987年第4期。
④ 米文平:《拓跋鲜卑的两次南迁考实》,同氏著《鲜卑史研究》,郑州:中州古籍出版社,1994年,第62页。
⑤ 温玉成:《嘎仙洞遗迹考察》,《中国国家博物馆刊》2011年第10期。
⑥ 陈启汉:《论拓跋鲜卑南迁及其氏族制度解体》,《广东社会科学》1985年第1期。
⑦ 林幹:《东胡史》,呼和浩特:内蒙古人民出版社,2007年,第82—83页。
⑧ 杜士铎主编:《北魏史》,太原:山西高校联合出版社,1992年,第50页。
⑨ 马长寿:《乌桓与鲜卑》,桂林:广西师范大学出版社,2006年,第227页。
⑩ 安介生:《试论拓跋鲜卑的早期迁徙问题》,《原学》第二辑,第88—89页。
⑪ 杨军:《拓跋鲜卑早期历史辨误》,《史学集刊》2006年第4期。
⑫ 张书城:《拓跋鲜卑起源、形成与南迁年代考异》,《北朝研究》1993年第4期。
⑬ 姚大力:《论拓跋鲜卑部的早期历史——读〈魏书·序纪〉》,《复旦学报(社会科学版)》2005年第2期。

> 宣皇帝讳推寅立。南迁大泽，方千余里，厥土昏冥沮洳。谋更南徙，未行而崩。

对"大泽"位置所在，至少存在七种说法：（1）今呼伦贝尔地区的达赉湖，即呼伦湖；（2）今赤峰地区的达里诺尔湖；（3）今西伯利亚地区的贝加尔湖①；（4）在今嫩江流域②；（5）在今蒙古国西部的科布多一带③；（6）在今俄罗斯境内的通古斯河上游及安可剌河流域④，即叶尼塞河上游地区；（7）在今河套一带⑤。

终点是"匈奴之故地"，也存在不下于六种意见：（1）在漠北塔米尔河境内⑥。（2）在河套、阴山一带；马长寿明确指出是在汉代五原郡境内⑦；宿白认为在今内蒙古河套东部一带⑧；佟柱臣认为在今河套北部固阳阴山之地⑨；舒顺林专文论证在河套阴山地区⑩；曹永年、杨军认为在阴山北麓⑪；林幹认为即今内蒙古河套及大青山一带⑫。（3）在今海拉尔河、伊敏河、呼伦湖流域⑬。（4）指匈奴强盛时统辖的地盘，安介生⑭、陶克涛⑮持此观点；魏坚意见相似，对范围有所限定，认为应是今内蒙古阴山以北包括乌兰察布和锡林郭勒草原在内的广大地区⑯。（5）鄂尔多斯高原⑰。（6）内蒙古察右前旗黄旗海周围⑱。

由于对起点、终点的判断很不确定，拓跋南迁匈奴故地的路线也产生了多种说法，从大的范围加以归纳，可概括为四种。

---

① 古闻：《黑龙江古代民族起源和早期鲜卑文化问题讨论纪要》，《民族研究》1981年第6期。
② 靳维柏：《关于鲜卑早期文化的再认识》，《北方文物》1988年第3期；陈可畏：《拓跋鲜卑南迁大泽考》，《黑龙江民族丛刊》1989年第4期；安介生：《试论拓跋鲜卑的早期迁徙问题》，《原学》第二辑，第86页；温玉成：《论拓跋部源自索离》，《新疆师范大学学报（哲学社会科学版）》2012年第6期。
③ 张博泉：《嘎仙洞刻石与对拓跋鲜卑史源的研究》，《黑龙江民族丛刊》1993年第1期；张博泉：《嘎仙洞刻石与对鲜卑历史的研究》，《鲜卑新论 女真新论》，长春：吉林文史出版社，1993年，第72页。
④ 陶克涛：《毡乡春秋·拓跋篇》，呼和浩特：内蒙古人民出版社，1997年，第136页。
⑤ 李志敏：《嘎仙洞的发现与拓跋魏发祥地问题》，《中国史研究》2002年第1期；李志敏：《关于〈魏书〉两个重要地名地望的考实》，《中国历史地理论丛》2000年第2期。
⑥ ［清］丁谦：《汉书匈奴传下地理考证》，《蓬莱轩地理丛书》第一册，北京：北京图书馆出版社，2008年，第120—121页。
⑦ 马长寿：《乌桓与鲜卑》，桂林：广西师范大学出版社，2006年，第227页。
⑧ 宿白：《东北、内蒙古地区的鲜卑遗迹——鲜卑遗迹辑录之一》，《文物》1977年第5期。
⑨ 佟柱臣：《嘎仙洞拓跋焘祝文石刻考》，《历史研究》1981年第6期。
⑩ 舒顺林：《"匈奴故地"初探》，《内蒙古社会科学》1983年第1期。
⑪ 曹永年：《拓跋鲜卑南迁匈奴故地时间和契机考》，《内蒙古社会科学》1987年第4期；杨军：《拓跋鲜卑早期历史辨误》，《史学集刊》2006年第4期。
⑫ 林干：《鲜卑拓跋、秃发、乞伏三部的早期历史及其南迁路线的初步探索》，《北方文物》1989年第3期；林幹：《东胡史》，呼和浩特：内蒙古人民出版社，2007年，第82页。
⑬ 陈可畏：《拓跋鲜卑南迁大泽考》，《黑龙江民族丛刊》1989年第4期。
⑭ 安介生：《试论拓跋鲜卑的早期迁徙问题》，《原学》第二辑，第87页。
⑮ 陶克涛：《毡乡春秋·拓跋篇》，呼和浩特：内蒙古人民出版社，1997年，第151—152页。
⑯ 魏坚主编：《内蒙古地区鲜卑墓葬的发现与研究·前言》，北京：科学出版社，2004年，第ix页。
⑰ 李志敏：《嘎仙洞的发现与拓跋魏发祥地问题》，《中国史研究》2002年第1期；李志敏：《关于〈魏书〉两个重要地名地望的考实》，《中国历史地理论丛》2000年第2期。
⑱ 温玉成：《论拓跋部源自索离》，《新疆师范大学学报（哲学社会科学版）》2012年第6期。

第一种：沿大兴安岭南下，继而西迁匈奴故地。

孙同勋①、宿白②、安介生③、田余庆④、姚大力⑤、塔娜⑥、孙危⑦、张文平⑧等人的观点属于此类。除张文平外，其他绝大部分人都以西辽河上源西拉木伦河流域作为南下、西迁的中继点。

孙同勋、安介生、田余庆、塔娜等，把起点或终点，甚至是两"点"放在较大区域中，或不做解释，以此模糊化处理，只提出大致的路线走向。孙同勋明确了起点，认为是由呼伦池东南走，越大兴安岭南段而到西拉木伦河上，再西移入匈奴故地。田余庆明确了终点，认为"拓跋先人由大兴安岭地带辗转至于西辽河上源一带之时，前路已被阻滞，所以从那里西折，循漠南草原路线至阴山，越阴山到达五原、云中、定襄地区"。安介生、塔娜将两"点"皆模糊，前者认为不管把"大泽"定为呼伦贝尔湖还是嫩江流域，拓跋鲜卑进入"匈奴故地"的路线只有沿大兴安岭南下，突破夫余等控制的地区，进入檀石槐联盟的东部地区，来到蒙古大草原的东部，才能开始与东部鲜卑交汇融合的历程⑨；后者则认为走出大兴安岭地区的拓跋鲜卑人中的一部分，来到与嫩江平原相连的新开河流域，然后沿着西拉木伦河西行走向匈奴故地⑩。

宿白、姚大力、孙危对起点、中间点、终点的阐述就很明确。宿白以呼伦池附近（扎赉诺尔）为起点，指出自呼伦池向南是广阔的内蒙古高原，并无"山谷"，不必经历"九难八阻"，只有略转东南，进出大兴安岭中段以南，才与记载相符；还以考古材料加以论证，认为在大兴安岭南段东侧辽河支流乌尔吉木伦河流域发现的巴林左旗南杨家营子遗迹，和扎赉诺尔圈河墓群极为相似；并对终点提出见解，认为内蒙古河套以东的二兰虎沟和百灵庙墓群是拓跋西迁、进入内蒙古草原初期的遗迹。宿白在其论文中附有一幅南迁路线图（图2-1），但在行文中并没有直接陈说。姚大力的描述是由呼伦池沿大兴安岭西麓朝西南行进，一度从西麓东折，进入山岭之中，到西辽河一带时西折至阴山，然后南渡来到匈奴故

---

① 孙同勋：《拓跋氏的汉化》，台北：文盛印书馆，1965年，第5—6页。
② 宿白：《东北、内蒙古地区的鲜卑遗迹——鲜卑遗迹辑录之一》，《文物》1977年第5期。
③ 安介生：《试论拓跋鲜卑的早期迁徙问题》，《原学》第二辑，第88—89页。
④ 田余庆：《代北地区拓跋与乌桓的共生关系——〈魏书·序纪〉有关史实解析》，《拓跋史探》，北京：生活·读书·新知三联书店，2003年，第147页。
⑤ 姚大力：《论拓跋鲜卑部的早期历史——读〈魏书·序纪〉》，《复旦学报（社会科学版）》2005年第2期。
⑥ 塔娜：《内蒙古通辽地区出土的鲜卑金饰牌及其历史文化蕴涵》，《中央民族大学学报（哲学社会科学版）》2006年第2期。
⑦ 孙危：《鲜卑考古学文化研究》，北京：科学出版社，2007年，第74页。对这条路线串联地点的选择，孙危的研究显示了其不断调整的过程，此前还有两种说法。最早是扎赉诺尔→孟根楚鲁→南杨家营子→苏泗汰→三道湾→皮条沟→和林格尔，见于孙危《内蒙古地区鲜卑墓葬的初步研究》，《内蒙古文物考古》2001年第1期；后调整为扎赉诺尔→孟根楚鲁→南杨家营子→苏泗汰→和日木图→东大井→三道湾→百灵庙→西沟子村（和林格尔），见于孙危、魏坚《内蒙古地区鲜卑墓葬的初步研究》，《内蒙古地区鲜卑墓葬的发现与研究》，北京：科学出版社，2004年，第249页。
⑧ 塔拉主编：《草原考古学文化研究》第五章第一节（张文平撰写），呼和浩特：内蒙古教育出版社，2007年，第207页。
⑨ 安介生：《试论拓跋鲜卑的早期迁徙问题》，《原学》第二辑，第88—89页。
⑩ 塔娜：《内蒙古通辽地区出土的鲜卑金饰牌及其历史文化蕴涵》，《中央民族大学学报（哲学社会科学版）》2006年第2期。

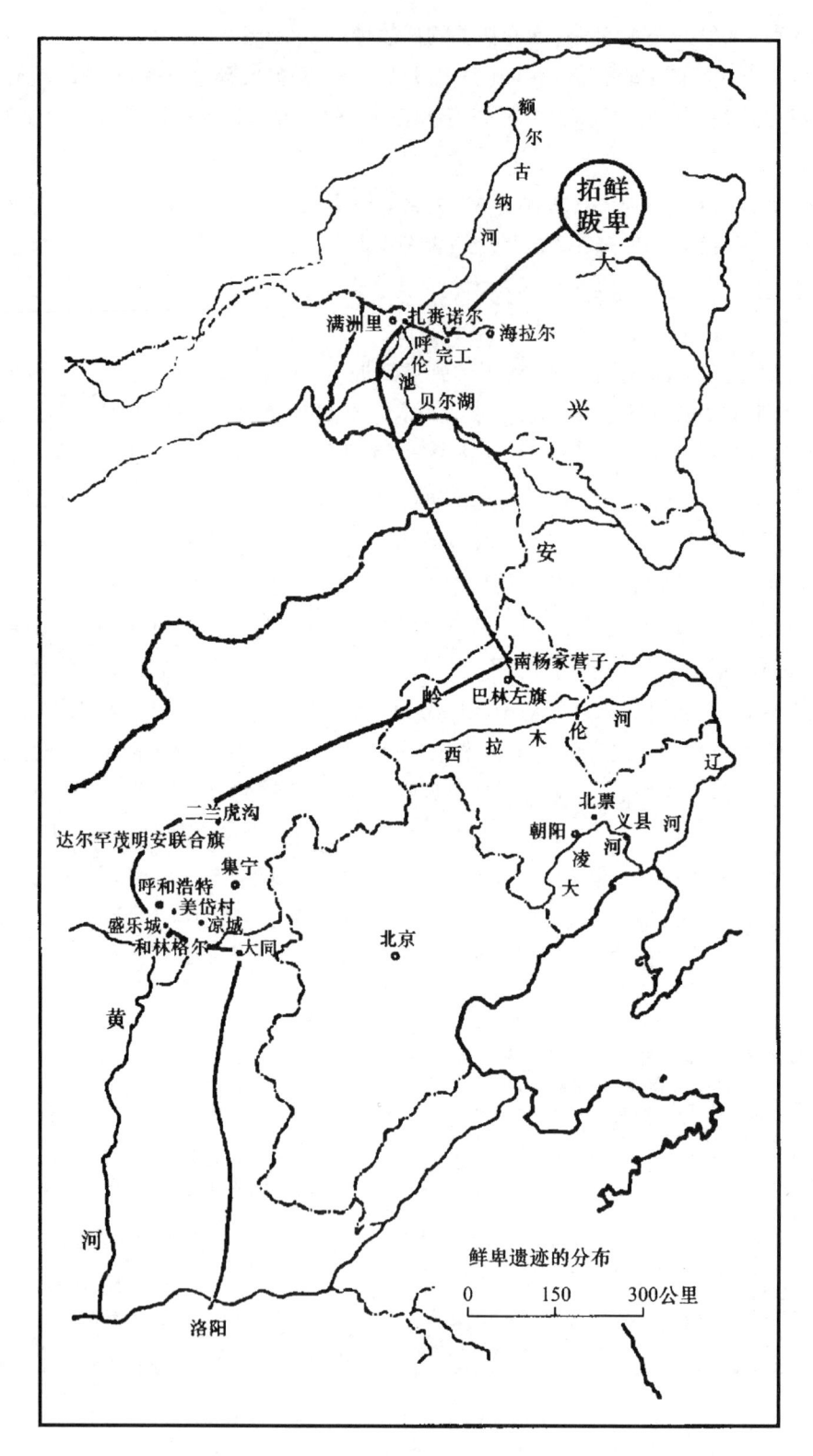

图 2-1　宿白所绘拓跋南迁路线图

地。孙危则完全用考古遗迹的地点来串联南迁的路线，不仅起、终点明确，中间点也更趋密集，即扎赉诺尔→孟根楚鲁→南杨家营子→苏泗汰→东大井→三道湾→百灵庙→西沟子村（和林格尔）。

惟有张文平主张，拓跋鲜卑没有迁回到大兴安岭东麓，而是自东北向西南方向直接南下的，原因是他把南杨家营子作为宇文鲜卑的遗存。

第二种：从漠北地区南迁匈奴故地。

马长寿①、杜士铎②、张博泉③、韦正④、陶克涛⑤等人的观点属于此类。

这一看法始于马长寿，当时他试图在起点问题上调和两种不同的观点，一方面认为大泽可能就是呼伦贝尔湖区，另一方面又说到第二推寅献帝邻时，他们已经西迁到蒙古西部的科布多，然后是从那里南迁到匈奴故地（汉代五原郡境内）。按照马长寿的观点，又要生出一段拓跋西迁的经历，于史无据。因此，后续某些研究者在继承马氏观点的同时，也在加以修补。杜士铎主编的《北魏史》吸取了宿白的部分观点，以充实拓跋从大兴安岭到蒙古西部的过程，认为拓跋鲜卑先是在大兴安岭南段东冲西撞，进进出出，"九难八阻"，因而在大兴安岭南段东侧乌尔吉木伦河流域发现了拓跋鲜卑遗迹；他们在乌尔吉木伦河一带稍作憩息，又辗转出山，横穿蒙古大草原，抵达漠北蒙古西部的科布多一带，推寅邻成为西部五大人之一，檀石槐联盟破裂后，才南迁匈奴故地阴山一带。张博泉发现论证"拓跋西迁"，难有实据，索性认为"大泽"就在科布多一带，而不是呼伦贝尔湖。韦正以扎赉诺尔圈河墓地等为东部鲜卑遗存，又以内蒙古兴和叭沟墓地等为拓跋鲜卑遗存，从而认为拓跋鲜卑确有可能由他处而不是大兴安岭一线进入蒙古草原，故赞成马长寿的看法以支持自己的论点。

陶克涛则把"大泽"放在叶尼塞河上游，认为诘汾从这里出发，跨过唐努山并进抵燕然山之后，中途可能分成两路：一路经通河西走廊至陇西，被指为"河西鲜卑""陇西鲜卑"；另一路即拓跋王族所经，沿匈奴早先开辟的南下路径，以及中原出师北攻所历进兵之线，抵达河套、美稷、五原、云中、定襄、代郡等地。

第三种：从大兴安岭东侧的"大泽"，越岭后到达西侧的匈奴左地。

陈可畏认为拓跋迁居的匈奴故地，最初是在匈奴左部极东地区，即今海拉尔河、伊敏河、呼伦湖流域，又以嫩江下游为"大泽"，从而论断迁移的路线是从大兴安岭东侧穿越到西侧；为了支持自己的观点，他进一步认为史书所载"南移"匈奴故地当为"西移"之误⑥。

第四种：从河套扩展到鄂尔多斯高原之大部或全部。

李志敏认为"大泽"在河套一带，"匈奴故地"就是鄂尔多斯高原之地，诘汾始居之

---

① 马长寿：《乌桓与鲜卑》，桂林：广西师范大学出版社，2006年，第226—227页。
② 杜士铎主编：《北魏史》，太原：山西高校联合出版社，1992年，第51—52页。
③ 张博泉：《嘎仙洞刻石与对鲜卑历史的研究》，《鲜卑新论 女真新论》，长春：吉林文史出版社，1993年，第72—73页。
④ 韦正：《鲜卑墓葬研究》，《考古学报》2009年第3期。
⑤ 陶克涛：《毡乡春秋·拓跋篇》，呼和浩特：内蒙古人民出版社，1997年，第149—150页。
⑥ 陈可畏：《拓跋鲜卑南迁大泽考》，《黑龙江民族丛刊》1989年第4期。

"匈奴之故地"（指鄂尔多斯高原之大部或全部）显然是拓跋推演（推寅）"南迁大泽"以来的扩展①。秦汉时期的河套实际与鄂尔多斯高原为一体，也就是说按照李氏的观点，拓跋的这次南迁只不过是从鄂尔多斯高原的北部扩展到鄂尔多斯高原的大部或全部。

拓跋南迁匈奴故地的三大问题，经过几十年时间的反复讨论，已呈现出多种观点并存的状态，其中一度形成了为研究者广泛接受的主流观点。在献帝邻的身份问题上，将其作为第二推寅，与西部大人"推演"相对应的观点，占据主流；在南迁时间的问题上，最集中的观点是第三种，即东汉晚期，包括桓、灵、献时期；在南迁路线的问题上，由大兴安岭南下至西辽河流域继而西迁匈奴故地的观点，影响最大。但否定的意见也如影随形，对主流观点形成了一定挑战。这些意见中，有的发现漏洞、提出质疑，引发了研究者对问题的思考更趋深入和周密；但有的任意解读或轻改史料，造成一定的混乱，更加不利于问题的澄清②。

面对当前这种研究状况，不仅要反对在史料解读上的任意性，也亟需从新的角度有理有据地重解史料，否则将难以摆脱现在诸说深陷史料、却越解越乱的局面。同时，还需要更多地依靠考古遗迹中发现的线索来解决关键性问题。在解读文献的余地越来越小、越来越难的情况下，考古资料的重要性就凸显出来。关于拓跋南迁路线的主流观点，正是依靠考古资料推定出来的。相比其他意见，考古资料提供了起点、中间点、终点这样比较完整的路线链条，而且随着考古资料的增多，中间点也更加细密起来。因此，对于路线这样实证性强的论题，通过考古资料加以辨析和检验，要比片段文献的推论更有说服力。在拓跋南迁匈奴故地的三大问题中，路线问题是利用考古资料进行研究的最佳突破点。目前在第一种观点所述及的路线附近，已发现了大批与鲜卑相关的墓葬。应当对这些墓葬的主要器物进行总的排比和分类，划分出分别反映不同文化因素的器物群。在对每组器物群的文化来源、时代背景进行分析，并对其文化属性有所判断的基础上，再还原回各个具体的遗迹时，各遗迹的族群归属就要明确得多。在众多的遗迹中，看能否筛选出与拓跋南迁关系更直接和紧密的遗迹。这将对现有主流观点产生或正或反的巨大作用。正的方面，现有观点得到进一步充实和巩固，虽有微调，但大框架不变，且能画出确定性更强的南迁路线图。反的方面，现有观点被证伪、被推翻，那么研究的关注点就应该有新的方向。而且，一旦路线问题获得解决，另外两大问题就有了确定的讨论背景和基础，减少了盲目性。

第二节　与南迁相关的墓葬概况

与拓跋南迁相关的墓葬，除早期拓跋之外，还可能涉及檀石槐鲜卑、早期东部鲜卑、匈

---

① 李志敏：《嘎仙洞的发现与拓跋魏发祥地问题》，《中国史研究》2002年第1期；李志敏：《关于〈魏书〉两个重要地名地望的考实》，《中国历史地理论丛》2000年第2期。
② 例见曹永年：《关于拓跋鲜卑的发祥地问题——与李志敏先生商榷》，《中国史研究》2010年第3期。

奴、中原王朝等方面。我们据此搜集了 33 处墓葬,作为讨论南迁情况的研究对象。这些墓葬所涉地区包括黑龙江西部、吉林西部、辽宁中部、内蒙古东南部和中南部、河北北部(含北京)、山西北部一带。

1. 黑龙江讷河市二克浅墓地①

该墓地位于二克浅镇西北方的一处岗坡上,1985 年、2001 年先后进行过两次发掘。第二次发掘中,M36 出土一件铜质包金三鹿纹饰牌和两件翡翠珠饰。M36 为长方形竖穴土坑墓;三鹿纹饰牌呈圆角长方形,背面衬一薄木片,饰牌与衬木之间用皮条和线绳连接。

简报将 M36 归为早期遗存,并把早期遗存的时代大体断在"春秋至战国早期"。乔梁提出不同意见,推测 M36 在墓地中实际应当属于晚期遗存,通过该墓所出三鹿纹饰牌与同类饰牌的比较,认为 M36 的年代"当不会早于东汉早期"②。

2. 吉林大安市渔场墓地③

大安渔场墓地位于洮儿河与嫩江汇合处的月亮泡南岸,1974 年共清理发掘了 14 座墓葬和 5 个灰坑。墓葬皆为长方形竖穴土坑墓,开口在同一层位,未发现木制葬具痕迹。除 M201 无人骨外,其余皆为单人葬,其中 5 座为一次葬,7 座为二次葬。14 座墓葬共出土随葬品 118 件,陶器有壶、罐两种,铁器种类有镞、刀削、环、甲片和挂钩等,骨器包括镞、弓弭、片形器和环形器等,桦皮器有箭囊、弓囊等,蚌器有较大的无加工痕迹的圆形蚌壳和条形蚌壳,铜器包括手镯、戒指和带扣,玉石器包括绿松石饰、玛瑙饰、紫晶饰、翡翠饰和石管饰等。有 11 座墓葬随葬有日用生活用品,其组合是罐、壶和蚌壳,也有的不足 3 件;10 座墓葬随葬有骨镞和铁镞等武器,其中 4 座还随葬铁削;7 座墓葬随葬青铜饰或玉石饰;6 座墓葬中发现桦皮制品或残片。

简报判断墓葬的年代为晚于汉书二期文化的遗存。杨晶认为,渔场墓地属于拓跋鲜卑的文化遗存,年代应晚于完工、早于南杨家营子、接近扎赉诺尔圈河,而更大的可能是介于扎赉诺尔圈河与南杨家营子之间④。乔梁则反对将渔场墓群遗存直接归属于拓跋鲜卑⑤。陈雍推断大安渔场墓地的年代约为魏晋时期⑥。许永杰则认为,大安渔场与扎赉诺尔圈河、南杨家营子等处墓群的年代相同或相近,而后二者出有中原地区东汉时期的遗物⑦。

---

① 黑龙江省文物考古研究所:《黑龙江讷河市二克浅青铜时代至早期铁器时代墓葬》,《考古》2003 年第 2 期。
② 乔梁:《二克浅墓地出土三鹿纹饰牌的年代——兼析汉书二期文化的年代下限》,《北方文物》2005 年第 4 期。
③ 吉林省博物馆文物队、吉林大学历史系考古专业:《吉林大安渔场古代墓地》,《考古》1975 年第 6 期。
④ 杨晶:《吉林大安渔场墓地的时代与族属》,《考古与文物》1988 年第 4 期。
⑤ 乔梁:《鲜卑遗存的认定与研究》,《中国考古学的跨世纪反思(下)》,香港:商务印书馆(香港)有限公司,1999 年,第 501 页。
⑥ 陈雍:《扎赉诺尔等五处墓葬陶器的比较研究》,《北方文物》1989 年第 2 期。
⑦ 许永杰:《鲜卑遗存的考古学考察》,《北方文物》1993 年第 4 期。

郑君雷把大安渔场墓地归为早期东部鲜卑墓葬①。

3. 吉林大安市后宝石墓地②

该墓地位于静山乡后宝石村东南约500米处。1990年春，当地村民取土时将墓地中的墓葬全部破坏，规模至少有20余座墓，可能均属无棺的竖穴土坑墓。1990年秋，经文物部门调查，在墓地发现大量人骨残骸和少量陶片；并征集到被取走的文物36件，其中铜器有钏、指环、耳饰、马形饰牌，铁器有鼎，复合材质金属器有包金鹿形铜饰牌、包金漩涡纹铜耳饰，骨器有镞、镖，玉石器有玛瑙饰、绿松石饰、玉簪形器等。

简报将墓地的年代定在汉代。

4. 内蒙古科右中旗北玛尼吐墓地③

该墓地位于吐列毛杜镇北玛尼吐村西北300米处流动沙丘的东南坡。1991年进行抢救性清理，共发现123座墓葬，大部分已被风沙破坏，墓地分布较有规律，大体呈南北向平行排列，间距0.1—1米之间。清理残墓26座，均为长方形竖穴土坑墓，分为二层台墓和无二层台墓两种。保存有人骨的有12座，均为单人葬；有葬具的墓只发现2座，在尸体下部残存少量桦树皮。有5座墓葬殉有羊距骨或狗头骨，仅见于男性墓。有3座墓葬未见随葬品，其余各墓均有，多者达50件以上。出土遗物总计188件，以生活用品居多，陶器有壶、罐、盅（杯）、带柄器等，铁器有剑、镞、带扣、马鞍具等，骨器有镞、纺轮，铜器有钏、耳环、戒指、镞、铃、无钱文剪轮钱币等，复合材质金属器有包金铜戒指等，玉石器包括绿松石饰、水晶饰、玛瑙饰、砺石等。

简报认为，北玛尼吐墓群为鲜卑人的墓群，时代上限大概在东汉初期。乔梁认为，其年代上限似不会早于东汉晚期，其年代下限可能还要更晚一些，应当属于后期的东部鲜卑，就方位而言或当为宇文鲜卑，但尚找不到该遗存与汉代匈奴遗存之间的某种承续关系④。孙进己也主张北玛尼吐墓群是宇文鲜卑的文化遗存⑤。孙危则将其归为慕容鲜卑的遗存⑥。韦正认为可能是乌桓遗存⑦。张文平认为北玛尼吐墓群更多地表现为一种慕容鲜卑和拓跋鲜卑的混合型文化，其中慕容鲜卑明显占据了主导地位⑧。

---

① 郑君雷：《早期东部鲜卑与早期拓跋鲜卑族源关系概论》，《青果集——吉林大学考古系建系十周年纪念文集》，北京：知识出版社，1998年，第310页。
② 郭珉：《吉林大安县后宝石墓地调查》，《考古》1997年第2期。
③ 钱玉成、孟建仁：《科右中旗北玛尼吐鲜卑墓群》，《内蒙古文物考古文集》第一辑，北京：中国大百科全书出版社，1994年，第397—406页。
④ 乔梁：《鲜卑遗存的认定与研究》，《中国考古学的跨世纪反思（下）》，香港：商务印书馆（香港）有限公司，1999年，第490、501页。
⑤ 孙进己、孙海：《鲜卑考古学文化》，《内蒙古文物考古》2003年第2期。
⑥ 孙危：《鲜卑考古学文化研究》，北京：科学出版社，2007年，第52页。
⑦ 韦正：《鲜卑墓葬研究》，《考古学报》2009年第3期。
⑧ 塔拉主编：《草原考古学文化研究》第五章第一节（张文平撰写），呼和浩特：内蒙古教育出版社，2007年，第180—181页。

5. 内蒙古扎鲁特旗额日格吐墓地①

该墓地位于通霍公路135公里处额日格吐附近路北的沙岗南坡,1986年遭到修路队施工破坏,墓的形制、数量、随葬品多少和放置情形等均无从辨认,现场收集到的出土遗物包括陶罐、陶纺轮、铁马镫、铜马具饰件、五铢钱等,共31件。

简报认为,所出陶罐很可能是鲜卑早期器物,墓地时代大约在东汉时期。

6. 内蒙古扎鲁特旗南宝力皋吐墓地②

该墓地位于鲁北镇东南约40公里的南宝力皋吐村。2006年修公路时发现,2007年进行抢救性发掘,共发掘墓葬34座。墓葬多为长方形竖穴土坑墓,少数为梯形;葬式常见单人仰身直肢葬,见有一例双人二次葬,多数墓葬没有发现人骨。随葬品很少,陶器器形有壶、罐和杯,其中壶占绝大多数;玉石器仅见小型饰件;铁器只有铁钉。

简报认为,这批墓葬为鲜卑墓葬,年代当在2世纪至3世纪中叶。

7. 内蒙古科左中旗六家子墓地③

该墓地位于六家子嘎查东南1.5公里的沙丘北缘,1984年被风吹开后遭破坏。墓地分布较为规律,全部为西北东南向,约30座,墓葬均为长方形竖穴土坑墓,发现有木质葬具痕迹。现场征集的出土遗物共160余件,陶器器形以侈口舌状唇壶为主,另有侈口舌状唇罐、大口罐、小口罐、圜底罐、直口双耳壶等,金银器包括卧马金饰牌、双马金饰牌、兽形金饰牌、金钏、金钗、金耳环、金戒指(金顶针)、金空心球(铃)、银钗、银耳环、银戒指(银顶针)等,铜器包括镜、带钩、带扣、带饰、饰牌、铃、钏、戒指等,复合材质金属器有包金铁钉帽、包银铁钉帽、包金铁管,玉石器包括琥珀卧狮、琥珀珠、玛瑙饰、绿松石饰、石管、砺石等,另料器有料管、料联珠管、玻璃泡等。

简报认为,该墓地应是东汉至西晋的鲜卑人墓地。田立坤认为,六家子墓群出土的陶器既具有匈奴文化特点,又具有鲜卑文化特点,正是匈奴和东部鲜卑杂处而形成宇文鲜卑的历史反映④。孙危起初认为,该墓地可能是拓跋鲜卑初到"匈奴故地"后的一个世纪里,分布在今通辽和赤峰地区一带与东部鲜卑有密切关系的部族遗存⑤;后认为该墓地应属慕容鲜卑入居辽西前后在通辽地区所留下的遗存⑥。张文平将其归为早期慕容鲜卑

---

① 孙衷然:《扎旗额日格吐鲜卑墓》,《哲盟博物馆馆刊》总第4期,1996年;关丽娟、刘桂兰:《扎鲁特旗额日格吐鲜卑墓》,《内蒙古文物考古》2007年第2期。
② 内蒙古文物考古研究所、通辽民族博物馆:《内蒙古南宝力皋吐鲜卑墓地发掘简报》,《华夏考古》2010年第2期。
③ 张柏忠:《内蒙古科左中旗六家子鲜卑墓群》,《考古》1989年第5期。
④ 田立坤:《三燕文化遗存的初步研究》,《辽海文物学刊》1991年第1期。
⑤ 孙危:《内蒙古地区鲜卑墓葬的初步研究》,《内蒙古文物考古》2001年第1期;孙危、魏坚:《内蒙古地区鲜卑墓葬的初步研究》,《内蒙古地区鲜卑墓葬的发现与研究》,北京:科学出版社,2004年,第227—228页。
⑥ 孙危:《鲜卑考古学文化研究》,北京:科学出版社,2007年,第52、56页。

遗存①。韦正认为六家子宜属乌桓而不宜属鲜卑②。

8. 内蒙古哲里木盟(今通辽市)舍根文化遗存③

1975年,在科左后旗茂道吐公社舍根大队征集到一批陶器,这些陶器出于舍根北被沙丘掩盖的墓地。该墓地已知墓葬均为长方形石棺墓,多单人墓,少数为二人合葬墓。墓中随葬器物多少不等,有陶罐、陶壶、马具、青铜管饰等,有的墓还随葬海螺。舍根墓地出土陶器分为夹砂陶和细泥陶两个系统:夹砂陶作筒形罐,表面竖向磨出暗纹;细泥陶做成陶壶,颈部竖磨暗条,肩部饰旋纹,腹部印出各种花纹。简报将舍根墓葬所代表的文化称为舍根文化。1975年,在对哲里木盟进行的文物普查中,还发现很多带有各种纹饰的属于舍根文化的陶片和陶器,如在开鲁和平公社平安大队、五家子水库,奈曼旗平安地公社毛头敖宝大队、北京铺子人队、清河公社公益大队,扎鲁特旗前进公社前进大队,科右中旗代钦他拉公社代钦他拉大队,科左中旗敖宝公社西腰伯斯吐大队、乌兰套布公社特斯花大队、架马吐公社新艾里大队,科左后旗朝鲁吐公社英吐大队、海斯改公社协力召大队、白音芒哈公社突莫大队等地征集到的陶罐或陶壶。

简报认为,舍根文化的年代上限可到西汉,下限当不晚于唐,应是东部鲜卑文化遗存。徐基进一步指出,舍根文化年代当早至东汉中晚期或略早,晚至魏晋之际,即2世纪初至3世纪中叶,是属于鲜卑慕容部的文化遗存④。孙进己先是认为舍根文化应是东部鲜卑中宇文鲜卑的文化遗存⑤;后来又进一步指出,舍根文化后期不可能是慕容鲜卑的文化,而只能是宇文鲜卑的文化,舍根文化早期则是前汉到后汉早期的鲜卑遗存⑥。田立坤认为,把以舍根墓群为代表的遗存定为慕容鲜卑进入辽西到建立前燕政权之前的遗存大概不会错,其年代上限在三国曹魏初年⑦。乔梁则认为,舍根文化年代大体不出东汉晚期至西晋阶段,将其视为慕容鲜卑前身的看法有待进一步的发现与研究去证实⑧。孙危起初认为,该墓地可能是拓跋鲜卑初到"匈奴故地"后的一个世纪里,分布在今通辽和赤峰地区一带与东部鲜卑有密切关系的部族遗存⑨;后认为该墓地应属慕容鲜卑入居辽西前后在通辽地区所留下的遗存⑩。张文平将其归为早期慕容鲜卑遗存⑪。韦正将其归为

---

① 塔拉主编:《草原考古学文化研究》第五章第一节(张文平撰写),呼和浩特:内蒙古教育出版社,2007年,第182—183页。
② 韦正:《鲜卑墓葬研究》,《考古学报》2009年第3期。
③ 张柏忠:《哲里木盟发现的鲜卑遗存》,《文物》1981年第2期。
④ 徐基:《关于鲜卑慕容部遗迹的初步考察》,《中国考古学会第六次年会论文集》,北京:文物出版社,1990年,第164—165页。
⑤ 孙进己:《晋代宇文鲜卑的文化》,《东北各民族文化交流史》,沈阳:春风文艺出版社,1992年,第82页。
⑥ 孙进己、孙海:《鲜卑考古学文化》,《内蒙古文物考古》2003年第2期。
⑦ 田立坤:《三燕文化遗存的初步研究》,《辽海文物学刊》1991年第1期。
⑧ 乔梁:《鲜卑遗存的认定与研究》,《中国考古学的跨世纪反思(下)》,香港:商务印书馆(香港)有限公司,1999年,第491、500—501页。
⑨ 孙危:《内蒙古地区鲜卑墓葬的初步研究》,《内蒙古文物考古》2001年第1期;孙危、魏坚:《内蒙古地区鲜卑墓葬的初步研究》,《内蒙古地区鲜卑墓葬的发现与研究》,北京:科学出版社,2004年,第227—228页。
⑩ 孙危:《鲜卑考古学文化研究》,北京:科学出版社,2007年,第52、56页。
⑪ 塔拉主编:《草原考古学文化研究》第五章第一节(张文平撰写),呼和浩特:内蒙古教育出版社,2007年,第182—183页。

乌桓遗存①。

9. 内蒙古开鲁县福兴地墓葬②

该墓葬发现于福兴地村东,1983年村民取土时遭破坏,收回的部分出土遗物有40件,金器有子母马形饰牌、耳环、泡形饰、菱形饰、残叶片等,铜器有镞、饰件,铁器有刀、器物残块,陶器有罐,石器有椭圆形珠。

简报认为,该墓葬为时当中原两晋时期的鲜卑族墓葬。

10. 内蒙古科左后旗新胜屯墓地③

该墓地位于甘旗卡镇新胜屯村南1公里,经风蚀的地表上散布着很多陶器残片、残铁器、零乱人骨。墓葬排列整齐有序,分3排,每排间距4—5米。1989年的考古调查中,清理了两座墓葬。简报对该墓地的文化特征进行了概括,指出其陶器种类少,组合为夹砂褐陶大口罐、泥质灰陶侈口壶、敞口壶以及三足瓮等;泥质灰陶器均轮制,夹砂褐陶器为手制;纹饰多施于泥质灰陶器上,压印纹较发达;铁器有刀、环、甲片、棺钉;铜器有五铢钱;玉石器有绿松石饰、角形玉器。

简报认为,新胜屯墓地与舍根墓地、六家子墓地的文化特征相同或相近,同属东部鲜卑的遗存。孙危起初认为,该墓地可能是拓跋鲜卑初到"匈奴故地"后的一个世纪里,分布在今通辽和赤峰地区一带与东部鲜卑有密切关系的部族遗存④;后认为该墓地应属慕容鲜卑入居辽西前后在通辽地区所留下的遗存⑤。张文平将其归为早期慕容鲜卑遗存⑥。韦正将其归为乌桓遗存⑦。

11. 内蒙古科左后旗毛力吐墓地⑧

该墓地位于哈拉乌苏毛力吐嘎查,1978年因大风刮走地表流沙而暴露出两处墓葬,墓中出土文物随即散失或毁坏。其中一座墓葬出土金凤鸟1件、陶壶2件,在一年后的文物调查中被征集到。

简报认为,该墓地为东汉早期到中期的鲜卑墓群。孙危认为,该墓地应属慕容鲜卑入

---

① 韦正:《鲜卑墓葬研究》,《考古学报》2009年第3期。
② 武亚琴、李铁军:《开鲁县福兴地鲜卑墓》,《内蒙古文物考古》2007年第2期。
③ 田立坤:《科左后旗新胜屯鲜卑墓地调查》,《文物》1997年第11期。
④ 孙危:《内蒙古地区鲜卑墓葬的初步研究》,《内蒙古文物考古》2001年第1期;孙危、魏坚:《内蒙古地区鲜卑墓葬的初步研究》,《内蒙古地区鲜卑墓葬的发现与研究》,北京:科学出版社,2004年,第227—228页。
⑤ 孙危:《鲜卑考古学文化研究》,北京:科学出版社,2007年,第52、56页。
⑥ 塔拉主编:《草原考古学文化研究》第五章第一节(张文平撰写),呼和浩特:内蒙古教育出版社,2007年,第182—183页。
⑦ 韦正:《鲜卑墓葬研究》,《考古学报》2009年第3期。
⑧ 赵雅新:《科左后旗毛力吐发现鲜卑金凤鸟冠饰》,《文物》1999年第7期;赵雅新:《科左后旗毛力吐鲜卑金凤凰步摇冠饰》,《哲盟博物馆馆刊》总第4期,1996年。

居辽西前后在通辽地区所留下的遗存①。张文平也将其归为早期慕容鲜卑遗存②。

12. 辽宁沈阳市大南街妇婴医院新址汉墓 M2③

该墓发掘于 2008 年,为长方形土圹砖筑单室墓,墓室部分由长方形墓室和头箱两部分组成。墓内出土陶罐 1 件、陶案 2 件、五铢钱 10 枚。

简报将 M2 的年代定在东汉晚期。另在填土中发现辽代瓦当陶范 1 件,其旁还有陶盏 1 件,陶盏形制似非出自汉墓,当亦属后世混入。

13. 内蒙古巴林左旗南杨家营子墓地④

该墓地位于林东镇南杨家营子村东的一道土岭上,1962 年发掘墓葬 20 座,都是长方形竖穴土坑墓,2 座墓带有二层台,8 座墓发现有木质葬具的痕迹。单人葬的有 9 座墓,二人葬的有 5 座墓,多人葬的有 4 座墓,其他两座情况不明。12 座墓葬有殉牲,包括羊头、羊腿、牛头、马头、马蹄和狗头,其中 9 座殉羊,多数是羊腿。随葬品共 124 件,陶器器形有壶、罐、碗三种,铁器有带扣、镞、斧(铲)、刀、钉等,铜器有镯、指环、铃、连珠形管状饰和五铢钱等,骨器有镞、纺轮、珠饰、弧形器、羊距骨等,玉石器包括绿玉饰、绿松石饰、滑石饰、白石饰、灰石饰、玛瑙饰等,另有琉璃饰。

简报认为,该墓地的年代上限在公元 1 世纪左右,下限很可能是公元 4 世纪左右。宿白把南杨家营子墓地作为拓跋鲜卑在诘汾领导下南移途中的遗迹,指出"南杨家营子墓群所反映的拓跋部落的较大变化,是与匈奴混合和日益邻近汉族地区以后发生的",同时他还指出南杨家营子东北距张穆推定的东部鲜卑的早期居住地鲜卑山不远,"因此南杨家营子遗迹,或许也和东部鲜卑有关"⑤。许永杰明确认为,南杨家营子的陶器既与拓跋鲜卑有关,也与慕容鲜卑有关⑥。田立坤也认为,东部鲜卑和拓跋鲜卑都是从南杨家营子遗存发展而来,南杨家营子 M3 为代表的遗存 3 世纪初到辽西发展为东部鲜卑遗存,M15 为代表的遗存 3 世纪初到达盛乐、平城一带形成拓跋鲜卑遗存⑦。乔梁、林沄则认为南杨家营子遗存的具体族属很难进一步确定,居住在该地的族群实有多种可能,目前不可能有科学的结论⑧。张文

---

① 孙危:《鲜卑考古学文化研究》,北京:科学出版社,2007 年,第 52、56 页。
② 塔拉主编:《草原考古学文化研究》第五章第一节(张文平撰写),呼和浩特:内蒙古教育出版社,2007 年,第 182—183 页。
③ 沈阳市文物考古研究所:《沈阳大南街古代遗存发掘报告》,《沈阳考古文集》第 2 集,北京:科学出版社,2009 年,第 82—91 页。
④ 中国科学院考古研究所内蒙古工作队:《内蒙古巴林左旗南杨家营子的遗址和墓葬》,《考古》1964 年第 1 期。
⑤ 宿白:《东北、内蒙古地区的鲜卑遗迹——鲜卑遗迹辑录之一》,《文物》1977 年第 5 期。
⑥ 许永杰:《鲜卑遗存的考古学考察》,《北方文物》1993 年第 4 期。
⑦ 田立坤:《鲜卑文化源流的考古学考察》,《青果集——吉林大学考古专业成立二十周年考古论文集》,北京:知识出版社,1993 年,第 364 页。
⑧ 乔梁:《鲜卑遗存的认定与研究》,《中国考古学的跨世纪反思(下)》,香港:商务印书馆(香港)有限公司,1999 年,第 501 页;林沄:《内蒙古地区鲜卑墓葬的发现与研究》,《中国文物报》2004 年 8 月 13 日第 7 版,后收入魏坚主编《内蒙古地区鲜卑墓葬的发现与研究》为序。

平视其为宇文鲜卑遗存①。

14. 内蒙古林西县苏泗汰墓葬②

该墓葬1981年发现于十二吐乡苏泗汰村东2公里的沙丘地带。该墓为长方形竖穴土坑墓,遗留有木质葬具朽痕;出土随葬品5件,陶罐、铜镞、铜镯、三鹿纹金饰牌、绿松石饰各1件。

简报认为,该墓年代应为东汉末年,可能是拓跋西南迁至乌尔吉木伦河流域时的遗存。张文平将其作为檀石槐迄轲比能鲜卑大联盟时期的鲜卑遗存③。

15. 内蒙古正蓝旗和日木图遗存④

1990年,在伊和海尔罕苏木和日木图嘎查,征集到一件鎏金三鹿纹铜饰牌,有可能出自墓葬。

简报认为,其时代应属东汉晚期偏早阶段,是拓跋鲜卑南迁所留下的遗存。张文平将其作为檀石槐迄轲比能鲜卑大联盟时期的鲜卑遗存⑤。

16. 内蒙古商都县东大井墓地⑥

该墓地位于西坊子乡东大井村西约1公里处一缓坡丘陵的阳坡至坡顶地段。1998年,该墓地被发现,引发盗掘,经抢救性发掘,清理墓葬18座。墓葬原应有200座左右,排列较为规整,基本上成排分布,墓距一般在1—5米之间。这次清理的18座墓,除SDM17位于墓地西部外,其余均集中在墓地东南部;均为竖穴土坑墓,平面呈长方形或近似长方形的长梯形,个别墓葬建有二层台、头龛或尾龛;多为单人葬,4座为双人葬,1座为三人合葬;5座墓葬置有木棺,1座用桦树皮包裹尸体,其余无葬具;7座墓葬有殉牲,多为羊的个体,有羊距骨、羊肩胛骨、羊肢骨、羊角等,个别墓内殉牛肩胛骨,一般为1—2件。各墓随葬品数量不等,多者71件,少者1件,一般多在10件左右。约有一半的墓内随葬陶器,大多为2件,多者3件,少者1件,器形有罐、壶、杯、纺轮等;铜器有镞、单耳杯、镯、簪、环、镞、饰片、饰牌、指环、耳饰、连珠形管状饰、镜、五铢钱等;铁器有剑、矛、刀、钩、环、钉、刀

---

① 塔拉主编:《草原考古学文化研究》第五章第一节(张文平撰写),呼和浩特:内蒙古教育出版社,2007年,第183—184页。
② 林西县文物管理所:《林西县苏泗汰鲜卑墓葬》,《内蒙古文物考古文集》第二辑,北京:中国大百科全书出版社,1997年,第461—462页。
③ 塔拉主编:《草原考古学文化研究》第五章第一节(张文平撰写),呼和浩特:内蒙古教育出版社,2007年,第182—183页。
④ 珊丹、魏坚:《正蓝旗和日木图鲜卑遗存》,《内蒙古地区鲜卑墓葬的发现与研究》第四章,北京:科学出版社,2004年,第103—105页。
⑤ 塔拉主编:《草原考古学文化研究》第五章第一节(张文平撰写),呼和浩特:内蒙古教育出版社,2007年,第182—183页。
⑥ 李兴盛:《商都县东大井墓地》,《内蒙古地区鲜卑墓葬的发现与研究》第三章,北京:科学出版社,2004年,第55—102页。

鞘、剑鞘、鸣镝、甲片、带扣、饰片等;金器有漩涡纹耳饰、泡饰、菱形饰、饰片、双马纹饰牌等;骨器有弓弭、哨、管饰等;玉石器有砺石、石纺轮、绿松石饰、玛瑙饰、凝灰岩饰、翡翠饰、蛇纹岩饰、海百合茎化石饰等;桦皮器有器盖等;皮制片有皮囊等;另有料珠等。

报告认为,该墓地当为早期拓跋鲜卑的墓地,年代应为东汉晚期,也许处在檀石槐军事大联盟时期。孙危认为,该墓地应是拓跋鲜卑南迁"匈奴故地"途中留下的遗迹①。张文平将其作为檀石槐迄轲比能鲜卑大联盟时期的鲜卑遗存②。

17. 内蒙古察右后旗三道湾墓地③

该墓地位于红格尔图乡光明村东北约3公里处,距三道湾沟口2公里处伸往东北的一条小山湾里。1983年,墓地遭盗掘,经抢救性发掘,共发掘墓葬23座,清理遭破坏的残墓25座;1984年,再次清理墓葬2座。墓地破坏十分严重,盗坑达300多个。整个墓地的墓葬排列十分密集,有的间距仅30厘米。经发掘的25座墓大部分在墓地东区,多为长方形竖穴土坑墓,仅2座墓为竖穴土坑与洞室相结合;多为单人葬,仅2座墓为双人葬;12座墓置有木棺;5座墓有殉牲,多为羊头骨,一般数量较少,多为1—3个。各墓随葬品数量不等,多者40余件,少者仅一两件或无。陶器大多为一墓1件,多者有3件,还有一定数量的墓葬无陶器,器类有罐、壶、杯等;铜器有双马纹饰牌、网格纹饰牌、漩涡纹耳饰、柿蒂纹饰牌、泡饰、耳坠、戒指、连珠形管状饰、带扣、铃、环、镯、镜、五铢钱等;铁器有剑、矛、刀、斧、铲、镞、环、带銙、带扣、饰片等;金器有双马纹饰牌、单马纹饰牌、三鹿纹饰牌、双鹿纹饰牌、单鹿纹饰牌、驼形饰牌、饰片、耳饰、泡饰、菱形饰、水滴饰等;骨器有弓弭、带扣、弧形片状器、圈点纹角形器、圆柱管状饰、梯形管状饰、纺轮、锥等;玉石器有绿松石饰、玛瑙饰、水晶饰、琥珀饰、石珠等;桦皮器有器盖等;另有丝织品、皮革、漆器等。

报告判断该墓地的时代大致相当于东汉晚期,并认为该墓地第一期大致与扎赉诺尔圈河墓地年代相同,第二期大概略晚于扎赉诺尔圈河或略早于南杨家营子,可能是目前拓跋鲜卑南迁匈奴故地后所发现的最早的一处墓地。郑君雷认为,三道湾墓地存在着早期拓跋鲜卑、早期东部鲜卑、匈奴和汉文化因素,但是从整体上看,以与早期拓跋鲜卑和早期东部鲜卑相似的文化因素为主,而且前者比例更为突出一些,简报认为该墓地属于拓跋鲜卑是正确的④。乔梁则认为三道湾墓地可以同檀石槐至轲比能阶段的鲜卑大联盟中的早期东部鲜卑相对应⑤。张文

---

① 孙危、魏坚:《内蒙古地区鲜卑墓葬的初步研究》,《内蒙古地区鲜卑墓葬的发现与研究》,北京:科学出版社,2004年,第221—222页;孙危:《鲜卑考古学文化研究》,北京:科学出版社,2007年,第29页。
② 塔拉主编:《草原考古学文化研究》第五章第一节(张文平撰写),呼和浩特:内蒙古教育出版社,2007年,第182—183页。
③ 乌兰察布博物馆:《察右后旗三道湾墓地》,《内蒙古文物考古文集》第一辑,北京:中国大百科全书出版社,1997年,第407—433页;杜承武、李兴盛:《察右后旗三道湾墓地》,《内蒙古地区鲜卑墓葬的发现与研究》第二章,北京:科学出版社,2004年,第16—54页。
④ 郑君雷:《察右后旗三道湾墓地文化因素分析》,《内蒙古文物考古》1998年第2期。
⑤ 乔梁:《鲜卑遗存的认定与研究》,《中国考古学的跨世纪反思(下)》,香港:商务印书馆(香港)有限公司,1999年,第500页。

平将其作为檀石槐迄轲比能鲜卑大联盟时期的鲜卑遗存①。

18. 内蒙古察右后旗二兰虎沟墓地②

该墓地位于察汉淖乡寒乌拉山中一条大沟之北的山坡及平地上。墓地由当地农牧民发现,1949年曾遭破坏,1952年前绥远省文教厅派员了解,1956年内蒙古文化局又派文物工作组前往调查。墓葬一般为竖穴土坑墓,多为仰身单人葬,无葬具。共征集到出土文物89件,其中铜器有鍑、勺、镜、三鹿纹饰牌、双鹿纹饰牌、双龙纹饰牌、网格纹饰牌、鎏金伞盖形饰件、戒指、柿蒂纹饰、铃等;铁器有剑、镞等;陶器有罐、壶、尊等;玉石器有燧石饰、玛瑙饰等;另有料珠、铅丸、鹿角锥等。

简报把大部分文物定为匈奴文物。从发现之后到20世纪60、70年代,二兰虎沟墓地长期被视为匈奴遗存③。1954年,江上波夫发表了百灵庙墓地的资料,指出百灵庙同二兰虎沟的陶器很相似,但他将百灵庙墓地视为东汉至魏晋时期的鲜卑遗存④。后来,宿白看到了江上波夫文章1967年的版本,受其启发,在1977年发表的论文中,提出二兰虎沟墓群是拓跋西迁进入内蒙古草原初期的遗迹,时代已到了东汉晚期;又说该遗迹"也有可能是《后汉书·鲜卑传》和《三国志·魏书·鲜卑传》所记檀石槐迄轲比能时期东部鲜卑的遗存"⑤。乔梁则明确指出二兰虎沟墓地不属于拓跋鲜卑,而可以同檀石槐至轲比能阶段的鲜卑大联盟中的早期东部鲜卑相对应⑥。许永杰认为,二兰虎沟墓地最有可能属于东部鲜卑的一支宇文鲜卑⑦。孙危起初认为,二兰虎沟墓地是在拓跋鲜卑迁至匈奴故地后的一个世纪里,分布在当地的与匈奴有关的部族遗影⑧;后来又认为二兰虎沟墓地既与匈奴有密切的关系,又具有明显的鲜卑文化因素,故可将其视为宇文鲜卑在阴山地区活动时期所留下的遗迹⑨。张文平将其作为檀石槐迄轲比能鲜卑大联盟时期的鲜卑遗存⑩。

---

① 塔拉主编:《草原考古学文化研究》第五章第一节(张文平撰写),呼和浩特:内蒙古教育出版社,2007年,第182—183页。
② 郑隆、李逸友:《察右后旗二兰虎沟的古墓群》,《内蒙古文物资料选辑》,呼和浩特:内蒙古人民出版社,1964年,第99—101页;郑隆:《内蒙文物工作组再一次调查二兰虎沟的匈奴古墓》,《文物参考资料》1956年第11期;李逸友:《内蒙古西部地区的匈奴和汉代文物》,《文物参考资料》1957年第4期;内蒙古自治区文物工作队:《内蒙古出土文物选集》,北京:文物出版社,1963年,图49—58。
③ 如中国科学院考古研究所:《新中国的考古收获》,北京:文物出版社,1961年,第87—88页;盖山林:《内蒙古察右后旗赵家房村发现匈奴墓群》,《考古》1977年第2期。
④ [日]江上波夫:《内蒙古百霊廟砂凹地の古墳》,《東洋文化研究所紀要》第5冊,東京:東京大学東洋文化研究所,1954年。后收入江上波夫:《アジア文化史研究·論考篇》,東京:東京大学東洋文化研究所,1967年,第247—264頁;江上波夫:《江上波夫文化史論集4·北アジア諸民族の歴史と文化》,東京:山川出版社,2000年,第373—392頁。
⑤ 宿白:《东北、内蒙古地区的鲜卑遗迹——鲜卑遗迹辑录之一》,《文物》1977年第5期。
⑥ 乔梁:《鲜卑遗存的认定与研究》,《中国考古学的跨世纪反思(下)》,香港:商务印书馆(香港)有限公司,1999年,第500页。
⑦ 许永杰:《鲜卑遗存的考古学考察》,《北方文物》1993年第4期。
⑧ 孙危:《内蒙古地区鲜卑墓葬的初步研究》,《内蒙古文物考古》2001年第1期;孙危、魏坚:《内蒙古地区鲜卑墓葬的初步研究》,《内蒙古地区鲜卑墓葬的发现与研究》,北京:科学出版社,2004年,第228—229页。
⑨ 孙危:《鲜卑考古学文化研究》,北京:科学出版社,2007年,第116—118页。
⑩ 塔拉主编:《草原考古学文化研究》第五章第一节(张文平撰写),呼和浩特:内蒙古教育出版社,2007年,第182—183页。

19. 内蒙古察右后旗赵家房村墓地①

该墓地位于红格尔图乡赵家房村南约 1 公里处的一盆地中。1969 年,墓地被发现,墓葬均为竖穴土坑墓,有的有棺,有的没有随葬品,有的头下枕一块石头。收集到的随葬品中,陶器有罐、壶,铜器有镞、镯、镜、带扣、串珠、网格纹饰牌、泡饰、圆柱管(剑把套)、柿蒂形饰件、五铢钱等,金器有鹿纹饰牌、马纹饰牌、叶、花、簪等,铁器有刀、矛、剑等,玉石器有砺石、白玉环、绿松石饰、玛瑙饰、琥珀饰、碧玉饰、水晶饰等,另外还有皮鞘等。

简报认为,这是一处匈奴墓群,随葬品与二兰虎沟出土物很相似。乌恩将其作为鲜卑墓葬②。孙危认为该墓地是拓跋初居"匈奴故地"时期的遗存,年代为东汉晚期至三国时期③。张文平将其作为檀石槐迄轲比能鲜卑大联盟时期的鲜卑遗存④。

20. 内蒙古察右前旗下黑沟墓葬⑤

该墓葬位于三岔口乡下黑沟村西 200 余米处的西山坡脚缓坡地带。1985 年,村民采取石灰岩时发现该墓,将其掘毁。据称为石椁墓,四周以石灰岩片石立砌边框,其上有石板封盖。征集到的随葬品有陶罐 1 件、双耳铜鍑 1 件、小铜杯 1 件、铜环 1 件、铜管 1 件、骨管饰 1 件、玛瑙饰 1 件、绿松石饰 2 件、石饰 1 件、残玉佩 1 件,还有少量纺织物及刀(矛)等残铁块若干。

简报认为,该墓时代大约相当于东汉晚期,有可能是史称匈奴十万余落加入鲜卑者,它融合于东部鲜卑,又不同程度地接受了拓跋鲜卑的文化影响。孙危起初认为,该墓很可能是与慕容鲜卑有密切联系的部族遗存⑥;后认为该墓应属吐谷浑西迁青海时在内蒙古中南部地区所留下的遗存⑦。张文平视其为檀石槐迄轲比能鲜卑大联盟时期的慕容鲜卑遗存⑧。

21. 内蒙古察右前旗常家村东滩鲜卑墓⑨

该墓位于乌拉哈乡常家村东南 1.5 公里处,坐落在黄旗海东南部的缓坡柠条林沙地

---

① 盖山林:《内蒙古察右后旗赵家房村发现匈奴墓群》,《考古》1977 年第 2 期。
② 乌恩:《试论汉代匈奴与鲜卑遗迹的区别》,《中国考古学会第六次年会论文集》,北京:文物出版社,1990 年,第 138—140 页。
③ 孙危、魏坚:《内蒙古地区鲜卑墓葬的初步研究》,《内蒙古地区鲜卑墓葬的发现与研究》,北京:科学出版社,2004 年,第 225—227 页。
④ 塔拉主编:《草原考古学文化研究》第五章第一节(张文平撰写),呼和浩特:内蒙古教育出版社,2007 年,第 182—183 页。
⑤ 郭治中、魏坚:《察右前旗下黑沟鲜卑墓及其文化性质初论》,《内蒙古文物考古文集》第一辑,北京:中国大百科全书出版社,1997 年,第 434—437 页。
⑥ 孙危:《内蒙古地区鲜卑墓葬的初步研究》,《内蒙古文物考古》2001 年第 1 期;孙危、魏坚:《内蒙古地区鲜卑墓葬的初步研究》,《内蒙古地区鲜卑墓葬的发现与研究》,北京:科学出版社,2004 年,第 232 页。
⑦ 孙危:《鲜卑考古学文化研究》,北京:科学出版社,2007 年,第 60 页。
⑧ 塔拉主编:《草原考古学文化研究》第五章第一节(张文平撰写),呼和浩特:内蒙古教育出版社,2007 年,第 184 页。
⑨ 内蒙古自治区文物考古研究所、乌兰察布市博物馆、察右前旗文物管理所:《察右前旗常家村东滩鲜卑墓文物调查简报》,《草原文物》2015 年第 1 期。

上。2013年,当地农民取沙时发现1件陶罐和1件铜镀,并伴有人骨出土,墓葬形制已不详。

简报认为,东滩墓葬的年代应处于东汉晚期,略早于三道湾同时期的墓葬。出土遗物反映其不但有拓跋鲜卑文化特征,而且受到了匈奴文化的影响,表现出檀石槐部落大联盟时期鲜卑文化与匈奴文化以及鲜卑各部族之间文化的融合。

22. 内蒙古卓资县石家沟墓地①

该墓地位于梅力盖图乡石家沟村北的山坡和附近河槽南部的坡地上。墓地已遭严重破坏,约3/4墓葬为长方形竖穴土坑墓,约1/4墓葬为用石块砌出边框、上覆石板的石椁墓;部分墓葬有木棺,单人葬、双人葬均有;殉牲有马、牛、羊骨,以羊骨为多。1996—1997年零散征集的随葬品中,陶器有罐、杯、纺坠等,铜器有杯、鼎、樽、筒形杯、灯、钵、罐、器盖、镀、环、钏、指环、耳饰、网格纹饰牌、带饰、带扣、带銙、泡饰、珠饰、连珠形管状饰、"工"字饰件、桃形饰片、盖弓帽、刀鞘挂件、镜、五铢钱等,铁器有刀、矛、锥、镀、灯、铃、镞、锤、棒、钳等,复合材质金属器有包金铜耳饰,骨器有圈点纹角形器、弧形器、箭杆、坠饰、带扣、哨笛、耳饰等,玉石器有绿松石饰、石斧、黑石子等,另外还有料饰、蚌饰等。

简报认为,该墓地时代应为东汉晚期,族属为鲜卑;当为东部鲜卑主力退往辽东后,活动在乌兰察布丘陵地带的步度根部众,在与邻近的拓跋鲜卑的不断交往中形成的,既有受到匈奴文化影响的东部鲜卑文化特征,又有拓跋鲜卑固有文化因素的墓葬。孙危认为,石家沟墓地既与匈奴有密切关系,又具有明显的鲜卑文化因素,可将其视为宇文鲜卑在阴山地区活动时留下的遗迹②。张文平视其为檀石槐迄轲比能鲜卑大联盟时期的慕容鲜卑遗存③。

23. 内蒙古托克托县皮条沟墓地④

该墓地位于河口镇皮条沟东南1.5公里的沙丘上。1958年,暴露于地表的3座墓葬被清理,并在其附近采集了一些陶器。三墓均为长方形竖穴土坑墓,墓圹不太清楚,未见葬具,单人葬。随葬品中,陶器有罐,铜器有镜,铁器有刀,玉石器有绿松石饰、玛瑙饰等。

简报认为,这些墓葬是鲜卑墓,年代相当于东汉晚期。孙危将其归为拓跋鲜卑初居"匈奴故地"时期的遗存,年代为东汉晚期至三国时期⑤。张文平将其作为檀石槐迄轲比

---

① 内蒙古博物馆:《卓资县石家沟墓群出土资料》,《内蒙古文物考古》1998年第2期。
② 孙危:《鲜卑考古学文化研究》,北京:科学出版社,2007年,第116—118页。
③ 塔拉主编:《草原考古学文化研究》第五章第一节(张文平撰写),呼和浩特:内蒙古教育出版社,2007年,第184页。
④ 金学山:《内蒙古托克托县皮条沟发现三座鲜卑墓》,《考古》1991年第5期。
⑤ 孙危、魏坚:《内蒙古地区鲜卑墓葬的初步研究》,《内蒙古地区鲜卑墓葬的发现与研究》,北京:科学出版社,2004年,第225—227页;孙危:《鲜卑考古学文化研究》,北京:科学出版社,2007年,第29—31页。

能鲜卑大联盟时期的鲜卑遗存①。

24. 内蒙古托克托县郝家窑鲜卑墓葬②

2014年,在黄河故道郝家窑东梁坡地上发现两座墓葬,因水土流失严重,墓葬深度已无从考察。两墓均为东西向,头西脚东,并排埋葬。共出土10件文物,有铜镞1件、陶器(罐、壶)7件、饰珠2件。

简报认为,墓葬年代应属鲜卑时期。

25. 内蒙古达尔罕茂明安联合旗百灵庙墓地③

该墓地位于百灵庙东部丘陵西坡的椭圆形砂凹地上。百灵庙,伪蒙疆政府时期是乌兰察布盟公署所在地,现为包头市达尔罕茂明安联合旗政府所在地。1935年10月,日本学者赤崛英三、江上波夫踏查时发现3座墓葬,并采集遗物;1939年6月,江上波夫、稻生典太郎再次调查该墓地,又发现3座墓葬,这次采集的遗物相当多;1939年夏,岛五郎在该墓地采集到陶器2件和小孩骨等;1941年,江上波夫第三次访问百灵庙,在乌兰察布盟公署顾问室见到从该墓地出土的铜制浅皿;1944年,参加京城帝国大学(现韩国汉城国立大学)第三次蒙疆学术调查队的铃木诚在该墓地又发掘2座墓葬。该墓地遭破坏较严重,人骨和器物四处散落,墓葬分布比较密集,江上波夫估计墓葬总数当在11座以上。被清理的8座墓葬,没有发现明确的墓穴和棺椁痕迹,均为单人葬,多见小孩墓。1954年,江上波夫公布了他头两次调查所发现的6座墓葬的资料。随葬品及采集品中,陶器有壶、罐,玉石器有玉珠、翡翠珠、玛瑙珠、绿松石珠等,铁器有刀、镞等,铜器有钏、指环、五铢钱、浅皿等,另外还有漩涡纹残金耳饰、织物、骨珠、玻璃珠等。

简报认为,该墓地为东汉至魏晋时期的鲜卑遗存。宿白认为,百灵庙墓群是拓跋西迁进入内蒙古草原初期的遗迹,时代已到了东汉晚期,又说该遗迹也有可能是檀石槐迄轲比能时期东部鲜卑的遗迹④。孙危将其归为拓跋鲜卑初居"匈奴故地"时期的遗存,年代为东汉晚期至三国时期⑤。张文平将其作为檀石槐迄轲比能鲜卑大联盟时期的鲜卑遗存⑥。

---

① 塔拉主编:《草原考古学文化研究》第五章第一节(张文平撰写),呼和浩特:内蒙古教育出版社,2007年,第182—183页。
② 托克托县博物馆:《呼和浩特托克托县郝家窑鲜卑墓葬的清理》,《草原文物》2014年第2期。
③ [日]江上波夫:《内蒙古百靈廟砂凹地の古墳》,《東洋文化研究所紀要》第5册,東京:東京大学東洋文化研究所,1954年。后收入江上波夫:《アジア文化史研究·論考篇》,東京:東京大学東洋文化研究所,1967年,第247—264页;江上波夫:《江上波夫文化史論集4·北アジア諸民族の歴史と文化》,東京:山川出版社,2000年,第373—392页。
④ 宿白:《东北、内蒙古地区的鲜卑遗迹——鲜卑遗迹辑录之一》,《文物》1977年第5期。
⑤ 孙危、魏坚:《内蒙古地区鲜卑墓葬的初步研究》,《内蒙古地区鲜卑墓葬的发现与研究》,北京:科学出版社,2004年,第225—227页;孙危:《鲜卑考古学文化研究》,北京:科学出版社,2007年,第29—31页。
⑥ 塔拉主编:《草原考古学文化研究》第五章第一节(张文平撰写),呼和浩特:内蒙古教育出版社,2007年,第182—183页。

26. 河北滦县塔坨墓地①

该墓地位于塔坨乡政府所在地南 300 米,乡办炼铁厂西墙外的一个沙丘上。1990 年,村民拉砂取土时发现该墓地,大部分墓葬被破坏。共清理残墓 17 座,均为长方形竖穴土坑墓,未发现尸骨和葬具。随葬品中,陶器有罐、把杯等,铁器有刀、矛、斧等,铜器有杯、灯、环、镜等,金器有子母马形饰牌、耳环、漩涡纹耳饰、泡饰、包金剑鞘等,玉石器有绿松石饰、玛瑙饰等。

简报认为,该墓地应是鲜卑人战场将士死亡之墓地,时代相当于东汉晚期。郑君雷将塔坨墓地的年代判定在东汉晚期至曹魏时期,认为可能属于乌桓遗存②。鉴于简报公布的器物照片模糊或无图片,张亮对保存于唐山市博物馆的塔坨墓地出土器物重新拍照并观察分析,认为塔坨墓地的年代为东汉晚期,赞成郑君雷将其族属推定为乌桓的观点③。

27. 河北赤城县马营村遗存④

1986 年夏,马营乡马营村村民在村北割草时发现 1 件金马佩饰和 1 串绿松石(夹杂骨管)项链,后被文物部门征集收藏。可能出自墓葬。

报道者认为金马饰属于春秋时期的鄂尔多斯文化系统。乔梁则认为,这件金马饰牌的年代及性质应当同三道湾墓地的同类饰牌相一致,即系东汉晚期至魏晋活动在内蒙古中部的鲜卑遗存,并将这类金马饰牌与拓跋南迁历史中有关神兽导引、历年乃出的传说联系起来⑤。

28. 北京延庆县东王化营墓地 M12⑥

该墓位于沈家营镇东王化营村西。2007 年发掘,为长方形竖穴土坑墓,葬具为木棺,出土铜镜、陶壶、陶罐各 1 件。

简报认为该墓的年代当为曹魏至西晋时期,墓主人应当是受到鲜卑民族文化影响的中原汉族人。但从出土器物来看,或可早到东汉晚期。

29. 山西右玉县善家堡墓地⑦

该墓地位于高墙框乡善家堡村西。1990 年,清理墓葬 23 座,分布密集,排列有序,均

---

① 唐山市文物管理处、滦县文物管理所:《滦县塔坨鲜卑墓群清理简报》,《文物春秋》1994 年第 3 期。
② 郑君雷:《乌桓遗存的新线索》,《文物春秋》1999 年第 2 期。
③ 张亮:《滦县塔坨墓地族属的初步探讨》,《边疆考古研究》第 11 辑,北京:科学出版社,2012 年,第 175—181 页。
④ 李树涛:《一件春秋时期的鄂尔多斯式金马饰》,《文物春秋》2002 年第 4 期。
⑤ 乔梁:《赤城马营村金马饰牌的年代与族属》,《文物春秋》2002 年第 6 期。
⑥ 北京市文物研究所:《延庆县东王化营魏晋十六国墓葬发掘报告》,《北京考古》第二辑,北京:北京燕山出版社,2008 年,第 120—127 页;胡传耸:《北京地区魏晋北朝墓葬述论》,《文物春秋》2010 年第 3 期,又载《北京文博》2010 年第 1 期。
⑦ 王克林、宁立新、孙春林、胡生:《山西省右玉县善家堡墓地》,《文物季刊》1992 年第 4 期。

为长方形竖穴土坑墓,没有发现任何葬具痕迹,单人葬为主,其次是双人葬。该墓地出土文物413件,其中包括无墓葬单位的采集品72件。陶器有罐、碗、杯等,铜器有鍑、罐、杯、壶形器、勺、铁刃铜铲、锓、镞、带扣、钏、指环、环、花瓣饰件、鹿头饰、人形垂饰、管状饰、帽形饰、蒜头形饰、镜、五铢钱等,金器有鹿纹饰牌、马形饰牌、条形饰、泡饰等,铁器有鍑、斧、锤、锄、刀、矛、剪、镞、带饰、带卡、马衔等,骨角器有铲形器、舟形器、圈点纹器、管状器、长条形器、弧形器、弧形饰、柳叶状饰、菱形饰、饼状饰、针、觿(锥)、鹿角饰、羊角饰、羊距骨等,玉石器有砺石、棒形器、玉觿(锥)、玛瑙饰、绿松石饰等,另外还有残漆器、琉璃饰、蚌珠等。

简报认为,该墓地上限不早于东汉后期桓、灵之际,下限约当魏晋时期,其文化面貌以鲜卑文化特征为主,兼容匈奴文化和汉族文化因素。乔梁认为,将该墓地视作檀石槐迄轲比能阶段的东部鲜卑遗迹更接近实际①。姚研晶认为该墓地是拓跋鲜卑在逐渐形成过程中的遗存,文化因素并不单纯②。

30. 山西朔县王吉峁地墓葬③

该墓葬位于县城南约500米处。1983年,发现陶罐1件;1985年经清理,认为是一座墓葬,出土陶罐、铜鍑,另玉石器多为绿松石饰,骨器有尖状器、匕形器、椎形器、长条状器和饰片等。

简报认为,该墓的年代上限约相当于东汉晚期,可能和鲜卑有关。

31. 山西朔县东官井村墓葬④

该墓葬位于县城南8公里的东官井村东南。1984年发现1座墓葬,征集回的文物中,铜器包括鍑、网格纹牌饰、环、带扣、漩涡纹耳饰、指环、五铢钱等,陶器包括罐等,金银器包括金饰片、银耳饰等,铁器包括环首刀等,玉石器有绿松石饰、玛瑙饰、白石饰等。

简报认为,该墓的年代应是东汉晚期。

32. 山西朔县东邵庄村墓葬⑤

该墓葬位于县城东北15公里的东邵庄村西南。1984年发现1座墓葬,经征集和清理所获文物,铜器包括网格纹牌饰、镜、条形饰等,金银器包括金饰牌残边框等,玉石器有绿松石饰、玛瑙饰、白石饰等。

---

① 乔梁:《内蒙古中部的早期鲜卑遗存》,《青果集——吉林大学考古系建系十周年纪念文集》,北京:知识出版社,1998年,第307页。
② 姚研晶:《山西省右玉县善家堡墓地文化因素分析》,《内蒙古文物考古》2010年第2期。
③ 雷云贵、高士英:《朔县发现的匈奴鲜卑遗物》,《山西省考古学会论文集(1)》,太原:山西人民出版社,1992年,第140—147页。
④ 雷云贵、高士英:《朔县发现的匈奴鲜卑遗物》,《山西省考古学会论文集(1)》,太原:山西人民出版社,1992年,第140—147页。
⑤ 雷云贵、高士英:《朔县发现的匈奴鲜卑遗物》,《山西省考古学会论文集(1)》,太原:山西人民出版社,1992年,第140—147页。

简报认为,该墓的年代应是东汉晚期。

33. 山西原平市北贾铺墓地①

该墓地位于新原乡北贾铺村东南500米处。2005年发掘,墓地南部探明22座东汉墓葬,大部分被扰乱,仅存7座完整墓葬。其中M1、M14、M15出土与南杨家营子、善家堡、三道湾等墓地相似的陶器。M1为斜坡墓道砖室墓,一主室带左、右、后三个耳室,主室平面近方形,随葬器物22件,其中陶器有罐、壶、盆、灶、井、盏等,金器有镯、指环,铜器有镜、三凤纹饰牌,以及玉珠饰。M14为竖穴墓道单室土洞墓,纵长墓室平面呈前方后圆形,随葬器物7件,全部为陶器,有罐、钵、灶。M15为竖穴墓道土洞墓,一主室带右、后两个耳室,主室平面近椭圆形,随葬器物15件,全部为陶器,有罐、灶、井。

简报认为这批墓葬的时代应为东汉中晚期。乔梁认为墓葬年代为东汉晚期至魏晋时期②。

除以上33处墓葬(地)外,还有一处墓葬被推测与拓跋南迁有关,即二连浩特市盐池墓葬③。该墓位于盐池东部赛乌苏—红格尔公路50公里里程碑向西500米处的一缓坡地带。墓葬为长方形竖穴土坑墓,遭受一定程度破坏,墓穴一端和人骨下身已不存,留有木质葬具遗痕,单人葬,殉葬羊胸骨。随葬品中,铜器有奔鹿纹饰牌16件、带扣1件、环1件,另有绿松石珠饰2件、桦皮器底1件及残碎粗布织物和糜黍类植物等。简报认为,该墓当属拓跋鲜卑始迁入内蒙古高原时的遗存,年代约当东汉晚期阶段。有研究者进一步将其作为檀石槐迄轲比能鲜卑大联盟时期的鲜卑遗存④。盐池墓葬所出铜饰牌为模铸而成,虽然使用了早期拓跋所具有的鹿纹题材,但画面为单鹿昂首、奋蹄奔跑,长方形饰牌的四角各有一个凸起的圆形铆钉,与早期拓跋鹿纹饰牌的构图和制法相差很大;而且盐池所出铜饰牌实为带銙,四角铆钉用于固定在革鞓上,与带扣共同组成一套带具,早期拓跋的鹿纹饰牌则是项饰⑤,二者的用途也是不同的。盐池这套铜带具的形制不是汉代式样,16件带銙全部不附环,是中晚唐起流行的做法⑥。该墓出土的绿松石珠饰、桦皮器底以往作为与扎赉诺尔圈河拓跋鲜卑墓相联系的证据,现在看来应与室韦人有关。唐代室韦人墓葬中也常见桦皮器和玉石珠饰,如西乌珠尔墓地的桦皮箭囊、桦皮器底和珠饰⑦,谢尔塔拉

---

① 山西省考古研究所、忻州市文物管理处、原平市博物馆:《原平北贾铺东汉墓葬发掘简报》,《三晋考古》第三辑,太原:山西人民出版社,2006年,第262—285页。
② 乔梁:《山西原平北贾铺东汉墓葬所见的北方草原文化因素——附汉鲜卑遗存的发现与辨识》,《考古与文物》2015年第2期。
③ 宁培杰、魏坚:《二连浩特市盐池墓葬》,《内蒙古地区鲜卑墓葬的发现与研究》第五章,北京:科学出版社,2004年,第106—111页。
④ 塔拉主编:《草原考古学文化研究》第五章第一节(张文平撰写),呼和浩特:内蒙古教育出版社,2007年,第182—183页。
⑤ 乔梁:《匈奴、鲜卑的金属饰牌》,《俞伟超先生纪念文集·学术卷》,北京:文物出版社,2009年,第394页。
⑥ 孙机:《中国古代的带具》,同氏著《中国古舆服论丛(增订本)》,北京:文物出版社,2001年,第274页。
⑦ 白劲松:《陈巴尔虎旗西乌珠尔古墓清理简报》,《辽海文物学刊》1989年第2期;呼伦贝尔盟文物管理站:《陈巴尔虎旗西乌珠尔古墓葬调查清理简报》,《内蒙古文物考古》1997年第2期。

墓地的桦皮罐、桦皮箭囊和珠饰①等。还有难得相似的一点,盐池墓葬的带扣没有扣舌,这在唐代是十分落后的做法了,而西乌珠尔墓地1986年所出14件带扣恰恰都没有扣舌②。总体来看,盐池墓葬不宜归为拓跋墓葬,而可能是中晚唐时期西迁到蒙古高原的室韦人遗迹。因此,下文不将盐池墓葬作为南迁相关遗迹进行讨论。

除了墓葬,还公布了1处鲜卑遗址的发掘资料,即内蒙古扎鲁特旗达米花鲜卑遗址③。现附列于此,以供参照。该遗址位于道老杜苏木达米花村东北约800米处。2007年进行了考古调查,遗址保存较好,东西长约620、南北宽约410米,地表能看出一排排的灰土圈,应是房址。地表散落有大量的陶器残片及兽骨。兽骨大多为马骨,另有少量的狗骨。陶片以泥质陶为主,夹砂陶为次,其中灰色陶片较多,褐色、黑色陶片少见,偶见红陶。火候普遍较高,陶质坚硬,只有少数的火候偏低,陶质较软。纹饰较为复杂,以素面和方格纹为多,还见重菱纹、水草纹、水波纹、暗纹和多种几何纹,其中较为特殊的纹饰是奔马纹和走马纹。器形有壶、罐、瓮等。简报认为,遗址所出陶器与北玛尼吐鲜卑墓群、六家子鲜卑墓群出土的陶器及陶器纹饰有诸多相同之处,年代应与这两个墓地的年代相当。

第三节　南迁相关墓葬随葬器物群的划分

33处南迁相关墓葬的年代范围为东汉至魏晋时期,又以东汉晚期最为多见。这些墓葬的形制比较单一,基本上是长方形竖穴土坑墓,个别为砖室墓。所见遗物主要包括陶器、铜器、铁器、金银器、骨器、玉石器等,另外还有很少的桦皮器、蚌器、丝织品、皮制品、料器和漆器等。陶器之外的一些器物,由于经过较长时期的文化交融,文化的特有属性降低,大多不易辨明直接来源。因此,本节主要依靠陶器,并结合其他材质器类中具有鲜明文化特征的器物来划分器物群。经过对考古资料的分析,至少能分出六组器物群,各自反映了不同的文化属性。现具体陈述如下。

（一）A组器物群

镁形陶罐：侈口,纵长鼓腹。依底部差异,可分为二型。

A型　圈足。依耳部和纹饰差异,可分为二亚型。

Aa型　单耳,素面。如三道湾M102:1,高8.2厘米(图2-2:1)。

---

① 中国社会科学院考古研究所、呼伦贝尔民族博物馆、海拉尔区文物管理所:《海拉尔谢尔塔拉墓地》,北京:科学出版社,2006年,第34—37、49—50、58页。
② 白劲松:《陈巴尔虎旗西乌珠尔古墓清理简报》,《辽海文物学刊》1989年第2期。
③ 内蒙古文物考古研究所、扎鲁特旗文物管理所:《扎鲁特旗达米花鲜卑遗址调查报告》,《内蒙古文物考古》2009年第1期。

Ab 型　肩部有四个对称耳突,颈部饰两周戳点纹。如东大井 SDM17∶4,高 18 厘米(图 2-2∶2)。

B 型　平底,下腹近底处有较大幅度收紧,底径偏小。依耳部和纹饰差异,可分为四亚型。

Ba 型　素面,无耳。如北玛尼吐 M13∶3,高 7 厘米(图 2-2∶3);郝家窑 M2∶1,高 17.5 厘米(图 2-2∶4)。

Bb 型　颈部饰两周或一周戳点纹,无耳。如善家堡 M3∶3,高 16 厘米(图 2-2∶5);北玛尼吐 M15∶1,高 17.5 厘米(图 2-2∶6);善家堡 M22∶1,高 18.5 厘米(图 2-2∶7);百灵庙 M4 出土 1 件,高 15.8 厘米(图 2-2∶8);善家堡 M21∶1,高 26.4 厘米(图 2-2∶9)。

Bc 型　颈部饰戳点式附加堆纹一周,无耳。如善家堡 M20∶1,高 20.4 厘米(图 2-2∶10)。

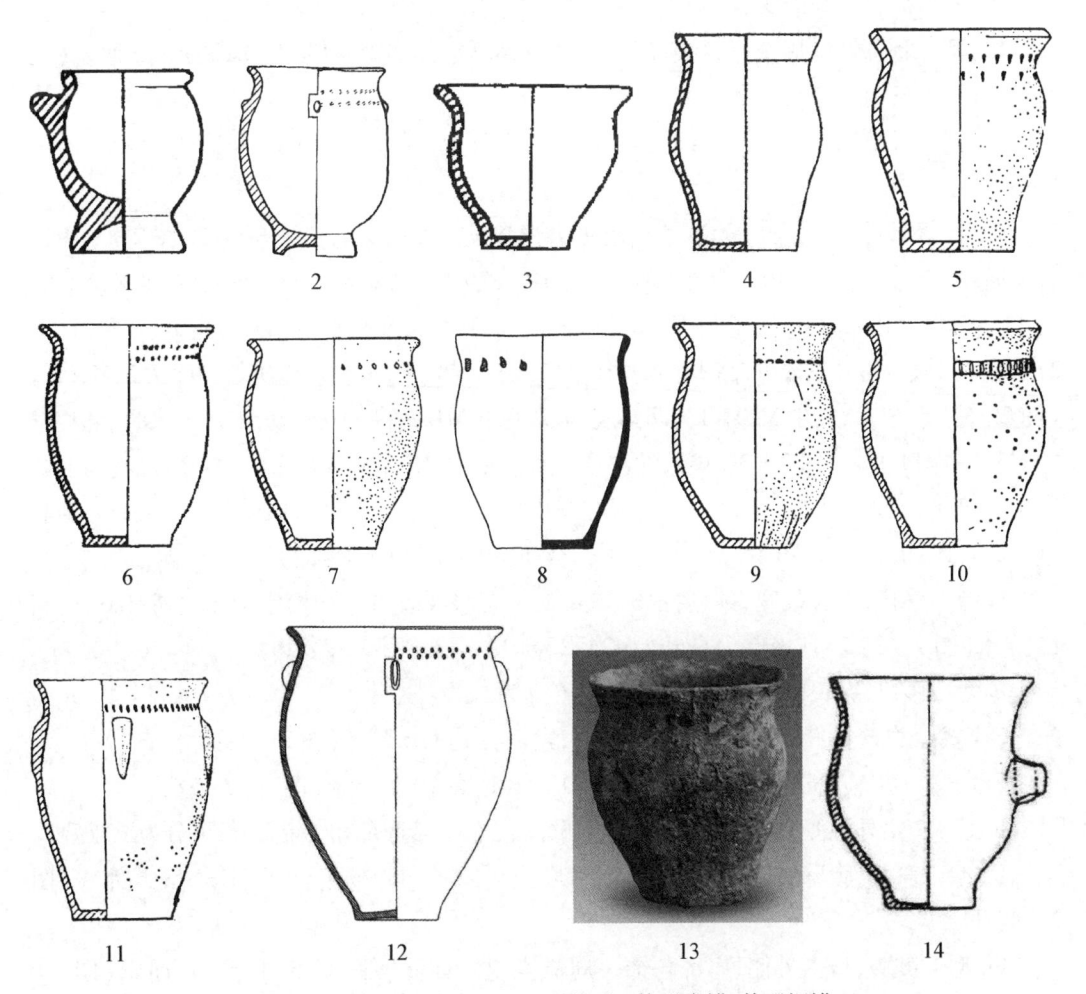

图 2-2　南迁相关遗迹 A 组器物群:𫓧形陶罐、𫓧形铜罐
1. 三道湾 M102∶1　2. 东大井 SDM17∶4　3. 北玛尼吐 M13∶3　4. 郝家窑 M2∶1
5. 善家堡 M3∶3　6. 北玛尼吐 M15∶1　7. 善家堡 M22∶1　8. 百灵庙 M4 出土
9. 善家堡 M21∶1　10. 善家堡 M20∶1　11. 善家堡 M17∶1
12. 沈阳妇婴医院 M2∶4　13. 塔坨 90M5∶2　14. 下黑沟 M1∶3

Bd 型 颈部饰戳点纹一周或两周，肩部有四个对称耳突。如善家堡 M17∶1，高 24 厘米（图 2-2∶11）；沈阳妇婴医院 M2∶4，高 42.1 厘米（图 2-2∶12）。

广口陶罐：口径普遍大于腹径，个别略近于腹径，普遍为平底，偶见凹圜底。依口、腹部和纹饰差异，可分为六型。

A 型 侈口，颈部饰一周或两周戳点纹。依腹部差异，可分为二亚型。

Aa 型 纵长鼓腹。如南杨家营子 M3∶24（图 2-3∶1）、M7∶2（图 2-3∶2）；北玛尼吐 M16∶1，高 15 厘米（图 2-3∶3）；石家沟墓地出土 1 件，高 15.7 厘米（图 2-3∶4）；二兰虎沟墓地出土 1 件，可能属于此型，高 15 厘米。

Ab 型 横长鼓腹。如苏泗汏墓葬出土 1 件，高 12 厘米（图 2-3∶5）。

B 型 侈口，纵长鼓腹，肩部有耳突。依纹饰差异，可分为二亚型。

Ba 型 颈部饰一周戳点纹，肩部有四个对称耳突。如善家堡 M4∶2，高 15.6 厘米（图 2-3∶6）；皮条沟采∶2，残片（图 2-3∶7）。

Bb 型 颈部饰一周交叉斜线纹，肩部有三个耳突。如塔坨 90M8∶1，高 14.5 厘米（图 2-3∶8）。

C 型 侈口，纵长鼓腹，素面，有的可见磨光暗纹。如南杨家营子 M14∶2（图 2-3∶9）；百灵庙 M5 出土 1 件，高 10.4 厘米（图 2-3∶10）；舍根文化墓葬∶3299，高 11.4 厘米（图 2-3∶11）；舍根文化墓葬∶153，高 14 厘米（图 2-3∶12）；舍根文化墓葬∶2044，高 10.4 厘米（图 2-3∶13）；额日格吐墓葬∶2，高 17.6 厘米（图 2-3∶14）；大安渔场 M204∶1、M207∶2、M211∶1（图 2-3∶15—17），其中 M204∶1 为凹圜底；北玛尼吐 M1∶1，高 11 厘米（图 2-3∶18）；北玛尼吐 M5∶1，高 14 厘米（图 2-3∶19）；北玛尼吐 M9∶4，高 15.5 厘米（图 2-3∶20）；北玛尼吐 M12∶1，高 14 厘米（图 2-3∶21）；北玛尼吐 M17∶1，凹圜底，高 15.8 厘米（图 2-3∶22）；新胜屯 M2∶5，高 10.6 厘米（图 2-3∶23）；六家子墓地∶103，高 13.6 厘米（图 2-3∶24）。

D 型 侈口，纵长鼓腹，颈、肩部饰一周弦纹夹水波纹带。如南宝力皋吐 DM26∶1，高 14 厘米（图 2-3∶25）；南宝力皋吐 DM24∶2，高 13 厘米（图 2-3∶26）。

E 型 侈口，纵长筒腹。依腹部差异，可分为二式。

EⅠ式 腹壁斜直。如北玛尼吐 M6∶2，素面，高 11.6 厘米（图 2-3∶27）。

EⅡ式 腹壁近竖直。如南宝力皋吐 DM24∶1，高 10.7 厘米（图 2-3∶28）。

F 型 口沿外观似盘口，口沿外侧或肩部饰戳点纹。依腹部和纹饰差异，可分为二亚型。

Fa 型 筒腹，腹壁微鼓，口沿外侧饰一周戳点纹。如南杨家营子 M13∶1，下部残（图 2-3∶29）。

Fb 型 鼓腹，口沿外侧、肩部各饰一周戳点纹。如北贾铺 M15∶4，高 14 厘米（图 2-3∶30）。

陶杯：素面，腹壁较直。依口、腹、底部差异，可分为四型。

A 型 敞口，斜腹壁，圈足。如善家堡 M9∶13，高 4.7 厘米（图 2-4∶1）。

B 型 盘口，斜腹壁，凹圜底。如东大井 SDM8∶14，高 8.4 厘米（图 2-4∶2）。

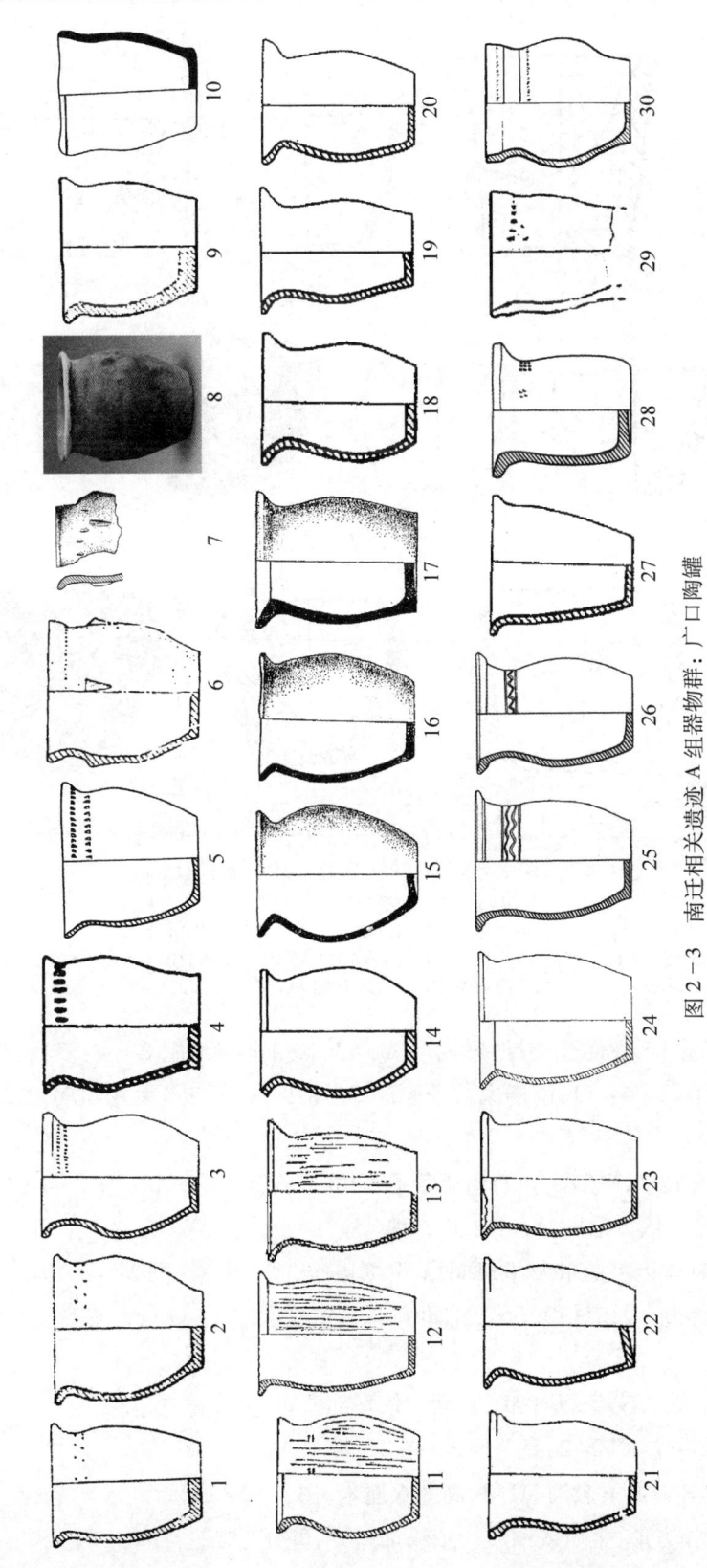

图 2-3 南迁相关遗迹 A 组器物群：广口陶罐

1. 南杨家营子 M3:24　2. 南杨家营子 M7:2　3. 北玛尼吐 M16:1　4. 石家沟塞地出土　5. 苏洞坎塞葬出土　6. 善家堡 M4:2　7. 皮条沟采:2
8. 百灵庙 M5 出土　9. 南杨家营子 M14:2　10. 舍根文化墓葬:3299　11. 大安渔场 M204:1　12. 舍根文化墓葬:153　13. 舍根文化墓葬:2044
14. 额日格吐墓葬:2　15. 大安渔场 M207:2　16. 大安渔场 M211:1　17. 大安渔场 M2:5　18. 北玛尼吐 M1:1　19. 北玛尼吐 M5:1
20. 北玛尼吐 M9:4　21. 北宝力皋吐 DM24:2　22. 北玛尼吐 M12:1　23. 新胜屯 M17:1　24. 六家子:103　25. 南宝力皋吐 DM26:1
26. 南宝力皋吐 M6:2　27. 北玛尼吐 M24:1　28. 北玛尼吐 M24:1　29. 南杨家营子 M13:1　30. 北贾铺 M15:4

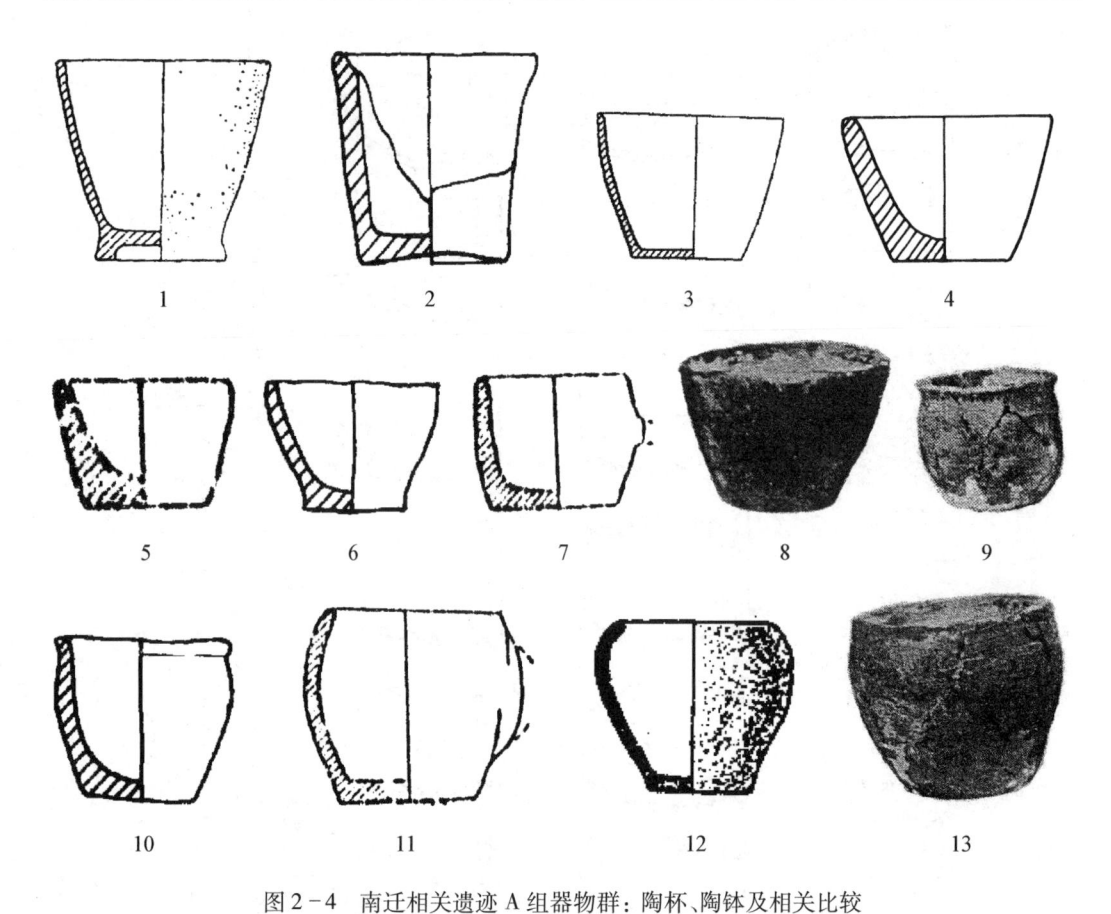

图 2-4　南迁相关遗迹 A 组器物群：陶杯、陶钵及相关比较
1. 善家堡 M9∶13　2. 东大井 SDM8∶14　3. 北玛尼吐 M5∶3　4. 三道湾 M13∶2
5. 南杨家营子 M7∶22　6. 东大井 SDM13∶2　7. 南杨家营子 M16∶12
8. 1960 年扎赉诺尔圈河墓葬出土陶杯　9. 1960 年扎赉诺尔圈河墓葬出土陶钵　10. 东大井 SDM13∶3
11. 南杨家营子 M18∶1　12. 大安渔场 M202∶4　13. 1960 年扎赉诺尔圈河墓葬出土陶钵

C 型　　敞口，斜腹壁，平底。如北玛尼吐 M5∶3，高 3 厘米（图 2-4∶3）；三道湾 M13∶2，高 3.8 厘米（图 2-4∶4）；南杨家营子 M7∶22（图 2-4∶5）；东大井 SDM13∶2，高 5 厘米（图 2-4∶6）。

D 型　　直口，直立腹壁，平底。如南杨家营子 M16∶12，直口，带残钮（图 2-4∶7）。

陶钵：鼓腹，平底。依口部差异，可分为二型。

A 型　　微侈口，有唇边。如东大井 SDM13∶3，微鼓腹，高 6 厘米（图 2-4∶10）。

B 型　　敛口，无唇边。如南杨家营子 M18∶1，带残钮（图 2-4∶11）；大安渔场 M202∶4（图 2-4∶12）。

镆形铜罐：侈口，纵长鼓腹，小平底，素面。依耳部差异，可分为二型。

A 型　　无耳。如塔坨 90M5∶2，高 7 厘米（图 2-2∶13）。

B 型　　腹部有单耳。如下黑沟 M1∶3，高 8.6 厘米（图 2-2∶14）。

鹿纹饰牌：圆角长方形，金质或铜质。依纹饰差异，可分为二型。

A 型 三鹿纹,镂空,鹿作回首状,同向站立。依边饰差异,可分为二亚型。

Aa 型 边框无纹饰。依制作技法差异,可分为二式。

AaⅠ式 铜质模铸。如二克浅 M36:6,包金,长 7、宽 4.5 厘米(图 2-5:5)。

AaⅡ式 金箔锤揲而成。如苏泗汰墓葬出土 1 件,长 7.8、宽 6.2 厘米(图 2-5:6)。

Ab 型 边框为绳索纹饰。依边饰和材质差异,可分为二式。

AbⅠ式 边框为单周绳索纹状,铜质。如二兰虎沟墓地出土 1 件,长 7.3、宽 4.7 厘米(图 2-5:7);和日木图 LHC:1,鎏金,长 8、宽 5.2 厘米(图 2-5:8)。

AbⅡ式 边框为双周绳索纹状,金质。如三道湾 M2:32,金质,残长 4.8、宽 5.2 厘米(图 2-5:9);善家堡 M5:14,金质,残长 4.4、宽 5.8 厘米(图 2-5:10)。

B 型 双鹿纹,镂空,对称站立,边框为单周绳索纹状。如三道湾 M20:1,金质,长 7.1、宽 5.3 厘米(图 2-5:11);二兰虎沟墓地出土 1 件,铜质,长 7.5、宽 5.7 厘米(图 2-5:12)。

另外,赵家房墓地也出土有鹿纹金饰牌,型式不详。

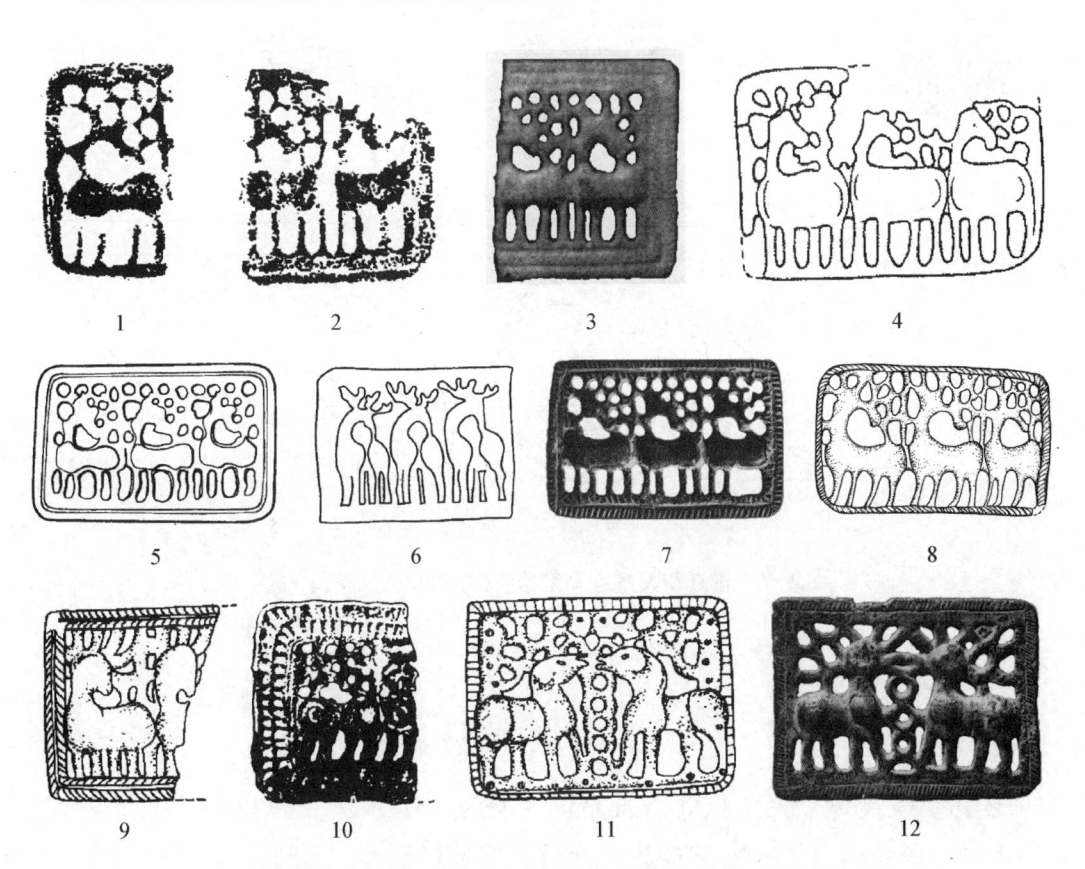

图 2-5 南迁相关遗迹 A 组器物群:鹿纹饰牌及相关比较

1—2. 1959 年扎赉诺尔圈河墓地采集 3. 1982 年扎赉诺尔圈河墓地采集 4. 扎赉诺尔圈河 86M3002:2
5. 二克浅 M36:6 6. 苏泗汰墓葬出土 7. 二兰虎沟墓地出土 8. 和日木图 LHC:1
9. 三道湾 M2:32 10. 善家堡 M5:14 11. 三道湾 M20:1 12. 二兰虎沟墓地出土

桦皮器：以桦皮为材质，具有鲜明的统一特色，不再细分型式。如大安渔场墓地 M207、M209 各出箭囊、弓囊一件（图2-6：1）。北玛尼吐墓地 M9、M14，在尸体下部发现残存的少量桦树皮。东大井墓地 SDM14 用桦树皮包裹作为葬具，残片 SDM14：14（图2-6：2）长 12 厘米，还发现桦皮器盖残片 SDM14：9（图2-6：3）等。三道湾墓地出土桦树器盖 3 件，其中 M4：1，完整，直径为 4.4 厘米（图2-6：4）；M113：11，残，直径为 13 厘米（图2-6：5）。

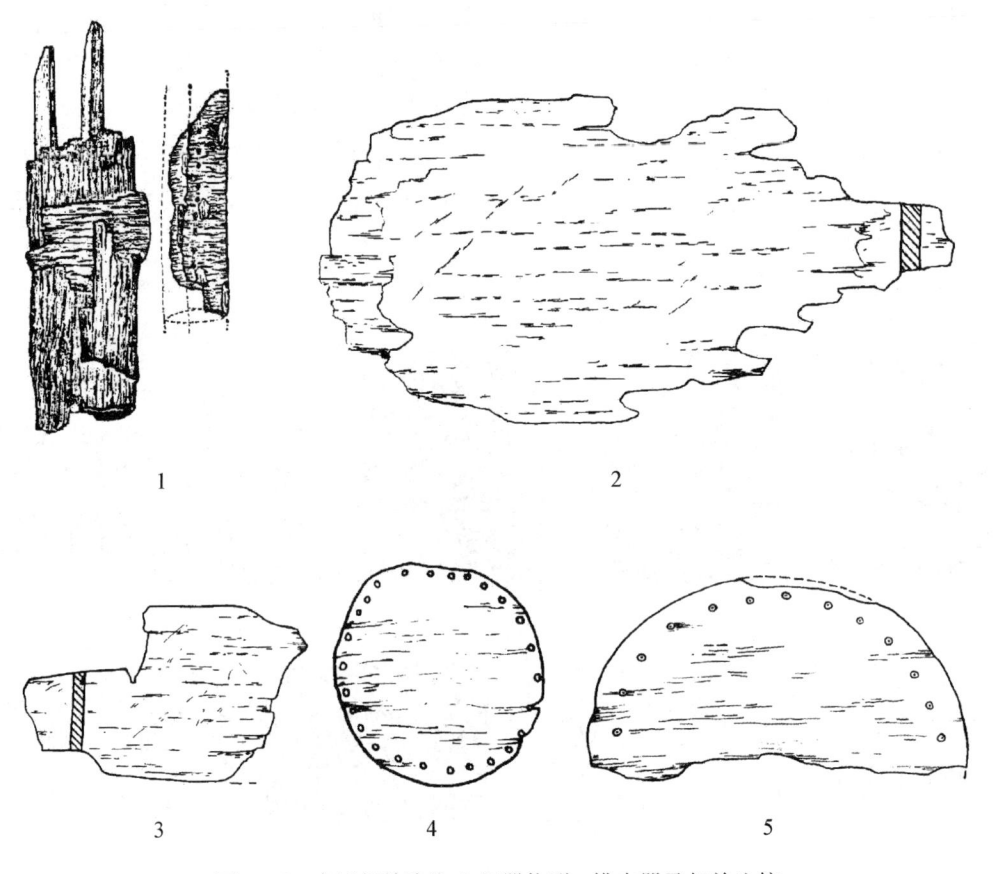

图2-6 南迁相关遗迹 A 组器物群：桦皮器及相关比较
1. 大安渔场 M209 出土箭囊 2. 东大井 SDM14：14 葬具残片 3. 东大井 SDM14：9 器盖
4. 三道湾 M4：1 器盖 5. 三道湾 M113：11 器盖

（二）B 组器物群

鼓腹陶壶：高领，平底。依口、颈部差异，可分为二型。

A 型 侈口，无耳。依颈、腹部差异，可分为三亚型。

Aa 型 直颈，腹部最大处居中。如大安渔场 M204：2、M208：1、M214：2，皆素面（图2-7：1—3）。

Ab 型 斜直颈，腹部最大处偏上。如大安渔场 M206：6，素面（图2-7：4）。

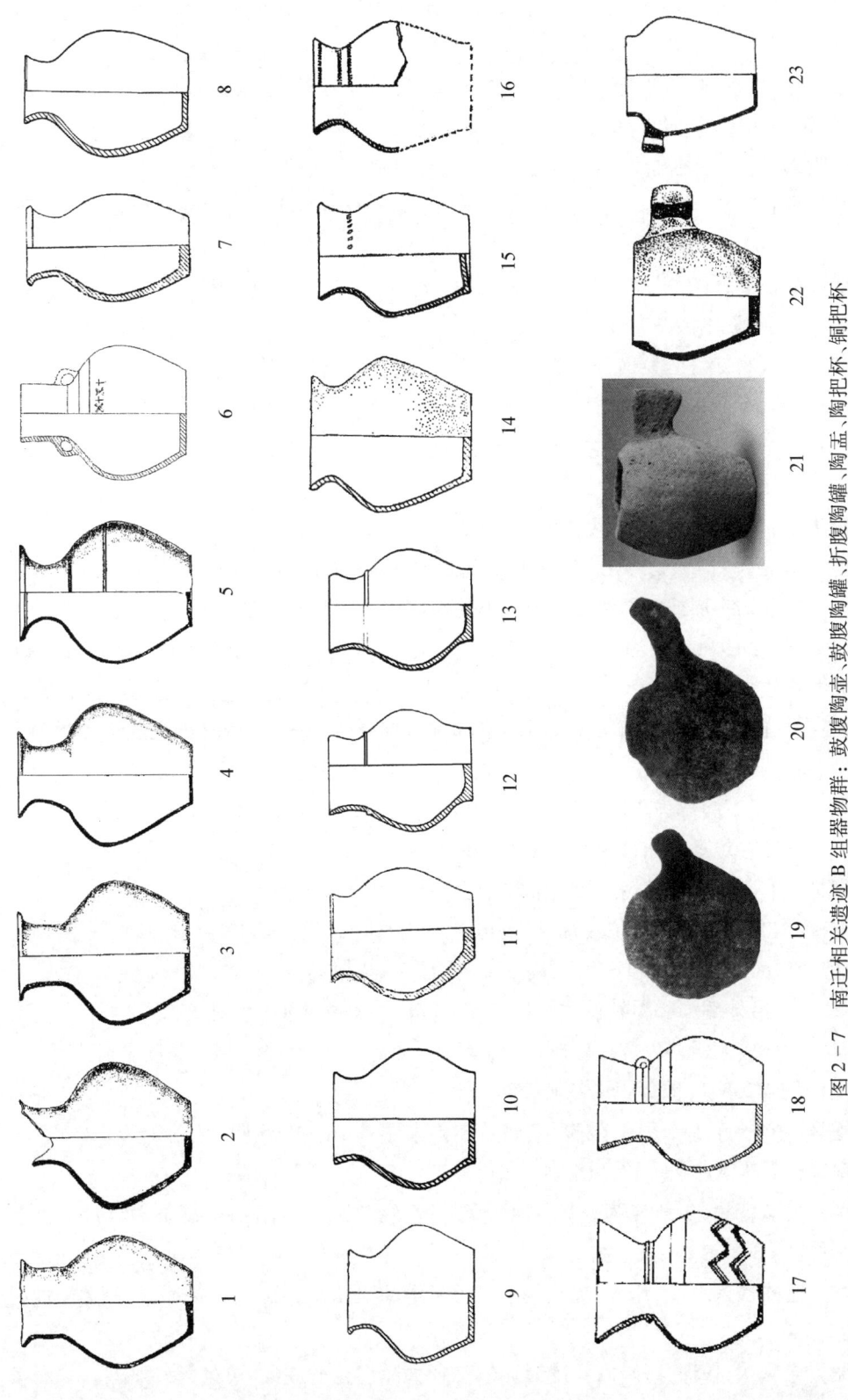

第二章　拓跋南迁匈奴故地的相关墓葬及其属性

图 2-7　南迁相关遗迹 B 组器物群：鼓腹陶壶、鼓腹陶罐、折腹陶罐、陶盂、陶把杯、铜把杯

1. 大安渔场 M204:2　2. 大安渔场 M208:1　3. 大安渔场 M214:2　4. 大安渔场 M206:6　5. 大安渔场 M207:1　6. 六家子:87　7. 南杨家营子 M16:19　8. 东大井 SDM17:5　9. 善家堡 M3:2　10. 三道湾 M6:1　11. 南杨家营子 M4:1　12. 北贾铺 M15:13　13. 北贾铺 M15:15　14. 塔坨 90 采:10　15. 皮条沟 M1:1　16. 皮条沟 M3:1　17. 新胜屯 M2:1　18. 舍根文化墓葬:1190　19. 塔坨 90M17:2　20. 塔坨 90M8:3　21. 塔坨 90 采:10　22. 大安渔场 M205:1　23. 善家堡 C:5

Ac 型 曲颈,腹部最大处居中。如大安渔场 M207:1,肩、腹部分别饰有两周弦纹(图 2-7:5)。

B 型 直口,直颈,颈部有双耳。如六家子墓地:87,高 27.2 厘米,颈、肩部饰有三周弦纹,腹部饰滚轮压印复合式几何纹(图 2-7:6)。

鼓腹陶罐: 侈口,矮领,无耳。依腹、底部差异,可分为三型。

A 型 纵长鼓腹,素面。如南杨家营子 M16:19(图 2-7:7);东大井 SDM17:5,高 23 厘米(图 2-7:8)。

B 型 横长鼓腹,大平底,素面。如善家堡 M3:2,高 12.1 厘米(图 2-7:9);三道湾 M6:1,高 16.5 厘米(图 2-7:10)。

C 型 圆鼓腹,腹部纵、横径接近,小平底。依纹饰差异,可分为二式。

CⅠ式 素面。如南杨家营子 M4:1(图 2-7:11)。

CⅡ式 颈部饰有一周凸弦纹。如北贾铺 M15:13,高 14 厘米(图 2-7:12);北贾铺 M15:15,高 13.5 厘米(图 2-7:13)。

折腹陶罐: 侈口,曲颈。依纹饰差异,可分为二型。

A 型 素面。如善家堡 M11:5,平底,高 18.5 厘米(图 2-7:14)。

B 型 颈部饰一周或两周戳点纹。如皮条沟 M1:1,凹圜底,高 18 厘米,颈部饰一周戳点纹(图 2-7:15);皮条沟 M3:1,下半部残,残高 9.6 厘米,口沿外侧饰一周戳点纹,颈部饰两周戳点纹(图 2-7:16)。

陶盂: 敞口,斜直高领,横长鼓腹,颈、肩部饰多周弦纹,平底。依耳部和纹饰差异,可分为二型。

A 型 无耳,下腹部饰压印水波纹。如新胜屯 M2:1,高 9 厘米(图 2-7:17)。

B 型 颈部有单耳。如舍根文化墓葬:1190(图 2-7:18)。

陶把杯: 单把,鼓腹,平底。依口部和把手差异,可分为二型。

A 型 小口,角状把手。依纹饰差异,可分为二亚型。

Aa 型 素面。如塔坨 90M17:2,高 6 厘米(图 2-7:19)。

Ab 型 口沿外侧饰一周戳点纹。如塔坨 90M8:3,高 6.4 厘米(图 2-7:20)。

B 型 口部较大,敛口,带孔扁形把手,素面。如塔坨 90 采:10,高 7.8 厘米(图 2-7:21);大安渔场 M205:1(图 2-7:22)。

铜把杯: 单把,直口,短颈,鼓腹,平底。如善家堡 C:5,高 5.5 厘米(图 2-7:23)。

铜串饰: 依整体形状差异,可分为三型。

A 型 竹节管状,各节连为一体,不可分开,直径相近。如南杨家营子 M11:5,管径 0.3 厘米(图 2-8:1)。

B 型 连环状,各环分开,内穿皮绳。如石家沟墓地出土的一串,各环直径最大为 1 厘米(图 2-8:2)。

C 型 连珠状,各珠分开,内穿皮绳。依珠环大小组合的差异,可分为二亚型。

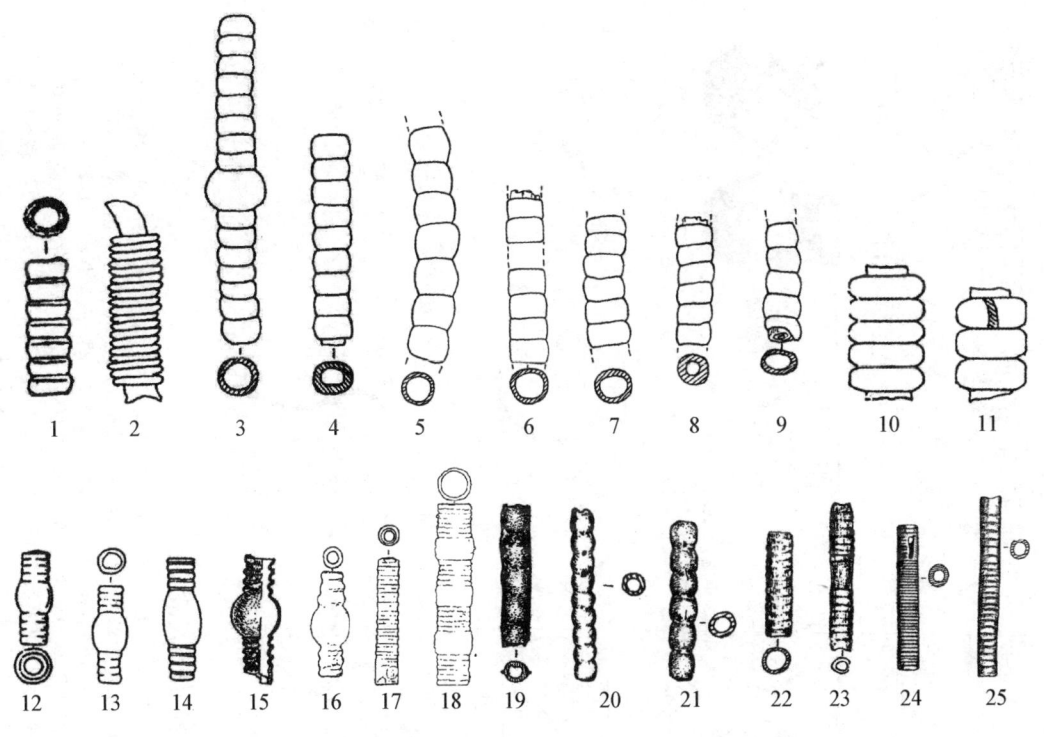

图 2-8 南迁相关遗迹 B 组器物群：铜串饰及相关比较
1. 南杨家营子 M11:5 2. 石家沟墓地出土 3. 东大井 SDM1:6 4. 三道湾 M23 出土
5. 东大井 SDM8:30 6. 东大井 SDM8:31 7. 东大井 SDM8:33 8. 东大井 SDM8:29
9. 东大井 SDM8:32 10—11. 石家沟墓地出土 12. 崞县窑子 M1:4 13. 桃红巴拉 M1:37
14. 彭阳苋麻村出土 15. 平洋砖厂 M150:27 16. 倒墩子 M4:18 17. 倒墩子 M23:2
18. 倒墩子 M10:7 19. 平洋砖厂 M140:26 20. 平洋战斗 M204:26 21. 平洋战斗 M219:35
22. 平洋砖厂 M150:26 23. 平洋砖厂 M157:1 24. 平洋战斗 M207:12 25. 平洋战斗 M211:29

Ca 型　中间一大珠，两边为小珠。如东大井 SDM1:6，大珠直径 1.7 厘米，小珠直径 1.1 厘米（图 2-8:3）。

Cb 型　各珠直径相近。如三道湾 M23 出土的一串，串珠直径 1.2—1.4 厘米（图 2-8:4）；东大井 SDM8 出土 5 串，其中 SDM8:30 串珠直径 1.3 厘米（图 2-8:5），SDM8:31 串珠直径 1.3 厘米（图 2-8:6），SDM8:33 串珠直径 0.7 厘米（图 2-8:7），SDM8:29 串珠直径 0.8 厘米（图 2-8:8），SDM8:32 串珠直径 0.9 厘米（图 2-8:9）；石家沟墓地出土的两串，串珠直径分别为 1、1.3 厘米（图 2-8:10—11）；赵家房墓地也有出土。

（三）C 组器物群

展沿陶壶：侈口，舌状唇外展，多呈宽平沿，鼓腹，平底。依颈部差异，可分为二型。

A 型　高领。如北玛尼吐 M36:1，高 14.5 厘米，颈较直，肩饰两周弦纹，腹部饰复合式水草纹（图 2-9:1）；北玛尼吐 M37:1，口沿残，残高 19 厘米，束颈，肩部以下通身饰重菱纹（图 2-9:2）。

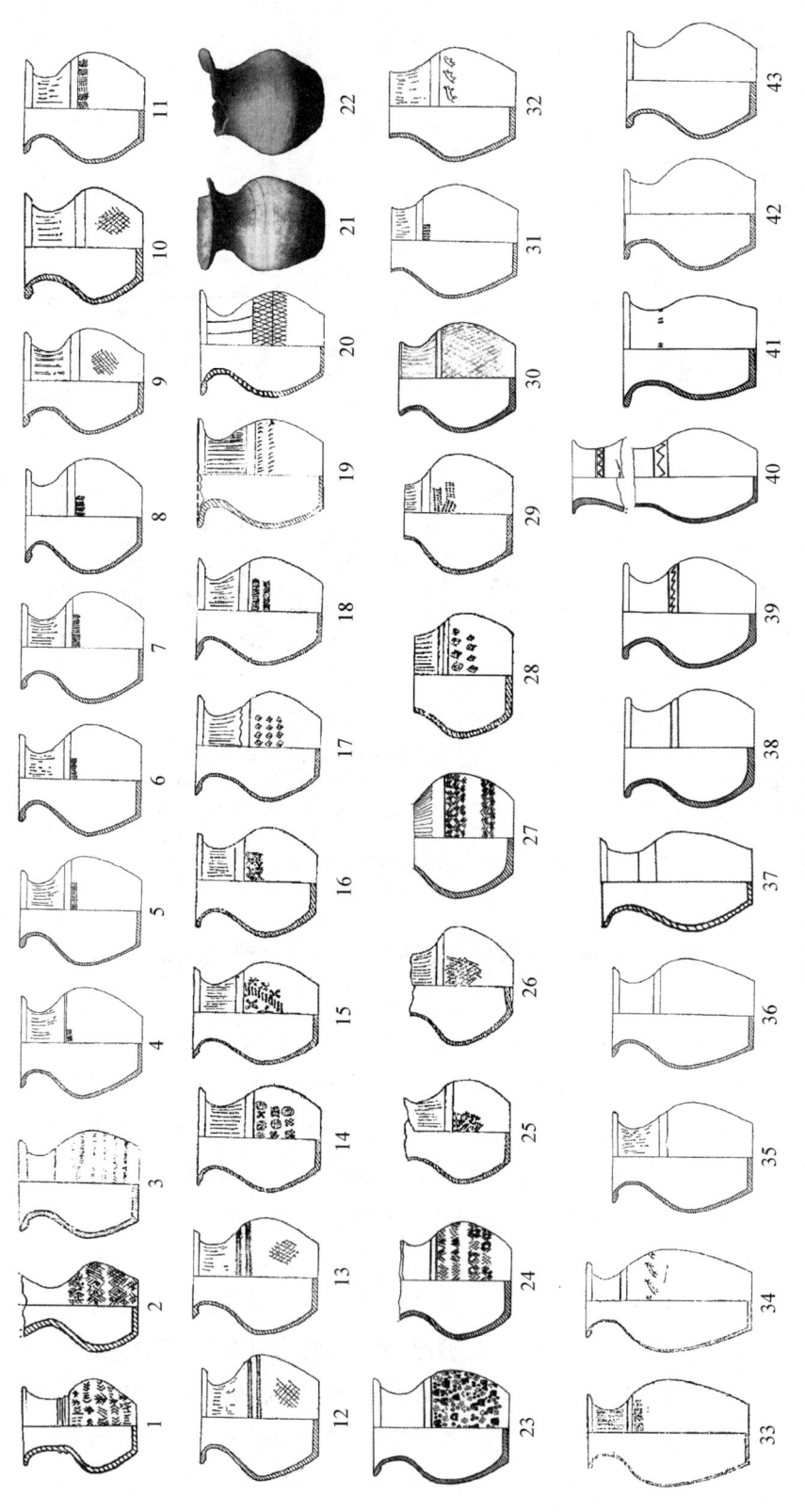

图 2-9 南迁相关遗迹 C 组器物群：展沿陶壶

1. 北玛尼吐 M36:1　2. 北玛尼吐 M37:1　3. 南杨家营子 M3:25　4. 六家子 84　5. 六家子 92　6. 六家子 94　7. 六家子 96　8. 六家子 98　9. 六家子 100
10. 六家子 106　11. 六家子 107　12. 舍根文化墓葬 2794　13. 六家子 97　14. 舍根文化墓葬 1191　15. 舍根文化墓葬 2042　16. 舍根文化墓葬 2043
17. 舍根文化墓葬 2047　18. 舍根文化墓葬 1181　19. 新胜屯 M2:2　20. 新胜屯 M2:4　21—22. 毛力吐墓葬出土　23. 南宝力皋吐 DM24:4
24. 南宝力皋吐 DM12:1　25. 舍根文化墓葬 2041　26. 舍根文化墓葬 2048　27. 南宝力皋吐 DM2:1　28. 舍根文化墓葬 2040
29. 舍根文化墓葬 1317　30. 南宝力皋吐 DM8:1　31. 舍根文化墓葬 2646　32. 六家子 99　33. 南宝力皋吐 DM20:2（上）+ DM24:5（下）　34. 南宝力皋吐 DM24:3
35. 六家子 102　36. 六家子 91　37. 郝家营 M1:3　38. 南宝力皋吐 DM14:2　39. 南宝力皋吐 DM24:3　40. 南宝力皋吐 DM4:1　41. 南宝力皋吐 DM24:3
42. 六家子 105　43. 六家子 95

B 型 曲颈较矮。依纹饰差异,可分为五亚型。

Ba 型 颈部多见竖向的磨光暗纹痕迹,肩部多饰两周弦纹,腹部压印纹包括网状暗纹、八字纹、重菱纹、戳点纹、复合式几何纹、马纹等。依腹部形状不同,可分为二式。

Ba Ⅰ 式 横长鼓腹。如南杨家营子 M3:25(图 2-9:3);六家子墓地:84、92、94、96、98、100、106、104、97、107(图 2-9:4—13),其中六家子墓地:97(图 2-9:12),高 15.4 厘米;舍根文化墓葬:2794、2042、2043、1191、1181(图 2-9:14—18);新胜屯 M2:2、M2:4(图 2-9:19—20),其中前者高 14.4 厘米;毛力吐墓葬出土 2 件,分别高 17.4 厘米(图 2-9:21)和 14.6 厘米(图 2-9:22);南宝力皋吐 DM24:4,高 17.4 厘米(图 2-9:23)。部分陶壶口部残缺,如南宝力皋吐 DM12:1,残高 10.8 厘米(图 2-9:24);舍根文化墓葬:2047、2041(图 2-9:25—26)。其中一些又加工成截口壶,如南宝力皋吐 DM2:1,残高 13 厘米(图 2-9:27),南宝力皋吐 DM8:1,高 13 厘米(图 2-9:30),以及舍根文化墓葬:2048、2040(图 2-9:28—29),六家子墓地:99、102(图 2-9:31—32)。

Ba Ⅱ 式 纵长鼓腹。如舍根文化墓葬:2646,高 41 厘米(图 2-9:33);舍根文化墓葬:1317,高 42 厘米(图 2-9:34)。

Bb 型 肩部饰两周弦纹,有的颈部可见竖向磨光暗纹痕迹。如六家子墓地:93、91(图 2-9:35—36);郝家窑 M1:3,高 19 厘米(图 2-9:37);南宝力皋吐 DM14:2,高 12.8 厘米(图 2-9:38)。

Bc 型 颈肩部饰一周弦纹夹水波纹带。依腹部形状不同,可分为二式。

Bc Ⅰ 式 横长鼓腹。如南宝力皋吐 DM24:3,高 18.4 厘米(图 2-9:39)。

Bc Ⅱ 式 纵长鼓腹。如南宝力皋吐 DM20:2,仅存口肩部,残高 7.5 厘米(图 2-9:40 上);南宝力皋吐 DM24:5,存肩、腹、底部,残高 17.7 厘米(图 2-9:40 下)。

Bd 型 颈肩部饰一周戳点纹。如南宝力皋吐 DM4:1,高 12.4 厘米(图 2-9:41)。

Be 型 素面。如六家子墓地:105、95(图 2-9:42—43),前者高 15.2 厘米。

(四) D 组器物群

平底陶罐: 口径小于或近于底径。依口、颈和耳部差异,可分为五型。

A 型 肩部有对称双耳。依口、颈和腹部差异,可分为四亚型。

Aa 型 直口,短直颈,横长鼓腹,腹径最大处居中。依耳部和纹饰差异,可分为二式。

Aa Ⅰ 式 圆耳,素面。如三道湾 M2:3,缺失一耳,高 22.1 厘米(图 2-10:1);三道湾 M113:1,高 15.2 厘米(图 2-10:2)。

Aa Ⅱ 式 尖耳,肩部饰两周弦纹。如北贾铺 M15:10,高 20 厘米(图 2-10:3)。

Ab 型 直口,短直颈,横长折腹,腹径最大处偏上。如三道湾 M5:2,素面,高 10 厘米(图 2-10:4);二兰虎沟墓地出土 1 件,高 10 厘米,从尺寸看,可能属于此型。

Ac 型 侈口,短斜颈,横长鼓腹。依腹部差异,可分为二式。

Ac Ⅰ 式 腹径最大处居中。如三道湾 M107:2,肩部饰戳点纹两周,高 9.2 厘米(图 2-10:5)。

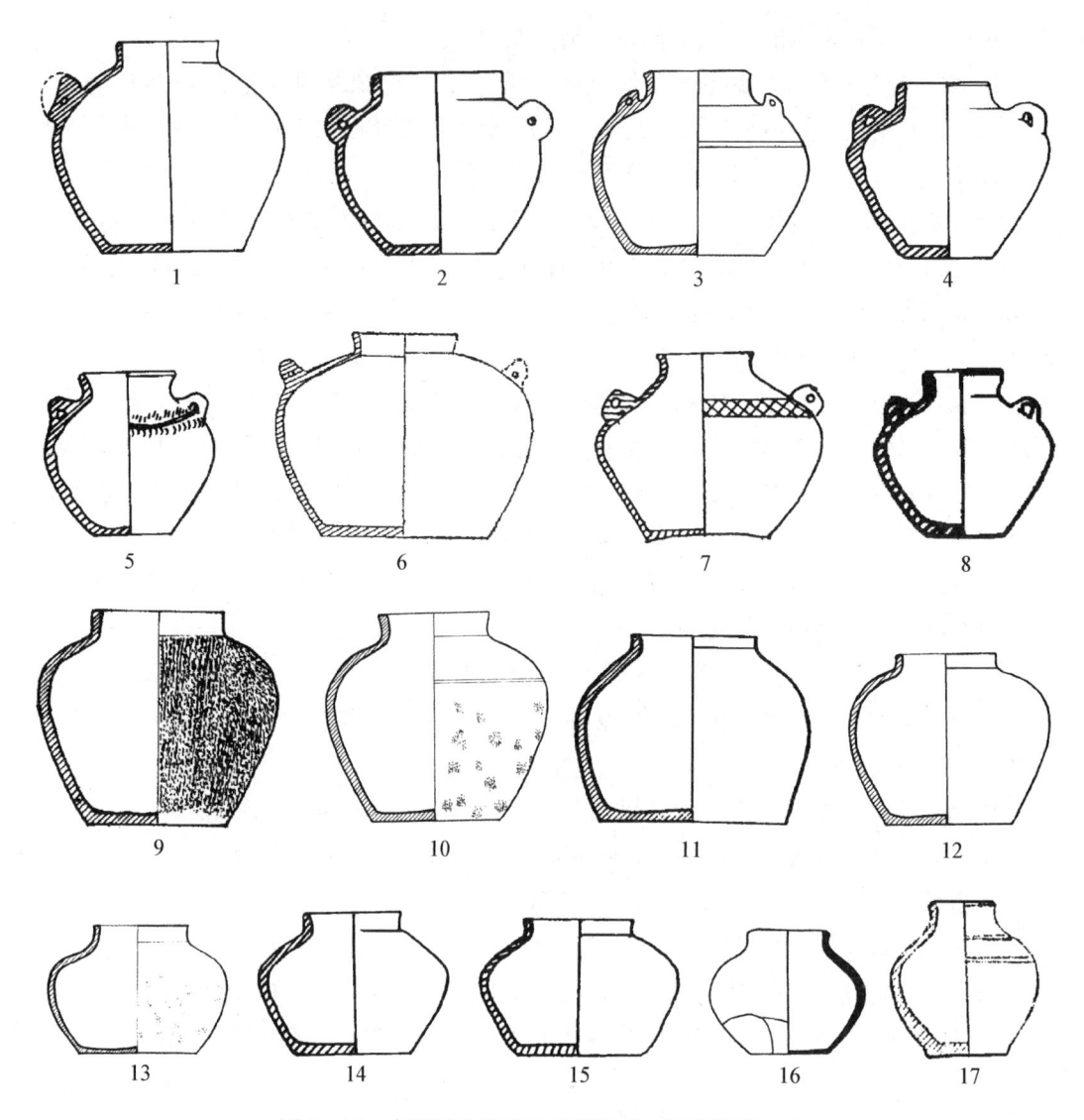

图 2-10 南迁相关遗迹 D 组器物群：平底陶罐（一）
1. 三道湾 M2:3 2. 三道湾 M113:1 3. 北贾铺 M15:10 4. 三道湾 M5:2
5. 三道湾 M107:2 6. 六家子:83 7. 石家沟墓地出土 8. 三道湾 M11:1
9. 北贾铺 M1:13 10. 北贾铺 M15:9 11. 北贾铺 M14:3 12. 北贾铺 M15:6
13. 北贾铺 M15:12 14. 三道湾 M113:3 15. 石家沟墓地出土
16. 百灵庙 M5 出土 17. 南杨家营子 M16:11

AcⅡ式　腹径最大处偏上。如六家子墓地:83，素面，高 19.2 厘米（图 2-10;6）。

Ad 型　侈口，短斜颈，横长折腹，腹径最大处居中。如石家沟墓地出土 1 件，肩部饰一周网格纹，高 18.2 厘米（图 2-10;7）；三道湾 M11:1，素面，高 8.2 厘米（图 2-10;8）。

B 型　无耳，短直颈，直口。依腹部差异，可分为四亚型。

Ba 型　横长鼓腹，腹径最大处偏上。如北贾铺 M1:13，自颈部以下通饰绳纹，高 32.8 厘米（图 2-10;9）；北贾铺 M15:9，肩部饰两周弦纹，其下饰细绳纹，高 33 厘米（图 2-10;

10);北贾铺 M14:3,素面,高 28 厘米(图 2-10:11);北贾铺 M15:6,素面,高 15 厘米(图 2-10:12);北贾铺 M15:12,腹部饰细绳纹,高 12 厘米(图 2-10:13)。

Bb 型　横长折腹,腹径最大处居中。如三道湾 M113:3,素面,高 11 厘米(图 2-10:14);石家沟墓地出土 1 件,素面,高 13.3 厘米(图 2-10:15)。

Bc 型　横长鼓腹,腹径最大处居中。如百灵庙 M5 出土的 1 件,素面,高 8.2 厘米(图 2-10:16)。

Bd 型　圆鼓腹,纵、横径长接近,腹径最大处居中。如南杨家营子 M16:11,肩部饰两周弦纹(图 2-10:17)。

C 型　无耳,短斜颈,侈口。依腹部差异,可分为四亚型。

Ca 型　横长鼓腹,腹部最大处居中。如郝家窑 M2:3,素面,高 8.7 厘米(图 2-11:1);石家沟墓地出土 1 件,肩部饰短折线纹一周,高 10.8 厘米(图 2-11:2);赵家房墓地出土 1 件,肩部饰五铢钱纹,高 17.5 厘米(图 2-11:3);善家堡 M10:3,颈部饰多方连续麦穗纹一周,高 14.5 厘米(图 2-11:4)。

Cb 型　圆鼓腹,纵、横径长接近,腹部最大处居中。如善家堡 C:2,素面,高 17.2 厘米(图 2-11:5);南杨家营子 M10:12,素面(图 2-11:6)。

Cc 型　纵长鼓腹,腹部最大处居中。如北贾铺 M15:5,肩、腹部饰多周弦纹和短细绳纹,高 19.6 厘米(图 2-11:7);北贾铺 M14:4,素面,高 19.6 厘米(图 2-11:8)。

Cd 型　横长折腹,腹部最大处偏上。如石家沟墓地出土 1 件,肩部饰短竖线纹一周,高 19 厘米(图 2-11:9)。

D 型　无耳,短直颈,口沿外展。依口沿和底部差异,可分为三亚型。

Da 型　宽平沿,大平底,横长折腹,腹部最大处偏上。如三道湾 M113:2,肩部有多周弦纹,高 15.4 厘米(图 2-11:10);石家沟墓地出土 1 件,素面,高 13 厘米(图 2-11:11);六家子墓地:85,素面,高 18.4 厘米(图 2-11:12)。

Db 型　窄平沿,中平底,横长鼓腹。依腹部差异,可分为二式。

DbⅠ式　腹部最大处偏上。如三道湾 M12:1,肩部有一周人字纹,高 13.2 厘米(图 2-11:13);石家沟墓地出土 1 件,素面,高 16 厘米(图 2-11:14)。

DbⅡ式　腹部最大处居中。如北贾铺 M15:7,肩部饰两周弦纹,其下饰细绳纹,高 26 厘米(图 2-11:15)。

Dc 型　窄斜沿,横长鼓腹,腹部最大处居中。如东王化营 M12:3,素面,高 13.8 厘米(图 2-11:16)。

E 型　无耳,短颈,侈口,口沿微卷,圆鼓腹,纵、横径长接近,腹径最大处居中。如东大井 SDM12:8,高 12 厘米(图 2-11:17);福兴地墓葬出土 1 件,高 15 厘米(图 2-11:18)。

圆底陶罐:短颈,鼓腹。依口部、颈部差异,可分为三型。

A 型　侈口,宽平沿,曲颈。如六家子墓地:86,高 34 厘米,腹部和底部饰拍印方格纹

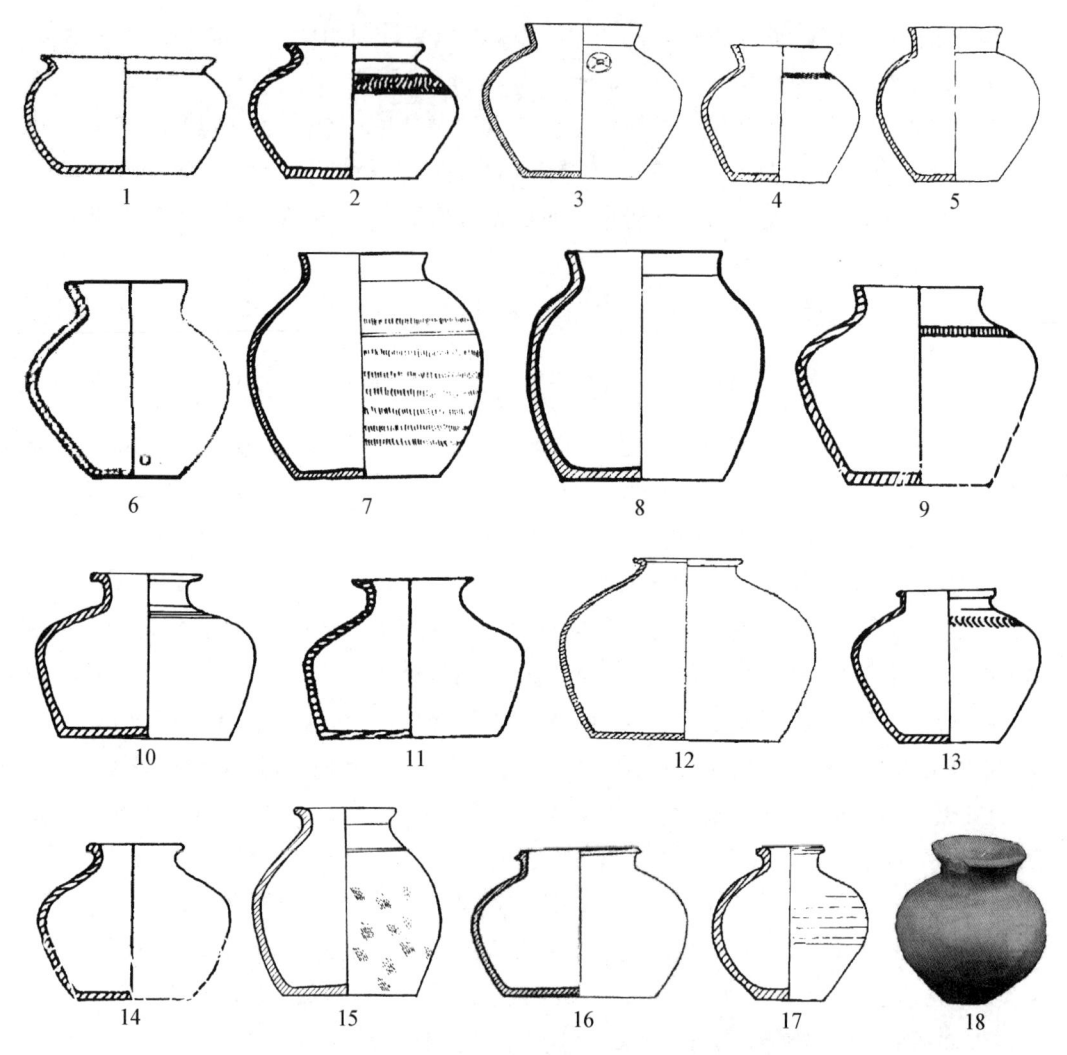

图 2-11　南迁相关遗迹 D 组器物群：平底陶罐（二）

1. 郝家窑 M2:3　2. 石家沟墓地出土　3. 赵家房墓地出土　4. 善家堡 M10:3
5. 善家堡 C:2　6. 南杨家营子 M10:12　7. 北贾铺 M15:5　8. 北贾铺 M14:4
9. 石家沟墓地出土　10. 三道湾 M113:2　11. 石家沟墓地出土　12. 六家子:85
13. 三道湾 M12:1　14. 石家沟墓地出土　15. 北贾铺 M15:7
16. 东王化营 M12:3　17. 东大井 SDM12:8　18. 福兴地墓葬出土

（图 2-12:1）。

B 型　侈口，无沿，斜颈较高。如六家子墓地:90，高 23 厘米，器表饰拍印方格纹（图 2-12:2）。

C 型　直口，无沿，短直颈。如赵家房墓地出土 1 件，高 18.5 厘米（图 2-12:3）。

陶碗：折腹，假圈足，平底。如善家堡 M4:1，腹部饰弦纹，口径 15、底径 6、高 6 厘米（图 2-12:4）。

陶盆：斜直腹，平沿，平底。如北贾铺 M1:15，盆身通饰绳纹，口径 46.6、底径 24.2、高 21.2 厘米（图 2-12:5）；北贾铺 M14:7，素面，口径 9.3、底径 4、高 5 厘米（图 2-12:6）。

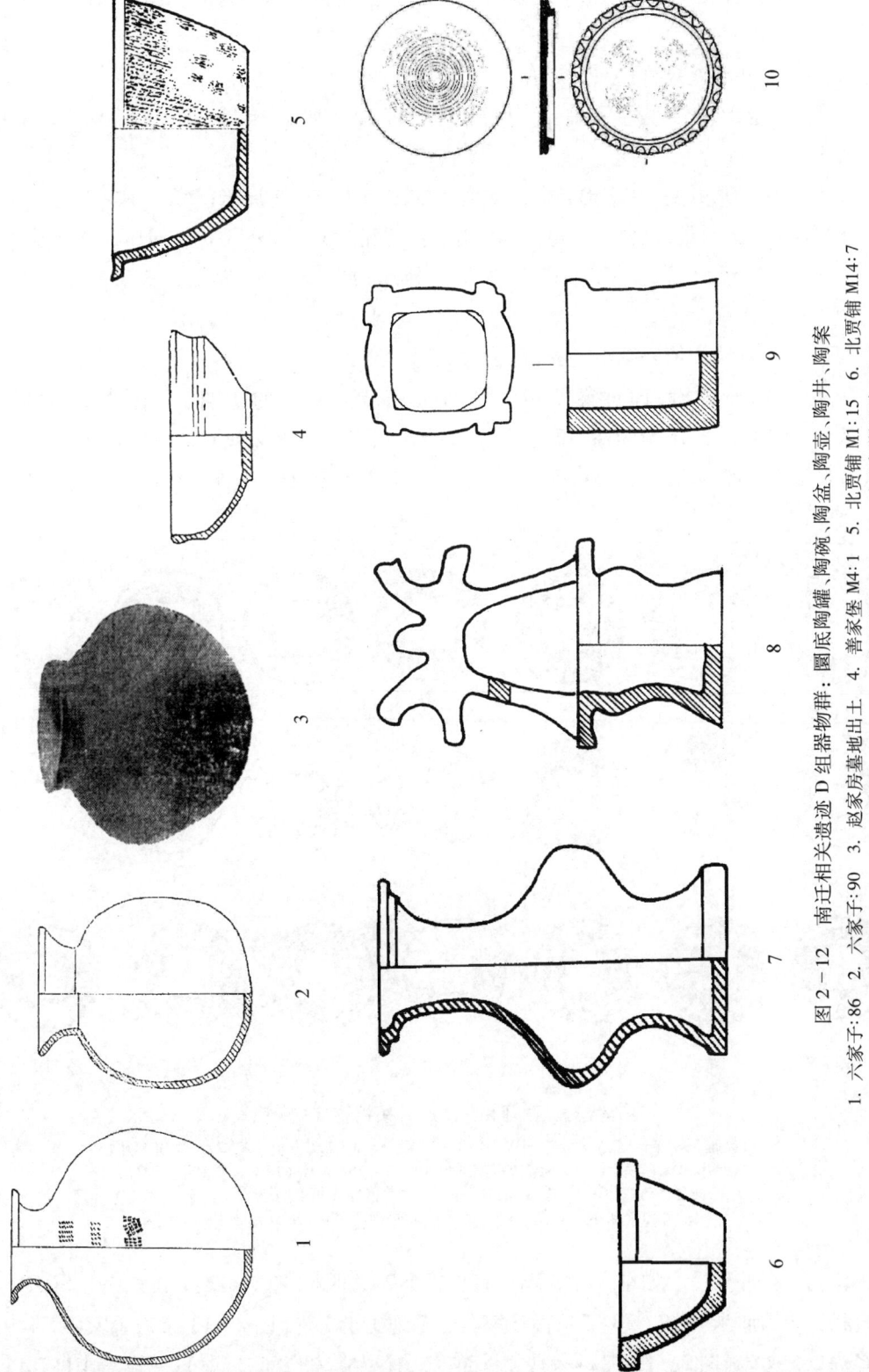

第二章 拓跋南迁匈奴故地的相关墓葬及其属性

图 2-12 南迁相关遗迹 D 组器物群：圜底陶罐、陶碗、陶盆、陶壶、陶井、陶案
1. 六家子:86 2. 六家子:90 3. 三道湾 M101:1 4. 赵家房墓地出土 5. 善家堡 M4:1 6. 北贾铺 M1:15
7. 北贾铺 M101:14 8. 北贾铺 M15:8 9. 北贾铺 M14:7 10. 沈阳妇婴医院 M2:3

陶壶：盘口，细长颈，扁腹，下腹束腰状，假圈足，平底。如三道湾 M101∶1，高 27 厘米（图 2-12∶7）。

陶井：依井身差异，可分为二型。

A 型 盂形井身，宽平井沿，井沿上架辘轳。如北贾铺 M1∶14，高 26.6 厘米（图 2-12∶8）。

B 型 圆筒形井身，井字形口沿。如北贾铺 M15∶8，高 12 厘米（图 2-12∶9）。

陶案：圆形，圈足，足根稍外撇。如沈阳妇婴医院 M2∶3，外缘有一周压印绳纹带，案背边缘有一周压窝纹，案面和背部均有轮制形成的同心圆暗纹，直径 32、高 3 厘米（图 2-12∶10）。

铜钱：五铢钱。依外廓沿差异，可分为二型。

A 型 无外廓沿，即剪轮五铢。如百灵庙 M5 出土的 1 件，直径为 2.3 厘米（图 2-13∶1）；东大井 SDM14∶13，直径为 2 厘米（图 2-13∶2）；额日格吐墓葬出土的 1 件，直径为 2.4 厘米（图 2-13∶3）；北玛尼吐 M14∶7，直径为 2 厘米，未见钱文；赵家房墓地也有出土。

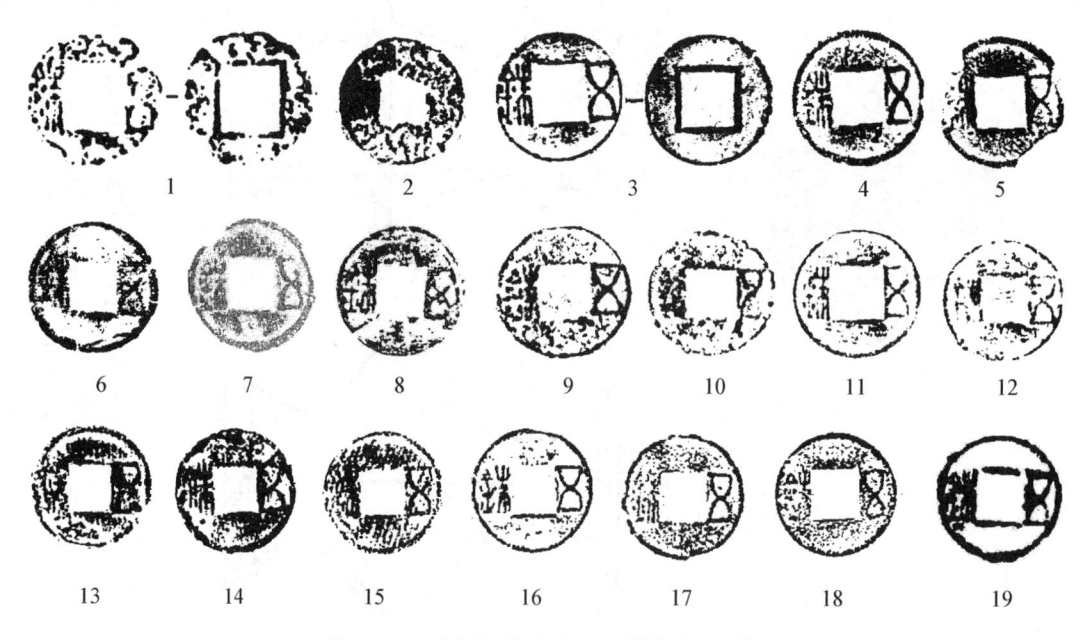

图 2-13 南迁相关遗迹 D 组器物群：铜钱

1. 百灵庙 M5 出土 2. 东大井 SDM14∶13 3. 额日格吐墓葬出土 4. 东大井 SDM4∶4
5. 东大井 SDM14∶3 6. 南杨家营子墓地出土 7. 善家堡 M1∶9 8. 东官井村 M1∶7
9. 三道湾 M115∶15 10. 三道湾 M110∶30 11. 三道湾 M110∶31 12. 三道湾 M17∶3
13—15. 石家沟墓地出土 16—18. 赵家房墓地出土 19. 沈阳妇婴医院 M2 出土

B 型 有外廓沿。如东大井 SDM4∶4，直径为 2.5 厘米（图 2-13∶4）；东大井 SDM14∶3，直径为 2.5 厘米（图 2-13∶5）；南杨家营子墓地出土 1 件（图 2-13∶6）；善家堡 M1∶9，直径为 2.5 厘米（图 2-13∶7）；东官井村 M1∶7，有裂痕（图 2-13∶8）；三道湾 M115∶15、

M110：30、M110：31、M17：3，直径为2.4—2.55厘米（图2-13：9—12）；石家沟墓地出土的3件（图2-13：13—15）；赵家房墓地出土的3件（图2-13：16—18）；沈阳妇婴医院M2出土10件，直径均为2.6厘米（图2-13：19）；北玛尼吐M14：6，直径2.6厘米，未见钱文。

新胜屯墓地也出五铢钱，型式不详。

铜镜： 依背面纹饰差异，可分为七型。

A型 连弧纹"日光"镜。镜钮周围饰内向连弧纹，中区为一圈"日光"铭文带。如赵家房墓地出土1件（图2-14：1）；二兰虎沟墓地出土1件，直径为11.8厘米。

B型 双夔纹"三公"镜。内圈中有直铭，上"三"下"公"，两侧为简化双夔纹。如六家子墓地：64，直径为8.1厘米（图2-14：2）。

C型 四蝠叶纹"位至三公"镜。四蝠叶纹所分四区内均有一凤鸟纹，近钮座处嵌饰"位至三公"四字。如三道湾M2：6，直径为9.5厘米（图2-14：3）；塔坨墓地出土1件。

D型 四蝠叶纹"长宜子孙"镜。四蝠叶纹间嵌饰"长宜子孙"四字。依内区纹饰差异，可分为四亚型。

Da型 内区仅饰四蝠叶纹。如东大井SDM7：2，直径为8.8厘米（图2-14：4）；东邵庄村M1：1，直径为9厘米（图2-14：5）；二兰虎沟墓地出土1件，直径为8.7厘米，从尺寸看，可能属于此型。

Db型 内区在四蝠叶纹外，还饰内向八连弧纹。如赵家房墓地出土的1件（图2-14：6）；石家沟墓地出土的2件，直径分别为10.5、12厘米（图2-14：7—8）；三道湾M11：3，直径为9.2厘米（图2-14：9）；东大井SDM12：1，直径为10.8厘米（图2-14：10）；三道湾M104：1，直径为10.5厘米（图2-14：11）；东王化营M12：1，直径为10.5厘米（图2-14：12）。

Dc型 内区在四蝠叶纹与内向八连弧纹之间有一圆周相隔。如东邵庄村M1：2，残，直径为14厘米（图2-14：13）；皮条沟M1：2，直径为9.5厘米（图2-14：14）；赵家房墓地出土的1件（图2-14：15）。

Dd型 内区除四蝠叶纹、内向八连弧纹外，还饰云雷纹、栉齿纹带。如三道湾M15：4，直径为10厘米（图2-14：16）。

E型 四蝠叶纹"位至三公、长宜子孙"铜镜。变形四蝠叶纹所分四区内均有一相吻状双凤纹，内区饰内向十六连弧纹。如三道湾M118：13，直径为13.5厘米（图2-14：17）；石家沟墓地出土的1件，直径为11.5厘米（图2-14：18）。

F型 连弧纹镜。依纹饰差异，可分为二亚型。

Fa型 内区饰内向六连弧纹。如三道湾M1：2，直径为9.5厘米（图2-14：19）。

Fb型 内区饰内向八连弧纹。如石家沟墓地出土的1件，直径为8.8厘米（图2-14：20）。

G型 四乳四禽镜。内区置四乳。依禽鸟纹差异，可分为三亚型。

Ga型 四乳间各有单只禽鸟做凫游状。如三道湾 M16:2,直径为 8.5 厘米(图 2-14:21);三道湾 M113:4,直径为 8.4 厘米(图 2-14:22);石家沟墓地出土的 1 件,直径为 8.2 厘米(图 2-14:23);赵家房墓地出土的 1 件(图 2-14:24);东大井 SDM4:3,残;二兰虎沟墓地出土 1 件,直径为 8.4 厘米,从尺寸看,可能属于此型。

Gb型 四乳间各有双鸟并肩状。如赵家房墓地出土的 1 件(图 2-14:25);三道湾 M22:1,直径为 12.1 厘米(图 2-14:26)。

Gc型 四乳间各有双鸟对称,背部相连。如东大井 SDM18:7,残(图 2-14:27)。

(五) E 组器物群

广口陶罐:纵长鼓腹,侈口,口径略大于腹径,颈部饰两周水波纹,平底。如石家沟墓地出土的 1 件,高 17.7 厘米(图 2-15:1)。

小口陶罐:横长鼓腹,口径小于底径,平底。依口、颈部差异,可分为三型。

A型 侈口,平沿,短颈。依纹饰差异,可分为三亚型。

Aa型 肩部饰一周水波纹和一周弦纹,腹部饰网格暗纹。如六家子墓地:108,短曲颈,高 14 厘米(图 2-15:2)。

Ab型 肩部饰一周索绹状附加堆纹。如北贾铺 M1:8,短直颈,高 26.5 厘米(图 2-15:3)。

Ac型 肩部饰两周弦纹夹一周水波纹。如北贾铺 M1:9,短直颈,高 23.4 厘米(图 2-15:4);善家堡 M4:5,短直颈,在上弦纹之上还饰一周水波纹,底部微凹,高 24.6 厘米(图 2-15:5)。

B型 短颈,无口沿。依口、颈部和纹饰差异,可分为二亚型。

Ba型 直口,短直颈,肩部饰水波纹和弦纹。如北贾铺 M14:5,高 24 厘米,肩部饰有一周弦纹和一周水波纹(图 2-15:6);北贾铺 M15:2,高 30 厘米,肩部两周弦纹内夹三重水波纹,其下饰细绳纹(图 2-15:7)。

Bb型 侈口,短斜颈,肩部饰一周索绹状附加堆纹。如北贾铺 M15:1,高 44 厘米(图 2-15:8)。

C型 侈口,微卷沿,短曲颈。依纹饰差异,可分为三亚型。

Ca型 肩部饰有若干周弦纹。如善家堡 M16:8,高 19.8 厘米(图 2-15:9)。

Cb型 肩部饰两周水波纹。如北贾铺 M1:18,高 29.6 厘米,腹部饰横向多层细绳纹(图 2-15:10);北贾铺 M1:20,高 32.8 厘米(图 2-15:11)。

Cc型 肩、腹部饰细绳纹。如北贾铺 M1:16,高 30.6 厘米,纵向细绳纹和横向分层细绳纹交错(图 2-15:12);北贾铺 M1:19,高 31.8 厘米,饰纵向细绳纹(图 2-15:13);北贾铺 M1:17,高 30.8 厘米,饰横向多层细绳纹(图 2-15:14);北贾铺 M1:21,高 36.8 厘米,饰横向多层细绳纹(图 2-15:15);二兰虎沟墓地出土 2 件,分别高 20、21 厘米。

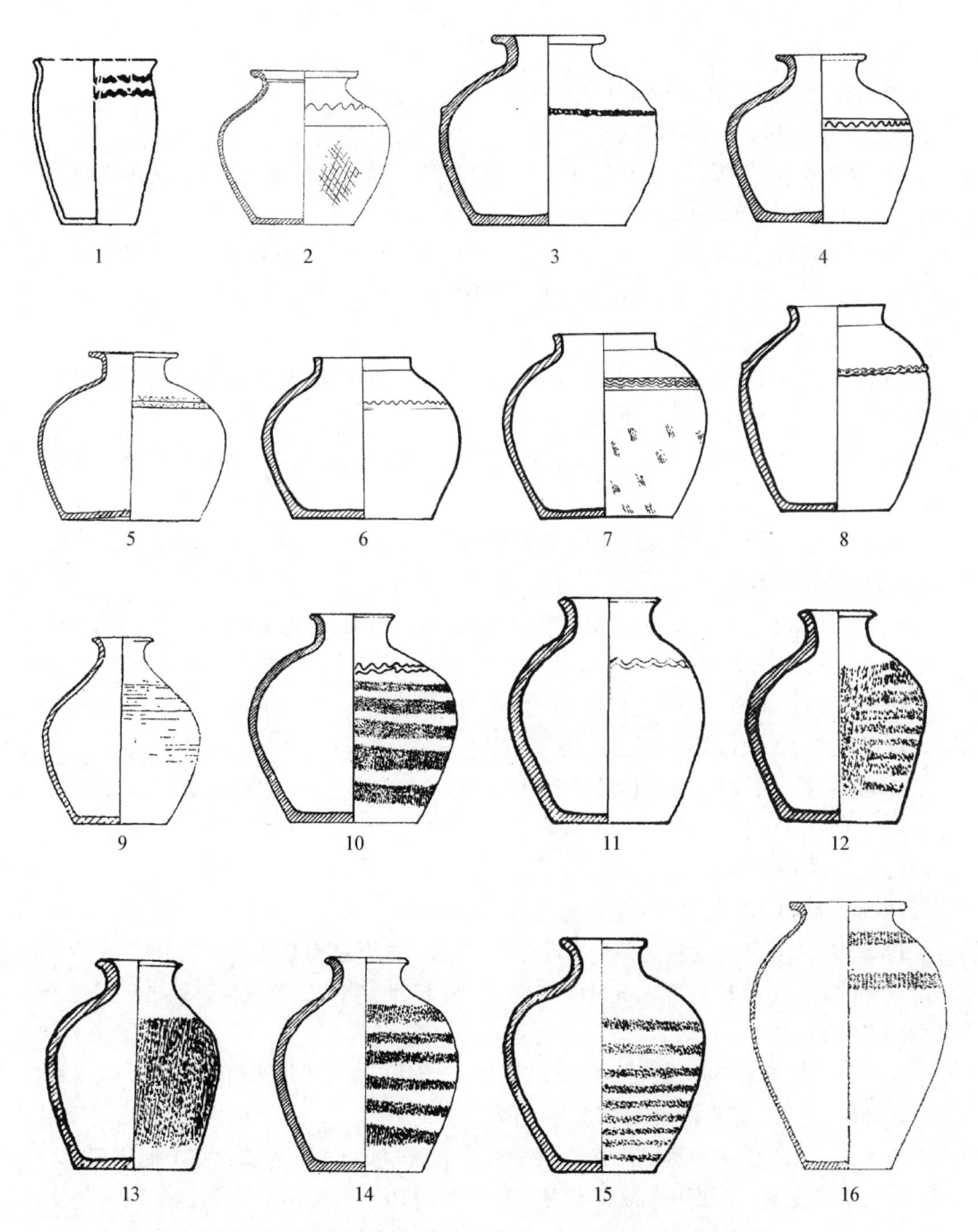

第二章 拓跋南迁匈奴故地的相关墓葬及其属性

图 2-15 南迁相关遗迹 E 组器物群：广口陶罐、小口陶罐、陶瓮
1. 石家沟墓地出土 2. 六家子:108 3. 北贾铺 M1:8 4. 北贾铺 M1:9
5. 善家堡 M4:5 6. 北贾铺 M14:5 7. 北贾铺 M15:2 8. 北贾铺 M15:1
9. 善家堡 M16:8 10. 北贾铺 M1:18 11. 北贾铺 M1:20 12. 北贾铺 M1:16
13. 北贾铺 M1:19 14. 北贾铺 M1:17 15. 北贾铺 M1:21 16. 舍根文化墓葬:3339

陶瓮：侈口,宽平沿,短曲颈,纵长鼓腹,肩部饰两周压印纹。如舍根文化墓葬:3339,(图 2-15:16)。

铜(铁)鍑：依底部的差异,可分为四型。

A 型　镂空圈足。依口、耳、腹部的差异,可分为四亚型。

Aa 型　敛口,鼓腹,口沿上有对称的两个半环立耳。如石家沟墓地出土的 1 件,铁质,足残,残高 13 厘米(图 2-16:1)。

Ab 型　直口,筒腹,口沿上有对称的两个半环立耳。如石家沟墓地出土的 1 件,铁质,足残,残高 21 厘米(图 2-16:2);郝家窑 M1:1,铜质,一耳已残,高 18.3 厘米(图 2-16:3)。

Ac 型　直口,筒腹,口沿上有对称的两个方立耳。如石家沟墓地出土的 1 件,铁质,高 28 厘米(图 2-16:4)。

Ad 型　直口,鼓腹,腹部有一横耳。如塔坨 90M6:4,铜质,高 7.2 厘米(图 2-16:5)。

B 型　三足,敛口,鼓腹,口沿上有对称的两个半环立耳。如苏泗汰墓葬出土的 1 件,铜质,高 14 厘米(图 2-16:6)。

C 型　浅圈足,侈口,鼓腹,口沿上有对称的两个方立耳。如福兴地墓葬出土的 1 件,铜质,高 25 厘米(图 2-16:7);善家堡 M16:5,铁质,高 14 厘米(图 2-16:8);二兰虎沟墓地出土的 1 件,铜质,高 16 厘米(图 2-16:9)。

D 型　平底。依口部差异,可分为三亚型。

Da 型　侈口,口沿上有对称的两个半环立耳。如善家堡 C:4,铜质,鼓腹,高 22.5 厘米(图 2-16:10);东官井村 M1:1,铜质,鼓腹,高 16 厘米(图 2-16:11);东滩 M1:2,铜质,筒腹,高 24 厘米(图 2-16:12)。

Db 型　直口。依耳、腹部差异,可分为二式。

DbⅠ式　口沿上有对称的两个半环立耳,筒腹。如石家沟墓地出土的 1 件,铜质,高 19.7 厘米(图 2-16:13);善家堡 M15:1,铁质,高 17.8 厘米;二兰虎沟墓地出土 1 件,铜质,高 16 厘米。

DbⅡ式　肩部有一耳,鼓腹。如善家堡 M6:2,铜质,高 4.1 厘米(图 2-16:14)。

Dc 型　敛口。皆鼓腹,依耳部差异,可分为二式。

DcⅠ式　口沿上有对称的两个半环立耳。如善家堡 C:3,铜质,高 21 厘米(图 2-16:15);善家堡 M1:8,铜质,高 17 厘米(图 2-16:16);石家沟墓地出土的 2 件,铜质,分别高 17.5、19 厘米(图 2-16:17—18);下黑沟 M1:2,铜质,高 16 厘米(图 2-16:19)。

DcⅡ式　肩部有一耳。如王吉峁地 M1:2,铜质,高 7.6 厘米(图 2-16:20)。

网格纹铜饰牌：依整体形状差异,可分为二型。

A 型　主体为圆角长方形。依附属穿孔钮的差异,可分为三亚型。

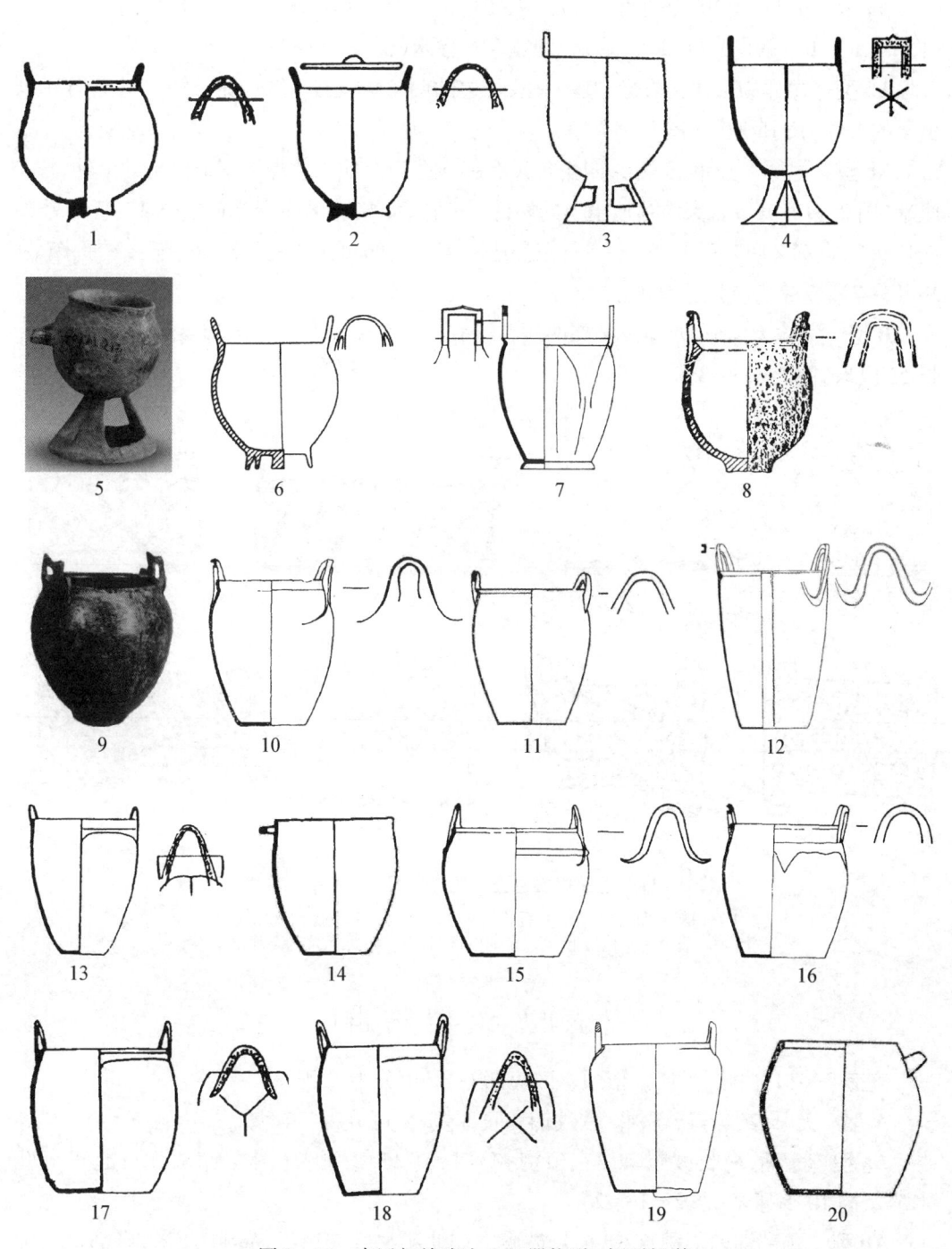

第二章　拓跋南迁匈奴故地的相关墓葬及其属性

图 2-16　南迁相关遗迹 E 组器物群：铜（铁）鍑
1—2、4. 石家沟墓地出土　3. 郝家窑　M1:1　5. 塔砣 90M6:4　6. 苏泗汰墓葬出土　7. 福兴地墓葬出土
8. 善家堡 M16:5　9. 二兰虎沟墓地出土　10. 善家堡 C:4　11. 东官井村 M1:1　12. 东滩 M1:2
13. 石家沟墓地出土　14. 善家堡 M6:2　15. 善家堡 C:3　16. 善家堡 M1:8
17—18. 石家沟墓地出土　19. 下黑沟 M1:2　20. 王吉帅地 M1:2

Aa 型　完整形状即为圆角长方形,无穿孔钮。如三道湾 M110:4,长 8.5、宽 5.5 厘米(图 2-17:1);东官井村 M1:2,长 8.7、宽 5.6 厘米(图 2-17:2)。

Ab 型　主体为圆角长方形,其中一条长边的两角各设有一穿孔钮。如二兰虎沟墓地出土的 1 件,长 15 厘米(图 2-17:3)。

Ac 型　主体为圆角长方形,四角各设有一穿孔钮。如二兰虎沟墓地出土的 1 件,长 7 厘米(图 2-17:4);石家沟墓地出土的两件,一件长 8.9、宽 8.1 厘米(图 2-17:5),另一件长 9.2、宽 7.2 厘米(图 2-17:6);东邵庄村 M1:3,四角穿孔残,长 7.6、宽 4.7 厘米(图 2-17:7);赵家房墓地也有出土。

B 型　主体为梯形,四角及腰部两侧各设有一穿孔钮。如二兰虎沟墓地出土的 1 件,长 13 厘米(图 2-17:8)。

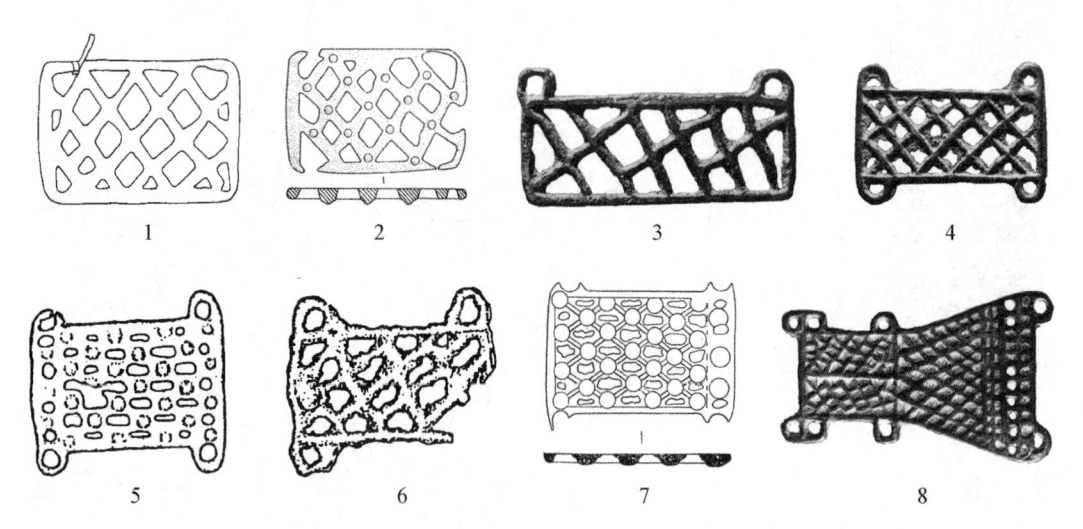

图 2-17　南迁相关遗迹 E 组器物群:网格纹铜饰牌
1. 三道湾 M110:4　2. 东官井村 M1:2　3—4. 二兰虎沟墓地出土
5—6. 石家沟墓地出土　7. 东邵庄村 M1:3　8. 二兰虎沟墓地出土

(六) F 组器物群

陶壶:侈口,曲颈,平底。依颈、耳、腹部差异,可分为二型。

A 型　无耳,喇叭口,高领。依纹饰和腹部差异,可分为三亚型。

Aa 型　素面,横长鼓腹。如三道湾 M3:1,高 11.2 厘米(图 2-18:1);北玛尼吐 M15:2,高 10.5 厘米(图 2-18:2)。

Ab 型　颈部饰两周戳点纹,横长鼓腹。如北玛尼吐 M14:1,高 11 厘米,肩部也饰细密戳点纹(图 2-18:3)。

Ac 型　肩部有一周弦纹,纵长鼓腹。如郝家窑 M2:2,口残,残高 21.5 厘米(图 2-18:4)。

B 型　颈部有对称竖耳一对。依腹部差异,可分为二亚型。

Ba 型 纵长鼓腹。如二兰虎沟墓地出土 1 件,颈部饰戳点式附加堆纹一周,高 20 厘米(图 2-18:5);百灵庙 M4 出土 1 件,颈部饰一周戳点纹,高 15.7 厘米(图 2-18:6)。

Bb 型 横长鼓腹。如善家堡 M4:3,口沿外侧饰一周戳点纹,颈部饰两周戳点纹,高 8.1 厘米(图 2-18:7)。

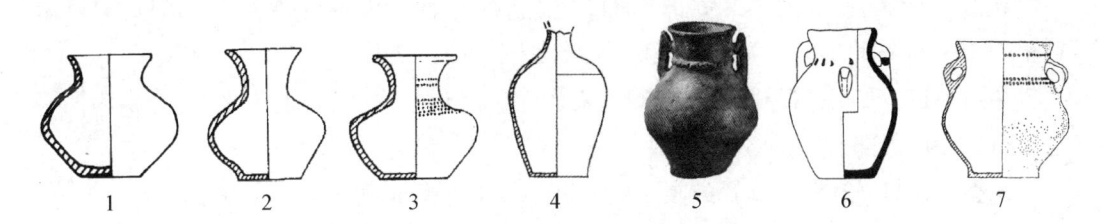

图 2-18 南迁相关遗迹 F 组器物群:陶壶
1. 三道湾 M3:1 2. 北玛尼吐 M15:2 3. 北玛尼吐 M14:1 4. 郝家窑 M2:2
5. 二兰虎沟墓地出土 6. 百灵庙 M4 出土 7. 善家堡 M4:3

广口陶罐:侈口,口径大于或略近于腹径,平底。依口、腹部和纹饰差异,可分为四型。

A 型 横长鼓腹,口沿较长,颈部饰两周戳点纹。如三道湾 M111:1,下部残,残高 14.8 厘米(图 2-19:1);北玛尼吐 M14:2,高 10 厘米(图 2-19:2)。

B 型 纵长鼓腹,口沿很短。依纹饰差异,可分为二亚型。

Ba 型 颈部饰一周或两周戳点纹。如东大井 SDM14:8,高 20.8 厘米(图 2-19:3);北贾铺 M15:3,高 14 厘米(图 2-19:4);善家堡 M5:1,高 17.6 厘米(图 2-19:5);皮条沟采:1,仅存口、颈部,残高 3.2 厘米(图 2-19:6);三道湾 M17:1,高 13.8 厘米(图 2-19:7)。

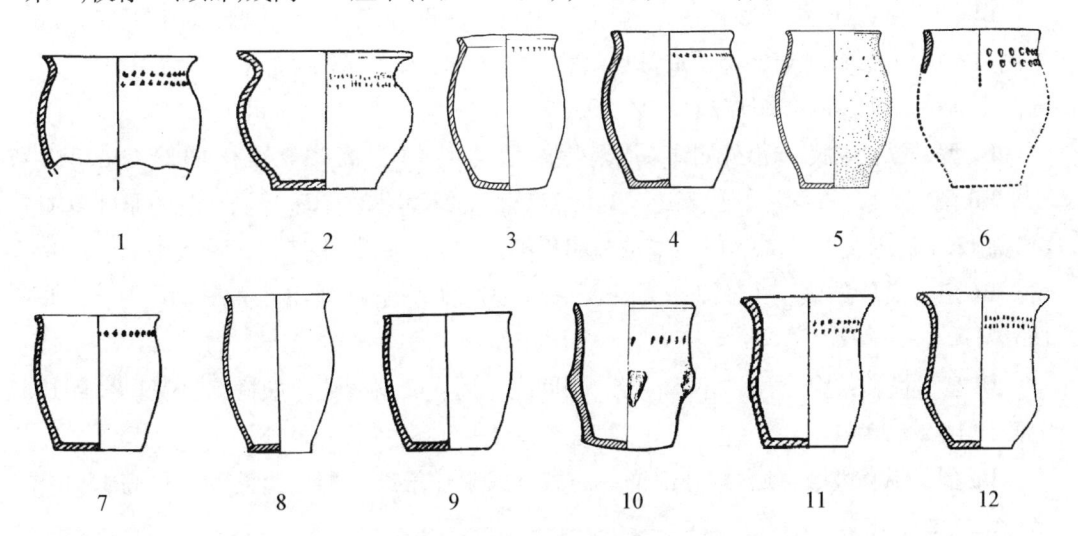

图 2-19 南迁相关遗迹 F 组器物群:广口陶罐
1. 三道湾 M111:1 2. 北玛尼吐 M14:2 3. 东大井 SDM14:8 4. 北贾铺 M15:3
5. 善家堡 M5:1 6. 皮条沟采:1 7. 三道湾 M17:1 8. 三道湾 M105:1
9. 三道湾 M14:1 10. 北贾铺 M14:2 11. 北玛尼吐 M7:1 12. 北玛尼吐 M8:1

Bb 型　素面。如三道湾 M105∶1,高 20.5 厘米(图 2-19∶8);三道湾 M14∶1,高 12.5 厘米(图 2-19∶9)。

C 型　筒腹,斜直腹壁,几乎没有口沿,颈部饰一周戳点纹,腹部有四个耳突。如北贾铺 M14∶2,高 14.5 厘米(图 2-19∶10)。

D 型　折腹,口沿较长,颈部饰两周戳点纹。如北玛尼吐 M7∶1,高 11.8 厘米(图 2-19∶11);北玛尼吐 M8∶1,高 17 厘米(图 2-19∶12)。

中口陶罐:鼓腹,口径明显小于腹径而大于或略近于底径,普遍为平底,个别为凹圜底。依口、颈、腹部差异,可分为四型。

A 型　侈口,较高领,纵长鼓腹。依下腹部和纹饰差异,可分为二亚型。

Aa 型　下腹部一弧到底,颈肩部饰一周戳点纹。如善家堡 C∶1,高 23.5 厘米(图 2-20∶1);东大井 SDM12∶7,高 16 厘米(图 2-20∶2)。

Ab 型　下腹部将弧到底时竖折,使底部形成假圈足,颈部饰两周戳点纹。如善家堡 M11∶1,高 19 厘米(图 2-20∶3)。

B 型　侈口,较矮领。依腹部和纹饰差异,可分为十一亚型。

Ba 型　横长鼓腹,颈肩部饰戳点纹。如善家堡 M13∶4,颈部饰一周戳点纹,底微内凹,高 15.6 厘米(图 2-20∶4);东王化营 M12∶2,颈肩部饰两周戳点纹,高 18.4 厘米(图 2-20∶5);北玛尼吐 M38∶1,颈部饰两周戳点纹,高 14.5 厘米(图 2-20∶6);南杨家营子 M15∶5,颈肩部饰两周戳点纹,靠下的一周戳点纹带三角形戳点下摆(图 2-20∶7);北贾铺 M1∶11,颈肩部饰三周戳点纹,高 11.5 厘米(图 2-20∶8);南杨家营子 M10∶2,颈肩部饰三周戳点纹(图 2-20∶9)。

Bb 型　圆鼓腹,纵横腹径接近,口沿外侧或颈肩部饰戳点纹。如下黑沟 M1∶1,口沿外侧饰一周戳点纹,颈肩部饰两周戳点纹,高 22 厘米(图 2-20∶10);三道湾 M103∶1,颈部饰两周戳点纹,高 27.7 厘米(图 2-20∶11);

Bc 型　纵长鼓腹,口沿外侧饰一周戳点纹。如东滩 M1∶1,高 20.9 厘米(图 2-20∶12)。

Bd 型　鼓腹,素面。如善家堡 M2∶1,高 18.7 厘米(图 2-20∶13);南宝力皋吐 DM14∶1,高 12.4 厘米(图 2-20∶14);塔坨 90M17∶3,高 17.3 厘米(图 2-20∶15)。

Be 型　横长鼓腹,颈部饰一周交叉斜线纹。如塔坨墓地出土的一件(图 2-20∶16)[①]。

Bf 型　横长鼓腹,肩部饰两周弦纹,其间夹一周交叉斜线纹。如塔坨 90M9∶8,高 19.8 厘米(图 2-20∶17)。

Bg 型　纵长鼓腹,颈肩结合部饰一周戳点式附加堆纹。如三道湾 M1∶1,高 15.8 厘米(图 2-20∶18)。

---

① 张亮:《滦县塔坨墓地族属的初步探讨》,《边疆考古研究》第 11 辑,北京:科学出版社,2012 年,第 175—181 页。

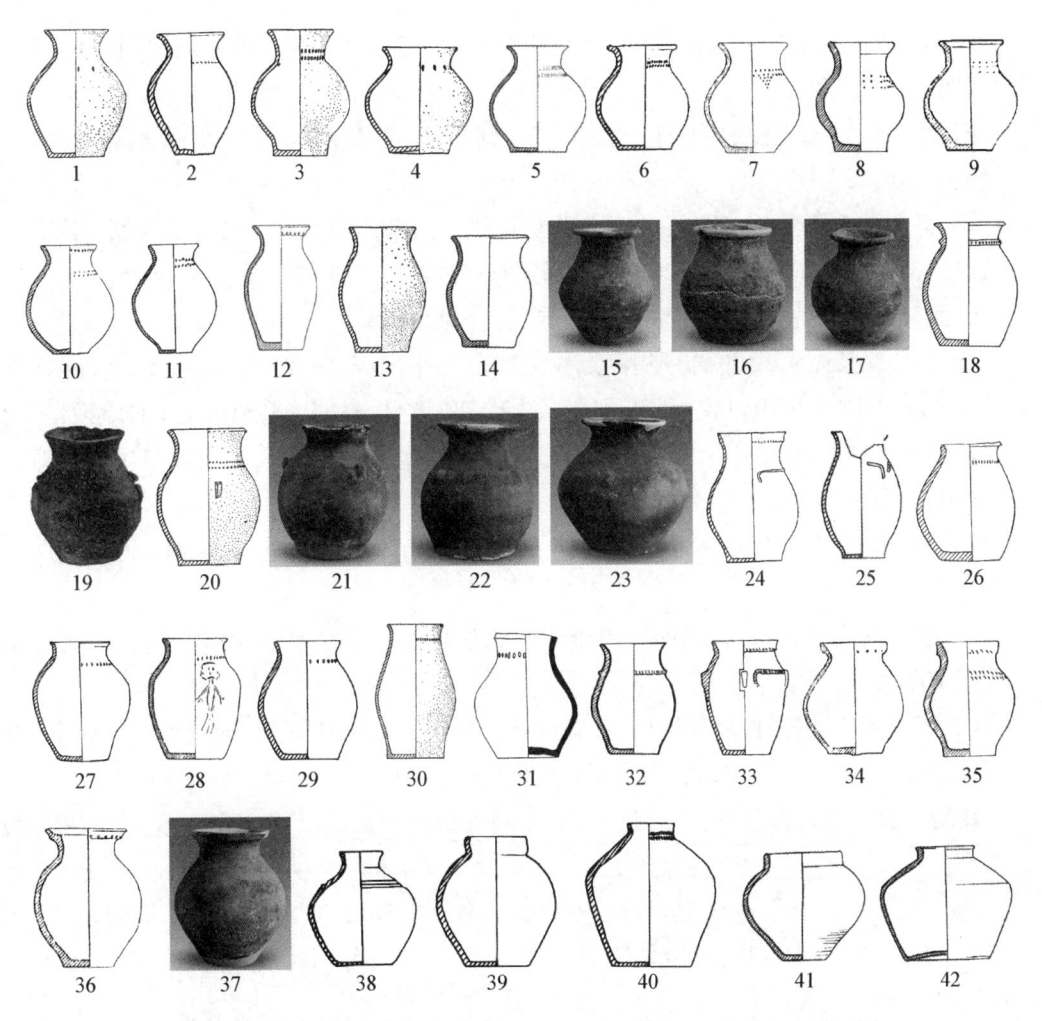

图 2-20 南迁相关遗迹 F 组器物群：中口陶罐、小口陶罐及相关比较

1. 善家堡 C:1 2. 东大井 SDM12:7 3. 善家堡 M11:1 4. 善家堡 M13:4 5. 东王化营 M12:2
6. 北玛尼吐 M38:1 7. 南杨家营子 M15:5 8. 北贾铺 M1:11 9. 南杨家营子 M10:2
10. 下黑沟 M1:1 11. 三道湾 M103:1 12. 东滩 M1:1 13. 善家堡 M2:1
14. 南宝力皋吐 DM14:1 15. 塔坨 90M17:3 16. 塔坨墓地出土 17. 塔坨 90M9:8
18. 三道湾 M1:1 19. 二兰虎沟墓地出土 20. 王吉峁地 M1:1 21. 塔坨墓地出土
22. 塔坨 90M3:1 23. 塔坨墓地出土 24. 东大井 SDM6:4 25. 郝家窑 M1:2
26. 东大井 SDM7:4 27. 东大井 SDM14:7 28. 赵家房墓地出土 29. 三道湾 M107:1
30. 善家堡 M3:1 31. 百灵庙 M3 出土 32. 北贾铺 M14:6 33. 东大井 SDM6:3
34. 南杨家营子 M16:3 35. 北贾铺 M1:12 36. 南杨家营子 M15:4 37. 塔坨墓地出土
38. 三道湾 M119:1 39. 三道湾 M4:1 40. 三道湾 M106:1
41. 曲江花园 M9:22 42. 西柞高速公路杜曲段 M13:10

Bh 型　鼓腹，颈肩部饰两周戳点纹，肩部有三或四个耳突。如二兰虎沟墓地出土 1 件，高 17 厘米，三个耳突（图 2-20:19）；王吉峁地 M1:1，高 17.2 厘米，四个耳突，三个已残损（图 2-20:20）；塔坨墓地也出有一件，三个耳突（图 2-20:21）[1]。

---

[1] 张亮：《滦县塔坨墓地族属的初步探讨》，《边疆考古研究》第 11 辑，北京：科学出版社，2012 年，第 175—181 页。

Bi 型 横长鼓腹,颈部饰一周交叉斜线纹,肩部有三个耳突。如塔坨 90M3:1,高 16 厘米(图 2-20:22)①。

Bj 型 横长鼓腹,肩部有三个耳突,其他部位素面。如塔坨墓地出土的一件(图 2-20:23)②。

Bk 型 纵长鼓腹,肩部饰一周泥条附加堆纹。如东大井 SDM6:4,口沿外侧还饰有一周戳点纹,高 17.6 厘米(图 2-20:24);郝家窑 M1:2,高 23 厘米(图 2-20:25)。

C 型 侈口,矮领。依腹部和纹饰差异,可分为四亚型。

Ca 型 纵长鼓腹,颈部饰一周戳点纹。如东大井 SDM7:4,口残,残高 21.6 厘米(图 2-20:26);东大井 SDM14:7,高 20 厘米(图 2-20:27);赵家房墓地出土 1 件,腹部还绘一人形(图 2-20:28);三道湾 M107:1,高 14 厘米(图 2-20:29);善家堡 M3:1,高 27.8 厘米(图 2-20:30)。

Cb 型 圆鼓腹,颈部饰一周戳点纹。如百灵庙 M3 出土 1 件,凹圜底,高 9.5 厘米(图 2-20:31)。

Cc 型 纵长鼓腹,颈肩部饰一周戳点式附加堆纹。如北贾铺 M14:6,高 23.5 厘米(图 2-20:32)。

Cd 型 纵长鼓腹,口沿外侧饰一周戳点纹,肩部饰一周泥条式附加堆纹,并有四个对称耳突。如东大井 SDM6:3,高 15.2 厘米(图 2-20:33)。

D 型 盘口或近似盘口,圆鼓腹,口沿外侧或颈肩部饰戳点纹。按口部不同,可分为二亚型。

Da 型 侈口,方唇,外观似盘口。如南杨家营子 M16:3,口沿外侧饰一周戳点纹(图 2-20:34);北贾铺 M1:12,口沿外侧饰一周戳点纹,颈肩部饰两周戳点纹,高 20.5 厘米(图 2-20:35)。

Db 型 盘口。如南杨家营子 M15:4,口沿外侧饰一周戳点纹(图 2-20:36);塔坨墓地出土的一件,颈肩部饰两周稀疏戳点纹(图 2-20:37)③。

小口陶罐: 口径明显小于腹径,也小于底径。依口、颈部差异,可分为二型。

A 型 侈口,短斜颈。如三道湾 M119:1,鼓腹,腹径最大处居中,高 12.5 厘米(图 2-20:38)。

B 型 直口,短直颈。依腹部差异,可分为二亚型。

Ba 型 鼓腹,腹径最大处居中。如三道湾 M4:1,高 16.8 厘米(图 2-20:39)。

Bb 型 折腹,腹径最大处偏上。如三道湾 M106:1,高 20.4 厘米(图 2-20:40)。

马纹饰牌: 镂空,金或铜质。依马纹差异,可分为二型。

A 型 单马纹,金质。如东大井 SDM4:5,长 4.3、残宽 2.3 厘米(图 2-21:1);三道

---

① 张亮:《滦县塔坨墓地族属的初步探讨》,《边疆考古研究》第 11 辑,北京:科学出版社,2012 年,第 175—181 页。
② 张亮:《滦县塔坨墓地族属的初步探讨》,《边疆考古研究》第 11 辑,北京:科学出版社,2012 年,第 175—181 页。
③ 张亮:《滦县塔坨墓地族属的初步探讨》,《边疆考古研究》第 11 辑,北京:科学出版社,2012 年,第 175—181 页。

湾 M17：1，长 4.6、残宽 3.7 厘米（图 2-21：2）；善家堡 M1：17（图 2-21：3）；马营村发现 1 件，长 5.5、宽 4 厘米（图 2-21：4）。

B 型 子母马纹。如三道湾 M2：5，金质，残长 6.5、残宽 3.6 厘米（图 2-21：5）；三道湾 M5：3，铜质，长 6.5、宽 4.9 厘米（图 2-21：6）；三道湾 M15：1，金质，长 6.5、宽 5 厘米（图 2-21：7）；福兴地墓葬出土 1 件，金质，长 6.8、宽 5.7 厘米（图 2-21：8）；塔坨 90M11：7，金质，长 7.3、宽 5 厘米（图 2-21：9）；塔坨 90M1：10，金质，长 6.5、宽 4.6 厘米（图 2-21：10）；后宝石墓葬出土之一，铜质，长 5.6、宽 3.7 厘米（图 2-21：11）；后宝石墓葬出土之二，铜质，长 5.7、残宽 3.3 厘米（图 2-21：12）；后宝石墓葬出土之三，铜质，长 5.7、宽 4.4 厘米（图 2-21：13）。

另外，赵家房墓地也出土有马纹金饰牌，型式不详。

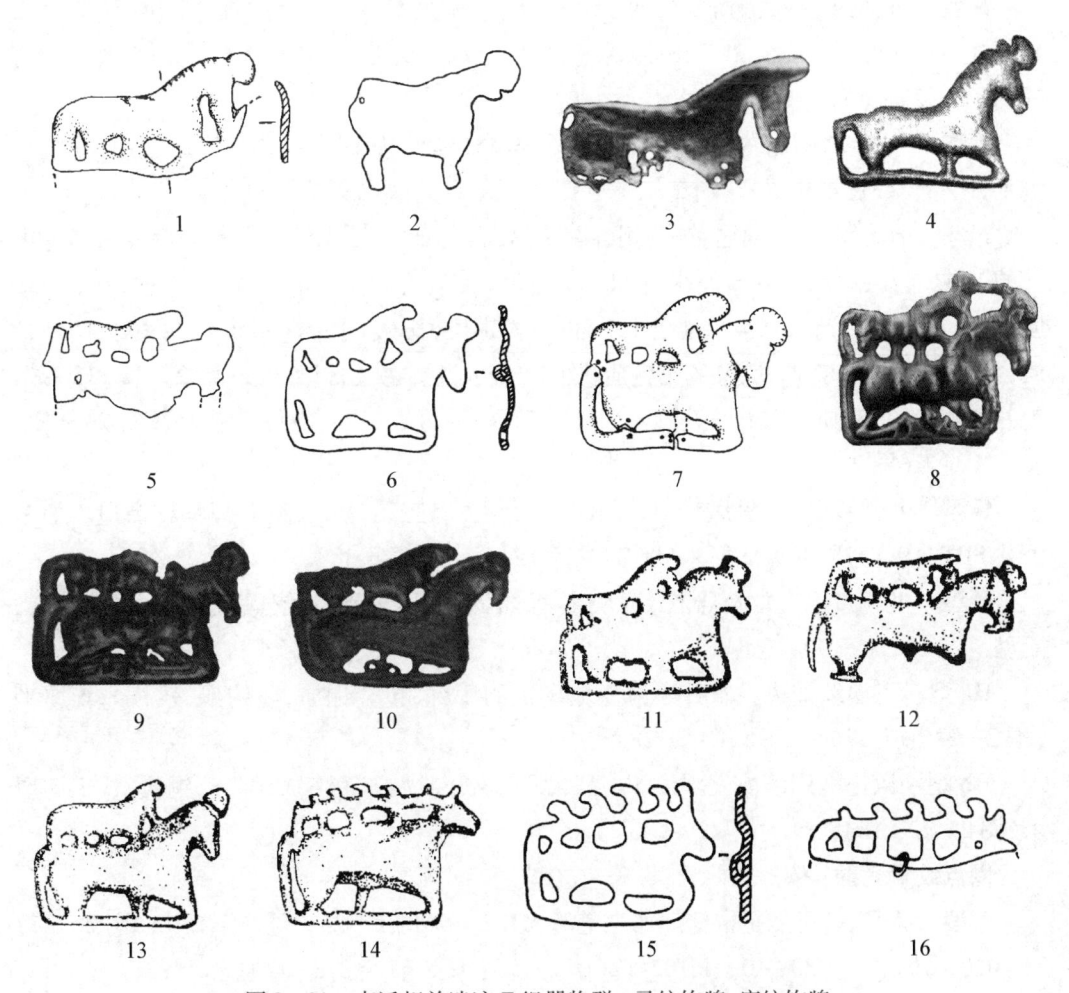

图 2-21 南迁相关遗迹 F 组器物群：马纹饰牌、鹿纹饰牌
1. 东大井 SDM4：5 2. 三道湾 M17：1 3. 善家堡 M1：17 4. 马营村发现 5. 三道湾 M2：5
6. 三道湾 M5：3 7. 三道湾 M15：1 8. 福兴地墓葬出土 9. 塔坨 90M11：7 10. 塔坨 90M1：10
11—14. 后宝石墓葬出土 15. 三道湾 M122：1 16. 三道湾 M122：2

鹿纹饰牌：单鹿纹，卧伏状，镂空，金或铜质。如后宝石墓葬出土1件，包金铜质，长6.2、宽4.2厘米（图2-21：14）；三道湾M122：1，包金，长4、宽2.9厘米（图2-21：15）；三道湾M122：2，金质，下部残，长5.1、残宽1.7厘米（图2-21：16）。

漩涡纹耳饰：有金、铜、骨三种质地，一般有坠钩。依漩涡纹个数可分为八型。

A型 单涡纹。如石家沟墓地出土的一件，铜质，直径2.7厘米（图2-22：1）；百灵庙墓地M4出土的一件，金质，残，原本可能是多涡（图2-22：2）。

B型 三涡纹，各涡直径相近，以涡纹饰边。如三道湾M110：27，金质，长5.3厘米（图2-22：3）。

C型 四涡纹，各涡直径相近，以涡纹饰边。如三道湾M104：5，铜质，长4.4厘米（图2-22：4）。

D型 五涡纹，一大涡居首，两侧各有两涡，涡径递减，以涡纹饰边。如石家沟墓地出土的1件，铜质，长7.5厘米（图2-22：5）；塔坨90M6：2，金质，坠钩残（图2-22：6）。

E型 六涡纹，两侧左右对称各有三涡，直径相近。如东大井SDM8：2，铜质，残缺右侧下方一涡，残长4.9厘米（图2-22：7）。

F型 七涡纹，一大涡居首，两侧各有三涡，涡径递减，以涡纹饰边。如后宝石墓地出土的1件，包金铜质，长6.8厘米（图2-22：8）；东官井村M1：8，铜质，坠钩残，残长5.2厘米（图2-22：9）；石家沟墓地出土3件，一件铜质，长6.1厘米（图2-22：10），两件骨质，完整的一件长12厘米，坠钩为铜质（图2-22：11），另一件坠钩残（图2-22：12）；东大井SDM17：1，铜质，坠钩及边缘残，残长5.7厘米（图2-22：13）；三道湾M20：2，金质，长6.3厘米（图2-22：14）。

G型 八涡纹，二大涡居首，直径相近，两侧各有三涡，涡径递减，以涡纹饰边。如东大井SDM1：9，金质，长5.2厘米（图2-22：15）。

H型 九涡纹，一大涡居首，两侧各有四涡，涡径递减。依涡纹位置，可分为二亚型。

Ha型 以涡纹饰边。如石家沟墓地出土的2件，包金铜质，坠钩残，残长8.6厘米（图2-22：16、17）。

Hb型 以边框围绕前五涡纹，与后四涡纹隔开。如三道湾M104：8，铜质，长5.3厘米（图2-22：18）。

圈点纹骨角器：依形状差异，可分为二型。

A型 圆牌状，可能是带铐。如三道湾M102：15（图2-23：8）、M102：13（图2-23：9）、M102：10（图2-23：10）、M102：12（图2-23：11），直径3.3—4厘米。

B型 长条状。如三道湾M24：1，残长15.2厘米（图2-23：12）；善家堡M18：17，长14.2厘米（图2-23：13）；石家沟墓地出土1件，长26.5厘米（图2-23：14）。

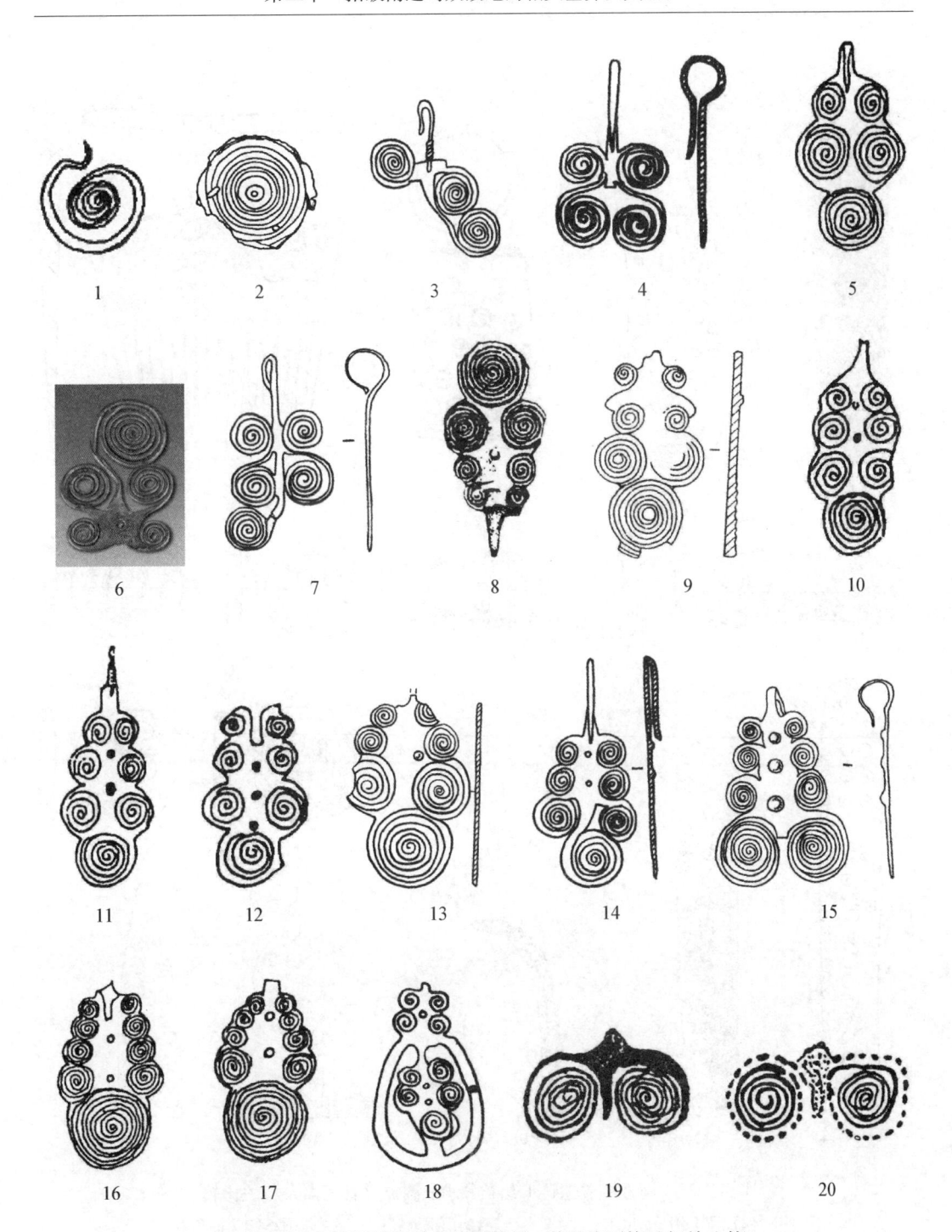

图 2-22 南迁相关遗迹 F 组器物群：漩涡纹耳饰及相关比较

1. 石家沟墓地出土 2. 百灵庙 M4 出土 3. 三道湾 M110:27 4. 三道湾 M104:5
5. 石家沟墓地出土 6. 塔坨 90M6:2 7. 东大井 SDM8:2 8. 后宝石墓地出土
9. 东官井村 M1:8 10—12. 石家沟墓地出土 13. 东大井 SDM17:1 14. 三道湾 M20:2
15. 东大井 SDM1:9 16—17. 石家沟墓地出土 18. 三道湾 M104:8
19. 孟根楚鲁 M6:1-1 20. 孟根楚鲁 M6:1-2

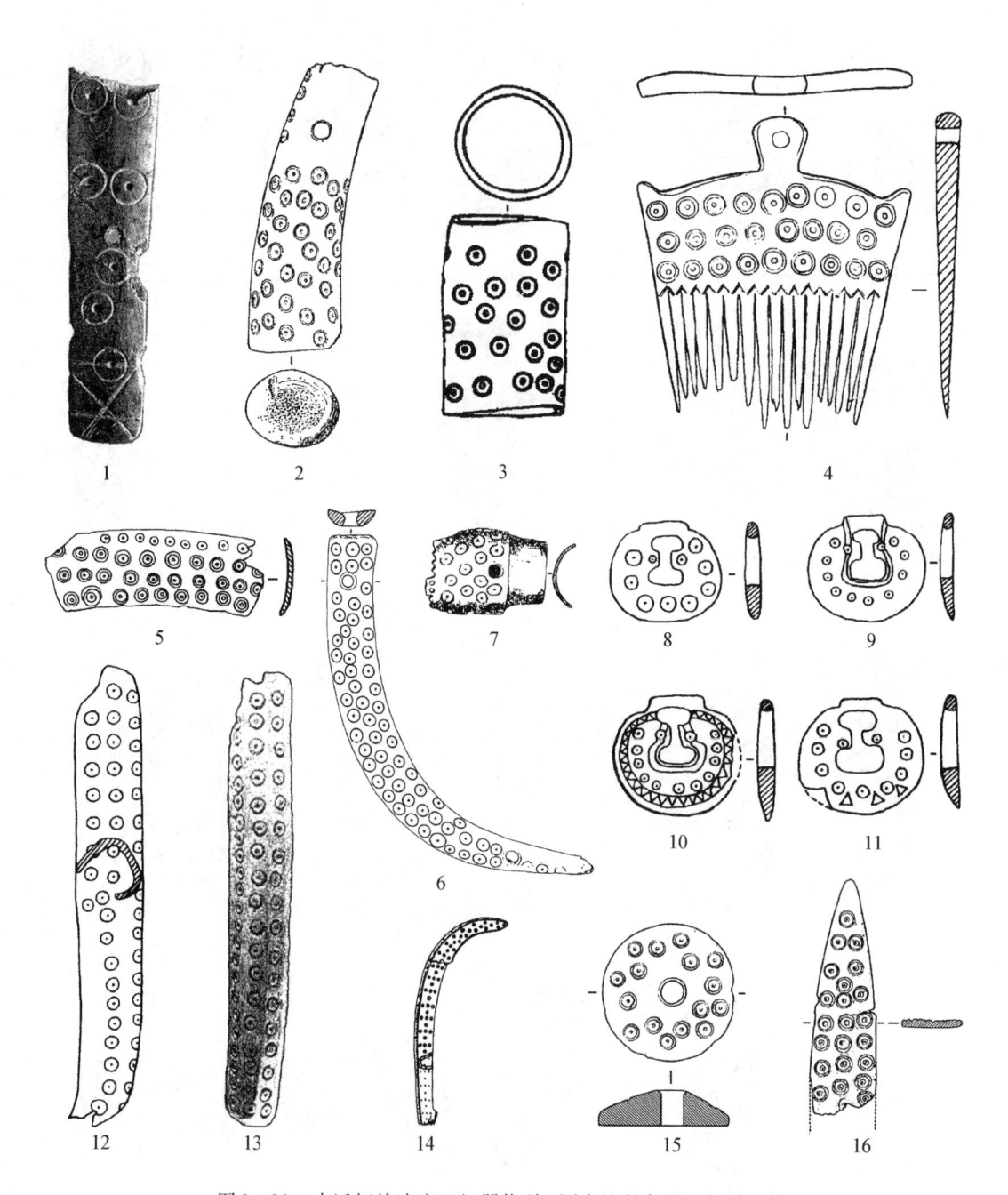

图 2-23　南迁相关遗迹 F 组器物群：圈点纹骨角器及相关比较

1. 镇江营 FZH175 出土骨片　2. 宁城县南山根夏家店上层文化 H25 出土的角器
3. 轮台群巴克 I M7 出土的骨管　4. 林西井沟子 M3 出土的骨梳　5. 林西井沟子 M28 出土骨片
6. 朝阳吴家杖子 II M2 出土的羊角器　7. 九台关马山 M1 出土的骨板　8—11. 三道湾 M102 出土的骨器
12. 三道湾 M24:1 骨角器　13. 善家堡 M18:17 骨角器　14. 石家沟墓地出土的骨角器
15. 北票喇嘛洞 II M259 出土的骨纺轮　16. 北票喇嘛洞 M36 出土的骨器
(本图引自潘玲：《圈点纹浅析》图一,《边疆考古研究》第 8 辑,略有增补)

第四节 各随葬器物群的文化属性

以下对各组器物群的文化属性进行分析。

(一) A 组 器 物 群

包括镂形陶罐、广口陶罐、陶杯、陶钵、镂形铜罐、鹿纹金(铜)饰牌、桦皮器等。

本组镂形陶罐(图2-2：1—12)模仿了铜(铁)镂的造型,起始时带有圈足,逐渐向平底演化,成为一种下腹部收紧、小平底的广口罐,与本章专指的广口陶罐相似,但来源不同,故而分开。呼伦贝尔地区扎赉诺尔组第二群陶器中,也存在着具有上述演变特点的镂形陶罐(图1-7：1、4、5、7)。本组镂形铜罐(图2-2：13—14)则是较晚阶段铜器对镂形陶罐的仿制品。

本组广口陶罐分为六型,其中颈饰戳点纹的 A 型(图2-3：1—5)、素面的 C 型(图2-3：9—24)分别与呼伦贝尔地区扎赉诺尔组第二群陶器的 B 型(图1-8：5、9、10)、C 型广口罐(图1-8：11—13、16)相似;B 型(图2-3：6—8)是对 A 型的新发展,在肩部增加了耳突;D 型(图2-3：25—26)是对 C 型的新发展,在颈部增加了弦纹夹水波纹带;E Ⅰ式(图2-3：27)与呼伦贝尔地区拉布达林组陶器的 A 型广口罐(图1-3：7—8)相似,腹壁较斜直,E Ⅱ式(图2-3：28)腹壁则进一步变为竖直;外观似盘口、口沿外侧或颈肩部饰戳点纹的 F 型(图2-3：29—30)与呼伦贝尔地区扎赉诺尔组第一群陶器的 Aa 型广口罐(图1-6：6—9)有相似之处。本组陶杯分为四型,其中敞口、近斜直壁的 C 型(图2-4：3—6)与1960年扎赉诺尔圈河墓葬出土的一件陶杯(图2-4：8)相似;A、B、D 三型(图2-4：1、2、7)与呼伦贝尔地区拉布达林组 B 型陶杯(图1-3：5)相比,有的继承原状,有的发展变化。本组陶钵分为二型,其中侈口、带唇边的 A 型(图2-4：10)与1960年扎赉诺尔圈河墓葬出土的一件陶钵(图2-4：9)相似;敛口的 B 型(图2-4：11—12)与1960年扎赉诺尔圈河墓葬出土的另一件陶钵(图2-4：13)相似。

本组鹿纹饰牌分为二型,AaⅠ式(图2-5：5)、AbⅠ式(图2-5：7—8)都与扎赉诺尔圈河墓地中发现的三鹿回首纹饰牌(图2-5：1—4)极为相似,AaⅡ式(图2-5：6)、AbⅡ式(图2-5：9—10)各是对前二式的新发展;B 型(图2-5：11—12)的对称双鹿站立纹,吸纳了 A 型中的"鹿"题材,布局则采用了匈奴饰牌中的对兽做法[①]。本组桦皮器(图2-6：1—5)在呼伦贝尔地区较为常见,扎赉诺尔圈河墓地(图2-24：1—3、7—8、13)、拉布达林墓地(图2-24：4—6、10—12、14—15)、完工墓葬(图2-24：9)中均有出土,皆是与早期拓跋有较密切文化关系的遗存。

---

① 单月英：《匈奴腰饰牌及相关问题研究》,《故宫博物院院刊》2008年第2期。

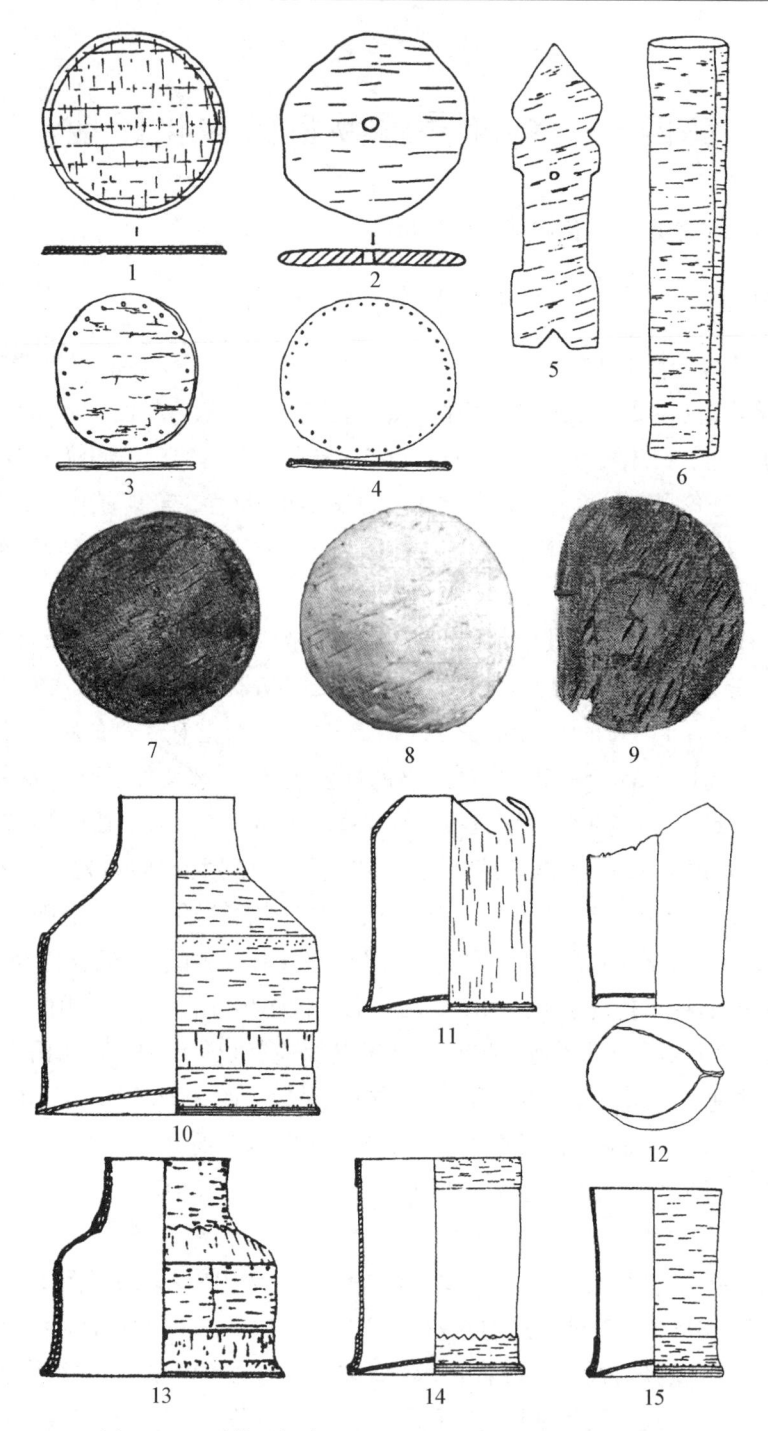

图 2-24 呼伦贝尔地区出土的与早期拓跋相关的桦皮器

1. 扎赉诺尔圈河 94M2:10　2. 扎赉诺尔圈河 94M1:1　3. 扎赉诺尔圈河 86M3004:1
4. 拉布达林 87M3 出土　5. 拉布达林 92M19 出土　6. 拉布达林 92M23 出土
7. 1960 年扎赉诺尔圈河墓葬出土　8. 1984 年扎赉诺尔圈河墓葬出土　9. 完工 M1 出土
10. 拉布达林 92M5 出土　11. 拉布达林 92M10 出土　12. 拉布达林 87M3 出土
13. 扎赉诺尔圈河 86M3011:4　14. 拉布达林 92M13 出土　15. 拉布达林 92M5 出土

因此，A组器物群与以扎赉诺尔圈河墓葬为代表的早期拓跋文化因素有着较强的相似性，存在着渊源关系。

（二）B组器物群

包括鼓腹陶壶、鼓腹陶罐、折腹陶罐、陶盂、陶把杯、铜把杯、铜串饰等。

本组鼓腹陶壶分为二型：A型均出自嫩江下游的大安渔场墓地，其三个亚型构成较长直颈、较长斜直颈、曲颈的系列组合；Aa型（图2-7：1—3）吸收了平洋文化的黑龙江泰来县战斗墓地M207：1[①]、黑龙江齐齐哈尔市三家子M3：9[②]、汉书二期文化的吉林大安汉书遗址H125：1[③]等陶壶的直颈特征（图2-25）；Ab型（图2-7：4）吸收了平洋文化的战斗墓地M207：3[④]、吉林松原市后土木HM采：01[⑤]、汉书二期文化的黑龙江肇源白金宝遗址H3138：1[⑥]等陶壶的斜直颈特征（图2-25）；Ac型（图2-7：5）可能是Ab型颈部由直变曲的结果。B型鼓腹陶壶（图2-7：6）所具较长直颈、直口、双耳的特点与平洋文化、汉书二期文化同类壶最为接近，如三家子采：7[⑦]、吉林扶余北长岗子遗址T2②：19[⑧]（图2-25）等。本组鼓腹陶罐分为三型：A型（图2-7：7—8）与红马山文化的黑龙江讷河市库勒浅M39：7[⑨]等纵长鼓腹陶罐相似（图2-25）；B型（图2-7：9—10）与平洋文化的完工63M1B：80[⑩]、三家子M2：1[⑪]等横长鼓腹陶罐相似（图2-25）；C型（图2-7：11—13）则是A型、B型腹部长度折中的产物。本组折腹陶罐（图2-7：14—16）与平洋文化的完工63M1B：77[⑫]、红马山文化的库勒浅M44：1[⑬]等折腹陶罐（图2-25）相似。本组陶盂（图2-7：17—18）与平洋文化的砖厂墓地M128：14[⑭]（图2-25）很像，甚至砖厂这件陶盂带单耳的做法都被舍根文化墓葬：1190（图2-7：18）所继承。本组陶把杯（图2-7：19—22）为单把，与平洋文化的砖厂墓地M127：2[⑮]、红马山文化的库勒浅M45：1[⑯]等单把陶杯（图2-25）相似。本组铜把杯（图2-7：23）则是较晚阶段铜器对陶把杯的仿制品。

---

① 黑龙江省文物考古研究所：《平洋墓葬》，北京：文物出版社，1990年，第138—139页。
② 黑龙江省博物馆、齐齐哈尔市文管站：《齐齐哈尔市大道三家子墓葬清理》，《考古》1988年第12期。
③ 吉林大学历史系考古专业、吉林省博物馆考古队：《大安汉书遗址发掘的主要收获》，《东北考古与历史》第1辑，北京：文物出版社，1982年，第136—140页。
④ 黑龙江省文物考古研究所：《平洋墓葬》，北京：文物出版社，1990年，第140—141页。
⑤ 郑新城：《吉林松原市后土木村发现古代墓葬》，《考古》1999年第4期。
⑥ 黑龙江省文物考古研究所、吉林大学历史学系考古专业：《黑龙江肇源白金宝遗址1986年发掘简报》，《北方文物》1997年第4期。
⑦ 黑龙江省博物馆、齐齐哈尔市文管站：《齐齐哈尔市大道三家子墓葬清理》，《考古》1988年第12期。
⑧ 吉林大学历史系考古专业：《吉林扶余北长岗子遗址试掘简报》，《考古》1979年第2期。
⑨ 黑龙江省文物考古研究所：《黑龙江讷河市库勒浅青铜至早期铁器时代墓葬》，《考古》2006年第5期。
⑩ 内蒙古自治区文物工作队：《内蒙古陈巴尔虎旗完工古墓清理简报》，《考古》1965年第6期。
⑪ 黑龙江省博物馆、齐齐哈尔市文管站：《齐齐哈尔市大道三家子墓葬清理》，《考古》1988年第12期。
⑫ 内蒙古自治区文物工作队：《内蒙古陈巴尔虎旗完工古墓清理简报》，《考古》1965年第6期。
⑬ 黑龙江省文物考古研究所：《黑龙江讷河市库勒浅青铜至早期铁器时代墓葬》，《考古》2006年第5期。
⑭ 黑龙江省文物考古研究所：《平洋墓葬》，北京：文物出版社，1990年，第66—67页。
⑮ 黑龙江省文物考古研究所：《平洋墓葬》，北京：文物出版社，1990年，第70、72页。
⑯ 黑龙江省文物考古研究所：《黑龙江讷河市库勒浅青铜至早期铁器时代墓葬》，《考古》2006年第5期。

陶器	平洋文化		汉书二期文化	红马山文化
直颈壶	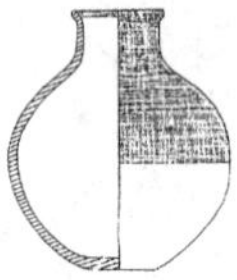 战斗 M207:1 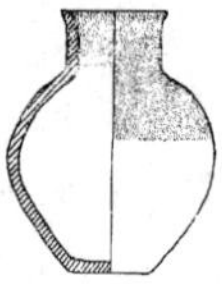	三家子 M3:9	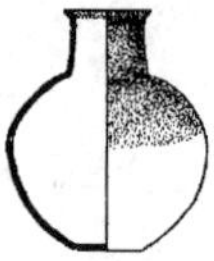 汉书 H125:1	
斜直颈壶	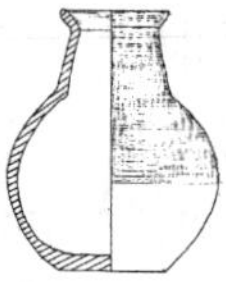 战斗 M207:3 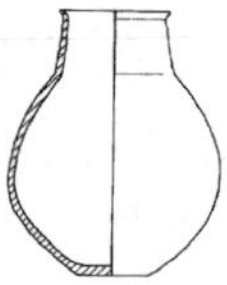	后土木 HM采:01	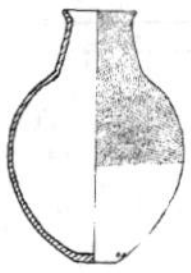 白金宝 H3138:1	
双耳壶	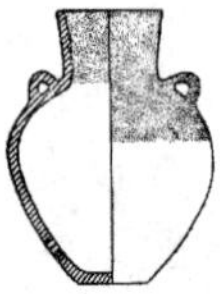 三家子采:7		 北长岗子 T2②:19	
鼓腹罐	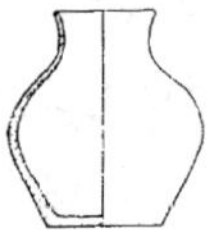 完工 63M1B:80 	三家子 M2:1		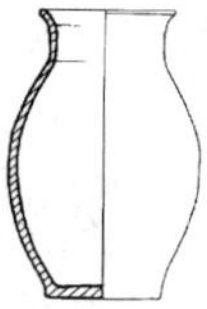 库勒浅 M39:7
折腹罐	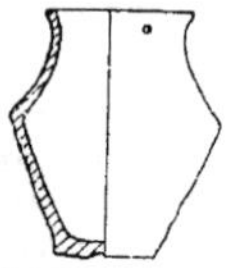 完工63M1B:77			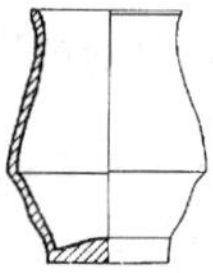 库勒浅 M44:1
敞口盂	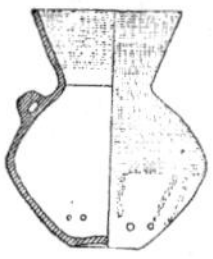 砖厂 M128:14			
单把杯	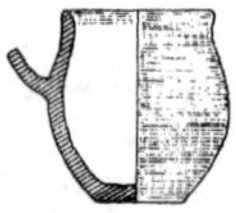 砖厂 M127:2			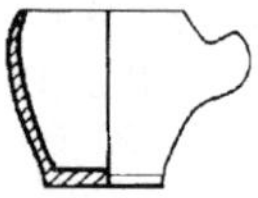 库勒浅 M45:1

图 2-25 平洋文化、汉书二期文化与红马山文化陶器举例

本组铜串饰中,A 型铜串饰(图 2-8:1)就是铜管饰,类似铜管饰在西汉中晚期的宁夏倒墩子匈奴墓葬中出现过,如倒墩子 M23:2(图 2-8:17)①,主要见于平洋墓葬,如砖厂 M150:26(图 2-8:22)、砖厂 M157:1(图 2-8:23)、战斗 M207:12(图 2-8:24)、战斗 M211:29(图 2-8:25)②等。Ca 型铜串饰(图 2-8:3)可追溯到较早时期的连环铜管饰,中间的大珠和两侧的细环是连为一体、不分开的,还没有分解为串,如属于毛庆沟文化的内蒙古凉城崞县窑子 M1:4③(图 2-8:12)、属于桃红巴拉文化的内蒙古伊克昭盟杭锦旗桃红巴拉 M1:37④(图 2-8:13)、属于杨郎文化的宁夏彭阳县苋麻村出土的铜管饰⑤(图 2-8:14)、属于平洋文化的平洋砖厂 M150:27⑥(图 2-8:15)等。其中毛庆沟文化、桃红巴拉文化、杨郎文化在战国晚期之后逐渐同匈奴文化融合⑦,到倒墩子匈奴墓葬中仍能见到这种器物,如倒墩子 M4:18(图 2-8:16),并发展出三枚大珠与细环铸成一体的铜管饰,如倒墩子 M10:7(图 2-8:18)⑧。Cb 型铜串饰(图 2-8:4—11)则与平洋文化的连珠形管饰相似,如平洋墓葬的砖厂 M140:26(图 2-8:19)、战斗 M204:26(图 2-8:20)、战斗 M219:35(图 2-8:21)⑨等。B 型铜串饰(图 2-8:2),可能是 A 型受 Cb 型影响,诸环节由连体变为解体的结果。综合起来看,本组铜串饰各型式都与时代最接近的平洋文化密切相关,平洋文化当为其直接来源。

可见,B 组器物群与嫩江中下游地区的平洋文化、汉书二期文化或红马山文化有着渊源关系,特别是与平洋文化的关系更为紧密。因此,B 组器物群是以平洋文化为代表的嫩江流域文化因素在东汉时期继续发展的产物。

(三) C 组器物群

主要是展沿陶壶。该种陶壶分为二型。A 型(图 2-9:1—2)的形制特点为高领、喇叭口,这种形制没有进一步扩散,只出现在北玛尼吐墓地。不过,该型壶器表的压印纹做法却得到了延续,发展出 B 型壶(图 2-9:3—43),其侈口、平沿外展、舌状唇、颈部多饰竖向磨光暗纹、肩部多饰弦纹、腹部多饰压印纹的特点十分鲜明。B 型壶的分布地域很集中,基本位于内蒙古东南部和辽西地区。在后来辽西的三燕文化墓葬中,B 型壶是最具代表性的器物之一⑩。由此看来,C 组器物群应当反映的是早期慕容鲜卑的文化特点。

---

① 宁夏文物考古研究所、中国社会科学院考古所宁夏考古组、同心县文物管理所:《宁夏同心倒墩子匈奴墓地》,《考古学报》1988 年第 3 期。
② 黑龙江省文物考古研究所:《平洋墓葬》,北京:文物出版社,1990 年,第 88—89、148—149 页。
③ 内蒙古文物考古研究所:《凉城崞县窑子墓地》,《考古学报》1989 年第 1 期。
④ 田广金:《桃红巴拉的匈奴墓》,《考古学报》1976 年第 1 期。
⑤ 杨宁国、祁悦章:《宁夏彭阳县近年出土的北方系青铜器》图一,《考古》1999 年第 12 期。
⑥ 黑龙江省文物考古研究所:《平洋墓葬》,北京:文物出版社,1990 年,第 88—89 页。
⑦ 乌恩岳斯图:《北方草原考古学文化研究——青铜时代至早期铁器时代》,北京:科学出版社,2007 年,第 319、352、383 页。
⑧ 宁夏文物考古研究所、中国社会科学院考古所宁夏考古组、同心县文物管理所:《宁夏同心倒墩子匈奴墓地》,《考古学报》1988 年第 3 期。
⑨ 黑龙江省文物考古研究所:《平洋墓葬》,北京:文物出版社,1990 年,第 87—88、148—149 页。
⑩ 田立坤:《三燕文化遗存的初步研究》,《辽海文物学刊》1991 年第 1 期;陈平:《辽西三燕墓葬论述》,《内蒙古文物考古》1998 年第 2 期;田立坤:《三燕文化墓葬的类型与分期》,《汉唐之间文化艺术的互动与交融》,北京:文物出版社,2001 年,第 205—230 页。

（四）D 组 器 物 群

包括平底陶罐、圜底陶罐、陶碗、陶盆、陶壶、陶井、陶案、铜钱、铜镜等，属于汉式器物。

本组平底陶罐分为五型。其中 A 型肩部有对称双耳，Aa 型（图 2-10：1—3）与东汉中晚期的山西朔县 GM233：6（图 2-26：1）[1]等陶罐相似，Ab 型（图 2-10：4）具有 Aa 型直口、短直颈的特征，只是腹部由鼓腹变为折腹，最大径由居中上移到肩部；侈口、短斜颈、鼓腹特征的 Ac 型（图 2-10：5—6）与东汉晚期的山西离石马茂庄 93LM4 出土陶罐（图 2-26：2）[2]、东汉后期的内蒙古包头召湾 M60：3 陶罐（图 2-26：3）[3]等相似，Ad 型（图 2-10：7—8）具有与 Ac 型相同的口、颈部特征，只是腹部由鼓腹变为折腹。B 型陶罐无耳、直口、短直颈，腹部最大处偏上的 Ba 型（图 2-10：9—13）与东汉晚期的陕西高陵张卜 III M26：30（图 2-26：4）[4]、东汉后期的包头召湾 M60：2（图 2-26：5）[5]、东汉晚期的召湾 M91：12（图 2-26：6）[6]等陶罐相似，Bb 型（图 2-10：14—15）、Bc 型（图 2-10：16）、Bd 型（图 2-10：17）腹部有所变化。C 型陶罐无耳、侈口、短斜颈，横长鼓腹的 Ca 型（图 2-11：1—4）与西汉中期已出现的内蒙古察右前旗呼和乌素 M7：1（图 2-26：7）[7]相似，圆鼓腹的 Cb 型（图 2-11：5—6）与东汉晚期的离石马茂庄 90M4：3（图 2-26：8）[8]相似，纵长鼓腹的 Cc 型（图 2-11：7—8）与东汉后期的包头召湾 M60：1（图 2-26：9）[9]等陶罐相似，横长折腹的 Cd 型（图 2-11：9）与东汉晚期的离石马茂庄 M14 出土陶罐（图 2-26：10）[10]相似。D 型陶罐无耳、直口、短直颈，宽平沿的 Da 型（图 2-11：10—12）与东汉晚期的高陵张卜 III M26：42（图 2-26：11）[11]、东汉后期的包头召湾 M72：1（图 2-26：12）[12]相似，窄平沿的 Db 型（图 2-11：13—15）与东汉中晚期的朔县 GM232：14（图 2-26：13）[13]等陶罐接近，窄斜沿的 Dc 型（图 2-11：16）可能是 Db 型到较晚阶段发展出的一种变体。E 型陶罐（图 2-11：17—18）腹部浑圆、侈口，与西汉晚期已出现的三门峡向阳 M41：12（图 2-26：14）[14]相似。本组圜底陶罐（图 2-12：1—3），圜底、侈口的特征与东汉末期的

---

[1] 平朔考古队：《山西朔县秦汉墓发掘简报》，《文物》1987 年第 6 期。
[2] 商彤流、董楼平、王金元：《离石马茂庄村汉墓》，《文物季刊》1995 年第 4 期。
[3] 魏坚编著：《内蒙古中南部汉代墓葬》，北京：中国大百科全书出版社，1998 年，第 230—231、251—252 页。
[4] 陕西省考古研究所：《高陵张卜秦汉唐墓》，西安：三秦出版社，2004 年，第 75—76、108—109 页。
[5] 魏坚编著：《内蒙古中南部汉代墓葬》，北京：中国大百科全书出版社，1998 年，第 230—231、251—252 页。
[6] 魏坚编著：《内蒙古中南部汉代墓葬》，北京：中国大百科全书出版社，1998 年，第 259—261、265 页。
[7] 魏坚编著：《内蒙古中南部汉代墓葬》，北京：中国大百科全书出版社，1998 年，第 341 页。
[8] 山西省考古研究所、吕梁地区文物工作室、离石县文物管理所：《山西离石马茂庄东汉画像石墓》，《文物》1992 年第 4 期。
[9] 魏坚编著：《内蒙古中南部汉代墓葬》，北京：中国大百科全书出版社，1998 年，第 228、231、251—252 页。
[10] 山西省考古研究所、吕梁地区文物管理所、离石县文物管理所：《山西离石再次发现东汉画像石墓》，《文物》1996 年第 4 期。
[11] 陕西省考古研究所：《高陵张卜秦汉唐墓》，西安：三秦出版社，2004 年，第 74—75、108—109 页。
[12] 魏坚编著：《内蒙古中南部汉代墓葬》，北京：中国大百科全书出版社，1998 年，第 228—229、251—252 页。
[13] 平朔考古队：《山西朔县秦汉墓发掘简报》，《文物》1987 年第 6 期。
[14] 三门峡市文物考古研究所：《三门峡向阳汉墓》，北京：北京燕山出版社，2007 年，第 63、67 页。

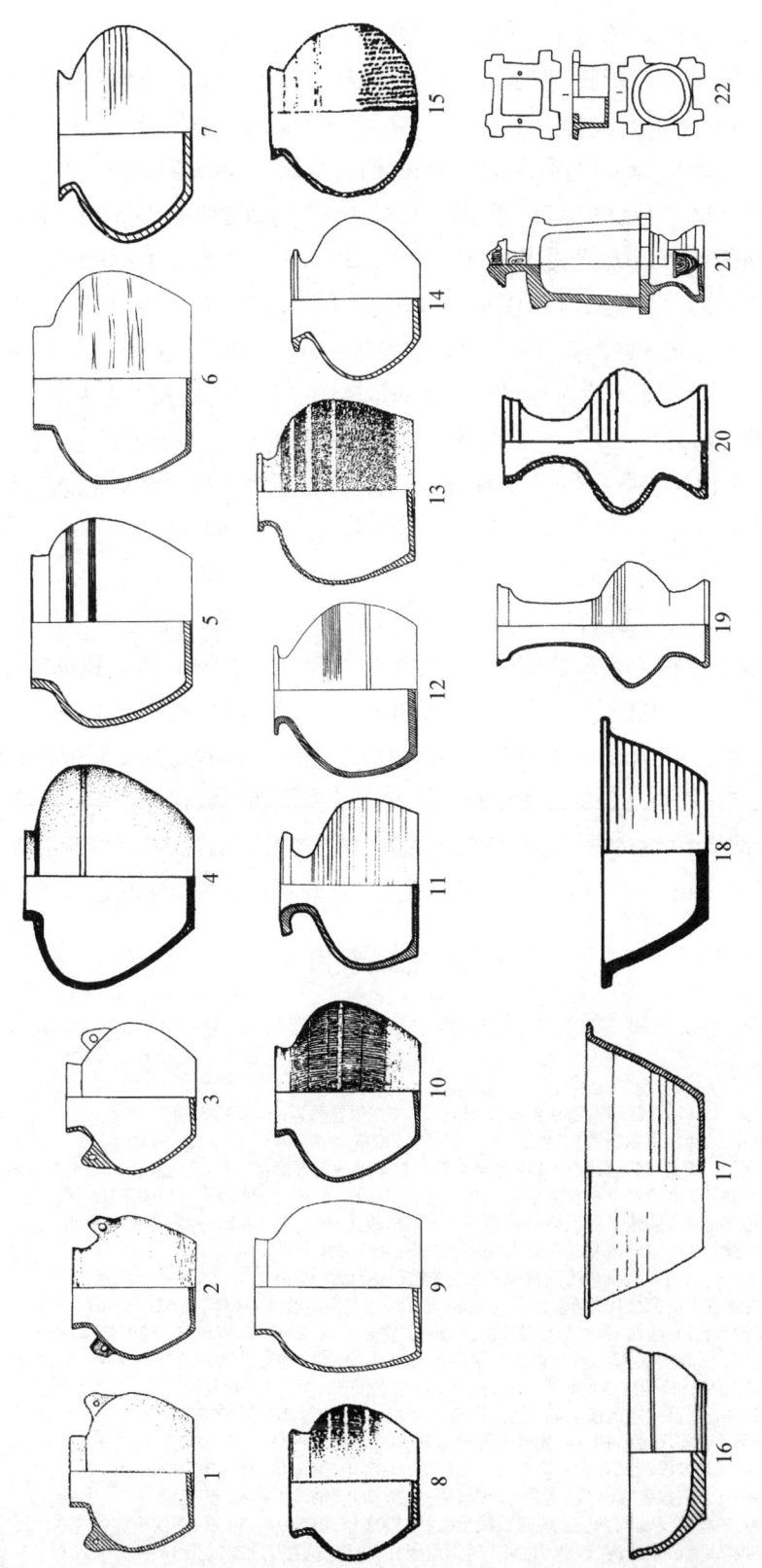

图 2-26 汉墓出土陶器举例

1. 朔县 GM233:6　2. 离石马茂庄 93LM4 出土　3. 召湾 M60:3　4. 召湾 M26:30　5. 召湾 M91:12　7. 呼和乌素 M7:1
8. 离石马茂庄 90M4:3　9. 召湾 M60:1　10. 离石马茂庄 M14 出土　11. 高陵张卜Ⅲ M26:42　12. 召湾 M72:1　13. 朔县 GM232:14
14. 三门峡向阳 M41:12　15. 抚宁邴各庄 M1:7　16. 白鹿原绕城高速公路 M17:32　17. 滦县新农村 M1:7　18. 高陵张卜ⅠM5:7
19. 高陵张卜Ⅲ M53:17　20. 广灵北关 M96:17　21. 离石马茂庄 93LM4 出土　22. 包尔陶勒盖 M18:1

河北抚宁邴各庄 M1:7(图2-26:15)①较为相似。

本组陶碗(图2-12:4)折腹、假圈足,与东汉晚期的陕西西安白鹿原绕城高速公路 M17:32(图2-26:16)②相似。本组陶盆(图2-12:5—6)斜直腹、宽平沿,与东汉晚期的河北滦县新农村 M1:7(图2-26:17)③、东汉晚期的陕西高陵张卜ⅠM5:7(图2-26:18)④相似。本组陶壶(图2-12:7)盘口、扁腹、假圈足,与东汉晚期的高陵张卜ⅢM53:17(图2-26:19)⑤、东汉中晚期的山西广灵北关 M96:17(图2-26:20)⑥相似。本组陶井,A 型(图2-12:8)与东汉晚期的山西离石马茂庄 93LM4 出土陶井(图2-26:21)⑦相似,B 型(图2-12:9)与西汉中期已出现的内蒙古磴口县包尔陶勒盖 M18:1陶井(图2-26:22)⑧相似。本组陶案(图2-12:10)为圆形、案面平而无边棱、圈足,呈现出明显的地方特色;从关中和北京地区汉墓出土情况看,陶案有长方形、圆形两种,圆形陶案一般为平底,周缘起棱,少数为三足,常为马蹄足或矮足⑨;但从器类、器型上总体而言,陶案这种器物仍是对汉文化的反映。

本组铜钱(图2-13:1—19),分为两型,皆为五铢钱,属于洛阳烧沟汉墓出土五铢钱的第三、四、五型⑩,时代为东汉时期。本组铜镜,分为七型,A 型镜(图2-14:1)与长安汉镜中西汉晚期至王莽时期的第一类 B 型Ⅲ式、Ⅳ式、Ⅵ式日光镜相似⑪;B 型镜(图2-14:2)与长安汉镜中东汉晚期至魏晋时期的 B 型"长宜子孙"夔纹镜的纹饰布局相似,只是直铭中的文字内容不同而已⑫;C 型(图2-14:3)、D 型(图2-14:4—16)与 F 型(图2-14:19—20)镜与长安汉镜中东汉早期晚段至东汉晚期的连弧纹圈带镜相似⑬;E 型镜(图2-14:17—18)与长安汉镜中东汉中晚期的变形四叶纹镜相似⑭;G 型镜为四乳四禽镜,Ga 型(图2-14:21—24)与东汉早期洛阳烧沟汉墓铜镜 M113:45 相似⑮,Gb(图2-14:25—26)、Gc(图2-14:27)二亚型是在 Ga 型基础上的变化形态。

(五) E 组器物群

包括广口陶罐、小口陶罐、陶瓮、铜(铁)鍑、网格纹铜饰牌等,属于匈奴式器物。

---

① 河北省文物研究所:《河北抚宁邴各庄汉墓发掘简报》,《文物春秋》1997年第3期。
② 陕西省考古研究所:《白鹿原汉墓》,西安:三秦出版社,2003年,第140—141、225—229页。
③ 唐山市文物管理处、滦县文物管理所:《河北滦县新农村东汉墓发掘简报》,《文物春秋》2002年第4期。
④ 陕西省考古研究所:《高陵张卜秦汉唐墓》,西安:三秦出版社,2004年,第77—78、108—109页。
⑤ 陕西省考古研究所:《高陵张卜秦汉唐墓》,西安:三秦出版社,2004年,第81—82、108—109页。
⑥ 大同市考古研究所:《山西广灵北关汉墓发掘简报》,《文物》2001年第7期。
⑦ 商彤流、董楼平、王金元:《离石马茂庄村汉墓》,《文物季刊》1995年第4期。
⑧ 魏坚编著:《内蒙古中南部汉代墓葬》,北京:中国大百科全书出版社,1998年,第62—63、67页。
⑨ 西安市文物保护考古所:《西安东汉墓(下)》,北京:文物出版社,2009年,第938—939页;西安市文物保护考古所、郑州大学考古专业:《长安汉墓(上)》,西安:陕西人民出版社,2004年,第707—708、778页;胡传耸:《北京地区汉代墓葬初步研究》,《平谷杜辛庄遗址》,北京:科学出版社,2009年,第141—143页。
⑩ 洛阳区考古发掘队:《洛阳烧沟汉墓》,北京:科学出版社,1959年,第215—227页。
⑪ 程林泉、韩国河:《长安汉镜》,西安:陕西人民出版社,2002年,第91、97、99、103页,图二十二:8、9、11。
⑫ 程林泉、韩国河:《长安汉镜》,西安:陕西人民出版社,2002年,第150—151页,图四十六:2。
⑬ 程林泉、韩国河:《长安汉镜》,西安:陕西人民出版社,2002年,第144—146页,图四十三:1—4。
⑭ 程林泉、韩国河:《长安汉镜》,西安:陕西人民出版社,2002年,第149—150页,图四十五:1—3。
⑮ 洛阳区考古发掘队:《洛阳烧沟汉墓》,北京:科学出版社,1959年,图七五:2,第169—170、234—239页。

汉代匈奴陶器有一个很重要的特点，就是在器表，特别是在颈、肩部位饰水波纹，漠北、漠南分布广泛，涉及器类也比较多。包括广口罐，如内蒙古东胜补洞沟 M1:1（图2-27:1）[1]、内蒙古准格尔大饭铺 M1:2（图2-27:2）、大饭铺 M3:1（图2-27:3）、大饭铺 M4:1（图2-27:4）[2]、俄罗斯伊沃尔加墓地 M100 出土的1件（图2-27:5）、伊沃尔加墓地 M101 出土的1件（图2-27:6）、伊沃尔加墓地 M160 出土的1件（图2-27:7）、伊沃尔加城址 F49 出土的1件（图2-27:8）、伊沃尔加城址 F24 出土的1件（图2-27:9）、伊沃尔加墓地 M95 出土的1件（图2-27:10）[3]等；小口罐，如补洞沟 M6:2（图2-27:15）[4]、陕西神木大保当 M5:10（图2-27:16）和 M18:1（图2-27:22）[5]、宁夏同心李家套子墓地出土的2件（图2-27:19—20）[6]、同心倒墩子 M1:1（图2-27:23）[7]等；壶，如伊沃尔加城址文化层出土的1件（图2-27:24）、伊沃尔加墓地 M173 出土的1件（图2-27:25）[8]等；瓮，如倒墩子 M2:1（图2-27:26）[9]、蒙古国诺颜乌拉 M6 出土的1件（图2-27:27）[10]、诺颜乌拉 M12 出土的1件（图2-27:28）[11]、伊沃尔加城址 F9 出土的1件（图2-27:29）、伊沃尔加城址 F36 出土的1件（图2-27:30）[12]等；碗，如伊沃尔加城址 F9 出土的1件（图2-27:31）[13]等；甑，如伊沃尔加城址 F9 出土的1件（图2-27:32）[14]等。另外，陕西绥德黄家塔 M9 出土的两件小口陶罐肩部所饰的索绞状附加堆纹（图2-27:17—18）[15]，似是两条水波纹交相拧合而成，应是水波纹的变化形式。基于以上的例证，可看到本组的广口陶罐（图2-15:1）与匈奴广口罐特征相同。

本组小口陶罐的 A 型（图2-15:2—5）、B 型（图2-15:6—8）的形制皆为汉式，但饰有匈奴特征的水波纹，以及水波纹变体的索绞状附加堆纹。C 型（图2-15:9—15）的形制与李家套子墓地、倒墩子墓地、大保当墓地出土的匈奴小口罐（图2-27:20—23）相近；

---

[1] 伊盟文物工作站：《伊克昭盟补洞沟匈奴墓清理简报》，《内蒙古文物考古》创刊号，1981 年。
[2] 内蒙古文物考古研究所、伊克昭盟文物工作站：《内蒙古准格尔煤田黑岱沟矿区文物普查述要》，《考古》1990 年第 1 期。
[3] 转引自潘玲：《伊沃尔加城址和墓地及相关匈奴考古问题研究》，北京：科学出版社，2007 年，第 24、53、107 页。
[4] 伊盟文物工作站：《伊克昭盟补洞沟匈奴墓清理简报》，《内蒙古文物考古》创刊号，1981 年。
[5] 陕西省考古研究所、榆林市文物管理委员会办公室：《神木大保当：汉代城址与墓葬考古报告》，北京：科学出版社，2001 年，第 20 页。
[6] 宁夏文物考古研究所、同心县文管所：《宁夏同心县李家套子匈奴墓清理简报》，《考古与文物》1988 年第 3 期。
[7] 宁夏回族自治区博物馆、同心县文管所、中国社会科学院考古研究所宁夏考古组：《宁夏同心县倒墩子汉代匈奴墓地发掘简报》，《考古》1987 年第 1 期。
[8] 转引自潘玲：《伊沃尔加城址和墓地及相关匈奴考古问题研究》，北京：科学出版社，2007 年，第 25、54 页。
[9] 宁夏回族自治区博物馆、同心县文管所、中国社会科学院考古研究所宁夏考古组：《宁夏同心县倒墩子汉代匈奴墓地发掘简报》，《考古》1987 年第 1 期。
[10] ［日］梅原末治：《蒙古ノイン・ウラ發見の遺物》，東京：東洋文庫，1960 年，第 25—26 页。
[11] ［日］梅原末治：《蒙古ノイン・ウラ發見の遺物》，東京：東洋文庫，1960 年，第 25—26 页。
[12] 转引自潘玲：《伊沃尔加城址和墓地及相关匈奴考古问题研究》，北京：科学出版社，2007 年，第 26 页。
[13] 转引自潘玲：《伊沃尔加城址和墓地及相关匈奴考古问题研究》，北京：科学出版社，2007 年，第 26 页。
[14] 转引自潘玲：《伊沃尔加城址和墓地及相关匈奴考古问题研究》，北京：科学出版社，2007 年，第 24 页。
[15] 戴应新、魏遂志：《陕西绥德黄家塔东汉画像石墓群发掘简报》，《考古与文物》1988 年第 5、6 期合刊。

图 2-27 匈奴器物举例

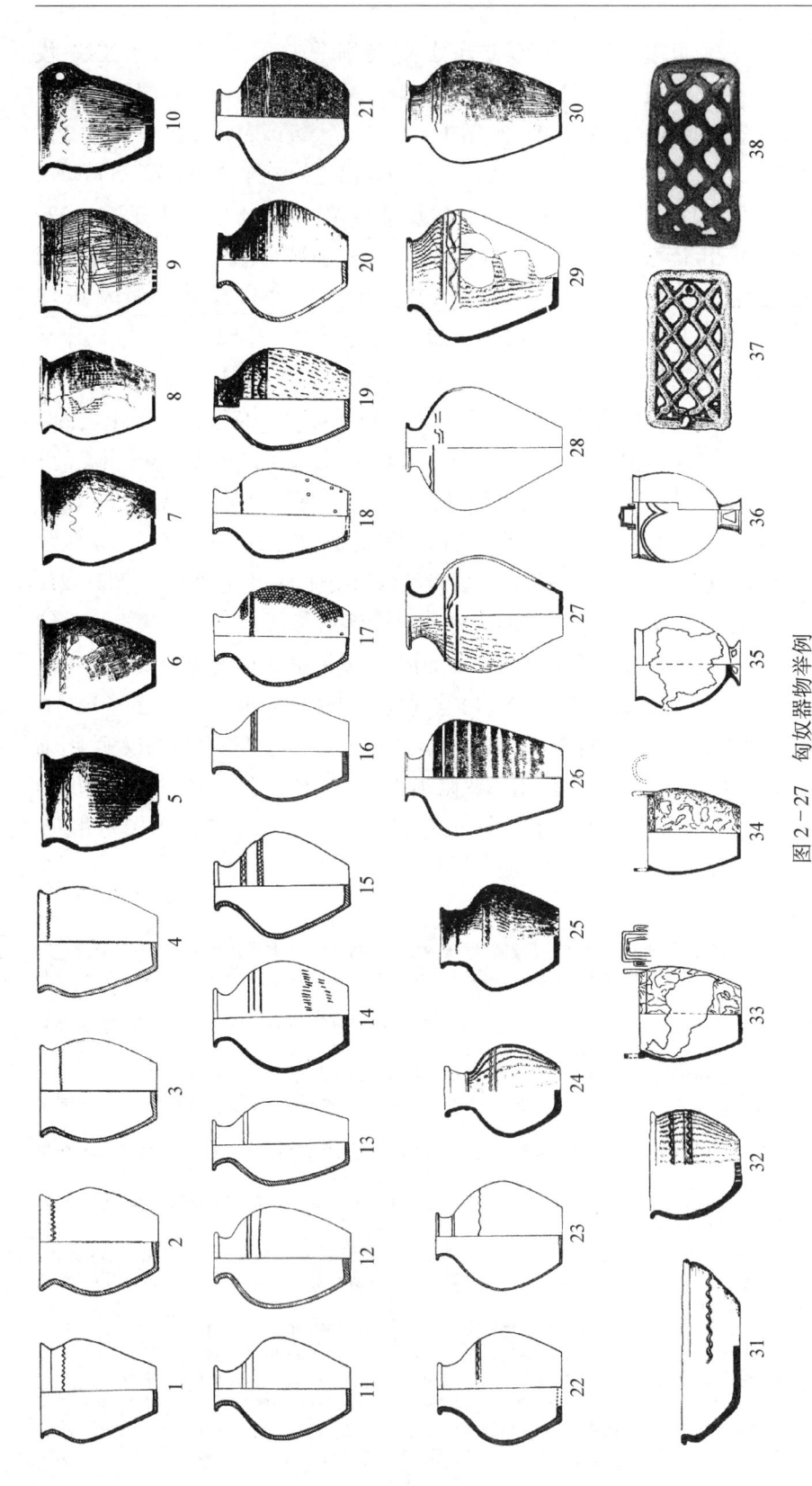

1. 朴洞沟 M1:1 2. 大饭铺 M1:2 3. 大饭铺 M3:1 4. 大饭铺 M4:1 5. 伊沃尔加塞地 M100 出土 6. 伊沃尔加塞地 M101 出土 7. 伊沃尔加塞地 M160 出土 8. 伊沃尔加塞地 M95 出土 9. 伊沃尔加城址 F24 出土 10. 伊沃尔加城址 F49 出土 11. 朴洞沟 M2:2 12. 大饭铺 M2:1 13. 西沟畔 M12:1 14. 大保当 M21:6 15. 朴洞沟 M6:2 16. 大保当 M5:10 17—18. 黄家塔 M9 出土 19. 李家套子采集 20. 李家套子 M1:1 21. 倒墩子 M10:18 22. 大保当 M18:1 23. 倒墩子 M5:2 24. 伊沃尔加城址文化层出土 25. 伊沃尔加塞地 M173 出土 26. 倒墩子 M2:1 27、36. 诺颜乌拉 M6 出土 28. 诺颜乌拉 M12 出土 29、31、32. 伊沃尔加城址 F9 出土 30. 朴洞沟 M4:1 33. 倒墩子 M4:1 34. 朴洞沟 M5:2 35. 朴洞沟 M7:1 37. 科尔库斯克尔克岛 2 号塞地 M4 出土 38. 克素戈里窖藏出土

Ca 型(图 2-15：9)器表仅饰多周弦纹的做法,与补洞沟 M2：2(图 2-27：11)①、大饭铺 M2：1(图 2-27：12)②、内蒙古西沟畔 M12：1(图 2-27：13)③、神木大保当 M21：6(图 2-27：14)④等有继承关系；Cb 型(图 2-15：10—11)器表饰水波纹；Cc 型(图 2-15：12—15)所饰的细绳纹以及分层的做法见于倒墩子 M10：18(图 2-27：21)、M2：1(图 2-27：26)等。因此,C 型小口罐的纹饰也体现着匈奴文化的特点。本组的陶瓮(图 2-15：16)也与匈奴的瓮(图 2-27：26—30)相似。

有研究者将铜(铁)鍑分为二群,本组的铜(铁)鍑(图 2-16：1—20)属于其中的第二群,这群鍑是随着匈奴的活动在贝加尔湖地区及中国北方发展起来的,鲜卑人受匈奴的影响,也使用铜(铁)鍑,而且发展出很多样式⑤。因此,本组的铜(铁)鍑渊源上都与匈奴有关,在匈奴墓葬中可见到相似的器物,如补洞沟 M4：1(图 2-27：33)、补洞沟 M5：2(图 2-27：34)、补洞沟 M7：1(图 2-27：35)⑥、诺颜乌拉 M6 出土的 1 件(图 2-27：36)⑦等。

透雕网格纹饰牌在西汉早期或可能早到战国晚期或秦汉之际,最早出现于中国北方长城地带,装饰四条曲折相对的写实的蛇的图案；在相当于西汉中晚期的公元前 2—前 1 世纪,网格纹饰牌出现于南西伯利亚及其附近地区,并完成了从写实的蛇纹向菱形网格纹的演变,如俄罗斯贝加尔湖沿岸科尔库斯克岛 2 号墓地 M4 出土的饰牌(图 2-27：37)、俄罗斯南西伯利亚乌茹尔市克索戈里窖藏出土的饰牌(图 2-27：38)等；在东汉中晚期,网格纹饰牌以新的特点在长城地带重新出现,并且演变出多种形状⑧。研究者认为,这可能是北匈奴亡后,南下的北匈奴人及其后裔把已经在长城地带消失百余年的网格纹饰牌从遥远的北方草原带到长城地带⑨。本组的网格纹铜饰牌(图 2-17：1—8),就是北匈奴网格纹饰牌重返长城地带的产物。

(六) F 组器物群

包括陶壶、广口陶罐、中口陶罐、小口陶罐、马纹和鹿纹金(铜)饰牌、漩涡纹耳饰、圈点纹骨角器等。

与其他各组相比,本组陶器显示出与其他组陶器的文化联系。本组 Aa 型、Ab 型陶壶(图 2-18：1—3)与 C 组 A 型展沿陶壶(图 2-9：1—2)都具有喇叭口、高领的特点。本

---

① 伊盟文物工作站：《伊克昭盟补洞沟匈奴墓清理简报》,《内蒙古文物考古》创刊号,1981 年。
② 内蒙古文物考古研究所、伊克昭盟文物工作站：《内蒙古准格尔煤田黑岱沟矿区文物普查述要》,《考古》1990 年第 1 期。
③ 伊克昭盟文物站、内蒙古文物工作队：《西沟畔汉代匈奴墓地调查记》,《内蒙古文物考古》创刊号,1981 年。
④ 陕西省考古研究所、榆林市文物管理委员会办公室：《神木大保当：汉代城址与墓葬考古报告》,北京：科学出版社,2001 年,第 20 页。
⑤ 郭物：《第二群青铜(铁)鍑研究》,《考古学报》2007 年第 1 期。
⑥ 伊盟文物工作站：《伊克昭盟补洞沟匈奴墓清理简报》,《内蒙古文物考古》创刊号,1981 年。
⑦ [日]梅原末治：《蒙古ノイン・ウラ発見の遺物》,東京：東洋文庫,1960 年,第 36—37 页。
⑧ 潘玲：《透雕网格纹牌饰及相关问题的初步研究》,《边疆考古研究》第 7 辑,北京：科学出版社,2008 年,第 192—195 页。
⑨ 潘玲：《透雕网格纹牌饰及相关问题的初步研究》,《边疆考古研究》第 7 辑,北京：科学出版社,2008 年,第 196—197 页。

组B型陶壶的双耳做法(图2-18：5—7)见于B组B型鼓腹陶壶(图2-7：6)。本组D型广口陶罐的折腹做法(图2-19：11—12)见于B组的折腹陶罐(图2-7：14—16)。本组的陶壶(图2-18：1—7)、广口陶罐(图2-19：1—12)、中口陶罐(图2-20：1—37)的口沿外侧、颈肩部常见饰一两周戳点纹，还可见戳点式附加堆纹或耳突，这都是A组陶器的特点。本组部分A、B、C型中口陶罐(图2-20：1—33)与B组的鼓腹陶罐(图2-7：7—13)器形相似。本组B型小口陶罐也体现出一些汉式器物的特征，如Ba型(图2-20：39)与新莽至东汉初期的西安曲江花园M9：22①(图2-20：41)、Bb型(图2-20：40)与东汉末年至曹魏时期的西安西柞高速公路杜曲段M13：10②(图2-20：42)等口、腹部的相似之处。这些具有可比性的特点，表明本组器物群的陶器与A组器物群所反映的早期拓跋文化因素、B组所代表的平洋文化因素有着较多的联系，同时也受C组器物群所反映的早期慕容鲜卑文化因素、D组所代表的汉文化因素的少许影响。但是，本组陶器的器形绝大部分已发生较大变化，广口罐的口沿普遍变得短小，并且流行中口罐。

在其他材质的器物方面，骨器中有一种颇具特色的圈点纹骨角器③。这种器物目前所见年代最早的是北京市镇江营遗址FZH175出土的一件属于张家园上层文化的圈点纹骨片(图2-23：1)，年代为商末④；稍晚的是内蒙古宁城县南山根遗址夏家店上层文化的H25内出土的一件圈点纹角器(图2-23：2)，年代为西周中期偏晚⑤；西周中期至春秋中期的新疆轮台群巴克Ⅰ号墓地M7出土一件圈点纹骨管(图2-23：3)⑥。从春秋时期起，圈点纹骨角器的发现地点集中到今东北中西部地区，如春秋晚期至战国早期的内蒙古林西县井沟子墓地中，M3出土的一件骨梳在背部饰三排圈点纹(图2-23：4)，M28出土的一件骨片正面饰四排圈点纹(图2-23：5)⑦；不早于战国早期的辽宁朝阳市吴家杖子墓地ⅡM2出土的一件纵向半剖的羊角器，在正面饰三排圈点纹(图2-23：6)⑧；战国晚期至西汉时期的吉林省九台县关马山墓地M1出土一件残的筒瓦状小骨板，正面饰斜排的圈点纹(图2-23：7)⑨。东汉至魏晋时期，圈点纹骨角器向西扩张到内蒙古中南部及邻近地区，出现在三道湾墓地、石家沟墓地、善家堡墓地等地点(图2-23：8—14)。十六国

---

① 西安市文物保护考古所：《西安东汉墓》，北京：文物出版社，2009年，第518—519、1052页。
② 西安市文物保护考古所：《西安东汉墓》，北京：文物出版社，2009年，第860—861、1015、1018页。
③ 本节圈点纹骨角器的分析和用例参照或引自潘玲：《圈点纹浅析》，《边疆考古研究》第8辑，北京：科学出版社，2009年，第117—119页。
④ 北京市文物研究所：《镇江营与塔照——拒马河流域先秦考古文化的类型与谱系》，北京：中国大百科全书出版社，1999年，第271—282页，图185：12。
⑤ 中国科学院考古研究所内蒙古工作队：《宁城南山根遗址发掘报告》，《考古学报》1975年第1期；朱永刚：《夏家店上层文化的初步研究》，《考古学文化论集(一)》，北京：文物出版社，1987年，第99—128页。
⑥ 中国社会科学院考古研究所新疆工作队、新疆巴音郭楞蒙古自治州文管所：《新疆轮台县群巴克墓葬第二、三次发掘简报》，《考古》1991年第8期。
⑦ 内蒙古自治区文物考古研究所、吉林大学边疆考古研究中心编著，王立新、塔拉、朱永刚主编：《林西井沟子：晚期青铜时代墓地的发掘与综合研究》，北京：科学出版社，2010年，第45—46、132—133页。
⑧ 田立坤、万欣、杜守昌：《朝阳吴家杖子墓地发掘简报》，《辽宁考古文集(二)》，北京：科学出版社，2010年，第37页。
⑨ 吉林省文物考古研究所：《吉林九台市石砬山、关马山西团山文化墓地》，《考古》1991年第4期。

续表

墓 葬 名 称	A组器物	B组器物	C组器物	D组器物	E组器物	F组器物
东滩墓葬	0	0	0	0	1	1
东王化营墓地	0	0	0	2	0	1
下黑沟墓葬	1	0	0	0	1	1
塔坨墓地	2	3	0	1	1	9
东大井墓地	5	3	0	7	0	9
三道湾墓地	5	2	0	16	1	19
善家堡墓地	6	3	0	4	7	9
百灵庙墓地	2	0	0	2	0	3

第一种，以 A 组器物群为主，即早期拓跋的文化因素占主导地位。

包括二克浅墓地、和日木图遗存、额日格吐墓地、苏泗汰墓葬、南杨家营子墓地、北玛尼吐墓地、沈阳妇婴医院 M2 等（表 2-2）。

二克浅墓地、和日木图遗存只是单纯反映早期拓跋文化因素。额日格吐墓地中，早期拓跋文化因素与汉文化因素发生了接触。苏泗汰墓葬中，早期拓跋文化因素为主，匈奴文化因素只见铜鍑。南杨家营子墓地中，早期拓跋文化因素占主导，另外平洋文化、檀石槐鲜卑、汉文化也有较多体现，早期慕容鲜卑因素少。北玛尼吐墓地中，早期拓跋居主导，其次是檀石槐鲜卑文化因素，所占比例均很高；另有少量的早期慕容鲜卑、汉文化的因素。沈阳妇婴医院 M2 中，仅有汉文化和早期拓跋两种因素；该墓处于东汉魏晋的幽州塞内，汉文化因素略多，属于本地因素，早期拓跋因素只有一件鍑形陶罐（图 2-2：12），显得格外特殊，虽少却可能反映了墓主人的身世、来历。

第二种，以 B 组器物群为主，即东汉平洋文化因素占主导地位。

包括大安渔场墓地、皮条沟墓地等（表 2-2）。

大安渔场墓地中，仅有东汉平洋文化因素和早期拓跋文化因素，前者占据主导地位。该墓地应是早期拓跋进入东汉平洋文化的势力范围内，相互发生接触的结果。皮条沟墓地中，体现早期拓跋（图 2-3：7）、檀石槐鲜卑文化因素（图 2-19：6）的广口陶罐都是采集品，经发掘的三座墓葬里所出器物代表的是东汉平洋文化与汉文化因素，二者比例相当，但能反映墓葬属性的当是平洋文化因素。因此，从墓葬本身来说，是东汉平洋文化西进匈奴故地的一个证据，而且文化内涵比较单纯，时代应在檀石槐鲜卑兴起之前。从墓地整体情况看，后来又出现了早期拓跋和檀石槐鲜卑的文化因素，是对檀石槐鲜卑大联盟的印证。从平洋文化的西进及其与檀石槐鲜卑因素有较多关联性看，平洋文化的族属应是东汉初期向汉朝边境靠近、与汉廷通驿使的鲜卑，代表鲜卑分化之前的文化因素。

第三种，以 C 组器物群为主，即早期慕容鲜卑的文化因素占主导地位。

包括毛力吐墓地、六家子墓地、南宝力皋吐墓地、舍根文化墓葬、新胜屯墓地等

(表2-2)。扎鲁特旗达米花鲜卑遗址的文化性质比较单纯,与六家子墓地所出器物和文化性质最为接近,亦属早期慕容鲜卑遗存。

毛力吐墓地只反映早期慕容鲜卑的独有文化因素。六家子墓地中,文化交流和融合现象相当突出。汉文化因素最多,可以反映该人群与中原边郡的交流十分活跃,却不能代表墓地的自身属性;居次的早期慕容鲜卑文化因素才是主导因素;反映早期拓跋文化因素的器物是一种广口罐(图2-3∶24),此种罐被早期慕容鲜卑所吸纳,直到前燕时期都是慕容鲜卑的主要陶器[①],这进一步加强了墓地属性的指向;另外,还有少量的平洋文化和匈奴文化因素。南宝力皋吐墓地中,早期慕容鲜卑文化因素明显居主导,另外还体现着早期拓跋、檀石槐鲜卑的文化因素。

舍根文化墓葬中,早期慕容鲜卑文化因素较占主导,还并存早期拓跋、平洋文化、匈奴三种因素,前三者都属鲜卑文化系统。匈奴因素中,除了包括比较典型的匈奴陶瓮(图2-15∶16),纵长鼓腹的匈奴陶罐(图2-27∶11—18)也与早期慕容鲜卑文化因素的宽平沿、舌状唇陶壶相结合,出现了二者混合体的陶壶(图2-9∶33—34)。可见,舍根墓葬受鲜卑文化因素影响很大,同时也包含主动的、活跃的匈奴文化因素,其族群应与匈奴具有相当渊源,可能是深入西辽河流域、加入鲜卑的匈奴人。

新胜屯墓地中,早期拓跋、平洋文化、早期慕容鲜卑、汉文化诸因素实力相当,考虑到代表早期拓跋文化因素的广口罐(图2-3∶23)和代表早期慕容鲜卑独有的C组展沿陶壶(图2-9∶19—20)作为一种组合,实际上代表的是早期慕容鲜卑。因此,可把新胜屯墓地归属于早期慕容鲜卑。

第四种,以E组器物群为主,即匈奴文化因素占主导地位。

包括二兰虎沟墓地、石家沟墓地、东官井村墓葬、王吉峁地墓葬、东邵庄村墓葬、北贾铺墓地等(表2-2)。

二兰虎沟墓地中,匈奴文化因素所占比例最高,还包括较多的早期拓跋、檀石槐鲜卑和汉文化的因素;匈奴文化因素占主导,又有较明显的檀石槐鲜卑文化因素,且与汉文化交流较多,推测该墓地的族群是受到檀石槐鲜卑控制的南匈奴部众。石家沟墓地中,汉文化因素最多,可是铜镜、铜钱占了近一半,因此居次的匈奴文化因素实际占主导,另外还有较多的檀石槐鲜卑文化因素,平洋文化和早期拓跋因素少;这是一种匈奴族群大量吸收汉文化因素的情形,同时受到檀石槐鲜卑的明显影响,性质大致与二兰虎沟墓地相同。

东官井村墓葬、王吉峁地墓葬、东邵庄村墓葬位于山西朔县,离东汉雁门郡治阴馆(今山西代县西北)很近,这一区域与南匈奴关系密切。南匈奴自东汉初期附汉以来,在北方八边郡逐渐广泛散居。"南单于既居西河,亦列置诸部王,助为捍戍,使韩氏骨都侯屯北地,右贤王屯朔方,当于骨都侯屯五原,呼衍骨都侯屯云中,郎氏骨都侯屯定襄,左南将军

[①] 田立坤:《三燕文化遗存的初步研究》,《辽海文物学刊》1991年第1期;陈平:《辽西三燕墓葬论述》,《内蒙古文物考古》1998年第2期;田立坤:《三燕文化墓葬的类型与分期》,《汉唐之间文化艺术的互动与交融》,北京:文物出版社,2001年,第205—230页。

屯雁门,粟籍骨都侯屯代郡,皆领部众为郡县侦罗耳目。"①东官井村墓葬中,匈奴文化因素略占主导,也有汉文化、檀石槐鲜卑文化的因素;王吉峁地墓葬中,匈奴与檀石槐鲜卑文化的因素相当,从地理位置考虑,属于南匈奴的可能性大;东邵庄村墓葬中,汉文化因素都是铜镜,能决定性质的应当是那件代表匈奴文化因素的网纹铜饰牌(图2-17:7)。

北贾铺墓地中,匈奴文化因素和汉文化因素并重,后者略多,但决定墓地性质的应是匈奴因素;同时,还包括较多的檀石槐鲜卑文化因素,受早期拓跋和东汉平洋文化的影响则是微弱的、经历较多嬗变的。该墓地位于汉塞之内的腹地,并强烈地体现出汉文化的影响,应属于东汉王朝控制下的南匈奴部众,其所含的檀石槐鲜卑文化因素,或与他们同檀石槐鲜卑之间的征战和贸易有关。

第五种,以F组器物群为主,即檀石槐鲜卑文化因素占主导地位。

包括马营村遗存、大安后宝石墓地、赵家房墓地、郝家窑墓葬、福兴地墓葬、东滩墓葬、东王化营墓地、下黑沟墓葬、塔坨墓地、东大井墓地、三道湾墓地、善家堡墓地、百灵庙墓地等(表2-2)。

马营村遗存、大安后宝石墓地都是单纯反映檀石槐鲜卑文化因素的。赵家房墓地中,汉文化因素所占比例虽最高,但绝大部分是铜镜、铜钱,可能是通过军事劫掠或互市贸易等方式从汉地得来的,故而居次的檀石槐鲜卑文化因素才占主导地位,同时还包含少量早期拓跋、平洋文化和匈奴文化的因素。郝家窑墓葬中,檀石槐鲜卑文化因素较占主导,另有少量早期拓跋、早期慕容鲜卑、汉文化和匈奴文化的因素,与赵家房墓地一样,都是檀石槐鲜卑统控、驾驭其他文化因素的表现。福兴地墓葬中,檀石槐鲜卑与匈奴、汉文化因素相当,但代表匈奴因素的铜鍑(图2-16:7)已不如金马纹饰牌(图2-21:8)所代表的檀石槐鲜卑文化因素那么鲜明。东滩墓葬中,铜鍑(图2-16:12)代表的匈奴因素与中口陶罐(图2-20:12)代表的檀石槐鲜卑文化因素相当,其情形类似福兴地墓葬,檀石槐鲜卑文化因素更能反映墓葬的性质。东王化营墓地处于东汉魏晋的幽州塞内,汉文化因素虽略多,但决定墓主人身份的应是那件代表檀石槐鲜卑文化因素的中口陶罐(图2-20:5)。下黑沟墓葬中,诸文化因素都不多,所占比例相当,早期拓跋因素是一件单腹耳的鍑形铜罐(图2-2:14),匈奴文化因素是一件铜鍑(图2-16:19),檀石槐鲜卑文化因素是一件中口陶罐(图2-20:10),其年代应在檀石槐鲜卑大联盟时期。在当时的背景下,该墓葬的早期拓跋、匈奴文化因素对檀石槐鲜卑文化因素而言,具有一种从属关系;鍑形罐由陶变铜,可能就是檀石槐鲜卑采纳、改造早期拓跋因素的产物。

塔坨墓地、东大井墓地、三道湾墓地中,檀石槐鲜卑文化因素最多,起主导作用。塔坨墓地也出有一件鍑形铜罐(图2-2:13),印证了下黑沟墓葬同类铜罐的出现,是檀石槐鲜卑文化因素强势主导的结果。在东大井墓地、三道湾墓地中,汉文化因素所占比例也很大,大多是铜钱、铜镜,反映出对汉地财富的聚敛程度很高。在南迁相关遗迹中,东大井墓

---

① 《后汉书》卷八九《南匈奴传》,北京:中华书局,1965年,第2945页。

地、三道湾墓地所体现的檀石槐鲜卑文化因素最多,汉文化因素的集中水平很高,同时广纳早期拓跋、平洋文化、匈奴等多种文化因素。这两个墓地的规模也相当大,墓葬分布密集,东大井墓地初步估计原有墓葬应在200座左右,三道湾墓地统计盗坑达300多个,实有墓葬数当与此接近。这样的墓地所匹配的生活空间应是大型聚落,且具有当时草原政治、文化中心的功能。《后汉书·乌桓鲜卑传》记载:"檀石槐乃立庭于弹汗山歠仇水上,去高柳北三百余里",高柳即今山西阳高县。而东大井墓地所在的商都县西坊子乡、三道湾墓地所在的察右后旗红格尔图乡,都位于阳高县城正北略偏西、相距在当时三四百里的左近范围。这样看来,檀石槐鲜卑的王庭很可能就在东大井墓地和三道湾墓地的附近。

　　善家堡墓地中,檀石槐鲜卑的文化因素最多,势力最大;其次是匈奴文化因素和早期拓跋文化因素,前者铜、铁镞超大半,实际上不如后者影响大;另外,汉文化、平洋文化因素也有较大比重。善家堡墓地所在的山西右玉县是东汉定襄郡治,为南匈奴散居之地。东汉献帝建安二十年(215年),定襄郡省为定襄一县,徙置于太原郡北界阳曲县地,作为新兴郡属县之一①,其弃地遂为檀石槐后裔步度根集团所占领。曹魏黄初元年(220年),拓跋力微由于"西部内侵,国民离散,依于没鹿回部大人窦宾"②;没鹿回部的驻地在平城地区③,正在步度根集团的控制范围内,应是步度根集团的一部;还有学者认为没鹿回部就是檀石槐的父亲投鹿侯所在的部落④,不仅是檀石槐发迹最早依靠的力量,还当是步度根集团的核心部落之一。在窦宾的支持下,力微北居长川(今内蒙古兴和县西北土城子),渐渐集聚力量;窦宾死后,力微吞并没鹿回部,势力遂大,十年后迁于盛乐⑤。善家堡墓地的文化格局是在檀石槐鲜卑文化因素的主导下,早期拓跋因素十分突出,还有较多的匈奴、平洋文化和汉文化因素。这种文化组合状况,颇能与上述史实对照。由此,我们推测该墓地周边可能是拓跋力微吞并没鹿回部后,逐渐向西面的盛乐拓展领地的过程中形成的一处部落聚居点。发展到善家堡墓地这个阶段,一些早期拓跋因素如镞形陶罐(图2-2:11)、广口陶罐(图2-3:6)、鹿纹饰牌(图2-5:10)等,已发生了较大的变化。

　　百灵庙墓地中,三种文化因素所占比例接近,檀石槐鲜卑文化因素略多。早期拓跋因素有镞形陶罐(图2-2:8)、广口陶罐(图2-3:10),汉文化因素有平底陶罐(图2-10:16)、铜钱,檀石槐鲜卑文化因素有双耳陶壶(图2-18:6)、中口陶罐(图2-20:31)、漩涡纹耳饰(图2-22:2)。三种因素都比较活跃,早期拓跋因素有明显保留,可能反映了早期拓跋受到檀石槐较大影响,同时与中原王朝也有较多交流的情况。该墓地或属依附于檀石槐鲜卑的拓跋部落,性质类似善家堡墓地。

---

① 李晓杰:《东汉政区地理》,济南:山东教育出版社,1999年,第133页。
② 《魏书》卷一《序纪》,北京:中华书局,1974年,第3页。
③ 张继昊:《从拓跋到北魏——北魏王朝创建历史的考察》,台北:稻乡出版社,2003年,第176页。
④ 温玉成:《论拓跋部源自索离》,《新疆师范大学学报(哲学社会科学版)》2012年第6期。
⑤ 《魏书》卷一《序纪》,北京:中华书局,1974年,第3页。

第六节　拓跋南迁匈奴故地的始末过程

综合以上五种族群归属的分析,我们认为与拓跋南迁匈奴故地关系比较密切的遗迹,包括两类:一类是早期拓跋文化因素占主导地位的遗迹,除沈阳妇婴医院 M2 位于汉郡之内不加考虑外,其他 6 处遗迹都是;另一类是其他文化因素占主导,同时早期拓跋文化因素也比较突出的遗迹,包括大安渔场墓地、二兰虎沟墓地、东大井墓地、三道湾墓地、百灵庙墓地、善家堡墓地等。这 12 处遗迹自东北向西南依次分布为二克浅墓地、大安渔场墓地、北玛尼吐墓地、额日格吐墓地、南杨家营子墓地、苏泗汰墓葬、和日木图遗存、东大井墓地、三道湾墓地、二兰虎沟墓地、百灵庙墓地、善家堡墓地等(图 2-28)。于是,我们可以这样来描述拓跋南迁匈奴故地的始末过程。

从黑龙江讷河市二克浅墓地、吉林大安市渔场墓地两处地点看,拓跋南迁的第一步是从呼伦湖附近出发,向东翻越大兴安岭北段到达嫩江流域。大兴安岭北段东、西两侧的文化交流和人员往来由来已久,平洋文化、红马山文化都是从嫩江流域跨越大兴安岭北段而影响到呼伦贝尔草原的。因此,拓跋前往嫩江流域必然要利用历史上已经形成的通道。《魏书》对南迁所遭遇的困阻有这样的描述:"圣武皇帝讳诘汾。献帝命南移,山谷高深,九难八阻,于是欲止。有神兽,其形似马,其声类牛,先行导引,历年乃出。"[1]这实际上指的是拓跋翻越大兴安岭北段的过程。大兴安岭山势并不高大,但山区绵延不绝,森林茂密,地形复杂,容易迷失方向,需要好的向导和合适的运输工具;拓跋在迁徙之初没有意识到这个问题,所以受到很大挫折,当他们发现驯鹿能同时担负这两种作用时,才比较顺利地从大兴安岭北段的山谷中走出来。在翻越山岭的过程中,出于对水源的需要,迁徙的路线不会偏离河流太远,主要的通道更应该与较大的河流相一致。由此,我们估计拓跋所走的翻山路线可能与如下河流有关,自北向南列出五条可利用的主干路线(图 2-28):

第一条路线,从海拉尔河下游向东北行进,溯根河支流伊图里河而上,至其源头,向东走不远,到达甘河上游,顺流而下,与嫩江交汇。

第二条路线,溯海拉尔河而上,沿其支流库都尔河至其源头,向东走不远,到达诺敏河上源,顺流而下,与嫩江交汇,讷河二克浅墓地即在交汇处附近;海拉尔河上源大雁河与诺敏河支流毕拉河可形成这条路线的复线。

第三条路线,溯海拉尔河而上,沿其支流免渡河至其源头,向东南走不远,分别到达阿伦河、雅鲁河、绰尔河三条河流的上源,顺三河而下,都能与嫩江交汇。

第四条路线,溯海拉尔河而上,沿其支流伊敏河至其源头,向东南走不远,到达绰尔河上游,顺流而下,与嫩江交汇。

---

[1]　《魏书》卷一《序纪》,北京:中华书局,1974 年,第 2 页。

第五条路线,溯呼伦湖—乌尔逊河—贝尔湖—哈拉哈河而上,至哈拉哈河源头,向南走不远,到达洮儿河上源,顺流而下,在吉林大安市北部注入嫩江,大安渔场墓地即在交汇处附近。

在大安渔场,迁徙的拓跋部落与东汉平洋文化发生接触,平洋文化的因素占据了上风。为避免与西拉木伦河流域的原有居民发生激烈冲突,拓跋选择沿着大兴安岭南段的南侧山麓穿越这一地区。这条通道的起点大概在科右中旗,西进到北玛尼吐时,拓跋与大股的檀石槐鲜卑势力相遇;在巴林左旗的南杨家营子,拓跋也遭遇了较强的平洋文化和檀石槐鲜卑的势力。不论其他文化势力是否起了阻碍作用,拓跋的前进似乎比较顺利,上述两地中拓跋的力量始终保持优势。在扎鲁特旗的额日格吐、林西县的苏泗汰,其他文化的影响很小,拓跋人可谓畅行无阻(图2-28)。

走出大兴安岭山地后,拓跋进入了草原地区。正蓝旗的和日木图遗存,是十分单纯的拓跋人遗迹,这段路程大概人烟稀少,安然无事。在到达今商都县、察右后旗境内的檀石槐王庭附近时,拓跋与檀石槐部落发生了较多的接触和交流,东大井、三道湾墓地均有较大比例的拓跋文化因素出现。拓跋或曾在当时的草原中心有较长时间的停驻、休整。他们还与附近处于檀石槐控制下的匈奴残余势力有交往,如在离三道湾不远的二兰虎沟墓地留下了遗迹。此后,拓跋继续西进,所达最远的地点,目前所知是阴山以北的包头市达茂旗百灵庙墓地,位于汉五原郡、云中郡交界的塞外之地,正在学者们比较公认的"匈奴故地"——河套阴山一带的北侧(图2-28)。

我们看到,拓跋南迁有其明确的目的地,一路上有意避开和其他部族发生冲突,不去抢占别人的土地,有时选择荒无人烟的地带行进,在草原中心也未滞留不去,而是非常坚定地走到匈奴故地才停下来。显然,匈奴故地就是拓跋迁徙的目的地。那么,这个目的地是出于什么原因而设定的呢?

这便与第二推寅拓跋邻是否对应檀石槐大联盟中的西部大人推演的问题关联起来。研究者历来把檀石槐分其地为中、东、西三部,并任命诸部大人,当作对檀石槐大联盟既成事实的描述,但更深入的分析表明上述内容更可能是一种规划,源自檀石槐对各部大人发布的分封诏令,要求各部大人按照新的调配到相应领地去。理由何在呢?试举例说明。如被封为中部大人的慕容,檀石槐在位时,主要活动地域是今内蒙古通辽市,如六家子墓地、毛力吐墓地、新胜屯墓地、南宝皋力吐墓地、达米花鲜卑遗址等。曹魏时,他们才南徙进入辽西。《晋书·慕容廆载记》云:"曾祖莫护跋,魏初率其诸部入居辽西,从宣帝伐公孙氏有功,拜率义王,始建国于棘城之北"①。可见此前慕容从未到达中部,真正成为过那里的"大人"。又如宇文鲜卑,为南匈奴后裔,本居于阴山,被封为东部大人后,才逐步迁居辽西。《魏书·匈奴宇文莫槐传》云:"匈奴宇文莫槐,出于辽东塞外,其先南单于远属

---

① 《晋书》卷一〇八《慕容廆载记》,北京:中华书局,1974年,第2803页。

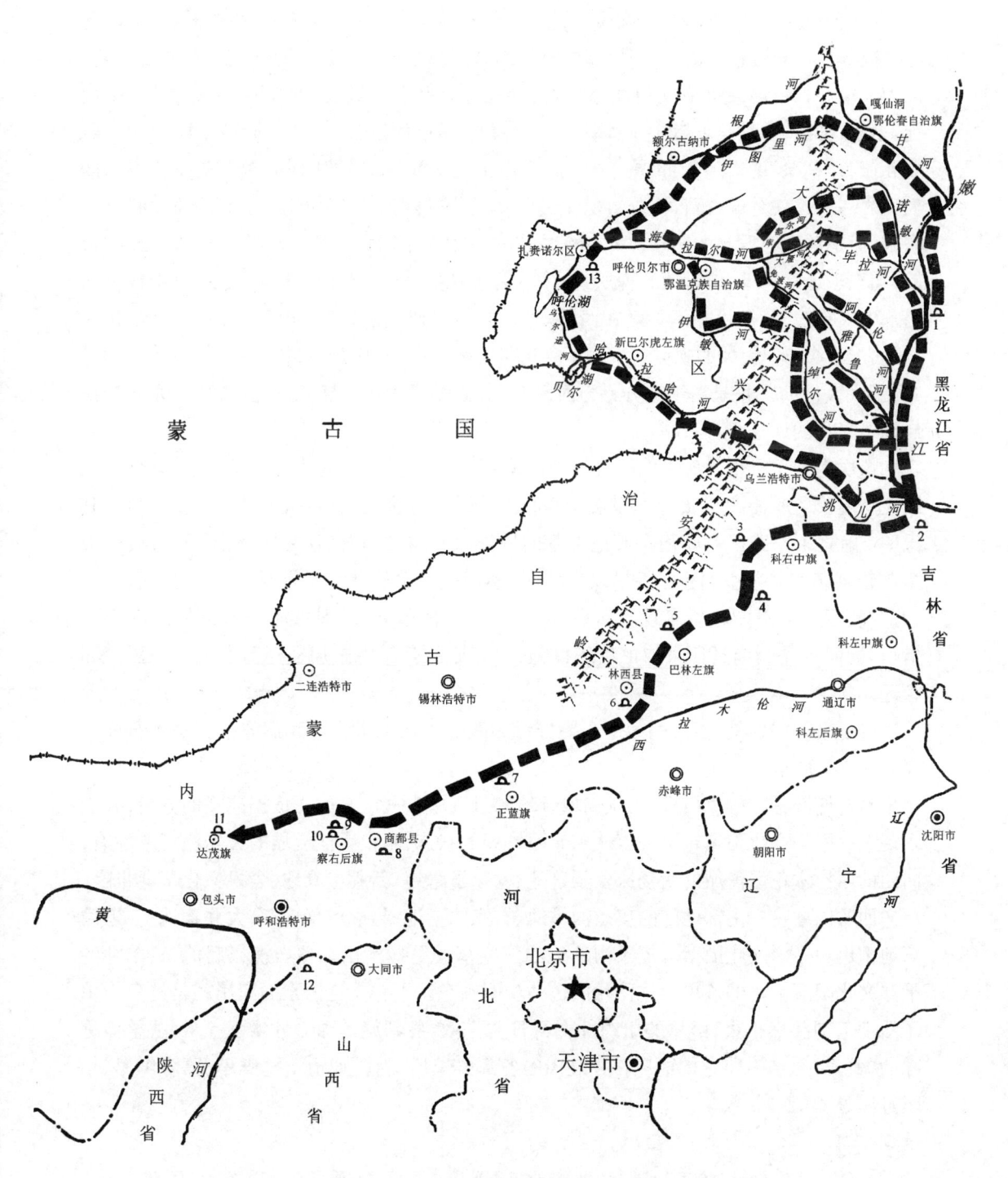

第二章 拓跋南迁匈奴故地的相关墓葬及其属性 ·117·

图 2-28 拓跋南迁匈奴故地路线示意图
1. 二克浅墓地 2. 大安渔场墓地 3. 北玛尼吐墓地 4. 额日格吐墓地 5. 南杨家营子墓地
6. 苏泗汰墓葬 7. 和日木图遗存 8. 东大井墓地 9. 三道湾墓地 10. 二兰虎沟墓地
11. 百灵庙墓地 12. 善家堡墓地 13. 扎赉诺尔圈河墓地

也，世为东部大人。"①《周书·文帝纪》云："有葛乌菟者，雄武多算略，鲜卑慕之，奉以为主，遂总十二部落，世为大人。其后曰普回，因狩得玉玺三纽，有文曰皇帝玺，普回心异之，以为天授。其俗谓天曰宇，谓君曰文，因号宇文国，并以为氏焉。普回子莫那，自阴山南徙，始居辽西。"②据考证，上述《魏书》中的"莫槐"与《周书》中的"莫那"为同一人③。姚薇元认为"槐头"是"莫槐"的异译④。而槐头正是王沈《魏书》所列的檀石槐联盟东部四大人之一。也就是说，檀石槐分封槐头（即"莫槐""莫那"）为大人时，宇文部还没有到达东部，而是活动在西部的阴山。作为宇文部的首位东部大人，槐头领导了本部东迁的行动，初至于辽东塞外，应是檀石槐所封之地，后又自主南迁入辽西。以此推论，檀石槐分封西部大人推演时，推演并不必已在西部。这样，一些研究者以"年代上不相当"为由认为"推寅"与"推演"无关的观点就失去了立论基础。因此，我们赞同"第二推寅拓跋邻"即是"西部大人推演"，正是由于被分封为西部大人，拓跋邻才在已然衰老之时，指导儿子诘汾启动了艰难的南迁行程。

这次南迁契机也促成了以拓跋氏为世袭领袖的"拓跋部"的建立。在献帝邻以前，拓跋氏所属部落联盟的首领并非世袭；到邻时，他"七分国人，使诸兄弟各摄领之，乃分其氏"⑤，确立了拓跋氏对联盟中其他部落的领导权；并在决定南迁后"以位授子"，实行最高首领世袭制。"七分国人"和"以位授子"实际上是紧密相关的前后环节，没有前者作为前提，后者就不能轻易实现。所以，我们认为"七分国人"很可能是献帝邻以南迁为借口，同时也是为南迁所采取的组织措施，以家族的凝聚力来加强迁徙中的统一领导和管理。

接下来的问题是，檀石槐为什么要分封拓跋邻为西部大人？我们先来了解檀石槐兴起和建立大联盟的经过。

檀石槐部是在鲜卑西进、占领匈奴领地的过程中发展起来的。依据前文的分析，我们发现东汉平洋文化因素正呈现出从东向西扩展的状态，不仅嫩江流域的大安渔场墓地有，向西的西拉木伦河流域的南杨家营子墓地、六家子墓地、新胜屯墓地、舍根文化墓葬也有，更向西的内蒙古中南部地区的皮条沟墓地、石家沟墓地、赵家房墓地、东大井墓地、三道湾墓地都出现平洋文化因素。皮条沟墓地的三座墓葬更显示出在檀石槐兴起前、较单纯的平洋文化因素活动的迹象。这使我们进一步明确东汉平洋文化因素的归属就是鲜卑。由于活动范围陡然扩大，鲜卑的组织性变得日益松散，各部族的独立性增强。从此，整体称呼的"鲜卑"被各有特色的冠以首领姓氏的各部鲜卑所代替，如檀石槐鲜卑、慕容鲜卑、拓跋鲜卑等。

---

① 《魏书》卷一〇三《匈奴宇文莫槐传》，北京：中华书局，1974 年，第 2304 页。
② 《周书》卷一《文帝纪上》，北京：中华书局，1971 年，第 1 页。
③ 王希恩：《宇文部东迁时间及隶属檀石槐鲜卑问题略辨》，《中国史研究》1986 年第 4 期；李海叶：《关于宇文部世系问题的考辨与补充》，《史学月刊》2009 年第 8 期。
④ 姚薇元：《北朝胡姓考（修订本）》，北京：中华书局，2007 年再版，第 182 页。
⑤ 《魏书》卷一一三《官氏志》，北京：中华书局，1974 年，第 3005 页。

檀石槐鲜卑是从东汉桓帝永寿二年（156年）开始发迹的，最早的根据地是云中、雁门二郡的塞外之地。《后汉书·鲜卑传》如此记载了其发迹的历史：

> 永寿二年秋，檀石槐遂将三四千骑寇云中。延熹元年，鲜卑寇北边。冬，使匈奴中郎将张奂率南单于出塞击之，斩首二百级。二年，复入雁门，杀数百人，大抄掠而去。六年夏，千余骑寇辽东属国。九年夏，遂分骑数万人入缘边九郡，并杀掠吏人，于是复遣张奂击之，鲜卑乃出塞去。朝廷积患之，而不能制，遂遣使持印绶封檀石槐为王，欲与和亲。檀石槐不肯受，而寇抄滋甚。乃自分其地为三部，从右北平以东至辽东，接夫余、濊貊二十余邑为东部，从右北平以西至上谷十余邑为中部，从上谷以西至敦煌、乌孙二十余邑为西部，各置大人主领之，皆属檀石槐。①

由于檀石槐鲜卑是由东汉平洋文化因素所代表的鲜卑之一部发展而来，所以他在壮大的过程中，首要的目标是集聚松散的鲜卑各部的力量，意图实现联合、重整和统一号令。于是，檀石槐回首朝东发展，到延熹六年（163年）时，其势力范围已达辽东一带。延熹九年（166年）夏天时，檀石槐鲜卑大联盟已基本形成，能同时分多路进犯东汉缘边九郡。也就在这一年，檀石槐拒绝东汉朝廷的封王和亲，自立为王，分封东、中、西三部大人，并于中、西部分界线略偏西的位置设立王庭。

檀石槐分封诸部大人，不是依各自原有的领地，而是重新调配，是有其战略意图的。北匈奴灭亡、南匈奴入塞后，鲜卑席卷草原的过程是由东向西推进的。虽然檀石槐发迹于西部，但对于整个联盟来说，东部是最稳固的，中部、西部的统治都有待巩固，特别是西部地域辽阔，很多地方还只是名义上的归属。因此，通过分封移民的方式，把亲近的部落布置到要害地区，对维护大联盟的稳定是十分必要的。檀石槐命令在西部新归顺的宇文等匈奴部落迁到鲜卑集中的东部去，以防其变乱；让与自己有近亲关系的慕容等鲜卑部落迁到中部来，以拱卫王庭；拓跋作为檀石槐鲜卑的远亲，则被委派到檀石槐老根据地雁门、云中二郡塞外之地的西邻，即云中郡西部至五原郡的塞外，以形成檀石槐核心统治区域的西部屏障。可惜的是，由于灵帝建宁元年（168年）至光和元年（178年）间，檀石槐全部心思都在军事征战上，频繁地率部对东汉幽、并、凉三州发动寇钞②，而使这一战略布局并未得到充分执行，譬如慕容部就没有西迁中部。而光和中（约181年前后），檀石槐即死去，其子"和连才力不及父……性贪淫，断法不平，众畔者半"③，就更无力实现当初的设计，檀石槐大联盟也因之很快瓦解。如今看来，拓跋是很有远见的，意识到了檀石槐分封对他们未来发展的重大意义，抓住了这个机会，从偏远之地出发，长途跋涉，不畏艰险，心无旁骛地直趋阴山以北的原汉朝五原郡、云中郡塞外，终为其子孙染指中原开辟了新的舞台。

---

① 《后汉书》卷九〇《乌桓鲜卑传》，北京：中华书局，1965年，第2989—2990页。
② 马长寿：《乌桓与鲜卑》，桂林：广西师范大学出版社，2006年，第175—176页。
③ 《后汉书》卷九〇《乌桓鲜卑传》，北京：中华书局，1965年，第2994页。

根据以上讨论，可知拓跋南迁的契机是献帝邻受封为西部大人，时间在166年下半年，等做好相关准备，正式启动南迁应到了桓帝延熹十年（167年）；翻越大兴安岭时，"历年乃出"，到达嫩江下游应是灵帝建宁元年（168年）了。从拓跋走出大兴安岭南段山麓和穿越草原留下的遗迹看，较大型的墓地很少，可见他们在每个地方都没有过久停留；百灵庙墓地出土的瓿形罐（图2-2：8）、广口罐（图2-3：10）也还保持着与扎赉诺尔圈河墓葬同类罐较相似的特征。因此，我们估计拓跋南迁全程所花费的时间不过三五年，大概在灵帝建宁年间（168—172年）结束。

灵帝末年，和连在攻北地郡时被人射死；其子骞曼年小，兄子魁头代立；后骞曼长大，与魁头争国，部众离散；魁头死，弟步度根立；他归顺曹魏，被文帝曹丕拜为王①。这时，拓跋部由于"西部内侵，国民离散"②，力微逃往步度根集团下属的没鹿回部避难，后吞并该部，重获壮大，势力范围由长川发展到盛乐，中间包括了平城地区的一部分，善家堡墓地由此出现。这片地区即成为拓跋屡遭起伏也不曾离弃的根据地。拓跋依附没鹿回部、进展到平城周边地区（图2-28），可以看作是拓跋南迁匈奴故地的尾声。

---

① 《三国志》卷三〇《鲜卑传》正文及裴注引王沈《魏书》，北京：中华书局，1959年，第836—838页。
② 《魏书》卷一《序纪》，北京：中华书局，1974年，第3页。

第三章　北魏早期墓葬文化的旧俗新风

第一节　北魏创建前后的历史阶段与研究切入点

从诘汾之子力微元年(220年)起,拓跋的历史开始进入所谓的信史阶段,《魏书》卷一《序纪》和卷二《太祖纪》①中有了比较明确的历史纪年。本节所言北魏创建前后的历史,始自力微及其所建部落联盟,经拓跋代国,而至北魏早期,整个过程可分为六个阶段。

第一阶段　力微部落联盟时期(220—295年)

力微即位之初,即遭"西部内侵,国民离散",被迫依附于没鹿回部大人窦宾;至力微二十九年(248年),窦宾死后,力微"尽并其众,诸部大人,悉皆款服,控弦上马二十余万";至三十九年(258年),"迁于定襄之盛乐",并在那里举行了一个诸部君长皆来助祭的祭天大会,标志着以拓跋氏为首领的部落联盟正式确立。力微五十八年(277年),其子沙漠汗从西晋归国途中,被诸部大人谗杀。乌丸王库贤在其中起了主要作用②。力微随即而死,其子悉鹿(278—286年在位)、悉鹿少弟绰(287—293年在位)、沙漠汗少子弗(294—295年在位)先后继位。而这十多年,部落联盟趋于分崩离析,"诸部叛离,国内纷扰",势力大为衰落。

第二阶段　三部分立的部落联盟时期(295—307年)

拓跋弗死后,力微子昭帝禄官继任,重振部落联盟,并划分为东、中、西三部:东部居上谷(今河北怀来东南)之北、濡源(今河北滦河之源)之西,由禄官亲自统领;中部居代郡参合陂(今内蒙古凉城县境)之北,由禄官之侄桓帝猗㐌统领;西部居盛乐,由猗㐌弟穆帝猗卢统领。本阶段,拓跋鲜卑实力增强,向北、西、南三个方向扩张,掠夺了大量外族人口。295年,西部"穆帝始出并州,迁杂胡北徙云中、五原、朔方。又西渡河击匈奴、乌桓诸部"。297年,中部"桓帝度漠北巡,因西略诸国,凡积五岁,诸部降附者三十余国"③。东部昭帝

---

① 本节史实描述及文献引文不另注者,皆出自《魏书》此二卷之一。
② 张金龙:《北魏政治史(一)》,兰州:甘肃教育出版社,2008年,第77—78页。
③ 《北史》卷一《魏本纪一·序纪》,北京:中华书局,1974年,第4页。

与东邻的宇文部、慕容部等搞好关系,以维持对东部地域的有效控制①。299年,昭帝以长女妻宇文莫廆之子逊昵延,建立与宇文部的姻亲关系。304—305年,拓跋鲜卑还开始卷入中原的政治斗争和军事角逐,在归附汉人卫操、卫雄、姬澹等的谋划下,与西晋并州刺史司马腾结盟,派军助腾征战匈奴刘渊所建汉国。305年,猗㐌死。307年,禄官死。猗卢"遂总摄三部,以为一统"。

第三阶段 代国时期(308—376年)

永嘉四年(310年),西晋并州刺史刘琨为利用拓跋力量继续对抗匈奴汉国,为猗卢请封为代公,并尽割陉北之地。猗卢由此疆域扩大,实力更趋强大。永嘉六年(312年),猗卢"城盛乐以为北都,修故平城以为南都。……乃更南百里,于灅水之阳黄瓜堆筑新平城,晋人谓之小平城,使长子六脩镇之,统领南部"。建兴三年(315年),西晋朝廷进封猗卢为代王,"置官属",标志着代国建立。316年,发生"六脩之难",猗卢、六脩先后被杀。代国陷入空前危机,统治阶层围绕着最高权力的争夺进行了20余年的内斗,国力大挫。直至338年,从后赵都城襄国归来的什翼犍即代王位,改元"建国",代国方趋于稳定。建国二年(339年),始置百官及制定刑罚制度,意味着代国成为真正意义上的国家政权。340年,移都于云中之盛乐宫;341年,筑盛乐城于故城南八里。363年,"讨高车,大破之,获万口,马牛羊百余万头"。367年,征铁弗部刘卫辰,"卫辰与宗族西走,收其部落而还,俘获生口及马牛羊数十万头"。339年、341年、344年,还多次与前燕结亲。建国三十九年(376年),前秦苻坚发兵进攻代国,什翼犍战败,返回云中后暴崩,代国亡。

第四阶段 前秦拓跋珪流亡时期(377—385年)

前秦撤军后,拓跋故地被分而治之。"坚遂分国民为二部,自河以西属之卫辰,自河以东属之刘库仁"②。什翼犍之孙拓跋珪则处于流亡状态,具体内容上史书记载有严重分歧。一说出自《魏书·太祖纪》,"南部大人长孙嵩及元他等,尽将故民南依库仁,帝于是转幸独孤部"。另一说出自《晋书·苻坚载记上》③、《宋书·索虏传》④、《南齐书·魏虏传》⑤,记载拓跋珪在代国亡后,流徙长安、巴蜀多年,最后在慕容垂的支持下由后燕都城中山回到代北,还领其部。

第五阶段 拓跋珪重建代国至北魏明元帝时期(386—423年)

386年元月,趁前秦分裂之机,拓跋珪依靠贺兰部的力量,在牛川登上代王位,建元"登国",重建了代国。二月,回到拓跋传统政治中心盛乐;四月,改称魏王;十月,借助后燕慕容垂的军队,大破前来争夺王位的拓跋窟咄。387年六月至393年八月,拓跋珪在大漠南北进行了一系列征战活动,扩张了领土,获取了大量财富,极大地巩固了北魏政权。

---

① 张金龙:《北魏政治史(一)》,兰州:甘肃教育出版社,2008年,第90—91页。
② 《魏书》卷九五《铁弗刘卫辰传》,北京:中华书局,1974年,第2055页。
③ 《晋书》卷一一三《苻坚载记上》,北京:中华书局,1974年,第2898—2899页。
④ 《宋书》卷九五《索虏传》,北京:中华书局,1974年,第2321页。
⑤ 《南齐书》卷五七《魏虏传》,北京:中华书局,1972年,第983页。

驱刘显,消灭独孤部,收复了拓跋在代北的故地。又通过与贺兰部的战争,控制了阴山以北地区;通过与铁弗部的战争,杀刘卫辰,占领了河套地区;通过与高车、蠕蠕的战争,扩大了在漠北的势力范围和影响。395年,后燕进攻北魏,参合陂之战,后燕军队惨败。登国十一年(396年)七月,拓跋珪建天子旌旗,改元"皇始";随即出兵讨伐后燕,经过近一年半的战争,先后占领晋阳、信都、中山、邺城等要地,基本消灭了后燕政权,而进占中原;"徙山东六州民吏及徒何、高丽杂夷三十六万,百工伎巧十万余口,以充京师"。后燕的汉族士人和文书图籍为北魏所用,加快了北魏政权的文化和制度建设。天兴元年(398年)六月,议定国号,"宜仍先号,以为魏焉";七月,"迁都平城,始营宫室,建宗庙,立社稷";十二月,即皇帝位。天赐六年(409年),拓跋珪被次子清河王绍谋杀。其长子明元帝拓跋嗣夺取帝位后,"权以济事,危而获安,隆基固本,内和外辑"①,有效稳定了面临危机的北魏政权,延续和巩固了拓跋珪所取得的各方面的成果。

第六阶段　北魏太武帝至文成帝时期(423—465年)

太武帝拓跋焘统治时期,北魏发动了一系列战争。首先,大举北伐,消除了柔然汗国的威胁,将大量投降的柔然属部高车的部民迁徙到漠南,极大地充实了北魏国力。接着,扫灭了并存的十六国政权,431年灭大夏,436年灭北燕,439年灭北凉等,实现了中国北方地区的重新统一。太武帝还发动了对南朝刘宋政权的大规模远征,奠定了南北朝对峙的基本格局。正平二年(452年),太武帝被阉官谋杀。经过半年多的动荡,最终太武帝长孙拓跋濬继位,是为文成帝。文成帝时期和明元帝时期一样,是相对于前一时期的守成阶段,采取了较为缓和的政策,清理了太武帝晚年以来政治上的混乱局面,并致力于内政的稳定和社会经济的恢复,使太武帝统一北方的重大成果得以巩固下来。

本书把第五、六阶段列为北魏早期的范畴,其中天兴元年(398年)迁都平城至和平六年(465年)文成帝驾崩可称为平城时代前期。从力微兴起至北魏早期的历史,是拓跋文化既沿着原有轨迹发展,又在不断汰选、吸收新文化因素的过程。到达匈奴故地后,拓跋一方面同其他鲜卑部落进行文化交融,如吞并没鹿回部,与宇文部、慕容部的联姻等,另一方面又不断将草原上的外族力量纳入麾下。力微建立部落联盟时,乌桓、匈奴成为其主要组成力量;到三部分立时期,乌桓、匈奴人口进一步增多,还吸纳了不少西方诸部的人口。这两个时期,是拓跋联盟人口组成的主要形成阶段,后来曾左右拓跋政治进程的独孤部、铁弗部、贺兰部都当在此时加入。拓跋代国建立至什翼犍亡国期间,先后与并立的国家,如汉人的西晋、匈奴的汉赵、羯人的后赵、慕容鲜卑的前燕、氐人的前秦等发生文化交流。拓跋珪复国后的北魏早期,除了继续与先后并立的国家如后燕、后秦、大夏、北燕、北凉、柔然、东晋、刘宋等发生文化往来,也通过征服战争将大批人口迁入平城及其附近,包括汉人、匈奴人、高车人、慕容鲜卑人、高句丽人、杂胡、羌人等。很显然,北魏的建国道路及早

---

① 《魏书》卷三《太宗纪》,北京:中华书局,1974年,第64页。

期发展是在不断的部族兼并、族群融合中铺展开来的。

从力微到拓跋代国时期，与拓跋文化发生融合的文化因素主要来自草原部族，文化的同质性强，比较易于被拓跋原有的文化体系所包容。北魏早期，由于先后并入后燕、大夏、北燕、北凉等，不仅领土挺进中原、东北、河西，还引来了诸国的汉化文化和制度。在完成这一系列大体量吞并的前后，新文化因素较短时期内大量涌入北魏平城，已超出了拓跋文化原有体系的容纳能力；而且因为草原文化与汉化文化的不同质，重新整合的新因素将按另一种逻辑在拓跋政权内运行，与拓跋原有文化体系并存的同时，将后者逐渐推向消亡。因此，北魏早期是力微以来拓跋文化旧俗受到最大冲击的时期。

当前，研究力微至拓跋代国、再至北魏早期全过程墓葬文化演变的困难还很大、很多。既没有贯通的、系列的纪年资料作为可靠的研究基点，相关的参照系也严重不足。河北、山西的西晋墓葬文化，魏晋时期乌桓、匈奴的墓葬文化，汉赵、后赵、大夏以及中原地区前燕、后燕的墓葬文化都还不清晰，极大地牵制了对魏晋十六国时期拓跋墓葬文化的探讨。在以上通过文献梳理力微至北魏早期文化发展脉络的基础上，我们意识到北魏早期是拓跋墓葬文化发生重大变化的时期，既有旧俗，又有新风，一定程度上是整段演变过程的缩影，适合作为研究的切入点。

第二节　北魏早期墓葬的发现与认知

以盛乐、平城为中心的今内蒙古中南部、山西北部地区是拓跋鲜卑长期盘踞的根据地，也是最能反映北魏早期墓葬文化新旧之变的核心地域。

在内蒙古中南部，可列入北魏平城时代考察的墓葬有1955年清理的呼和浩特美岱村南宝贝梁北魏墓[1]、1961年清理的呼和浩特美岱村北魏墓[2]、1975年清理的呼和浩特大学路北魏墓[3]、1980年调查的土默特左旗讨合气村墓葬[4]、1980年清理的准格尔旗西沟畔墓地M9[5]、1982年调查的和林格尔县另皮窑村北魏墓[6]、1985年清理的固阳县蒙古族学校北魏墓地[7]、1986年清理的和林格尔县西沟子村北魏墓[8]、20世纪80年代中期

---

[1] 李逸友：《内蒙古土默特旗出土的汉代铜器》，《考古通讯》1956年第2期；李逸友：《关于内蒙古土默特旗出土文物情况的补正》，《考古通讯》1957年第1期；李逸友：《呼和浩特市美岱村北魏墓》，《内蒙古文物资料选辑》，呼和浩特：内蒙古人民出版社，1964年，第118—120页。

[2] 内蒙古文物工作队：《内蒙古呼和浩特美岱村北魏墓》，《考古》1962年第2期。

[3] 内蒙古博物馆　郭素新：《内蒙古呼和浩特北魏墓》，《文物》1977年第5期。

[4] 伊克坚、陆思贤：《土默特左旗出土北魏时期文物》，《内蒙古文物考古》总第3期，1984年。

[5] 伊克昭盟文物站、内蒙古文物工作队：《西沟畔汉代匈奴墓地调查记》，《内蒙古文物考古》创刊号，1981年。

[6] 内蒙古自治区博物馆、和林格尔县文化馆：《和林格尔县另皮窑村北魏墓出土的金器》，《内蒙古文物考古》总第3期，1984年。

[7] 包头市文物管理处：《包头固阳县发现北魏墓群》，《考古》1987年第1期。

[8] 乌兰察布盟文物工作站、和林格尔县文物管理所：《内蒙古和林格尔西沟子村北魏墓》，《文物》1992年第8期。

清理的呼和浩特添密梁鲜卑墓[1]、1988年清理的包头市吴家圪旦墓葬[2]、1988年发掘的兴和县叭沟墓地[3]、1993年清理的和林格尔县三道营乡鸡鸣驿北魏壁画墓[4]、1994年清理的包头市阿善沟门墓地[5]、1994年清理的准格尔旗二里半墓葬[6]、1995年清理的察右前旗呼和乌素墓葬[7]、1995—1996年发掘的察右中旗七郎山墓地[8]、1997年清理的包头市刘二圪梁墓地[9]、1999年调查的固阳县补卜代墓葬[10]、2007年清理的土默特左旗国营苗圃北魏墓[11]、2010年发掘的化德县陈武沟鲜卑墓地[12]等。这些墓葬中,没有发现北魏早期的纪年墓。

在山西北部,北魏平城时代的墓葬主要发现于大同地区。20世纪70年代,太和八年(484年)司马金龙夫妇墓[13]、太和十四年(490年)入葬的冯太后永固陵[14]资料的公布,始撩平城墓葬文化之一角。这两座墓或出有墓志,或据文献可知纪年,它们的年代集中在平城时代后期即北魏中期的太和年间,北魏早期墓葬的情况尚无从知晓。90年代早、中期,大同南郊电焊器材厂北魏墓群[15]、齐家坡北魏墓[16]、金属镁厂北魏墓群[17]简报陆续发表,限于资料积累不足和没有出土纪年文物,此前的困局仍不能破解。进入21世纪后,终现转机。2001年太和元年(477年)宋绍祖墓简报[18]的发表,引来了平城墓葬资料公布的高峰期。90年代晚期以来发掘的资料得到及时整理,一批简报或报告问世,大同市区的墓葬

---

[1]　原平:《鲜卑金饰牌及篦纹陶罐》,《呼和浩特文物》总第一期,1987年。
[2]　张海斌:《包头市鲜卑墓葬》,《内蒙古地区鲜卑墓葬的发现与研究》第九章,北京:科学出版社,2004年,第189—204页。
[3]　崔利明、郝晓菲、魏坚:《兴和县叭沟墓地》,《内蒙古地区鲜卑墓葬的发现与研究》第六章,北京:科学出版社,2004年,第112—122页。
[4]　王大方:《内蒙古首次发现北魏大型砖室壁画墓》,《中国文物报》1993年11月28日第1版;苏俊、王大方、刘幻真:《内蒙古和林格尔北魏壁画墓发掘的意义》,《中国文物报》1993年11月28日第3版;刘瑞娥、朱家龙:《鸡鸣驿北魏壁画墓清理随想》,《呼和浩特文物》总第四期,1999年;温雅棣:《史记丹青——和林格尔两座壁画墓的比较研究》,《肇庆学院学报》2011年第4期。
[5]　张海斌:《包头市鲜卑墓葬》,《内蒙古地区鲜卑墓葬的发现与研究》第九章,北京:科学出版社,2004年,第189—204页。
[6]　魏坚:《准格尔旗二里半墓葬》,《内蒙古地区鲜卑墓葬的发现与研究》第十章,北京:科学出版社,2004年,第205—207页。
[7]　曹建恩、魏坚:《察右前旗呼和乌素墓葬》,《内蒙古地区鲜卑墓葬的发现与研究》第八章,北京:科学出版社,2004年,第184—188页。
[8]　王新宇、魏坚:《察右中旗七郎山墓地》,《内蒙古地区鲜卑墓葬的发现与研究》第七章,北京:科学出版社,2004年,第123—183页。
[9]　张海斌:《包头市鲜卑墓葬》,《内蒙古地区鲜卑墓葬的发现与研究》第九章,北京:科学出版社,2004年,第189—204页。
[10]　张海斌:《包头市鲜卑墓葬》,《内蒙古地区鲜卑墓葬的发现与研究》第九章,北京:科学出版社,2004年,第189—204页。
[11]　内蒙古文物考古研究所:《土默特左旗国营苗圃北魏墓清理报告》,《内蒙古文物考古》2008年第1期。
[12]　内蒙古自治区文物考古研究所、乌兰察布市博物馆、化德县文物管理所:《化德县陈武沟鲜卑墓地发掘简报》,《草原文物》2014年第1期。
[13]　山西省大同市博物馆、山西省文物工作委员会:《山西大同石家寨北魏司马金龙墓》,《文物》1972年第3期。
[14]　大同市博物馆、山西省文物工作委员会:《大同方山北魏永固陵》,《文物》1978年第7期。
[15]　山西省考古研究所、大同市博物馆:《大同南郊北魏墓群发掘简报》,《文物》1992年第8期。
[16]　王银田、韩生存:《大同市齐家坡北魏墓发掘简报》,《文物季刊》1995年第1期。
[17]　韩生存、曹承明、胡平:《大同城南金属镁厂北魏墓群》,《北朝研究》1996年第1期。
[18]　山西省考古研究所、大同市考古研究所:《大同市北魏宋绍祖墓发掘简报》,《文物》2001年第7期。

包括智家堡北魏石椁壁画墓①、智家堡北魏棺板画墓②、沙岭北魏壁画墓③、七里村北魏墓群④、迎宾大道北魏墓群⑤、雁北师院北魏墓群(其中M5即宋绍祖墓)⑥、田村北魏墓⑦、云波里路北魏壁画墓⑧、文瀛路北魏壁画墓⑨、沙岭新村北魏墓地⑩、恒安街韩法容墓⑪、仝家湾梁拔胡墓⑫等,郊县墓葬包括阳高县的下深井北魏墓⑬、上泉村尉迟定州墓⑭,大同县的国营粮食原种场北魏墓群⑮、陈庄北魏墓⑯、湖东北魏墓M11⑰等。部分深藏文物库房已久的资料由此引起重视,得以再见天日,如大同县湖东北魏一号墓⑱、电焊器材厂北魏墓群的全部墓葬⑲、怀仁县七里寨村丹扬王墓⑳等。在骤增的资料中,又发现了六座北魏纪年墓,即太延元年(435年)沙岭北魏壁画墓、太安三年(457年)尉迟定州墓、和平二年(461年)梁拔胡墓、迎宾大道M70天安元年(466年)叱干渴侯墓、太和元年(477年)宋绍祖墓、七里村M35太和八年(484年)杨众庆墓。具有突破性的是,前三座墓葬弥补了北魏早期无纪年墓的空白。

在纪年墓出现以前,北魏早期墓葬的文化特征经历了长期的模糊和不确定的认知过程,在许多方面缺乏共识。一些认识上的偏差,导致最初的判断是需要重新调整的。有些年代推定为北魏的墓葬,可能并不是这个时期的。有些墓葬虽属北魏时期,但所处的具体时段还可讨论。以下结合部分墓葬的研究状况进行回顾与分析。

1. 准格尔旗二里半墓葬

位于内蒙古文物考古研究所二里半工作站东侧约50米的丘陵缓坡上。据村民介绍

---

① 王银田、刘俊喜:《大同智家堡北魏墓石椁壁画》,《文物》2001年第7期。
② 刘俊喜、高峰:《大同智家堡北魏墓棺板画》,《文物》2004年第12期。
③ 大同市考古研究所:《山西大同沙岭北魏壁画墓发掘简报》,《文物》2006年第10期。
④ 大同市考古研究所:《山西大同七里村北魏墓群发掘简报》,《文物》2006年第10期。
⑤ 大同市考古研究所:《山西大同迎宾大道北魏墓群》,《文物》2006年第10期。
⑥ 大同市考古研究所 刘俊喜主编:《大同雁北师院北魏墓群》,北京:文物出版社,2008年。
⑦ 大同市考古研究所:《山西大同南郊区田村北魏墓发掘简报》,《文物》2010年第5期。
⑧ 大同市考古研究所:《山西大同云波里路北魏壁画墓发掘简报》,《文物》2011年第12期。
⑨ 大同市考古研究所:《山西大同文瀛路北魏壁画墓发掘简报》,《文物》2011年第12期。
⑩ 大同市考古研究所:《山西大同沙岭新村北魏墓地发掘简报》,《文物》2014年第4期。
⑪ 大同市考古研究所:《山西大同恒安街北魏墓(11DHAM13)发掘简报》,《文物》2015年第1期。
⑫ 山西省考古研究所、大同市考古研究所:《山西大同南郊仝家湾北魏墓(M7、M9)发掘简报》,《文物》2015年第12期。
⑬ 大同市考古研究所:《山西大同下深井北魏墓发掘简报》,《文物》2004年第6期。
⑭ 大同市考古研究所:《山西大同阳高北魏尉迟定州墓发掘简报》,《文物》2011年第12期。
⑮ 山西省考古研究所:《大同县国营粮食原种场北魏墓》,《三晋考古》第三辑,太原:山西人民出版社,2006年,第336—345页。
⑯ 山西省考古研究所、大同市考古研究所:《山西大同市大同县陈庄北魏墓发掘简报》,《文物》2011年第12期。
⑰ 山西省考古研究所、大同市考古研究所:《山西大同县湖东北魏墓(M11)发掘简报》,《文物》2014年第1期。
⑱ 山西省大同市考古研究所:《大同湖东北魏一号墓》,《文物》2004年第12期。
⑲ 山西大学历史文化学院、山西省考古研究所、大同市博物馆:《大同南郊北魏墓群》,北京:科学出版社,2006年。
⑳ 怀仁县文物管理所:《山西怀仁北魏丹扬王墓及花纹砖》,《文物》2010年第5期;王银田:《丹扬王墓主考》,《文物》2010年第5期。

和现场勘测,墓葬为竖穴土坑墓,东西向,墓穴内尸骨不全,仅发现一根锁骨和一根股骨,另出铁镞、灰陶罐各一件。所出陶罐与补洞沟匈奴墓 M6 的 Ⅱ 式陶罐[①]相同,但简报推定其年代属于北魏时期。已有研究者将其纠正为东汉时期的匈奴墓[②]。

2. 另皮窑村墓葬和讨合气村墓葬

和林格尔县另皮窑村墓葬,遭破坏,收回文物 38 件,其中金器有金碗 1 件、条形金片 1 件、管状金饰 2 件、金花叶 1 件等,复合材质金属器有前圆后方形野猪纹铁芯包金饰牌 2 件、马蹄形野猪纹铁芯包金饰牌 2 件、圆形野猪纹铁芯包金饰牌 2 件、竖长方形纠结纹铁芯包金饰牌 2 件、钮形铁芯包金饰件 5 件,另还有镞、熏炉等铜器 8 件、银器 1 件、大型陶罐 1 件、玉器 8 件。土默特左旗讨合气村墓葬,亦遭破坏,征集遗物不全,其中金、铁复合材质的器物包括前圆后方形神兽纹铁芯包金饰牌 2 件、马蹄形云纹铁芯包金饰牌 2 件、竖长方形火焰纹铁芯包金饰牌 4 件,另还出有铁剑、铁刀、铁镞、马衔、铜镞和圆杆形残骨器等。两墓的调查者陆思贤通过对铁芯包金饰牌的探讨,认为它们是十六国晚期到北魏早期的鲜卑族遗物[③]。还有研究者认为讨合气村墓葬的年代约相当于 3 世纪中叶拓跋力微迁"定襄之盛乐"前后[④]。

这两墓的铁芯包金饰牌实际上各是一套带具。另皮窑墓葬的前圆后方形野猪纹包金饰牌是带扣、马蹄形野猪纹包金饰牌是带环(图 3 - 1:1)。讨合气墓葬的神兽纹带饰是带扣,云纹饰牌是带环,火焰纹饰牌是带銙(图 3 - 1:2)。根据这两套带具的时代特点,孙机已指出它们的年代不会晚到北魏。"另皮窑的猪纹带扣与西沟畔 4 号西汉墓所出包金卧羊纹带扣属于同一类型;而与另皮窑带环形制相同的老河深带环,则是西汉末东汉初之物。故另皮窑带具也是汉代的制品。讨合气带具上的神兽纹之风格要晚一些,但也不能迟于晋代。"[⑤]另皮窑墓葬还出土 1 件耳部带三乳突的铜镞;此形制的铜镞流行于塔加尔文化影响的南西伯利亚地区,从叶尼塞河至贝加尔湖均有发现,或与丁零人有关,时代在公元前 8 世纪—公元 2 世纪之间[⑥],也说明另皮窑墓葬的年代应在两汉时期。另皮窑墓葬位于汉朝边境,所出铜镞在中国境内目前仅此一件;带具上的野猪纹罕见,与汉式、匈奴、鲜卑饰牌的题材皆不同,而南西伯利亚地区恰是野猪的主要分布地之一,且出土有猎人骑射野猪纹的饰牌(图 3 - 1:3)[⑦]。因此,该墓葬的出现或要考虑公元 1 世纪末匈奴亡国后丁零南迁,其中少数人到达汉塞,与汉文化发生交流的可能性,当然也不排除是降汉的匈奴人

---

① 伊盟文物工作站:《伊克昭盟补洞沟匈奴墓清理简报》,《内蒙古文物考古》创刊号,1981 年。
② 乔梁:《鄂尔多斯的鲜卑遗存》,《鄂尔多斯青铜器国际学术研讨会论文集》,北京:科学出版社,2009 年,第 467—475 页;吴松岩:《内蒙古准格尔旗二里半墓葬属性探讨》,《草原文物》2011 年第 2 期;潘玲:《对部分与鲜卑相关遗存年代的再探讨》,《边疆考古研究》第 13 辑,北京:科学出版社,2013 年,第 216—217 页。
③ 陆思贤:《对另皮窑和讨合气金牌的几点认识》,《内蒙古文物考古》总第 3 期,1984 年。
④ 卜扬武、程玺:《呼和浩特地区鲜卑墓所反映的社会问题》,《内蒙古文物考古》1991 年第 1 期。
⑤ 孙机:《中国古代的带具》,同氏著《中国古舆服论丛(增订本)》,北京:文物出版社,2001 年,第 271—274 页。
⑥ 郭物:《青铜镞在欧亚大陆的初传》,《欧亚学刊》第一辑,北京:中华书局,1999 年,第 139—140 页。
⑦ 转引自孙机:《玉具剑与璏式佩剑法》图一二:2,《中国圣火:中国古文物与东西文化交流中的若干问题》,沈阳:辽宁教育出版社,1996 年,第 32 页。

· 128 ·　　　　　　　　　　　光宅中原

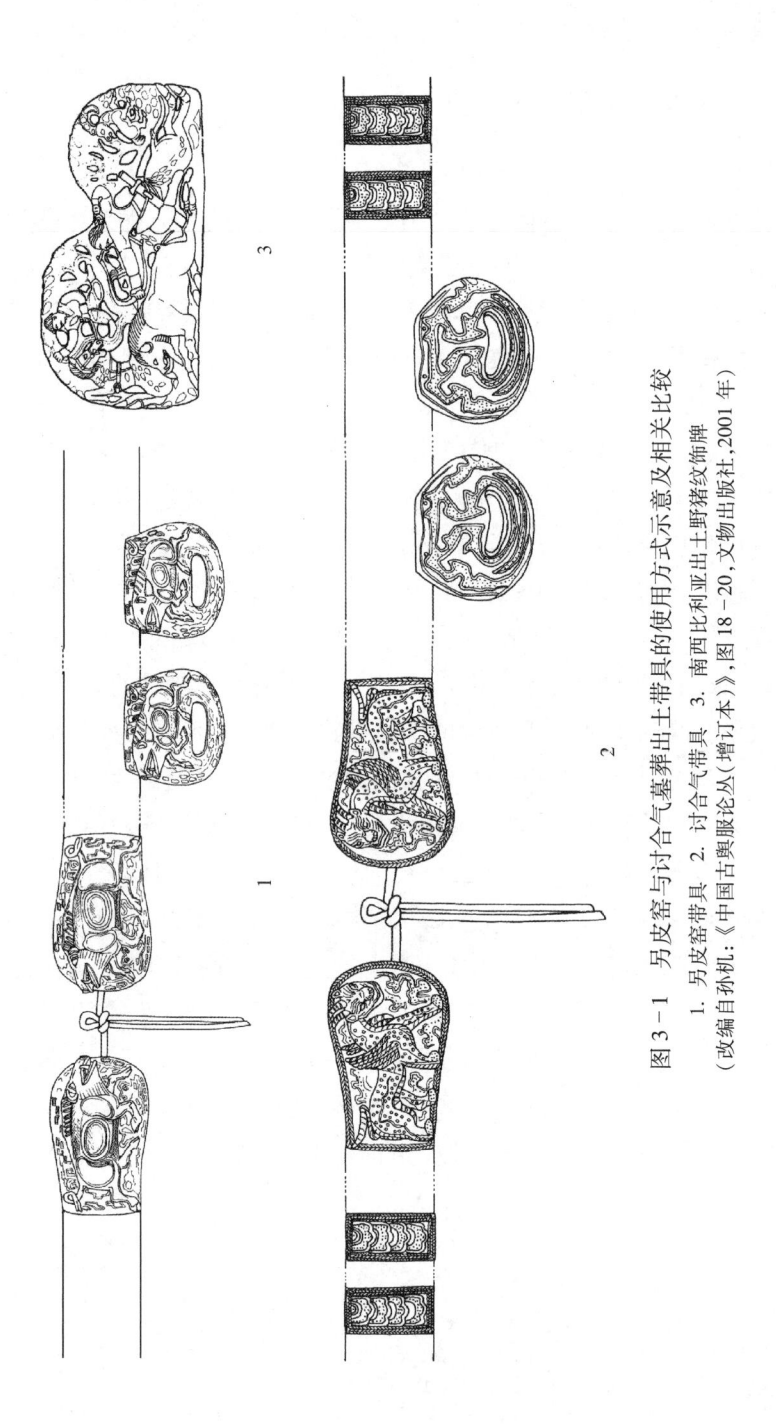

图 3-1　另皮瓷与讨合气墓葬出土带具的使用方式示意及相关比较
1. 另皮瓷带具　2. 讨合气带具　3. 南西比利亚出土野猪纹饰牌
（改编自孙机：《中国古舆服论丛（增订本）》，图 18-20，文物出版社，2001 年）

从南西伯利亚地区将这些文化因素传播而来,年代约可在东汉中晚期。讨合气墓葬所出带具的汉式风格更显浓厚,带扣上的神兽生角、带翼,似龙似虎(图3-2:1),与西汉晚期至西晋时期带扣的形制及动物造型多有相似之处(图3-2:2—6)①;该墓还出有铜镞,显示与匈奴、鲜卑皆有相关性。但东汉至魏晋时期,匈奴比鲜卑受汉化影响的程度要大得多,西晋时拓跋人着汉式服饰仍是受猜忌的事情。拓跋力微之子沙漠汗从西晋归来,部落大人对其谗害的理由就是:"太子风彩被服,同于南夏,兼奇术绝世,若继国统,变易旧俗,吾等必不得志,不若在国诸子,习本淳朴。"②因此,讨合气墓葬的这套带具属南匈奴可能性较大,年代大概在南匈奴汉化程度加深的东汉中晚期至魏晋时期。

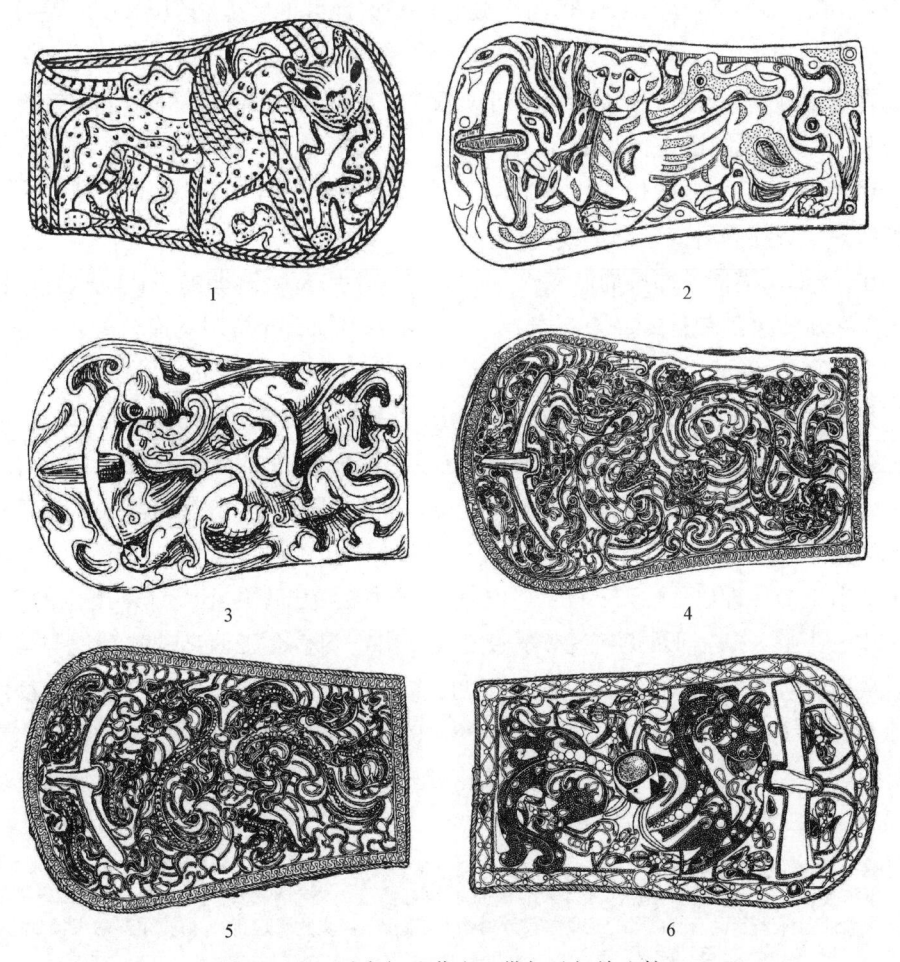

图3-2 讨合气墓葬出土带扣及相关比较
1. 讨合气墓葬出土的包金带扣　2. 云南晋宁石寨山7号西汉墓出土的虎纹银带扣
3. 洛阳夹马营路15号东汉墓出土的龙纹玉带扣　4. 新疆焉耆博格达沁古城黑圪垯出土的八龙金带扣
5. 平壤石岩里乐浪9号墓出土的七龙金带扣　6. 湖南安乡西晋刘弘墓出土的龙纹金带扣
(其中2—6分别引自孙机:《中国古舆服论丛(增订本)》,图18-14、18-15、18-16,文物出版社,2001年)

---

① 孙机:《中国古代的带具》,《中国古舆服论丛(增订本)》,北京:文物出版社,2001年,第265—269页。
② 《魏书》卷一《序纪》,北京:中华书局,1974年,第4页。

3. 呼和浩特添密梁墓葬

该墓葬出土时已被完全扰乱。经清理和追查，找到男骸 1 具、遗物 23 件及棺木等残迹。遗物包括陶壶 5 件、铁棺钉 8 件、铁环扣 2 件、铜镞 1 件、双羊纹金饰牌 1 件、银丝手镯 4 件、三角形银饰 1 件、绿松石串珠 1 组。5 件陶壶以侈口、鼓腹为特征，颈部多饰弦纹，一件颈以下残、口沿下饰一周刻画水波纹，两件腹部通体分别饰九周、十二周戳点纹带（图 3-3：1，2），一件肩部饰六周弦纹（图 3-3：3），一件肩部饰一周弦纹夹水波纹带、下腹部通体饰多周戳点纹带（图 3-3：4）；弦纹、戳点纹、水波纹是东汉时期鲜卑或匈奴墓葬中的常见因素，其中细颈壶（图 3-3：3）与平城时代平城地区的陶壶相似，新现象是腹部饰多周戳点纹带的做法。该墓出土的双羊纹金饰牌，镂空透雕，双羊对立，陪衬图案为网格纹状的五只轮子；此饰牌制法和对称构图同三道湾、二兰虎沟墓地出土的对鹿纹饰牌（图 2-5：11—12）相似，主题图像由鹿换羊，衬图也不仅是简单的网格纹。该墓调查者根据陶壶、双羊纹金饰牌与鲜卑的相似性，推断该墓为北魏晚期的鲜卑墓[①]。也有研究者将该墓年代推断为北魏建国后或迁都平城后[②]。

现在，我们从陶器腹部多周戳点纹带的特点入手考察该墓葬的年代。这种腹部装饰纹样出现在从室韦到契丹的墓葬陶器上。室韦墓葬目前公布资料的有三处：一处是海拉尔谢尔塔拉墓地，98M6：1（图 3-3：5）、98M4：2（图 3-3：6）、98M8：2（图 3-3：7）三件陶壶腹部都饰多周戳点纹带，年代为 9—10 世纪[③]；另一处是陈巴尔虎旗西乌珠尔墓地，也出这种纹饰的陶壶，如 1986 年采集的两件（图 3-3：8—9）和 95CXM3 出土的一件（图 3-3：10），年代约为 7—8 世纪[④]；第三处是陈巴尔虎旗岗嘎墓地，出有与西乌珠尔墓地基本相同的陶壶。[⑤] 辽代早期的契丹墓也出有一批相似纹饰的陶壶，如河北康保县白脑包辽代石棺墓出土的一件（图 3-3：11）[⑥]、内蒙古巴林右旗巴彦琥绍墓辽墓出土的三件（图 3-3：12—14）[⑦]。从器形的演变看，添密梁墓葬出土陶壶介于西乌珠尔墓地与早期辽墓之间。从地域看，8 世纪 80 年代至 9 世纪初，室韦人的一支已到达今内蒙古中部阴山地区，788 年室韦与奚的联军袭击了唐振武军[⑧]。9 世纪中叶，回鹘汗国衰落以后，室韦人更是大批涌入蒙古高原和阴山地区[⑨]。与添密梁墓葬相距 40 公里的和林格尔县土城子古

---

① 原平：《鲜卑金饰牌及篦纹陶罐》，《呼和浩特文物》总第一期，1987 年。
② 卜扬武、程玺：《呼和浩特地区鲜卑墓所反映的社会问题》，《内蒙古文物考古》1991 年第 1 期。
③ 中国社会科学院考古研究所、呼伦贝尔民族博物馆、海拉尔区文物管理所：《海拉尔谢尔塔拉墓地》，北京：科学出版社，2006 年，第 32—35、66 页。
④ 白劲松：《陈巴尔虎旗西乌珠尔古墓清理简报》，《辽海文物学刊》1989 年第 2 期；呼伦贝尔盟文物管理站：《陈巴尔虎旗西乌珠尔古墓葬调查清理简报》，《内蒙古文物考古》1997 年第 2 期；赵越：《论呼伦贝尔发现的室韦遗迹》，《内蒙古文物考古文集》第一辑，北京：中国大百科全书出版社，1994 年，第 598—600 页。
⑤ 中国社会科学院考古研究所、内蒙古自治区文物考古研究所、北京大学考古文博学院、呼伦贝尔民族博物院呼伦贝尔联合考古队：《内蒙古陈巴尔虎旗岗嘎墓地》，《考古》2015 年第 7 期。
⑥ 张家口地区文管所、康保县文管所：《河北康保县白脑包发现辽代石棺墓》，《文物春秋》1989 年第 4 期。
⑦ 苗润华：《巴林右旗巴彦琥绍辽墓和元代遗址》，《内蒙古文物考古》1994 年第 1 期。
⑧ 张久和：《阴山达怛史迹钩沉》，《内蒙古大学学报（人文社会科学版）》1999 年第 2 期。
⑨ 张久和：《室韦地理再考辨》，《中国边疆史地研究》1998 年第 1 期。

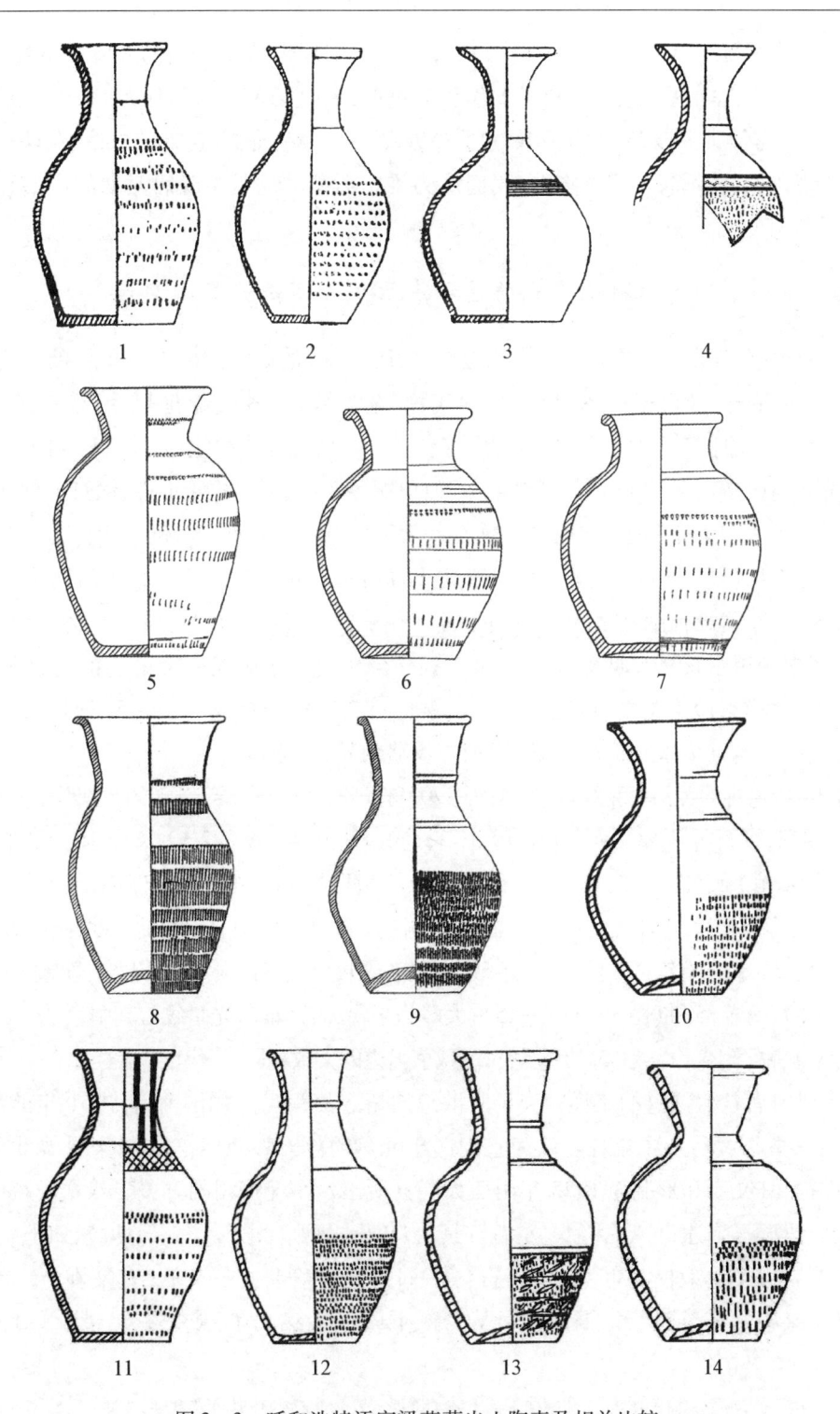

第三章 北魏早期墓葬文化的旧俗新风

图 3-3 呼和浩特添密梁墓葬出土陶壶及相关比较
1—4. 添密梁墓葬出土　5. 谢尔塔拉 98M6:1　6. 谢尔塔拉 98M4:2　7. 谢尔塔拉 98M8:2
8—9. 1986 年西乌珠尔墓葬采集　10. 西乌珠尔 95CXM3 出土　11. 白脑包辽墓出土
12—14. 巴彦珑绍墓辽墓出土

城即唐振武军城①,说明8世纪末以后室韦部落已在唐振武军管辖的今呼和浩特地区活动。而契丹人占据这一地区是到了五代后梁贞明二年(916年),阿保机"伐吐浑还,攻之(振武军),尽俘其民以东,唯存乡兵三百人防戍"②。从双羊纹金饰牌和绿松石串珠具有早期器物特征,而不属契丹器物看,我们认为添密梁墓葬应是中晚唐时期的室韦墓,而与北朝鲜卑无关。

4. 呼和浩特美岱村两座北魏墓和准格尔旗西沟畔墓地 M9

1955年清理的美岱村南宝贝梁北魏墓,为砖室墓,被掘毁。出土文物除破散陶器、漆器外,金器有金戒指、菱形薄金片、金钏残片、金丝残屑、各式金花等,铜器有铜鍑1件(图3-4:1)、铜镰斗1件(图3-4:2)、铜勺2件、鸟兽相斗纹铜饰件1件(图3-4:3)、铜虎符2组(图3-4:4)、双角铜兽4件、独角铜兽2件、铜嘎拉哈1件、铜灯1件、鎏金铜戒指1枚、"大泉五十"铜钱20枚,铁器有铁刀1件、铁钉20件、铁环钉23件,陶器有短颈无耳陶罐1件(图3-4:6)、短颈双耳陶罐1件(图3-4:7)、磨光暗纹平沿陶罐5件(图3-4:8—12)、磨光暗纹平沿陶壶6件(图3-4:13—18)。所出虎符每组为可以分合的两半,其中一组全长9.5厘米,背脊铭刻"皇帝与河内太守铜虎符第三",前胸铭刻"河内太守"四字两行,腹下铭刻"铜虎符左"和"铜虎符右"各1行(图3-4:5);另一组除背脊铭文作"皇帝与河内太守铜虎符第五"和花纹略粗外,余均略同。

1961年清理的美岱村北魏墓,其西面约200米即是那座1955年发现的北魏墓。形制为竖穴单室砖墓,东西向,墓室平面呈长梯形,长3、宽1.13—1.48、残高2.62米,券顶,无墓门,墓内东南部置木棺1具(图3-5:1)。出土器物可分金、铜、铁、陶、漆器等。金器有动物形装饰金戒指1枚、菱形薄金片27件、金小铃7件,铜器有铜鍑1件(图3-5:2)、铜勺1件、铜钩形器1件(图3-5:3),铁器有铁剑1件、铁环钉5件、铁钉12枚以及残铁甲片等,陶器有陶罐3件③(图3-5:5、6)、陶壶35件(图3-5:7—15),大多为平沿,表面饰磨光暗纹。其中金戒指、菱形金片、铜鍑、陶罐、陶壶等,与1955年美岱村北魏墓出土的大致相同,年代也应相当。

有研究者认为两墓的年代相当于4世纪初拓跋猗卢建立代国前后,1961年的那座可能稍晚一些④。不过,主流观点认为它们属于北魏时期。1955年美岱村宝贝梁北魏墓所出铜虎符,其文字和形制与1925年山西大同县所出八个虎符相同。关于八个虎符的文字和形制,罗振玉描述道:"虎符八,左右皆具,去年出山西。太守三,曰博陵,曰上党,曰辽西;护军五,曰阳曲,曰吐京,曰离石(第一、第三、第四,凡三品)。其文在脊上者,曰:'皇帝与某某太守(或护军)铜虎符第某',颔下曰:'某某太守(或护军)',腹下曰:'铜虎

---

① 内蒙古自治区文物工作队:《和林格尔县土城子试掘记要》,《文物》1961年第9期;艾冲:《公元7—9世纪鄂尔多斯高原人类经济活动与自然环境演变研究》,北京:中国社会科学出版社,2012年,第231页。
② 《辽史》卷四一《地理志五·西京道条》,北京:中华书局,1974年,第509页。
③ 简报原文列有陶罐2件、粗颈陶壶1件,本书认为粗颈陶壶实为陶罐,故合并为陶罐3件。
④ 卜扬武、程玺:《呼和浩特地区鲜卑墓所反映的社会问题》,《内蒙古文物考古》1991年第1期。

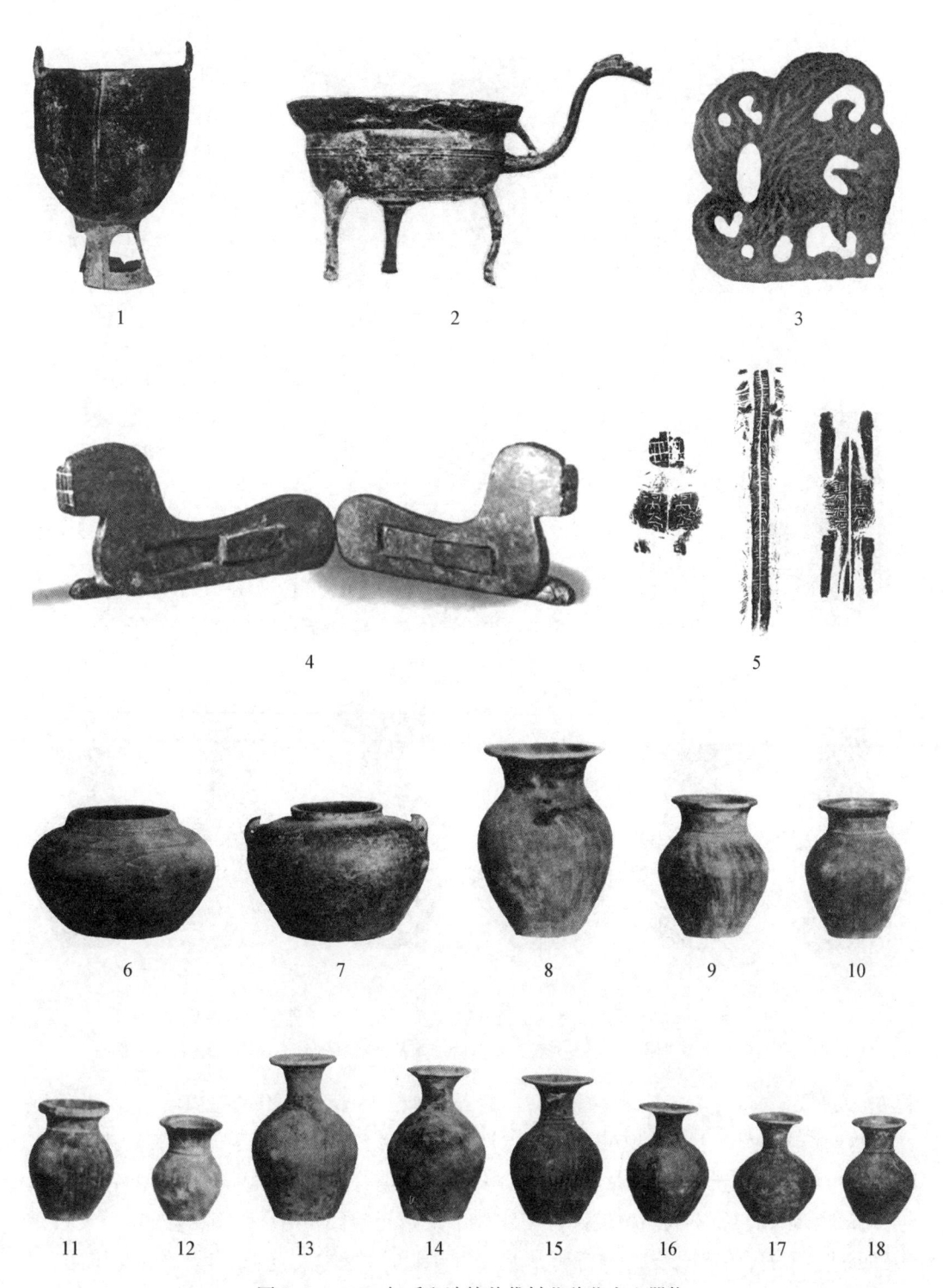

图 3-4　1955 年呼和浩特美岱村北魏墓出土器物
1. 铜鍑　2. 铜鐎斗　3. 鸟兽相斗纹铜饰件　4. 铜虎符　5. 铜虎符铭文　6. 短颈无耳陶罐
7. 短颈双耳陶罐　8—12. 磨光暗纹平沿陶罐　13—18. 磨光暗纹平沿陶壶

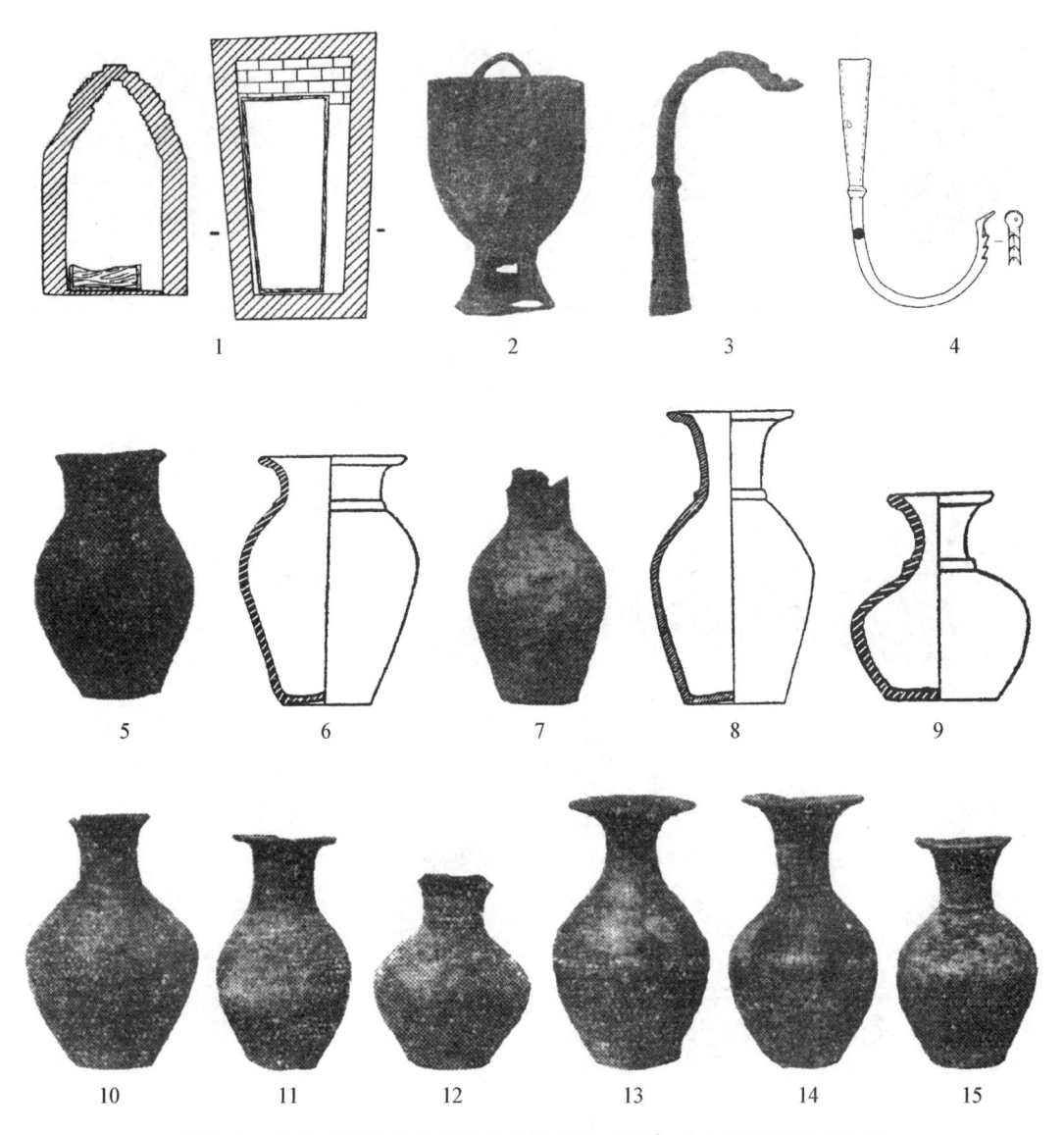

图 3-5　1961 年呼和浩特美岱村北魏墓墓室形制、出土器物及相关比较
1. 墓室平、剖面图　2. 铜鍑　3. 铜钩形器　4. 沙岭壁画墓出土铜帐钩　5—6. 陶罐　7—15. 陶壶

符左（或右）'。其文为隶书，虎之形制，与晋符相似。然晋符长不逾建初尺三寸，此符则由首达尾长至四寸"，并据《魏书·地形志》认为它们为"北魏物也"①。马衡就其制作之年进一步考证，"盖十六国之时，称帝者比比皆是，故虎符之上，必冠以国号。此符不著国号，而曰皇帝，与它符不同。按道武帝拓跋珪于皇始元年（396 年）称帝，越二年至天兴元年（398 年）六月，始定国号，七月迁都平城。为自来罕见之制。此符之作，当在称帝之后，

---

① 罗振玉：《松翁近稿补遗》之"后魏虎符拓本跋"条，《罗雪堂先生全集》续编第 1 册，台北：文华出版公司，1969 年，第 121—122 页。

建号之前。其后既有国号,或一律改铸,而此符遂废欤?"①由此,宿白认为美岱村北魏墓"可能是4世纪末拓跋珪建魏国前后不久的遗迹","是拓跋贵族的墓葬"②。北魏据有河内郡是在398年正月占领邺城后不久③,依马衡的年代考证,"河内太守"虎符只能造于398年上半年,且在数月之后废弃。近年,有研究者对这批虎符铭文进行新的考证,认为它们铸造和使用的年代应在北魏明元帝神瑞元年(414年)到太武帝太平真君九年(448年)之间④。1961年美岱村北魏墓出有一件铜钩饰器,钩头外挑、外侧如锯齿,与太延元年(435年)大同沙岭北魏壁画墓的铜帐钩(图3-5:4)⑤相似。这为新的考证结论提供了进一步佐证。因此,美岱村两座北魏墓葬的年代属于明元帝至太武帝时期的可能性大。

准格尔旗西沟畔墓地M9,原简报称为匈奴墓。有研究者指出,"这座墓随葬的卷平沿细颈壶和翻沿侈口罐,跟西沟畔M12、伊克昭盟补洞沟墓、宁夏同心倒墩子墓等目前称作匈奴墓的陶器明显不同,而跟美岱村墓的壶、罐有些相近,因此,80·西·M9应属美岱村那类遗存"⑥。依此判断,则西沟畔墓地M9的年代在北魏早期。

5. 察右中旗七郎山墓地、包头市阿善沟门墓地和化德县陈武沟墓地

七郎山墓地1995、1996年两次共发掘20座墓葬,其中竖井墓道偏洞室墓18座、长斜坡墓道土洞墓2座,前者所占比例高达90%。两者墓室口均以不规则的石块砌墙封堵,如ZQM15(图3-6:1)、ZQM6(图3-6:2)。至少有一部分墓葬在墓口上方或墓口北侧的原地表有意堆放一块或数块体积较大的青灰色不规则石块,有的墓葬还在填土中夹杂不规则石块。所见葬式共计5种,即侧身屈肢、仰身屈肢、俯身屈肢、侧身直肢及仰身直肢,屈肢为主,侧身屈肢葬所占比例最大。出土陶壶、陶罐在盛乐、平城及附近地区北魏墓葬中常见。发掘者将七郎山墓地的年代推定为"定都平城"前后,即4世纪末至5世纪初。有研究者指出,七郎山墓地葬俗的主导因素——墓葬形制(以竖井墓道偏室墓为主)、葬式(以侧身屈肢葬为主)与拓跋鲜卑相去甚远,而与西部地区葬俗存在多种相似性,认为墓主人可能是北魏灭北凉后从北凉统治区域迁来的羌戎,年代应调整到5世纪中叶—5世纪末⑦。

阿善沟门墓地BAM1,为土洞墓,墓室口以不规则的石块砌墙封堵(图3-6:3)。陈武沟墓地发掘15座墓葬,其中M12是一座竖井墓道偏洞室墓,墓室口有石块砌墙封堵,墓道顶部填土中夹杂石块,地表有石块覆盖墓口及周边(图3-6:4)。这两墓的形制与七郎山墓地墓葬相同,与七郎山墓地人群文化有着密切的联系,年代也应相近。陈武沟墓地

---

① 马衡:《北魏虎符跋》,《考古通讯》1956年第4期。
② 宿白:《盛乐、平城一带的拓跋鲜卑——北魏遗迹——鲜卑遗迹辑录之二》,《文物》1977年第11期。
③ 毋有江:《天兴元年徙民与北魏初年的行政区划》,《历史研究》2007年第5期。
④ 马剑斌、彭维斌:《读〈北魏虎符跋〉札记》,《中国国家博物馆馆刊》2013年第5期。
⑤ 大同市考古研究所:《山西大同沙岭北魏壁画墓发掘简报》,《文物》2006年第10期;赵瑞民、刘俊喜:《大同沙岭北魏壁画墓出土漆皮文字考》,《文物》2006年第10期。
⑥ 陈雍:《扎赉诺尔等五处墓葬陶器的比较研究》,《北方文物》1989年第2期。
⑦ 吴松岩:《七郎山墓地再认识》,《内蒙古文物考古》2009年第1期。

其他 14 座墓葬,为长方形竖穴土坑墓,葬式均为仰身直肢葬,大多数墓葬地表有石块覆盖墓口及周边,有的墓葬在墓道填土中还夹杂石块(图3-6:5)。这些墓葬地表堆石、墓道填石的做法与七郎山墓地也相同。简报认为该墓地年代应与七郎山墓地的时代相近,可能略早于七郎山墓地;并以七郎山简报的年代推定为基准,将陈武沟墓地的年代断在定都平城之前。若以七郎山墓地后一种年代说法为基准,则陈武沟墓地的年代当在北魏早期。

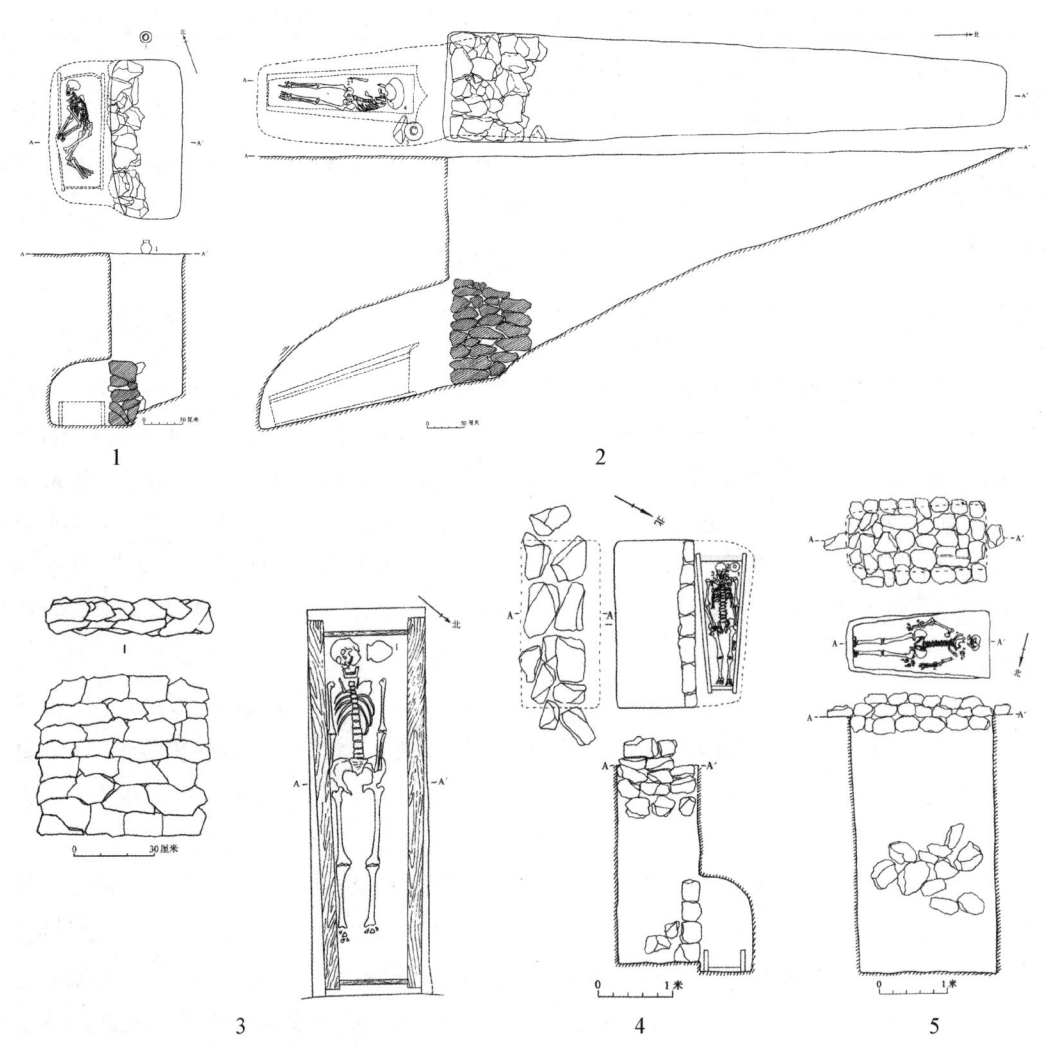

图3-6 七郎山墓葬与阿善沟门墓葬、陈武沟墓葬的形制比较
1. 七郎山 ZQM15 2. 七郎山 ZQM6 3. 阿善沟门 BAM1 4. 陈武沟 M12 5. 陈武沟 M10

6. 大同南郊电焊器材厂墓地

1988 年发掘,清理北魏墓葬 167 座,墓葬分布密集,排列有序,墓地保存状况良好,除仅有的一座砖室墓被盗外,其余均完好,出土北魏时期遗物 1 000 余件。2006 年,考古发

掘报告《大同南郊北魏墓群》出版,完整报道了这批墓葬资料,并将墓葬分为五个期段;其中第一段为迁都平城之前,即398年以前的墓葬,共计3座(表3-1);第二段约为迁都平城初期,即道武帝天兴元年(398年)至太武帝统一黄河流域之前(439年)期间的墓葬,共计33座(表3-1);第三段约为太武帝统一黄河流域之后(439年)至太和初年(477年)左右期间的墓葬,共计60座(表3-1);第四段约为太和初年(477年)至迁洛(496年)以前的墓葬,共计41座;第五段为迁洛(496年)以后的墓葬,共计9座;另有21座墓葬无陶器,暂未定期段①。这五段里,北魏早期包含在第一、二、三段内,第三段有部分墓葬进入北魏早、中期的过渡时期。但这批墓葬中没有发现一座纪年墓葬,各期段的划分是否可靠,尚需检验。

表3-1 《大同南郊北魏墓群》与《大同南郊北魏墓群研究》北魏早期墓葬的划分比较

期 段	《大同南郊北魏墓群》	分 组	《大同南郊北魏墓群研究》
第一段	M24、M73、M227	第一组	M1、M73、M81、M185
第二段	M1、M9、M41、M45、M49、M52、M54、M63、M74、M86、M97、M108、M139、M162、M170、M180、M185、M195、M197、M203、M204、M205、M206、M210、M211、M212、M226、M228、M230、M235、M236、M240、M246	第一、二过渡组	M3、M6、M28、M35、M49、M180、M226、M240
		第二组	M38、M45、M52、M56、M78、M86、M105、M108、M151、M153、M203、M205、M206、M216、M228、M229、M230、M13、M204、M253
第三段	M3、M6、M7、M8、M13、M15、M17、M18、M19、M22、M28、M33、M35、M38、M42、M43、M46、M50、M51、M56、M57、M65、M66、M75、M79、M81、M95、M102、M103、M105、M106、M107、M109、M112、M113、M114、M116、M124、M126、M128、M129、M132、M133、M149、M150、M153、M156、M157、M192、M194、M199、M207、M208、M214、M215、M216、M221(早)、M225、M229、M253	第二、三过渡组	M19、M41、M54、M65、M67、M124、M215、M129、M156、M157、M170、M187、M195、M208、M225、M48、M103、M107、M227、M235

论文《大同南郊北魏墓群研究》从陶器入手,进行了重新的年代分析和分期,提出新的五期段说,把大部分墓葬分别归入五组,每组为一期。其中第一组有4座墓葬(表3-1),年代最早,绝对年代待定;第一、二过渡组有8座墓葬(表3-1),绝对年代待定;第二组有20座墓葬(表3-1),有5世纪30年代的纪年;第二、三过渡组有20座墓葬

---

① 山西大学历史文化学院、山西省考古研究所、大同市博物馆:《大同南郊北魏墓群》,北京:科学出版社,2006年,第472页。

(表3-1),年代在5世纪中期左右;第三组有77座墓葬,有5世纪70年代和80年代的纪年,下限应不晚于公元500年,约为5世纪晚期;另有38座墓葬没有分组分期①。这五组里,北魏早期包含在第一组,第一、二过渡组,第二组,第二、三过渡组的年代范畴内。

这两项研究对大同南郊电焊器材厂墓地北魏早期墓葬的分组和分期差异很大,虽然都进行了陶器的类型学分析,但得出的结论明显不同,表明在缺乏纪年墓做参照的情况下,对北魏早期墓葬的认知并非易事。不过,如果不细分期段,笼统地放在北魏早期的大时段内考察,我们发现以上两项研究对北魏早期墓葬的识别还是具有较大共性的。《大同南郊北魏墓群研究》所分第一组,第一、二过渡组,第二组,第二、三过渡组共有52座墓葬,除了M78、M151、M67、M187、M48五座墓,其他48座都落在《大同南郊北魏墓群》第一、二、三段所涵盖的时段内(表3-1)。

第三节 北魏早期墓葬文化因素的来源

现在,我们以纪年墓为主要线索结合非纪年墓葬来考察平城、盛乐及附近地区的北魏早期墓葬文化,并着眼于新旧因素的变化情况。所依据的纪年墓有太延元年(435年)沙岭北魏壁画墓、太安三年(457年)尉迟定州墓、和平二年(461年)梁拔胡墓,同时以乌审旗郭家梁大夏真兴二年(420年)的田𪰀墓②和北魏早、中期之际的大同迎宾大道M70天安元年(466年)叱干渴侯墓为参照。

沙岭壁画墓发掘于2005年,同时发现的北魏墓葬共有12座,其编号为M7。该墓出土大量彩绘残漆皮,其中一片上留有隶书题记,墨书三列,其文曰:"□□□□元年,岁次豕韦,月建中吕,廿一日丁未,侍中、主客尚书、领太子少保、平西大将军破多罗太夫人/□□□□殡于第宅。迄于仲秋八月,将袝葬□□□□于殡宫,易以□□□慈颜之永住/□□□□□无期,欲报之德,昊天冈极,□莫□□,哀哉。□□□□□□岁月云"(图3-7:1)。经考证,"元年"前缺少的年号为"太延",也就是说破多罗太夫人死于太武帝太延元年(435年)③。破多罗氏原居地在安定高平(今宁夏固原)④。破多罗太夫人及其夫、子应是在北魏统一关陇的过程中来自后秦或大夏的移民⑤。

尉迟定州墓发掘于2010年。该墓出土的房形石椁封门石上刻"太岁在丁酉二月辛巳朔十六日丙申,步胡豆和民莫堤尉迟定州"等97字(图3-7:2),对应纪年为文成帝太安

---

① 韦正:《大同南郊北魏墓群研究》,《考古》2011年第6期。
② 内蒙古自治区文物考古研究所、鄂尔多斯博物馆、乌审旗文物管理所:《内蒙古乌审旗郭家梁大夏国田𪰀墓》,《文物》2011年第3期。
③ 赵瑞民、刘俊喜:《大同沙岭北魏壁画墓出土漆皮文字考》,《文物》2006年第10期。
④ 姚薇元:《北朝胡姓考》(修订本),北京:中华书局,2007年,第217—218页。
⑤ 赵瑞民、刘俊喜:《大同沙岭北魏壁画墓出土漆皮文字考》,《文物》2006年第10期;张庆捷:《北魏破多罗氏壁画墓所见文字考述》,《历史研究》2007年第1期,修订文载同氏著《民族汇聚与文明互动——北朝社会的考古学观察》,北京:商务印书馆,2010年,第126—128页;殷宪:《贺多罗即破多罗考》,《学习与探索》2009年第5期。

第三章　北魏早期墓葬文化的旧俗新风

图 3-7　沙岭壁画墓、尉迟定州墓和梁拔胡墓纪年题记
1. 沙岭壁画墓漆皮　2. 尉迟定州墓石椁封门　3. 梁拔胡墓壁画

三年(457年)①。姚薇元考证尉迟氏原居大非川,在吐谷浑境内,系吐谷浑所属部落之一,乃西部鲜卑族②。道武帝天兴六年(403年),朔方尉迟部别帅率万余家内属,入居云中③。这大概是尉迟氏入魏的原因。十六国后期,吐谷浑东部被南凉、西秦所占,或有部分尉迟部人马因此离开原驻地,东行到朔方地区,继而融入北魏。

梁拔胡墓发掘于2008年,同时发掘的北魏墓有10座,其编号为M9。该墓甬道东壁靠近墓门处有墨书和朱书两种题记,墨书位于朱书之前,仅有"和平二年(461年)"四字,朱书为"大代和平二年岁在辛丑/三月丁巳朔十五日辛未/□□(散)骑常侍选部尚书/安乐子梁拔胡之墓"(图3-7:3)。墓主人梁拔胡应为匈奴休屠种之安定高平梁氏④,与破多罗氏同乡,也是来自后秦或大夏的移民。

这三座墓葬的文化因素,可从墓葬形制、出土器物、墓葬壁画三个方面来加以分析。

(一) 墓 葬 形 制

沙岭壁画墓坐东朝西,为长斜坡墓道砖构单室墓,墓室平面呈弧长方形,墓顶上部已残,据形状判断为四角攒尖顶。尉迟定州墓坐东朝西,为长斜坡墓道砖构单室墓,墓室平面呈弧长方形、趋向弧方形,墓顶为穹隆顶。梁拔胡墓坐北朝南,为长斜坡墓道砖构单室墓,墓室平面呈弧方形,四角攒尖顶。三墓相比较,墓葬形制的相似性在于都使用长斜坡墓道,墓室为单室、砖构,不同之处在于墓室形状,前二者为弧长方形,后者为弧方形。这样的特征在平城、盛乐及附近地区北魏墓葬形制的演变序列中处于怎样的位置呢?通过总结,可知北魏早期平城、盛乐及附近地区的墓葬具有土质墓和砖质墓两大系统。

土质墓的形制可分为三型。

A 型　竖穴土坑墓。如大同电焊器材厂M235,墓室平面呈纵长梯形(图3-8:1)。

B 型　竖井墓道土洞墓。可分为三亚型。

Ba 型　墓室平面略呈纵长等腰梯形或纵长方形,墓道与墓室宽度相近或相同。如大同电焊器材厂M56(图3-8:2)、M230(图3-8:3)。

Bb 型　偏洞室。如大同电焊器材厂M157(图3-8:4);七郎山M17(图3-8:5)。

Bc 型　刀形墓。如大同电焊器材厂M35(图3-8:6)。

C 型　长斜坡墓道土洞墓。可分为二亚型。

Ca 型　墓室平面略呈纵长等腰梯形或纵长方形,墓道与墓室宽度相近或相同。如大同电焊器材厂M180(图3-8:7)、M3(图3-8:8)。

Cb 型　刀形墓。如大同电焊器材厂M18(图3-8:9)、M153(图3-8:10)。

砖质墓的形制可分为二型。

---

① 殷宪、刘俊喜:《北魏尉迟定州墓石椁封门石铭文》,《文物》2011年第12期。
② 姚薇元:《北朝胡姓考》(修订本),北京:中华书局,2007年,第210—211页。
③ 《魏书》卷二《太祖纪》,北京:中华书局,1974年,第40页。
④ 姚薇元:《北朝胡姓考》(修订本),北京:中华书局,2007年,第64—65页。

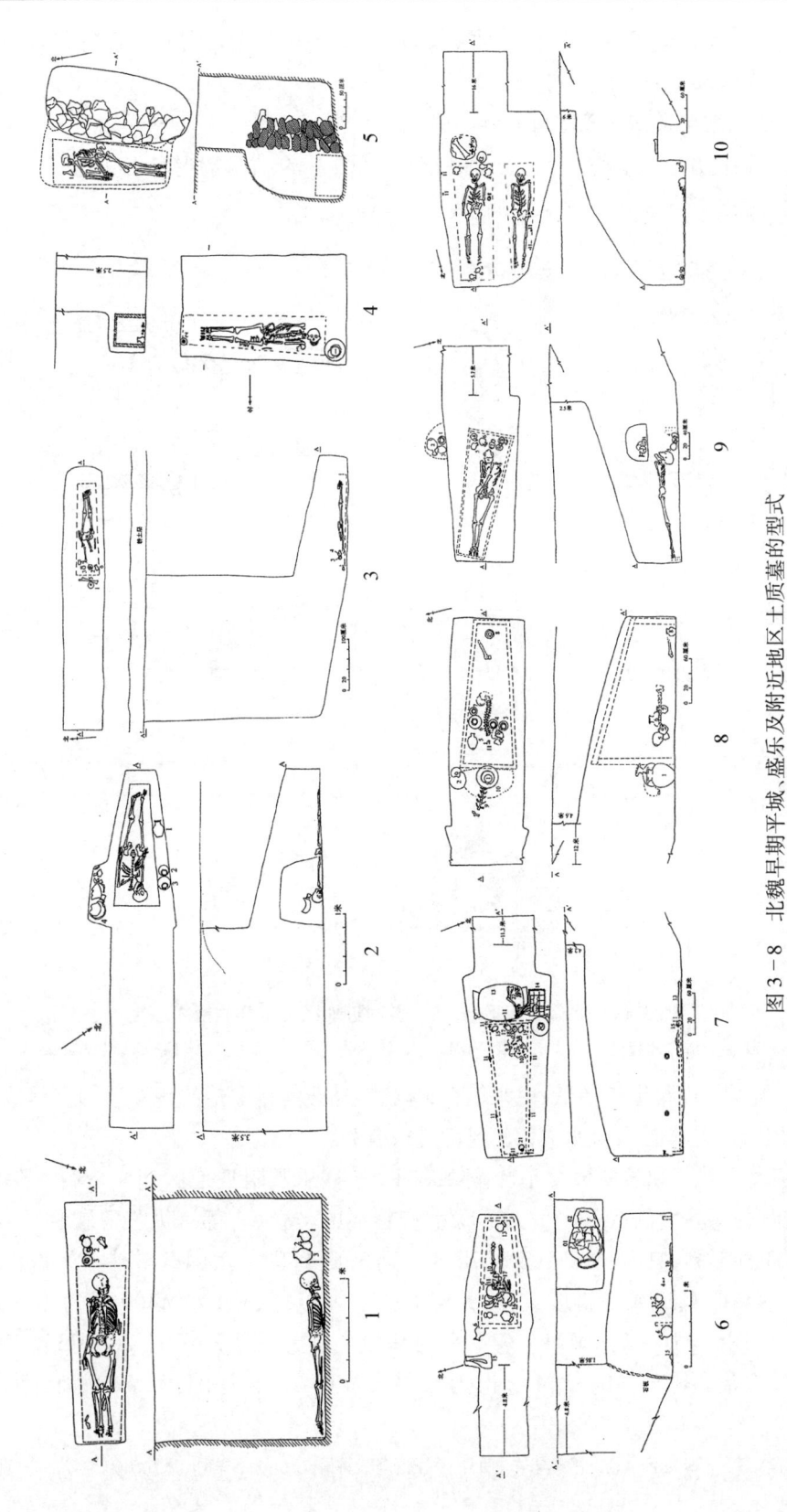

第三章 北魏早期墓葬文化的旧俗新风

图 3-8 北魏早期平城、盛乐及附近地区土质墓的型式
1. 大同电焊器材厂 M235　2. 大同电焊器材厂 M56　3. 大同电焊器材厂 M230　4. 大同电焊器材厂 M157　5. 七郎山 M17
6. 大同电焊器材厂 M35　7. 大同电焊器材厂 M180　8. 大同电焊器材厂 M3　9. 大同电焊器材厂 M18　10. 大同电焊器材厂 M153

A 型 竖穴土坑砖椁墓。墓室平面呈长梯形，如 1961 年美岱村北魏墓（图 3-9：1）、包头刘二圪梁 BLM2（图 3-9：2）。

B 型 长斜坡墓道砖室墓。可分为二式。

BⅠ式 弧长方形单室墓。如沙岭北魏壁画墓（图 3-9：3）、尉迟定州墓（图 3-9：4）。

BⅡ式 弧方形单室墓。如梁拔胡墓（图 3-9：5）。

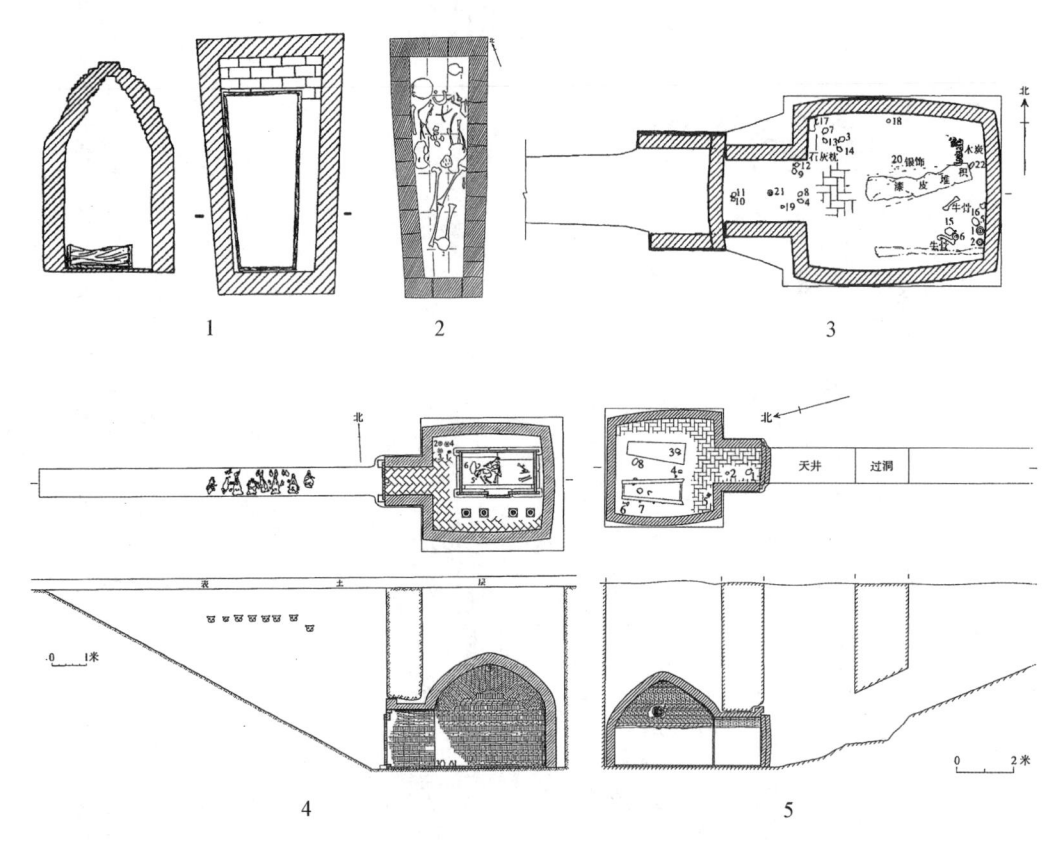

图 3-9 北魏早期平城、盛乐及附近地区砖质墓的型式
1. 1961 年美岱村北魏墓 2. 刘二圪梁 BLM2 3. 沙岭壁画墓 4. 尉迟定州墓 5. 梁拔胡墓

竖穴土坑墓平面呈纵长梯形，由来已久，是代表拓跋鲜卑旧俗的墓葬形制。其他几种墓葬形制的出现，基本上与河西文化新风的进入有关。

竖井墓道土洞墓和长斜坡墓道土洞墓在平城、盛乐及附近地区相当流行。除了墓道不同，这两种墓葬形制在墓室平面形状上有很高的契合度，都有纵长等腰梯形、纵长方形、刀形 3 种形制，具有比较稳定的组合。而河西魏晋十六国墓葬中，恰可以看到这样的组合存在，墓道或是斜坡式，或是竖井式。如敦煌祁家湾 M309 墓室平面近纵长等腰梯形（图 3-10：1），M213 墓室平面呈纵长方形（图 3-10：2），M350、M206 墓室平面呈刀形（图 3-10：3、4），均为长斜坡墓道[①]；玉门白土良 M9 平面近纵长方

---

① 甘肃省文物考古研究所：《敦煌祁家湾——西晋十六国墓葬发掘报告》，北京：文物出版社，1994 年，第 48—50 页。

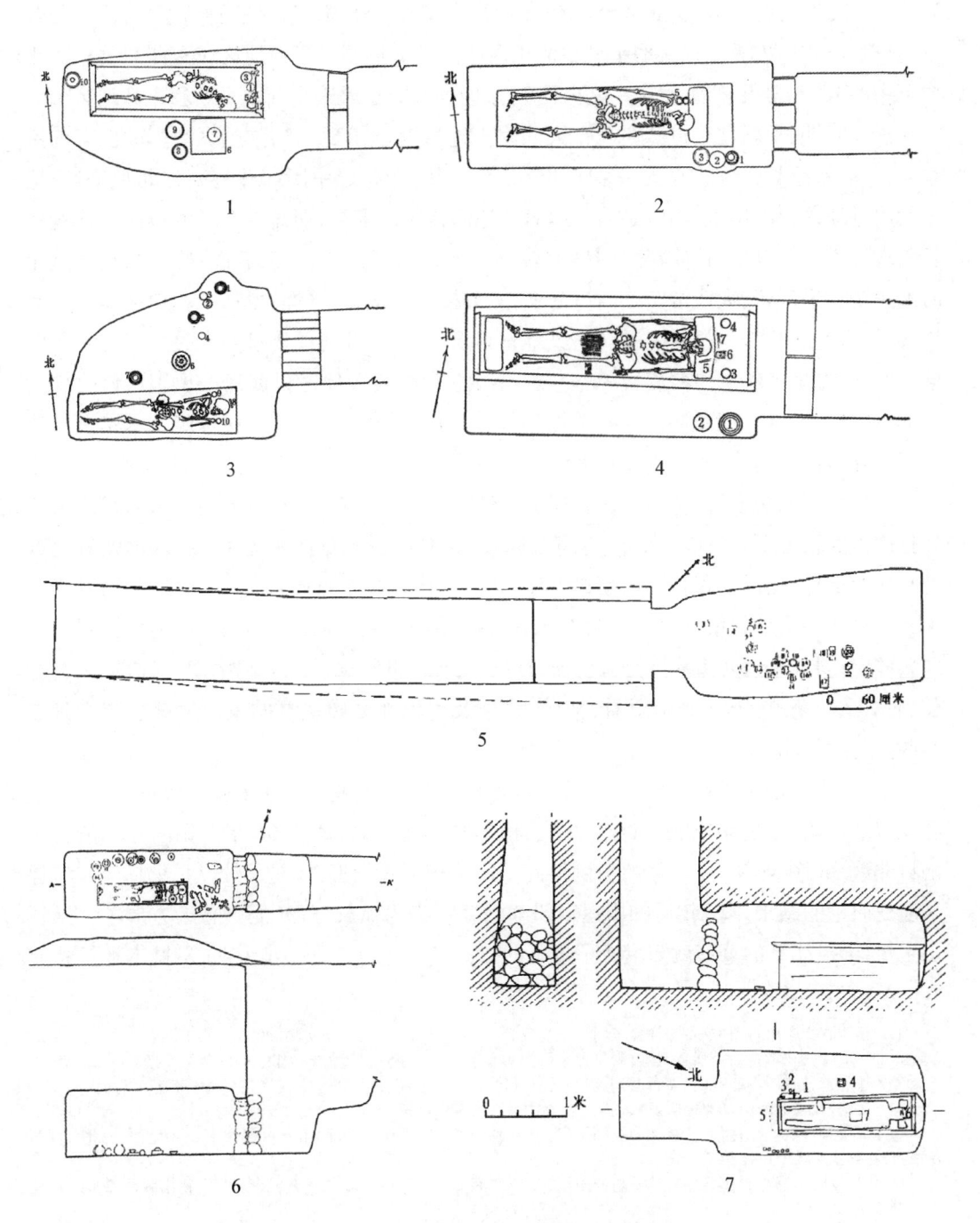

图 3-10　河西魏晋十六国墓葬形制举例
1. 敦煌祁家湾 M309　2. 敦煌祁家湾 M213　3. 敦煌祁家湾 M350　4. 敦煌祁家湾 M206
5. 玉门白土良 M9　6. 酒泉孙家石滩魏晋墓 2003JSM1　7. 高台县骆驼城 2001M4

形,长斜坡墓道(图 3 - 10：5)①；酒泉孙家石滩魏晋墓 2003JSM1 墓室平面呈纵长方形(图 3 - 10：6)，长斜坡墓道，底部呈台阶②；高台县骆驼城 2001M4 墓室平面呈纵长方形，竖井墓道(图 3 - 10：7)③。这表明平城主流土质墓的墓葬形制与河西地区应有渊源关系。土质墓中的 Bb 型竖井墓道偏洞室墓虽不流行，但据研究也是来自河西及新疆东部地区④。

汉晋时期，长斜坡墓道砖室墓在大同附近地区就已出现，既有方形单室墓，也有前室呈方形、后室呈长方形的双主室墓⑤，但在十六国时期陷于中断。砖室墓在北魏平城、盛乐及附近地区再次出现，不应是简单地对本地旧传统的恢复，而需要有新的诱因。北魏的长斜坡墓道砖室墓中，目前年代明确的较早墓葬是太延元年(435 年)沙岭壁画墓。这个时期正是在道武帝、太武帝东征西讨之下，北方接近完成统一的阶段。平城地区再现长斜坡墓道砖室墓，与统一过程中平城与其他地区文化交流明显频繁起来有关。而十六国时期，中原北方地区仅见河西流行砖室墓。后燕占领的关东地区目前尚未识别出该时期的墓葬，特征不明确。辽西地区三燕文化墓葬中，慕容鲜卑固有的梯形土坑竖穴木棺墓始终处于主导地位，代表辽西传统文化因素的石椁墓也是主要形制，而前燕时期出现的代表中原汉文化因素的长方形砖室墓，代表辽东汉魏时期文化因素的石板搭盖石室墓，代表夫余文化因素的长方形土坑竖穴木椁墓到后燕、北燕时期都不见或少见⑥。辽东至朝鲜北部的高句丽墓葬，无论是积石墓还是封土墓，其内部构造都是石质墓⑦。关中地区已发现的十六国墓葬均为带斜坡墓道的土洞墓⑧，固原一带的十六国墓也是如此⑨。河西魏晋十六国墓葬中，斜坡墓道砖室墓则是其主流，连绵不绝；4 世纪末至 5 世纪中期，河西地区流行前、后双室砖墓⑩。从这种情况看，平城、盛乐及附近地区砖室墓的重新发展也应受到了河西文化的影响。

不过，我们也注意到平城、盛乐及附近地区的砖室墓并没有直接从方形单室墓或前、后双室墓开始，而是在较早时期出现纵长梯形竖穴砖椁墓，如 1961 年发掘的呼和浩特美岱村北魏墓(图 3 - 9：1)。沙岭壁画墓的墓室采用弧长方形，应是承续纵长梯形竖穴砖椁墓演变而来的结果。22 年后的尉迟定州墓的墓室仍为弧长方形，但更趋近方形了。又过了 4 年，梁拔胡墓的墓室就演变成了规范的弧方形。这也许进一步说明，平城本地汉晋砖

---

① 甘肃省文物考古研究所：《甘肃玉门白土良汉晋墓发掘简报》，《考古与文物》2006 年第 1 期。
② 甘肃省文物考古研究所：《甘肃酒泉孙家石滩魏晋墓发掘简报》，《考古与文物》2005 年第 5 期。
③ 甘肃省文物考古研究所、高台县博物馆：《甘肃高台县骆驼城墓葬的发掘》，《考古》2003 年第 6 期。
④ 吴松岩：《七郎山墓地再认识》，《内蒙古文物考古》2009 年第 1 期。
⑤ 平朔考古队：《山西朔县秦汉墓发掘简报》，《文物》1987 年第 6 期；大同市考古研究所：《山西广灵北关汉墓发掘简报》，《文物》2001 年第 7 期。
⑥ 田立坤：《三燕文化墓葬的类型与分期》，《汉唐之间文化艺术的互动与交融》，北京：文物出版社，2001 年，第 205—226 页。
⑦ 魏存成：《高句丽考古》，长春：吉林大学出版社，1994 年，第 45—66 页。
⑧ 岳起、刘卫鹏：《关中地区十六国墓的初步认定——兼谈咸阳平陵十六国墓出土的鼓吹俑》，《文物》2004 年第 8 期；咸阳市文物考古研究所：《咸阳关中十六国墓》，北京：文物出版社，2006 年，第 134—146 页。
⑨ 宁夏固原博物馆：《彭阳新集北魏墓》，《文物》1988 年第 9 期。该墓年代应属于十六国时期，参见倪润安：《北周墓葬俑群研究》，《考古学报》2005 年第 1 期。
⑩ 孙彦：《河西魏晋十六国壁画墓研究》，北京：文物出版社，2011 年，第 31—35、38 页。

室墓的传统并未影响及北魏,北魏是在统一北方的过程中,受到河西的直接影响,借鉴其用砖的理念而非形制,然后在平城、盛乐及附近地区自行发展砖质墓,实践中参照了土质墓的形制,所以才会出现模仿纵长梯形竖穴土坑墓而出现纵长梯形竖穴砖椁墓这样初始态的砖墓。

另外,三墓之间还有一个重要的变化,即墓向由坐东朝西转变为坐北朝南,这种转变可能出现在457—461年之间。有研究者已经指出平城时代在平城地区,越是早期的墓葬墓道方向朝西或朝其他方向的比例就大一些,越是晚期的墓葬墓道方向朝南的比例越大①。这表明平城地区的墓向以西向和南向为主,早、晚阶段还有此消彼长的变化过程。追寻西向的来源,我们看到在拓跋兴起的呼伦贝尔地区,墓葬的主流朝向是北向,其次是西向,东向仅有1例,没有南向;在发掘墓葬较多的拉布达林墓地、扎赉诺尔圈河墓地中,北向占据绝对多数,前者为100%,后者也高达98.2%;西向墓葬集中在七卡墓葬和团结墓地两处(表3-2)。在中原王朝北部边疆地带的鲜卑相关墓葬中,北向墓葬仍是主流,但西向墓葬的比例和出现墓地的数量大大增加,东向、南向墓葬只占少数;西向墓葬所占比例很高的墓地有大安渔场墓地、皮条沟墓地、东大井墓地、三道湾墓地、下黑沟墓葬、郝家窑墓葬等(表3-2)。这些西向为主的墓地中,前二者由东汉平洋文化因素占主导地位,后四者由檀石槐鲜卑文化因素占主导地位,而东汉平洋文化因素很可能是檀石槐鲜卑文化因素的一个主要来源。因此,在檀石槐鲜卑文化系统中,墓葬西向是葬俗特色之一。拓跋南迁匈奴故地后,是在檀石槐发迹的故地成长起来的,很大程度上依靠了檀石槐遗部的力量。檀石槐鲜卑文化因素由此进入拓跋习俗,对其西向祭祀礼制的形成产生重要影响。北魏建国后,在皇帝祭天、祭祖的活动中,西向祭祀发展成西郊祭祀制度,正式确立于道武帝天兴元年(398年),完善于道武帝天赐二年(405年),献文帝时进行过微调,孝文帝太和十八年(494年)诏令废止,前后贯穿了整个平城时代②。但在西郊祭祀制度确立的同时,作为中原汉人传统的南郊祭祀也在天兴二年(399年)进入北魏礼制系统③,由此开始了西郊与南郊并行,且逐渐由西郊向南郊转变的过程。平城时代西郊祭祀的法律地位一直比南郊高,实行了近百年,却被孝文帝一朝废止、不再复兴,说明其存在的基础已经被侵蚀掉,取而代之的是南向观念的扩张。平城墓向的变化让我们看到了典章之外、实际生活中民众对礼制的选择和趋向。孝文帝对西向礼俗的最后一击,不过是顺应潮流,将其从法律条文中根除而已。三墓体现的墓向的变化,恰似这一过程的缩影。

---

① 山西大学历史文化学院、山西省考古研究所、大同市博物馆:《大同南郊北魏墓群》,北京:科学出版社,2006年,第466—467页。
② 杨永俊:《论北魏的西郊祭天制度》,《兰州大学学报(社会科学版)》2002年第2期。
③ 《魏书》卷二《太祖纪》:"(天兴)二年春正月甲子,初祠上帝于南郊,以始祖神元皇帝配,降坛视燎,成礼而反。"

表 3-2 早期鲜卑相关墓葬的墓向统计

区域	墓葬名称	墓葬总数	北向(0°—45°和315°—360°)		东向(46°—134°)		南向(135°—225°)		西向(226°—314°)	
			数量	比例	数量	比例	数量	比例	数量	比例
呼伦贝尔地区	拉布达林墓地	27	27	100%						
	扎赉诺尔圈河墓地	56	55	98.2%	1	1.8%				
	二道沟墓葬	1	1	100%						
	孟根楚鲁北 M1	1	1	100%						
	白云乌拉墓地	6	6	100%						
	伊和乌拉墓葬	2	2	100%						
	七卡墓葬	5							5	100%
	团结墓地	7							7	100%
中原王朝北部边疆地带	二克浅墓地 M36	1	1	100%						
	北玛尼吐墓地	26	26	100%						
	南宝力皋吐墓地	34	34	100%						
	新胜屯墓地	2	2	100%						
	南杨家营子墓地	20	18	90%					2	10%
	大安渔场墓地	14	2	14.3%					12	85.7%
	东大井墓地	18	11	61.1%					7	38.9%
	三道湾墓地	25	9	36%					16	64%
	善家堡墓地	23	21	91.3%					2	8.7%
	百灵庙墓地	8(2座墓向不详)	4	50%					2	25%
	下黑沟墓葬	1							1	100%
	郝家窑墓葬	2							2	100%
	皮条沟墓地	3					1	33.3%	2	66.7%
	北贾铺墓地	7			5	71.4%			2	28.6%
	舍根墓地	不详			不详	100%				
	沈阳妇婴医院 M2	1					1	100%		
	东王化营墓地 M12	1					1	100%		

（二）出土器物

沙岭壁画墓的墓室后部正中发现漆皮堆积，正对着墓门并呈长条状分布，高约0.6米左右，附近有棺侧板、木炭以及6件银圆饰等（图3-9：3），应是一具漆棺[①]；出土器物28件，包括铜牌饰1件、铜帐钩1件、银圆饰6件、铜泡钉1件、铁镞1件、釉陶壶5件、陶壶6件、陶罐5件、漆耳杯1件、石灰枕1件。尉迟定州墓墓道内陪葬动物骨骼，墓室内有葬具石椁1件，内置人骨一具，未发现棺木痕迹；出土器物6件，包括釉陶壶1件、陶罐3件、银耳环1件、石灰枕1件等。梁拔胡墓的墓室中央并列放置两具木棺，腐朽严重；出土器物8件（套），有釉陶罐1件、釉陶壶2件、陶罐1件、铜铺首1件、铜棺环1套3件、铜泡钉1套3件、石灰枕1件。可见，三墓中最常见的随葬器物有两类：一类是罐、壶等陶器，另一类是漆、木、石葬具及石灰枕等附件。

三墓所出陶罐、陶壶，分为无釉和有釉两大类。无釉陶器又细分为平沿罐、盘口罐、平沿壶。这组陶器可结合田𦺇墓、叱干渴侯墓的同类陶器观察其演变。420年的田𦺇墓虽为大夏墓葬，但其平沿罐（图3-11：1、2）、平沿壶（图3-11：3、4）显然与北魏平城地区陶器属于同一演变系统，其特征是宽平沿，鼓腹，腹部最大径居中，纹饰少，多见在颈、肩结合部饰一周凹弦纹，有的在肩部还饰一周水波纹。水波纹反映了大夏国统治集团的匈奴渊源。435年的沙岭壁画墓中，平沿罐（图3-11：5）、平沿壶（图3-11：7）仍然是宽平沿，鼓腹，腹部最大径居中；纹饰却开始复杂起来，平沿罐除了颈、肩结合部饰一周凹弦纹，还在腹部饰多周凹弦纹，平沿壶在颈、肩结合部饰两周凹弦纹，腹部则以三周凹弦纹间隔两周水波纹；更明显的变化是出现了新器形——盘口罐，盘口还不甚规范，外观似盘口，内为侈口，鼓腹，腹部最大径居中，素面（图3-11：6）。到457年的尉迟定州墓，无釉陶器出有直口罐、高领罐和盘口罐，未见平沿罐、平沿壶；盘口罐的盘口已很标准，鼓腹，腹部最大径居中，通体施有纹饰，口沿外侧饰一周戳点纹，颈、肩结合部饰一周凹弦纹，腹部饰两周凹弦纹，颈部饰锯齿状暗纹，肩部饰网格暗纹，下腹部饰竖线暗纹（图3-11：9）。461年的梁拔胡墓出土1件无釉陶罐，宽平沿向外微斜，鼓腹，腹部最大径提升到上腹部；颈肩结合部、肩部和腹部正中各饰一周忍冬纹带，忍冬纹带上下各有一周凹弦纹，颈部、下腹部饰锯齿状暗纹（图3-11：11）。466年的叱干渴侯墓出有1件无釉盘口罐，盘口规范，鼓腹，腹部最大径居中，口沿外侧饰一周戳点纹，肩部饰一周凹弦纹和一周戳点纹（图3-11：15）。此罐整体不如尉迟定州墓盘口罐修长，纹饰简化，戳点纹特征继续保留。可见，在无釉陶器中，平沿罐、平沿壶演变趋势一致，宽沿由水平向微外斜变化，腹部最大径由居中处向上腹部提升，纹饰日趋复杂，由单周弦纹、水波纹，向多周弦纹、水波纹、忍冬纹演变。这两种器物在大夏与北魏之间是如何传播的，还没有很明确的证据。在早期鲜卑遗存中追寻它们形制特征的来源，似乎有一些蛛丝马迹。宽平沿的特征就是早期慕容鲜卑展沿陶壶的

[①] 曹丽娟：《大同沙岭北魏壁画墓研究》，中央美术学院硕士学位论文，2009年，第8页。

显著特征(图2-9)。盘口罐的演变趋势是整体形态日趋矮胖,腹部最大径保持居中,纹饰吸收了反映拓跋鲜卑旧俗的戳点纹。这种饰戳点纹的中口的盘口罐也可追溯到檀石槐鲜卑文化因素,如南杨家营子M16:3、北贾铺M1:12、南杨家营子M15:4、塔坨90M8:8(图2-20:34—37)。我们还看到,在尉迟定州墓盘口罐、梁拔胡墓平沿罐上出现了多种暗纹,这也是早期慕容鲜卑展沿陶壶所具有的独特装饰,这时期也被平城陶器所吸收。梁拔胡墓平沿罐上出现了新的纹饰——忍冬纹。这是一种外域纹样,自中亚、西亚地区传进中国,首先出现在丝绸之路的新疆南道上,东晋十六国时期开始在汉人居住地区流行,河西、江南都有发现①。忍冬纹应是随佛教经河西中转而传入平城地区的。

釉陶器细分为平沿罐、平沿壶,器形与无釉陶器一致,发展出施釉的做法是对中原文化的吸收。这组陶器不见于田𢗈墓,沙岭壁画墓是所见北魏纪年墓中最早出现釉陶器的。沙岭壁画墓、尉迟定州墓仅出釉陶壶(图3-11:8、10),皆宽平沿,鼓腹,腹部最大径居中;纹饰很简单,只在颈、肩结合部或肩部饰一或两周凹弦纹。器形虽与无釉陶器一致,纹饰却没有跟进,可能与施釉后会掩盖无釉陶器那样的阴刻水波纹或磨光暗纹有关。到梁拔胡墓时,既出有釉陶壶(图3-11:13、14),又出釉陶罐(图3-11:12),器形仍与无釉陶器一致,也是宽平沿向外微斜,鼓腹,腹部最大径提升到上腹部。纹饰则处于酝酿变化的阶段,1件釉陶罐在颈、肩结合部和肩部各饰一周凹弦纹(图3-11:12);1件釉陶壶在颈、肩结合部饰一周凹弦纹,在肩部、上腹部各饰两周凹弦纹(图3-11:13),相比沙岭壁画墓、尉迟定州墓,弦纹的周数增多了,但素净风格未变;另1件釉陶壶除了在肩部和上腹部共饰三周凹弦纹外,还在颈、肩结合部贴饰一周八瓣的浮雕莲花纹(图3-11:14),将纹饰由阴刻转为浮雕,成功打破了此前釉陶器纹饰受限的困境。总体看来,无论是无釉陶器,还是有釉陶器,发生界限性变化是在梁拔胡墓所处的461年前后。

三墓陶器中,已经见不到镂形罐、广口罐、非平沿中口罐等早期鲜卑的代表性陶器。这些早期陶罐一部分素面,另一部分饰有戳点纹或附加堆纹,戳点纹较早饰在口沿外侧,较晚稍下移,饰在颈、肩结合部。大同南郊电焊器材厂墓地中,有些墓葬还能见到遗留早期特征的非平沿中口罐,如M24:7(图3-12:1)、M212:3(图3-12:2)、M227:9(图3-12:3)是素面的②,M73:3(图3-12:4)是以素面为底、饰上了新因素的网状暗纹③,M73:6(图3-12:5)、M185:8(图3-12:6)各在颈肩结合部饰两周戳点纹④等。这些墓葬的年代应当早于沙岭壁画墓。

---

① 薄小莹:《敦煌莫高窟六世纪末至九世纪中叶的装饰图案》,《敦煌吐鲁番文献研究论集》第五辑,北京:北京大学出版社,1990年,第397—405页。
② 山西大学历史文化学院、山西省考古研究所、大同市博物馆:《大同南郊北魏墓群》,北京:科学出版社,2006年,第159—161、110—111、311—312页。
③ 山西大学历史文化学院、山西省考古研究所、大同市博物馆:《大同南郊北魏墓群》,北京:科学出版社,2006年,第66—68页。
④ 山西大学历史文化学院、山西省考古研究所、大同市博物馆:《大同南郊北魏墓群》,北京:科学出版社,2006年,第66—68、86—87页。

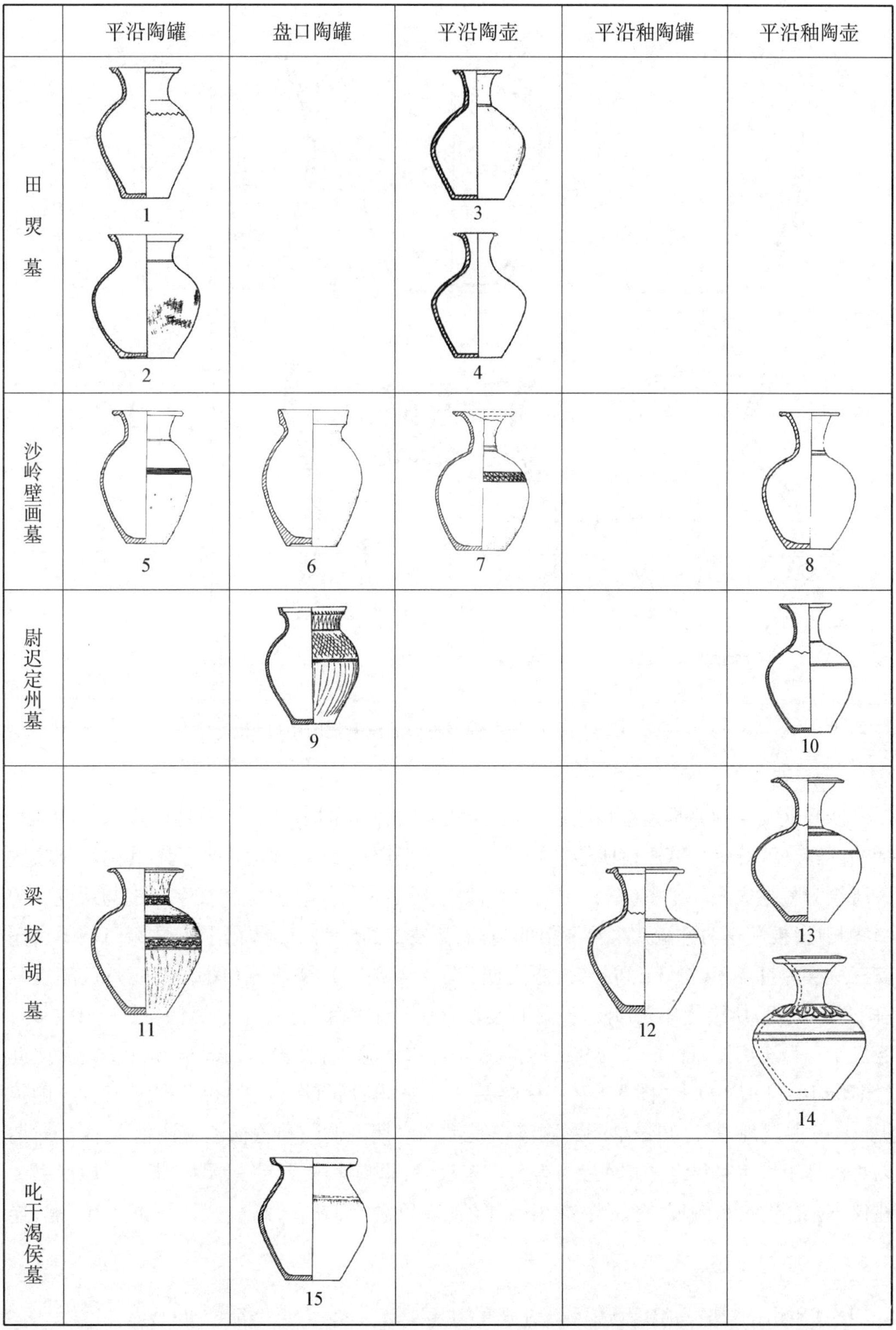

第三章　北魏早期墓葬文化的旧俗新风

	平沿陶罐	盘口陶罐	平沿陶壶	平沿釉陶罐	平沿釉陶壶
田𪭢墓	1 2		3 4		
沙岭壁画墓	5	6	7		8
尉迟定州墓		9			10
梁拔胡墓	11			12	13 14
叱干渴侯墓		15			

图 3-11　沙岭壁画墓、尉迟定州墓和梁拔胡墓出土陶器及相关比较

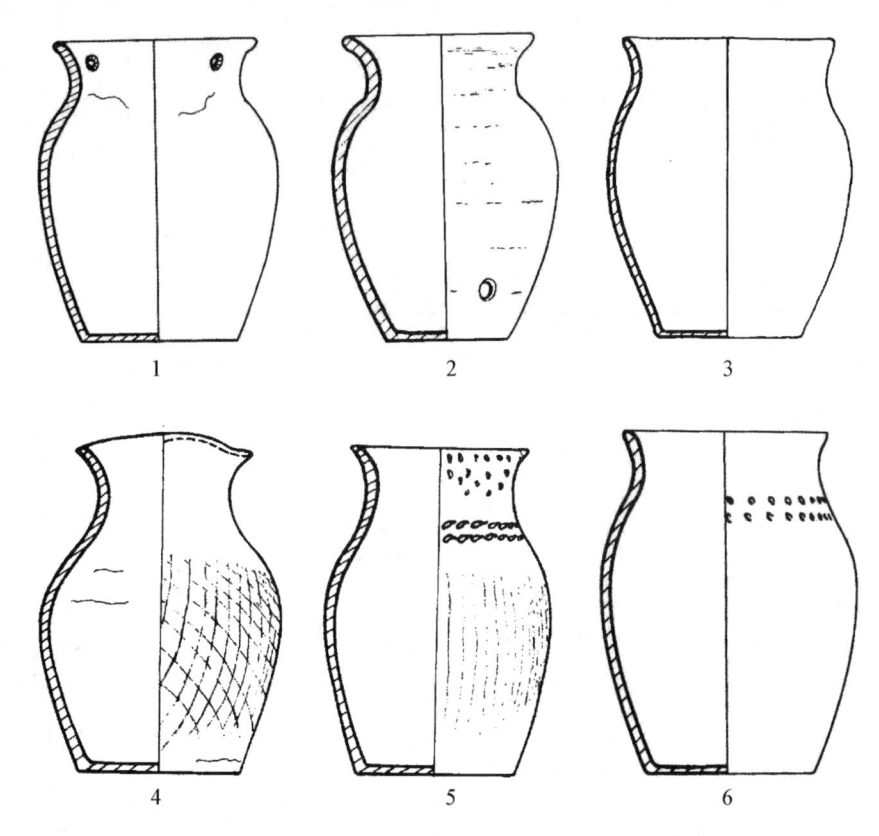

图 3-12 大同南郊电焊器材厂北魏墓地的中口陶罐
1. M24:7 2. M212:3 3. M227:9 4. M73:3 5. M73:6 6. M185:8

沙岭壁画墓的葬具是彩画漆棺,尉迟定州墓的葬具是房形石椁,皆是拓跋旧俗所不包括的内容。沙岭壁画墓漆棺所绘彩画,可从见诸报道的12片残漆片上了解其内容。漆皮一所绘为墓主夫妇并坐图(图3-15:2),漆皮十二即前述有纪年者,文字外围与漆皮一的图案相近,推测这两件漆片来自漆棺的前挡;漆皮二所绘为庖厨炊作图(图3-18:3),漆皮三所绘为打场图(图3-18:4),漆皮四(图3-18:5)、漆皮五(图3-18:6)、漆皮六(图3-18:7)所绘侍仆人物图与庖厨、宴饮存在一定关系,漆皮十绘男侍(图3-18:8),漆皮十一为车舆图(图3-18:9),均推测来自右侧棺板;漆皮八(图3-16:2)、漆皮九(图3-16:3)、漆皮七(图3-16:4)绘兵士,与车马出行图内容相符,推测来自左侧棺板[1]。考古发现中,已知最早的彩画漆棺是战国时期湖北随州曾侯乙墓漆棺[2],西汉时期以长沙马王堆一号汉墓漆棺[3]最为著名。东汉时,彩画漆棺成为"东园秘器"。《后汉书·礼仪志》记载:"东园匠、考工令奏东园秘器,表里洞赤,虡文,画日、月、鸟、龟、龙、虎、连

---

[1] 曹丽娟:《大同沙岭北魏壁画墓研究》,中央美术学院硕士学位论文,2009年,第10—19页。
[2] 湖北省博物馆:《曾侯乙墓》,北京:文物出版社,1989年,第19—45页。
[3] 湖南省博物馆、中国科学院考古研究所:《长沙马王堆一号汉墓》,北京:文物出版社,1973年,第13—27页。

璧、偃月,牙柽梓宫如故事。"①文献所载实例,如汉和帝外祖父梁竦漆棺,永元九年(97年)和帝"遣中谒者与嫕及㠖,备礼西迎竦丧。诣京师改殡,赐东园画棺、玉匣、衣衾,建茔于恭怀皇后陵傍"②。又如桓帝母孝崇匽皇后漆棺,"元嘉二年(152年)崩。以帝弟平原王石为丧主,石,蠡吾侯翼子,桓帝兄。敛以东园画梓寿器、玉匣、饭含之具,礼仪制度比恭怀皇后"③。秘器制度随道武帝灭后燕传入北魏④,明元帝时已有赐秘器的实例,如永兴五年(413年)赐建平王王洛儿⑤、泰常元年(416年)赐安城王叔孙俊⑥、泰常六年(421年)赐阳平王元熙⑦。沙岭壁画墓彩画漆棺即便不是秘器,也是受北魏初期已兴起的秘器制度影响。北燕冯素弗墓使用了彩画漆棺葬具⑧,而后燕的残余势力是北燕的主要建立者,或能逆推后燕已按中原文化使用漆棺秘器,亡国之后传入北魏。至于尉迟定州墓的房形石椁,实际上是一座缩小的仿木构建筑,单檐悬山顶,前廊后室,面阔三间,进深三间,底座为石棺床,很显然是模仿中原文化的汉式建筑。如此看来,北魏早期葬具出现漆棺、石椁之类的新因素,其渊源主要是汉代以来的中原文化。

尉迟定州墓墓道内有殉牲,包括马、牛、羊、狗的头骨和牛蹄骨。这种情况在北魏早期还相当普遍。以大同南郊电焊器材厂墓地为例,殉牲的墓葬有75座,占全部墓葬的44.6%,多以牛、羊、马、狗等动物骨骼为主;殉牲位置大量置于棺外前部或壁龛,也有少数墓葬是在棺内或墓道放置⑨。其中,M50墓道中殉葬牛头、羊头、狗头、牛肢骨,M57墓道中殉葬马头、狗头、羊头骨及羊蹄骨等,与尉迟定州墓的情况近似。多殉动物头骨和蹄骨,是对拓跋旧俗的延续。

三墓所出石灰枕,都是平面呈椭圆形,两端较尖而上翘,形似元宝形(图3-13:1—3)。平城墓葬除了出土石灰枕,还出一些草木灰材质的灰枕。平城墓葬灰枕的主要形制除了元宝形,还有多呈圆角的长方形、两端不上翘的椭圆形等形制。元宝形灰枕在北魏早期、北魏中期的流行状况比较均衡,椭圆形灰枕在北魏早期少见、北魏中期多见,而长方形灰枕目前只见于北魏早、中期之际往后。如大同南郊电焊器材厂M92,坐北朝南,葬具为一棺,墓主人为女性,南端头骨下枕1件圆角长方形灰枕,外表呈黑色(图3-13:4)⑩;大同南郊电焊器材厂M41,坐东朝西,葬具为一棺,棺内中部偏西出土1件椭圆形石灰枕(图3-13:5)⑪。这种灰枕葬俗也是从外地流入平城的,其来源地为东北或河西地区。在东北地区,灰枕葬

---

① 《后汉书》卷九六《礼仪下》,北京:中华书局,1965年,第3141—3142页。
② 《后汉书》卷三四《梁竦传》,北京:中华书局,1965年,第1174页。
③ 《后汉书》卷一〇下《皇后纪下》,北京:中华书局,1965年,第442页。
④ 邹清泉:《行为世范——北魏孝子画像研究》,北京:北京大学出版社,2015年,第39—40页。
⑤ 《魏书》卷三四《王洛儿传》,北京:中华书局,1974年,第799—800页。
⑥ 《魏书》卷二九《叔孙俊传》,北京:中华书局,1974年,第706页。
⑦ 《魏书》卷一六《阳平王熙传》,北京:中华书局,1974年,第391页。
⑧ 辽宁省博物馆:《北燕冯素弗墓》,北京:文物出版社,2015年,第12—13页。
⑨ 山西大学历史文化学院、山西省考古研究所、大同市博物馆:《大同南郊北魏墓群》,北京:科学出版社,2006年,第487页。
⑩ 山西大学历史文化学院、山西省考古研究所、大同市博物馆:《大同南郊北魏墓群》,北京:科学出版社,2006年,第202—205页。
⑪ 山西大学历史文化学院、山西省考古研究所、大同市博物馆:《大同南郊北魏墓群》,北京:科学出版社,2006年,第167—169页。

· 152 ·　　　　　　　　　　　　　光宅中原

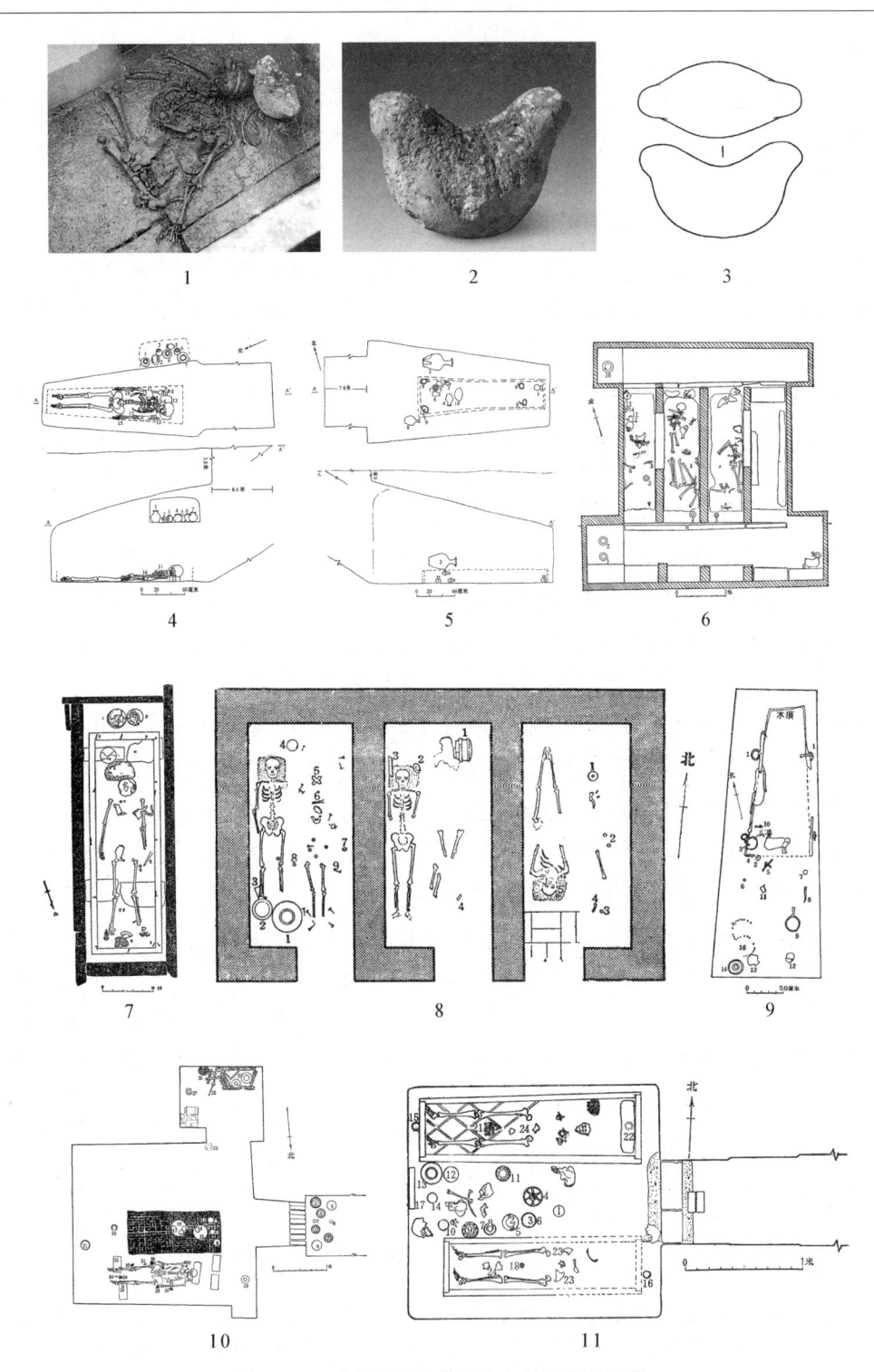

图 3-13　北魏平城墓葬出土灰枕及相关比较

1—3. 尉迟定州墓　4. 大同南郊电焊器材厂 M92　5. 大同南郊电焊器材厂 M41
6. 辽阳三道壕西晋太康年间墓葬　7. 辽阳三道壕晋墓 M7　8. 沈阳伯官屯 M4、M5、M6
9. 辽宁朝阳后燕崔遹墓　10. 敦煌祁家湾 M210　11. 敦煌祁家湾 M310

俗可追及汉晋时期，以元宝形石灰枕最常见和具有地方特色。集中流行于辽宁辽阳地区，如旧城东门里东汉壁画墓[1]、河东新城东汉壁画墓[2]、南环街壁画墓[3]、南雪梅村2号墓[4]、三道壕1号壁画墓[5]、三道壕3号墓[6]、三道壕令支令张君墓[7]、三道壕晋墓M7[8]、三道壕西晋太康年间墓葬[9]、上王家村晋代壁画墓[10]等。在沈阳地区也有发现，如伯官屯M4、M5、M6[11]。其中，河东新城东汉壁画墓、上王家村晋代壁画墓、三道壕西晋太康年间墓葬（图3-13:6）、三道壕令支令张君墓、南环街壁画墓、三道壕1号壁画墓所出石灰枕为元宝形，三道壕晋墓M7（图3-13:7）所出石灰枕近椭圆形，伯官屯M4、M5、M6所出石灰枕为长方形（图3-13:8）。这一葬俗在慕容鲜卑建立政权时期继续传承。辽宁朝阳后燕崔遹墓，在石椁内木棺中葬一人，头下枕一石灰枕，椭圆形体，两端尖，微上翘，为元宝形（图3-13:9）[12]。北票北燕冯素弗夫人墓，在石椁室南壁下出土白灰枕1件，椭圆形，两端略尖，原应在棺中[13]。朝阳八宝村北燕墓M1，在石椁内木棺中人骨头侧出有一件石灰枕，残迹似圆角长方形[14]。在河西地区，甘肃玉门官庄西晋晚期至十六国时期墓葬2003GYGM1[15]、玉门金鸡梁十六国墓葬[16]、敦煌祁家湾西晋十六国墓葬[17]等都出有灰枕，多为泥枕或草木灰枕。这一地区的灰枕形制以长方形为主，如敦煌祁家湾西晋元康六年（296年）M210所出为长方形（图3-13:10）[18]、北凉神玺二年（398年）M310所出为圆角长方形（图3-13:11）[19]等。在其他地区，也有零星的随葬灰枕的墓葬出现。如湖南桑植朱家台西汉墓M11，在东端墓底中部出有白岩灰枕[20]；河南巩县石家庄西晋墓M11，后室有二骨架，各枕一石灰枕，状如菱角，两端有尖向上翘[21]，即所谓元宝形；山西原平北贾铺村M4、M17、M15，均发现墓主头枕灰泥枕[22]，这几座墓的年代为东汉晚期至魏晋

---

[1] 辽宁省博物馆、辽阳博物馆：《辽阳旧城东门里东汉壁画墓发掘报告》，《文物》1985年第6期。
[2] 李龙彬、马鑫、王爽：《新发现的辽阳河东新城东汉壁画墓》，《东北史地》2016年第1期。
[3] 辽宁省文物考古研究所：《辽宁辽阳南环街壁画墓》，《北方文物》1998年第3期。
[4] 王增新：《辽宁辽阳县南雪梅村壁画墓及石墓》，《考古》1960年第1期。
[5] 东北博物馆：《辽阳三道壕两座壁画墓的清理工作简报》，《文物参考资料》1955年第12期。
[6] 辽阳市文物管理所：《辽阳发现三座壁画墓》，《考古》1980年第1期。
[7] 李文信：《辽阳发现的三座壁画古墓》，《文物参考资料》1955年第5期。
[8] 王增新：《辽阳三道壕发现的晋代墓葬》，《文物参考资料》1955年第11期。
[9] 辽阳博物馆：《辽阳市三道壕西晋墓清理简报》，《考古》1990年第4期。
[10] 李庆发：《辽阳上王家村晋代壁画墓清理简报》，《文物》1959年第7期。
[11] 沈阳市文物工作组：《沈阳伯官屯汉魏墓葬》，《考古》1964年第11期。
[12] 陈大为、李宇峰：《辽宁朝阳后燕崔遹墓的发现》，《考古》1982年第3期。
[13] 辽宁省博物馆：《北燕冯素弗墓》，北京：文物出版社，2015年，第95页。
[14] 朝阳地区博物馆、朝阳县文化馆：《辽宁朝阳发现北燕、北魏墓》，《考古》1985年第10期。
[15] 甘肃省文物考古研究所：《甘肃玉门官庄魏晋墓发掘简报》，《考古与文物》2005年第6期。
[16] 甘肃省文物考古研究所：《甘肃玉门金鸡梁十六国墓葬发掘简报》，《文物》2011年第2期。
[17] 甘肃省文物考古研究所：《敦煌祁家湾——西晋十六国墓葬发掘报告》，北京：文物出版社，1994年。
[18] 甘肃省文物考古研究所：《敦煌祁家湾——西晋十六国墓葬发掘报告》，北京：文物出版社，1994年，第33—34页。
[19] 甘肃省文物考古研究所：《敦煌祁家湾——西晋十六国墓葬发掘报告》，北京：文物出版社，1994年，第44—46页。
[20] 桑植县文物管理所：《湖南桑植朱家台西汉墓》，《江汉考古》1995年第4期。
[21] 河南省文化局文物工作队：《河南巩县石家庄古墓葬发掘简报》，《考古》1963年第2期。
[22] 山西省考古研究所、忻州市文物管理处、原平市博物馆：《原平北贾铺东汉墓葬发掘简报》，《三晋考古》第三辑，太原：山西人民出版社，2006年，第262—285页。

时期①。相比之下,东北、河西两地区灰枕葬俗更为流行,而且时代也与北魏相衔接,应是平城灰枕葬俗的直接来源。

(三)墓葬壁画

沙岭壁画墓、梁拔胡墓的甬道和墓室均有壁画,题材和构图相似程度颇高,沙岭壁画墓的漆棺画题材也和壁画雷同(表3-3)。这说明在平城地区,北魏早期墓葬壁画已形成一套比较固定的模式(图3-14)。其核心是出现在墓室后壁正中的墓主夫妇并坐或男墓主人正坐宴乐图,墓主人坐于建筑物帷幔之下的榻上,背后设有屏风,榻前设案及食具,旁有侍者,两侧绘有鞍马、侍从、杂耍乐舞;墓室两侧壁的画面也是围绕墓主人的活动展开,一侧壁绘庄园生活图,另一侧壁绘车马出行图或山林狩猎图;墓室的前壁绘门吏或门神;甬道不定型,绘有伏羲、女娲、青龙、白虎、侍女等题材。试对这些题材或构图的来源进行考察②。

表3-3 沙岭壁画墓、梁拔胡墓绘画题材的比较

沙岭壁画墓壁画	梁拔胡墓壁画	沙岭壁画墓漆棺画
甬道:顶部为火珠、伏羲、女娲与青龙或白虎,南、北侧壁各绘一武士与人首龙身的怪兽	甬道:东壁绘青龙、忍冬,西壁绘白虎、忍冬等	
墓室东壁:上部分两层,上层的神怪禽兽损坏严重,下层为男侍、女侍。下部为主图,中心画面是墓主夫妇并坐宴乐图,旁有侍仆、鞍马、牛车、树木等	墓室北壁:男墓主人正坐宴乐图,旁有侍仆、鞍马、杂耍乐舞等	前挡:墓主夫妇并坐宴乐图,旁有侍仆等
墓室北壁:上部分两层,上层为神怪禽兽,下层为女侍。下部为主图,内容是车马出行图	墓室东壁:山林狩猎图	左侧棺板:车马出行图
墓室南壁:上部分两层,上层神怪禽兽损坏严重,下层为男侍。下部为主图,内容是庄园生活图,以布幛间隔,一侧为车舆、帐篷、粮仓和由杀羊、汲水、酿酒、串肉、进食等情节构成的庖厨场面等;另一侧为墓主与众人宴饮,旁有乐舞、车舆、牛、马、树木等	墓室西壁:庄园生活图,以布幛间隔,一侧为放马、牧牛、井、踏碓舂米、烧灶煮饭等,另一侧为车舆、毡帐、侍仆、树木等	右侧棺板:庄园生活图,包括车舆、庖厨、宴饮、打场等。
墓室西壁:墓门两侧上部为神怪禽兽,损坏严重;下部主图各绘一持刀、举盾的武士站于屋廊下	墓室南壁:西侧可辨武士形象,东侧残损严重,亦应为武士	
墓室顶部:顶部塌毁,起券处有星象残迹③	墓室顶部:仅在四壁起券处绘日、月等小型、单幅画面	

① 乔梁:《山西原平北贾铺东汉墓葬所见的北方草原文化因素——附汉鲜卑遗存的发现与辨识》,《考古与文物》2015年第2期。
② 与作者研究的同时,也有其他研究者对沙岭壁画墓图像的渊源及演变进行探讨。可参见徐润庆:《从沙岭壁画墓看北魏平城时期的丧葬美术》,《古代墓葬美术研究》第一辑,北京:文物出版社,2011年,第163—190页。
③ 笔者2016年实地考察沙岭壁画墓时,注意到墓室西北角起券处绘有一个小圆圈,应为星象。后经大同市考古研究所古顺芳女士相告,在墓室东南角起券处也绘有一个圆圈状星象。

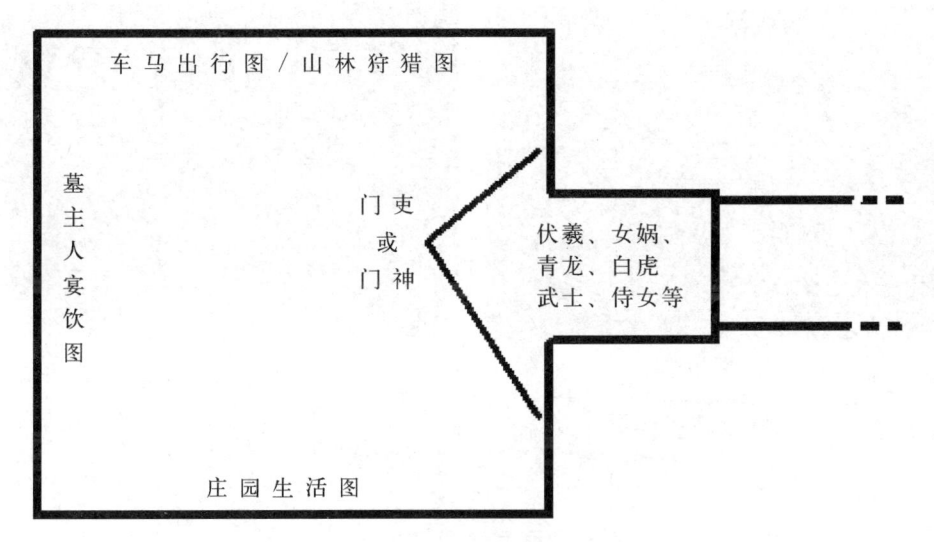

```
┌─────────────────────────────────────┐
│      车马出行图 / 山林狩猎图         │
│                                     │
│  墓        门        伏羲、女娲、    │
│  主        吏        青龙、白虎   ═══│
│  人        或                        │
│  宴        门        武士、侍女等    │
│  饮        神                     ═══│
│  图                                  │
│                                     │
│           庄园生活图                 │
└─────────────────────────────────────┘
```

图 3-14 平城地区北魏早期墓葬壁画模式

墓主夫妇并坐或以男墓主人宴乐为中心,周围绘有侍仆、鞍马、牛车等的画面(图 3-15:1—3),常见于当时东北地区的三燕墓葬和高句丽墓葬。三燕和高句丽早期壁画墓的渊源都是辽东地区汉魏晋壁画墓[1]。高句丽早期的重要墓例中,安岳三号墓年代为 357 年,墓主人为前燕司马冬寿[2];德兴里壁画墓年代为 409 年,墓主镇可能复姓慕容[3],是慕容氏宗族的一员,曾任后燕幽州刺史[4],也可能是前秦或前燕曾任辽东太守、后亡命高句丽自称幽州刺史的中国人[5]。这二位墓主人都有在慕容燕统治地区任官的经历,与三燕文化关系比较密切。依据这些墓葬,我们可以了解和掌握东北地区十六国时期墓葬文化的一些特征。在墓主人形象这方面,朝阳北庙村 1 号北燕墓的北壁绘有墓主夫妇并坐壁画,现仅存残片(图 3-15:4)[6];安岳三号墓前室西侧室西壁壁画绘有男墓主人与两侧侍仆的形象(图 3-15:5)[7];同沙岭壁画墓东壁壁画最像的构图出现于德兴里壁画墓的后室北壁(图 3-15:6)[8],将侍仆、鞍马、牛车绘在墓主夫妇两侧,不过虽然预留了女墓主人的位置,但后来没能补绘;另外,德兴里壁画墓前室北壁壁画(图 3-15:7)[9]也有相似的内容,只是布局发生变化,将男墓主人与鞍马、牛车分绘在了门洞两侧。同时,我

---

[1] 辛占山:《从三座壁画墓的发现看辽东、三燕、高句丽壁画墓之间的关系》,《东北亚考古学论丛》,北京:科学出版社,2010 年,第 46 页。
[2] 宿白:《朝鲜安岳所发现的冬寿墓》,《文物参考资料》1952 年第 1 期。
[3] 刘永智:《幽州刺史墓考略》,《历史研究》1983 年第 2 期。
[4] 康捷(即安志敏):《朝鲜德兴里壁画墓及其有关问题》,《博物馆研究》1986 年第 1 期;安志敏:《朝鲜德兴里壁画墓的墓主人考略》,《历史与考古信息·东北亚》2002 年第 2 期。
[5] [日]武田幸男:《德興里壁画古墳被葬者の出自と経歴》,(日本)《朝鮮学報》第 130 辑,1989 年。中译文,李运铎译,何恭倨校:《德兴里壁画古坟被葬者的出自和经历》,《历史与考古信息·东北亚》2002 年第 2 期。
[6] 朝阳地区博物馆、朝阳县文化馆:《辽宁朝阳发现北燕、北魏墓》,《考古》1985 年第 10 期;陈大为:《朝阳县沟门子晋壁画墓》,《辽海文物学刊》1990 年第 2 期。
[7] [日]平山郁夫総監修:《高句麗壁画古墳》,東京:共同通信社,2005 年,第 76 页。
[8] [日]平山郁夫総監修:《高句麗壁画古墳》,東京:共同通信社,2005 年,第 131 页。
[9] [日]平山郁夫総監修:《高句麗壁画古墳》,東京:共同通信社,2005 年,第 105 页。

图 3-15 沙岭壁画墓、梁拔胡墓墓主人图像及相关比较
1. 沙岭壁画墓东壁壁画 2. 沙岭壁画墓漆棺残片 3. 梁拔胡墓北壁壁画
4. 朝阳北庙 1 号北燕墓壁画 5. 安岳三号墓壁画 6—7. 德兴里壁画墓壁画

们也注意到平城这一题材与高句丽早期墓葬壁画有两处明显不同,即增加了墓主人宴乐的设施、墓主人头顶的帷帐改为瓦顶建筑。这两处变化可能与河西墓葬壁画有关,我们在魏晋十六国时期酒泉丁家闸 5 号墓前室西壁壁画中看到墓主人侧坐于瓦顶建筑之下,旁有宴饮的桌案和食器(图 3-19:1)①。

沙岭壁画墓北壁壁画的车马出行图,其构图方式是以墓主人车驾为中心组建长方形的出行队列,外围环绕导骑、甲骑具装和步兵等,近身处是随行护骑、军乐百戏(图 3-16:1)等。车马出行图在河西和东北地区壁画墓均有发现,但从构图方式上看,则明显受到东北方向的直接影响。安岳三号墓后室东侧回廊的东壁和后部回廊的北壁共同构成一幅浩大的车马出行图(图 3-16:6)②,德兴里壁画墓前室东壁也绘有车马出行图(图 3-16:5)③,都提供了可加比较的例证,特别是前者给人的相似感更强烈。梁拔胡墓东壁壁画的山林狩猎图(图 3-17:1),构图方式是众人骑射,在山林中追逐猎物,并以山川来分隔画面。这种群猎的方式与河西魏晋十六国墓壁画中往往是一人骑射的画面不同,如敦煌佛爷庙湾西晋墓 M133(图 3-17:5)④、嘉峪关新城魏晋墓 M4(图 3-17:6)⑤的狩猎图,而与朝阳袁台子前燕墓东壁壁画(图 3-17:2)⑥、德兴里壁画墓前室顶部东坡壁画(图 3-17:3)⑦、舞踊冢后室左侧壁壁画(图 3-17:4)⑧的山林群猎一致。在宏大的狩猎场景中,巧妙地以山川来划分画面的空间,与德兴里壁画墓前室顶部南坡壁画用银河分隔画面(图 3-20:4)⑨是性质相同的构图思维。从表 3-3 可见沙岭壁画墓和梁拔胡墓四壁壁画的题材对应性很强,唯一差别大的地方就是以车马出行图对应山林狩猎图。这组对应可能说明这两种题材实际上是二选一的关系,可以只选一种,如前述壁画中所见,也可以二者都选,各占一半画面,如智家堡北魏棺板画墓 A 板(图 3-17:7)⑩所见。这也证明了智家堡棺板画墓是北魏早期墓葬。

沙岭壁画墓南壁的庄园生活图,由步障分为左、右两部分,步障中间有开口,两侧互通(图 3-18:1)。左侧画面中,墓主人侧坐于瓦顶建筑之下,旁有侍者,与露天的客人进行宴饮,并有乐舞助兴,类似的场面见于酒泉丁家闸 5 号墓前室西壁壁画上部(图 3-19:

---

① 甘肃省文物考古研究所:《酒泉十六国墓壁画》,北京:文物出版社,1989 年,第 14 页。韦正主张将酒泉丁家闸 5 号墓的时代调整为魏晋时期,见韦正:《试谈酒泉丁家闸 5 号壁画墓的时代》,《文物》2011 年第 4 期。
② [日]平山郁夫総監修:《高句麗壁画古墳》,東京:共同通信社,2005 年,第 87—91 頁;[日]菅谷文則:《安岳三号墳出行図札》,(韓国)《清溪史學》第 16、17 合輯《悠山姜仁求教授停年紀念東北亞古文化論叢》,2002 年,第 287—307 頁。
③ [日]平山郁夫総監修:《高句麗壁画古墳》,東京:共同通信社,2005 年,第 122 頁。
④ 甘肃省文物考古研究所:《敦煌佛爷庙湾:西晋画像砖墓》,北京:文物出版社,1998 年,第 80 页。
⑤ 甘肃省文物队、甘肃省博物馆、嘉峪关市文物研究所编:《嘉峪关壁画墓发掘报告》,北京:文物出版社,1985 年,图版七八:3。
⑥ 辽宁省博物馆文物队、朝阳地区博物馆文物队、朝阳县文化馆:《朝阳袁台子东晋壁画墓》,《文物》1984 年第 6 期。
⑦ [日]平山郁夫総監修:《高句麗壁画古墳》,東京:共同通信社,2005 年,第 122 頁。
⑧ [日]平山郁夫総監修:《高句麗壁画古墳》,東京:共同通信社,2005 年,第 275 頁。
⑨ [日]平山郁夫総監修:《高句麗壁画古墳》,東京:共同通信社,2005 年,第 117 頁。
⑩ 刘俊喜、高峰:《大同智家堡北魏墓棺板画》,《文物》2004 年第 12 期。

· 158 ·　　　　　　　　　　　　　光宅中原

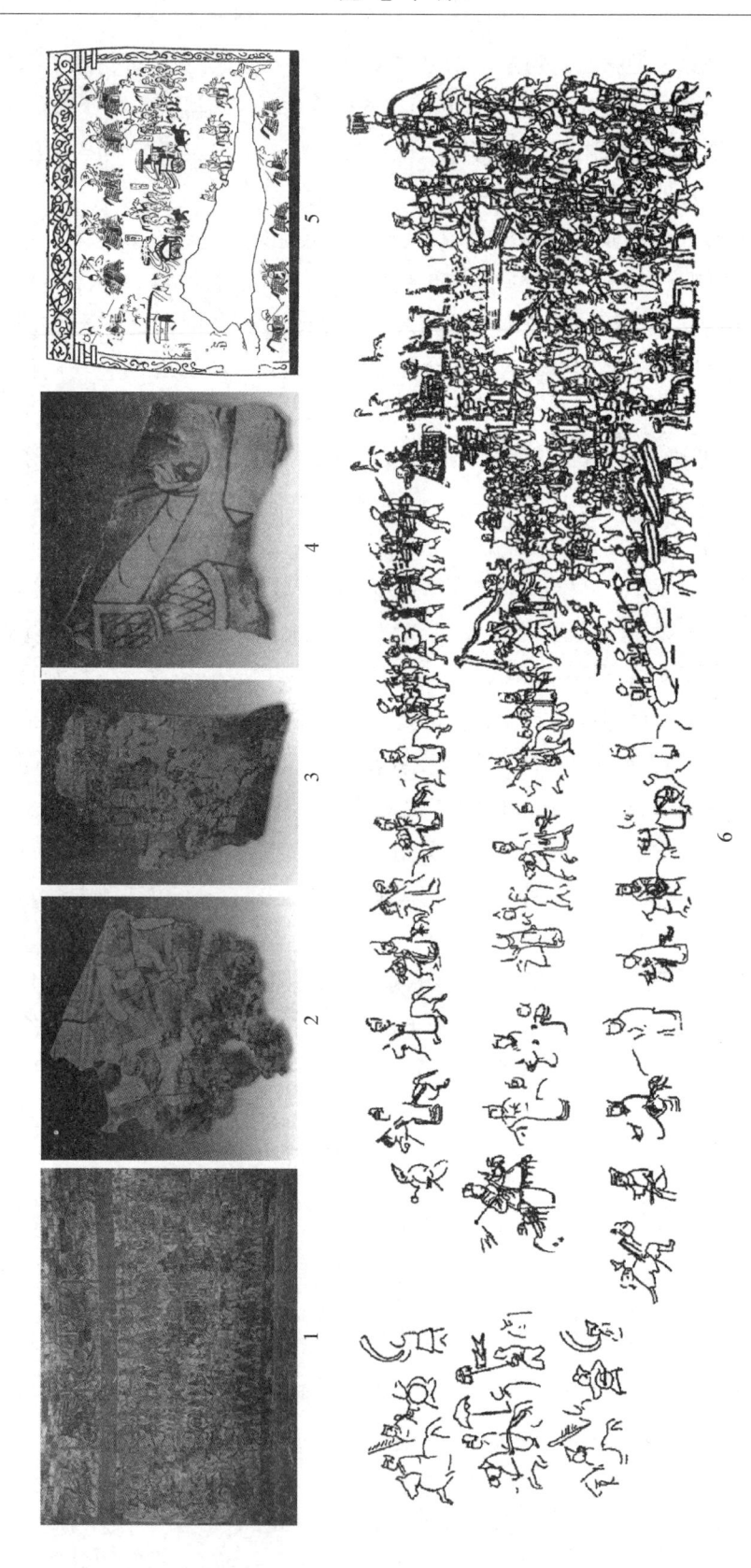

图 3-16　沙岭壁画墓车马出行图及相关比较
1. 沙岭壁画墓北壁壁画　2—4. 沙岭壁画墓漆棺残片　5. 德兴里壁画墓壁画　6. 安岳三号墓壁画

第三章 北魏早期墓葬文化的旧俗新风

图 3-17 梁拔胡墓山林狩猎图及相关比较
1. 梁拔胡墓东壁壁画 2. 朝阳袁台子墓壁画 3. 德兴里壁画墓壁画 4. 舞踊冢壁画
5. 敦煌佛爷庙湾西晋墓 M133 画像砖 6. 嘉峪关新城魏晋墓 M4 画像砖 7. 智家堡棺板画墓 A 板

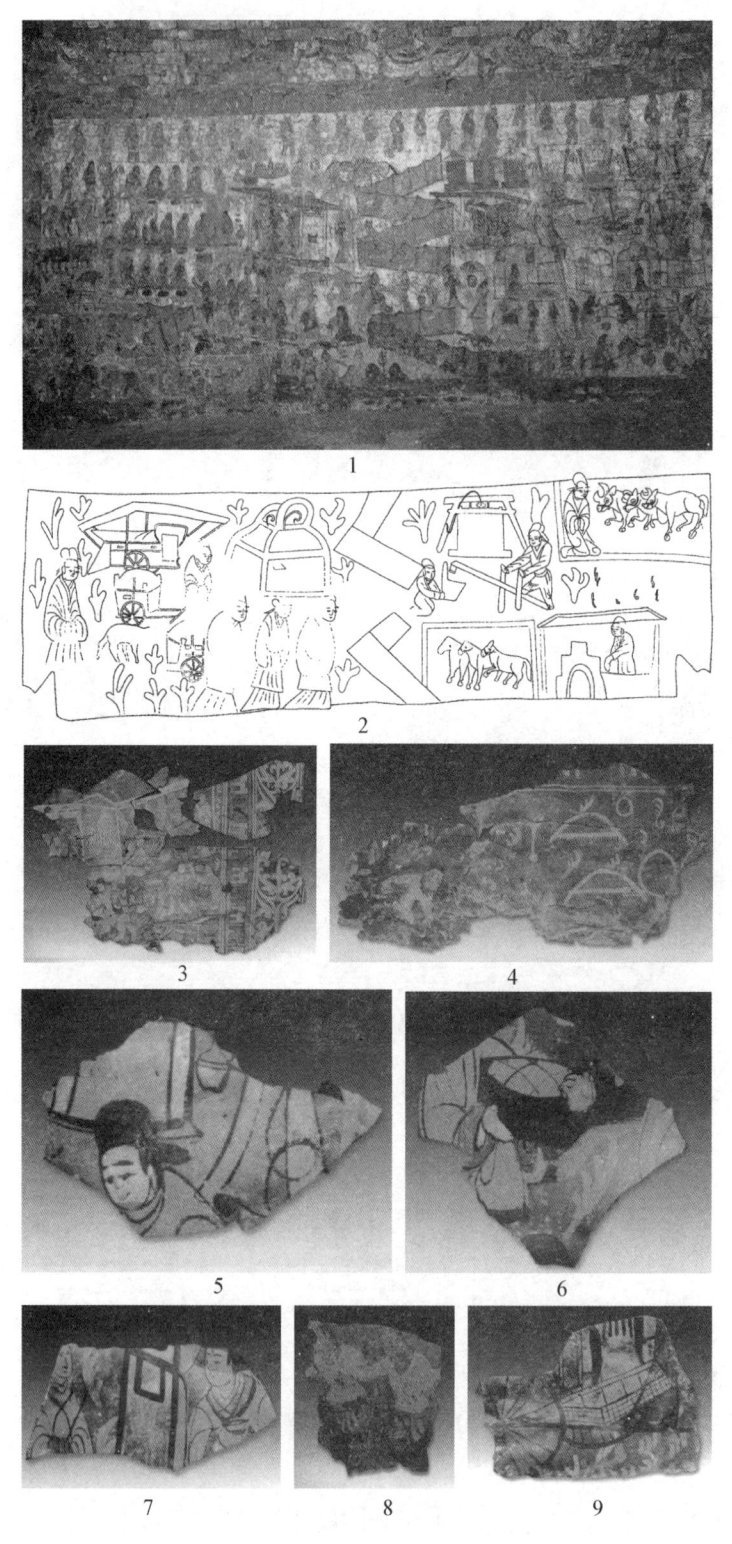

图 3-18 沙岭壁画墓、梁拔胡墓庄园生活图
1. 沙岭壁画墓南壁壁画 2. 梁拔胡墓西壁壁画 3—9. 沙岭壁画墓漆棺残片

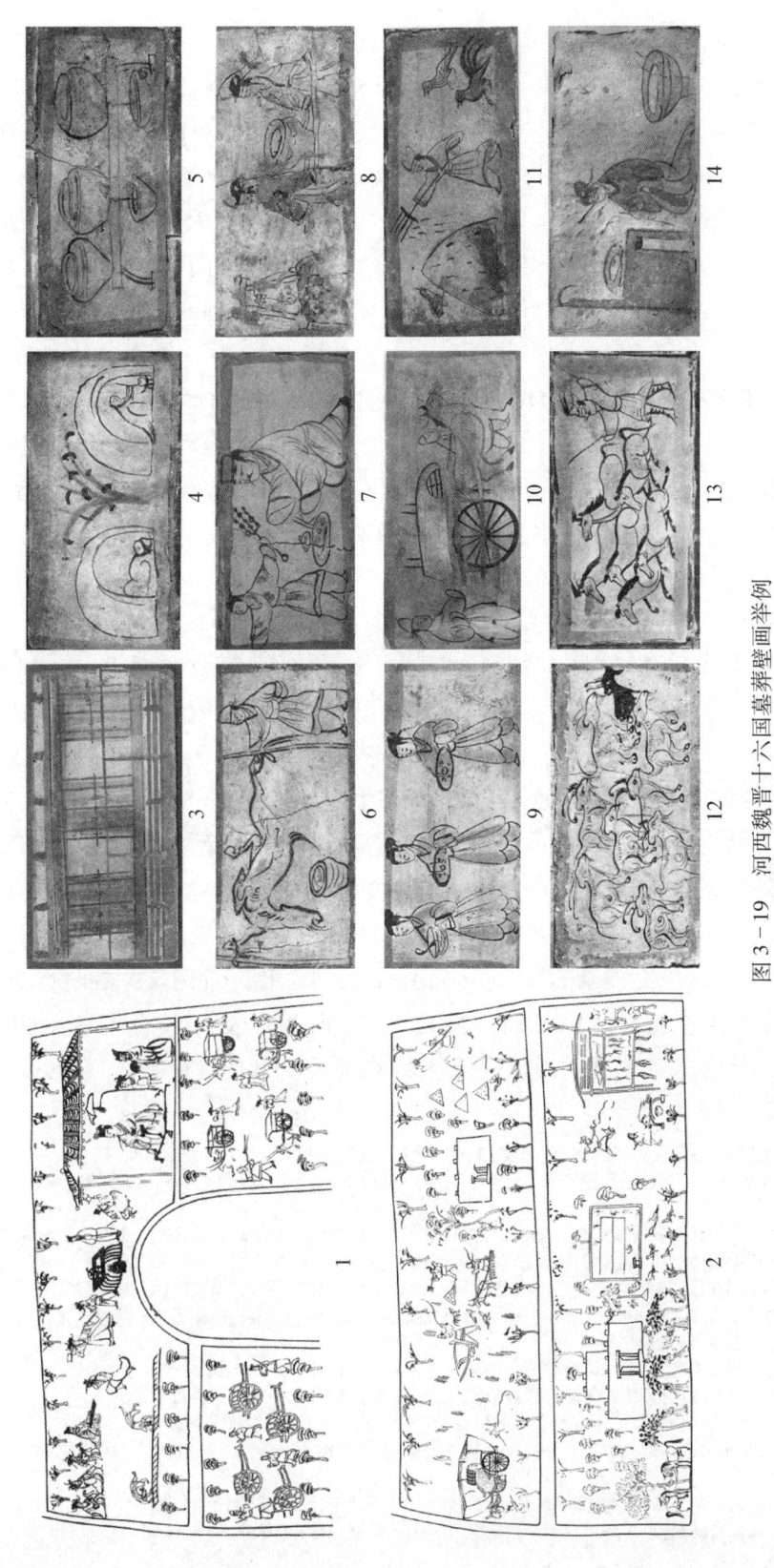

第三章 北魏早期墓葬文化的旧俗新风

图 3-19 河西魏晋十六国墓葬画举例
1—2. 酒泉丁家闸 5 号墓壁画 3. 敦煌佛爷庙湾西晋墓 M37 画像砖 4—13. 嘉峪关新城魏晋壁画墓画像砖 14. 酒泉西沟村魏晋墓画像砖

1)①。右侧画面中,粮仓、车舆、帐篷以及杀羊、酿酒、肉串、汲水、进食等诸多要素能够共同体现,是对河西魏晋十六国墓葬文化因素的继承,如敦煌佛爷庙湾西晋墓 M37 的粮仓图(图 3-19:3)②,嘉峪关新城魏晋墓 M3 的毡帐图(图 3-19:4)和酿酒图(图 3-19:5)、M6 的宰羊图(图 3-19:6)和烤肉串图(图 3-19:7)、M1 的汲水图(图 3-19:8)、M5 的进食图(图 3-19:9)、M7 的车舆图(图 3-19:10)③;酒泉丁家闸 5 号墓前室西壁壁画的下部(图 3-19:1)、北壁壁画上部的左侧(图 3-19:2)均有车舆图,在北壁壁画下部的右侧还有杀猪、庖厨的场景(图 3-19:2)④。梁拔胡墓西壁壁画的庄园生活图,也是由中间开口的步障分为左、右两部分(图 3-18:2)。右侧画面中,牛、马野外放牧的场景,是河西魏晋十六国墓葬壁画的构图,如嘉峪关新城魏晋墓 M6 的放羊图(图 3-9:12)、M5 的放马图(图 3-19:13)和放牛图⑤等,而不似安岳三号墓前室东侧室南壁、西壁壁画(图 3-20:2)⑥和德兴里壁画墓后室南壁壁画(图 3-20:3)⑦所绘的牛、马槽食图;表现庖厨的灶与酒泉西沟村魏晋墓 M7 前室东壁的烧灶庖厨图(图 3-19:14)⑧相近。另外,右侧画面表现汲水的井和左侧画面的车舆、帐篷等几个要素的出现,也都与河西因素有关。沙岭壁画墓漆棺漆皮三的打场图(图 3-18:4)是墓葬壁画中尚未见到的,而此内容正是河西魏晋十六国墓葬壁画中具有特色的题材,如嘉峪关新城魏晋墓 M5 的打场图(图 3-19:11)⑨等。除了河西因素,庄园生活图中也包含东北因素。梁拔胡墓庄园生活图右侧画面中的踏碓舂米图不见于河西,而见于安岳三号墓前室东侧室西壁壁画(图 3-20:2)⑩。沙岭壁画墓漆棺漆皮二庖厨炊作图中的厨房(图 3-18:3),与安岳三号墓前室东侧室东壁的厨房(图 3-20:1)⑪尤其相似。还有,庄园生活图在整体构图上,以步障将整个画面隔为两部分、却又有机结合的做法,与前述梁拔胡墓山林狩猎图的山川分隔、德兴里壁画墓前室顶部南坡壁画的银河分隔是一致的,均属于东北因素。通过比较,可知二墓庄园生活图的出现,有着较为复杂的情形,呈现出河西因素为主、东北因素次之的交织状态。

沙岭壁画墓西壁墓门两侧各绘一持刀、举盾的武士,处于红色的仿木构屋廊下(图 3-21:1)。梁拔胡墓南壁壁画虽残损严重,仍能看出也是持有武器的门吏武士之类

---

① 甘肃省文物考古研究所:《酒泉十六国墓壁画》,北京:文物出版社,1989 年,第 14 页。
② 甘肃省文物考古研究所:《敦煌佛爷庙湾:西晋画像砖墓》,北京:文物出版社,1998 年,第 86 页、图版五九:2。
③ 甘肃省文物队、甘肃省博物馆、嘉峪关市文物研究所编:《嘉峪关壁画墓发掘报告》,北京:文物出版社,1985 年,图版七六:1、五六:1、六八:2、六一:1、六四:1、六四:3、七三:2。
④ 甘肃省文物考古研究所:《酒泉十六国墓壁画》,北京:文物出版社,1989 年,第 14—15 页。
⑤ 甘肃省文物队、甘肃省博物馆、嘉峪关市文物研究所编:《嘉峪关壁画墓发掘报告》,北京:文物出版社,1985 年,图版五二:1、五三:1 和 2。
⑥ [日]平山郁夫総監修:《高句麗壁画古墳》,東京:共同通信社,2005 年,第 84 頁。
⑦ [日]平山郁夫総監修:《高句麗壁画古墳》,東京:共同通信社,2005 年,第 142 頁。
⑧ 甘肃省文物考古研究所:《甘肃酒泉西沟村魏晋墓发掘报告》,《文物》1996 年第 7 期。
⑨ 甘肃省文物队、甘肃省博物馆、嘉峪关市文物研究所编:《嘉峪关壁画墓发掘报告》,北京:文物出版社,1985 年,图版四五:2。
⑩ [日]平山郁夫総監修:《高句麗壁画古墳》,東京:共同通信社,2005 年,第 84 頁。
⑪ [日]平山郁夫総監修:《高句麗壁画古墳》,東京:共同通信社,2005 年,第 82 頁。

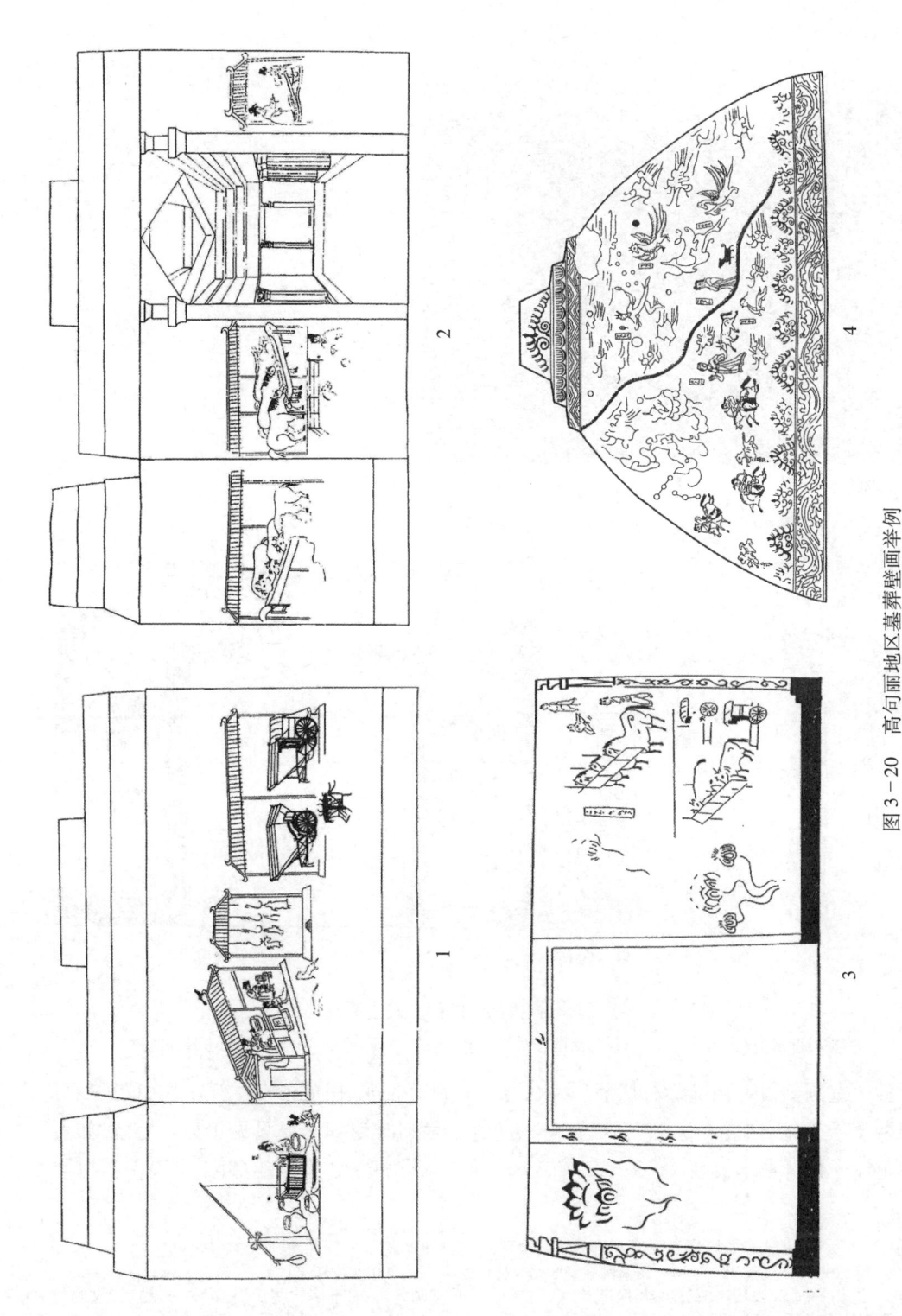

第三章 北魏早期墓葬文化的旧俗新风 · 163 ·

图 3-20 高句丽地区墓葬壁画举例

1. 安岳三号墓前室东侧室北壁和东壁壁画 2. 安岳三号墓前室东侧室南壁和西壁壁画 3. 德兴里壁画墓前室后室南壁壁画 4. 德兴里壁画墓前室顶部南坡壁画

(图3-21:2)。这种构图与安岳三号墓前室西侧室入口的壁画(图3-21:3)①、5世纪初期②集安长川1号墓前室东壁的壁画(图3-21:4)③相似。

图3-21 沙岭壁画墓、梁拔胡墓的门吏武士图及相关比较
1. 沙岭壁画墓西壁壁画 2. 梁拔胡墓南壁西侧壁画 3. 安岳三号墓壁画 4. 长川1号墓壁画

沙岭壁画墓甬道顶部绘有伏羲、女娲，背后各自有青龙、白虎(图3-22:1)；梁拔胡墓甬道两壁绘青龙、白虎。伏羲、女娲题材在魏晋十六国时期基本上只见于河西地区，如嘉峪关毛庄子魏晋墓木板画(图3-22:2)④，嘉峪关新城曹魏甘露二年(257年)M1男棺盖

---

① [日]平山郁夫総監修：《高句麗壁画古墳》，東京：共同通信社，2005年，第79頁。
② 温玉成：《集安长川一号高句丽墓佛教壁画研究》，《北方文物》2001年第2期。
③ 吉林省文物工作队、集安县文物保管所：《集安长川一号壁画墓》，《东北考古与历史》第一辑，北京：文物出版社，1982年，第154—173页。
④ 孔令忠、侯晋刚：《记新发现的嘉峪关毛庄子魏晋墓木板画》，《文物》2006年第11期。

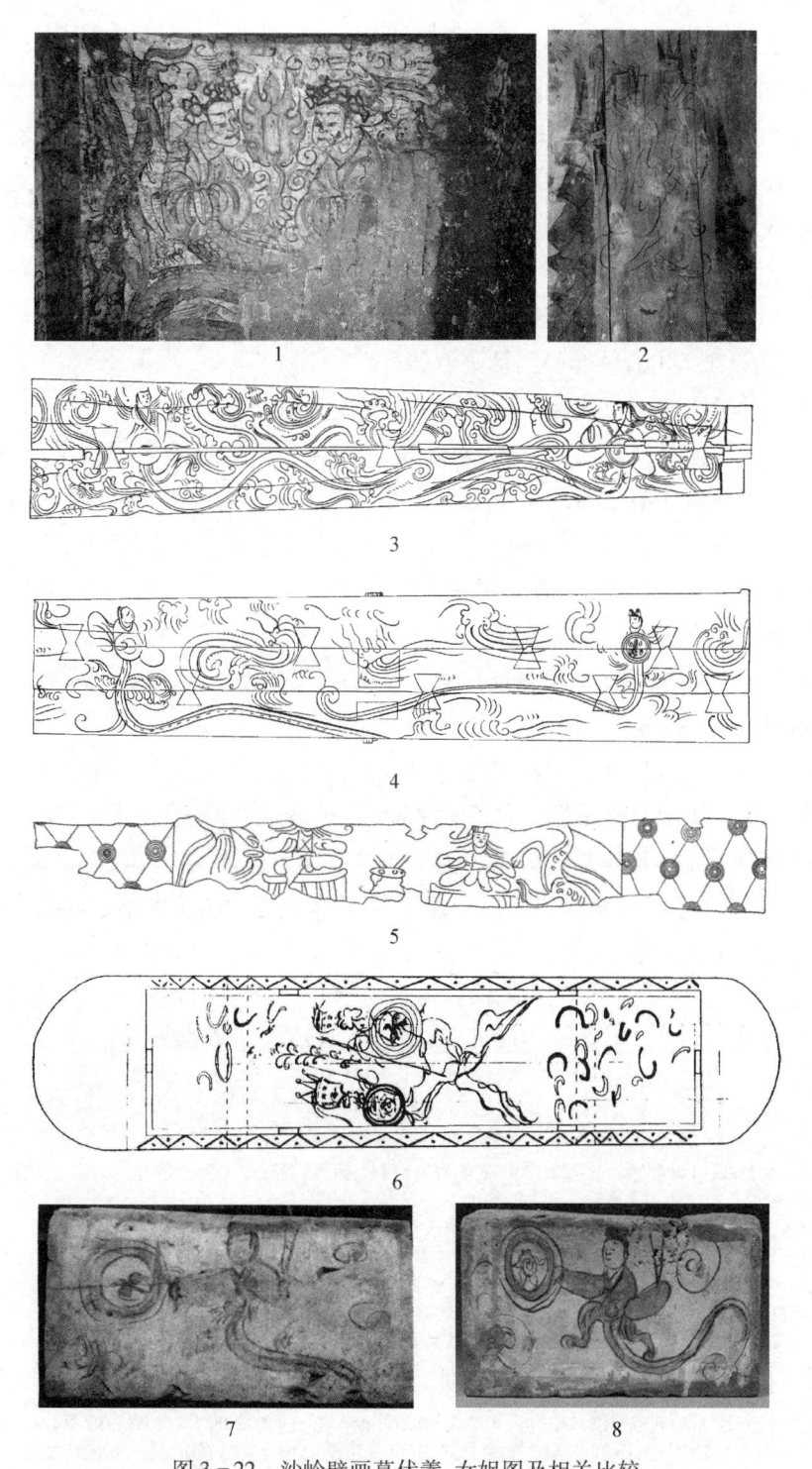

图 3-22 沙岭壁画墓伏羲、女娲图及相关比较

1. 沙岭壁画墓甬道顶部壁画 2. 嘉峪关毛庄子魏晋墓木板画
3. 嘉峪关新城曹魏墓 M1 男棺盖板画 4. 嘉峪关新城曹魏墓 M1 女棺盖板画
5. 嘉峪关新城西晋墓 M6 棺盖板画 6. 高台县魏晋墓 2003GNM10 棺板画
7—8. 高台县骆驼城魏晋墓画像砖

板画（图3-22：3）和女棺盖板画（图3-22：4）、西晋墓M6棺盖板画（图3-22：5）①，高台县魏晋墓2003GNM10棺板画（图3-22：6）②，以及1995年高台县骆驼城魏晋墓画像砖上所绘（图3-22：7、8）③。尤其嘉峪关M6的棺板画在伏羲、女娲身后也绘有青龙或白虎，与沙岭壁画墓有较高相似度。青龙、白虎等四神题材此时期也流行于河西地区。如高台县地埂坡魏晋墓M1后室顶部东坡绘多头多身青龙拖月，月内绘蟾蜍，西坡绘多头多身白虎拖日，日内有三足乌（图3-23：1），南坡绘朱雀（图3-23：2），北坡绘玄武（图3-23：3）④；M4前室前壁上部正中绘青龙，两侧各绘一麒麟（图3-23：4）⑤。敦煌佛爷庙湾西晋墓M37出有整套的四神画像砖（图3-23：5—8）。⑥

  沙岭壁画墓甬道两侧壁各绘一武士与一人首龙身的怪兽（图3-24：1—2），有研究者认为这种组合表现的是镇墓武士和镇墓兽⑦。把镇墓武士和镇墓兽画在墓壁上的做法，也见于内蒙古乌审旗翁滚梁M6⑧。该墓室内发现3件红彩石浮雕，墓门左右两侧石板各有一镇墓武士，墓室右侧壁下方石板上有人面、兽面镇墓兽各一（图3-24：3—8）。发掘者在简报中推定其年代为北魏，后来调整为大夏时期⑨。镇墓武士和镇墓兽是中原地区西晋墓葬陶俑的主要组合之一，十六国时期在中原消失，北魏占领关中、灭大夏后不久又在关中重现⑩。沙岭壁画墓、乌审旗翁滚梁M6出现镇墓武士和镇墓兽的图像，应当是在关中地区恢复实物的影响下出现的。

  依据以上对平城地区北魏早期墓葬壁画模式的总结，可以判定没有纪年的大同云波里路北魏壁画墓⑪属于北魏早期。这座墓2009年被发现并发掘，东西向，墓室呈弧长方形，东壁是其后壁；墓室遭到严重破坏，墓顶、甬道顶全部坍塌，东壁北侧、北壁、甬道北壁仅存底部，主体壁画不存。从墓葬形制看，此墓年代较接近沙岭壁画墓。墓室东壁正中是一处建在七级台阶上的屋宇建筑，墓主夫妇正坐于屋宇之中，分坐在独立的方榻之上，榻后设曲尺形围屏，女墓主人上半身及其右侧画面已毁，男墓主人左侧为侍者、宴席和乐队。这幅画面符合模式所对应的墓主夫妇并坐宴饮图，女墓主人右侧缺失的画面可推定为鞍

---

① 甘肃省文物队、甘肃省博物馆、嘉峪关市文物研究所编：《嘉峪关壁画墓发掘报告》，北京：文物出版社，1985年，第18页、图一九。
② 甘肃省文物考古研究所：《甘肃省高台县汉晋墓葬发掘简报》，《考古与文物》2005年第5期。
③ 张掖地区文物管理办公室、高台县博物馆：《甘肃高台骆驼城画像砖墓调查》，《文物》1997年第12期。
④ 吴荭：《甘肃高台地埂坡魏晋墓》，《2007中国重要考古发现》，北京：文物出版社，2008年，第84—91页；甘肃省文物考古研究所、高台县博物馆：《甘肃高台地埂坡晋墓发掘简报》，《文物》2008年第9期。
⑤ 吴荭：《甘肃高台地埂坡魏晋墓》，《2007中国重要考古发现》，北京：文物出版社，2008年，第84—91页。
⑥ 甘肃省文物考古研究所：《敦煌佛爷庙湾：西晋画像砖墓》，北京：文物出版社，1998年，第62—64页、图版一八：2，3，图版一九：3，图版二一：1。
⑦ 曹丽娟：《大同沙岭北魏壁画墓研究》，中央美术学院硕士学位论文，2009年，第33—34页。
⑧ 内蒙古自治区博物馆、鄂尔多斯博物馆：《乌审旗翁滚梁北朝墓葬发掘简报》，《内蒙古文物考古文集》第二辑，北京：中国大百科全书出版社，1997年，第480页。M6镇墓武士与镇墓兽照片由发掘者张景明先生惠赠。
⑨ 张景明：《乌审旗翁滚梁墓葬年代问题》，《内蒙古文物考古》2001年第1期。
⑩ 详见下章。
⑪ 大同市考古研究所：《山西大同云波里路北魏壁画墓发掘简报》，《文物》2011年第12期。

图 3-23　河西魏晋墓葬四神图举例
1—3. 高台县地埂坡魏晋墓 M1 壁画　4. 高台县地埂坡魏晋墓 M4 壁画
5—8. 敦煌佛爷庙湾西晋墓 M37 画像砖

图 3-24 沙岭壁画墓甬道两侧壁画及相关比较
1—2. 沙岭壁画墓甬道侧壁壁画　3—8. 乌审旗翁滚梁 M6 浮雕壁画

马、侍从等。墓室的侧壁之一——南壁绘山林狩猎图,以一条"V"字形的河流将画面分为三部分,绘人物在山林间憩息和骑猎动物的场景;河流对画面的巧妙分割与沙岭壁画墓、梁拔胡墓庄园生活图使用步障出自同一手法。山林狩猎图在模式中是二选一的题材,它的确定也使另一侧壁——北壁的题材明朗化,虽然北壁壁画已不存,但应为庄园生活图无疑。墓室西壁即前壁的甬道口两侧仅存南侧壁画的下部,可见一人赤足裸腿,身体左侧有垂飘的蓝色披帛,两足之间有一朵红色三叶忍冬和一朵蓝色三叶忍冬向两侧舒展,中间伸出一朵圆形莲花。虽然上半部缺失,从画面的构成和意境看,表现的可能是力士,其作用是门神,与沙岭壁画墓世俗化的门吏本质是相同的。甬道也仅存南壁下半部的壁画,原有五位侍女,现可见三人的衣裙,侧边饰为忍冬纹,底边饰为龙、凤。与沙岭壁画墓相比,甬道壁画是模式中最不稳定的部位。

第四节 北魏早期墓葬文化因素的消长形势

拓跋鲜卑自南迁匈奴故地后,经过200多年的曲折发展,终于建立北魏、定都平城,继而成为十六国纷乱局面的终结者。太武帝时期,北魏已经基本完成了对北方的统一,各地大量的人口和财富流入平城,为北魏早期平城文化的发展聚集了实力。从墓葬角度分析,汇聚平城的文化因素,可以分为旧俗和新风两大部分(表3-4)。

表3-4 北魏早期墓葬文化因素的来源

文化因素		来源 旧 俗			新 风			
		早期拓跋文化因素	檀石槐文化因素	其他因素	东北因素	河西因素	中原因素	外域因素
墓葬形制	竖穴土坑墓	√						
	竖井墓道土洞墓					√		
	长斜坡墓道土洞墓					√		
	竖穴砖椁墓					√		
	长斜坡墓道砖室墓					√		
	墓向(西向)		√					
	墓向(南向)						√	
出土器物	盘口罐器形		√					
	非平沿中口罐器形		√					
	陶器宽平沿				√			
	陶器水波纹			匈奴文化				
	陶器戳点纹	√(早)	√(晚)					
	陶器暗纹				√			
	陶器忍冬纹					√(中转)		√

续表

文化因素	来源	旧俗			新风			
		早期拓跋文化因素	檀石槐文化因素	其他因素	东北因素	河西因素	中原因素	外域因素
出土器物	陶器施釉						√	
	彩画漆棺						√	
	房形石椁						√	
	殉牲	√						
	灰枕				√	√		
墓葬图像	墓主宴乐图				√			
	车马出行图				√			
	山林狩猎图				√			
	庄园生活图				√（次）	√（主）		
	门吏武士图				√			
	伏羲、女娲图						√	
	青龙、白虎图						√	
	镇墓武士、镇墓兽图						√	

旧俗是多种文化因素的结合,不限于早期拓跋,主体还包括檀石槐鲜卑文化因素,主要表现在墓葬形制和出土器物方面。拓跋部南迁到匈奴故地后,只在诘汾时期依靠从呼伦贝尔带来的自有部落力量,到诘汾末期至力微初期,"西部内侵,国民离散",实际上这些力量就被瓦解或消灭了。力微东山再起,靠重新收拢自己原有的力量是不够的,很大程度上是凭借檀石槐遗部即力微岳父统领的没鹿回部的力量。力微建立的部落大联盟,虽以拓跋为首领,却不可回避地承袭了檀石槐鲜卑大联盟的政治衣钵和文化遗产。因此,魏晋十六国时期,拓跋代国文化的主要基础是檀石槐鲜卑文化因素,拓跋自身的因素反居其次。到北魏早期,我们能看到的早期拓跋文化因素就更少了,并趋向消失。竖穴土坑墓并非拓跋特有的墓葬形制,本是一种具有普遍性的初始态墓葬形制,因而在拓跋的早期发展阶段流行。发展到北魏时期,这样的墓葬形制在平城地区正被淘汰。大同南郊电焊器材厂墓地的167座墓中,竖穴土坑墓只有17座,仅占10%左右;大同迎宾大道北魏墓群的75座墓葬中,竖穴土坑墓只有5座,仅占6.7%;大同沙岭新村北魏墓群的26座墓葬中,竖穴土坑墓只有2座,仅占7.7%;大同七里村北魏墓群的34座墓葬、大同雁北师院北魏

墓群的11座墓葬中都没有发现竖穴土坑墓。像扎赉诺尔圈河墓葬那样的早期拓跋广口陶罐,有的饰戳点纹(图1-8:1、2、5),有的素面(图1-8:11—13),在北魏早期的平城都已经见不到了。素面的广口罐被早期慕容鲜卑所吸收,出现在新胜屯墓地(图2-3:23)、六家子墓地(图2-3:24)、舍根文化墓葬(图2-3:11—13)、南宝力皋吐墓地(图2-3:25—26)等中,有的继续保持素面,有的增加了其他纹饰,如暗纹、弦纹、水波纹等。广口罐在慕容鲜卑系统中,持续到前燕时期,此后基本不见[①]。饰戳点纹和素面的广口罐,都被檀石槐鲜卑文化系统所吸收,但形制普遍变得口沿很短(图2-19),更主要的是广口罐退居次要,主流陶器转向中口罐,多数中口罐饰戳点纹,少数为素面或饰附加堆纹(图2-20:1—37)。到北魏早期,在平城见到的非平沿戳点纹中口罐正是从檀石槐文化系统沿袭下来的,仍是既有素面的(图3-12:1—3),也有饰戳点纹的(图3-12:5、6)。与早期拓跋更为相似的殉牲习俗、来自檀石槐文化因素的西向葬俗在平城北魏早期墓葬中还较多见,但趋势是消失或被取代。

新风的来源,按地域划分,可分为东北因素、河西因素、中原因素、外域因素四个方面。东北因素包括东北地区的早期慕容鲜卑因素以及汉魏文化影响下形成的三燕文化、高句丽文化因素。宽平沿和饰暗纹的特征可追到早期慕容鲜卑展沿陶壶(图2-9)。三燕文化、高句丽文化因素对墓葬图像的影响最大,墓主宴乐图、车马出行图、山林狩猎图、门吏武士图的题材或构图基本上被全面吸收,庄园生活图则少部分受到影响。河西因素反映的是河西地区魏晋五凉时期的文化,其影响主要表现在墓葬形制和图像方面。在平城、盛乐及周边地区,结合竖穴土坑墓和用砖两要素而短期出现的竖穴砖椁墓,以及逐步替代竖穴土坑墓的诸类墓葬形制,如竖井墓道土洞墓、长斜坡墓道土洞墓、长斜坡墓道砖室墓,都与河西因素有关。墓葬图像方面,河西的影响仅次于东北,包括庄园生活图主体、伏羲、女娲、青龙、白虎等。同时,河西地区作为丝绸之路的要道,也是多种外域因素传入平城的中转地,如忍冬纹等。中原文化因素指十六国各地区保留的汉晋文化传统,从地域上说,既可来自占据中原的后秦、大夏和后燕,也可来自东北和河西等地。其在北魏的影响,包括墓葬南向、陶器施釉、彩画漆棺、房形石椁、镇墓武士和镇墓兽图像等方面。这些因素进入平城的直接契机是十六国亡后大量汉人移民被迁入平城及其周边。外域因素在上述以沙岭北魏壁画墓、尉迟定州墓、梁拔胡墓为例的分析中,发现很少,只将忍冬纹归入,实际上在北魏早期墓葬的多种随葬品上都有反映。大同南郊电焊器材厂M107提供了一个比较集中的展示,出土有1件鎏金錾花银碗、1件磨花玻璃碗、1件铜下颌托和15颗扁果核等[②]。据研究,鎏金錾花银碗、磨花玻璃碗是萨珊波斯器;铜下颌托可能由希腊经中亚传

[①] 田立坤:《三燕文化墓葬的类型与分期》,《汉唐之间文化艺术的互动与交融》,北京:文物出版社,2001年,第205—230页。
[②] 山西大学历史文化学院、山西省考古研究所、大同市博物馆:《大同南郊北魏墓群》,北京:科学出版社,2006年,第224—233页。

入新疆、再入平城;扁果核为巴丹杏,是由西域带来的①。《魏书·西域传》明确记载了太武帝时期大月氏国的玻璃制造技术传入平城的情况,"世祖时,其国人商贩京师,自云能铸石为五色瑠璃,于是采矿山中,于京师铸之。既成,光泽乃美于西方来者。乃诏为行殿,容百余人,光色映彻。观者见之,莫不惊骇,以为神明所作。自此中国瑠璃遂贱,人不复珍之"②。此处的瑠璃即玻璃。

  北魏早期是旧俗渐逝、新风潮涌的时代。经过道武帝、明元帝的努力和积累,太武帝领导着国家步入强盛时期,结束了北方长期的割据局面,平城由边地小城崛起为北中国的政治、文化中心。东西各国成群结队地前来朝贺。太延三年(437年),"高丽、契丹、龟兹、悦般、焉耆、车师、粟特、疏勒、乌孙、渴盘陀、鄯善、破洛那、者舌等国各遣使朝贡"③;太延五年(439年),"鄯善、龟兹、疏勒、焉耆、高丽、粟特、渴盘陀、破洛那、悉居半等国并遣使朝贡"④。整个国家呈现出内部统合、外邦来朝的大国气象。平城上下面对国内、国外文化的涌入和冲击,展现出充满自信的开放心态。正是在这样的氛围下,十六国和外域的文化新风才能在平城纷纷登场。沙岭壁画墓出现以墓主人为中心的融合各地因素的壁画模式,说明北魏官方还对新风进行过整合,并在上层贵族里推广实施。破多罗太夫人和梁拔胡是后秦或大夏的遗民,尉迟定州出自西部鲜卑,他们来到平城后都接受了当时当地的文化。抛却地域出身的文化接纳观念,不会仅是三墓墓主人的自我表现,而是对所处环境的映照。

---

① 王银田:《丝绸之路与北魏平城》,《暨南学报(哲学社会科学版)》2014年第1期。
② 《魏书》卷一〇二《西域传》,北京:中华书局,1974年,第2275页。
③ 《北史》卷二《魏本纪二》,北京:中华书局,1974年,第52页。
④ 《北史》卷二《魏本纪二》,北京:中华书局,1974年,第54页。

第四章 复归晋制的北魏中期墓葬文化

第一节 北魏中期墓葬文化研究的现状

北魏中期,即平城时代后期,时间范围从献文帝即位至孝文帝迁洛(466—494年)。这时期,平城地区已出纪年墓有天安元年(466年)叱干渴侯墓①、太和元年(477年)宋绍祖墓②、太和八年(484年)杨众庆墓③、太和八年(484年)司马金龙夫妇墓④、太和十四年(490年)入葬的冯太后永固陵⑤。叱干渴侯墓、杨众庆墓资料公布不全,尚未引起研究者的关注。关于北魏中期墓葬文化的研究,正是主要围绕另外三座纪年墓展开的。

方山永固陵是唯一发掘过的北魏平城时代的帝后陵寝。1925年,美国华盛顿弗利尔美术馆Carl Whiting Bishop(中文名毕士博或毕安祺)与北京的国立历史博物馆的裘善元联合组成考察队,准备发掘方山遗址,因未能得到当地政府允许,加上Bishop生病回北京治疗,发掘未成。同年10月,考察队成员A. G. Wenley等对方山遗址进行了考古勘查,并参照《水经注》对相关遗迹的分布做了测量和考证⑥。1939年6月26日和7月2日,东京大学原田淑人带队的日本东亚考古学会在永固陵遗址进行了两天踏查⑦。1939年9月1日和1941年9月17日,日本东方文化研究所(京都大学人文科学研究所前身)水野清一等两次对方山遗址进行较全面的调查,对陵区主要建筑遗址作了新的考证和记录⑧。

---

① 大同市考古研究所:《山西大同迎宾大道北魏墓群》,《文物》2006年第10期。
② 山西省考古研究所、大同市考古研究所:《大同市北魏宋绍祖墓发掘简报》,《文物》2001年第7期;大同市考古研究所 刘俊喜主编:《大同雁北师院北魏墓群》,北京:文物出版社,2008年,第71—162页。
③ 大同市考古研究所:《山西大同七里村北魏墓群发掘简报》,《文物》2006年第10期。
④ 山西省大同市博物馆、山西省文物工作委员会:《山西大同石家寨北魏司马金龙墓》,《文物》1972年第3期。
⑤ 大同市博物馆、山西省文物工作委员会:《大同方山北魏永固陵》,《文物》1978年第7期。
⑥ A. G. Wenley. The Grand Empress Dowager Wen Ming and the Northern Wei Necropolis at Fang Shan, *Freer Gallery of Art Occasional Papers*, Vol. 1, No. 1, WASHINGTON, 1947.
⑦ [日]冈村秀典、向井佑介:《北魏方山永固陵の研究——東亞考古學會1939年收集品を中心として》,(日本)《東方學報(京都)》第80册,2007年,第150—69页。
⑧ [日]水野清一、長廣敏雄:《大同近傍調査記》,《雲岡石窟——西暦五世紀における中國北部佛教窟院の考古學的調査報告》第16卷上册《補遺》,京都:京都大學人文科學研究所,1956年,第7、10—12页。

1976年，北京大学宿白带领考古实习学生对永固陵南侧的思远佛寺遗址进行调查①。2003年，山西省考古研究所张庆捷发表了他们多次考察永固陵遗址的收获②。永固陵遗址的正式考古发掘工作进行过两次。第一次在1976年4月至5月间，由山西省文物工作委员会、大同市博物馆组队对永固陵进行发掘，1978年发表简报，1999年发掘者刘绪补充了该陵发掘和周边调查的情况③。第二次在1981年7月至9月，大同市博物馆发掘了思远佛寺遗址，2007年发表简报④。2006年，日本京都大学人文科学研究所冈村秀典等发表了水野清一等调查永固陵遗址所获、却未收录于《云冈石窟》16卷考古报告的出土遗物⑤。由于永固陵长期以来遭到多次的盗掘和破坏，墓室内出土遗物很少，因此，研究者们着力探讨的是陵园特点、陵寝制度及其文化源流。宿白首先提出墓地和佛寺结合是冯氏墓园的布局特点，这种做法影响到北朝晚期统治集团的陵墓，甚至影响到北朝以后⑥。徐苹芳⑦、杨宽⑧、张庆捷⑨、韩国河⑩等都继承了这一观点。王飞峰认为永固陵的布局特点不仅仅是陵寺二者一体，而且是陵（永固陵）、庙（永固石室、永固堂）、寺（思远佛寺）三者为一体⑪，实际上仍是对上述观点的延续。曹臣明⑫、村元健一⑬、王雁卿⑭、沈睿文⑮等从不同角度论证了永固陵陵寝制度对中原制度和汉文化的吸收和继承。冈村秀典、向井佑介则以东亚考古学会1939年永固陵调查的收集品为中心，研究了思远佛寺与思燕佛图的关系、永固陵布局对高句丽的影响、永固陵与云冈石窟营造者的关系、来自西方样式和南朝的影响等问题⑯。王飞峰从永固陵陵园内石料、青辊瓦探讨了北魏对百济、高句丽的文化影响⑰。

---

① 宿白：《东汉魏晋南北朝佛寺布局初探》，《庆祝邓广铭教授九十华诞论文集》，石家庄：河北教育出版社，1997年，第31—49页。
② 张庆捷：《北魏永固陵的考察与探讨》，北京大学震旦古代文明研究中心编《古代文明研究通讯》总第19期，2003年；张庆捷：《北魏永固陵考察与探讨》，《而立集——山西大学考古专业成立30周年纪念文集》，北京：科学出版社，2009年，第222—234页。
③ 刘绪：《方山二陵的发掘与文明皇后的评价》，《山西省博物馆八十年》，太原：山西人民出版社，1999年，第145—156页。
④ 大同市博物馆：《大同北魏方山思远佛寺遗址发掘报告》，《文物》2007年第4期。
⑤ [日] 冈村秀典编：《雲冈石窟：山西省北部における新石器·秦漢·北魏·遼金时代的考古学的研究（遗物篇）》，京都：朋友书店，2006年，第107—115页。
⑥ 宿白：《盛乐、平城一带的拓跋鲜卑—北魏遗迹——鲜卑遗迹辑录之二》，《文物》1977年第11期。
⑦ 徐苹芳：《中国秦汉魏晋南北朝时代的陵园和茔域》，《考古》1981年第6期。
⑧ 杨宽：《中国古代陵寝制度史研究》，上海：上海古籍出版社，1985年，第44—45页。
⑨ 张庆捷：《北魏永固陵的考察与探讨》，北京大学震旦古代文明研究中心编《古代文明研究通讯》总第19期，2003年；张庆捷：《北魏永固陵考察与探讨》，《而立集——山西大学考古专业成立30周年纪念文集》，北京：科学出版社，2009年，第222—234页。
⑩ 韩国河：《东汉北魏陵寝制度特征和地位的探讨》，《文物》2011年第1期。
⑪ 王飞峰：《关于永固陵的几个问题》，《中国国家博物馆馆刊》2012年第11期。
⑫ 曹臣明：《北魏方山永固陵地理环境的选择与陵园制度》，《中国古都研究》第十辑，天津：天津人民出版社，1997年，第114—119页。
⑬ [日] 村元健一：《北魏永固陵の造营》，（日本）《古代文化》第52卷第2號，2000年。
⑭ 王雁卿：《北魏永固陵陵寝制度的几点认识》，《山西大同大学学报（社会科学版）》2008年第4期。
⑮ 沈睿文：《永固陵与北魏政治》，《国学研究》第二十二卷，北京：北京大学出版社，2008年，第57—77页。
⑯ [日] 冈村秀典、向井佑介：《北魏方山永固陵の研究——東亞考古學會1939年收集品を中心として》，（日本）《東方學報（京都）》第80册，2007年，第150—69页。
⑰ 王飞峰：《关于永固陵的几个问题》，《中国国家博物馆馆刊》2012年第11期。

司马金龙夫妇墓是北魏中期的又一座著名墓葬。男墓主司马金龙是晋宣帝司马懿弟司马馗的九世孙。因刘裕诛夷司马氏，其父司马楚之于明元帝泰常七年（422年）降魏，太武帝初封为琅琊王①。司马金龙为楚之与河内公主所生，后袭爵，初纳太尉、陇西王源贺女，后娶沮渠氏，即河西王沮渠牧犍女；太和八年（484年）薨，赠大将军、司空公、冀州刺史，谥琅琊康王②。据墓志记载，女墓主人钦文姬辰薨于延兴四年（474年），其父为侍中、太尉、陇西王、直勤贺豆跋，即源贺③。因墓室用砖上有阳文"琅琊王司马金龙墓寿砖"十字，可知墓葬建于司马金龙死后，钦文姬辰是迁来合葬的，而非始葬于此。虽然被盗过，该墓仍出土了大批陶俑、生活用具以及墓志、漆画屏风等，计454件。特别是制作精美的漆画屏风尤为引人注意，志工④、杨泓⑤、康乐⑥、古田真一⑦、苏哲⑧、谢振发⑨、张丽⑩、扬之水⑪、苏小定⑫等都进行了研究。其中志工认为屏风漆画与《女史箴图卷》、《列女图卷》的内容和风格相似；杨泓通过对屏风漆画的探讨，指出北魏文化所受到的南方吴晋文化的影响；古田真一推断这套漆画屏风是根据南朝漆画资料如南朝屏风画稿，在南朝逃亡贵族的指导下，在北朝忠实体现了南朝风格的作品；苏哲推定其制作地点在首都平城附近，画像的作者可能与"平齐民"出身的画家有关；谢振发在全面考释漆画和题记内容的基础上，探讨五块漆画板的排列组成、屏风的图像，认为它很可能是司马金龙生前置于座右以标示门风庭训的。还有对陶俑、墓志等出土遗物的研究。杨泓通过对司马金龙墓和呼和浩特大学路北魏墓所出俑群的分析，指出北魏平城地区以至呼和浩特一带，在葬俗中都已间接受到西晋俑制的影响；在孝文帝改制汉化以前，拓跋鲜卑的埋葬制度已由鲜卑习俗为主，逐渐转向接受汉晋埋葬制度的许多内容，随葬俑群正是其中较明显的一例⑬。郑如珀从死者之需要和空间原则的角度比较司马金龙墓与东魏李希宗墓中陪葬俑的类别和排列方式，揭示了陪葬俑群在塑造墓主人身份方式上的明显变化⑭。

---

① 《魏书》卷三七《司马楚之传》，北京：中华书局，1974年，第854—855页。
② 《魏书》卷三七《司马金龙传》，北京：中华书局，1974年，第857页。
③ 宋馨：《司马金龙墓葬的重新评估》，《北朝史研究：中国魏晋南北朝史国际学术研讨会论文集》，北京：商务印书馆，2004年，第566—567页。
④ 志工：《略谈北魏的屏风漆画》，《文物》1972年第8期。
⑤ 杨泓：《北朝文物源流探讨之一：司马金龙墓出土遗物的再研究》，《北朝研究》创刊号，1989年；杨泓：《汉唐美术考古与佛教艺术》，北京：科学出版社，2000年，第116—123页。
⑥ 康乐：《北魏的司马金龙墓》，（台湾）《历史月刊》第13期，1989年。
⑦ ［日］古田真一著，曲翰章译：《对六朝绘画的一项美学考察——关于司马金龙墓出土的漆画屏风》，《国外社会科学》1993年第6期。
⑧ 蘇哲：《北魏孝子伝図研究における二、三の問題点》，（日本）《実践女子大学美學美術史學》第14號，1999年，第61—88頁；蘇哲：《魏晋南北朝壁画墓の世界》，東京：白帝社，2007年，第83—90頁。
⑨ 谢振发：《北魏司马金龙墓的漆画屏风试析》，《美术史研究集刊》第十一期，台北：台湾大学艺术研究所，2001年，第1—55页。
⑩ 张丽：《北魏司马金龙墓屏风漆画研究》，《河南科技大学学报（哲学社会科学版）》2005年第3期。
⑪ 扬之水：《北魏司马金龙墓出土屏风发微》，《中国典籍与文化》2005年第3期。
⑫ 苏小定：《北魏司马金龙墓漆画屏风的工笔重彩艺术研究》，《美术学报》2014年第2期。
⑬ 杨泓：《北朝陶俑的源流、演变及其影响》，《中国考古学研究——夏鼐先生考古五十年纪念论文集》，北京：文物出版社，1986年，第269—270页。
⑭ 郑如珀：《与死者为伍：6世纪北朝墓葬中死者的"需要"与陶俑陈设模式的变化》，《汉唐之间的视觉文化与物质文化》，北京：文物出版社，2003年，第425—469页。

张铭心①、张学锋②、梁建波③等研究了司马金龙墓出土墓志。宋馨则对司马金龙墓进行了较全面的综合研究,结合其身世及周遭人物的历史背景,指出该墓的陶俑、墓葬结构形式多与关陇以及河西一带十六国以来的传统类似,且平城时代的关陇与河西文明经过与一些其他拓跋成员文化因素的融合而形成了北魏本身特有的物质文化,这个特色不但持续在洛阳时期的丧葬习俗之中,而且影响到北齐、北周甚至隋唐④。

宋绍祖墓的发掘和资料公布,不仅为北魏中期又增加了一座重要墓葬,而且成为北魏平城墓葬研究条件发生显著改变的标志。此后,平城时代墓葬接连发现和报道,突破了北魏早期墓葬文化的研究困境,也足以推动北魏中期墓葬文化研究向更深层面进展。目前宋绍祖墓的研究状况还延续着永固陵、司马金龙墓的思路,对重要出土遗物比较关注,集中表现在对该墓出土石椁的研究上。巫鸿认为宋绍祖墓和智家堡北魏石椁壁画墓出土石椁的原型是四川出土的东汉石椁,与北方地区盛行的道教传统有关,以此追求死后长生⑤。张志忠认为宋绍祖墓室内构筑石椁,椁外雕饰铺首衔环,椁内置石棺床,不使用木质葬具,尸体直接陈放于石棺床上等,是同时期已知墓葬中没有的新迹象,直接或间接地对北周、北齐以及隋唐时期的埋葬制度产生了一定影响⑥。张志忠、邹清泉等还对宋绍祖墓石椁壁画进行了研究。前者认为宋绍祖墓石椁壁画北壁正中的两位奏乐人物应为嵇康和阮咸,说明南方流行的竹林七贤题材已经影响到北方地区,但原来所具有的情节和人物个体意义已经被淡化⑦。后者认为宋绍祖墓石椁壁画的竹林七贤或高士题材后来没有在北魏发展起来,而是为孝子画像所取代,主要应归因于文明太后以"子贵母死"擅权所最终导致的北魏中晚期孝风的骤盛以及后宫权力斗争对"孝"的需要⑧。张海啸则从墓志、家世、形制、题记等方面对宋绍祖墓石椁进行了全面分析,并阐述其发现的意义⑨。

除了众多研究对重要墓葬的关注,还有一些从群体墓葬中归纳单项内容的专题研究,

---

① 张铭心:《司马金龙墓葬出土碑形墓志源流浅析》,《纪念西安碑林九百二十周年华诞国际学术研讨会论文集》,北京:文物出版社,2008年,第553—562页。
② 张学锋:《墓志所见北朝的民族融合——以司马金龙家族墓志为线索》,《许昌学院学报》2014年第3期。
③ 梁建波:《关于北魏司马金龙墓志的几个问题》,《河北北方学院学报(社会科学版)》2015年第1期。
④ 宋馨:《司马金龙墓葬的重新评估》,《北朝史研究:中国魏晋南北朝史国际学术研讨会论文集》,北京:商务印书馆,2004年,第561—681页。
⑤ Wu Hung. A Case of Cultural Interaction: House-shaped Sarcophagi of the Northern Dynasties, *Orientations*, Vol. 34, No. 5, 2002, pp. 34—41.
⑥ 张志忠:《北魏宋绍祖墓石椁的相关问题》,《北朝史研究:中国魏晋南北朝史国际学术研讨会论文集》,北京:商务印书馆,2004年,第500—506页。
⑦ 张志忠:《北魏宋绍祖墓相关问题的研究》,《文物世界》2007年第4期。
⑧ 邹清泉:《"子贵母死"与北魏中晚期孝风骤盛及孝子图的刻画》,《文艺研究》2006年第10期。
⑨ 张海啸:《北魏宋绍祖石室研究》,《文物世界》2005年第1期。

如随葬俑群和模型①、石棺床②、墓铭③、陶瓷器④、墓葬图像⑤等。总体来说,北魏中期墓葬文化尚停留在个案和专题研究的层面,在考古资料已经比较充分的情况下,需要探讨北魏中期墓葬文化的全面特征及其成因,对北魏中期在整个北魏墓葬文化演变过程中的作用和地位给予系统性的解释,以推动研究进一步深入。

第二节 宋绍祖墓与北魏中期平城地区墓葬文化

宋绍祖墓发掘于2000年,有明确的纪年,虽被盗扰仍出土了大量的随葬品,并且资料公布完整,为研究北魏中期平城地区墓葬文化的整体特征提供了很好的范例和线索。

(一) 墓 葬 形 制

宋绍祖墓为长斜坡墓道、二过洞、二天井、砖砌单室墓,墓室平面呈弧方形,坐北朝南(图4-1)。墓室和墓向巩固了从梁拔胡墓就已出现的新特点,成为平城地区北魏中期砖室墓的基本范式。

(二) 出 土 器 物

宋绍祖墓出土器物,主要包括陶、银、铁、石、琥珀、漆器等。与北魏早期的沙岭壁画墓、尉迟定州墓、梁拔胡墓相比,在三个方面的演进值得关注。

1. 砖志

宋绍祖墓第二过洞的填土中,出土一块青灰色长条形墓志砖,其上阴刻"大代太和元年岁次丁/巳幽州刺史敦煌公敦/煌郡宋绍祖之柩",字涂朱(图4-2:1)。平城地区类似这样有纪年和墓主生平等内容的正式墓志砖,目前所知最早的是太延二年(436年)万纵

---

① 刘俊喜、张海啸:《太和俑像》,《中国文物报》2001年1月7日第5版;张志忠:《大同北魏墓葬胡俑的粟特人象征》,《文物世界》2005年第6期;张志忠:《大同北魏彩绘乐俑鉴赏》,《收藏家》2008年第12期;王雁卿:《大同北魏墓葬出土俑群的时代特征》,《北魏平城研究文集》,太原:山西人民出版社,2008年,第298—312页;[日]小林仁著,朱岩石译:《北朝的镇墓兽——胡汉文化融合的一个侧面》,《4—6世纪的北中国与欧亚大陆》,北京:科学出版社,2006年,第149—153页;张志忠:《大同北魏宋绍祖墓陶车模型浅议》,《收藏家》2008年第2期。

② 王雁卿:《山西大同出土的北魏石棺床》,《文物世界》2008年第2期。

③ 殷宪:《北魏早期平城墓铭析》,《北朝研究》第一辑,北京:北京燕山出版社,2000年,第163—192页;张志忠、古顺芳:《北魏平城墓铭砖的初步研究》,《山西省考古学会论文集(四)》,太原:山西人民出版社,2006年,第207—210页。

④ 王雁卿、刘贵斌、高峰:《北魏陶器的装饰纹样》,《文物世界》2003年第3期;李树云:《大同北魏墓出土的瓷器》,《北魏平城研究文集》,太原:山西人民出版社,2008年,第328—334页。

⑤ 高峰、赵亚春:《北魏平城绘画简述》,《山西省考古学会论文集(四)》,太原:山西人民出版社,2006年,第191—198页;林圣智:《墓葬、宗教与区域作坊——试论北魏墓葬中的佛教图像》,《美术史研究集刊》第二十四期,台北:台湾大学艺术史研究所,2008年,第1—66页。

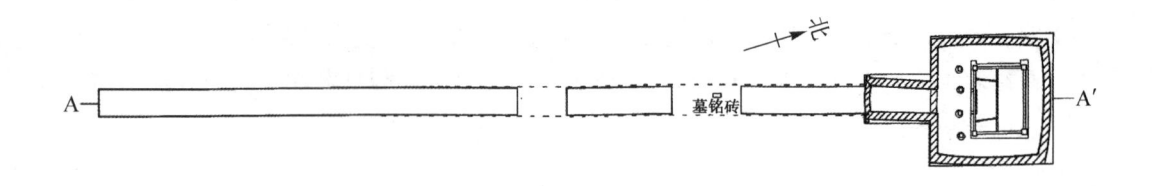

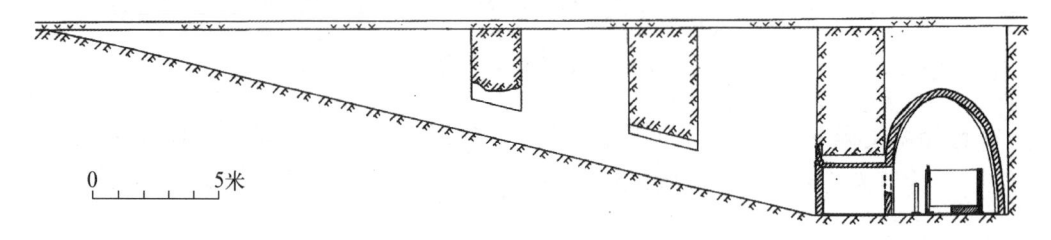

图4-1 北魏宋绍祖墓形制

□及妻樊合会冢墓记①,其后有天安元年(466年)叱干渴侯墓砖(图4-2:2)②、皇兴二年(468年)鱼玄明墓砖③、延兴六年(476年)陈永丙命妇刘夫人墓砖④、太和八年(484年)杨众庆墓砖(图4-2:3)⑤、太和十四年(490年)屈突隆业墓砖(图4-2:4)⑥、太和十六年(492年)盖天保墓砖⑦等;与砖志性质相同的专用墓志还有石质的,如正平年间(451—452年)孙恪墓志⑧、兴安三年(454年)韩弩真妻王亿变墓志⑨、延兴二年(472年)申洪之墓志(图4-2:5)⑩、延兴四年(474年)司马金龙夫人钦文姬辰墓志(图4-2:6)和太和八年(484年)司马金龙墓志(图4-2:7)⑪等(表4-1)。从平城砖、石墓志出现的时间看,与沙岭壁画墓那样的漆棺题记、尉迟定州墓那样的石椁题记、梁拔胡墓那样的壁画题记在北魏早期是并存的,呈现出多样性的特点,但发展到北魏中期,附属于葬具、壁画的墓

---

① 赵超:《汉魏南北朝墓志汇编》,天津:天津古籍出版社,2008年,第35页。
② 大同市考古研究所:《山西大同迎宾大道北魏墓群》,《文物》2006年第10期;殷宪:《〈叱干渴侯墓砖〉考略》,《山西省考古学会论文集(四)》,太原:山西人民出版社,2006年,第204—206页。
③ 赵超:《汉魏南北朝墓志汇编》,天津:天津古籍出版社,2008年,第35页。
④ 殷宪:《北魏早期平城墓铭析》,《北朝研究》第一辑,北京:北京燕山出版社,2000年,第165页;张庆捷:《北魏破多罗氏壁画墓所见文字考述》,《民族汇聚与文明互动——北朝社会的考古学观察》,北京:商务印书馆,2010年,第115页。前文记墓主人为陈永夫妇,后文记为陈永丙命妇刘夫人,细辨前文所提供拓片,当从后文之识读。
⑤ 大同市考古研究所:《山西大同七里村北魏墓群发掘简报》,《文物》2006年第10期;张志忠:《大同七里村北魏杨众庆墓砖铭析》,《文物》2006年第10期。
⑥ 殷宪:《近年所见北魏书迹二则》,《书法丛刊》2005年第3期。
⑦ 殷宪:《盖天保墓砖铭考》,《北朝研究》第六辑,北京:科学出版社,2008年,第12—28页;殷宪:《盖天保墓砖铭考》,《晋阳学刊》2008年第3期。
⑧ 殷宪:《北魏早期平城墓铭析》,《北朝研究》第一辑,北京:北京燕山出版社,2000年,第163—164页。
⑨ 殷宪:《北魏早期平城墓铭析》,《北朝研究》第一辑,北京:北京燕山出版社,2000年,第163—164页。
⑩ 殷宪:《一方鲜为人知的北魏早期墓志》,《北朝研究》1998年第1期;侯旭东:《北魏申洪之墓志考释》,《"1—6世纪中国北方边疆·民族·社会国际学术研讨会"论文集》,北京:科学出版社,2008年,第207—223页;殷宪:《北魏〈申洪之墓铭〉及几个相关问题》,《山西大同大学学报(社会科学版)》2010年第1期。
⑪ 山西省大同市博物馆、山西省文物工作委员会:《山西大同石家寨北魏司马金龙墓》,《文物》1972年第3期;殷宪:《北魏早期平城墓铭析》,《北朝研究》第一辑,北京:北京燕山出版社,2000年,第165页。

主生平题记基本消失，独立性的砖、石专用墓志成为主流。宋绍祖石椁顶部虽仍有刻铭，但内容为"太和元年五十人用公三千盐豉卅斛"，传达的是建墓用工情况的信息，已与墓主生平无关。

图 4-2　平城出土北魏墓志举例
1. 宋绍祖墓志砖　2. 叱干渴侯墓志砖　3. 杨众庆墓志砖　4. 屈突隆业墓志砖
5. 申洪之墓志　6. 姬辰墓志　7. 司马金龙墓志

表 4-1　平城时代平城地区发现的砖、石墓志

序号	墓主人	年代	质地	形制
1	万纵□及妻樊合会	太延二年（436 年）	砖质	长方形
2	孙恪	正平年间（451—452 年）	石质	长方形高框边
3	王亿变	兴安三年（454 年）	石质	碑形
4	叱干渴侯	天安元年（466 年）	砖质	长方形
5	鱼玄明	皇兴二年（468 年）	砖质	长方形
6	申洪之	延兴二年（472 年）	石质	长方形高框边

续表

序号	墓主人	年　　代	质地	形　制
7	钦文姬辰	延兴四年(474年)	石质	近方形
8	陈永丙命妇刘夫人	延兴六年(476年)	砖质	长方形
9	宋绍祖	太和元年(477年)	砖质	长方形
10	司马金龙	太和八年(484年)	石质	碑形
11	杨众庆	太和八年(484年)	砖质	长方形
12	屈突隆业	太和十四年(490年)	砖质	长方形
13	盖天保	太和十六年(492年)	砖质	长方形

2. 石葬具

宋绍祖墓的葬具为石椁，单檐悬山顶，前廊后室，面阔三间，位于墓室中央，底部棺床上西端放置两个石灰枕，表明宋绍祖夫妇的尸体当年直接东西向横置于棺床上，没有再用漆、木葬具装殓(图4-3:1—2)，显示出对尉迟定州墓石椁和尸骨处置方式的继承。从目前情况看，平城时代墓葬凡是使用石棺床，甚至是砖棺床的墓葬，都不再另用木葬具。石棺床或石椁者，如电焊器材厂北魏墓群M112(图4-3:3)[1]、田村北魏墓(图4-3:4)[2]、七里村北魏墓群M14(图4-3:5)[3]、智家堡石椁壁画墓(图4-8:3)[4]、司马金龙墓等所出；砖棺床者，如大同县国营粮食原种场北魏墓群M6[5]、金属镁厂北魏墓群M7[6]、迎宾大道北魏墓群M2、M3、M26、M78(图4-3:6)[7]、文瀛路北魏壁画墓(图4-7:1)[8]等所出。从相关墓葬的年代看，比起北魏早期，石、砖棺床在北魏中期日益流行起来。

3. 随葬俑群和模型明器

宋绍祖墓出土的陶俑和模型明器共153件，造型各异，是沙岭壁画墓、尉迟定州墓、梁拔胡墓完全没有的新种类。从功能角度，可分为四组：第一组为镇墓组合，包括镇墓武士2件、镇墓兽1件；第二组为侍从仪仗组合，包括男侍俑27件、女侍俑6件、步兵俑18件、甲骑具装俑26件、鸡冠帽骑马鼓吹男乐俑32件、胡人站立伎乐俑4件、鞍马12件、牛车6

---

[1] 山西大学历史文化学院、山西省考古研究所、大同市博物馆：《大同南郊北魏墓群》，北京：科学出版社，2006年，第350—351页。
[2] 大同市考古研究所：《山西大同南郊区田村北魏墓发掘简报》，《文物》2010年第5期。
[3] 大同市考古研究所：《山西大同七里村北魏墓群发掘简报》，《文物》2006年第10期。
[4] 王银田、刘俊喜：《大同智家堡北魏墓石椁壁画》，《文物》2001年第7期。
[5] 山西省考古研究所：《大同县国营粮食原种场北魏墓》，《三晋考古》第三辑，太原：山西人民出版社，2006年，第336—345页。
[6] 韩生存、曹承明、胡平：《大同城南金属镁厂北魏墓群》，《北朝研究》1996年第1期。
[7] 大同市考古研究所：《山西大同迎宾大道北魏墓群》，《文物》2006年第10期。
[8] 大同市考古研究所：《山西大同文瀛路北魏壁画墓发掘简报》，《文物》2011年第12期。

第四章　复归晋制的北魏中期墓葬文化　·181·

图 4-3　平城出土北魏石、砖葬具
1. 宋绍祖墓石椁　2. 宋绍祖墓石椁底部石棺床　3. 电焊器材厂 M112 石棺床　4. 田村北魏墓石棺床
5. 七里村北魏墓群 M14 石棺床　6. 迎宾大道北魏墓群 M78 砖棺床

墓葬名称	镇墓组合	侍从仪仗组合	模型明器组合	禽畜组合
咸阳文林小区前秦 M44				
咸阳平陵后秦 M1				
彭阳新集大夏 M1				

第四章 复归晋制的北魏中期墓葬文化

墓葬名称	镇墓组合	侍从仪仗组合	模型明器组合	禽畜组合
彭阳新集大夏 M1				
西安顶益制面厂北魏早期 M217				
北魏中期宋绍祖墓				

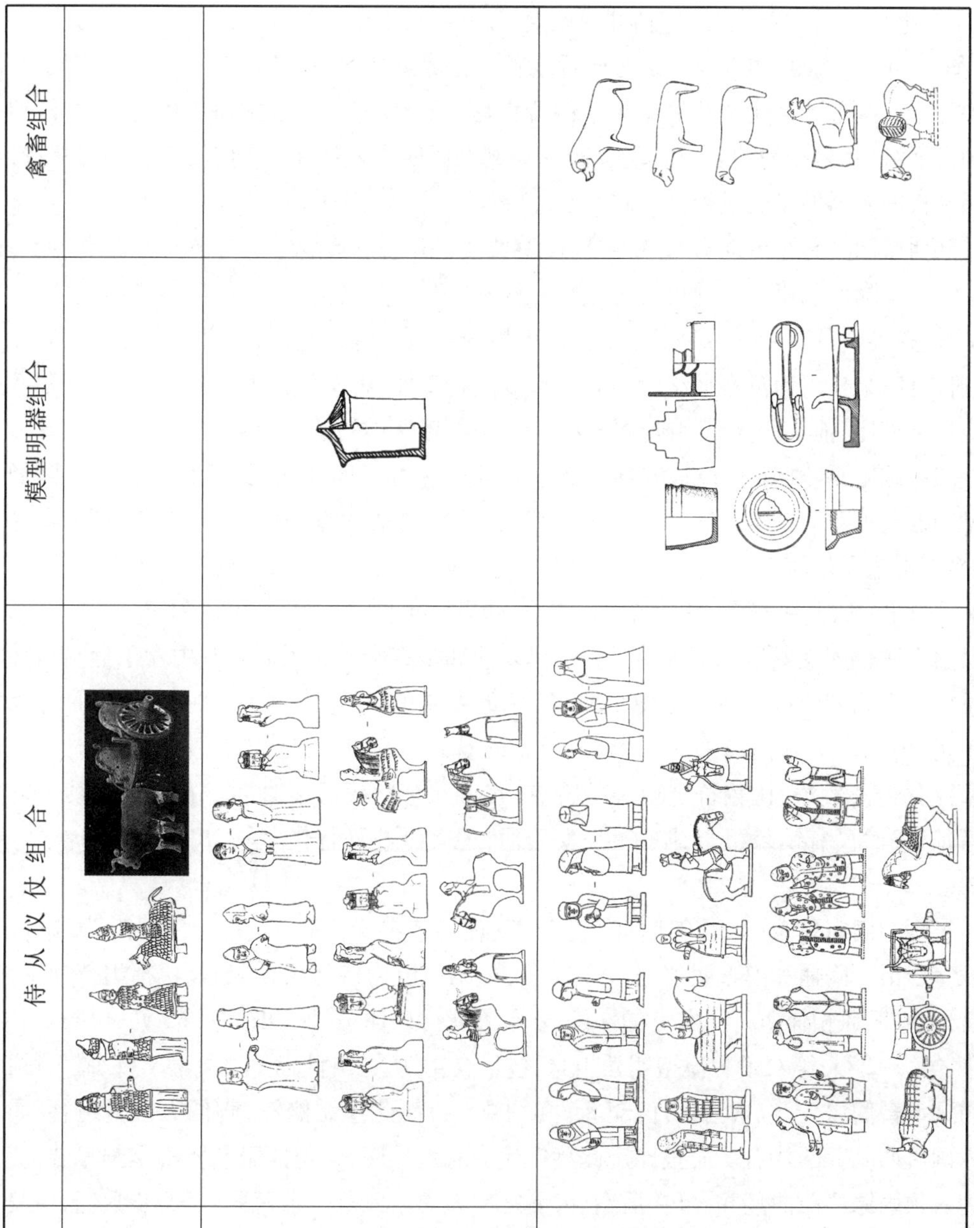

图 4-4 关陇十六国墓与平城北魏墓葬陶俑样、模型明器组合的演变关系

组;第三组为模型明器组合,包括井、灶、磨、碓;第四组为禽畜俑组合,包括猪、狗、羊、驼、驴(图4-4)。这四组的框架,是对西晋墓葬文化的继承①,但其内容大为丰富,则是经历了关陇十六国墓葬文化洗礼的结果。西晋亡后,只有关陇地区的陶俑和模型明器得到持续的发展,显示出蓬勃的生机。现以四座墓例来说明十六国中后期至北魏早期关陇墓葬陶俑和模型明器的发展过程。

陕西咸阳文林小区前秦墓 M44②,长斜坡墓道单室土洞墓,墓室平面近方形,带一西侧室。出土陶俑和模型明器可分为三组:第一组为侍从仪仗组合,包括男侍俑1件、女侍俑1件、鞍马1件、牛车2件;第二组为模型明器组合,包括仓2件、井2件、灶1件、磨1件、碓1件;第三组为禽畜俑组合,包括猪1件、狗2件、鸡3件(图4-4)。与西晋墓葬中对应组合相比,前秦的墓葬中缺少镇墓武士、镇墓兽这样的镇墓组合。

陕西咸阳平陵M1③,长斜坡墓道单室土洞墓,墓室平面近方形,无侧室。出土陶俑和模型明器也可分为三组:第一组为侍从仪仗组合,包括女侍俑2件、骑马鼓吹男乐俑16件、坐姿奏乐女乐俑4件、铠马2件、牛车2组、马车1组;第二组为模型明器组合,包括仓2件、井1件、灶1件;第三组为禽畜俑组合,包括猪1件、狗4件、鸡4件(图4-4)。这座墓最引人注目的现象是新出现骑马鼓吹男乐俑和坐姿奏乐女乐俑。其中女乐俑与后面将述及的西安北郊顶益制面厂北魏早期M217的女乐俑④几乎一样,可见两座墓的时代相距不远,但骑马男乐俑尚未穿鲜卑装,应在北魏进入关中之前,即后秦或大夏时期。而此墓汉化色彩较浓,比较符合后秦的特点,宜将此墓归属后秦时期。它大体延续了前秦的特征,仍然没有镇墓组合,除了男、女乐俑,还有以铠马替代鞍马,出现马车、虎子等新现象。

宁夏彭阳新集M1⑤,长斜坡墓道土洞墓,现存墓室狭长形,两头宽中间窄,原应为前、后双室。出土陶俑和模型明器仍可分为三组:第一组为侍从仪仗组合,包括男侍俑1件、女侍俑4件、风帽俑26件、文吏俑4件、步行鼓吹男乐俑10件、步兵俑65件、甲骑具装俑16件、牛车2组;第二组为模型明器组合,包括仓4件、井1件、灶1件、磨1件、碓1件;第三组为禽畜俑组合,包括狗2件、鸡2件(图4-4)。此墓无侧室,陶俑无镇墓组合,属于十六国后期墓葬的特点。简报原定此墓年代为北魏早期,但陶俑服装皆不是鲜卑装,应是北魏占领固原之前的墓葬,可在后秦、大夏之中考虑。此墓军事色彩较浓,步兵俑、甲骑具装俑占据陶俑大宗;胡人色彩明显,新出现大圆顶风帽俑;新出现的文吏俑也很有特色,冠顶为双峰状。后秦汉化较深,坐姿奏乐女乐俑是其显著特点。大夏则军事性质更为突出,

---

① 杨泓:《北朝陶俑的源流、演变及其影响》,《中国考古学研究——夏鼐先生考古五十年纪念论文集》,北京:文物出版社,1986年,第268页。
② 咸阳市文物考古研究所:《咸阳关中十六国墓》,北京:文物出版社,2006年,第52—57页。
③ 咸阳市文物考古研究所:《咸阳平陵十六国墓清理简报》,《文物》2004年第8期;咸阳市文物考古研究所:《咸阳关中十六国墓》,北京:文物出版社,2006年,第87—102页。
④ 陕西省考古研究所:《西安北郊北朝墓清理简报》,《考古与文物》2005年第1期。
⑤ 宁夏固原博物馆:《彭阳新集北魏墓》,《文物》1988年第9期。

军队实行部落兵制,军士亦兵亦民,胡人风俗保存浓厚,而且以骑兵为主①。这都与彭阳新集 M1 的俑群特点较为符合。

西安北郊顶益制面厂 M217②,长斜坡墓道单室土洞墓,墓室平面近方形,东侧开一纵长方形龛。出土陶俑和模型明器可分为三组:第一组为镇墓组合,包括镇墓武士 2 件、镇墓兽 2 件;第二组为侍从仪仗组合,包括男侍俑 4 件、女侍俑 2 件、骑马鼓吹男乐俑 15 件、坐姿奏乐女乐俑 4 件、鞍马 1 件;第三组为模型明器组合,包括仓 1 件(图 4-4)。这座墓恢复了十六国中后期以来缺失的镇墓组合,禽畜俑组合没有发现。此墓的侍从仪仗组合与咸阳平陵后秦墓 M1 最相似,主要区别是男侍俑、骑马鼓吹男乐俑的服装改为鲜卑装,戴鲜卑帽。这两座墓时代相近,北魏占领关中是其间的分界线。417 年,东晋占领关中,后秦亡;418 年,大夏驱走东晋,占领关中;426 年,北魏首占长安,428 年被大夏夺回;430 年,北魏再取长安,占领关中。因此,顶益制面厂 M217 的年代当在 430 年后不久,属北魏早期。可见,北魏早期关中地区已基本恢复了西晋墓葬陶俑和模型明器的各类组合,且种类变得丰富。

正是在关陇地区的直接影响下,宋绍祖墓才能够出现种类齐全的陶俑及模型明器组合。司马金龙夫妇墓,雁北师院北魏墓 M2、M52③,文瀛路北魏壁画墓④,阳高县下深井北魏墓⑤,大同县湖东北魏墓 M11⑥,大同县陈庄北魏墓⑦等也都出有类似的俑群和模型明器,反映出这种新特点已在平城立足并有较大影响。其中没有纪年的那些墓葬都应是北魏中期的。陶俑群还很好地适应了平城这个新环境的需求和风尚。宋绍祖墓的骑马鼓吹俑服饰采用鸡冠帽,伎乐俑变为站立胡人,都是对当时平城相应人物形象的真实写照。增补羊、驼、驴俑,羊表现的当是拓跋等北方民族草原放牧的习俗;驼、驴是胡人商队最常使用的运输畜力,映衬着平城人员往来频繁和商贸繁荣的景象,俑群则及时把这一热点表现了出来。

(三) 墓 葬 图 像

与沙岭壁画墓、梁拔胡墓铺陈于墓室四壁的大幅壁画相比,宋绍祖墓在这方面陷入空白,同样的现象也出现于司马金龙墓里。永固陵甬道南端石券门浮雕捧莲蕾童子、朱雀和束腰藤座等,孝文帝万年堂石雕门框刻站立的武士门吏⑧,表明最高等级的帝后陵墓也不在墓室四壁绘画了,尚保留的画面以石刻形式出现,但题材十分简约,并局限于石门狭窄的面积上。这显示北魏中期平城地区墓葬壁画的发展形势出现逆转,壁画衰退,北魏早期

---

① 吴洪琳:《铁弗匈奴与夏国史研究》,北京:中国社会科学出版社,2011 年,第 135—146 页。
② 陕西省考古研究所:《西安北郊北朝墓清理简报》,《考古与文物》2005 年第 1 期。
③ 大同市考古研究所 刘俊喜主编:《大同雁北师院北魏墓群》,北京:文物出版社,2008 年,第 27—70 页。
④ 大同市考古研究所:《山西大同文瀛路北魏壁画墓发掘简报》,《文物》2011 年第 12 期。
⑤ 大同市考古研究所:《山西大同下深井北魏墓发掘简报》,《文物》2004 年第 6 期。
⑥ 山西省考古研究所、大同市考古研究所:《山西大同县湖东北魏墓(M11)发掘简报》,《文物》2014 年第 1 期。
⑦ 山西省考古研究所、大同市考古研究所:《山西大同市大同县陈庄北魏墓发掘简报》,《文物》2011 年第 12 期。
⑧ 王银田、曹臣民:《北魏石雕三品》,《文物》2004 年第 6 期。

以墓主人图像为中心的模式被抛弃。这一时期,墓葬图像呈现出两大特点。

一是壁画简约化和空心化。壁画内涵和绘制方式大为简约,四壁正中成为空白之处,如同被掏心一般,使北魏早期形成的模式化题材全遭废弃;墓室顶部绘星象图,四壁绘屋宇的梁柱架构,除了甬道,壁面上全无人物形象。文瀛路北魏壁画墓是一座长斜坡墓道的单室砖墓,坐北朝南(图4-7:1),墓室的顶部绘星象图,下绘斗拱和梁柱,甬道两壁绘门神力士,尚存东壁力士。陈庄北魏墓是一座长斜坡墓道的前、后双室砖墓,坐北朝南(图4-5:1),前、后甬道均无壁画。前室内绘有简单的壁画,大部分以红色颜料直接绘于裸砖之上,仅在北壁的后甬道入口两侧以白灰作地仗层,塑圆拱形门框,框边以红色画出边框,边框内东西两边以红色颜料各绘一组束莲柱,柱头之上以红、黑色颜料各绘一曲颈翘尾长龙,龙尾交缠,尾下绘三朵圆形重瓣莲花,墓室四角至顶部以红色各绘柱、斗、梁架,斗两边绘忍冬纹(图4-5:2),顶部正中绘莲花纹藻井(图4-5:3);后室通体抹白灰作地仗,已脱落过半,墓室四角以红色各绘柱、斗、梁架,顶部正中绘莲花,四周绘日、月、银河、星辰(图4-5:4)①。下深井北魏墓在墓室和甬道砖壁以红色颜料分间装饰,每壁绘三根立柱,柱间全为空白②。与北魏早期壁画模式相比,四壁壁画的空白是最大的反差,将门神由墓室前壁移到甬道算是具有一点继承性。

二是图像葬具化。墓葬壁画一方面在壁面上衰退,另一方面主要向葬具上转移。宋绍祖墓石椁外部四壁雕刻铺首衔环、泡钉纹、莲花纹(图4-6:1);内部北壁绘两位男性奏乐人物,分别抚琴、弹阮(图4-6:2),西壁绘两组五位男性舞蹈人物,一组的三位手持响铃手舞足蹈,另一组的两位在腾跃舞蹈(图4-6:3),东壁壁画漫漶不清;底部是一具石棺床,立板表面浮雕忍冬纹、水波纹、联珠纹、兽面、动物和花卉(图4-3:2)。有研究者认为北壁两位人物可能受到了南朝的影响③,与南朝墓葬中竹林七贤与荣启期拼镶砖画中的弹琴人物相似,应是当时南朝流行的高士形象④。这样的认识不免忽视了石椁西壁壁画的存在。这三组图像共存,应当具有同样的性质,而西壁的人物似难与高士题材相结合。把三组人物放在一起,不过就是表现奏乐、舞蹈的场景而已,这种题材已见于北方十六国墓葬文化中。安岳三号墓后室东壁壁画(图4-6:4)和酒泉丁家闸5号墓前室西壁壁画中层(图4-6:5),都有人物抚琴、弹阮、舞蹈或腾跃的画面。可见,宋绍祖墓石椁壁画已不见墓主人图像,仅剩下与宴乐相关的人物。在文瀛路北魏壁画墓中,还有些壁画是画在棺床上的。墓室的北侧、西侧各砌一座砖棺床(图4-7:1)。北棺床的立面绘力士、胡商牵驼图,床前踏步平面上绘三朵莲花,立面绘火焰纹(图4-7:2);西侧棺床立面绘力士图(图4-7:3);两棺床之间的分隔矮墙上绘有鲜卑装侍者等(图4-7:4、5)。相比四壁,棺

---

① 山西省考古研究所、大同市考古研究所:《山西大同市大同县陈庄北魏墓发掘简报》,《文物》2011年第12期。
② 大同市考古研究所:《山西大同下深井北魏墓发掘简报》,《文物》2004年第6期。
③ 郑岩:《魏晋南北朝壁画墓研究》,北京:文物出版社,2002年,第213页。
④ 张志忠:《北魏宋绍祖墓相关问题的研究》,《文物世界》2007年第4期。

图 4-5　大同县陈庄北魏壁画墓的形制与墓室壁画
1. 墓葬剖面图　2. 前室北壁壁画　3. 前室顶部壁画　4. 后室顶部壁画

· 188 · 光宅中原

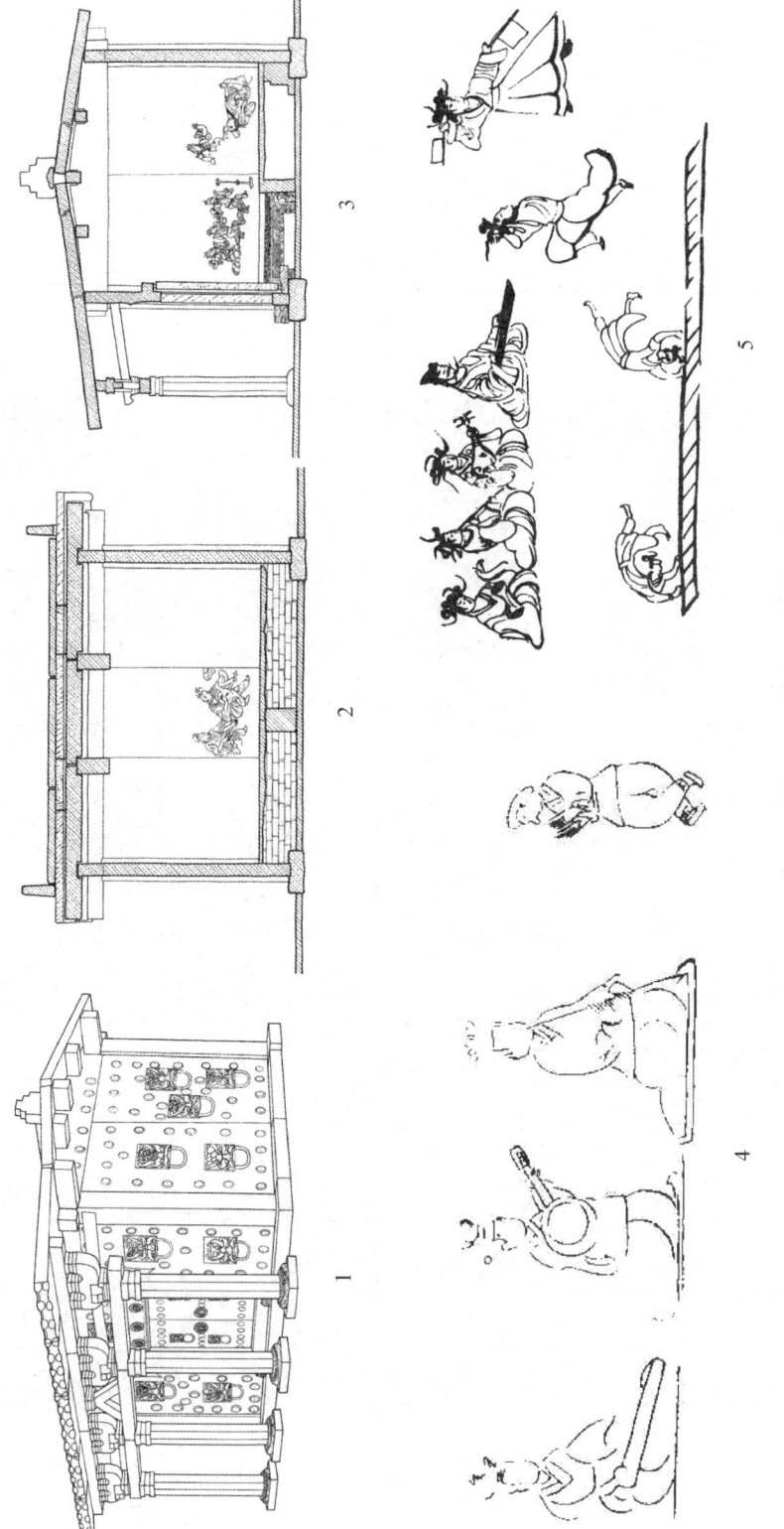

图 4-6　宋绍祖墓石椁图像及相关比较
1. 宋绍祖墓石椁外壁　2. 宋绍祖墓石椁内部北壁壁画　3. 宋绍祖墓石椁内部西壁壁画
4. 安岳三号墓壁画　5. 酒泉丁家闸 5 号墓壁画

图4-7 大同市文瀛路壁画墓的形制与葬具图像
1. 墓葬平、剖面图 2. 北侧棺床及踏步壁画 3. 西侧棺床立面壁画
4. 两棺床之间的分隔矮墙 5. 矮墙侍者壁画

床的壁画明显要丰富些,恰恰反映了壁画由四壁向棺床转移的动向。壁画在葬具上残喘的时间也没能持久,因为葬具图像的发展趋势和四壁一致,也在向简约化转变。与之相应的是,屋形石椁的顶部和四壁撤除,仅余下石棺床。而石棺床上看到的主体图案是忍冬纹、水波纹、联珠纹、莲花纹、兽面等,这些装饰性强的题材已经反辅为主了(表4-2)。

表4-2 北魏中期平城地区的石棺床图像

序号	墓葬名称	石棺床图像内容
1	司马金龙墓①	雕刻忍冬纹、水波纹、联珠纹、莲花纹、托举力士、伎乐童子、凤鸟、虎、狮子、龙、人首鸟等
2	大同南郊电焊器材厂M112②	雕刻忍冬纹、水波纹、莲花纹、兽面、插花净瓶
3	七里村M14③	雕刻忍冬纹、水波纹、莲瓣纹、人物和铺首衔环等
4	智家堡北砂场石棺床墓④	前立面上浮雕兽面、角抵人物、托举力士、虎、忍冬纹、水波纹

(四)北魏中期平城地区墓葬特征

以宋绍祖墓为线索,大可估计砖室墓的演变到北魏中期已基本结束,弧方形的墓室成为比较稳定且占据主流的形制,墓向全部转为南北向;对墓主人生平的记录,日渐集中到专用的砖、石墓志上;石葬具变得比较流行,而且不和漆、木葬具并用;大批俑群和模型明器的出现与流行,是随葬品的最大亮点;墓葬图像越来越简约,墓室四壁的正壁部位通常没有壁画,图像集中到葬具尤其是石葬具上,而且大幅、完整的画面变少,直至消失,辅助性装饰纹样成为主流。这些特征与沙岭壁画墓、尉迟定州墓、梁拔胡墓相比,显示出整体性的明显不同,尤其是在出土器物和墓葬图像方面。

(五)北魏早、中期之际的过渡期

北魏中期的墓葬文化特点越往后越鲜明,在其初期阶段实际上是北魏早、中期文化的过渡阶段,从智家堡石椁壁画墓的特点可窥一斑。该墓墓室平面为横长方形,坐北朝南(图4-8:1),与466年叱干渴侯墓的形制和朝向(图4-8:2)相同;屋形石椁(图4-8:3)几乎紧挨墓壁,墓室四壁没有绘壁画。这些都符合北魏中期墓葬的特点。同时,该墓也表现出北魏早期特点的遗留。石椁内壁各处绘有壁画,梁架及顶部绘莲花、忍冬纹;北壁正中绘墓主人夫妇在帏帐中并坐于榻,旁有男女侍仆、树木、奉食图(图4-8:4);西壁上部绘二

---

① 王雁卿:《山西大同出土的北魏石棺床》,《文物世界》2008年第2期。
② 山西大学历史文化学院、山西省考古研究所、大同市博物馆:《大同南郊北魏墓群》,北京:科学出版社,2006年,第350—351页。
③ 大同市考古研究所:《山西大同七里村北魏墓群发掘简报》,《文物》2006年第10期。
④ 王银田、曹臣民:《北魏石雕三品》,《文物》2004年第6期。

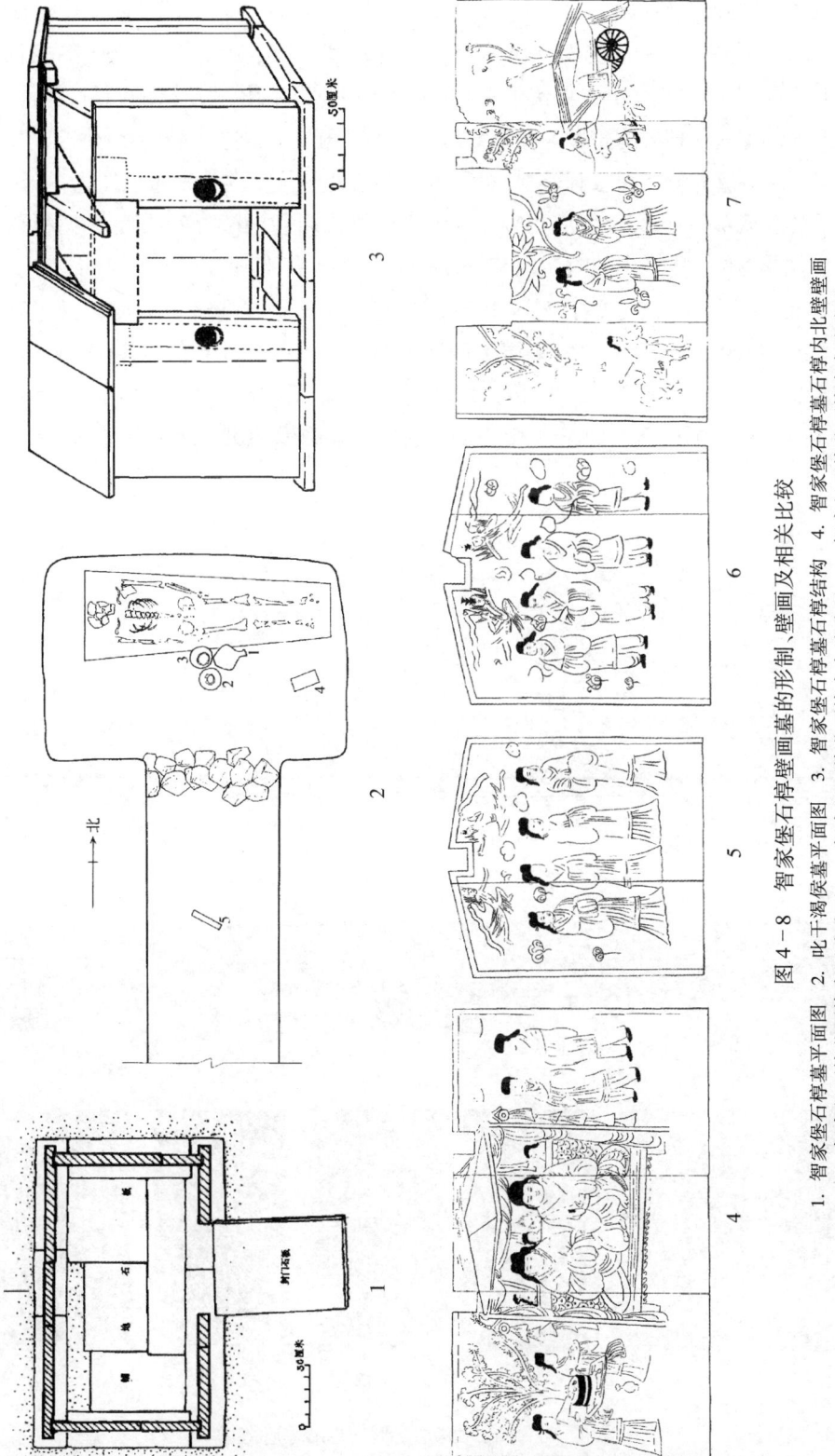

第四章　复归晋制的北魏中期墓葬文化

图4-8　智家堡石椁壁画墓的形制、壁画及相关比较
1. 智家堡石椁墓平面图　2. 叱干渴侯墓平面图　3. 智家堡石椁墓石椁结构　4. 智家堡石椁墓石椁内北壁壁画
5. 智家堡石椁墓石椁内西壁壁画　6. 智家堡石椁墓石椁内东壁壁画　7. 智家堡石椁墓石椁内南壁壁画

羽人持幡,下部绘四女侍(图4-8:5);东壁上部也绘二羽人持幡,下部绘四男侍持莲蕾(图4-8:6);南壁绘牛车、鞍马、男女侍仆、树木、忍冬纹(图4-8:7)。尽管壁画满布石椁内部的顶部和四壁,但内容实际上只保留了平城地区北魏早期壁画模式后壁的题材,也就是紧紧围绕墓主人的那些最核心的要素。而宋绍祖墓石椁壁画与之相比,就更加简化,墓主人图像都消失了。结合墓葬形制和壁画题材,可见这座墓是北魏早期向中期过渡阶段的产物。从石椁壁画的演变趋势看,其年代应当晚于461年的梁拔胡墓,早于477年的宋绍祖墓,处于献文帝在位及退位为太上皇的时期(466—476年)可能性大,即献文帝至孝文帝初期。

田村北魏墓也体现了过渡性的文化特征。该墓为长斜坡墓道单室砖墓,墓室平面呈弧方形,坐东朝西(图4-9:1)。墓葬形制和朝向与457年的尉迟定州墓(图3-9:4)相近。该墓出土陶壶为宽平沿(图4-9:2、3),特征早于梁拔胡墓那种口沿稍外斜的陶壶(图3-11)。这些都属于北魏早期墓葬文化特征。该墓墓室北侧置一石棺床,前立面两

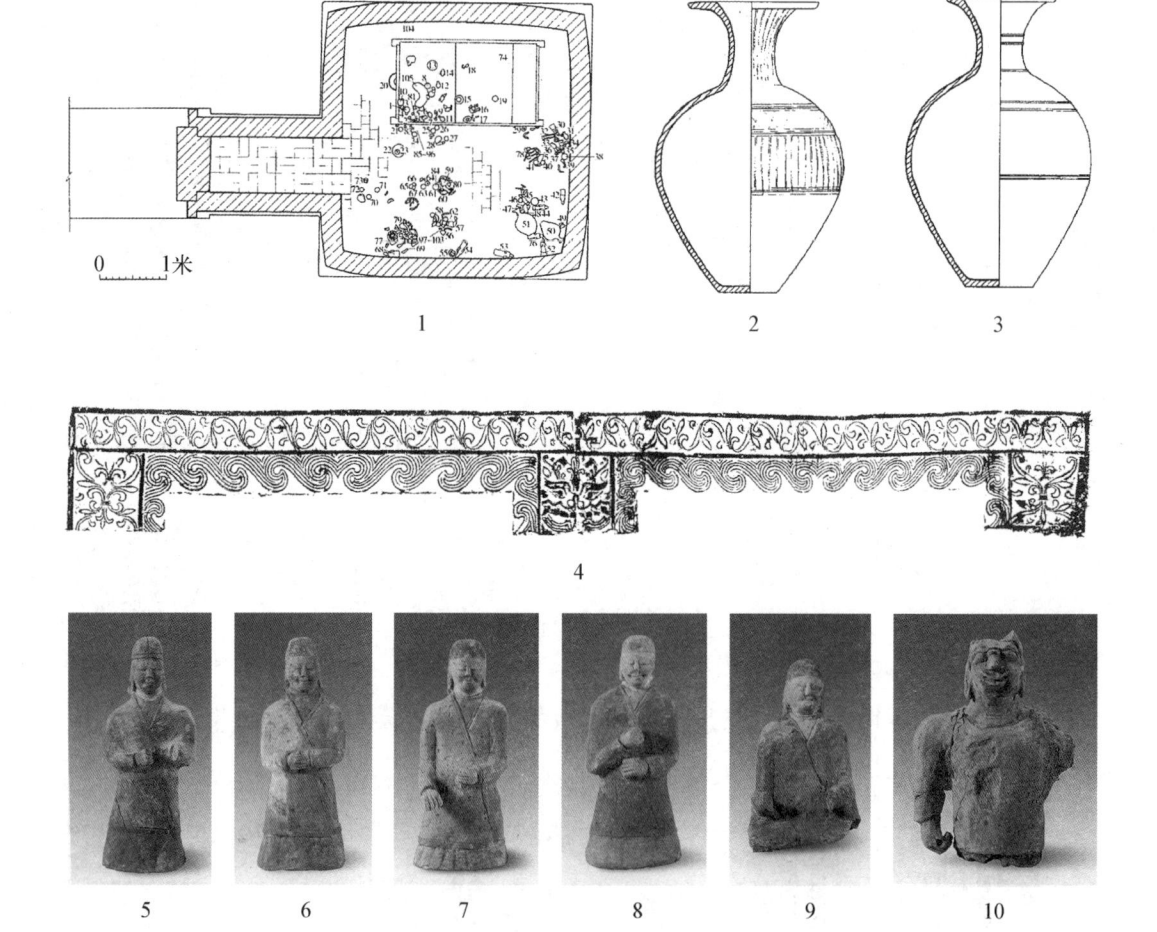

图4-9 田村北魏墓的形制与出土遗物
1. 墓葬平面图　2—3. 陶壶　4. 石棺床　5—10. 陶俑

块石板有浅浮雕纹样,最上层横向雕波状忍冬纹带,下雕水波纹,两侧足各雕一朵忍冬,中间足雕兽面(图4-3:4、图4-9:4),以装饰性纹饰为主。墓内出有侍俑(图4-9:5—9)、武士俑(图4-9:10)、牛车等陶俑群,以及陶狗、骆驼、井、磨、碓、灶、箕等模型明器。这些又是北魏中期墓葬文化中流行的特征。从此墓看,北魏早、中期文化的过渡阶段还可能跨到文成帝时期(452—465年)。

因此,北魏早、中期文化转变的过渡期是从文成帝时期始,经献文帝,至孝文帝初期,相当于5世纪50年代至70年代中期。

第三节 平城地区前、后双室墓的政治意蕴

平城地区还出现少量前、后双室砖墓,具有比较浓厚的政治色彩和内涵。按有无侧室,可分为两类。

一类无侧室。目前正式发掘并公布资料的有三座,即大同县湖东北魏一号墓(图4-10:2)[①]、大同县陈庄北魏墓(图4-10:3)、冯太后永固陵(图4-10:4)等。永固陵近旁的孝文帝虚宫万年堂,经调查,墓葬结构与永固陵相同,只是规模小些[②]。湖东一号墓为长斜坡墓道,坐东朝西,与酒泉丁家闸5号墓(图4-10:1)的形制和墓向相近;葬具为彩绘漆棺及其棺床,漆棺后挡板中部绘启门图,启门人半露,门两侧有门吏各一人(图4-11:1),与酒泉丁家闸5号墓前室北壁壁画下层的坞壁启门图近似(图4-11:2)[③]。这些特征都符合北魏早期墓葬的特点,且反映了前、后双室墓受河西因素影响的情况。漆棺后挡板周边、棺盖前沿圭面、左侧板绘两两相切的联珠圈纹,各圈纹中均绘伎乐童子,圈纹之间的菱形格内间隔绘童子或缠枝花纹;棺床露白处绘缠枝忍冬纹。此棺虽有屋宇、人物,但夺人眼帘的首先是满布的联珠圈纹,装饰性纹饰占据主导。这一现象又符合北魏中期墓葬文化的特点。因此,湖东一号墓处于过渡期,约在文成帝至孝文帝初期,是平城地区目前所见最早的前、后双室墓。陈庄北魏墓的墓葬形制、墓葬壁画、出土器物均符合北魏中期墓葬的特征,简报将其年代定为孝文帝迁都洛阳以后,应提前到孝文帝迁洛之前的太和年间。

另一类有一个或两个侧室。现有司马金龙夫妇墓(图4-10:5)、怀仁丹扬王墓(图4-10:6)[④]两座,前者有一个侧室,后者有两个侧室。怀仁丹扬王墓据考证为刘昶与三位公主夫人的合葬墓[⑤],后因迁葬废弃,其年代在467—486年间[⑥],属于献文帝时期至孝文帝前期。

---

① 山西省大同市考古研究所:《大同湖东北魏一号墓》,《文物》2004年第12期。
② 大同市博物馆、山西省文物工作委员会:《大同方山北魏永固陵》,《文物》1978年第7期。
③ 甘肃省文物考古研究所:《酒泉十六国墓壁画》,北京:文物出版社,1989年,第15页。
④ 怀仁县文物管理所:《山西怀仁北魏丹扬王墓及花纹砖》,《文物》2010年第5期。
⑤ 王银田:《丹扬王墓主考》,《文物》2010年第5期;倪润安:《怀仁丹扬王墓补考》,《考古与文物》2012年第1期。
⑥ 倪润安:《怀仁丹扬王墓补考》,《考古与文物》2012年第1期。

· 194 ·　　　　　　　　　　　　光宅中原

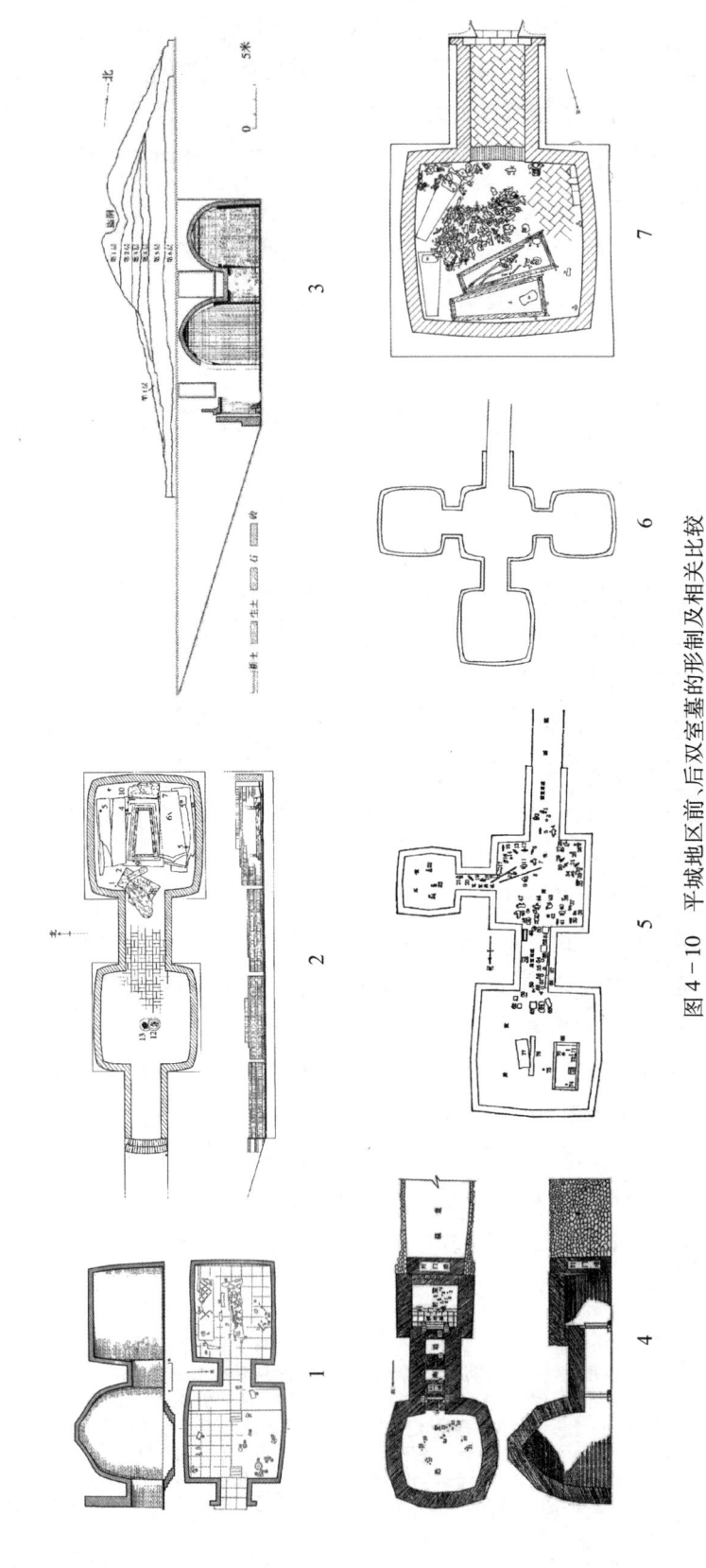

图 4—10　平城地区前、后双室墓的形制及相关比较
1. 酒泉丁家闸 5 号墓　2. 湖东北魏一号墓　3. 陈庄北魏墓　4. 永固陵　5. 司马金龙夫妇墓　6. 怀仁丹扬王墓（示意图）　7. 雁北师院 M2

图 4-11　北魏平城地区墓葬启门图及相关比较
1. 湖东北魏一号墓漆棺后挡绘画　2. 酒泉丁家闸 5 号墓前室北壁下层壁画

　　从各墓例的年代看，多是在献文帝至孝文帝时期。它们出现后，成为高等级墓葬乃至帝后陵墓的选择，应与当时特殊的历史背景相联系，映射的是文成帝皇后冯氏以太后或太皇太后身份临朝听政、把持朝纲长达 30 余年的政治局面。冯太后先后与献文帝、孝文帝共治，尤其是在孝文帝时期，北魏亲贵并称二人为"二圣"①。随着冯太后的去世和影响力的减弱，前、后双室的墓葬形制在新都洛阳就趋向形式化。宣武帝景陵的前室规模已大大缩小②，貌似甬道，只能算做前室的孑遗。云冈石窟二期开凿的双窟进一步证明了此现象，共有五组双窟，分别是第 1 窟和第 2 窟（图 4-12：1）、第 3 窟（图 4-12：2）、第 5 窟和第 6 窟（图 4-12：3）、第 7 窟和第 8 窟（图 4-12：4）、第 9 窟和第 10 窟（图4-12：5），其中第 3 窟为两个前室共用一个后室，第 7、8 窟和第 9、10 窟两组窟是前、后双室结构。而且，双窟及前、后双室窟都只存在于云冈二期，即 471 年至 494 年之间或稍后，孝文帝迁洛后就迅速消失；宿白认为本期流行开凿双窟的做法，应是当时北魏既有皇帝在位，又有太后临朝的反映，是当时特定政治形势的产物③。而前、后双室墓同云冈前后双室窟、双窟出现的背景是一样的，是具有时代标志性的。

　　带侧室的前、后双室墓规模都很大，司马金龙夫妇墓前室面积约为 20.2 平方米，后室面积约为 36.8 平方米，侧室面积约为 8.2 平方米；丹扬王墓二主室面积均约为 34.8 平方米，二侧室面积均约为 27 平方米。没有侧室的永固陵前室面积约为 16.2 平方米，后室面积约为 43.7 平方米，孝文帝万年堂后室面积约为 32.3 平方米。从主室的规模看，带侧室的双室墓与帝、后陵墓相当，甚至略有超出，再算上侧室的话，更是明显盖过皇陵。为什么

---

①　宿白：《平城实力的集聚和"云冈模式"的形成与发展》，《中国石窟寺研究》，北京：文物出版社，1996 年，第 136 页。
②　中国社会科学院考古研究所洛阳汉魏城队、洛阳古墓博物馆：《北魏宣武帝景陵发掘报告》，《考古》1994 年第 9 期。
③　宿白：《平城实力的集聚和"云冈模式"的形成与发展》，《中国石窟寺研究》，北京：文物出版社，1996 年，第 130、136—137 页。

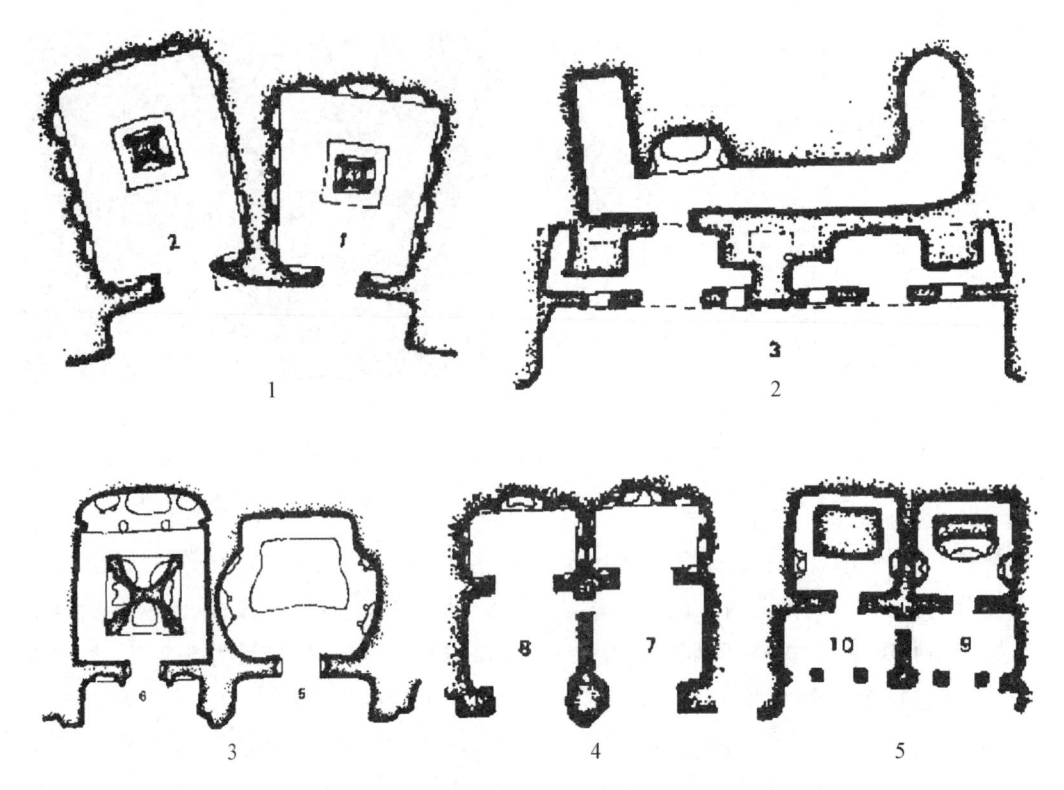

图 4-12　云冈石窟二期开凿的双窟
1. 第1窟和第2窟　2. 第3窟　3. 第5窟和第6窟
4. 第7窟和第8窟　5. 第9窟和第10窟

会出现这种现象呢？

一方面说明前、后双室墓要比单室墓等级高，是北魏中期最高统治者采用的墓葬形制，但等级界限似乎又不太森严，能够允许某些异姓高级贵族使用，更有甚者墓葬规模与皇陵匹敌。据研究，司马金龙的丧礼及其墓葬的修建，很可能受到冯太后的照应①。太和二十一年(497年)刘昶薨于彭城时，享尽哀荣，更是史书明载。孝文帝亲自"为之举哀，给温明秘器、钱百万、布五百匹、蜡三百斤、朝服一具、衣一袭，赠假黄钺、太傅、领扬州刺史，加以殊礼，备九锡，给前后部羽葆鼓吹，依晋琅邪武王伷故事，谥曰明"②。加九锡之礼，已是皇帝能给臣子的最高礼遇了。而孝文帝对刘昶的这种尊遇由来已久，作为刘昶在平城地区预修的墓葬，丹扬王墓的规格显然非同一般。我们还注意到司马金龙、刘昶能够享受殊礼，皆因他们是南来的皇族。司马楚之、金龙父子的封爵为"琅琊王"，此号是东晋开国皇帝司马睿称帝前的爵位。"丹扬王"中的"丹扬"为南朝都城近畿之地，北魏初设"丹扬王"时，着意授予战功卓著的武将，目的在于威慑南朝；后来只封给南来的降臣，先是普通

---

① 宋馨：《司马金龙墓葬的重新评估》，《北朝史研究：中国魏晋南北朝史国际学术研讨会论文集》，北京：商务印书馆，2004年，第567—568页。
② 《魏书》卷五九《刘昶列传》，北京：中华书局，1974年，第1311页。

官吏,后专授皇族;刘昶为南朝宋刘义隆第九子、义阳王,来降即得此爵,太和十年(486年)又转封为宋王,也是与其故国相关①。可见,北魏在与南朝的政治较量中,以优待南来皇族为攻心之策,欲分化南朝统治集团,而这些南来皇族所受的封爵和丧礼进一步体现了北魏培育南朝"流亡政权"的意图。

另一方面说明前、后双室墓设侧室与否,并不具有等级区分的意义,帝后陵均未采用,侧室的作用主要在于实用性。刘昶先后娶了三位公主,俱为正妻,三妻地位平等,同葬一墓,墓室之间的规模不能悬殊太大。丹扬王墓设计成四室,前室主要用于摆放随葬品,第三任夫人与刘昶偕老,当同葬后室,略小于主室的两侧室应是两位先亡公主的葬所。司马金龙夫妇墓的侧室虽然比主室小得多,但也有近3米见方,却只放置了3件女乐俑,不免显得过于空旷,令人不由得怀疑该侧室的作用不会只是摆几件陶俑,而是虚位以待,另有他用。根据出土墓志,我们知道与司马金龙合葬的是其元配夫人钦文姬辰,姬辰之父陇西王源贺是南凉末主秃发傉檀之子②。另外,司马金龙还有一位继妻沮渠氏,为北凉君主沮渠牧犍与太武帝拓跋焘妹武威公主所生③。这两位夫人俱是河西政权亡国之君的后代,地位本来相当。但源贺为北魏屡立功勋,颇受器重,死后陪葬于金陵④;沮渠牧犍则被告谋反,遭太武帝赐死⑤。沮渠夫人家世没落,地位明显不如姬辰,司马金龙墓偏小的侧室应当是为她预备的⑥。不过,沮渠夫人有宠于冯太后,其所生子司马徽亮在金龙死后得以袭爵,例降为公⑦。徽亮既主家事,为避免母亲屈就侧室,当在母亡后另修墓葬,而不与其父同穴。依据这些现有资料,前、后双主室墓设置侧室的初衷很大程度是为了解决南来皇族一夫多妻合葬、又要体现诸任夫人地位关系的问题,而不能像单室墓葬那样同室混葬多人,如雁北师院 M2 葬四人(图 4-10:7)⑧的情况。

第四节　北魏中期平城地区墓葬文化的辐射

北魏早期是平城墓葬文化的集聚期,文化流向主要是由各地汇入平城。到北魏中期,随着平城墓葬新文化特点的确立,平城成为新文化的中心,担负起引领者的作用,文化流向转为向外辐射。根据现有考古资料,可将平城文化辐射的地区分为平城外围、关陇、朝阳、洛阳四个主要地区。

---

① 倪润安:《怀仁丹扬王墓补考》,《考古与文物》2012 年第 1 期。
② 《魏书》卷四一《源贺传》,北京:中华书局,1974 年,第 919 页。
③ 《魏书》卷三七《司马金龙传》,北京:中华书局,1974 年,第 857 页。
④ 《魏书》卷四一《源贺传》,北京:中华书局,1974 年,第 923 页。
⑤ 《魏书》卷九九《沮渠牧犍传》,北京:中华书局,1974 年,第 2209 页。
⑥ 齐东方:《袝葬墓与古代家庭》,《故宫博物院院刊》2006 年第 5 期。
⑦ 《魏书》卷三七《司马金龙传》,北京:中华书局,1974 年,第 857 页。
⑧ 大同市考古研究所　刘俊喜主编:《大同雁北师院北魏墓群》,北京:文物出版社,2008 年,第 41—44 页。

（一）平城外围地区

平城所在的京畿地区，其范围在《魏书·食货志》有记载："天兴初，制定京邑，东至代郡，西及善无，南极阴馆，北尽参合，为畿内之田"①。其时，代郡治所在今河北蔚县，善无在今山西右玉县东南，阴馆在今山西朔县东南，参合在今内蒙古凉城县西南。因此，京畿是一片不甚狭小的地区②。平城外围地区就是与京畿邻近的地区，包括内蒙古中南部和西南部、陕西北部、山西中部、河北中北部（含北京）地区。在这片地域内，可归为北魏中期的墓葬，在西北面有内蒙古呼和浩特大学路北魏墓③、土默特左旗国营苗圃北魏墓M1④、包头市吴家圪旦墓葬⑤、固阳县补卜代墓葬⑥，在西南面有内蒙古乌审旗巴图湾水库北魏墓M2、M12⑦，陕西靖边县统万城周边的八大梁墓地M2、M3和谷地梁墓地M1、M2⑧，在南面有太原市寨沟村北魏墓M13⑨，在东南面有河北临城县南孟村北魏墓M1下墓⑩，在东面有北京市房山区岩上墓葬区皇兴三年（469年）黄鉴墓、太和十一年（487年）黄氏墓⑪等。这些墓葬受平城文化影响的程度不同，体现年代特征的载体也不尽相同，据此可将它们分为五组。

第一组 以俑群反映年代特征，包括呼和浩特大学路北魏墓、临城县南孟村北魏墓M1下墓等。

呼和浩特大学路北魏墓为长斜坡墓道单室砖墓，墓室平面近方形，坐北朝南。随葬品全部为陶质，共计34件，有镇墓俑、仪仗俑群、禽畜俑、模型明器和生活用器。镇墓俑仅见镇墓武士俑2件，仪仗俑群包括男侍俑3件、女侍俑2件、乐舞俑8件、牛车1套、鞍马1件，禽畜俑包括驼1件、羊2件、猪2件、狗2件、鸡2件，模型明器包括仓1件、灶1件、井1件、磨1件、碓1件，生活用器包括盘口罐2件、灯1件。该墓的俑群和模型明器组合相当完整，与平城北魏中期流行的同类器物一致，尤其乐舞俑组合（图4-13:1）与北魏中期

---

① 《魏书》卷一一〇《食货志》，北京：中华书局，1974年，第2850页。
② 白寿彝总主编，史念海主编：《中国通史》第六卷《中古时代·隋唐时期（上）》，上海：上海人民出版社，1997年，第525页。
③ 内蒙古博物馆　郭素新：《内蒙古呼和浩特北魏墓》，《文物》1977年第5期。
④ 内蒙古文物考古研究所：《土默特左旗国营苗圃北魏墓清理报告》，《内蒙古文物考古》2008年第1期。
⑤ 张海斌：《包头市鲜卑墓葬》，《内蒙古地区鲜卑墓葬的发现与研究》第九章，北京：科学出版社，2004年，第194—199页。
⑥ 张海斌：《包头市鲜卑墓葬》，《内蒙古地区鲜卑墓葬的发现与研究》第九章，北京：科学出版社，2004年，第200—201页。
⑦ 陆思贤：《巴图湾水库区的古墓》，《内蒙古文物考古》创刊号，1981年。
⑧ 陕西省考古研究院、榆林市文物保护研究所、榆林市考古勘探工作队、靖边县文物管理办公室、靖边县统万城文物管理所：《陕西靖边县统万城周边北朝仿木结构壁画墓发掘简报》，《考古与文物》2013年第3期。
⑨ 山西省文物管理委员会：《太原西南郊清理的汉至元代墓葬》，《考古》1963年第5期。
⑩ 河北省文物研究所、临城县文物保管所：《临城县南孟村唐墓发掘报告》，《河北省考古文集（二）》，北京：北京燕山出版社，2001年，第244—255页；倪润安：《河北临城"孟宾墓"为北魏墓葬考》，《中国历史文物》2004年第6期。
⑪ 孙勐、刘凤亮、郭京宁、陈亚洲：《岩上墓葬区考古发掘报告》，《北京段考古发掘报告集（南水北调中线一期工程文物保护项目第1号）》，北京：科学出版社，2008年，第91—96页。

第四章　复归晋制的北魏中期墓葬文化

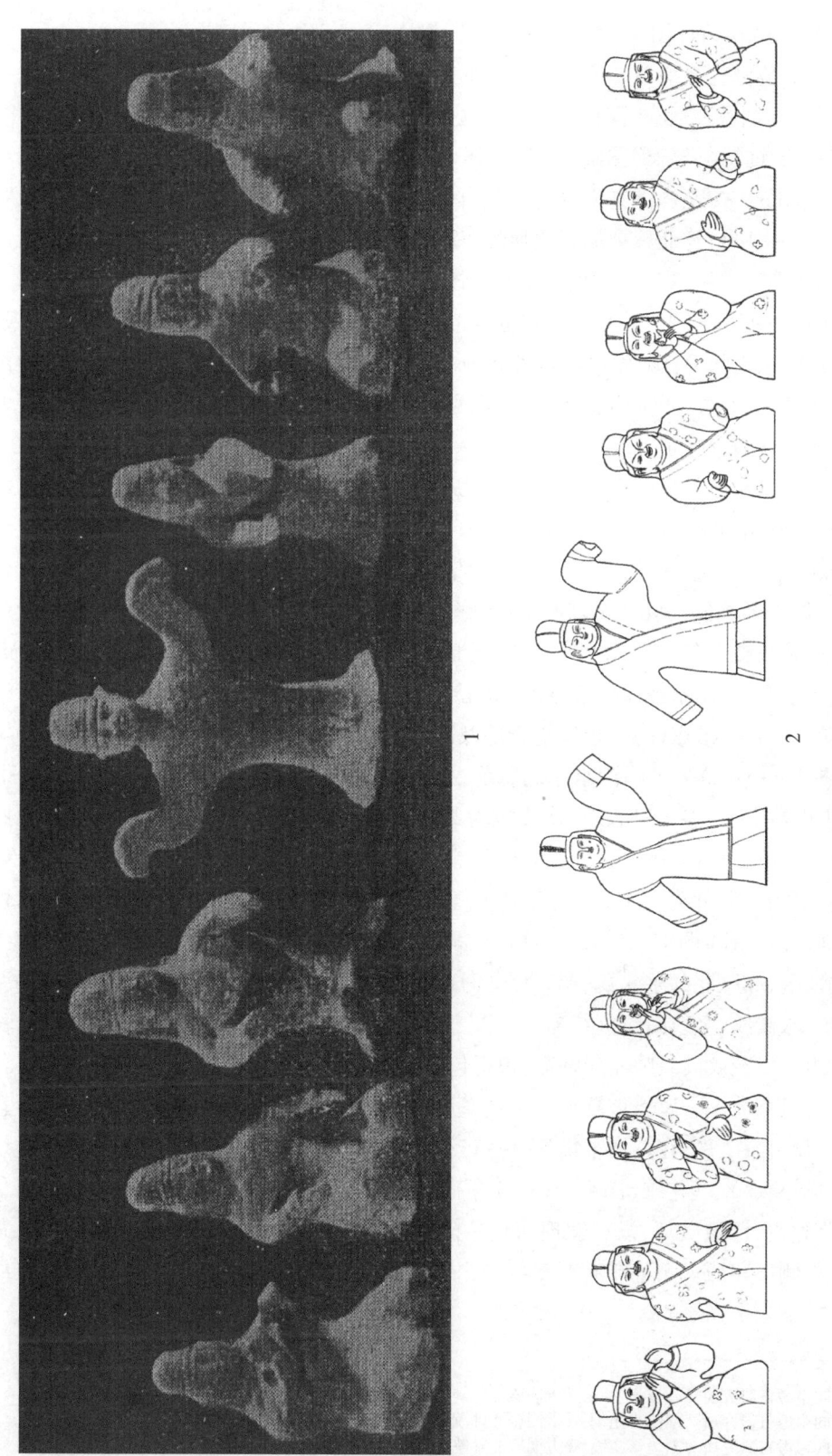

·199·

图 4-13　呼和浩特大学路北魏墓与平城乐舞俑组合比较
1. 呼和浩特大学路北魏墓出土　2. 雁北师院北魏墓 M2 出土

雁北师院 M2 的乐舞俑(图4-13：2)①十分相似。

临城县南孟村北魏墓 M1 下墓是一座前、后双室的砖室墓,墓室平面均呈弧方形,坐西朝东(图4-14：1)。出土陶俑18件,有立侍俑(图4-14：6、7)、跽坐俑(图4-14：8)两种,姿势和服饰特征与宋绍祖墓立侍俑(图4-14：9)、雁北师院 M2 跽坐俑(图4-13：2)类似。还出土陶鸡、羊、猪、狗等禽畜俑,除陶鸡为圈足外,余者前后足皆做成平板状(图4-14：10—13),与北魏中期雁北师院 M52 所出陶猪(图4-14：14)②、宋绍祖墓所出陶猪、狗、羊(图4-14：15—17)做法相同。该墓还绘有壁画,前室四壁绘立柱和斗拱,顶部绘星象图(图4-14：2、3);后室四壁亦绘立柱和斗拱(图4-14：4、5),顶部全部塌毁,壁画不详;柱、拱之间都没有壁画。这种壁画的做法与题材跟大同县陈庄北魏壁画墓(图4-5：2—4)几乎相同。壁画进一步印证了俑群显示的时代特征,表明该墓受平城地区北魏中期墓葬文化的影响很大。

第二组 以陶壶反映年代特征,包括土默特左旗国营苗圃北魏墓 M1、乌审旗巴图湾水库北魏墓 M2 和 M12、太原市寨沟村北魏墓 M13 等。

苗圃北魏墓 M1 是一座单室砖墓,墓室平面呈方形,坐北朝南,墓室北部砌砖棺床,清理出陶罐、陶壶各1件;其中陶壶为细颈大喇叭口,宽平沿微外斜,颈肩结合部、肩部及腹部各饰一周弦纹夹忍冬纹带,下腹部饰竖线暗纹(图4-15：1)。巴图湾水库北魏墓 M2 是一座单室土洞墓,墓室平面呈弧方形,坐北朝南,出土陶罐、陶壶、陶灯各1件;其中陶壶为细颈大喇叭口,平沿微外斜,颈肩结合部及腹部各饰一周弦纹夹水波纹带,下腹部饰竖线暗纹(图4-15：2)。巴图湾水库北魏墓 M12 是一座单室砖墓,墓室平面呈方形,坐北朝南,出土陶罐、陶壶各1件;其中陶壶也为细颈大喇叭口,平沿微外斜,颈肩结合部及腹部各饰两周弦纹(图4-15：3)。寨沟村北魏墓 M13 是一座单室砖墓,墓室平面呈方形,坐北朝南,墓内南北并列三棺,出土陶罐、陶壶各1件;其中陶壶为细颈大喇叭口,平沿微外斜,肩部饰水波纹(图4-15：4)。这种细颈大喇叭口、平沿微外斜的陶壶流行于北魏中期的平城地区,如雁北师院北魏 M52 所出陶壶(图4-15：5、6)③,其颈、肩、腹部也饰弦纹、忍冬纹、水波纹、竖线暗纹等纹饰。

第三组 以花纹砖反映年代特征,包括包头市吴家圪旦墓葬、固阳县补卜代墓葬等。

吴家圪旦墓葬是一座斜坡墓道单室砖墓,墓室平面呈方形,坐北朝南;征集到单耳盘口罐1件、盘口罐2件;在墓地采集到一些花纹砖,纹饰有忍冬纹(图4-16：1—4)、索绹纹(图4-16：3、4)、莲花纹(图4-16：4)等。补卜代墓葬是一座单室砖墓,墓室平面略呈方形,坐北朝南;已遭破坏,没有发现随葬品,收集墓内建筑的三角砖和花纹砖各1块;花纹砖的一长侧边和两短侧边印有忍冬纹(图4-16：5)。类似的忍冬纹、索绹纹、莲花纹

---

① 大同市考古研究所 刘俊喜主编:《大同雁北师院北魏墓群》,北京:文物出版社,2008年,第46—49页。
② 大同市考古研究所 刘俊喜主编:《大同雁北师院北魏墓群》,北京:文物出版社,2008年,第35页。
③ 大同市考古研究所 刘俊喜主编:《大同雁北师院北魏墓群》,北京:文物出版社,2008年,第31、33页。

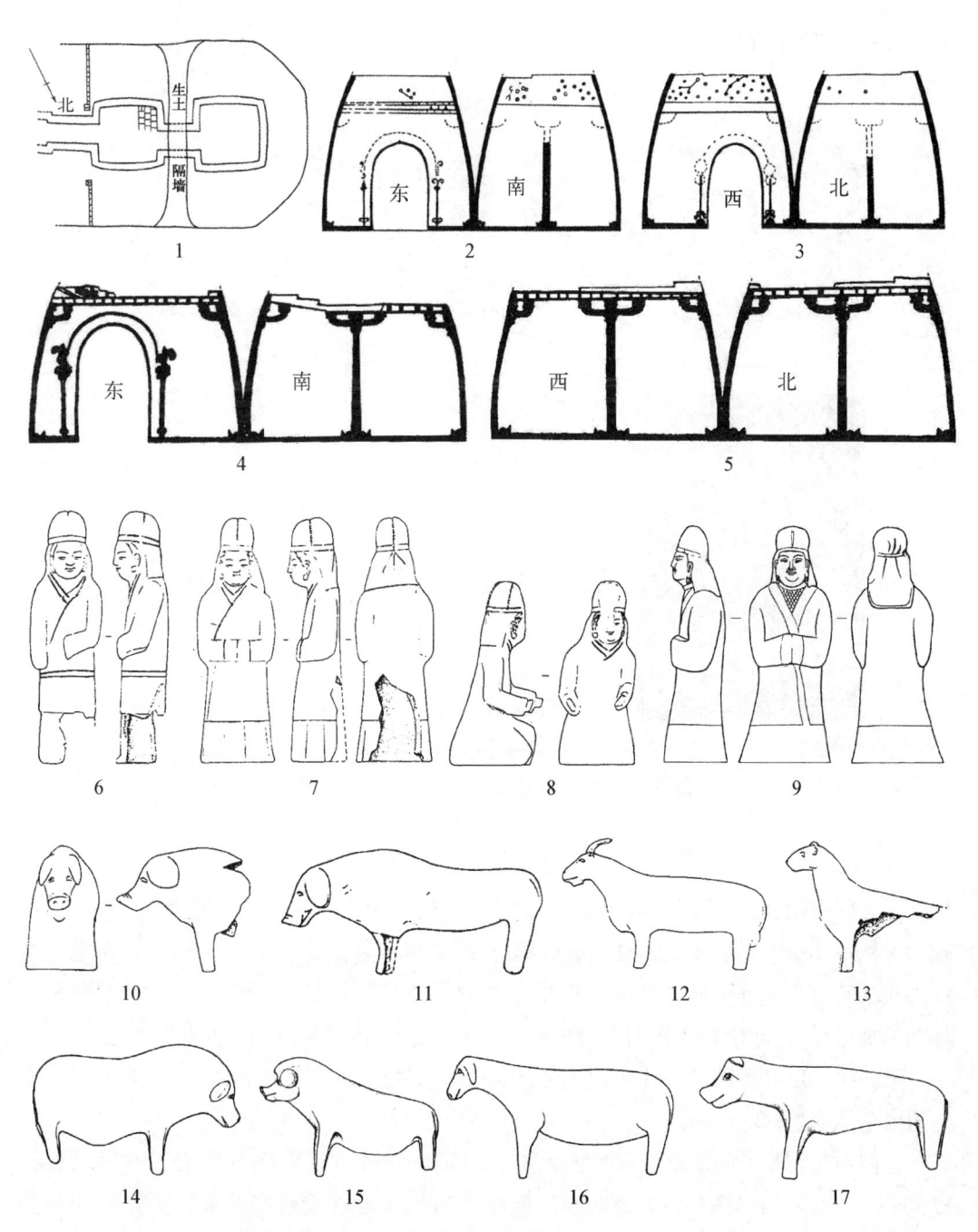

图 4-14 临城南孟村北魏墓与平城墓葬的比较
1. 临城南孟村 M1 下墓形制　2—3. 临城南孟村 M1 下墓前室壁画
4—5. 临城南孟村 M1 下墓后室壁画　6—7. 临城南孟村 M1 下墓立侍俑
8. 临城南孟村 M1 下墓跽坐俑　9. 宋绍祖墓立侍俑　10—13. 临城南孟村 M1 禽畜俑
14. 雁北师院北魏墓 M52 陶猪　15—17. 宋绍祖墓禽畜俑

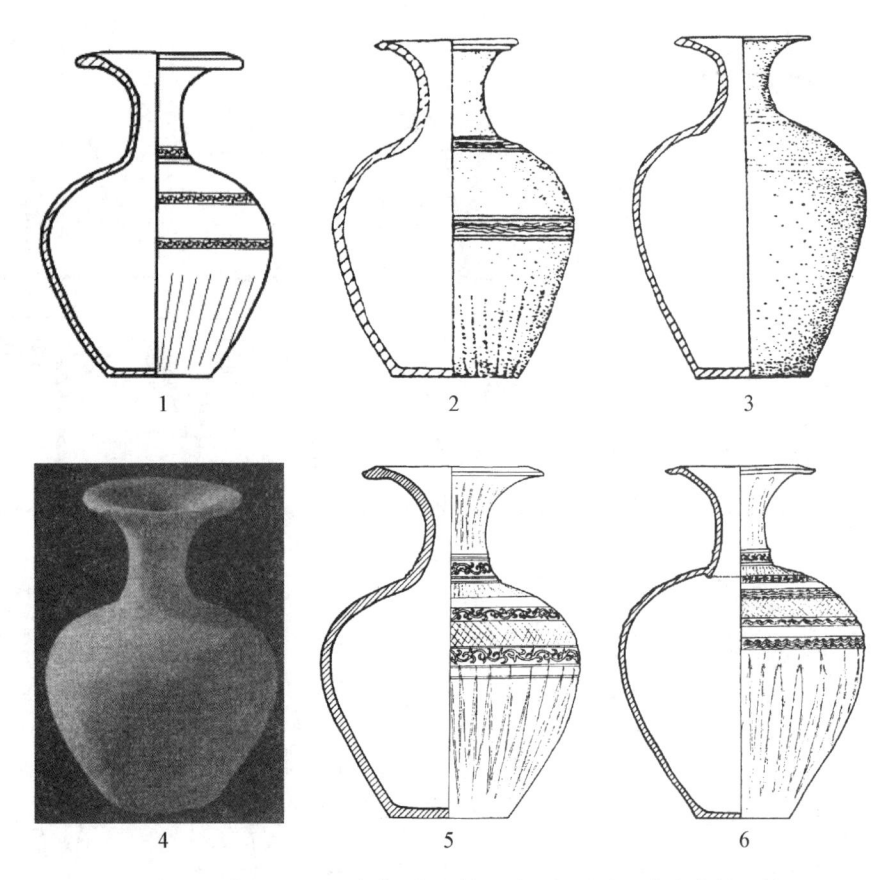

图4-15 苗圃、巴图湾水库、寨沟村北魏墓与平城墓葬陶壶的比较
1. 土默特左旗国营苗圃北魏墓 M1 出土　2. 乌审旗巴图湾水库北魏墓 M2 出土
3. 乌审旗巴图湾水库北魏墓 M12 出土　4. 太原市寨沟村北魏墓 M13 出土　5—6. 雁北师院北魏墓 M52 出土

均见于北魏中期怀仁丹扬王墓所出墓砖(图4-16：6—11)①。从墓葬使用花纹砖砌筑，我们看到在北魏中期墓葬壁画衰退的过程中，除了图像向葬具转移的主流做法，将壁画替代为花纹砖也是一种选择。据现有考古资料，这种选择的频率还不算高，其发展趋势和葬具图像是一样的，即便有人物图像(图4-16：12)出现，也仍是以装饰性花纹为主。

第四组　以墓葬图像反映年代特征，包括靖边县统万城周边的八大梁墓地 M2、M3 和谷地梁墓地 M1、M2。

这四座墓都是长斜坡墓道单室土洞墓，坐东朝西，墓室平面呈方形或近方形(图4-17：1—4)。八大梁 M2 墓室四壁残存红色彩绘，东壁南端上缘残存横向红色条带，可能为檐檩的一段；北壁中间上部尚存一段纵向红色条带(图4-17：1)，可能为立柱的一段。八大梁 M3 第一过洞入口外生土上雕刻斜刹门框，北侧残存生土雕刻、红色彩绘的燕尾状门楣下端；第二过洞入口外生土上雕刻内折门框、燕尾状门楣，均施以红彩；甬道入口外有生

---

① 怀仁县文物管理所：《山西怀仁北魏丹扬王墓及花纹砖》，《文物》2010 年第 5 期。

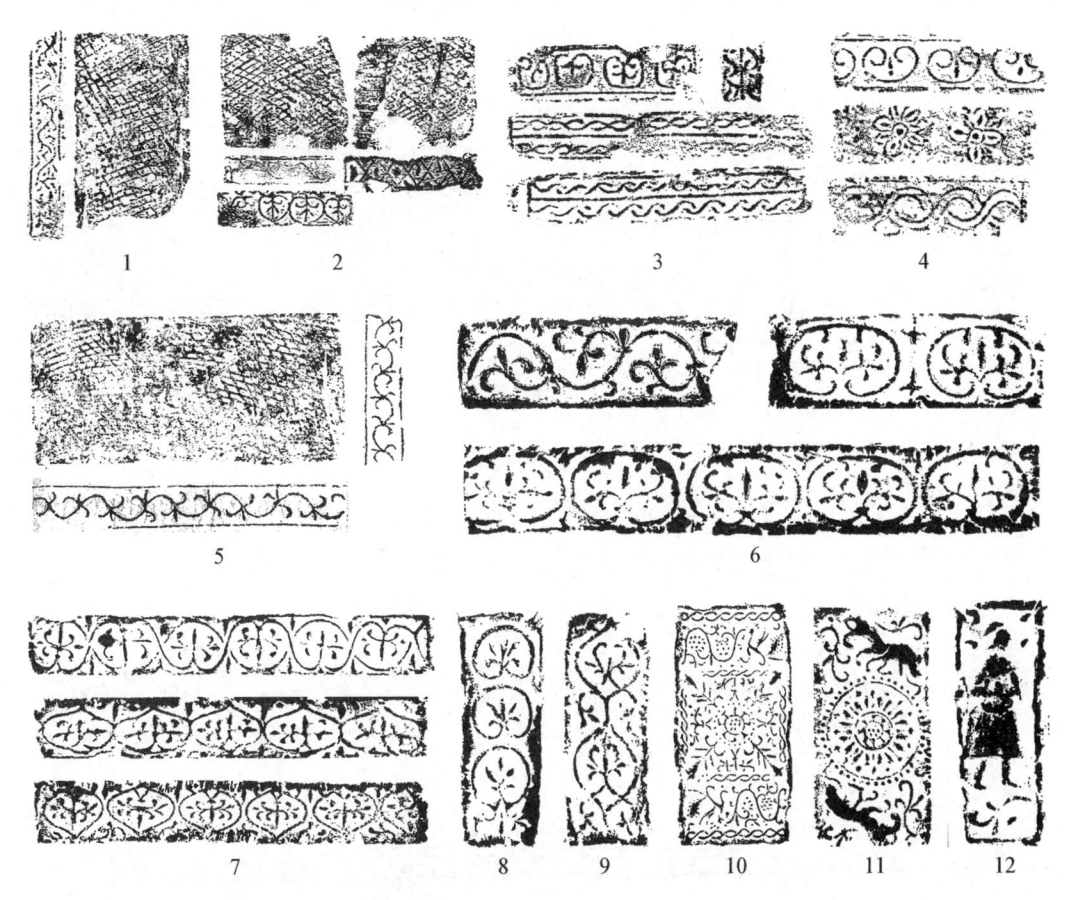

图 4-16 吴家圪旦墓葬、补卜代墓葬与平城墓葬花纹砖的比较
1—4. 吴家圪旦墓葬出土　5. 补卜代墓葬出土　6—12. 怀仁丹扬王墓出土

土雕刻、红色彩绘的内折门框和燕尾状门楣；墓室整体为生土雕刻的两面坡式硬山顶梁柱结构，顶部雕刻脊檩、东西檐檩、椽子，四角各有一角柱，东、南、北壁中间各有一檐柱，西壁墓室口两侧各有一檐柱，柱头以斗拱承接檐檩或脊檩（图 4-17：2）。谷地梁 M1 甬道入口两侧底部雕刻出生土门墩，两侧内缘及内壁外缘以纵向连续红彩绘出门框，两侧门框上部为生土上减地雕刻的燕尾状门楣，黑彩勾边，红彩填充；墓室内壁可见红色立柱，四壁中部有一道彩绘横向连续倒三角纹带（图 4-17：5）。谷地梁 M2 甬道入口两侧生土上雕刻出内折门框，门框转角处边缘涂红彩；墓室整体为生土雕刻的两面坡式硬山顶梁柱结构，顶部大部分坍塌，仅存东坡两端的长方形椽、南壁中间的长方形脊檩头端、南壁和北壁东端的长方形梁；东、西壁各雕刻两柱，东壁两柱间有一壁龛（图 4-17：6），南、北壁中间各雕刻一柱（图 4-17：4），四壁六柱柱体涂红，斗拱表面以红彩勾边。

这四座墓的墓葬图像是由壁画和生土浮雕来表现的，内容基本是表现为仿木结构。以壁画表现仿木结构，是平城北魏中期墓葬壁画的常见做法，如大同市文瀛路北魏壁画墓[1]、

---

[1] 大同市考古研究所：《山西大同文瀛路北魏壁画墓发掘简报》，《文物》2011 年第 12 期。

· 204 ·　　　　　　　　　　　　　　　光宅中原

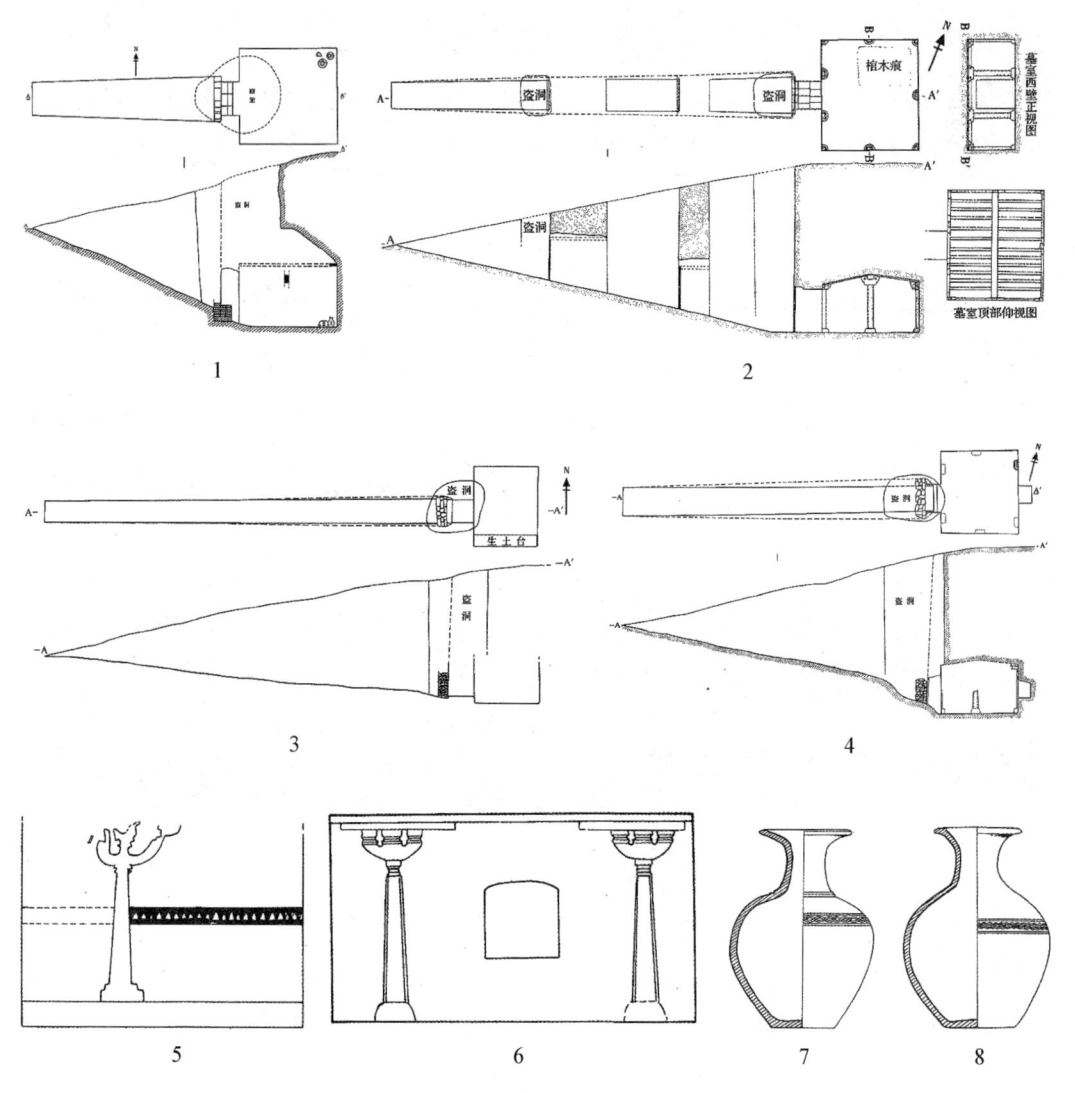

图4-17　靖边县八大梁墓地M2、M3和谷地梁墓地M1、M2形制、图像与器物
1. 八大梁M2平、剖面　2. 八大梁M3平、剖面　3. 谷地梁M1平、剖面　4. 谷地梁M2平、剖面
5. 谷地梁M1墓室南壁图像　6. 谷地梁M2墓室东壁图像　7. 八大梁M2陶壶　8. 谷地梁M2陶壶

大同县陈庄北魏壁画墓[①]、阳高县下深井北魏墓[②]等。而以生土浮雕表现仿木结构，则可能是墓葬壁画被进一步削减、消失后出现的替代形式，就像冯太后永固陵、孝文帝万年堂都没有壁画，但在石门上有雕刻图像[③]一样。另外，八大梁墓地M2和谷地梁墓地M1、M2所出陶壶都是细颈大喇叭口，平沿微外斜，腹部饰弦纹夹索绹纹带（图4-17：7）或弦纹夹水波纹带（图4-17：8），符合北魏中期陶壶的特征，对墓葬年代也是一个印证。

---

① 山西省考古研究所、大同市考古研究所：《山西大同市大同县陈庄北魏墓发掘简报》，《文物》2011年第12期。
② 大同市考古研究所：《山西大同下深井北魏墓发掘简报》，《文物》2004年第6期。
③ 王银田、曹臣民：《北魏石雕三品》，《文物》2004年第6期。

第四章　复归晋制的北魏中期墓葬文化

第五组　有墓志纪年作为年代参照，包括北京市房山区岩上墓葬区皇兴三年（469年）黄鉴墓、太和十一年（487年）黄氏墓。

这两座北魏墓都是平面呈长梯形的竖穴砖石混构墓，头南足北，M1黄鉴墓（图4-18：1）出土"皇兴三年"（469年）砖志（图4-18：2），M2黄氏墓（图4-18：3）出土"太和十一年"（487年）砖志（图4-14：4）。这两块砖铭与平城墓葬出土砖志特征一致，也使墓葬的

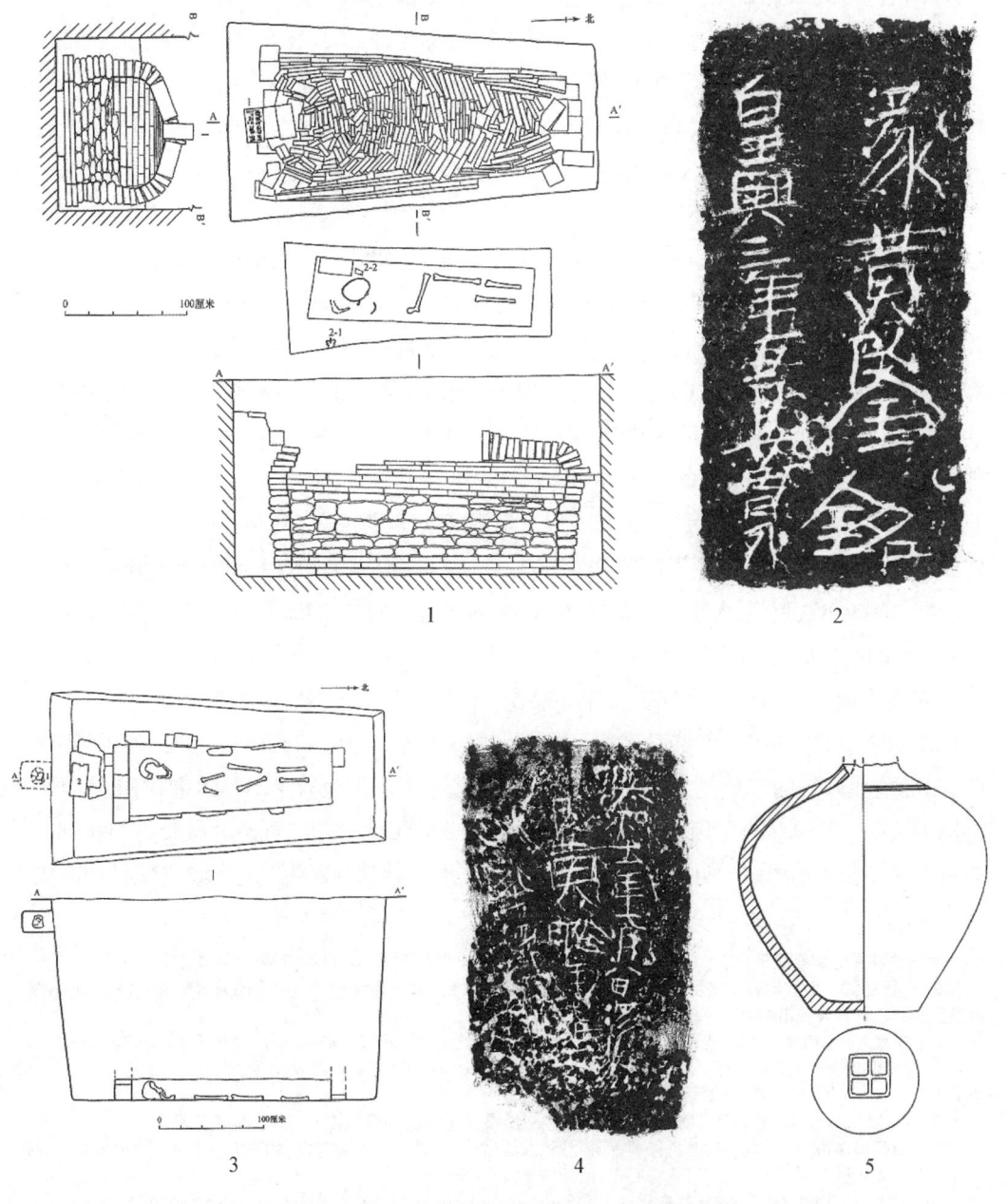

图4-18　北京地区北魏墓葬形制与出土遗物
1. 黄鉴墓平、剖面图　2. 黄鉴墓砖志　3. 黄氏墓平、剖面图　4. 黄氏墓砖志　5. 黄氏墓出土陶壶

年代一目了然。它们砖石混构的特征与平城不同。使用长梯形石椁墓是慕容鲜卑的葬俗,砖石混构或是自后燕沿袭下来的。黄氏墓中还出土1件细颈陶壶(图4-18:5),口、颈部已残,从器身推测,应是符合平城北魏中期特征的平沿略外斜的那种陶壶。

(二)关陇地区

本地区可列入北魏中期的墓葬,包括1997年发掘的咸阳市文林路陕西省邮电学校北魏墓M1、M3[①]和1981年清理的宁夏固原雷祖庙北魏漆棺画墓[②]。2005年,在宁夏吴忠市北郊明珠公园发掘北魏墓葬16座,全为南北向砖室墓,发掘报告依据盘口罐的形制将M60、M100的年代判断为太和初至迁洛前,M60为长斜坡墓道方形单室墓,M100为长梯形竖穴砖椁墓[③]。由于盘口罐对比材料之间差异较大,判断依据不足,年代尚感模糊,在此暂不加以讨论。

陕西省邮电学校北魏墓群中,M1、M3受到平城文化的影响。两墓均为长斜坡墓道、方形单室土洞墓,各出1件陶盘口罐,体形较矮胖,腹部饰弦纹夹水波纹带(图4-19:1、2),与宋绍祖墓所出陶盘口罐(图4-19:3)相似。两墓墓主人头下各有一灰枕,也可能是受平城地区灰枕葬俗影响所致。关中地区遗址里也出土了北魏中期的陶器,如汉长安城少府遗址晚期堆积中的陶壶,细颈喇叭口,颈、肩部饰弦纹夹水波纹带,宽口沿外斜(图4-19:4)[④]。关中地区在北魏早期就已受到了平城文化的影响,如1989—1990年间发掘的咸阳机场陵照导航台基建工地北魏墓M11[⑤]。该墓为斜坡墓道、纵长方形土洞墓,墓室东壁南端有一小龛(图4-19:5),小龛内出土宽平沿细颈喇叭口陶壶1件(图4-19:6)、双耳陶罐1件(图4-19:7),陶壶器表饰竖线暗纹、网格暗纹、弦纹、水波纹。该墓与大同南郊北魏早期墓M103带小龛的做法(图4-19:8)和出土的宽平沿细颈喇叭口陶壶(图4-19:9、10)[⑥]均相似,双耳陶罐则应是关陇本地特色。

固原北魏漆棺画墓是一座方形单室砖墓,坐东朝西,报告整理者推断其年代为太和十年(486年)左右。近年,该墓又进行了重新发掘,在墓室南壁的砌砖中发现一块纪年铭文砖,明确墓葬修筑的年代是太和十三年(489年),墓主人为使持节、镇西将军、高平镇都大将冯始公[⑦]。但该墓的文化特征并不与同时期的平城墓葬同步,而显示出滞后的状况。该墓墓室平面为方形单室,墓向却为坐东朝西,而非坐北朝南,反映的是平城北魏早期向中期

---

① 咸阳市文物考古研究所:《陕西邮电学校北朝、唐墓清理简报》,《文博》2001年第3期。
② 固原县文物工作站:《宁夏固原北魏墓清理简报》,《文物》1984年第6期;宁夏固原博物馆:《固原北魏墓漆棺画》,银川:宁夏人民出版社,1988年。
③ 宁夏文物考古研究所、吴忠市文物管理所:《吴忠北郊北魏墓葬》,北京:文物出版社,2009年,第50—53、254页。
④ 中国社会科学院考古研究所:《汉长安城未央宫——1980—1989年考古发掘报告(上)》,北京:中国大百科全书出版社,1996年,第181—182页。
⑤ 马志军、孙铁山:《咸阳机场陵照导航台基建工地秦汉墓葬清理简报》,《考古与文物》1992年第2期。
⑥ 山西大学历史文化学院、山西省考古研究所、大同市博物馆:《大同南郊北魏墓群》,北京:科学出版社,2006年,第217—220页。
⑦ 罗丰:《固原北魏漆棺画年代的再确定》,Early Medieval North China: Archaeological and Textual Evidence(《从考古与文献看中古早期的中国北方》),Edited by Shing Müller, Thomas O. Höllmann, and Sonja Filip, Harrassowitz Verlag·Wiesbaden: 2019, pp.133-149.

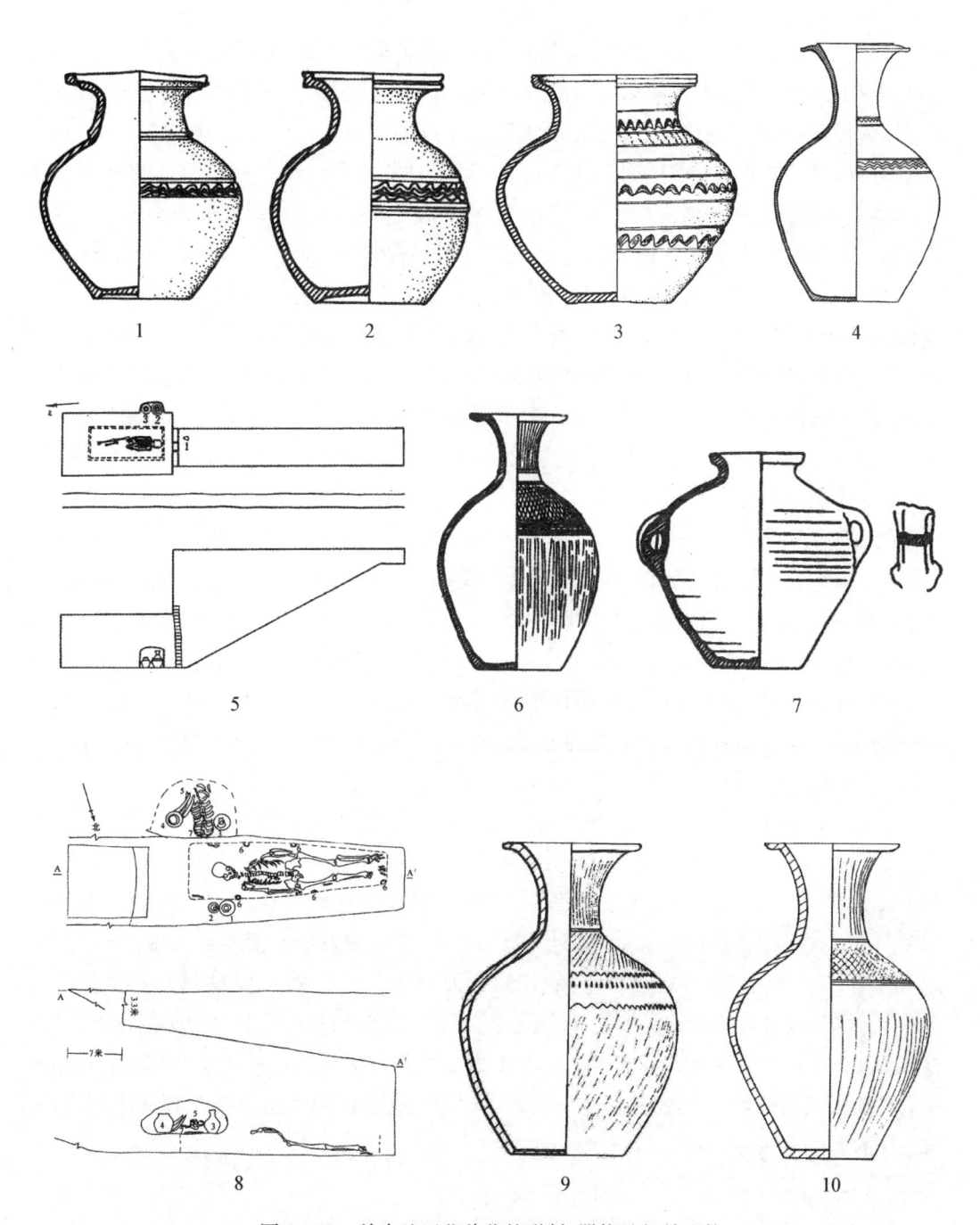

图 4-19　关中地区北魏墓的形制、器物及相关比较

1. 陕西邮电学校北魏墓 M1 出土陶罐　2. 陕西邮电学校北魏墓 M3 出土陶罐　3. 宋绍祖墓出土陶罐
4. 汉长安城少府遗址晚期堆积出土陶壶　5. 咸阳机场陵照导航台北魏墓 M11
6—7. 咸阳机场陵照导航台北魏墓 M11 出土陶器　8. 大同南郊北魏 M103
9—10. 大同南郊北魏 M103 出土陶壶

过渡阶段的墓葬特点。这种情形同样体现在该墓最引人注目的漆棺上。该墓为夫妻合葬墓，无壁画，男墓主人葬具为一漆棺，女墓主人棺木无髹漆。漆棺后挡无存，棺盖、前挡和左、右两侧板上尚存部分图像。前挡上部正中绘男墓主人坐于屋宇下，侧脸举杯，屋外两侧各有两鲜卑装侍者，下部两侧各绘一头顶有背光的力士（图4-20:1）。这种以人物为主的构图形式和题材是平城地区北魏早期墓葬壁画的特点。棺盖和左、右两侧板上的图像虽有较多人物，但构成画面主体结构的是装饰花纹。棺盖上的主体纹饰是多组连续的网状忍冬纹及纵贯中央的漩涡纹带，忍冬纹网格似桃形，网格中心绘神禽异兽；男、女人物画在棺盖板最上部，分别正坐于屋宇下，男方一侧尚存"东王父"榜题（图4-20:2）。这应是以"东王父"、"西王母"来喻示男、女墓主人，然而画面所占空间和位置布局显得偏狭。左、右两侧板正中的主体图像是多组连续的联珠圈和龟背纹构成的网状图像，联珠圈内绘头光天人或奇禽怪兽，主图之间有一窗口绘男、女墓主人形象，孝子故事和狩猎图只是作为上、下两侧的边饰出现（图4-20:3—5）。整个漆棺图像中，虽然墓主人形象的重要性显而易见，但构图形式的变化和主体图像的简约化、装饰化却与北魏中期平城墓葬图像的发展趋势一致。

此墓内还出土5件"一人二龙"造型的铜饰件。3件鎏金透雕铜饰，均由双龙组成一椭圆形，中间有一人物分腿跨立在二龙尾上（图4-21:1）。另外2件鎏金透雕铜铺首，整体近方形，在铺首上雕有一个双目圆睁的兽面，头顶上为一人二龙纹饰，人物分腿跨立（图4-21:6）。这类题材自北魏早、中期之际起，在平城墓葬和遗址中多见。大同湖东北魏一号墓的鎏金铜饰，也由双龙首尾相连形成圆环，一化生童子端坐于双龙首之上，赤足交脚（图4-21:2）①。大同下深井北魏墓M1出土1件鎏金镂空人龙纹铜饰件，双龙相对环绕，头尾相接，组成圆环，中间一人物分腿跨立在二龙首上，双手高举擒住双龙的后爪（图4-21:3）②。大同恒安街北魏韩法容墓出土一对精美的金质镶嵌宝石耳饰，除附坠饰外，主体呈环形，整体錾刻"一人擒二龙"的图案（图4-21:4、5）③。杨众庆墓所出鎏金铺首，在兽面上方有一人跨立在双龙身上（图4-21:7）④。除墓葬之外，在平城地区的窖藏或石窟中也有此类图案出现。大同南郊色织厂北墙外土垄中发现一批鎏金铜器，分类堆放，似属窖藏文物，其中10件完整的铜铺首的兽面上方为一人擒二龙的纹饰（图4-21:8）⑤。大同云冈石窟第6窟后室北壁盝形龛内雕刻二龙首尾相对组成的椭圆形环，环内有一飞天（图4-21:9）⑥。这种"一人二龙"的造型源于西方"一人双兽"的母题，从中亚的大夏地区流入平城⑦，北魏中期在平城地区比较流行。固原漆棺画墓出现此类铜饰件，与平城的影响有关。

---

① 山西省大同市考古研究所：《大同湖东北魏一号墓》，《文物》2004年第12期。
② 大同市考古研究所：《山西大同下深井北魏墓发掘简报》，《文物》2004年第6期。
③ 大同市考古研究所：《山西大同恒安街北魏墓（11DHAM13）发掘简报》，《文物》2015年第1期；古顺芳：《一对北魏时期的龙形金耳饰》，《收藏家》2013年第11期。
④ 大同市考古研究所：《山西大同七里村北魏墓群发掘简报》，《文物》2006年第10期。
⑤ 大同市博物馆：《山西大同南郊出土北魏鎏金铜器》，《考古》1983年第11期。
⑥ 员小中：《云冈石窟中的龙形图像》，《山西大同大学学报（社会科学版）》2011年第3期。
⑦ 郭物：《一人双兽母题考》，《欧亚学刊》第四辑，北京：中华书局，2004年，第1—33页。

图 4-21 北魏"一人二龙"造型
1、6. 固原漆棺画墓出土铜饰 2. 湖东一号墓出土铜饰 3. 下深井北魏墓 M1 出土铜饰
4、5. 韩法容墓出土金耳饰 7. 杨众庆墓出土铜饰 8. 大同南郊色织厂出土铜饰
9. 云冈第 6 窟后室北壁雕饰

（三）朝 阳 地 区

十六国时期，辽宁朝阳地区曾是三燕都城所在，文化比较发达。北魏灭北燕前后，屡次将北燕的大量民众包括上层精英迁徙到京师平城等地，人口和文化阶层的大量流失导致朝阳地区北魏文化进入一段平淡期。在朝阳地区，被归为北魏时期的墓葬包括1965年清理的朝阳市西上台刘贤墓[1]，1978年清理的朝阳市西大营子北魏墓[2]，1973—1978年间清理的朝阳市西上台珍珠岩厂北魏墓 M1、M2[3]，1984年清理的朝阳市南大沟北魏石椁墓[4]，1987—1988年清理的朝阳市凌河机械厂皇兴二年（468年）张略墓（87CLM1）、87CLM2、88CLM1、88CLM2[5]，1990年发掘的朝阳市朝阳工程机械厂北魏墓 91CGJM4、91CGJM5、91CGJM8、91CGJM9[6]，1994—1995年发掘的朝阳市东风朝阳柴油机公司职工住宅楼北魏墓群[7]，1996年发掘的朝阳市第一建筑工程公司居民区北魏墓群[8]，1996年清理

---

[1] 曹汛：《北魏刘贤墓志》，《考古》1984年第7期。
[2] 孙国平：《朝阳西大营子北魏墓》，《辽宁文物》总第4期，1983年。
[3] 朝阳地区博物馆、朝阳县文化馆：《辽宁朝阳发现北燕、北魏墓》，《考古》1985年第10期。
[4] 辽宁省文物考古研究所、朝阳市博物馆：《朝阳市发现的几座北魏墓》，《辽海文物学刊》1995年第1期。
[5] 辽宁省文物考古研究所、朝阳市博物馆：《朝阳市发现的几座北魏墓》，《辽海文物学刊》1995年第1期。
[6] 辽宁省文物考古研究所、朝阳市博物馆：《辽宁朝阳北朝及唐代墓葬》，《文物》1998年第3期。
[7] 朝阳市博物馆：《辽宁朝阳北魏墓》，《边疆考古研究》第5辑，北京：科学出版社，2007年，第327—338页。
[8] 朝阳市博物馆：《辽宁朝阳北魏墓》，《边疆考古研究》第5辑，北京：科学出版社，2007年，第327—338页。

的朝阳市养路费征稽处北魏墓96CZM4①,2000年发掘的朝阳县柳城镇腰而营子村小湾地墓地2000CYXM1、2000CYXM2②等。

1965年,在朝阳西上台清理一座单室砖墓,平面呈舟形(图4-22:1),出土1件碑形墓志,记载墓主人为临泉戍主刘贤。曹汛考证墓主刘贤很可能死在北魏文成帝拓跋濬在位期间,即452—465年之间。其依据有二:一是志文中有"魏太武皇帝开定中原"等语,而太武帝死于正平二年(452年),死后才尊谥"太武皇帝",因知刘贤墓志制成时间必在承平元年(452年)三月以后;二是志文中有"冀阳白公"等语,冀阳郡于太平真君八年(447年)撤销,以后刘贤改任戍主,未及擢迁就死去了,这段时间也不会太久。因此,将刘贤墓年代推定为北魏早期。③ 这也是多年来学术界对刘贤墓的基本看法。

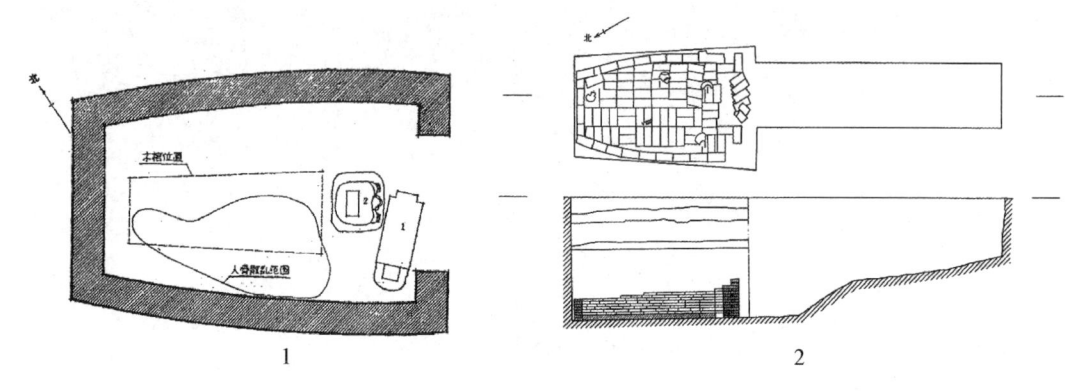

图4-22 朝阳地区舟形墓举例
1. 刘贤墓 2. 养路费征稽处唐墓96CZM5

近年,王力春提出异议,认为刘贤墓志不是北魏时期的墓志,而是隋志。论据之一,志文记载刘贤次子刘多兴的身份为"进士,都督",而隋炀帝大业年间(605—618年)始建进士科,则志主卒日至少在置进士科之后;论据之二,临泉县建于隋大业二年(606年),改称他名于唐武德年间,可明"临泉戍主"的大致任职上下限,故刘贤墓志不得早于隋大业二年,亦不晚于唐武德三年(620年);论据之三,冀阳郡虽然太平真君八年(447年)曾被撤销,合并到昌黎郡,但东魏武定五年(547年)又恢复,到隋代该郡依然存在合乎常理;论据之四,墓志称"魏太武帝",不似本朝口吻;论据之五,墓志中称刘贤曾官东面都督,长子僧沼官州西曹,而"州西曹"和"四面都督"均不见于唐,且"东面都督"之类职官乃战时武职,与开国统一气象不谐,则可推测志主去世下限不及于唐初,由此将《刘贤墓志》断为隋志。④

---

① 寇玉峰、于俊玉:《辽宁朝阳养路费征稽处北魏唐代墓葬》,《边疆考古研究》第3辑,北京:科学出版社,2005年,第311—325页。
② 辽宁省文物考古研究所、朝阳市博物馆、朝阳县文物管理所:《朝阳柳城镇腰而营子村小湾地北魏墓地发掘简报》,《辽宁省道路建设考古报告集(2003)》,沈阳:辽宁民族出版社,2004年,第316—327页。
③ 曹汛:《北魏刘贤墓志》,《考古》1984年第7期。
④ 王力春:《辽宁出土〈刘贤墓志〉入窆年代献疑》,《兰台世界》2012年第18期。

笔者倾向于王力春的观点，但对其论据有所补充校正。关于论据二，临泉戍不应等同于临泉县，临泉县位于山西境内，地近黄河、汾水①，从刘贤的经历看，不曾远离家乡，临泉戍应在营州境内。故刘贤任"临泉戍主"的时间不可拘泥于隋大业二年至唐武德三年之间。关于论据三，冀阳郡在东魏复设后，又于隋初开皇元年（581年）撤废，在隋代基本不存在。《隋书·地理志》记载："后魏置营州于和龙城，领建德、冀阳、昌黎、辽东、乐浪、营丘等郡。……后齐唯留建德、冀阳二郡，永乐、带方、龙城、大兴等县，其余并废。开皇元年唯留建德一郡，龙城一县，其余并废。寻又废郡，改县为龙山，十八年改为柳城。"②需要注意的是，开皇元年时，北齐残余势力高宝宁尚割据营州，废冀阳郡当是高宝宁所为；至开皇三年（583年），隋文帝平定营州③，将其纳入隋土，又进行区划调整，即所谓"寻又废郡"，废的是建德郡。关于论据之五，将职官存在时间与墓主去世时间直接对应是不妥当的，北齐、隋的立国时间都不太长，改朝换代很容易导致官职更迭，墓主在前一朝代任某职，到后一朝代才去世也是符合常理的。

综合来看，从东魏末期的武定五年（547年）冀阳郡复设到隋炀帝大业年间，是刘贤生平主要时段的年代范围。隋炀帝始建进士科的年代，有大业元年（605年）、大业二年（606年）、大业三年（607年）诸说④。若以刘贤担任冀阳郡中正的时间为复郡当年的547年，去世时间为大业二年，则二者相距60年。即便刘贤任中正时很年轻，以20岁计，其亡龄也达到80岁。这在当时是很难达到的寿命。因此刘贤担任冀阳郡中正的时间应晚些，已进入北齐时期。临泉戍主、东面都督具有战时色彩，或与高宝宁势力对抗周、隋有关。隋平营州后，刘贤很可能不再获得隋朝官职。这大概是墓志在叙述其履历所在年代时隐晦不明的原因。

从墓葬形制看，若是北魏墓，舟形墓在北魏就仅此一座孤例。而朝阳地区发现的舟形墓多在唐代，如衬布总厂唐墓M3⑤、重型厂唐墓M2和M5⑥、国税局建设工地孙氏家族墓2座⑦、教育教学研究中心住宅工地唐墓M1和M2⑧、南大街90CNM4⑨、养路费征稽处唐墓95CZM1和96CZM5（图4-22：2）⑩等，其中养路费征稽处96CZM5为开元十六年（728年）平卢军副使、昌州刺史李辅翊之妹李光明墓。这表明刘贤墓的年代可能不仅局限于隋大业年间，也可到唐初。刘贤墓应是隋唐之际的墓葬，故不列入北魏墓葬的讨论。

---

① 王力春：《辽宁出土〈刘贤墓志〉入窆年代献疑》，《兰台世界》2012年第18期。
② 《隋书》卷三〇《地理志中》，北京：中华书局，1973年，第859页。
③ 《北史》卷一一《隋本纪上》，北京：中华书局，1974年，第409页。
④ 刘海峰：《科举制的起源与进士科的起始》，《历史研究》2000年第6期。
⑤ 万欣：《朝阳市衬布总厂唐墓》，《中国考古学年鉴（1990）》，北京：文物出版社，1991年，第189页。
⑥ 辛岩、曲枫：《朝阳市重型厂唐墓》，《中国考古学年鉴（1990）》，北京：文物出版社，1991年，第190页。
⑦ 本报讯：《辽宁朝阳初唐孙氏家族墓出土一批精美文物》，《中国文物报》2004年1月7日第1版。
⑧ 李新全：《朝阳市教育教学研究中心住宅楼工地唐墓》，《中国考古学年鉴（1993）》，北京：文物出版社，1995年，第123页。
⑨ 辽宁文物考古研究所、朝阳市博物馆、朝阳市双塔区文物管理所：《朝阳自来水管道工地墓葬发掘简报》，《辽海文物学刊》1993年第1期。
⑩ 寇玉峰、于俊玉：《辽宁朝阳养路费征稽处北魏唐代墓葬》，《边疆考古研究》第3辑，北京：科学出版社，2005年，第311—325页。

朝阳地区北魏墓葬形制,按平面形状和建筑材质的不同可分为七型。

A型　竖穴长梯形土坑墓。如小湾地2000CYX M1,东西向,墓口已毁,原盖有石板,现长3.6、宽0.66—0.82米(图4-23:1)。

B型　竖穴长梯形石椁墓。如南大沟北魏石椁墓,东西向,长2.3、宽0.56—0.8米(图4-23:2)。

C型　竖井墓道纵长方形单室石室墓。如小湾地2000CYX M2,坐西朝东,竖井墓道很窄,底部为斜坡,墓室长2.4、宽1.3米(图4-23:3)。

D型　斜坡墓道纵长方形单室石室墓。如朝阳市第一建筑工程公司96M2,坐西朝东,墓室长2.5、宽0.75—0.8米(图4-23:4)。

E型　斜坡墓道刀形单室石室墓。如朝阳市第一建筑工程公司96M3,坐西朝东,长2.6、最宽1.9米(图4-23:5);东风朝阳柴油机公司94M1,坐北朝南,墓室平面呈长梯形,长2.2、宽0.9—1.14米(图4-23:6);东风朝阳柴油机公司95M5,坐北朝南(图4-23:7)。

F型　斜坡墓道方形单室砖墓。如西上台珍珠岩厂M1,坐北朝南,墓室壁面外弧(图4-23:8);西上台珍珠岩厂M2,坐北朝南,墓室四壁外弧,墓室长2.38、宽2.3米(图4-23:9)。

G型　斜坡墓道方形或近方形单室石室墓。按有无侧室,可分为二亚型。

Ga型　无侧室。如西大营子北魏墓,坐东朝西,墓室长2.3、宽2.3米(图4-23:10);凌河机械厂87CLM1皇兴二年(468年)张略墓、87CLM2、88CLM1、88CLM2,均坐北朝南,其中张略墓墓室长、宽各3米(图4-23:11);朝阳工程机械厂91CGJM4、91CGJM8、91CGJM9,均坐北朝南,其中91CGJM9墓室长3.64、宽3.56米(图4-23:12);东风朝阳柴油机公司95M2、95M3,均坐北朝南,其中95M3墓室长2.55、宽2.5米(图4-23:13);养路费征稽处96CZM4,坐北朝南,墓室长2.2、宽1.7—2米(图4-23:14)等。

Gb型　有一个侧室。如朝阳工程机械厂91CGJM5,坐北朝南,主室长3.98、宽3.62米,侧室平面呈长梯形(图4-23:15)。

分析各型式墓葬形制的来源,可知朝阳地区北魏墓葬形制主要是平城文化因素和本地旧有三燕文化因素的结合体。B型竖穴长梯形石椁墓、D型斜坡墓道纵长方形单室石室墓与三燕传统相同,F型斜坡墓道方形单室砖墓与北魏平城形制相同,但是这两类墓葬的数量都不多,不是此时的主流。其他型式都是北魏平城和本地三燕因素结合的产物。A型竖穴长梯形土坑墓在三燕时期就存在,但前燕后期以后在朝阳地区基本不见[①],因此该形制的重现与平城此类形制的影响有关;同时,此型土坑墓以石板盖顶则体现了三燕文化的传统。C型竖井墓道纵长方形单室墓、E型斜坡墓道刀形单室石室墓、Ga型斜坡墓道方形单室墓、Gb型斜坡墓道方形单主室带一侧室墓等诸形制都不见于三燕墓葬,在平城地区则可找到相同形制的墓葬;另一方面,这些形制的墓葬又都是用石块砌筑的,显示了对三

---

① 王宇:《辽西地区慕容鲜卑及三燕时期墓葬研究》,吉林大学硕士学位论文,2008年,第26—28页。

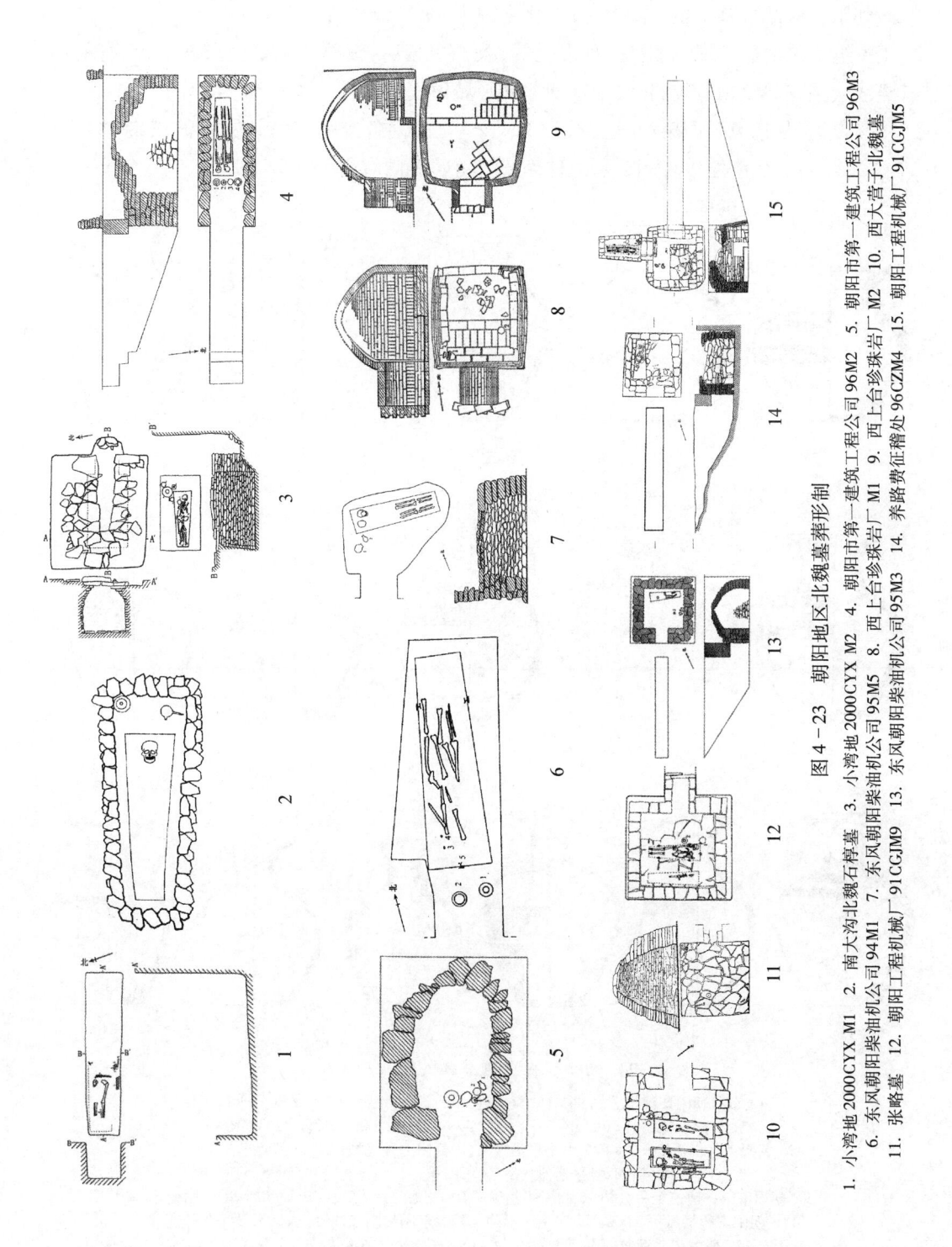

第四章 复归晋制的北魏中期墓葬文化

图 4-23 朝阳地区北魏墓葬形制

1. 小湾地 2000CYX M1 2. 南大沟北魏石椁墓 3. 小湾地 2000CYX M2 4. 朝阳市第一建筑工程公司 96M2 5. 朝阳市第一建筑工程公司 96M3 6. 东风朝阳柴油机公司 94M1 7. 东风朝阳柴油机公司 95M5 8. 西上台珍珠岩厂 M1 9. 西上台珍珠岩厂 M2 10. 西大营子北魏墓 11. 张略墓 12. 朝阳工程机械厂 91CGJM9 13. 东风朝阳柴油机公司 95M3 14. 养路费征稽处 96CZM4 15. 朝阳工程机械厂 91CGJM5

燕文化传统的保留和继承。

朝阳地区北魏墓葬出土陶器,按文化来源不同,可分为两组。

A组 包括盘口罐、平沿罐、平沿壶等,纹饰多见肩、腹部饰弦纹夹水波纹带,有的饰有竖线或网状暗纹,其形制和纹饰皆如北魏平城做法。

盘口罐,如东风朝阳柴油机公司94M1:2,肩、腹部各饰一周弦纹夹水波纹带(图4-24:1);养路费征稽处96CZM4:1,通体磨光且有竖线暗纹(图4-24:2)。

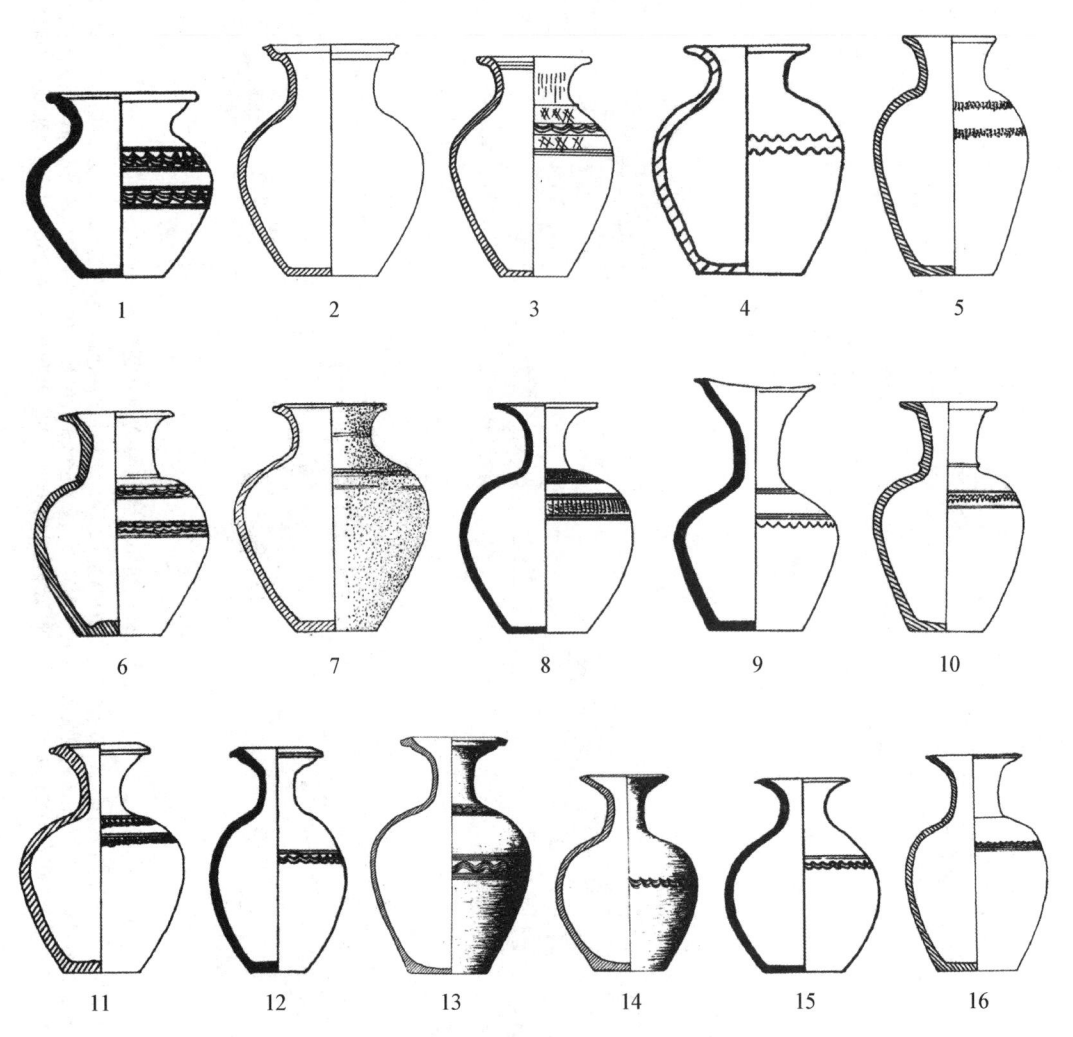

图4-24 朝阳地区北魏墓葬A组陶器举例(一)
1. 东风朝阳柴油机公司94M1:2盘口罐 2. 养路费征稽处96CZM4:1盘口罐
3. 养路费征稽处96CZM4:2平沿罐 4. 小湾地2000CYX M2:11平沿罐
5. 朝阳工程机械厂91CGJM5出土平沿罐 6. 朝阳工程机械厂91CGJM4出土平沿罐
7. 西上台珍珠岩厂 M2:1平沿罐 8. 朝阳市第一建筑工程公司96M3:5平沿壶
9. 朝阳市第一建筑工程公司96M2:2平沿壶 10. 朝阳工程机械厂91CGJM5出土平沿壶
11. 朝阳工程机械厂91CGJM9出土平沿壶 12. 东风朝阳柴油机公司95M3:1平沿壶
13—14. 南大沟北魏石椁墓出土平沿壶 15. 东风朝阳柴油机公司94M1:1平沿壶
16. 朝阳工程机械厂91CGJM4出土平沿壶

平沿罐中,有的口沿水平,如养路费征稽处96CZM4:2,颈部饰竖线暗纹,颈肩结合部有一周凸棱,肩部饰一周弦纹夹水波纹带,水波纹带上、下方饰网状暗纹,腹部饰两周弦纹(图4-24:3);小湾地2000CYX M2:11,腹部饰两周水波纹(图4-24:4);朝阳工程机械厂91CGJM5出土的1件,肩部饰两周压印纹带(图4-24:5)。有的口沿稍外斜,如朝阳工程机械厂91CGJM4出土的1件,肩、腹部饰两周弦纹夹水波纹带(图4-24:6);西上台珍珠岩厂M2:1,颈部、腹部各饰一周弦纹,肩部饰一周弦纹夹水波纹带(图4-24:7)。

平沿壶中,有的口沿水平,如朝阳市第一建筑工程公司96M3:5,肩、腹部各饰一周弦纹夹水波纹带(图4-24:8);朝阳市第一建筑工程公司96M2:2,肩、腹部各饰三周弦纹,腹部饰一周水波纹(图4-24:9);朝阳工程机械厂91CGJM5出土的1件,颈部有一周凸棱,肩部饰一周弦纹夹水波纹带(图4-24:10)。有的口沿稍外斜,如朝阳工程机械厂91CGJM9出土的1件,肩、腹部各饰一周弦纹夹水波纹带(图4-24:11);东风朝阳柴油机公司95M3:1,腹部饰一周水波纹,上方有一周弦纹(图4-24:12);南大沟北魏石椁墓出土的2件,一件肩、腹部饰两周弦纹夹水波纹带(图4-24:13),另一件腹部饰一周水波纹(图4-24:14);东风朝阳柴油机公司94M1:1,腹部饰一周水波纹,上方有一周弦纹(图4-24:15);朝阳工程机械厂91CGJM4出土的1件,腹部饰一周水波纹,下方有一周弦纹(图4-24:16)。

A组器物中,还保留着鲜卑"毁器"葬俗[①]及将受损陶器口部加工锉平的做法。凌河机械厂88CLM2:3陶壶(图4-25:1)、东风朝阳柴油机公司95M2:3陶壶(图4-25:2)的口部被损坏,朝阳市第一建筑工程公司96M2:1陶壶(图4-25:3)、凌河机械厂88CLM1:1陶壶(图4-25:4)的口、颈部都被损毁。东风朝阳柴油机公司95M3:2陶壶(图4-25:5)、东风朝阳柴油机公司95M5:1陶壶(图4-25:6)、小湾地2000CYX M1:10陶壶(图4-25:7)、小湾地2000CYX M2:13陶壶(图4-25:8)、朝阳工程机械厂91CGJM5出土的1件陶壶(图4-25:9)的口部在损坏后经过加工。

B组 包括纵鼓腹陶罐、鼓肩陶罐、圆鼓腹陶罐、扁腹陶罐、直口陶罐、陶盆等。其形制和纹饰延续着三燕墓葬的做法。

纵鼓腹陶罐,侈口,尖唇。依口沿长短,可分为两型。

A型 口沿略长。如朝阳市第一建筑工程公司96M3:1,素面,高9.2厘米(图4-26:1);凌河机械厂87CLM2:1,素面,高16.5厘米(图4-26:2)。

B型 口沿很短。如东风朝阳柴油机公司95M5:2,在口沿及颈部施有一层褐色漆皮,在颈部漆皮中部贴饰一周红色漆条,高16.8厘米(图4-26:3);朝阳市第一建筑工程公司96M2:4,肩腹部饰一周弦纹夹水波纹带,高25厘米(图4-26:4);东风朝阳柴油机公司95 M2:1,素面,高17.4厘米(图4-26:5)。

鼓肩陶罐,口微侈,矮领,腹部纵横径接近,最大径位于肩部。如小湾地2000CYX

---

① 孙危:《鲜卑"毁器"葬俗研究》,《边疆考古研究》第8辑,北京:科学出版社,2009年,第139—147页。

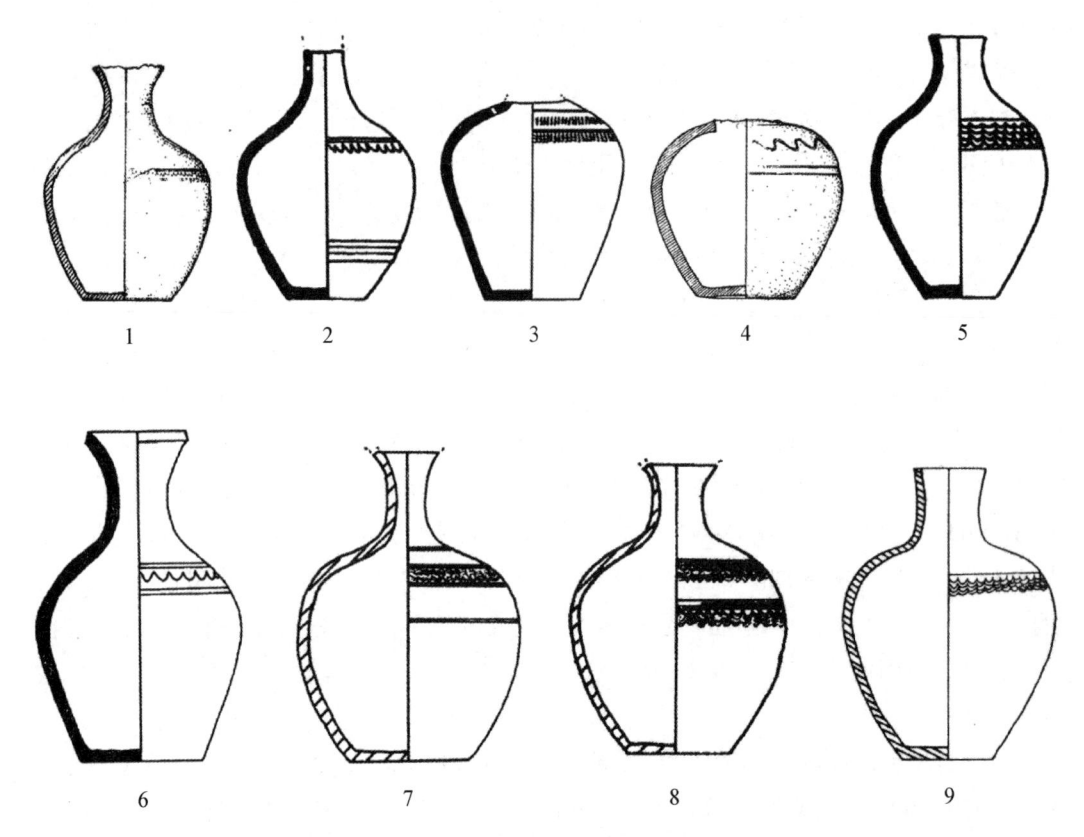

图 4-25 朝阳地区北魏墓葬 A 组陶器举例(二)
1. 凌河机械厂 88CLM2:3 陶壶 2. 东风朝阳柴油机公司 95M2:3 陶壶
3. 朝阳市第一建筑工程公司 96M2:1 陶壶 4. 凌河机械厂 88CLM1:1 陶壶
5. 东风朝阳柴油机公司 95M3:2 陶壶 6. 东风朝阳柴油机公司 95M5:1 陶壶
7. 小湾地 2000CYX M1:10 陶壶 8. 小湾地 2000CYX M2:13 陶壶
9. 朝阳工程机械厂 91CGJM5 出土陶壶

M2:12,小平沿,腹部饰两周水波纹,高 33 厘米(图 4-26:6);朝阳市第一建筑工程公司 96M3:4,斜尖唇,肩部饰一周弦纹夹水波纹带,高 36.4 厘米(图 4-26:7)。

圆鼓腹陶罐,侈口,矮领,腹部纵横径接近,腹部最大处居中。如凌河机械厂 88CLM2:4,圆唇,肩部饰一周弦纹,下饰一周水波纹,高 30.5 厘米(图 4-26:8)。

扁腹陶罐,侈口,矮领,腹部横径明显大于纵径。如凌河机械厂 87CLM 1:1,口沿稍有残缺,肩腹部遍饰网格暗纹,残高 11.9 厘米(图 4-26:9)。

直口陶罐,平沿,矮领,最大径位于肩部。如朝阳工程机械厂 91CGJM5 出土的 1 件,肩部饰一周弦纹夹水波纹带,高 22.4 厘米(图 4-26:10);朝阳工程机械厂 91CGJM9 出土的 1 件,肩部饰竖线纹、弦纹、水波纹(图 4-26:11);朝阳工程机械厂 91CGJM8 出土的 1 件,肩部饰弦纹、水波纹,高 16.2 厘米(图 4-26:12)。

陶盆,宽沿微外斜,腹微鼓,平底。如朝阳工程机械厂 91CGJM5 出土的 1 件,素面,高 11.6 厘米(图 4-26:13)。

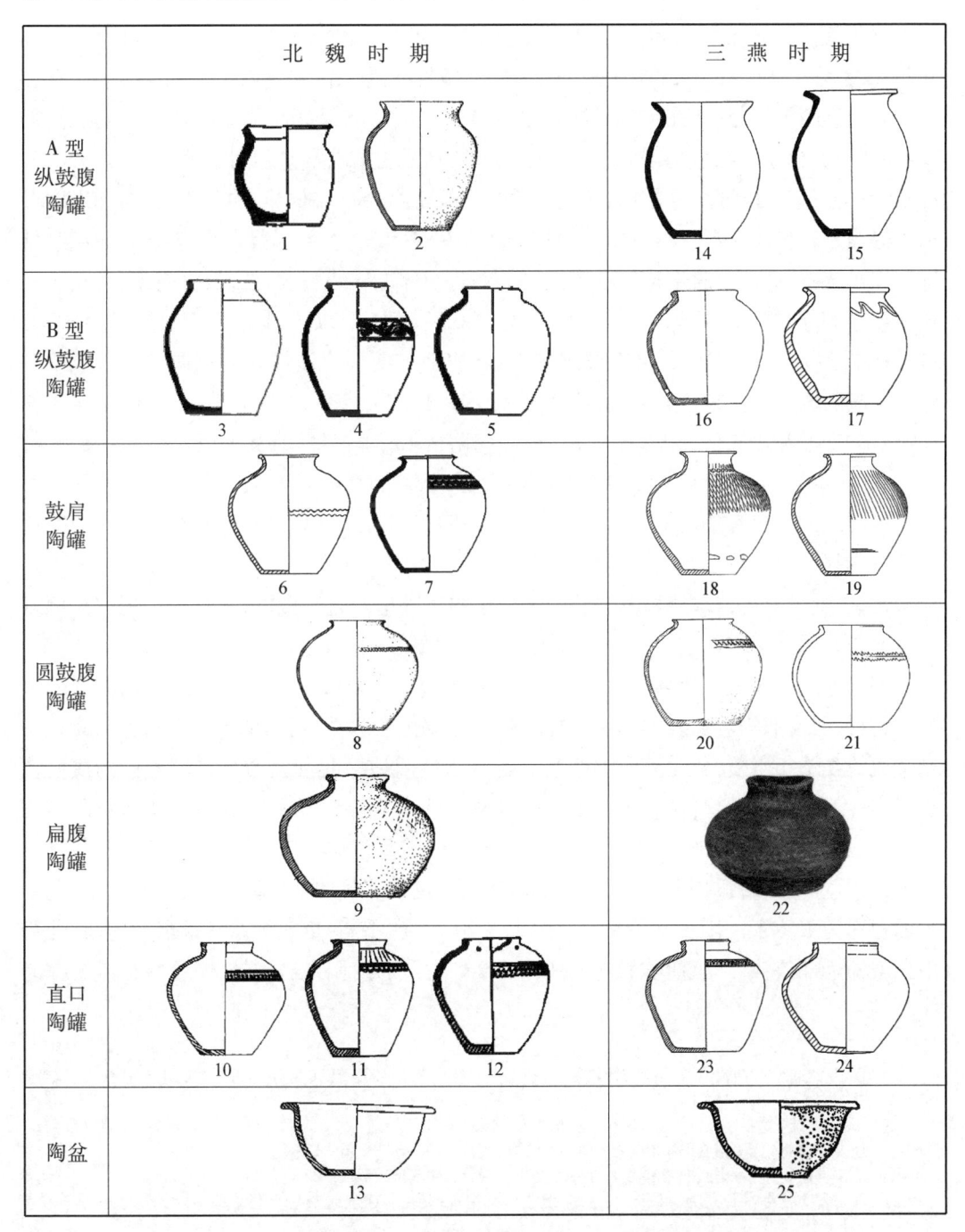

	北 魏 时 期	三 燕 时 期
A型纵鼓腹陶罐	1　　2	14　　15
B型纵鼓腹陶罐	3　　4　　5	16　　17
鼓肩陶罐	6　　7	18　　19
圆鼓腹陶罐	8	20　　21
扁腹陶罐	9	22
直口陶罐	10　　11　　12	23　　24
陶盆	13	25

图 4-26　朝阳地区北魏墓葬 B 组陶器与三燕陶器的比较

1. 朝阳市第一建筑工程公司 96M3:1　2. 凌河机械厂 87CLM2:1　3. 东风朝阳柴油机公司 95M5:2
4. 朝阳市第一建筑工程公司 96M2:4　5. 东风朝阳柴油机公司 95 M2:1　6. 小湾地 2000CYX M2:12
7. 朝阳市第一建筑工程公司 96M3:4　8. 凌河机械厂 88CLM2:4　9. 凌河机械厂 87CLM 1:1
10. 朝阳工程机械厂 91CGJM5 出土　11. 朝阳工程机械厂 91CGJM9 出土　12. 朝阳工程机械厂 91CGJM8 出土
13. 朝阳工程机械厂 91CGJM5 出土　14. 十二台乡 M8712:3　15. 十二台乡 M8708:3　16. 袁台子北燕墓出土
17. 冯素弗墓 M1:37　18. 冯素弗墓 M1:3　19. 冯素弗墓 M1:5　20. 喇嘛洞 M204:2　21. 土城子 M1:6
22. 北票西官营子 M4:1　23. 郭家箭头地 M1:1　24. 冯素弗墓 M1:27　25. 大平房村北燕墓 M1:2

这些陶器都能在三燕墓葬中找到相似的器物。A 型纵鼓腹陶罐,与朝阳十二台乡 M8712∶3(图4－26∶14)、M8708∶3(图4－26∶15)①相似。这种陶罐的形制与早期拓跋相似,但素面,不饰戳点纹,在三燕早期墓葬中多见。与 B 型纵鼓腹陶罐特征近同的三燕器物,如朝阳袁台子北燕墓陶罐(图4－26∶16)②、北票北燕冯素弗墓陶罐 M1∶37(图4－26∶17)③等,前者素面磨光,后者肩部饰水波纹。与鼓肩陶罐形制相同的三燕器物,如冯素弗墓陶罐 M1∶3(图4－26∶18)、M1∶5(图4－26∶19)④等,前者颈部饰竖线暗纹,颈肩结合处饰一周水波纹,肩及上腹部饰网状暗纹,后者肩、腹部饰斜线暗纹。圆鼓腹陶罐,可见于三燕墓葬中的北票喇嘛洞 M204∶2(图4－26∶20)⑤、朝阳土城子前燕墓 M1∶6(图4－26∶21)⑥,前者肩部饰一周弦纹夹水波纹带,后者肩部饰两周水波纹夹一周弦纹。三燕墓葬中的扁腹陶罐,如北票西官营子 M4∶1,素面(图4－26∶22),墓葬年代为后燕至北燕初期⑦。直口陶罐出现于三燕墓葬的例子,如朝阳柳城镇郭家村箭头地前燕墓 M1∶1,肩部饰一周弦纹夹水波纹带(图4－26∶23)⑧;又如冯素弗墓 M1∶27,素面(图4－26∶24)⑨。大平房村北燕墓出土的陶盆 M1∶2(图4－26∶25)⑩,素面,与朝阳工程机械厂91CGJM5 所出那件,形制、纹饰特征几乎吻合。

可见,朝阳北魏墓葬陶器的文化发展状态与墓葬形制是一致的,显示出本地三燕因素巧妙地与北魏平城因素结为一体而共同发展的现象。

朝阳地区的北魏纪年墓仅有皇兴二年(468 年)张略墓,还不足以构建分期演变的链条,需要另寻参照物。从墓葬形制和随葬陶器的文化来源看,朝阳地区北魏墓葬与北魏平城文化的联系相当紧密,受其影响明显。若认为朝阳地区北魏墓葬与平城地区的演变节奏基本一致,则可依照平城墓葬演变的规律来进行分期。平城墓葬大致以 460 年前后为界分为北魏早期、北魏中晚期两大阶段。其中长斜坡墓道单室砖墓,北魏早期的特征是坐东朝西,墓室平面由弧长方形向趋近弧方形演变,进入北魏中期,墓向变为坐北朝南,墓室平面稳定为弧方形。随葬陶器中,平沿罐、平沿壶的口沿在北魏早期是很水平的,到北魏中期就稍呈外斜状。北魏晚期,平城地区的墓葬发展与洛阳地区脱节,文化特征滞留在北

---

① 辽宁省文物考古研究所、朝阳市博物馆:《朝阳王子坟山墓群1987、1990 年度考古发掘的主要收获》,《文物》1997 年第 11 期。
② 璞石:《辽宁朝阳袁台子北燕墓》,《文物》1994 年第 11 期。
③ 辽宁省博物馆:《北燕冯素弗墓》,北京:文物出版社,2015 年,第 16—17 页。
④ 辽宁省博物馆:《北燕冯素弗墓》,北京:文物出版社,2015 年,第 21—22 页。
⑤ 辽宁省文物考古研究所、朝阳市博物馆、北票市文物管理所:《辽宁北票喇嘛洞墓地 1998 年发掘报告》,《考古学报》2004 年第 2 期。
⑥ 辽宁省文物考古研究所、朝阳县文物管理所:《辽宁省朝阳县土城子两座前燕墓》,《北方文物》2015 年第 2 期。
⑦ 辽宁省文物考古研究所、北票市文物管理所:《辽宁北票市西官营四号墓发掘简报》,《东北史地》2014 年第 4 期。
⑧ 辽宁省文物考古研究所、朝阳市博物馆、朝阳县文物管理所:《朝阳柳城镇郭家村前燕墓葬》,《辽宁省道路建设考古报告集(2003)》,沈阳:辽宁民族出版社,2004 年,第 307—315 页。
⑨ 辽宁省博物馆:《北燕冯素弗墓》,北京:文物出版社,2015 年,第 17—18 页。
⑩ 朝阳地区博物馆、朝阳县文化馆:《辽宁朝阳发现北燕、北魏墓》,《考古》1985 年第 10 期。

魏中期阶段①。因此，参照平城的情况，可将朝阳地区北魏墓葬分为两期。

第一期，北魏早期，约从太延二年（436年）北魏灭北燕到文成帝时期（452—465年）。包括小湾地2000CYX M1、M2，朝阳市第一建筑工程公司96M2、96M3等。这四座墓都是东西向的（图4-23：1、3—5），后三座墓有墓道，显示墓葬是坐西朝东，与平城北魏早期墓葬流行坐东朝西有所不同。表明朝阳地区在向平城墓向为东西向看齐的同时，也结合本地习俗加以调整。这种做法在朝阳北魏墓葬中比较普遍。小湾地2000CYX M1、M2的陶壶特征相近（图4-25：7、8），口部受损；M2还出有平沿陶罐，沿部不外斜（图4-24：4），推测两件陶壶也是平沿、不外斜。朝阳市第一建筑工程公司96M2、96M3出土陶壶均是平沿、不外斜（图4-24：8、9）。这些陶器是符合北魏早期特征的。

第二期，北魏中、晚期。包括南大沟北魏石椁墓，西大营子北魏墓，东风朝阳柴油机公司94M1、95M2、95M3、95M5，西上台珍珠岩厂北魏墓M1、M2，凌河机械厂皇兴二年（468年）张略墓（87CLM1）、87CLM2、88CLM1、88CLM2，朝阳工程机械厂北魏墓91CGJM4、91CGJM5、91CGJM8、91CGJM9，养路费征稽处北魏墓96CZM4等。南大沟北魏石椁墓、西大营子北魏墓仍为东西向（图4-23：2、10），但前者所出平沿壶口沿已外斜（图4-24：13、14），具有平城北魏中期特征；后者墓葬平面为方形，转向平城北魏中期特征，墓向坐东朝西，没有沿用本地的坐西朝东，已与平城北魏早期一致。朝阳工程机械厂91CGJM5是斜坡墓道、带一个侧室的圆角方形单主室石室墓（图4-23：15），坐北朝南，墓葬形制与平城北魏中期一致，但所出平沿罐（图4-24：5）、平沿壶（图4-24：10）的口沿是水平的。依据这些过渡性特征，推断这三座墓的年代或处于北魏早、中期之际。其他墓葬均为坐北朝南，墓室平面大多为方形（图4-23：8、9、11—14），少数为刀形（图4-23：6、7），符合平城北魏中、晚期特征。东风朝阳柴油机公司94M1出土盘口罐（图4-24：1），比较矮胖，与宋绍祖墓的盘口罐相似（图4-27：1），平沿壶的口沿微外斜（图4-24：15）。养路费征稽处96CZM4出土平沿罐的口沿仍很水平（图4-24：3），但盘口罐（图4-24：2）与司马金龙墓、永平元年（508年）元淑夫妇墓②所出盘口罐相似（图4-27：2—5）。其他墓葬

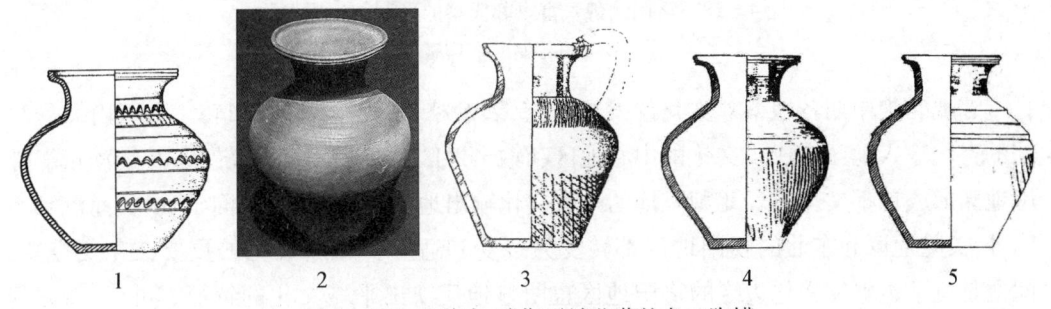

图4-27 北魏中、晚期平城墓葬的盘口陶罐
1. 宋绍祖墓出土 2. 司马金龙墓出土 3—5. 元淑墓出土

---

① 详见下章。
② 大同市博物馆：《大同东郊北魏元淑墓》，《文物》1989年第8期。

中,朝阳工程机械厂91CGJM4平沿罐(图4-24:6)、平沿壶(图4-24:16),朝阳工程机械厂91CGJM9平沿壶(图4-24:11),西上台珍珠岩厂M2平沿罐(图4-24:7),东风朝阳柴油机公司95M3平沿壶(图4-24:12)是完整器,口沿都是外斜的,特征与平城北魏中期一致。

从朝阳地区现有资料看,北魏早期墓葬并不多,北魏中期应当是墓葬大发展的时期,北魏晚期墓葬不易从北魏中期墓葬中区分出来。朝阳北魏中期墓葬既受到平城地区文化因素的明显影响,又结合本地旧有的三燕文化因素,走出了一条共生并存、相互适应的发展道路。

(四)洛阳地区

本地区可确认为北魏中期的墓葬只有1座,即洛阳春都集团饮料厂太和十二年(488年)董富妻郭氏墓①。该墓形制为斜坡墓道、墓室平面呈纵长方形的土洞墓(图4-28:1),在平城地区有相同形制的墓葬;出土陶罐1件、铜戈1件、铜环2件、墓铭砖2块。陶罐,矮领,横长鼓腹,平底,此形制在平城不见,但肩、腹部饰两周水波纹夹四周弦纹(图4-28:2),却是平城地区的陶器常见纹饰搭配。墓铭砖为长方形,一块刻书"太和十二年二月三十日",另一块刻书"太原郡狼孟县董富妻郭暮","暮"同"墓",与平城墓铭砖形制相同。

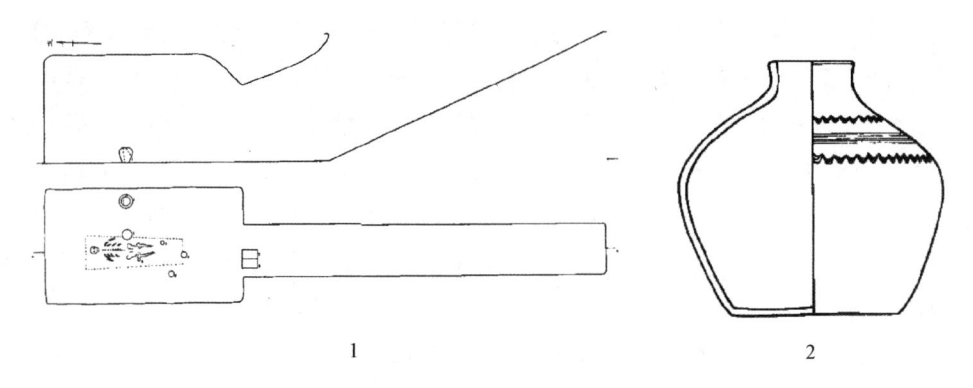

图4-28 洛阳北魏董富妻郭氏墓的形制与出土器物
1. 墓葬形制 2. 陶罐

综观北魏中期各地墓葬文化的发展状态,宏观格局发生了根本扭转。平城由北魏早期的文化输入地区变成了文化的中心地区和输出地区,文化面貌全面转型,并带动京畿外围地区形成首都文化圈。北魏早期的几大文化输出地区,除河西地区囿于资料、尚沉寂不明外,关陇地区和东北的朝阳地区都转变为接受和适应平城新文化的重要文化支撑点。即便是位于边疆和文化边缘的洛阳地区也明显地反映出平城文化的特征。可以说,北魏中期的平城文化比较成功地实现了对全国主要地区的控制,使国家得以保持稳定和统一。

---

① 洛阳市第二文物工作队 石战军:《北魏董富妻郭氏墓》,《中原文物》1996年第2期。

第五节　北魏中期平城墓葬文化转型的目标

多系统并存的多样性特征是对北魏早期平城墓葬文化总体面貌的简要概括。墓室形制既有长方形的，也有方形的；墓向既有西向的，也有南向的；对墓主生平的记录，既可以附着在葬具或壁画上，也出现了专用的砖、石墓铭；随葬器物以陶器为主，既有反映拓跋旧传统的戳点纹中口罐，也有反映文化新特点的平沿或盘口的壶、罐；墓葬壁画更是直观表现了不同文化来源的题材和构图方式并存、交叉的状况。总体而言，这时期的平城墓葬文化旧俗趋微，主要兴起的是经由十六国传承的更多地来自边疆的东北、河西地区的文化因素。

到北魏中期，平城墓葬文化相对北魏早期，不是顺势发展，而是逆势转型。平城墓葬文化的发展日益按照西晋中原地区，特别是洛阳地区墓葬文化的"晋制"模式确立自己的文化取向。墓葬形制以弧方形为稳定态，绝大多数为单室墓，复杂不过前、后双主室墓，这恰是西晋洛阳墓葬演变到最后阶段的形制。西晋洛阳墓葬没有壁画，而有三大组合的俑群（镇墓兽和镇墓武士俑的镇墓组合，牛车、鞍马和男、女侍俑的出行组合，禽畜俑组合）和模型明器，北魏中期平城墓葬就明显地抑制墓室壁画，而恢复出完整的俑群组合。墓主生平记录集中到长方形砖志、碑形或长方形石志，也是西晋墓志的几种常见形制[①]。可以明显感觉到北魏中期平城墓葬已经摒弃北魏早期的多样性特征，而在按照较为简约的西晋洛阳墓葬模式进行取舍。尽管仍有自己的特色，如使用石葬具、俑群种类大为丰富等，但整体结构已是套用"晋制"。

经过一系列文化措施的酝酿和实践，复归晋制的文化取向在太和十四年（490年）被提升到国家大政方针的层面上进行讨论。当年八月，孝文帝诏令群臣再议魏德行次。"尚书高闾以石承晋为水德，以燕承石为木德，以秦承燕为火德，大魏次秦为土德，皆以地据中夏，人以为得统之征。皇魏建号，事接秦末，晋既灭亡，天命在我。故因中原有寄，即而承之。（李）彪等据神元皇帝与晋武并时，桓、穆二帝，仍修旧好。始自平文，逮于太祖，抗衡秦、赵，终平慕容。晋祚终于秦方，大魏兴于云朔。据汉弃秦承周之义，以皇魏承晋为水德。"这场辩论历时半年，一直延续到太和十五年（491年）正月，侍中、司空、长乐王穆亮，侍中、尚书左仆射、平原王陆睿，侍中、吏部尚书、中山王王元孙，侍中、尚书、驸马都尉、南平王冯诞，散骑常侍、都曹尚书、新泰侯游明根，散骑常侍、南部令邓侍祖，秘书中散李恺，尚书左丞郭祚，右丞、霸城子卫庆，中书侍郎封琳，中书郎、泰昌子崔挺，中书侍郎贾元寿等大臣均赞成李彪等所议。他们上奏道："臣等谨共参论，伏惟皇魏世王玄朔，下迄魏、晋，赵、秦、二

[①] 赵超：《汉魏南北朝墓志汇编》，天津：天津古籍出版社，2008年，第4—17页。

燕虽地据中华，德祚微浅，并获推叙，于理未惬。又国家积德修长，道光万载。彪等职主东观，详究图史，所据之理，其致难夺。今欲从彪等所议，宜承晋为水德。"孝文帝遂下诏准允"依为水德"。①

辩论中，高闾显然对北魏早期平城文化的形成是了解的，主张既然整合了十六国传承的文化，就应当承认赵、燕、秦的合法地位。如果支持这一主张，北魏早期的墓葬文化就应在北魏中期继续延续，而不是大幅度转向。而李彪等人主张越过十六国，直接上承西晋，就是要与东晋—南朝争作西晋的继承者，直接争夺对手抱持的文化正统性。至于谁更有资格继承西晋，一定程度上就看谁的文化更像西晋洛阳文化。而太和十四年之前，平城文化实际上已经向西晋洛阳文化看齐了。这种情势之下，文化"承晋"是箭在弦上、势在必行之举。太和十四年之议的目的根本不是在毫无预设的前提下讨论北魏是继承十六国还是继承西晋的问题，而是孝文帝要在做出"承晋"决定之前统一群臣思想。太和十四年之议，李彪等人终胜高闾，而且赞成他们的重臣相当多，可见他们的主张已经具有相当广泛的基础，统一思想的意图达到了。这一辩论结果，从制度上肯定了北魏中期复归"晋制"的文化新方向，确立了其权威性，从理论上支持孝文帝实施更大规模和更具深度的汉化改革。这才是孝文帝采纳或策动李彪等人之议的深层动机。

北魏中期，在冯太后、孝文帝的推动下，复归晋制成为北魏重新调整后的文化目标，意在与南朝争夺继承西晋的合法性，文化内容遂与北魏早期大相径庭。这一重大变革的印记，在北魏中期的平城墓葬文化中得到清晰的留存和忠实的体现。平城墓葬文化新特征确立后，又辐射到其他地区，终于形成全局性的转型。从此，北魏文化沿着既定的复归"晋制"的目标前进，在北魏晚期的洛阳地区更加快了转变的节奏。

---

① 《魏书》卷一〇八《礼志一》，北京：中华书局，1974年，第2744—2747页。

第五章　北魏晚期墓葬文化格局的形成与重构

第一节　北魏晚期墓葬的考古发现与区域分布

北魏晚期也被称为"洛阳时代"，起自孝文帝太和十八年（494 年）迁洛，止于孝武帝永熙三年（534 年）北魏灭亡①。这一时期的墓葬文化更加深入地转向"晋制"，深刻地影响了北魏王朝的命运，决定了北朝晚期墓葬文化的走向。

从已发表的考古资料看，北魏晚期墓葬主要分布在以下四个地区。

（一）都城洛阳及周边地区（以下简称洛阳地区）

包括今河南西部、西北部及山西西南部地区。

孝文帝迁洛后，在兴建北魏洛阳城的同时，也在城外西北方向的北邙山域规划了陵区，"乃自表瀍西以为山园之所"②。北魏陵区分布在瀍河东、西两岸，处于孟津县南部的朝阳镇、送庄镇、城关镇，以及洛阳市北郊的红山乡、邙山镇、瀍河乡、白马寺镇的范围内；大约有墓冢 50 余座，帝陵多位于瀍河西岸，陪葬墓则集中在瀍河东岸③。

北魏迁洛之后葬于或死于洛阳的皇帝有 7 位，其中孝文帝长陵、宣武帝景陵、孝明帝定陵、孝庄帝静陵四座帝陵已经相对明确。另外，三位废帝东海王元晔、节闵帝元恭、安定王元朗之中，史书记载元朗"永熙二年葬于邺西南野马冈"④，墓不在洛阳，涧西区衡山路北延长线北魏大墓被推定为元恭墓⑤，元晔墓尚不详所在。1958 年，郭建邦对孟津县官庄村大、小冢进行调查，确认大冢就是长陵⑥。2004 年，洛阳市第二文物工作队对长陵作了

---

①　李凭：《从平城时代到洛阳时代——论述北魏王朝的发展历程》，《黄河文化论坛》第九辑，北京：中国戏剧出版社，2003 年，第 1—17 页。后经增补易名为《北朝发展的轨迹》，发表于《北朝研究存稿》，北京：商务印书馆，2006 年，第 3—22 页；同时以《北朝的发展轨迹》为名，发表于《4—6 世纪的北中国与欧亚大陆》，北京：科学出版社，2006 年，第 1—11 页。
②　《魏书》卷一三《文成文明皇后冯氏传》，北京：中华书局，1974 年，第 330 页。
③　洛阳市第二文物工作队：《洛阳邙山陵墓群的文物普查》，《文物》2007 年第 10 期。
④　《魏书》卷一一《后废帝安定王纪》，北京：中华书局，1974 年，第 281 页。
⑤　洛阳市文物考古研究院：《洛阳涧西衡山路北魏墓发掘简报》，《文物》2016 年第 7 期。
⑥　河南省文化局文物工作队：《洛阳北魏长陵遗址调查》，《考古》1966 年第 3 期。

更深入的调查和钻探,发现了陵园遗址,陵园平面近方形,四周构筑夯土垣墙,垣墙外侧挖建壕沟,垣墙正中开设陵门;西门、南门门址尚存,北垣和东垣因为破坏严重,没有发现门址遗迹;陵园内,有孝文帝陵(大冢)和文昭皇后陵(小冢)两座陵寝,封土皆为圆形,均于南侧发现长斜坡墓道;陵园内还发现建筑基址3座、建筑堆积1处以及水渠4条等设施①。1991年,中国社会科学院考古研究所洛阳汉魏城队、洛阳古墓博物馆联合发掘了景陵,封土为圆形,长斜坡墓道位于南侧,封土周围虽经较大范围钻探,但未发现陵垣和其他建筑遗迹;景陵地下建筑遭受至少两次盗掘,随葬品所存甚少,但墓室形制和结构基本完整②。2006—2008年,洛阳市第二文物工作队对位于孟津县送庄镇东山岭头村东南、后沟村北的"玉冢"进行了重点调查和勘测,从墓冢的形制规模及遗址的地理位置、规模、布局、结构以及构筑方法,判断"玉冢"可能为孝明帝的定陵③。静陵位置被推定在邙山镇上砦村南,1976年冬在其大冢前挖出石人一躯,身高3.14米,同时还出有一石人头,面部与石人同④。

除了帝陵,解放后考古工作者还陆续在洛阳市近郊区县清理了一批北魏晚期墓葬,不乏王公贵族之墓,虽是劫后残余,仍为研究者提供了宝贵的资料。其中元氏贵族墓葬主要包括1965年发掘的洛阳市老城东北盘龙冢村建义元年(528年)常山王元邵墓⑤,1974年调查的孟津县向阳村孝昌二年(526年)江阳王元乂墓⑥,1979年清理的洛阳市北郊金家沟村武泰元年(528年)南平王元玮墓⑦,20世纪80年代中期发掘的偃师杏园村熙平元年(516年)赠洛州刺史元睿墓⑧,1991年发掘的孟津朝阳村永平四年(511年)阳平王元囦墓⑨,1965年、1992年两次调查的洛阳市老城北正光六年(525年)清河王元怿墓⑩、2012年发掘的洛阳市后李村孝昌元年(525年)淮南王元遵墓⑪等。其他经发掘的纪年墓有1956年清理的洛阳西车站正始三年(506年)燕州刺史寇猛墓⑫,1985年发掘的孟津县玻璃厂正光五年(524年)燕州治中从事史侯掌墓⑬,20世纪80年代中期发掘的偃师杏园村

---

① 朱亮、严辉、黄吉军、蔡梦柯:《洛阳北魏孝文帝长陵调查钻探取得重要收获》,《中国文物报》2005年1月7日第1版;洛阳市第二文物工作队:《北魏孝文帝长陵的调查和钻探——"洛阳邙山陵墓群考古调查与勘测"项目工作报告》,《文物》2005年第7期。
② 中国社会科学院考古研究所洛阳汉魏城队、洛阳古墓博物馆:《北魏宣武帝景陵发掘报告》,《考古》1994年第9期。
③ 洛阳市文物考古研究院:《洛阳孟津后沟玉冢调查勘探报告》,《洛阳考古》2014年第3期。
④ 洛阳博物馆 黄明兰:《洛阳北魏景陵位置的确定和静陵位置的推测》,《文物》1978年第7期。
⑤ 洛阳博物馆:《洛阳北魏元邵墓》,《考古》1973年第4期。
⑥ 洛阳博物馆:《河南洛阳北魏元乂墓调查》,《文物》1974年第12期。
⑦ 黄明兰:《西晋裴祗和北魏元玮两墓拾零》,《文物》1982年第1期;赵超:《汉魏南北朝墓志汇编》,天津:天津古籍出版社,1992年,第216—218页。
⑧ 中国社会科学院考古研究所河南二队:《河南偃师县杏园村的四座北魏墓》,《考古》1991年第9期。该简报没有明确清理的时间,只言在配合洛阳首阳山电厂基建的过程中发掘,而首阳山电厂于1985年10月开工建设,工程一期于1988年投产发电。
⑨ 310国道孟津考古队:《洛阳孟津邙山西晋北魏墓发掘报告》,《华夏考古》1993年第1期。
⑩ 徐婵菲:《洛阳北魏元怿墓壁画》,《文物》2002年第2期。
⑪ 洛阳市文物考古研究院:《北魏淮南王元遵发掘简报》,《洛阳考古》2013年第2期。
⑫ 侯鸿钧:《洛阳西车站发现北魏墓一座》,《文物参考资料》1957年第2期。
⑬ 洛阳市文物工作队:《洛阳孟津晋墓、北魏墓发掘简报》,《文物》1991年第8期。

正始五年(508年)墓YDM4031[1],1987年发掘的洛阳市吉利区正光五年(524年)吕达墓和普泰二年(532年)吕仁墓[2],1989年发掘的孟津北陈村太昌元年(532年)赠瀛州刺史王温墓[3],1990年发掘的偃师杏元村砖厂孝昌二年(526年)射声校尉染华墓[4],2001年发掘的洛阳市纱厂西路正光三年(522年)河涧太守郭定兴墓[5],2005年调查的宜阳县丰李镇马窑村普泰二年(532年)度支尚书杨机夫妇合葬墓[6]等。此外,没有纪年资料的孟津朝阳村北魏墓M14、M15、M18[7],孟津朱仓村23座北魏墓[8],孟津南陈村北魏墓[9],偃师杏园村北魏墓YDIIM1101、YDIIM926[10],偃师南蔡庄北魏墓89YNLTM4[11],偃师联体砖厂北魏墓90YNLTM2[12],偃师前杜楼北魏石棺墓[13],洛阳市北郊上窑村砖瓦厂北魏画像石棺墓[14],洛阳市衡山路东下沟村北魏墓[15],洛阳市亚啤有限公司改扩建工地北魏墓C7M9601[16],洛阳市吉利区济涧村北魏墓[17]等也值得重视。其中,亚啤公司C7M9601出土"永安五铢"1枚,此种五铢始铸于孝庄帝永安二年(529年),该墓年代应为北魏末期。

黄河以北地区,迄今发现北魏晚期墓葬3座,分别是1957年清理的山西曲沃县秦村太和二十三年(499年)安邑令李诜墓[18],1972年清理的河南沁阳县西向公社粮管所北朝画像石棺床墓[19],1979年调查的河南孟县斗鸡台村永平四年(511年)豫州刺史司马悦墓[20]。

(二) 旧都平城及其外围地区

包括今内蒙古中南部、西南部,山西中、北部以及陕西北部地区。

---

[1] 中国社会科学院考古研究所河南二队:《河南偃师县杏园村的四座北魏墓》,《考古》1991年第9期。
[2] 洛阳市文物工作队:《河南洛阳市吉利区两座北魏墓的发掘》,《考古》2011年第9期。
[3] 洛阳市文物工作队:《洛阳孟津北陈村北魏壁画墓》,《文物》1995年第8期。
[4] 偃师商城博物馆:《河南偃师两座北魏墓发掘简报》,《考古》1993年第5期。
[5] 洛阳市第二文物工作队:《洛阳纱厂西路北魏HM555发掘简报》,《文物》2002年第9期。
[6] 洛阳博物馆:《洛阳北魏杨机墓出土文物》,《文物》2007年第11期;刘航宁:《秀骨清像——北魏杨机墓出土文物赏介》,《收藏家》2006年第11期。据出土墓志记载,夫人梁氏先葬于普泰二年(532年),杨机死于永熙二年(533年),到东魏天平二年(536年)才与梁氏合葬。
[7] 310国道孟津考古队:《洛阳孟津邙山西晋北魏墓发掘报告》,《华夏考古》1993年第1期。
[8] 洛阳市文物考古研究院:《洛阳孟津朱仓北魏墓》,《文物》2012年第12期。
[9] 洛阳市文物考古研究院:《洛阳孟津南陈北魏墓发掘简报》,《洛阳考古》2014年第1期。
[10] 中国社会科学院考古研究所河南二队:《河南偃师县杏园村的四座北魏墓》,《考古》1991年第9期。
[11] 偃师商城博物馆:《河南偃师南蔡庄北魏墓》,《考古》1991年第9期。
[12] 偃师商城博物馆:《河南偃师两座北魏墓发掘简报》,《考古》1993年第5期。
[13] 洛阳市第二文物工作队:《偃师前杜楼北魏石棺墓发掘简报》,《文物》2006年第12期。
[14] 洛阳博物馆:《洛阳北魏画象石棺》,《考古》1980年第3期。
[15] 洛阳市第二文物工作队:《洛阳衡山路北魏墓发掘简报》,《文物》2009年第3期。
[16] 司马国红:《洛阳市亚啤有限公司改扩建工地发掘报告》,《洛阳考古发现(2007)》,郑州:中州古籍出版社,2009年,第36—37页。
[17] 洛阳市文物考古研究院:《洛阳吉利济涧北魏墓发掘简报》,《文物》2015年第4期。
[18] 杨富斗:《山西曲沃县秦村发现的北魏墓》,《考古》1959年第1期。
[19] 邓宏里、蔡全法:《沁阳县西向发现北朝墓及画像石棺床》,《中原文物》1983年第1期。
[20] 孟县文化馆 尚振明:《孟县出土北魏司马悦志》,《河南文博通讯》1980年第3期;孟县人民文化馆 尚振明:《孟县出土北魏司马悦墓志》,《文物》1981年第12期;尚振明:《河南省孟县出土北魏司马悦墓志》,《考古》1983年第3期。

本地区已公布的纪年墓葬,有1986年清理的包头市土默特右旗萨拉齐镇太和二十三年(499年)姚齐姬墓①,1981年清理的大同市小站村正始二年(505年)屯骑校尉、赠洛州刺史封和突墓②,1984年发掘的大同市东王庄村永平元年(508年)平城镇将元淑夫妇合葬墓③,1975年清理的太原南郊东太堡砖厂永平三年(510年)义阳太守辛祥夫妇合葬墓④,1976年发现的榆社县河窊村神龟年间(518—520年)绥远将军、□郡太守孙龙画像石棺墓⑤等。另外,陕西靖边县统万城周边发掘的八大梁墓地M1,是一座仿木结构壁画墓,简报断其年代为北魏晚期至西魏⑥。1988年发掘的大同南郊电焊器材厂北魏墓群中,M26、M39、M68、M77、M110、M117、M127、M146、M239九座无纪年墓葬的时代被归为迁洛以后⑦,也有观点认为这些墓葬的下限不晚于公元500年⑧,即不属于北魏晚期。

(三)河朔地区

包括今河北、北京、天津全境,河南北部,及山东中、西部地区。

本地区发现了一批绵亘北朝时期的汉人世族墓地,如河北景县、吴桥的渤海封氏墓群⑨,景县的渤海高氏墓群⑩,河间邢氏墓地⑪,赞皇、临城的赵郡李氏墓地⑫,无极甄氏墓群⑬,以及山东临淄清河崔氏墓地⑭等,其中不乏北魏晚期墓葬。所见墓例有1955年调查的景县前村乡正光二年(521年)赠冀州刺史封魔奴墓⑮,1956年调查的河间县南冬村延昌四年(515年)赠博陵太守邢伟墓⑯,1964年调查的曲阳县嘉峪村正光五年(524年)营

---

① 郑隆:《内蒙古包头市姚齐姬墓》,《考古》1988年第9期;郑隆:《北魏"姚齐姬墓"浅议》,《包头文物资料》第二辑,1991年。
② 大同市博物馆 马玉基:《大同市小站村花圪塔台北魏墓清理简报》,《文物》1983年第8期。
③ 大同市博物馆:《大同东郊北魏元淑墓》,《文物》1989年第8期。
④ 代尊德:《太原北魏辛祥墓》,《考古学集刊》第1集,北京:中国社会科学出版社,1981年,第197—202页。据墓志记载,夫人李庆容先葬于永平三年(510年),辛祥死于神龟元年(518年),到神龟三年(520年)才与李氏合葬。
⑤ 王太明、贾文亮:《山西榆社县发现北魏画像石棺》,《考古》1993年第8期;王太明:《榆社县发现一批石棺》,《山西省考古学会论文集(三)》,太原:山西古籍出版社,2000年,第119—122页;常之坦:《北魏孙龙石椁"百戏"图考辨》,《戏剧》1991年第3期。
⑥ 陕西省考古研究院、榆林市文物保护研究所、榆林市考古勘探工作队、靖边县文物管理办公室、靖边县统万城文物管理所:《陕西靖边县统万城周边北朝仿木结构壁画墓发掘简报》,《考古与文物》2013年第3期。
⑦ 山西大学历史文化学院、山西省考古研究所、大同市博物馆:《大同南郊北魏墓群》,北京:科学出版社,2006年,第472页。
⑧ 韦正:《大同南郊北魏墓群研究》,《考古》2011年第6期。
⑨ 张季:《河北景县封氏墓群调查记》,《考古通讯》1957年第3期;周铮:《河北景县封氏墓群丛考》,《文物春秋》1992年第2期;河北省沧州地区文化馆:《河北省吴桥四座北朝墓葬》,《文物》1984年第9期;卢瑞芳、刘汉芹:《河北吴桥北魏封龙墓及其相关问题》,《文物春秋》2005年第3期。
⑩ 河北省文管处:《河北景县北魏高氏墓发掘简报》,《文物》1979年第3期。
⑪ 孟昭林:《记后魏邢伟墓出土物及邢蛮墓的发现》,《考古》1959年第4期。
⑫ 石家庄地区革委会文化局文物发掘组:《河北赞皇东魏李希宗墓》,《考古》1977年第6期;李建丽、李振奇:《临城李氏墓志考》,《文物》1991年第8期;中国社会科学院考古研究所河北工作队、北京大学考古文博学院:《河北赞皇西高北朝家族墓地考古发掘与收获》,《中国文物报》2011年3月25日第4版。
⑬ 孟昭林:《无极甄氏诸墓的发现及其有关问题》,《文物》1959年第1期。
⑭ 山东省文物考古研究所:《临淄北朝崔氏墓》,《考古学报》1984年第2期;淄博市博物馆、临淄区文管所:《临淄北朝崔氏墓地第二次清理简报》,《考古》1985年第3期。
⑮ 张季:《河北景县封氏墓群调查记》,《考古通讯》1957年第3期。
⑯ 孟昭林:《记后魏邢伟墓出土物及邢蛮墓的发现》,《考古》1959年第4期。

州刺史韩贿妻高氏墓①,1978年清理的吴桥县罗屯北魏封氏墓WLM1②,1991年调查的吴桥县新镇店村正光六年(525年)中部太守封龙墓③,2009年发掘的赞皇县西高村正始四年(507年)李仲胤夫妇墓④、永熙三年(534年)李翼夫妇墓⑤,2009年发掘的北京市延庆县西屯墓地西区(Ⅰ区)神龟元年(518年)张龙姬墓⑥等,以及1969年调查的德州北魏神龟二年(519年)高道悦夫妇墓⑦,1973年调查的寿光李二村孝昌元年(525年)赠青州刺史贾思伯夫妇墓⑧,1973、1983年先后经两次清理出的淄博市临淄区窝托村孝昌元年(525年)赠青州刺史崔鸿夫妇墓(即M1)、延昌元年(512年)赠员外散骑常侍崔猷墓(即M15)和M10、M16、M17⑨,1982年调查发现的淄博市淄川区石门村永熙三年(534年)赠齐州刺史傅竖眼墓⑩等。

(四) 关 陇 地 区

包括今陕西中部、甘肃东部地区。

本地区已公布的纪年墓葬,有1955年发掘的陕西西安市任家口村正光元年(520年)阿阳令、假安定太守邵真墓⑪,1984年发掘的华阴县杨家城村熙平二年(517年)赠华州刺史杨舒墓⑫,1998年清理的长安县韦曲北塬孝昌二年(526年)赠雍州刺史韦彧夫妇合葬墓⑬,2001年发掘的长安区京科花园小区永熙三年(534年)韦辉和墓、韦乾墓⑭,2007年发掘的长安区韦曲北塬永安二年(529年)韦鲜玉墓⑮,以及1972年调查的甘肃张家川县

---

① 河北省博物馆、文物管理处:《河北曲阳发现北魏墓》,《考古》1972年第5期。
② 河北省沧州地区文化馆:《河北省吴桥四座北朝墓葬》,《文物》1984年第9期;王敏之:《河北吴桥北朝墓丛考》,《文物春秋》1993年第3期。
③ 卢瑞芳、刘汉芹:《河北吴桥北魏封龙墓及其相关问题》,《文物春秋》2005年第3期。
④ 中国社会科学院考古研究所河北工作队:《河北赞皇县北魏李仲胤夫妇发掘简报》,《考古》2015年第8期。墓葬建于李仲胤下葬的正始四年(507年),夫人邢僧兰永熙三年(534年)合葬。
⑤ 中国社会科学院考古研究所河北工作队:《河北赞皇县北魏李翼夫妇墓》,《考古》2015年第12期。
⑥ 北京市文物研究所、延庆县文物管理所:《北京市延庆县西屯墓地西区(Ⅰ区)考古发掘简报》,《北京文博论丛》2012年第4期。
⑦ 赖非:《北魏高道悦墓地调查及其墓志补释》,《德州考古文集》,南昌:百花洲文艺出版社,2000年,第1—7页。
⑧ 寿光县博物馆:《山东寿光北魏贾思伯墓》,《文物》1992年第8期。
⑨ 山东省文物考古研究所:《临淄北朝崔氏墓》,《考古学报》1984年第2期;淄博市博物馆、临淄区文管所:《临淄北朝崔氏墓地第二次清理简报》,《考古》1985年第3期。后文将M16与两座北魏晚期墓进行比较后,认为出土器物特征相同,却定为东魏,当误,应更定为北魏晚期。
⑩ 张光明:《山东淄博市发现北魏傅竖眼墓志》,《考古》1987年第2期。
⑪ 陕西省文物管理委员会:《西安任家口M229号北魏墓清理简报》,《文物参考资料》1955年第12期。
⑫ 崔汉林、夏振英:《陕西华阴北魏杨舒墓发掘简报》,《文博》1985年第2期。
⑬ 田小利、孙新民、穆晓军:《长安发现北朝韦彧夫妇合葬墓》,《中国文物报》1999年11月14日第1版;周伟洲、贾麦明、穆小军:《新出土的四方北朝韦氏墓志考释》,《文博》2000年第2期;牟发松、盖金伟:《新出四方北朝韦氏墓志校注》,《故宫博物院院刊》2006年第4期。韦彧夫人柳敬怜西魏大统十六年(550年)与其合葬。
⑭ 西安市文物保护考古所:《西安南郊北魏北周墓发掘简报》,《文物》2009年第5期。韦辉和墓记载埋葬时间为"永熙二年岁在摄提孟陬之月甲申廿六日己酉",韦乾墓志记载埋葬时间为"永熙三年正月甲申朔廿六日己酉"。两墓相隔一年,下葬干支相同,绝无可能。张全民考证韦辉和墓志的"永熙二年"实为"永熙三年"之误,见张全民:《略论关中地区北魏、西魏陶俑的演变》注释[11],《文物》2010年第11期。
⑮ 陕西省考古研究院:《西安南郊韦曲北塬北朝墓发掘简报》,《考古与文物》2015年第5期。

平王大队王真保墓,墓门券顶上方置"大赵神平二年(529年)"追赠墓志两块①等。

第二节　洛阳地区墓葬文化的复兴

洛阳自西晋永嘉五年(311年)遭匈奴汉国刘曜、王弥等焚毁后,久已不为中心之所。孝文帝迁洛之后,大批人口随之而来,且"诏迁洛之民,死葬河南,不得还北。于是代人南迁者,悉为河南洛阳人"②。这些人口既再造了一个繁华的新洛阳城,又使洛阳的墓葬文化得以复兴。作为新都的洛阳,其墓葬文化将全面体现孝文帝改革所指向的"晋制"目标,也须担负起向全国示范的引领重任。对洛阳北魏墓葬的研究已有较丰富的成果③,本节要探明的是北魏晚期墓葬文化的格局。这需首先系统认识洛阳地区墓葬文化诸特征的演变过程,使其成为一个鲜明的参照系。现将主要利用纪年墓的出土资料,从随葬品、墓葬形制、墓葬图像三个方面对洛阳地区墓葬文化进行分析。

（一）随葬品

数量占据大宗的随葬品,主要是三类:第一类是实用生活陶、瓷器,第二类是陶俑及相关模型明器,第三类是墓志。试作类型学分析。

第一类　实用生活陶、瓷器

1. 实用生活陶器

包括矮领罐、高领平沿罐、盘口罐、平沿壶、盘口壶、瓶、灯、博山炉、碗、钵、杯、盘、盒等。

矮领罐　侈口,圆唇,粗颈,横长鼓腹。如郭定兴墓HM555:39,肩、腹部饰弦纹夹水波纹带三周,高16厘米(图5-1);亚啤公司C7M9601:2,肩、腹部饰弦纹夹菱形几何印纹带三周,高22.4厘米(图5-1)。

高领平沿罐　侈口,颈部较细,纵长鼓腹。依腹部和纹饰不同,可分为三式。

Ⅰ式　腹部最大径居中,腹部饰弦纹夹索绹纹带一周。如偃师杏园村YDM4031:5,高19.7厘米(图5-1)。

Ⅱ式　腹部最大径偏上,素面。如染华墓M7:44,素面,高14.2厘米(图5-1)。

Ⅲ式　腹部最大径偏上,颈至腹部饰弦纹夹卷草纹带四周。如王温墓出土的1件,高33厘米(图5-1)。

盘口罐　颈部较细,纵长鼓腹。依把手有无,可分为二型。

A型　无把手。依腹部不同,可分为二式。

---

① 秦明智、任步云:《甘肃张家川发现"大赵神平二年"墓》,《文物》1975年第6期。
② 《魏书》卷七下《高祖纪下》,北京:中华书局,1974年,第178页。
③ 倪润安:《北魏洛阳时代墓葬的发现与研究述评》,《许昌学院学报》2010年第3期。

AⅠ式　腹部最大径居中。如景陵91jLM:2,颈至腹部饰弦纹夹水波纹带三周,高27.5厘米(图5-1)。

AⅡ式　腹部最大径偏上。如偃师前杜楼M1:50,素面,高15.3厘米(图5-1)。

B型　有把手。如染华墓M7:58,肩部饰戳点纹两周,口、肩之间设一把手,高9.5厘米(图5-1)。

平沿壶　大喇叭口,细颈,纵长鼓腹。依器形不同,可分为三式。

Ⅰ式　器形修长,腹部最大径偏上。如偃师杏园村YDM4031:1,颈至腹部饰印纹带六周,高25.5厘米(图5-1)。

Ⅱ式　器形修长,腹部最大径居中。如郭定兴墓HM555:25,颈至腹部饰弦纹三周,高17.8厘米(图5-1)。

Ⅲ式　器形较矮胖,腹部最大径居中。如染华墓M7:43,素面,高10.1厘米(图5-1)。

盘口壶　束颈,鼓腹,假圈足。依器形不同,可分为二式。

Ⅰ式　颈部较粗,纵长鼓腹。如偃师杏园村YDⅡM1101:21,肩、腹部各饰弦纹一周,高19厘米(图5-1)。

Ⅱ式　细颈,圆鼓腹。如杨机墓:922,颈部饰三周凹带纹,肩部饰一周S形纹饰,高24.7厘米(图5-1)。

瓶　小喇叭口,平沿,细长颈,纵长鼓腹。如郭定兴墓HM555:28,口残,残高15.6厘米(图5-1);侯掌墓C10M22:32(图5-1);王温墓出土的1件,口残,残高12.5厘米(图5-1)。

灯　高柄,圈足,钵形灯盏。依柄部形状不同,可分为二型。

A型　竹节状。如元睿墓YDⅡM914:19,高29.8厘米(图5-1);染华墓M7:40,高23.5厘米(图5-1)。

B型　圆柱形。如郭定兴墓HM555:4,高25厘米(图5-1);前杜楼M1:3,高23.1厘米(图5-1);元邵墓出土的1件,高20.6厘米(图5-1)。

博山炉　圆柱形短柄,底座为托盘。如侯掌墓C10M22:53,炉盖缺失,现高11.2厘米(图5-1)。

碗　斜壁,圈足。依口部不同,可分为二式。

Ⅰ式　直口。如偃师杏园村YDM4031:2,口径9.5、高4厘米(图5-1);景陵91jLM:4,口径15.3、高8.1厘米(图5-1);侯掌墓C10M22:10,口径16、高9厘米(图5-1);元邵墓出土的1件(图5-1)。

Ⅱ式　敞口。如染华墓M7:59,口径13.9、高5.1厘米(图5-1)。

钵　依口、底部不同,可分为二型。

A型　敛口,平底。如景陵91jLM:13,口径21、高15.3厘米(图5-1)。

B型　直口,圜底。如侯掌墓C10M22:8,口径16.4、高9.2厘米(图5-1)。

杯 依口部、器壁不同,可分为三型。

A 型 敞口,斜直壁,平底。如景陵 91jLM:16,口径 14.1、高 7.1 厘米(图 5-1)。

B 型 侈口,平沿,斜弧壁,浅腹。依底部不同,可分为二式。

BⅠ式 平底。如元睿墓 YDIIM914:18,口径 8.4、高 2.6 厘米(图 5-1)。

BⅡ式 假圈足。如王温墓出土的 1 件,口径 5.2、高 2.4 厘米(图 5-1)。

C 型 直口,斜弧壁,深腹,假圈足。如侯掌墓 C10M22:14,口径 6.6、高 4.6 厘米(图 5-1);染华墓 M7:59,口径 6.2、高 4.2 厘米(图 5-1)。

盘 侈口,宽沿,斜弧壁,浅腹,假圈足。如郭定兴墓 HM555:35,口径 23、高 3 厘米(图 5-1);侯掌墓 C10M22:50,口径 23.2、高 4.2 厘米(图 5-1);前杜楼 M1:31,口径 15.3、高 3.3 厘米(图 5-1);元邵墓出土的 1 件,口径 20.4 厘米(图 5-1);王温墓出土的 1 件,口径 15.8、高 3.5 厘米(图 5-1)。

盒 圆形。依口径、腹部不同,可分为二型。

A 型 大口径,浅腹。如景陵 91jLM:22,缺盖,口径 13.1、高 4.1 厘米(图 5-1);侯掌墓 C10M22:48,口径 12、高 4.4 厘米(图 5-1);染华墓 M7:36,口径 12.3、高 3.1 厘米(图 5-1);元邵墓出土的 1 件,口径 9.7 厘米(图 5-1)。

B 型 小口径,深腹。如侯掌墓 C10M22:12,口径 6.8、高 6.8 厘米(图 5-1)。

2. 实用生活瓷器

包括碗、杯、碟、钵、鸡首壶、四系壶、唾壶等。

碗 斜壁,圈足,口径较大。依口部纹饰不同,可分为二型。

A 型 外壁近口沿处有一周弦纹。依口部不同,可分为二式。

AⅠ式 直口,口沿与弦纹之间形成一周凹槽。如元囧墓 M17:2,口径 16、高 8 厘米(图 5-2);元睿墓 YDIIM914:4,口径 13.5、高 6.7 厘米(图 5-2)。

AⅡ式 敞口,口沿与弦纹之间形成一周内敛唇。如杨机墓:221,口径 11.3、高 6.5 厘米(图 5-2)。

B 型 外壁近口沿处无一周弦纹。依口部不同,可分为二式。

BⅠ式 直口。如元睿墓 YDIIM914:8,口径 14.2、高 7.5 厘米(图 5-2);染华墓 M7:9,口径 13.7、高 7.5 厘米(图 5-2);前杜楼 M1 盗洞内出土 D3-3,口径 14.1、高 6.9 厘米(图 5-2)。

BⅡ式 敞口。如前杜楼 M1 盗洞内出土 D3-1,口径 21.6、高 9.3 厘米(图 5-2)。

杯 直口,斜壁,圈足,口径较小。如染华墓 M7:10,口径 6.2、高 4.7 厘米(图 5-2);杨机墓:225,口径 7.1、高 4.4 厘米(图 5-2)。

碟 敞口。依足部不同,可分为二式。

Ⅰ式 圜底,内壁近口沿处饰一周弦纹。如元囧墓 M17:4,口径 17.6 厘米,底残(图 5-2);杨机墓:215,口径 12.9、高 2.7 厘米(图 5-2)。

Ⅱ式　圈足。如前杜楼 M1 盗洞内出土 D2-1,口径 18.6、高 4.1 厘米(图 5-2)。

钵　敛口,圜底。如景陵 91jLM:3,口径 18.2、高 11 厘米(图 5-2)。

鸡首壶　盘口,龙形柄。如景陵 91jLM:7,口径 8.9、残高 28.5 厘米(图 5-2);偃师联体砖厂 90YNLTM2:59,口径 8.2、通高 28.2 厘米(图 5-2)。

四系壶　盘口,肩上有四个两两对称的方桥形耳。如景陵 91jLM:1,口径 13.8、残高 28 厘米(图 5-2);吕仁墓 C9M279:38,口部残,残高 24.4 厘米(图 5-2)。

唾壶　盘口,横椭圆形腹部,圈足。如景陵 91jLM:34,残,仅存腹部和底部,残高 4、腹径 13.4 厘米(图 5-2);吕达墓 C9M315:5,口径 8、高 8.6 厘米(图 5-2)。

第二类　陶俑及相关模型明器

可分为三组。

第一组　镇墓俑类,包括镇墓兽和镇墓武士。

镇墓兽　兽身,蹲踞状。背部有多个脊刺,一般为三个。依面部不同,可分为二型。

A 型　兽面。如郭定兴墓 HM555:38,残高 18 厘米(图 5-3);侯掌墓 C10M22:18,背部三个脊刺已脱落,高 18 厘米(图 5-3);前杜楼 M1:48,高 24.2 厘米(图 5-3);元邵墓出土的 1 件,高 25.5 厘米(图 5-3);王温墓出土的 1 件,高 23.5 厘米(图 5-3);杨机墓:834,背部脊刺已脱落,高 23 厘米(图 5-3)。

B 型　人面。如染华墓 M7:19,背部三个脊刺已脱落,残高 23.2 厘米(图 5-3);前杜楼 M1:2,高 26.3 厘米(图 5-3);元邵墓出土的 1 件,高 25.5 厘米(图 5-3);王温墓出土的 1 件,高 25.2 厘米(图 5-3);杨机墓:833,高 28.3 厘米(图 5-3)。

镇墓武士　戴盔,体形较一般人俑高大。依服饰和制法不同,可分为三型。

A 型　身着裲裆铠,单模平背。依身形不同,可分为二式。

AⅠ式　身形直立。如郭定兴墓 HM555:1,高 40.2 厘米(图 5-3)。

AⅡ式　身形扭动。如侯掌墓 C10M22:1,高 35 厘米(图 5-3);前杜楼 M1:9,高 29.5 厘米(图 5-3)。

B 型　身形直立,着甲衣,披风衣,双手合抱杖剑,合模。如染华墓 M7:63,高 29 厘米(图 5-3);元邵墓出土的 1 件,高 30 厘米(图 5-3);杨机墓:832,高 32.2 厘米(图 5-3)。

C 型　身形直立,身着明光铠,单手扶盾,合模。如元邵墓出土的 1 件,高 30.8 厘米(图 5-3);杨机墓:903,高 32.3 厘米(图 5-3);王温墓出土的 1 件,高 30 厘米(图5-3)。

第二组　仪仗出行俑,包括步兵俑、文吏俑、武吏俑、男侍俑、女侍俑、笼冠俑、风帽俑、鼓吹俑、甲骑俑、胡俑、牛车、驼、马、驴等。

步兵俑　合模。依武器装备和服饰不同,可分为三型。

A 型　执盾,着明光铠。依是否戴盔,可分为二式。

AⅠ式　不戴盔,束发。如元睿墓 YDIIM914:14,残高 12 厘米,简式明光铠,着背带装,胸前有两护胸镜(图 5-3)。

AⅡ式　戴盔。如王温墓出土的1件,高18厘米(图5-3)。

B型　执盾,不戴盔,身无铠甲。如元邵墓出土的1件,高19.1厘米(图5-3);杨机墓:854,高21.6厘米(图5-3)。

C型　身背箭箙,戴盔,着鱼鳞甲。如杨机墓:921,高22.5厘米(图5-3);王温墓出土的1件,高18.2厘米(图5-3)。

文吏俑　直立,头戴小冠,身着对襟长衫。依手势和制法不同,可分为三式。

Ⅰ式　双手抱合腰间,合模。如元睿墓YDⅡM914:11,高21.7厘米(图5-3)。

Ⅱ式　一手上抬置于胸腹部,一手下垂置于腰间,单模平背。如染华墓M7:26,高20.1厘米(图5-3);前杜楼M1:60,高24.8厘米(图5-3);元邵墓出土的1件,高19.2厘米(图5-3)。

Ⅲ式　一手上抬置于胸腹部,一手下垂置于腰间,合模。如杨机墓:878,高20.5厘米(图5-3);王温墓出土的1件,高17.8厘米(图5-3)。

武吏俑　身形直立,身着裲裆铠。依手势不同,可分为二型。

A型　双手抱合杖剑。依服饰和制法不同,可分为三式。

AⅠ式　戴盔,合模。如元睿墓YDⅡM914:31,头部残高10.5厘米(图5-3)。

AⅡ式　戴小冠,单模平背。如郭定兴墓HM555:5,高42.3厘米(图5-3)。

AⅢ式　戴小冠,合模。如元邵墓出土的1件,高23.3厘米(图5-3);杨机墓:889,高26厘米(图5-3);王温墓出土的1件,高22.5厘米(图5-3)。

B型　戴小冠,一手上抬置于胸腹部,一手下垂置于腰间。依制法不同,可分为二式。

BⅠ式　单模平背。如染华墓M7:8,高24.9厘米(图5-3)。

BⅡ式　合模。如元邵墓出土的1件(图5-3)。

男侍俑　戴小冠,前臂裸露。依制法不同,可分为二式。

Ⅰ式　单模平背。如前杜楼M1:35,前臂残,高16.9厘米(图5-3)。

Ⅱ式　合模。如杨机墓:923,高22厘米(图5-3)。

女侍俑　依发型不同,可分为二型。

A型　双髻。依发型、手势和制法不同,可分为五式。

AⅠ式　双丫髻,双手抱合腰间,合模。如元睿墓YDⅡM914:37,高21厘米(图5-3)。

AⅡ式　双丫髻,双手抱合腰间,单模平背。如郭定兴墓HM555:9,高19.5厘米(图5-3)。

AⅢ式　双丫髻,一手上抬置于胸腹部,一手下垂置于腰间,单模平背。如侯掌墓C10M22:42,高18.9厘米(图5-3);染华墓M7:25,高20厘米(图5-3)。

AⅣ式　双丫髻,一手上抬置于胸腹部,一手下垂置于腰间,合模。如元邵墓出土的1件,高17.6厘米(图5-3)。

AⅤ式　双环髻,一手上抬置于胸腹部,一手下垂至腿部提裙,合模。如杨机墓:863,高18.4厘米(图5-3)。

第五章 北魏晚期墓葬文化格局的形成与重构

B 型　单髻,单模平背。依手势不同,可分为二式。

BⅠ式　双手下垂,抚摸腹部。如侯掌墓 C10M22：38(图 5-3)。

BⅡ式　一手抬置于腰间,一手垂置至腿部。如前杜楼 M1：20,高 16.1 厘米(图 5-3)。

笼冠俑　头戴笼冠,一手上抬置于腰间,一手下垂置至腿部,合模。如元邵墓出土的 1 件,高 19.5 厘米(图 5-3)。

风帽俑　合模。依服饰不同,可分为二式。

Ⅰ式　戴尖圆顶风帽。如元邵墓出土的 1 件(图 5-3)。

Ⅱ式　戴圆顶风帽,披风衣。如杨机墓：868,高 19 厘米(图 5-3);王温墓出土的 1 件,高 17.2 厘米(图 5-3)。

鼓吹俑　合模,击腰鼓。依姿态不同,可分为二型。

A 型　人俑站立。如元邵墓出土的 1 件,高 18.5 厘米(图 5-3);王温墓出土的 1 件,残高 13.5 厘米(图 5-3)。

B 型　人俑骑马。如元邵墓出土的 1 件,高 24.8 厘米(图 5-3)。

甲骑俑　合模。依服饰不同,可分为二型。

A 型　骑马者披甲。如元邵墓出土的 1 件,高 27 厘米(图 5-3);王温墓出土的 1 件,残高 17.2 厘米(图 5-3)。

B 型　骑马者披风衣。如杨机墓：837,高 23 厘米(图 5-3);杨机墓：840,高 22.5 厘米(图 5-3)。

胡俑　形状各异。依姿势不同,可分为三型。

A 型　站立状。依制法不同,可分为二式。

AⅠ式　合模。如元睿墓 YDⅡM914：22,残高 17 厘米(图 5-3);元邵墓出土的 1 件,高 15.3 厘米(图 5-3)。

AⅡ式　单模。如郭定兴墓 HM555：8,高 18 厘米(图 5-3);侯掌墓 C10M22：46,高 17 厘米(图 5-3)。

B 型　跳舞状,单模。如染华墓 M7：12,高 15.9 厘米(图 5-3)。

C 型　蹲坐状,合模。如元邵墓出土的 1 件,高 9.6 厘米(图 5-3);王温墓出土的 1 件,高 11.6 厘米(图 5-3)。

牛车　牛拉车。依车棚不同,可分为二式。

Ⅰ式　带棚牛车。如元睿墓 YDⅡM914：25(车),车高 26.8 厘米(图 5-3);郭定兴墓 HM555：11(车)+13(牛),车高 15.5 厘米(图 5-3);染华墓 M7：18(车)+15(牛),车高 19.5 厘米(图 5-3);前杜楼 M1：26,车高 21.3 厘米(图 5-3);元邵墓出土的 1 套,车高 22.5 厘米(图 5-3);杨机墓：831,车高 23.4 厘米(图 5-3)。

Ⅱ式　敞棚牛车。如王温墓出土的 1 套,车高 18.3 厘米(图 5-3)。

驼　合模。依姿势和背包不同,可分为四式。

Ⅰ式　站立,背负两筐。如元睿墓 YDIIM914:27,残高 16 厘米(图 5-3);郭定兴墓 HM555:10,残高 18.9 厘米(图 5-3)。

Ⅱ式　站立,背负排状驮包。如侯掌墓 C10M22:6,残高 14.2 厘米(图 5-3);元邵墓出土的 1 件,高 24.2 厘米(图 5-3)。

Ⅲ式　前膝下跪,背负排状驮包。如染华墓 M7:36,高 19.2 厘米(图 5-3)。

Ⅳ式　站立,背负舌状驮包。如杨机墓:830,高 24.5 厘米(图 5-3)。

马　站立,障泥前扬,合模。如元睿墓 YDIIM914:18,残高 22 厘米(图 5-3);郭定兴墓 HM555:15,残高 17.8 厘米(图 5-3);侯掌墓 C10M22:31,残高 17 厘米(图 5-3);染华墓 M7:17,高 22 厘米(图 5-3);元邵墓出土的 1 件,高 24.5 厘米(图 5-3);杨机墓:829,高 21.7 厘米(图 5-3)。

驴　站立,背负舌状驮包,合模。如侯掌墓 C10M22:5,残高 8.5 厘米(图 5-4);元邵墓出土的 1 件,高 17.3 厘米(图 5-4);杨机墓:850,高 14 厘米(图 5-4)。

第三组　家居生活俑及相关模型明器,包括奏乐俑、劳作女俑、猪、狗、羊、鸡、灶、井、磨、仓、碓等。

奏乐俑　戴小冠,跽坐,成组出现。如染华墓出土 7 件,其中 M7:7,弹琵琶,高 11.9 厘米(图 5-4)。前杜楼 M1 出土 3 件,其中 M1:36,击鼓,高 13.5 厘米(图 5-4);M1:38,击鼓,高 13.7 厘米(图 5-4);M1:39,吹奏,残高 9 厘米(图 5-4)。元邵墓出土 6 件,其中 3 件有图,分别吹排箫、击筒、抚琴,吹排箫者高 12.6 厘米(图 5-4)。杨机墓出土 8 件,其中杨机墓:846,击鼓,高 13.9 厘米(图 5-4);杨机墓:845,吹奏,高 13.8 厘米(图 5-4);杨机墓:847,弹琵琶,高 14 厘米(图 5-4);杨机墓:841,似抱一乐器弹奏,高 13.8 厘米(图 5-4);杨机墓:848,吹奏,高 14 厘米(图 5-4);杨机墓:843,吹奏,高 13.4 厘米(图 5-4)。

劳作俑　成组出现。如郭定兴墓出土 3 件,形象粗陋,皆缺头,其中 HM555:26,跽坐,残高 9.2 厘米(图 5-4);HM555:27,跽坐,残高 9.2 厘米(图 5-4);HM555:44(俑)+29(碓),俑站立抬脚踏碓,残高 9.2 厘米,碓长 20.5 厘米(图 5-4)。染华墓出土 4 件,形象生动,皆螺髻,其中 M7:48,跽坐,执箕,高 9.7 厘米(图 5-4);M7:49,跽坐,执盆,高 11.7 厘米(图 5-4);M7:47,跽坐,抱瓶,高 9.8 厘米(图 5-4);M7:50,半蹲半跪,烧火状,高 11.4 厘米(图 5-4)。元邵墓出土 5 件,形象生动,其中 4 件跽坐或半蹲半跪,高 11.8—12.7 厘米,有执箕者、执盆者、抱婴者(图 5-4);另 1 件站立抬脚,做踏碓状,高 15.5 厘米(图 5-4)。杨机墓出土 5 件,形象生动,其中杨机墓:857,跽坐,执箕,高 13.5 厘米(图 5-4);杨机墓:857 之二,跽坐,执盆,高 13.5 厘米(图 5-4);杨机墓:849,半蹲半跪,抱婴,高 13 厘米(图 5-4);杨机墓:836,站立抬脚,做踏碓状,高 13.8 厘米(图 5-4);杨机墓:852,做扫地状,高 16.2 厘米(图 5-4)。王温墓出土 3 件,一件做弯腰扫地状,另两件做半蹲半跪、烧火状,其中烧火俑高 11.6 厘米(图 5-4)。

猪　依姿势不同,可分为二式。

Ⅰ式　站立,板状足。如郭定兴墓HM555:17(图5-4)。

Ⅱ式　趴卧,下有托板。如染华墓M7:14,长16.8厘米(图5-4);杨机墓:897,长16厘米(图5-4)。

狗　依姿势不同,可分为三型。

A型　俯卧状,下有托板。依狗的数量不同,可分为二式。

AⅠ式　一只狗。如元睿墓YDⅡM914:15,仅存头部,或为此式(图5-4);郭定兴墓HM555:40,高9.5厘米(图5-4);侯掌墓C10M22:19,高8.5厘米(图5-4);杨机墓:859,高10.5厘米(图5-4)。

AⅡ式　母子狗。如染华墓M7:53,高8.8厘米(图5-4)。

B型　蹲踞状,下有托板。如郭定兴墓HM555:3,高15.6厘米(图5-4)。

C型　站立,板状足。如前杜楼M1盗洞出土的D3-2,残高7.1厘米(图5-4)。

羊　依姿势不同,可分为二式。

Ⅰ式　站立,板状足。如郭定兴墓HM555:18,高8.1厘米(图5-4)。

Ⅱ式　俯卧状,下有托板。如染华墓M7:52,高8.6厘米(图5-4);杨机墓:892,高9厘米(图5-4);王温墓出土的1件,高10.7厘米(图5-4)。

鸡　依性别不同,可分为二型。

A型　母鸡。依姿势不同,可分为二式。

AⅠ式　站立,双足合并为柱状。如元睿墓YDⅡM914:6,高11.5厘米(图5-4);郭定兴墓HM555:33,残高10厘米(图5-4)。

AⅡ式　趴卧,不见足。如侯掌墓C10M22:58,长8.5厘米(图5-4)。

B型　公鸡。依姿势不同,可分为二式。

BⅠ式　站立,双足合并为柱状。如郭定兴墓HM555:32,残高11.1厘米(图5-4);染华墓M7:16,高10.4厘米(图5-4)。

BⅡ式　趴卧,不见足。如侯掌墓C10M22:57,长10.5厘米(图5-4);杨机墓:896,高9.3厘米(图5-4)。

灶　单眼灶,上置釜或甑,前设阶梯状挡火墙。如元睿墓YDⅡM914:17,高8.8厘米(图5-4);郭定兴墓HM555:23,高12厘米(图5-4);染华墓M7:45,高13.5厘米(图5-4);杨机墓:902,高14.5厘米(图5-4);王温墓出土的1件,高15厘米(图5-4)。

井　依井身不同,可分为三式。

Ⅰ式　方形井身,井口设井字形护栏。如元睿墓YDⅡM914:38,高6.5厘米(图5-4)。

Ⅱ式　圆筒井身,井口设方形护栏。如郭定兴墓HM555:22,高11.5厘米(图5-4)。

Ⅲ式　圆筒井身,井口无护栏。如染华墓M7:42,高10.4厘米(图5-4);王温墓出土的1件(图5-4)。

磨　依台边不同,可分为二式。

Ⅰ式　无磨台边。如元睿墓 YDⅡM914∶39,高9厘米(图5-4)。

Ⅱ式　有磨台边。如郭定兴墓 HM555∶21,高4.4厘米(图5-4);侯掌墓 C10M22∶27,高12.7厘米(图5-4);染华墓 M7∶57,高6.4厘米(图5-4);杨机墓∶893,高6厘米(图5-4);王温墓出土的1件,高6.5厘米(图5-4)。

仓　小口,平底。依底径不同,可分为二式。

Ⅰ式　底径明显小于腹径。如元睿墓 YDⅡM914∶45(图5-4);侯掌墓 C10M22∶41,高12.7厘米(图5-4)。

Ⅱ式　底径等于腹径,或略小于腹径。如郭定兴墓 HM555∶42,高8.8厘米(图5-4);染华墓 M7∶41,高10.3厘米(图5-4);王温墓出土的1件,高10厘米(图5-4)。

碓　长方形底板。如郭定兴墓 HM555∶29,长20.5、高10厘米(图5-4);染华墓 M7∶56,长17、高7.3厘米(图5-4)。

第三类　墓志

按质地可分为两型。

A型　砖质。如李诜墓志,横长方形(图5-5)。

B型　石质。按形状不同,可分为二式。

BⅠ式　纵长方形。如元囧墓志(图5-5)、司马悦墓志(图5-5)。

BⅡ式　方形或近方形。如寇猛墓志,近方形,略显纵长(图5-5);元睿墓志,近方形,略显横长(图5-5);郭定兴墓志,方形(图5-5);侯掌墓志,方形(图5-5);吕达墓志,近方形,略显横长(图5-5);元义墓志盖,方形(图5-5);元邵墓志,近方形,略显横长(图5-5);王温墓志,方形(图5-5);吕仁墓志,近方形,略显横长(图5-5)等。

通过对以上三类器物的型式分析,可将随葬品分为三期:第一期,相当于孝文帝迁洛至宣武帝时期(494—515年);第二期,相当于孝明帝熙平年间至正光年间(516—525年);第三期,相当于孝明帝孝昌年间至孝武帝时期(525—534年)。

第一类的实用生活陶器中,第一期的器类主要是高领平沿罐、盘口罐、平沿壶、碗、钵、杯、盒等,第二、三期则增加了矮领罐、盘口壶、瓶、灯、博山炉、盘等。矮领罐、瓶、灯、盘在第二、三期变化不大。第一、二期的钵在第三期不见。博山炉目前只见于第二期。高领平沿罐第一期见有Ⅰ式,第二期Ⅰ式消失,第三期新见Ⅱ式、Ⅲ式。盘口罐第一期见有AⅠ式,第二期 AⅠ式消失,第三期新见AⅡ式、B型。平沿壶Ⅰ式在第一期、Ⅱ式在第二期、Ⅲ式在第三期分别出现。盘口壶Ⅰ式在第二期、Ⅱ式在第三期分别出现。碗Ⅰ式从第一期延续到第三期,第三期新增Ⅱ式。杯第一期只见 A型,第二期不见 A型,新出现 BⅠ式、C型,第三期只保留 C型,新增 BⅡ式。盒 A型从第一期延续到第三期,第二期新出现 B型,第三期未见 B型。

第一类的实用生活瓷器中,钵只见于第一期,杯只见于第三期。碗第一期仅见 AⅠ式,第二期 AⅠ式保留,新增 BⅠ式,第三期 AⅠ式消失,BⅠ式保留,新增 AⅡ式、BⅡ式。碟第一期仅见Ⅰ式,第三期除Ⅰ式外,新增Ⅱ式。鸡首壶、四系壶均在第一期出现,第三期仍见。唾壶出现于第一、二期。

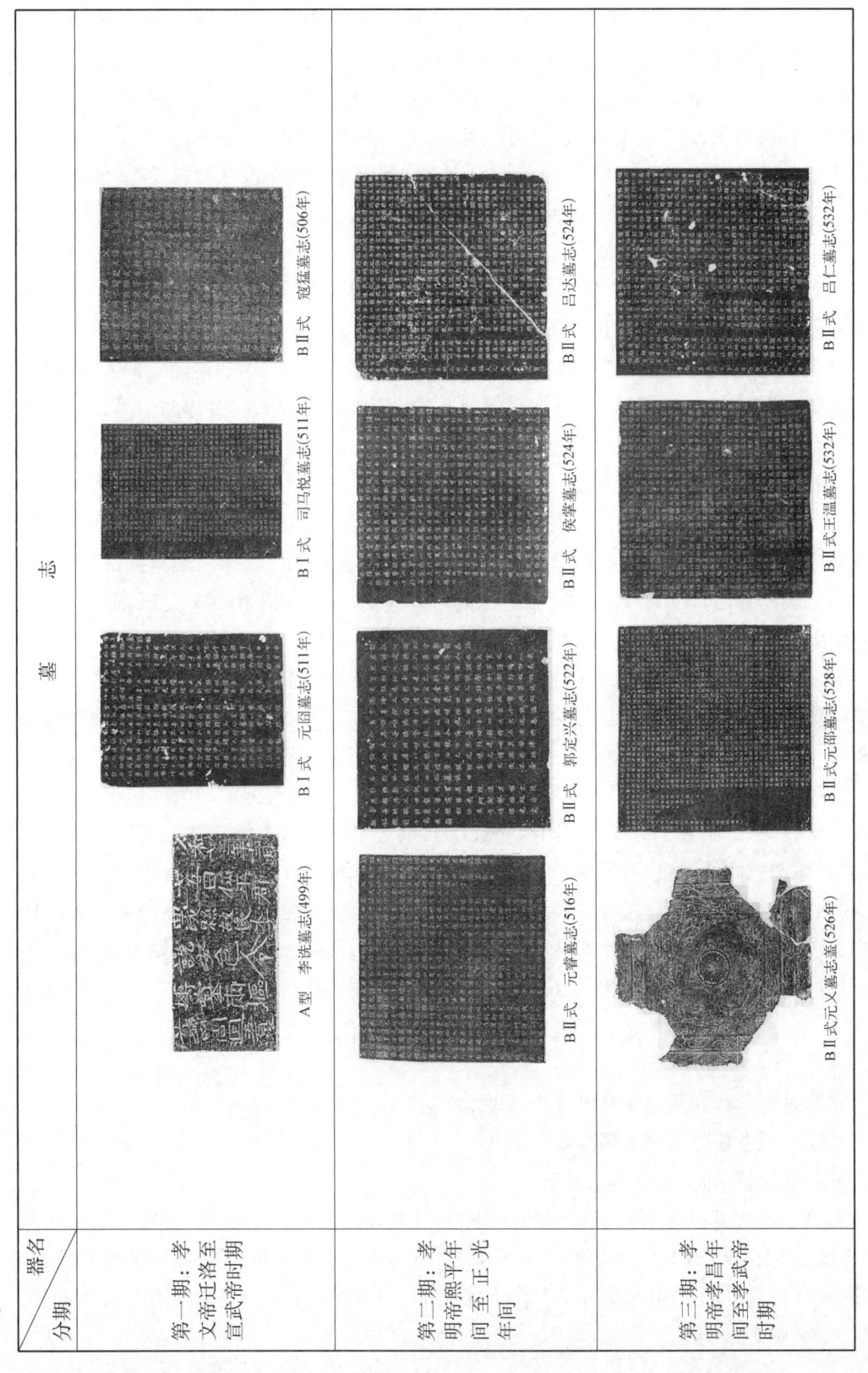

第五章 北魏晚期墓葬文化格局的形成与重构

分期	器名	墓 志			
第一期：孝文帝迁洛至宣武帝时期		A型 李诜墓志(499年)	BⅠ式 元囧墓志(511年)	BⅠ式 司马悦墓志(511年)	BⅡ式 寇猛墓志(506年)
第二期：孝明帝熙平年间至正光年间		BⅡ式 元铃墓志(516年)	BⅡ式 郭定兴墓志(522年)	BⅡ式 侯掌墓志(524年)	BⅡ式 吕达墓志(524年)
第三期：孝明帝孝昌年间至孝武帝时期		BⅡ式元乂墓志盖(526年)	BⅡ式元邵墓志(528年)	BⅡ式王温墓志(532年)	BⅡ式 吕仁墓志(532年)

图5-5 洛阳地区北魏晚期墓志分期图

第二类的陶俑及相关模型明器，在第一期几乎没有发现，处于第一期末的景陵发现似为猪、狗之类动物模型的颈至腹部残片，变化情况主要体现在第二、三期之间。镇墓兽、马、驴、灶、碓二、三期前后变化不大。第二期的陶人物俑流行单模、平背的制法，第三期则过渡到以合模为主；第三期新出现男侍俑、笼冠俑、风帽俑、鼓吹俑、甲骑俑、奏乐俑等。镇墓武士第二期见有AⅠ式、AⅡ式，第三期只保留AⅡ式，新增B型、C型。步兵俑第二期见有AⅠ式，第三期AⅠ式消失，新出现AⅡ式、B型、C型。文吏俑第二期见有Ⅰ式，第三期Ⅰ式消失，新出现Ⅱ式、Ⅲ式。武吏俑第二期见有AⅠ式、AⅡ式，第三期AⅠ式、AⅡ式消失，新出现BⅠ式、BⅡ式、AⅢ式。女侍俑第二期见有AⅠ式、AⅡ式、AⅢ式、BⅠ式，第三期只保留AⅢ式，新出现AⅣ式、AⅤ式、BⅡ式。胡俑第二期有AⅠ式、AⅡ式，第三期AⅡ式消失，AⅠ式仍存，新出现B型、C型。牛车第二期仅见Ⅰ式，第三期除Ⅰ式外，新增Ⅱ式。驼第二期见有Ⅰ式、Ⅱ式，第三期只保留Ⅱ式，新增Ⅲ式、Ⅳ式。劳作俑由第二期的形象粗陋，变成第三期的形象生动、逼真。猪、羊第二期见有Ⅰ式，第三期Ⅰ式消失，新出现Ⅱ式。狗第二期见有AⅠ式、B型，第三期只保留AⅠ式，新增AⅡ式、C型。鸡第二期见有AⅠ式、AⅡ式、BⅠ式、BⅡ式，第三期只保留BⅠ式、BⅡ式。井第二期见有Ⅰ式、Ⅱ式，第三期Ⅰ式、Ⅱ式消失，新出现Ⅲ式。磨、仓第二期见有Ⅰ式、Ⅱ式，第三期只保留Ⅱ式。

第三类的墓志，在第一期出现多种形制，有A型、BⅠ式、BⅡ式，第二、三期仅存BⅡ式，表明北魏晚期墓志的形制已定型为方形或近方形石墓志。

第一期与第二、三期最大的区别在于第一期几乎没有陶俑及相关模型明器，墓志除了近方形的石墓志，还有第二、三期没有的长方形的砖质和石质墓志。第一期的实用陶器明显保持平城北魏中期的特征，如平沿罐、盘口罐、平沿壶等；瓷器比平城北魏中期出现的频率大为提高，特别是景陵随葬的青瓷鸡首壶、四系壶、唾壶等具有鲜明的南朝风格；墓志中的长方形砖质、石质墓志是对平城旧有特征的延续。第一期基本没有发现陶俑及模型明器，是平城旧式陶俑遭废、洛阳新式陶俑尚未确立之间的空档期。第二期开始出现的陶俑，风格发生根本性转变，人物俑的服饰基本转为汉装，平城北魏中期那样的鲜卑装陶俑不再出现。第三期起始阶段的孝昌年间（525—527年），实际上是第二、三期的过渡期，第二期的旧因素还较多地保留着，呈现出新、旧型式混杂的状况。

（二）墓葬形制

按照墓道形状和墓室建材可分为四型。

A型 斜坡墓道单室土洞墓。

依墓室形状不同，可分为二亚型。

Aa型 墓室平面呈梯形。如偃师杏园村YDM4031，墓室呈斜梯形，东西长3、南北宽2.38米，顶部稍拱，高1.66米（图5-6）；郭定兴墓，墓道底部中间为阶梯、两侧为斜坡，一天井一过洞，墓室呈正梯形，南宽2.92、北宽4.05、中部南北长3.8米，顶部坍塌严重，残高2.5米（图5-6）。

Ab 型 墓室平面近方形,有的壁面稍外弧。如染华墓,一天井一过洞,墓室南北长 4.84、东西宽 4.64 米,顶塌(图 5-6);元邵墓,一天井一过洞,墓室长 4、宽 3.9 米,四角攒尖顶(图 5-6);元暐墓,二天井二过洞,墓室南北长 3.3、东西宽南端 3.5、北端 3.2 米,顶塌,残高 3.3 米(图 5-6)。

B 型 竖井墓道单室土洞墓。

依墓室形状不同,可分为三亚型。

Ba 型 墓室平面呈纵长方形。如亚啤公司 C7M9601,竖井墓道底部为斜坡底,墓室顶部为弧顶,南北长 2.6、东西宽 1.2、高 1.1 米(图 5-6)。

Bb 型 墓室平面呈横长方形。如吕仁墓,竖井墓道底部为斜坡底,墓室顶部为弧顶,南北长 3、东西宽 4、高 2.36 米(图 5-6)。

Bc 型 墓室平面近方形。如侯掌墓,竖井墓道底部为平底,顶部坍塌,墓室东西长 3.16、南北宽 2.95 米,残高 1.2 米(图 5-6)。

C 型 斜坡墓道砖室墓。

依墓室数量和形状不同,可分为二亚型。

Ca 型 单室,墓室平面呈方形或弧方形。根据耳室有无,可分为二式。

CaⅠ式 有耳室。如曲沃李诜墓,一天井一过洞,主室平面呈方形,长 2.66、宽 2.63 米,顶塌,二耳室左右对称,高于主室地面 0.4 米,长 1.4、宽 0.8 米(图 5-6)。

CaⅡ式 无耳室。如元冏墓,墓室平面呈弧方形,边长 5.1—5.4 米,顶塌(图 5-6);元遵墓,墓室平面呈弧方形,边长约 5 米,顶塌(图 5-6)。

Cb 型 前、后双室。如宣武帝景陵,前室平面呈横长方形,南北长 2.35—2.40、东西宽 3.38—3.40 米,拱券顶,高 3.78 米;后室平面近方形,壁面外弧,南北长 6.73、东西宽 6.92 米,四角攒尖顶,高 9.36 米(图 5-6)。

D 型 竖井墓道砖室墓。

单室,墓室平面呈方形或弧方形。如司马悦墓,墓道分成两个岔道,各与竖井相通,墓室长、宽均为 6.75 米,穹隆顶,高 7 米(图 5-6);元睿墓,竖井墓道为平底,墓室长宽最大径均为 4.4 米,顶塌,复原高度约 4.4 米(图 5-6);吕达墓,竖井墓道底部为斜坡底,穹隆顶,南北长 4.9、东西宽 5.3、残高 3.8 米(图 5-6)。

以上型式分析表明,洛阳地区北魏晚期墓葬形制,有土洞墓和砖室墓两大类,又各自有斜坡墓道、竖井墓道两种类型。墓葬形制的演变与随葬品不完全同步,随葬品第一期(494—515 年)时,墓葬形制比较多样,既有梯形墓,又有近方形墓,既有单室墓,又有单主室带耳室墓和前、后双室墓,其中前、后双室墓的前室规模已大大缩小,类似甬道,实为假前室,是平城北魏中期前、后双室墓的孑遗。随葬品第二、三期时,墓葬形制全面简化成单室墓,除零星出现的纵长方形或横长方形土洞墓仍遗留有平城北魏早、中期的特征,大多数墓葬的平面都是呈方形或弧方形。这期间的重大变化是砖室墓急剧衰落,但这个转折点不是随葬品第二、三期分界的正光、孝昌之际,而是在武泰元年(528 年)。528 年以前,

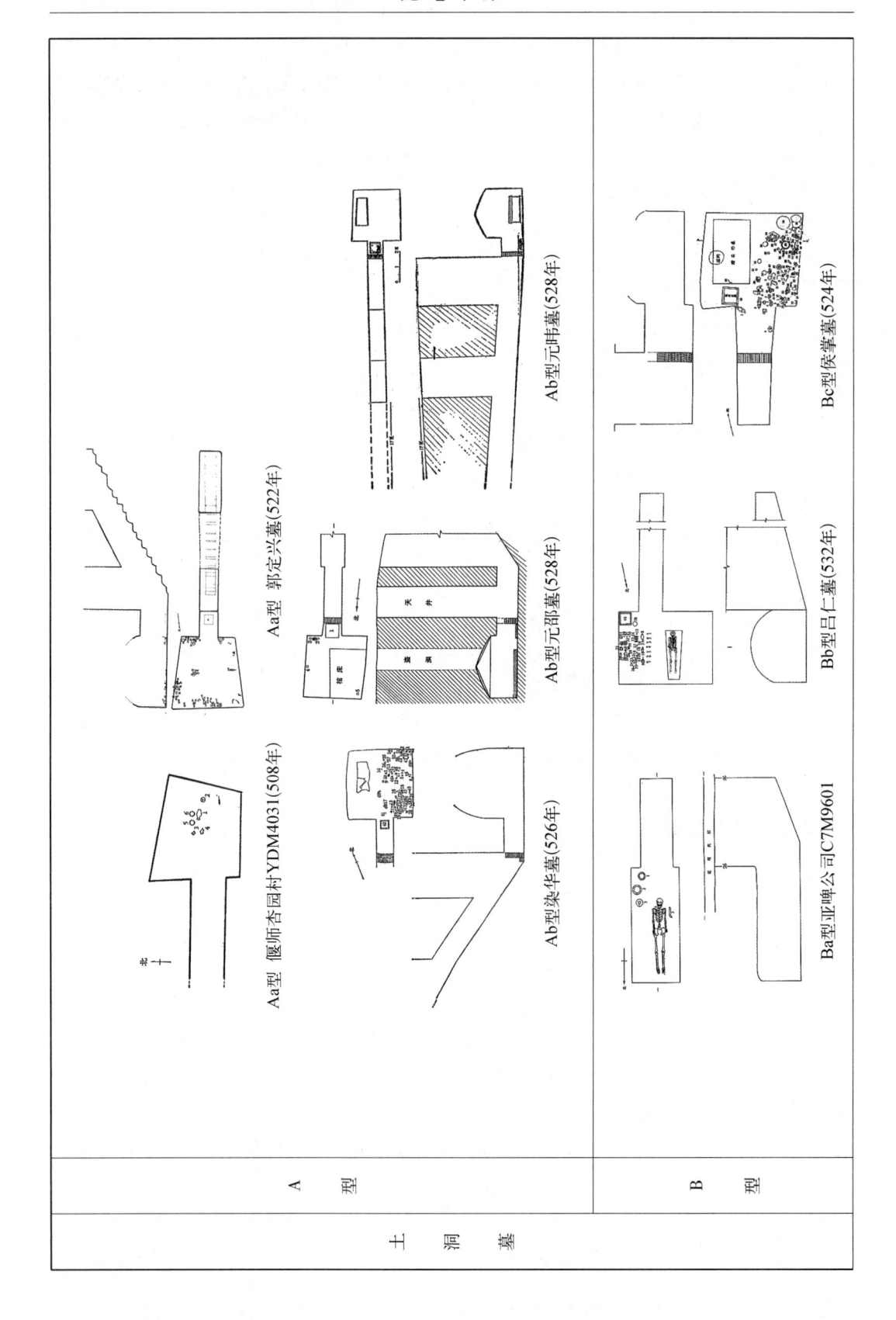

A型	Aa型 郭定兴墓(522年) Ab型元昉墓(528年) Ab型元邵墓(528年) Aa型 偃师杏园村YDM4031(508年) Ab型染华墓(526年)
B型	Bc型侯掌墓(524年) Bb型吕仁墓(532年) Ba型亚啤公司C7M9601

土洞墓

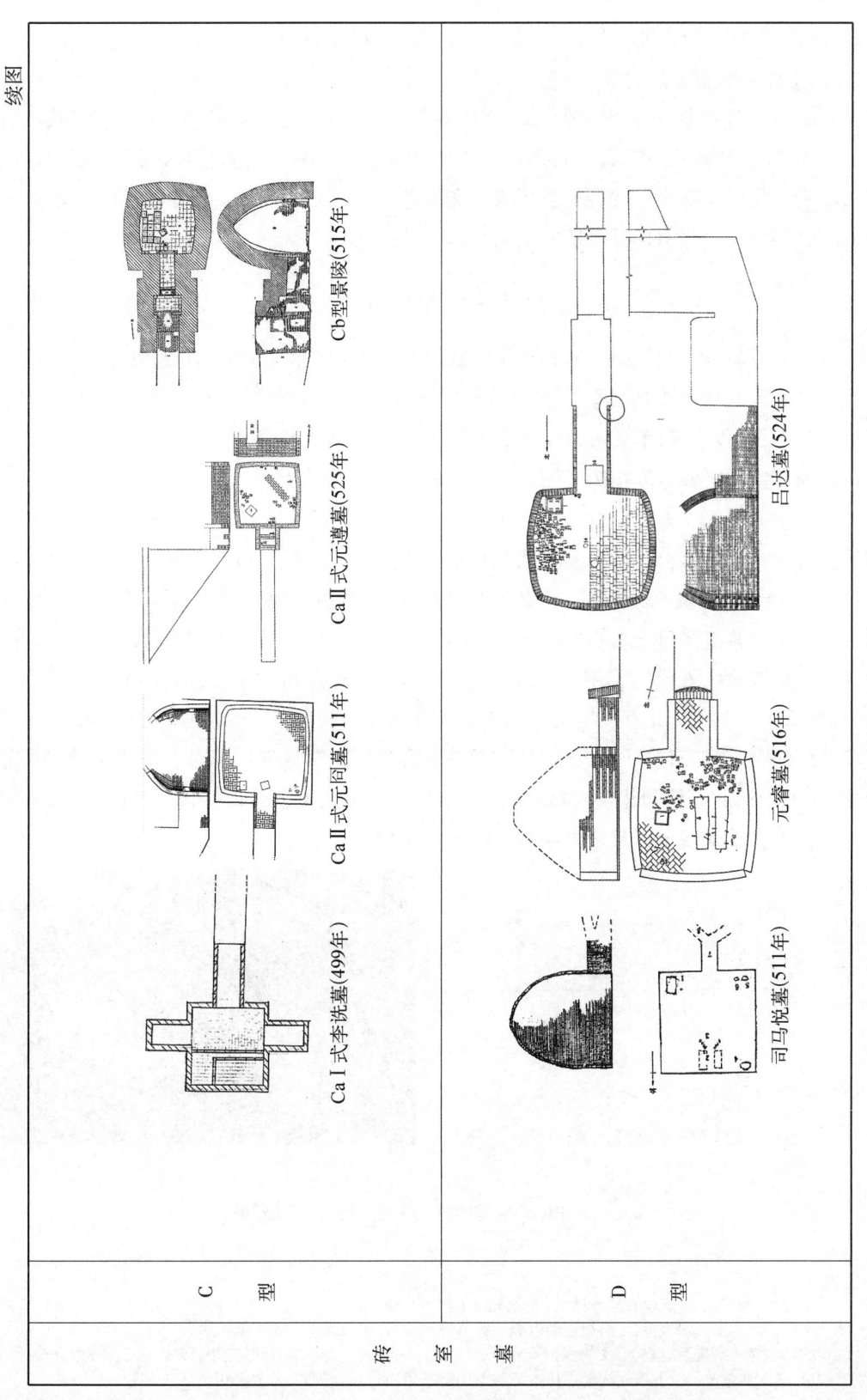

图 5-6 洛阳地区北魏晚期墓葬形制型式图

土洞墓和砖室墓并行发展。宣武帝至孝明帝孝昌年间，砖室墓的使用者等级普遍较高，帝陵、元氏王族墓葬都采用这种形制。528年后，帝陵以下的纪年墓中就没有发现砖室墓，而同时期的土洞墓中，开始出现元氏王族的墓葬。这样看来，土洞墓和砖室墓在宣武帝时期已形成了一定的等级差别，土洞墓适用于中低级官吏，砖室墓适用于皇室、王族和高级官员。武泰元年（528年）"河阴之变"后，这种等级差别遭到摧毁，本适用于砖室墓的人群，在仓皇之中，也改用相对简易的土洞墓。

（三）墓 葬 图 像

洛阳随葬品第一期（494—515年）时，墓葬壁画受"晋制"的约束达到顶峰，迄今没有发现这一阶段的墓葬壁画。平城方山冯太后永固陵的甬道南端石券门尚浮雕捧莲蕾童子、朱雀和束腰藤座等，孝文帝万年堂石门框也雕刻有站立的武士门吏[①]。而宣武帝景陵从甬道到墓室的诸壁全为裸砖，没有任何绘画痕迹，石门也无纹饰，在墓葬壁面图像的禁断上做得十分彻底。为了应对这种严厉的禁断，个别墓葬又采取了其他方式来达到表现图像的目的。洛阳市吉利区济涧村北魏墓是一座墓室平面近方形的土洞墓，坐北朝南（图5-7：1），既出土青瓷双系小罐，又出土双耳铜鍑，简报推断其年代在迁洛前后。在该墓顶的生土壁上减地雕出仿木结构的屋顶形状，呈"人"字形两面坡状，中有梁柱贯通东、西壁；南、北壁有椽柱承载"人"字形拱顶，"人"字形拱南北各10根；东壁以土雕出"人"字形叉手（图5-7：2）[②]。此墓以生土浮雕方式表现仿木结构，是对北魏中期统万城附近一些墓葬做法的继承，如靖边县八大梁墓地M2、M3和谷地梁墓地M1、M2[③]。但该墓只有顶部浮雕，缺少四壁的立柱和斗拱，浮雕上也不涂彩。这种意图表达却又很拘谨的状态，更似对迁洛后孝文帝末期至宣武帝时期文化境况的折射。

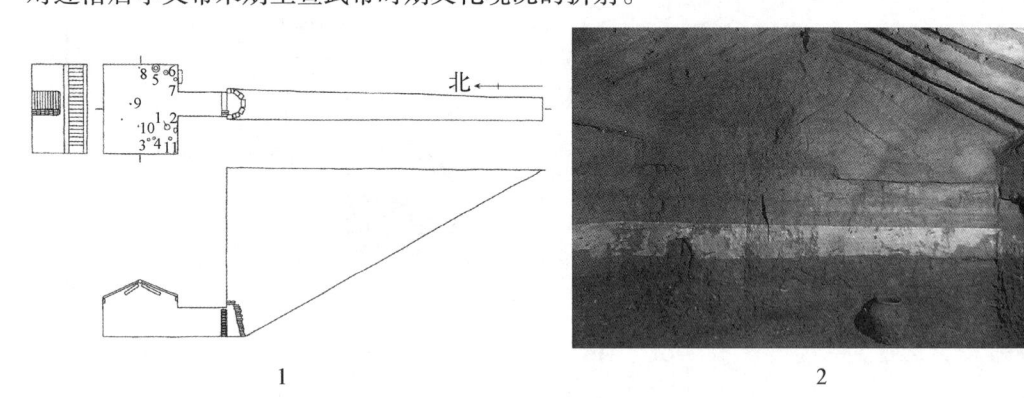

图5-7 洛阳吉利济涧北魏墓的形制与墓顶浮雕
1. 平、剖面图 2. 墓顶和东壁

[①] 王银田、曹臣民：《北魏石雕三品》，《文物》2004年第6期。
[②] 洛阳市文物考古研究院：《洛阳吉利济涧北魏墓发掘简报》，《文物》2015年第4期。
[③] 陕西省考古研究院、榆林市文物保护研究所、榆林市考古勘探工作队、靖边县文物管理办公室、靖边县统万城文物管理所：《陕西靖边县统万城周边北朝仿木结构壁画墓发掘简报》，《考古与文物》2013年第3期。

进入随葬品第二、三期之际,即孝明帝后期(524—528年)后,随着政局动荡的加剧,政策的严格性遭到冲击,墓葬壁画呈现出反弹的趋势,对"晋制"的突破是渐进的,先在甬道、墓顶等次要位置恢复,再尝试出现于墓室壁面。在洛阳地区,正光六年(525年)清河王元怿墓的甬道两壁各绘杖剑门吏二人,券顶似绘有动物和云气纹,墓室没有发现壁画①。孝昌二年(526年)江阳王元乂墓的甬道壁画模糊不清,墓顶为天象图和雷神等,墓室四壁没有发现壁画②。"河阴之变"后,国家失序,终于有人趁乱局在墓室壁面的中心绘画,并恢复了墓主人图像。太昌元年(532年)赠瀛州刺史王温墓墓室东壁正中绘一帷屋,屋内墓主人夫妇并坐宴饮,背设屏风,旁有童子,屋两侧各有三名侍女,背景为山石树木等(图5-8)③。我们注意到墓主人图像出现的位置东壁并不是正壁,而是侧壁,其他诸壁无法辨识,可能没有壁画。

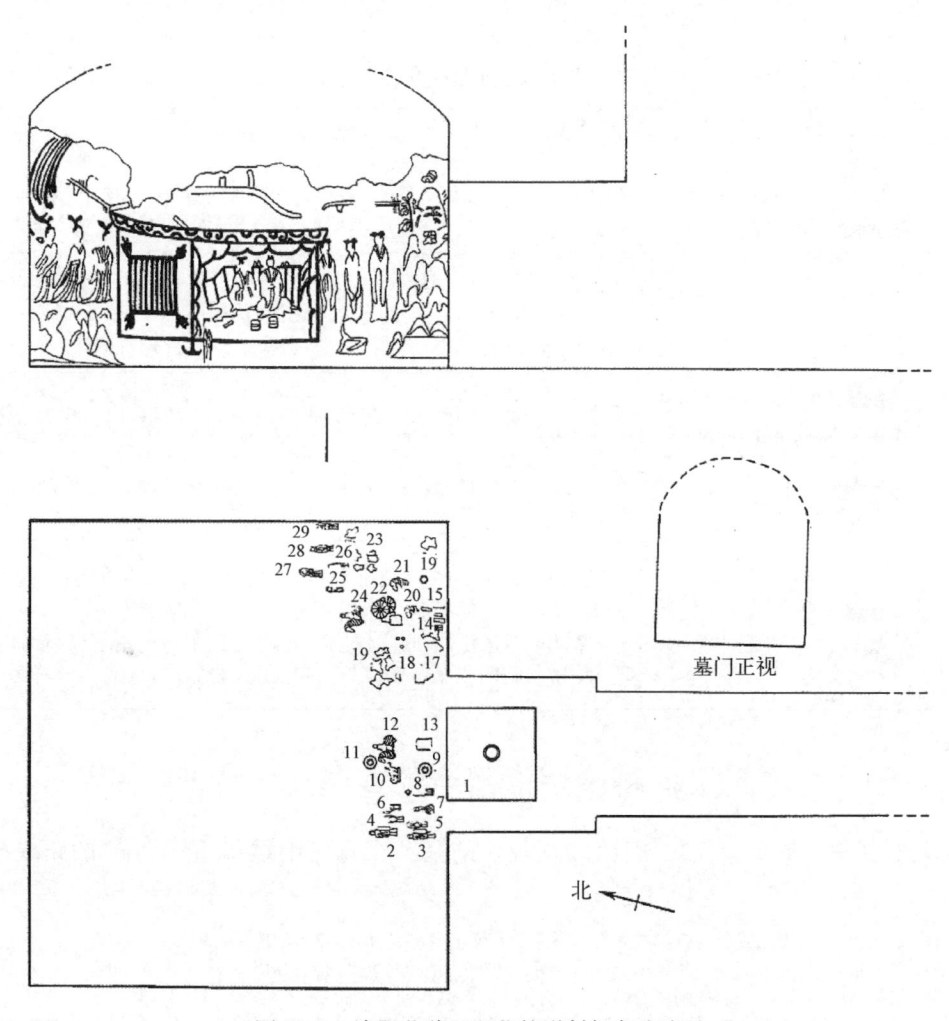

图5-8 洛阳北魏王温墓的形制与东壁壁画

① 徐蝉菲:《洛阳北魏元怿墓壁画》,《文物》2002年第2期。
② 洛阳博物馆:《河南洛阳北魏元乂墓调查》,《文物》1974年第12期。
③ 洛阳市文物工作队:《洛阳孟津北陈村北魏壁画墓》,《文物》1995年第8期。

与墓葬壁画恢复的小心翼翼相反,石葬具图像利用"晋制"在这方面的模糊性而在北魏晚期较快地发展起来。其内容题材可归纳为三类:第一类是天象、升仙、祥瑞类,包括日、月、导引仙人、青龙、白虎、朱雀、墓主人御青龙、墓主人御白虎、武士御玄武、飞廉、畏兽、神兽、仙禽、摩尼宝珠、熏炉、莲花等;第二类是现实人物和世俗生活类,如墓主夫妇、侍从、鞍马牛车出行、庖厨、奉食、屋宇、门吏、孝子故事等;第三类是背景图像和装饰花纹类,如山石树木、忍冬纹、蔓草纹等(表5-1)。这些内容几乎全面覆盖和发展了平城北魏早期墓葬壁画的各类题材,并补充了北魏中期出现过的孝子故事题材。目前所知纪年最早的北魏画像石棺是正光五年(524年)的元谧石棺[1],然其图像刻画精美且内容繁复,做法显得成熟,不像是画像石棺刚出现的状态。有研究者推测北魏画像石棺在宣武帝时已出现[2]。

表5-1 洛阳地区北魏晚期葬具图像举例

序号	葬　具	布　局　与　内　容
1	美国明尼阿波利斯美术馆藏元谧石棺(524年)	头挡刻门、门吏、摩尼宝珠、畏兽,足挡刻畏兽、山石树木,两侧板刻青龙、白虎、朱雀、飞廉、墓主夫妇、孝子故事、山石树木等
2	洛阳上窑村出土画像石棺[3]	头挡刻门吏、摩尼宝珠、朱雀,足挡刻孝子故事、山石树木;两侧板分别刻御青龙、御白虎的墓主夫妇以及导引仙人、山石树木;棺盖内面刻日、月;棺底刻青龙、白虎、兽头、莲花、神兽、仙禽
3	美国纳尔逊-阿特肯斯艺术博物馆藏孝子石棺[4]	头挡已失,足挡刻武士御玄武,两侧板刻孝子故事、山石树木、屋宇
4	沁阳县西向粮管所出土围屏石棺床[5]	刻墓主夫妇、侍从、鞍马、牛车、飞天、千秋万岁、畏兽、熏炉、莲花、忍冬纹、蔓草纹等
5	美国波士顿艺术博物馆藏宁懋石室(527年)[6]	石室内壁:后壁中央空白,两侧对称刻两幅庖厨、奉食图;左侧壁刻鞍马出行图;右侧壁刻牛车出行图;前壁没有刻图像; 石椁外壁:前壁门口两侧各刻一名门吏武士;左、右侧壁各分为上下两段,共刻四幅孝子图;后壁刻三组人物立像,每组一男一女

(四)北魏晚期洛阳地区墓葬文化特征

与北魏中期的平城文化相比,北魏晚期的墓葬文化是继续沿着"晋制"的路线前进

---

[1] 黄明兰:《洛阳北魏世俗石刻线画集》,北京:人民美术出版社,1987年,第30—39页。
[2] 邹清泉:《行为世范——北魏孝子画像研究》,北京:北京大学出版社,2015年,第45—48页。
[3] 洛阳博物馆:《洛阳北魏画象石棺》,《考古》1980年第3期。
[4] 黄明兰:《北魏孝子棺线刻画》,北京:人民美术出版社,1985年;黄明兰:《洛阳北魏世俗石刻线画集》,北京:人民美术出版社,1987年,第1—12页。黄明兰疑孝子石棺为"王悦石棺"。
[5] 邓宏里、蔡全法:《沁阳县西向发现北朝墓及画像石棺床》,《中原文物》1983年第1期。
[6] 郭建邦:《北魏宁懋石室和墓志》,《河南文博通讯》1980年第2期;郭建邦:《北魏宁懋石室线刻画》,北京:人民美术出版社,1987年;曹汛:《北魏宁想石室新考订》,《中国建筑史论汇刊》第4辑,北京:清华大学出版社,2011年,第77—125页。

的,而且比前者更加追求与"晋制"的相似性。墓葬形制方面,前后双室墓、一主室带侧室的墓都趋向消失,方形单室的砖室墓和土洞墓近乎覆盖全貌。这正是西晋洛阳墓葬形制演变的方向和目标①。出土器物方面,自北魏早期以来的平沿罐、盘口罐、平沿壶逐渐摆脱平城那样的装饰特点,戳点纹、水波纹、忍冬纹趋向减少或消失,向素面转换,而洛阳西晋墓葬的陶器正是以素面为主②;B型高柄灯的流行和博山炉的再现(图5-1),都有模仿洛阳西晋中晚期墓葬做法③的意图;瓷器的种类和数量的增多也在加强与平城器物面貌的差异;俑群和模型明器的组合分类延续着平城地区北魏中期特点,最明显的变化发生在人物俑的服饰上,鲜卑装基本不见,大多为汉装所替代,与西晋墓葬俑群的汉式特点更加相合了。墓葬图像方面,为与洛阳西晋墓葬没有壁画的特征一致,平城地区从北魏中期就开始急剧削弱墓葬壁画,到北魏晚期的孝文帝迁洛至宣武帝阶段,跌至最低点,此时的洛阳墓葬图像几乎是空白;北魏孝明帝时期起,洛阳地区葬具图像盛行起来,墓葬壁画仅在局部渐有恢复,这是墓葬壁画受抑状态下的错位发展。概言之,到正光、孝昌之际(524—526年),"晋制"实现了在洛阳地区的全面复归。在中原地区消沉了200多年的"晋制",竟然通过北魏的刻意模仿而复兴了。其初兴之地是洛阳,再次兴起之地仍是洛阳。

第三节 北魏晚期墓葬文化的对立格局

北魏中期平城文化转型后,比较好地处理了与其他地区的文化关系,保持了国家的文化统一和政治稳定。迁都洛阳后,原本以平城为文化与政治中心的统治结构遭到破坏,需要由洛阳重担起这个角色。洛阳文化自身的复兴过程是比较顺利的,树立了新的文化范式,接下来的关键问题是洛阳文化能否成功地辐射和管控其他地区,再次建立稳定的文化结构。本节即从墓葬文化入手,以洛阳地区为对照,观察其他地区墓葬文化的变化趋势,以及洛阳与其他区域之间的相互关系,以此了解北魏晚期墓葬文化格局的形成与特点。

(一)旧都平城及其外围地区

本地区墓葬文化可分为北、西、南三小区来分析,北小区包括山西北部、内蒙古中南部,西小区包括陕西北部和内蒙古西南部,南小区包括山西中部。

北小区是旧都平城、盛乐及其附近地区,在墓葬形制、随葬品、墓葬图像方面,大多保持着平城北魏中期的做法,与北魏晚期洛阳地区即便存在相似之处,也是因为洛阳地区随葬品第一期的墓葬仍受到平城北魏中期影响的缘故。纪年墓中,499年姚齐姬墓、504年封和突墓、508年元淑夫妇墓的年代相当于洛阳地区随葬品第一期,墓葬形制皆为方形单

---

① 倪润安:《北京石景山八角村魏晋墓的年代及墓主问题》,《故宫博物院院刊》2012年第3期。
② 倪润安:《北京石景山八角村魏晋墓的年代及墓主问题》,《故宫博物院院刊》2012年第3期。
③ 倪润安:《北京石景山八角村魏晋墓的年代及墓主问题》,《故宫博物院院刊》2012年第3期。

室砖墓,这既是对平城北魏中期墓葬形制的继承,也符合洛阳地区的墓葬形制特点。随葬品方面,姚齐姬墓出有纵长方形砖墓志(图5-9:1),封和突墓、元淑夫妇墓各出碑形石墓志(图5-9:2、3);姚齐姬墓所出细颈喇叭口鼓腹陶壶,宽口沿略外斜,肩、腹部饰弦纹夹水波纹带和戳点纹;封和突墓出有3件高柄石灯;元淑墓所出盘口陶罐饰竖向或网状等暗纹。这些器物或装饰特点都是延续平城北魏中期的做法。墓葬图像方面,三墓均没有发现墓葬壁画和葬具图像,与同时期的洛阳地区一致,都是北魏中期平城做法延续的结果。

图5-9 平城及其外围地区北魏晚期墓志举例
1. 姚齐姬墓志 2. 封和突墓志 3. 元淑墓志
4. 李庆容墓志 5. 辛祥墓志

西小区的靖边县八大梁墓地 M1，是一座仿木结构壁画墓，长斜坡墓道，单室土洞，墓室平面近方形，坐西朝东（图5-10：1）。甬道入口外两侧在生土上雕刻柱式尖拱形门框，柱体涂红彩，门楣上两侧绘火焰纹，门楣外两侧稍低的壁面上各绘一飞天，门楣上方壁画大部残损，两侧尚可见忍冬纹（图5-10：2）。墓室整体为歇山顶梁柱结构，脊檩整体为生土雕刻并涂红彩，其余檐檩、梁、椽、柱以红彩绘成壁画（图5-10：1）。墓室四角各绘一角柱，西壁中间绘一檐柱，四壁满绘壁画。东壁墓门两侧各绘一站立于覆莲座上的力士（图5-10：3）。北壁东部绘一武士，头戴小冠，身着裲裆衫，怀抱环首长刀，其东侧绘山林、鹿、虎等，西侧绘一大树；西部主要绘胡僧礼拜舍利塔，塔上部两侧各有一飞天（图5-10：4）。西壁以中间檐柱分为南北两部分，北部绘山林、动物及坐胡床僧人、立姿僧人各一人，南部绘歇山顶建筑和山林，西壁北、南两端上部各绘日、月（图5-10：5）。南壁东部也绘一武士，服饰和持物与北壁武士相同，其东侧绘山林，西侧绘一枯树；西部以山林为背景，由东向西依次绘拈花文吏、大角羊、坐胡床僧人（图5-10：6）。这座墓的形制、墓向，以及脊檩以生土雕刻，檐檩、梁、椽以壁画绘出，都还保留着北魏中期平城文化影响当地所形成的特点，如同八大梁 M3、谷地梁 M2 等。但四壁立柱之间满绘壁画的做法已非北魏中期特征，壁画内容也与平城地区北魏早期形成的壁画模式完全不同，而且壁画中抱刀武士已着汉装，都表明该墓年代晚于北魏中期。考虑到该墓还延续着北魏中期的一些特点，则其年代应为北魏晚期，而不会晚到西魏。从八大梁墓地的形制和壁画特点看，西小区在平城北魏中期文化控制力减弱之后，虽然接受了服饰改易，但并未自然转入北魏晚期洛阳文化的控制范围，而是在平城文化惯性的轨迹上走上自我发展之路，壁画出现的时机和题材内容都是与洛阳地区不合拍的。

南小区受洛阳地区墓葬文化的影响要比北小区、西小区大。太原辛祥与夫人李庆容合葬墓的形制、墓志、瓷器、墓葬图像等都与洛阳地区一致。墓葬形制方面，该墓为方形单室土洞墓，符合洛阳地区墓葬演变规律。随葬品方面，该墓出土两块墓志，先葬的永平三年（510年）李庆容墓志为近方形，略显纵长（图5-9：4），与洛阳第一期的正始三年（506年）寇猛墓志特征相同；后葬入的神龟三年（520年）辛祥墓志为方形（图5-9：5），与洛阳第二期墓志的特征一致。该墓所出鸡首壶、茶碗、盏托等青瓷器体现着南朝风格，反映洛阳地区吸收南朝瓷器的做法也已北进到晋阳一带。该墓建于永平三年（510年）李庆容葬入时，没有发现墓葬图像，与同时期的洛阳地区一样。另外，榆社县神龟年间（518—520年）孙龙画像石棺墓，墓葬早已损毁，仅存石棺一具，头挡刻屋宇下墓主夫妇对坐、朱雀、执刀武士、乐舞，左棺板刻鞍马出行、牛车出行、御龙升仙、墓主夫妇对饮，右棺板刻白虎、百戏、狩猎。该石棺的形制和画像题材，与洛阳地区石棺大多相符，唯乐舞、百戏、狩猎题材在洛阳难见，而狩猎题材见于平城北魏早期墓葬壁画，乐舞、百戏题材见于平城北魏早期墓葬壁画或北魏中期乐舞俑。这显示孙龙画像石棺在受到洛阳地区明显影响的同时，还残留有平城时代的文化因素。

本地区中，北小区的墓葬文化相当于洛阳地区随葬品第一期的墓葬文化，此后就与洛阳地区脱节，基本不反映洛阳地区随葬品第二、三期的文化进展，文化特征停滞在与北魏

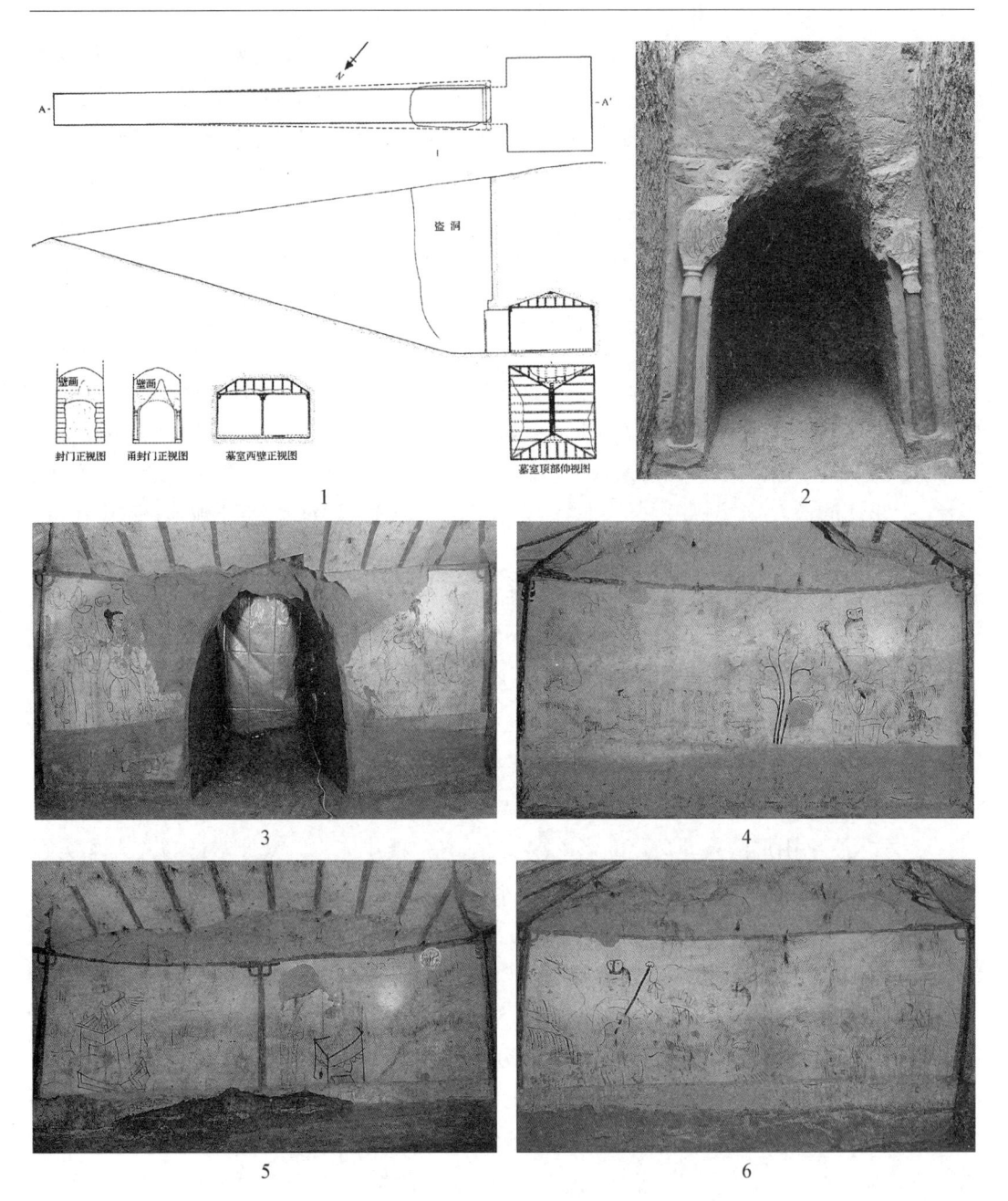

图 5-10　靖边八大梁 M1 墓葬形制与壁画
1. 墓葬平、剖面图　2. 甬道入口壁画　3. 东壁壁画　4. 北壁壁画　5. 西壁壁画　6. 南壁壁画

中期相似的状态。西小区虽受到洛阳地区主导的易服汉装的影响,却未能更多地反映洛阳文化的新因素,文化特征大多维持北魏中期受平城文化影响时的状态,不过在平城文化控制力已丧失的情况下,西小区在墓葬壁画方面发展出与平城、洛阳均不同的地方色彩。南小区处在平城文化向洛阳文化过渡的阶段,既有对平城旧因素的延续,也更多地反映着洛阳的新因素。

（二）河朔地区

本地区墓葬文化可分为南、北二小区来分析，北小区包括河北北部、北京、天津，南小区包括河北中、南部，山东中、西部地区和河南北部。

北小区的北魏晚期墓葬目前仅发现一座。北京市延庆县神龟元年（518年）张龙姬墓是难得的有纪年的平民墓葬，形制为长方形竖穴土坑墓，随葬品仅有1件铜钗和1件长方形砖志，砖志铭文为"神龟元年二月十五日燕州上谷郡居庸蓼民侯敬宗妻张龙姬"。神龟元年已至洛阳地区随葬品第二期，但该墓的墓葬形制、墓志形制仍保持着北魏平城时代的特点，对洛阳地区新因素尚无体现。

南小区与洛阳地区相比，既有较多的相似性，又有鲜明的地方特色。

墓葬形制方面，507年李仲胤夫妇墓、515年邢伟墓、519年高道悦墓、521年封魔奴墓、524年韩贿妻高氏墓、525年封龙墓、525年贾思伯夫妇墓、吴桥封氏墓WLM1均为砖室墓。其中，除韩贿妻高氏墓墓室塌毁、结构不明外，李仲胤夫妇墓（图5-11：1）、邢伟墓、封魔奴墓、贾思伯夫妇墓均为单室，墓室平面呈弧方形或方形；封龙墓、吴桥封氏墓WLM1亦为单室，前者墓室平面呈长椭圆形，后者墓室平面呈近圆形（图5-11：3）；高道悦墓为前、后双室，墓室平面呈圆形。534年李翼夫妇墓为单室土洞墓，墓室平面呈弧方

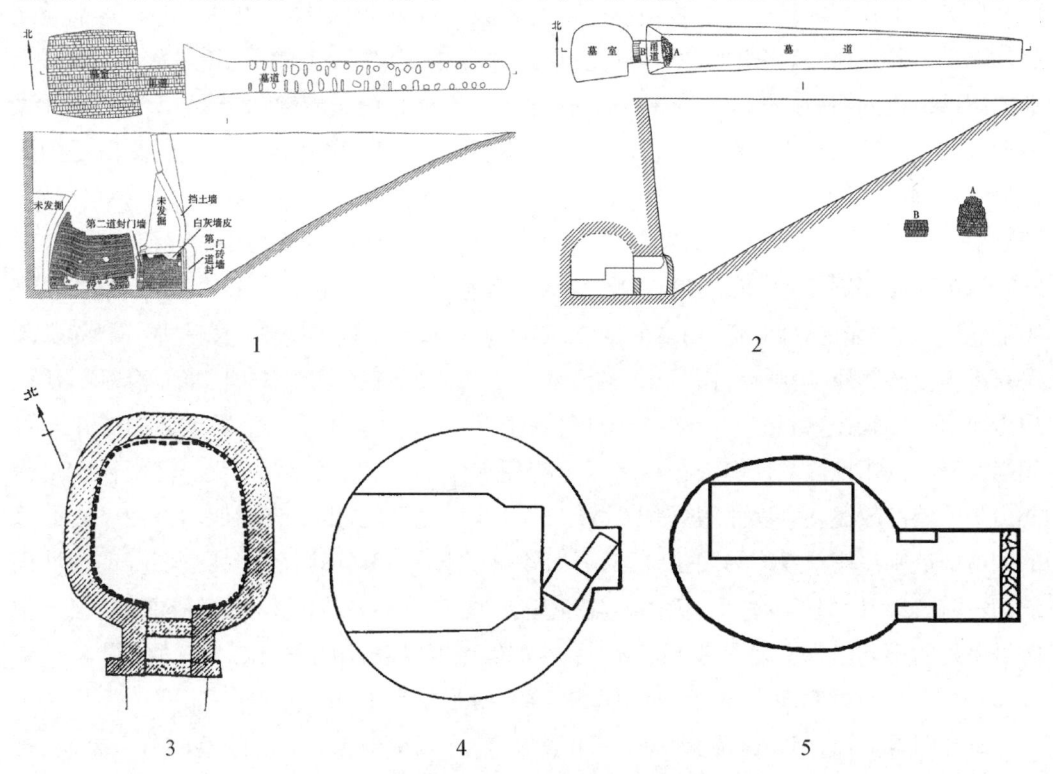

图5-11 河朔地区南小区北魏晚期墓葬形制举例
1. 李仲胤夫妇墓 2. 李翼夫妇墓 3. 吴桥封氏墓WLM1 4. 崔鸿夫妇墓 5. 临淄崔氏墓地M16

形(图5-11：2)。512年崔猷墓,525年崔鸿夫妇墓(图5-11：4),临淄崔氏墓地M10、M16(图5-11：5)、M17都是单室石室墓,除M16墓室平面呈椭圆形外,其他几座墓的墓室平面均呈圆形或近圆形。墓室平面呈弧方形或方形的单室砖室墓、土洞墓是洛阳地区的主流墓葬形制,在本小区也颇流行。但墓室平面呈圆形、近圆形或椭圆形的砖室墓、石室墓是洛阳地区及其他地区所不见的,是本小区的独特墓葬形制。

随葬品方面,李仲胤墓、崔猷墓、邢伟墓年代相当于洛阳随葬品第一期,都不出陶俑,与洛阳地区是相同的;李仲胤、崔猷的墓志均为纵长方形,邢伟墓志为近方形,既有平城时代特征的墓志,也有新出现的近方形墓志,符合洛阳地区第一期墓志特点。高道悦墓志、韩贿妻高氏墓志、封龙墓志、崔鸿墓志为方形,封魔奴墓志、贾思伯墓志、李翼夫妇两块墓志为近方形,它们的年代相当于洛阳随葬品第二、三期,也符合这时期墓志的特点。本小区主要随葬器物的分类和组合也同洛阳地区基本一致,只是没有后者丰富,没有出现反映平城时代遗风的高领平沿陶罐、盘口陶罐等,也不见洛阳地区第三期随葬品中的陶步兵俑、陶笼冠俑、陶风帽俑、陶鼓吹俑、陶甲骑俑、陶奏乐俑等(表5-2),这都表明这一地区主要受到洛阳地区第二期随葬品的影响。韩贿妻高氏墓(图5-12：1—3)、吴桥封氏墓WLM1(图5-12：4—7)、崔鸿夫妇墓(图5-12：8—10)出土的陶人物俑采用单模、平背、实身的制法,在洛阳地区也有发现,如郭定兴墓、侯掌墓、吕达墓、元遵墓、染华墓、元邵墓、前杜楼M1等出土的部分人物俑。同时,李仲胤夫妇墓出土的铜瓶(图5-13：1)、铜唾壶(图5-13：6),邢伟墓出土的陶瓶、青瓷唾壶,韩贿妻高氏墓出土的铜瓶(图5-13：2),李翼夫妇墓出土的陶瓶(图5-13：4)、铜瓶(图5-13：5)、陶唾壶(图5-13：7)、青瓷唾壶(图5-13：8—9),吴桥WLM1出土的陶四系罐(图5-13：10),贾思伯夫妇墓出土陶瓶(图5-13：3)、青瓷四系罐(图5-13：12)、陶壶(图5-13：13),崔猷墓出土的双耳带盖瓷罐(图5-13：11)、青瓷狮形水盂(图5-13：14),临淄崔氏M16出土的青瓷鸡首壶(图5-13：15)等,都受到南朝瓷器的影响,而且这种影响不限于瓷器,还扩及陶器、铜器。洛阳地区的瓶、唾壶也有陶、瓷、铜多种材质,如吕达墓出土的陶瓶、铜瓶、瓷唾壶、铜唾壶,郭定兴墓出土的陶瓶、陶唾壶,侯掌墓、王温墓出土的陶瓶,偃师杏园村北魏墓YDIIM1101、YDIIM926,孟津朱仓北魏墓M60出土的铜唾壶等,反映出本小区与洛阳地区的文化关系相当紧密。洛阳地区的博山炉在本小区也有发现,但形制发生较大变化。洛阳侯掌墓陶博山炉的柄部较短、底座为托盘(图5-1),尚与西晋墓葬所出十分相似。李仲胤夫妇墓的铜博山炉则底座托盘变为圈足,柄部更加矮短(图5-13：16);至李翼夫妇墓的陶博山炉,底部托盘和柄部都消失了,仅存炉盖和炉盘(图5-13：17)。本小区随葬品与洛阳地区最明显的不同出现在临淄崔氏墓地,其中M10和M17出土的陶十二生肖俑(图5-14：1—6)、M10出土的陶胡人武士坐俑(图5-14：7)是仅见于本小区的。

墓葬图像方面,南小区墓葬只见墓葬壁画,未见葬具图像。高道悦墓的墓室壁画,据早年非专业人士的记录,有"彩饰花卉",描述恐怕不准确,或与忍冬纹、蔓草纹之类的装饰花纹有关;贾思伯夫妇墓也发现壁画残迹,但无法看清。这些墓葬壁画出现的时间相当

表 5-2 北魏晚期洛阳地区与河朔地区随葬器物种类的比较

洛阳 器物种类＼墓葬名称	李仲胤夫妇墓	崔猷墓	邢伟墓	韩賄妻高氏墓	吴桥WLM1	贾思伯夫妇墓	崔鸿夫妇墓	临淄崔氏M10	临淄崔氏M16	临淄崔氏M17	李翼夫妇墓
矮领陶罐			√								√
高领平沿陶罐	√										
盘口陶罐											
平沿陶壶	√										
盘口陶壶			√								√
陶瓶	√铜			√铜							√陶、铜
陶、瓷灯		√瓷			√陶						√陶
陶博山炉	√铜			√陶							√陶
陶、瓷碗		√瓷	√陶、瓷	√铜、陶	√瓷	√瓷	√陶	√陶			√陶、瓷
陶、瓷钵		√瓷		√陶							
陶、瓷杯		√瓷	√	√铜	√	√	√	√			√
陶盘				√铜		√陶	√陶			√瓷	√
陶盒						√					√
瓷碟											√
青瓷鸡首壶									√		
青瓷四系壶											

续表

墓葬名称\器物种类	李仲胤夫妇墓	崔猷墓	邢伟墓	韩賄妻高氏墓	吴怀WLM1	贾思伯夫妇墓	崔鸿夫妇墓	临淄崔氏M10	临淄崔氏M16	临淄崔氏M17	李翼夫妇墓
青瓷唾壶	√铜		√								√陶、瓷
陶镇墓兽				√	√	√	√				
陶镇墓武士				√	√		√				
陶步兵俑											
陶文吏俑					√		√				
陶武吏俑					√	√					
陶男侍俑				√						√	
陶女侍俑					√	√		√			
陶笼冠俑											
陶风帽俑											
陶鼓吹俑											
陶甲骑俑				√							
陶胡俑				√	√	√	√			√	
陶牛车				√	√	√	√				√
陶驼				√	√	√	√				
陶马				√	√	√	√				√

续表

墓葬名称 / 器物种类	洛阳 李仲胤夫妇墓	崔猷墓	邢伟墓	韩附妻高氏墓	吴桥WLM1	贾思伯夫妇墓	崔鸿夫妇墓	临淄崔氏M10	临淄崔氏M16	临淄崔氏M17	李翼夫妇墓
陶驴					√						
陶姜乐俑											
陶劳作俑					√	√	√	√			
陶猪				√	√	√	√				
陶狗				√	√		√				
陶羊				√	√		√				
陶鸡					√		√				
陶灶					√						√
陶井					√						√
陶磨					√						
陶仓					√		√				
陶碓					√						

图 5-12 河朔地区南小区北魏晚期墓葬陶俑举例
1—3. 韩贿妻高氏墓出土　4—7. 吴桥封氏墓 WLM1 出土　8—10. 崔鸿夫妇墓出土

于洛阳随葬品第二期,但内容简单,可能属于装饰性纹饰,具有平城北魏中期的特点,未受到洛阳墓葬图像新发展的影响。

(三) 关 陇 地 区

本地区墓葬文化可分为东、西二小区来分析,东小区包括陕西中部的关中地区,西小区包括甘肃东部的陇山西麓地区。

与洛阳地区相比,东小区的关中墓葬文化处在逐渐接受洛阳地区文化的过程中,同时也显现地方特色。

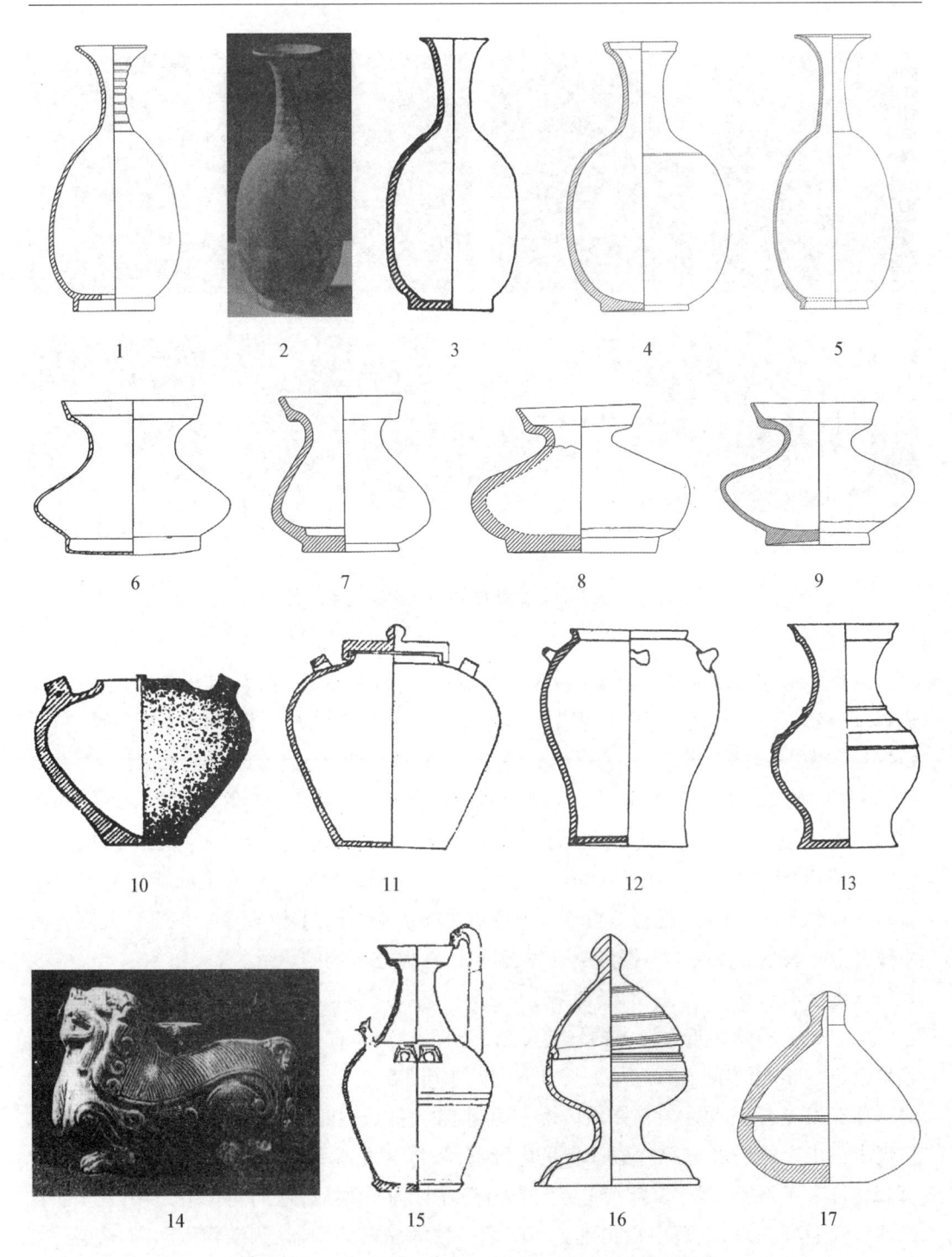

第五章　北魏晚期墓葬文化格局的形成与重构　　·255·

图 5-13　河朔地区南小区北魏晚期墓葬出土器物举例
1. 李仲胤墓铜瓶　2. 高氏墓铜瓶　3. 贾思伯墓陶瓶　4. 李翼墓陶瓶　5. 李翼墓铜瓶　6. 李仲胤墓铜唾壶
7. 李翼墓陶唾壶　8—9. 李翼墓青瓷唾壶　10. 吴桥 WLM1 陶四系罐　11. 崔猷墓双耳带盖瓷罐
12. 贾思伯墓青瓷四系罐　13. 贾思伯墓陶壶　14. 崔猷墓青瓷狮形水盂
15. 临淄崔氏墓地 M16 青瓷鸡首壶　16. 李仲胤墓铜博山炉　17. 李翼墓陶博山炉

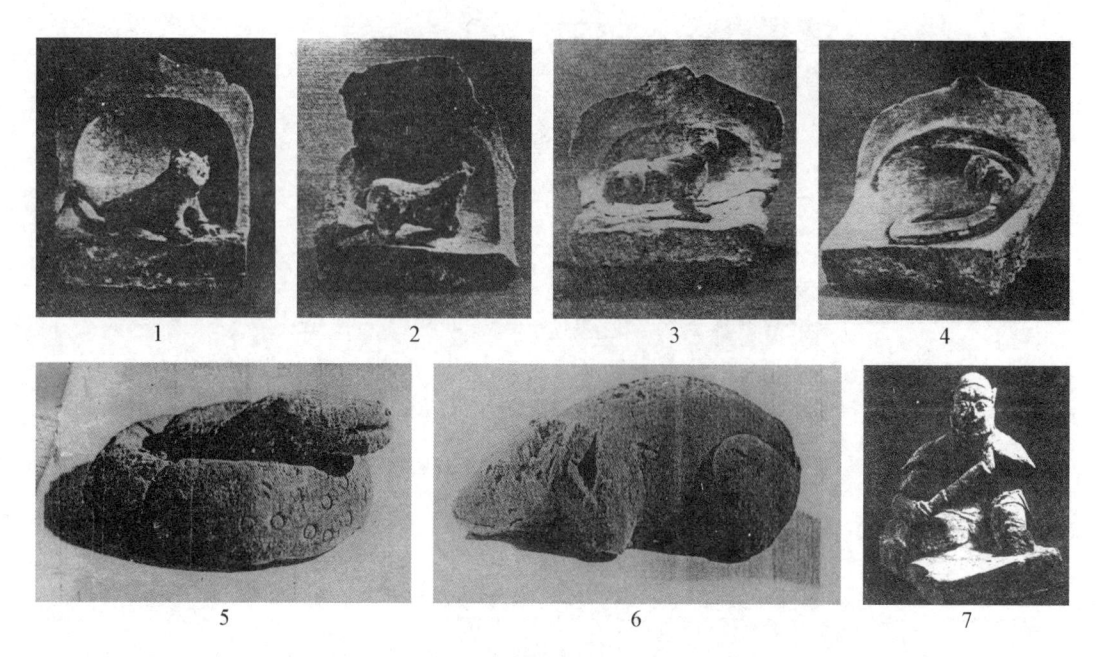

图 5-14　河朔地区北魏晚期临淄崔氏墓地出土陶俑
1—4. M10 十二生肖俑　5—6. M17 十二生肖俑　7. M10 胡人武士坐俑

墓葬形制方面,517 年杨舒墓(图 5-15:1)、520 年邵真墓(图 5-15:3)均为斜坡墓道单室砖墓,墓室平面呈方形,后者壁面外弧。526 年韦彧夫妇合葬墓、529 年韦鲜玉墓、534 年韦辉和(图 5-15:4)和韦乾墓(图 5-15:5)均为斜坡墓道土洞墓;后三者为单室,平面近方形,韦鲜玉墓略显纵长,韦辉和墓略显横长;韦彧墓为南北向的单主室带一东西向的侧室,主室平面略呈近方形,侧室平面近长方形,其侧室应为夫人柳敬怜西魏大统十六年(550 年)葬入时增设,初建时也应是单室。这样的单室砖墓或土洞墓是洛阳地区流行的墓葬形制。此外,杨舒墓甬道口外建有砖雕仿木结构门楼(图 5-15:2),大概与河西魏晋十六国墓葬流行的门楼做法有关,显示出对地方传统的承续。

从出土墓志看,石墓志中,杨舒墓志(图 5-16:1)、邵真墓志(图 5-16:2)、柳敬怜墓志(图 5-16:3)均为近方形,韦彧墓志(图 5-16:4)、韦辉和墓志(图 5-16:5)、韦乾墓志呈纵长方形;而韦鲜玉墓志是纵长方形的砖志(图 5-16:6、7)。本小区使用纵长方形的石墓志和砖志,尚显示着洛阳地区第一期墓志的特点,但时间要晚。本小区的随葬器物呈现出三步走的发展过程。第一步是杨舒墓,杨舒为北魏武昌王元和妹婿[①],延昌四年(515 年)卒于洛阳,熙平二年(517 年)归葬于华阴家族墓地,这期间正值洛阳随葬品第二期汉式俑群初兴,其墓中只出现了与洛阳一致的陶模型明器、陶动物俑和陶、瓷器,完全没有发现人物俑(表 5-3),表明洛阳文化西传的力度还不够。另外,该墓中出土的陶瓢、陶勺、陶凭几等,较具个性。第二步是邵真墓,陶器、陶俑、陶模型明器几大组合都

---

① 《魏书》卷五八《杨播传》,北京:中华书局,1974 年,第 1292 页。

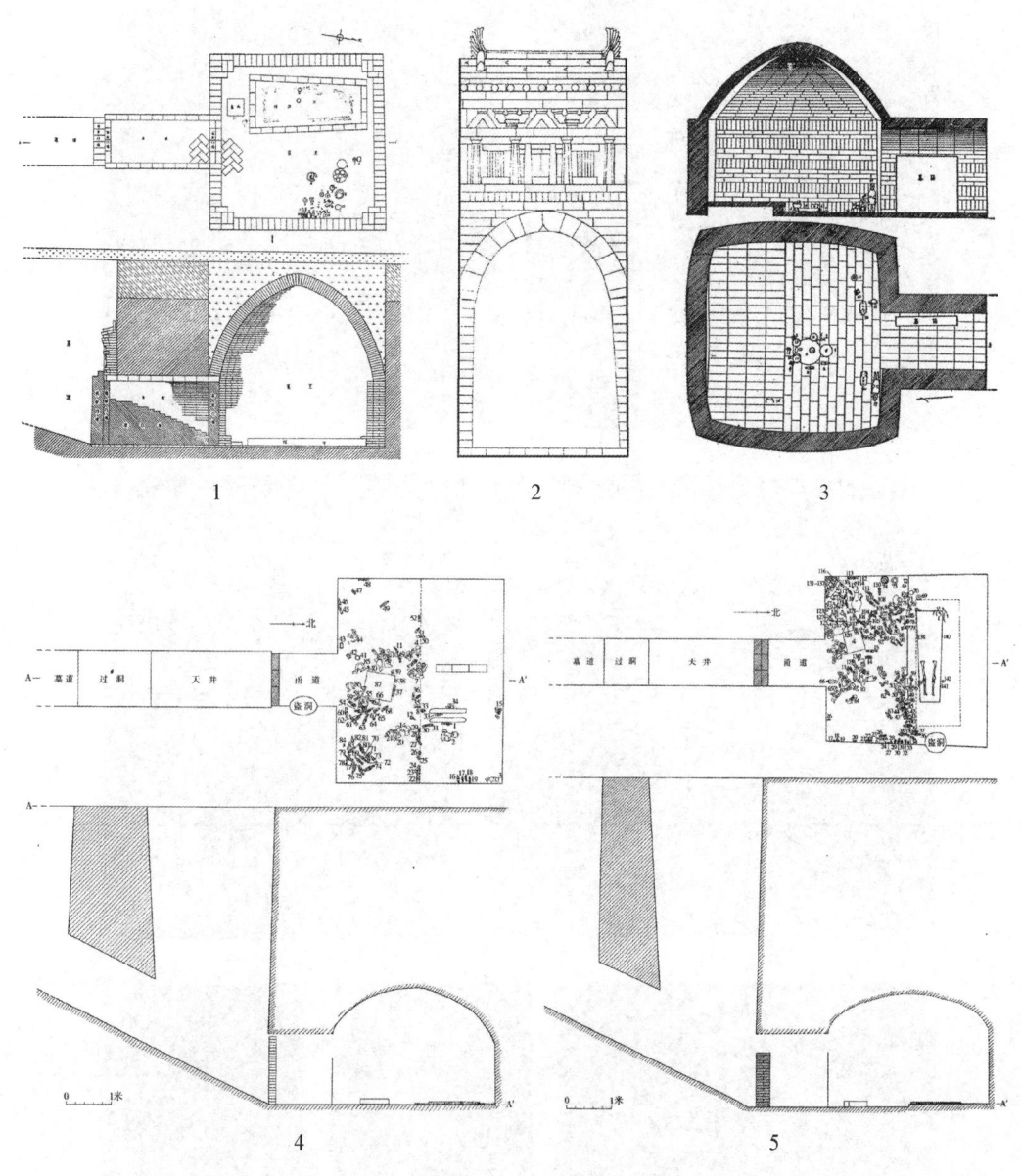

图 5-15 关中地区北魏晚期墓葬形制举例
1. 杨舒墓 2. 杨舒墓门楼 3. 邵真墓 4. 韦辉和墓 5. 韦乾墓

已具有,但每一组合的内容很简约,没有较多的品种,陶器组合仅出有陶碗、陶盘、空柱托盘陶灯,陶俑组合仅有镇墓武士俑、趴卧式镇墓兽、女侍俑、男侍俑、陶鸡,模型明器仅有陶井、陶磨(表5-3)。第三步是韦彧墓、韦辉和墓、韦乾墓,已到了北魏末期,墓葬中青瓷、陶器、陶模型明器、陶俑的种类虽然还没有洛阳多,但也初具规模了(表5-3)。显然,关中地区随葬品组合的演进较洛阳地区要慢半拍,总的趋势是越来越接近洛阳文化特征。

图 5-16　关中地区北魏晚期墓志举例
1. 杨舒墓志　2. 邵真墓志　3. 柳敬怜墓志　4. 韦彧墓志　5. 韦辉和墓志　6—7. 韦鲜玉墓志

表 5-3 关中地区北魏晚期墓葬随葬器物种类

器物＼墓葬名称	杨舒墓	邵真墓	韦鲜玉墓	韦辉和墓	韦乾墓
青瓷鸡首壶				√	√
青瓷四系壶					√
青瓷罐					√
青瓷唾壶	√			√	
青瓷莲花纹器盖			√		
黑瓷盘口壶	√				√
陶盘口壶	√		√		
陶罐	√			√	√
陶瓶	√				
陶碗	√	√			√
陶盘	√	√		√	√
陶瓢	√				
陶勺	√				
陶盆	√				
陶豆形灯	√				
陶空柱托盘灯	√	√			
陶凭几	√				
陶仓	√			√	√
陶灶	√			√	√
陶磨	√	√		√	
陶碓	√			√	
陶井		√		√	√
陶鸡	√				
陶狗	√				√
陶马	√			√	√
陶牛					
陶驼				√	√
陶卷棚牛车	√				√
陶敞棚牛车				√	√
陶镇墓武士俑		√		√	√

续表

器物＼墓葬名称	杨舒墓	邵真墓	韦鲜玉墓	韦辉和墓	韦乾墓
陶镇墓兽		√		√	√
陶男侍俑		√		√	√
陶女侍俑		√		√	√
陶执盾步兵俑				√	√
陶小冠文吏俑					
陶小冠武吏俑				√	√
陶蹬靴俑（胡俑）				√	√
陶凤帽俑				√	√
陶骑马鼓吹俑				√	√
陶甲骑俑					√

同时，我们注意到关中地区随葬陶俑具有两大鲜明地方特征。一是单模、实身、平背的制法发展成陶人物俑占绝对优势的制作方式。邵真墓的人物俑还都是合模、中空，待到韦彧墓、韦辉和墓、韦乾墓，除镇墓武士俑还是合模、中空，其他人物俑一律转变为单模、平背、实身，并成为定式（图5-17：1—12）。单模、平背、实身的人物俑并非只出现于关中，洛阳地区和河朔地区也有，只不过在后两个地区这样的人物俑并不占绝对优势，还有相当一批合模、中空的人物俑并存发展。而关中地区把这种俑发展成了近乎唯一，变为地方特色。二是镇墓兽流行且仅有趴卧式的形制。从渊源看，关中地区、洛阳地区的镇墓兽都起源于关中地区北魏早期的俯身、半蹲式兽面镇墓兽，其北传平城周边地区后，上身开始抬起，发展出挺胸、蹲踞式的镇墓兽，并新增人面，这一系为北魏晚期洛阳地区所继承[①]；而邵真墓、韦彧墓、韦辉和墓、韦乾墓镇墓兽的姿态则呈现出相反的发展方向，进一步俯身下去，变成趴卧于地。较早的邵真墓、韦彧墓的两件镇墓兽都是兽面，尚延续着北魏早期只有兽面的做法，到较晚的韦辉和墓、韦乾墓，镇墓兽才出现与洛阳地区一致的兽面、人面各一的组合（图5-17：13、14）。

墓葬图像方面，关中地区没有发现葬具图像和能够确认的墓葬壁画，不同于洛阳地区这方面日益丰富的做法。

西小区陇山西麓的墓葬文化受洛阳文化的影响很小，对平城时代文化的继承还比较明显。张家川县王真保墓的墓门券顶上方距地面71厘米处出土志文相连的石墓志两块。墓志末尾有"大赵神平二年岁次己酉十一月戊寅朔十三日庚寅记"的题款。除了墓志位置在墓外而不在墓内的情况，志文中还有"望坟追赠""使持节即柩宣策"的内容，这表明

[①] ［日］小林仁著，朱岩石译：《北朝的镇墓兽——胡汉文化融合的一个侧面》，《4—6世纪的北中国与欧亚大陆》，北京：科学出版社，2006年，第148—165页。

第五章 北魏晚期墓葬文化格局的形成与重构

图 5-17 关中地区北魏晚期墓葬陶俑举例
1、2. 韦辉和墓镇墓武士俑　3. 韦乾墓镇墓武士俑　4. 韦乾墓执盾步兵俑　5. 韦辉和墓武吏俑
6、7. 韦乾墓男侍俑　8. 韦乾墓女侍俑　9. 韦乾墓风帽俑　10. 韦辉和墓风帽俑　11. 韦乾墓甲骑俑
12. 韦乾墓骑马鼓吹俑　13. 韦辉和墓兽面镇墓兽　14. 韦乾墓人面镇墓兽

"大赵神平二年"是王真保死后获得追赠和埋葬墓志的年代，而非其真实下葬年代。据研究，王真保属于略阳休屠王氏，北魏献文帝至孝文帝初期曾受秦州刺史、山阳公吕罗汉赏识，辟为西曹，后来孝文帝授其广武将军、城都侯，由其享年60岁测算，王真保的死葬时间当在宣武帝时期（500—515年）[①]。"大赵神平二年"是秦州义军王庆云所建政权的年号[②]，对应北魏孝庄帝永安二年（529年），已至北魏末期。

[①] 马明达：《北魏王真保墓志考略》，《（甘肃）社会科学》1979年第3期。
[②] 陈仲安：《王真保墓志考释》，《魏晋隋唐史论集》第二辑，北京：中国社会科学出版社，1983年，第138—148页；马明达：《北魏〈王真保墓志〉补释》，《西北民族研究》创刊号，1986年。

王真保墓为横长方形单室砖墓,南北向,墓室东西长3.56、南北宽2.55米,墓室形制还保留着如同平城地区天安元年(466年)叱干渴侯墓①那样的形制特点。随葬品中,陶细颈壶2件,平底,一件为盘口,颈部饰带纹一周(图5-18:1),另一件为喇叭口,肩部饰带纹一周,腹上部饰弦纹三周;铜细颈壶1件,喇叭口,圈足,肩腹部饰划纹五组(图5-18:2)。

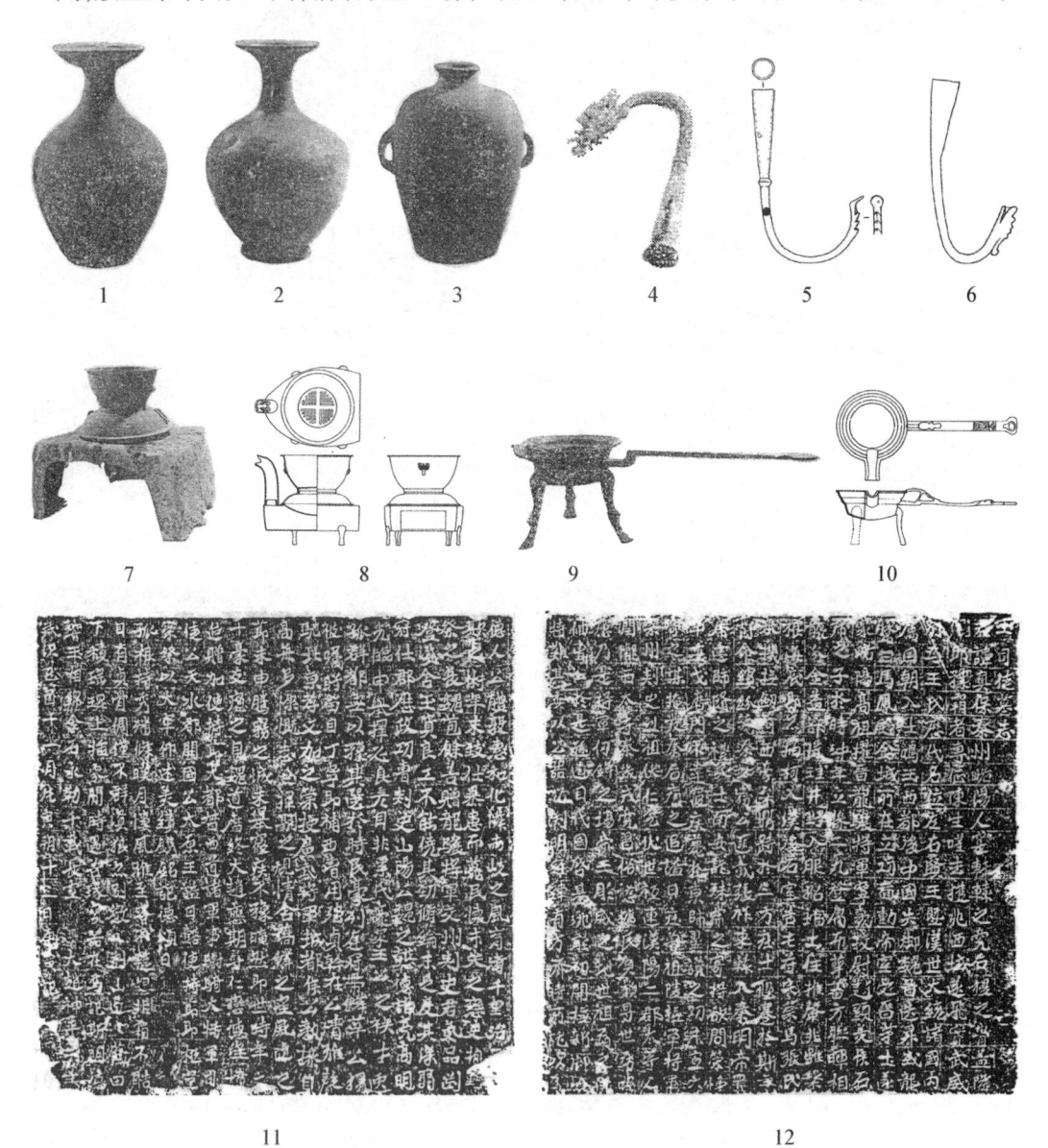

图5-18 陇山西麓地区北魏王真保墓随葬品及相关比较
1. 王真保墓盘口陶壶 2. 王真保墓喇叭口铜壶 3. 王真保墓双耳陶罐 4. 王真保墓铜帐钩
5. 沙岭北魏壁画墓铜帐钩 6. 杨众庆墓铅帐钩 7. 王真保墓铁灶铜釜甑 8. 固原漆棺画墓铜灶
9. 王真保墓铜镰斗 10. 固原漆棺画墓铜镰斗 11—12. 王真保墓志

---

① 大同市考古研究所:《山西大同迎宾大道北魏墓群》,《文物》2006年第10期。

这三件壶的造型还明显保持着北魏早、中期平城地区的特点。出土5件龙头铜幡首（图5-18：4），实际上是帐钩，平城地区有类似发现，如沙岭壁画墓出土铜帐钩1件（图5-18：5）①、杨众庆墓出土铅帐钩6件（图5-18：6）②。王真保墓帐钩的形制与杨众庆墓的相当接近。墓中还有一些具有地方特色的器物。陶罐2件，一件小口，短颈，双腹耳，平底，肩腹部饰三周弦纹（图5-18：3）；另一件侈口折唇，双耳，腹上部有带纹一周。铁灶铜釜甑1套（图5-18：7）、长柄铜镰斗2件（图5-18：9）与固原漆棺画墓所出对应铜器相似（图5-18：8、10）。双耳陶罐和两种铜器同时期在其他地区几乎不见，也就成为陇山一带的特色。两块后葬的方形石墓志（图5-18：11、12）约略体现了洛阳地区的新文化因素，表明北魏末期洛阳墓葬文化渐对陇右有所影响，但用两块墓志连载一篇墓志铭又属罕见。可见，在宣武帝时期刚建成的王真保墓，所表达的文化因素基本是来自平城文化的影响。

（四）北魏晚期墓葬文化的二元对立格局

洛阳地区墓葬文化与其他地区之间形成了三重文化分布带：第一重是核心地带，即洛阳地区，是新文化因素流行的地区。正光、孝昌之际，洛阳地区的"晋制"化进程基本完成。第二重是中间地带，包括平城及其外围地区南小区、河朔地区南小区和关陇地区东小区，这些地区陆续受到较多洛阳新文化因素的影响。平城及其外围地区南小区、河朔地区南小区所受洛阳的影响是与洛阳地区的发展基本同步的，关陇地区东小区的演进则比洛阳滞后。同时，中间地带也具有地方特色，尤以河朔地区南小区的墓葬形制（圆形、石室）、关陇地区东小区的人物俑（单模、平背、实身）最为突出。从与洛阳地区的呼应程度看，河朔地区南小区又更为接近洛阳地区。第三重是边缘地带，包括平城及其外围地区北小区和西小区、河朔地区北小区和关陇地区西小区。这些地区基本上延续着平城文化影响下的发展道路，难见洛阳文化新因素。辽西地区尚未能辨认出北魏晚期墓葬，或混于北魏中期墓葬之中，其实表明辽西地区也在继续保持平城文化因素。

从迁都洛阳到正光、孝昌之际（494—525年）不过30年时间，洛阳地区由平城时代的文化边缘区一跃成为洛阳时代的文化核心区，而平城地区则由核心区跌变为边缘区。对生活节奏比较缓慢的古代人们来说，这种180度的新、旧文化大转换无疑是相当快速的变化过程，对文化心理、社会状态和政治结构都是一次重大的考验。洛阳文化原本是对北魏中期平城文化的继承发展，前后连贯，可为一体，但洛阳文化急于切断与平城的文化纽带，造成平城文化停滞、陈旧，跟不上洛阳新文化的发展步伐，平城与洛阳之间由此出现文化断裂和鲜明反差。而洛阳文化对中间地带的控制还不稳固，对平城及其外围地区南小区的影响仍比较薄弱，对关陇地区东小区产生较深入的影响为时过晚，已在矛盾激化，接连爆发六镇起义、河阴之变之后，洛阳文化的影响力主要是依赖河朔地区南小区来支撑的。

---

① 大同市考古研究所：《山西大同沙岭北魏壁画墓发掘简报》，《文物》2006年第10期。
② 大同市考古研究所：《山西大同七里村北魏墓群发掘简报》，《文物》2006年第10期。

由于洛阳文化控制全局的能力偏弱,使得以旧都平城为首的第三重文化地带的对抗力量难以顺服。随着洛阳新文化与平城旧文化的矛盾加剧,终形成二者的对立和斗争。六镇起义中,破六韩拔陵领导的义军被北魏军队打败,"前后降附二十万人",北魏政府遂"分散之于冀、定、瀛三州就食"①,意在借助河朔地区南小区的政府支持力量来控制反对者,可惜大局已乱,未能成功。东、西魏分立后,东魏元氏皇权移都河朔地区南小区的邺城,西魏宇文泰领导的北镇人士能在关陇立足,都是在选择具有文化认同感的地区,以寻求生存安全与重新发展。北魏政权的速亡,使其丧失机会收拾带来危机的洛阳与平城的二元对立文化格局,只能留待后来者解决。

第四节　东魏北齐对北魏晚期残局的重构

　　北魏分裂后,洛阳、平城落在东魏、北齐的疆域内,北魏晚期二元对立的文化残局也因此主要由东魏、北齐来解决。经历东魏时期的铺垫后,北齐终以邺城—晋阳的新二元文化结构替代了平城—洛阳的旧二元结构。新的二元结构一文一武,互为补充,实现了二元同体、一体两面的重构,破解了平城—洛阳结构的对立关系,从而延续了对北魏晚期洛阳墓葬新文化的传承。

　　东魏存续16年,是北魏向北齐过渡的重要时期,既体现了文化的连续性,又出现了不容忽视的新特征。从已公布的考古资料的情况看,东魏墓葬可分为邺城、青齐、冀定三个文化区。邺城地区有天平四年(537年)安阳县赵明度墓②、天平四年(537年)磁县元祜墓③、武定五年(547年)磁县尧赵氏墓④、武定八年(550年)磁县茹茹公主墓⑤、安阳市固岸墓地Ⅱ区M51⑥等;青齐地区有天平四年(537年)临淄崔氏墓地M14崔鹔墓⑦、天平五年(538年)济南市崔令姿墓⑧、元象元年(538年)临淄崔氏墓地M3崔混墓⑨、兴和三年(541年)高唐县房悦墓⑩、临淄崔氏墓地M7⑪等;冀定地区有天平四年(537年)景县高雅

---

① 《魏书》卷一八《广阳王元深传》,北京:中华书局,1974年,第431页。
② 河南省文物管理局南水北调文物保护办公室、安阳市文物考古研究所:《河南安阳县东魏赵明度墓》,《考古》2010年第10期。
③ 中国社会科学院考古研究所河北工作队:《河北磁县北朝墓群发现东魏皇族元祜墓》,《考古》2007年第11期。
④ 磁县文化馆:《河北磁县东陈村东魏墓》,《考古》1977年第6期。
⑤ 磁县文化馆:《河北磁县东魏茹茹公主墓发掘简报》,《文物》1984年第4期;汤池:《东魏茹茹公主墓壁画试探》,《文物》1984年第4期。
⑥ 河南省文物管理局南水北调文物保护办公室、河南省文物考古研究所:《河南安阳市固岸墓地Ⅱ区51号东魏墓》,《考古》2008年第5期。
⑦ 山东省文物考古研究所:《临淄北朝崔氏墓》,《考古学报》1984年第2期。
⑧ 济南市博物馆,王建浩、蒋宝庚:《济南市东郊发现东魏墓》,《文物》1966年第4期。
⑨ 山东省文物考古研究所:《临淄北朝崔氏墓》,《考古学报》1984年第2期。
⑩ 山东省博物馆文物组:《山东高唐东魏房悦墓清理纪要》,《文物资料丛刊(2)》,北京:文物出版社,1978年,第105—109页。
⑪ 山东省文物考古研究所:《临淄北朝崔氏墓》,《考古学报》1984年第2期。

夫妇及子女合葬墓①、兴和三年(541年)景县封延之墓②、武定二年(544年)赞皇③李希宗夫妇墓④、武定四年(546年)吴桥封柔夫妇合葬墓⑤、武定五年(547年)景县高长命墓⑥、吴桥北朝墓葬M2⑦等。

邺城是东魏的都城,建都所依靠的人力、物力资源主要来自北魏都城洛阳。天平元年(534年),"神武以孝武既西,恐逼嵩、陕,洛阳复在河外,接近梁境,如向晋阳,形势不能相接,乃议迁邺,护军祖莹赞焉。诏下三日,车驾便发,户四十万狼狈就道"⑧。迁邺将洛阳人口大量迁走,其中也包括各类工匠。此外,洛阳的宫殿全部被拆除,材料运到邺城去修新殿、建新城。"以十万夫撤洛阳宫殿,运于邺,构营之制,皆委隆之。增筑南城,周二十五里。"⑨这些拆旧、建新工程所用的人力达到"十万夫",主体必然是洛阳原有的工匠和居民。由于这些人的大批迁入,邺城墓葬文化很难避免对洛阳的复制。

墓葬形制方面,邺城墓葬都是长斜坡墓道单室墓,坐北朝南,墓室平面呈弧方形或近方形,分为砖室墓和土洞墓,均继承了洛阳地区北魏晚期墓葬的特征。在尺寸上有等级差别,但在材质上,东魏早期砖室墓和土洞墓之间没有等级区分。如537年徐州刺史元祐墓墓室长4.5—4.7、宽4.3—5米,为土洞墓,而同年的博陵太守赵明度级别比元祐低,尺寸也比元祐墓小,墓室长2.72、宽2.9米,却使用的是砖室墓。洛阳地区土洞墓和砖室墓在北魏宣武帝时期形成了一定的等级差别,土洞墓适用于中低级官吏,砖室墓适用于皇室、王族和高级官员;不过,武泰元年(528年)"河阴之变"后,这种等级差别遭到摧毁。邺城东魏早期墓葬延续了洛阳北魏末期的特征,不以建筑质地区分等级。至东魏晚期,又渐有砖室墓与较高等级挂钩的趋势。如547年南阳郡君尧赵氏墓,墓主人与元祐地位相当,墓室长4.8、宽4.26米,二墓的尺寸也接近,但尧赵氏就已为砖室墓。东魏末年的茹茹公主墓等级更高,墓室长5.23、宽5.58米,更是采用了砖室墓。

随葬品方面,邺城墓葬中具有普遍性的是陶、瓷器,陶俑和模型明器。这些器物的种类和组合承续了北魏晚期洛阳地区墓葬的衣钵,呈现出逐渐恢复的过程,到武定年间,北魏晚期洛阳地区有的种类绝大多数都恢复了,仅在个别种类上有所增损。陶器中,陶盘消失,新增陶勺,高领平沿罐转变为瓷器,博山炉转变为铜器;瓷器中,不见钵、杯、碟、盘口罐、鸡首壶、灯,新增高领平沿瓷罐、矮领瓷罐、带系瓷罐、瓷瓶,唾壶转变为铜器;陶俑中,新增负鞭俑、巫师俑;陶模型明器中,新增编钟、编磬(表5-4)。新增器物中大部分是旧

---

① 河北省文管处:《河北景县北魏高氏墓发掘简报》,《文物》1979年第3期。
② 张季:《河北景县封氏墓群调查记》,《考古通讯》1957年第3期。
③ 东魏时,赞皇属于殷州。《魏书》卷一〇六上《地形志上》记载:"殷州,孝昌二年(526年)分定、相二州置。"(北京:中华书局,1974年,第2470页)赞皇处于殷州北部,原属北魏定州。本文为避免名称冗长,所指冀、定地区包括殷州北部的赞皇等地。
④ 石家庄地区革委会文化局文物发掘组:《河北赞皇东魏李希宗墓》,《考古》1977年第6期。
⑤ 张平一:《河北吴桥县发现东魏墓》,《考古通讯》1956年第6期。
⑥ 河北省文管处:《河北景县北魏高氏墓发掘简报》,《文物》1979年第3期。
⑦ 河北省沧州地区文化馆:《河北省吴桥四座北朝墓葬》,《文物》1984年第9期。
⑧ 《北齐书》卷二《神武纪下》,北京:中华书局,1972年,第18页。
⑨ 《北史》卷五四《高隆之传》,北京:中华书局,1974年,第1945页。

器形转换新材质；少部分以往不见的品种如陶勺、负鞭俑、巫师俑、编钟、编磬，都很不流行，并不影响北魏晚期洛阳地区所形成的发展轨迹。

表 5-4　邺城东魏墓葬与北魏晚期洛阳墓葬随葬品比较

器物名称	墓葬名称	洛阳北魏墓	赵明度墓	元祐墓	固岸墓地Ⅱ区 M51	尧赵氏墓	茹茹公主墓	吴桥WLM2
陶器	矮领罐	√		有，资料未全公布，种类不详	√	√		√
	高领平沿罐	√						
	盘口罐	√	√					
	盘口壶	√			√			
	平沿壶	√					√	√
	瓶	√					√	
	灯	√					√	
	博山炉	√						√铜
	碗	√			√	√	√	√
	钵	√					√	
	杯	√					√	
	盒	√					√	
	盘	√						
	盆	√					√	
	勺	√					√	
瓷器	碗	√	√	有，资料未全公布，种类不详				√
	钵	√						
	杯	√						
	碟	√						
	盘口罐	√						
	高领平沿罐					√		
	矮领罐		√					
	带系罐		√四系			√四系	√六系	
	鸡首壶	√						
	盘口壶	√双系、四系				√双系		
	唾壶	√						√铜
	瓶					√无耳、双耳		
	灯	√						

续表

器物名称		洛阳北魏墓	赵明度墓	元祐墓	固岸墓地II区M51	尧赵氏墓	茹茹公主墓	吴桥WLM2
陶俑	镇墓兽	√		√	√	√	√	
	镇墓武士	√				√	√	
	执盾步兵俑	√		√	√	√	√	
	文吏俑	√			√	√	√	√
	武吏俑	√		√	√	√	√	√
	男侍俑	√			√	√	√	
	女侍俑	√				√	√	√
	笼冠俑	√				√	√	
	风帽俑	√		√		√	√	
	步行鼓吹俑	√				√	√	
	骑马鼓吹俑	√					√	
	甲骑具装俑	√		√		√	√	
	骑马侍从俑	√		√		√	√	
	奏乐俑	√					√（失乐器）	
	劳作俑	√		√	√	√	√	
	负箭囊俑	√		√	√	√	√	
	负鞭俑						√	
	胡俑	√					√	√
	巫师俑						√	
	牛拉车	√			√	√	√	
	鞍马	√				√	√	
	驼	√		有,资料未全公布,种类不详			√	√
	驴	√					√	
	猪	√			√	√	√	√
	狗	√			√	√	√	√
	羊	√					√	
	鸡	√			√	√	√	√

续表

器物名称 \ 墓葬名称		洛阳北魏墓	赵明度墓	元祐墓	固岸墓地Ⅱ区M51	尧赵氏墓	茹茹公主墓	吴桥WLM2
陶模型明器	灶	√		有，资料未全公布，种类不详	√	√	√	
	井	√			√	√	√	
	磨	√			√	√	√	√
	仓	√			√	√	√	
	碓	√			√	√	√	
	厕	√			√		√	
	编钟、编磬						√	

墓葬壁画方面，邺城墓葬突破北魏中、晚期墓葬所遵循的"晋制"的束缚，开创了墓葬壁画新范式。天平四年（537年）元祐墓、武定八年（550年）茹茹公主墓正好反映了东魏初、末期之间墓葬壁画构图的发展演变。元祐墓墓道两壁无壁画，仍如从前；墓室顶部壁画不详，北壁绘墓主人正坐于榻上，身后有7扇屏风，东、西壁各绘青龙、白虎，其后各有一侍吏，南壁在墓室入口两侧各绘一人物（应是门吏）；墓室两侧壁绘青龙、白虎，已经突破了北魏早期墓葬的壁画模式。到茹茹公主墓时，墓室东、西壁的青龙、白虎前移到墓道东、西壁，与之相配的侍吏发展成14人的仪仗队伍，还新增了飞翔于队列之上的神兽、羽人、神禽等；墓道地面绘连续花草纹图案，如同地毯；甬道入口上方绘朱雀；甬道西壁绘有四位侍从，东壁绘有三位侍从，各有一人双手执鞭，似喻示鞍马或牛车的隐性存在；墓室顶部塌毁，四壁上沿分别绘四神及山林，北壁仍是墓主人形象所在，绘女墓主人和两侧的侍女，出现在西壁的新题材是侍女10人，东壁是尚存7位的男侍，南壁皆剥落。与北魏墓葬壁画相比，邺城东魏墓葬壁画从墓室扩展到墓道，发生了壁画布局的重大转变，墓室四壁也出现新的内容与布局。这些变化的较快实现得益于北魏晚期石葬具画像题材的积累。北魏晚期，墓室壁画受到限制，石葬具则因为不在"晋制"传统因素之列，而得以独立发展画面。到东魏时期，墓室壁画解禁，石葬具画像题材被广泛借鉴，并适应墓葬由墓道、甬道至墓室的建筑结构而形成新的布局。

可见，邺城地区东魏墓葬的形制、随葬品都延续着北魏末期洛阳地区的基本特征，墓葬壁画则吸收北魏晚期石葬具的文化因素而发生根本性的改变。

青齐地区东魏墓皆无壁画。墓葬形制则保持着北魏晚期以来形成的地方特征，以石室、圆形、单室墓为主流。新现象是临淄崔鹔的圆形石室墓采用了单主室带一耳室的形制，济南崔令姿的圆形石室墓采用了前、后双室的结构，皆为北魏晚期石室墓所不用。陶俑方面，北魏晚期可见的半模、实身、平背俑以及独有的十二生肖俑消失。现有俑群呈现出两种发展趋势：一是造型与邺城地区基本相同，种类比邺城少一些，如高唐房悦墓；崔令姿墓的俑造型接近邺城，但为石质。二是发展新面貌的俑类，人物的服饰特征与邺城明显不同,如临淄崔混墓(图5-19);该墓陶劳作女俑的使物、提物形象虽然与邺城尧赵氏墓类似,但发式、服装迥异,前者为螺髻、身穿背带式齐胸长裙(图5-19:1—3、7—9),后者为扇面髻或双髻、内着裙外穿交领衫(图5-20)。

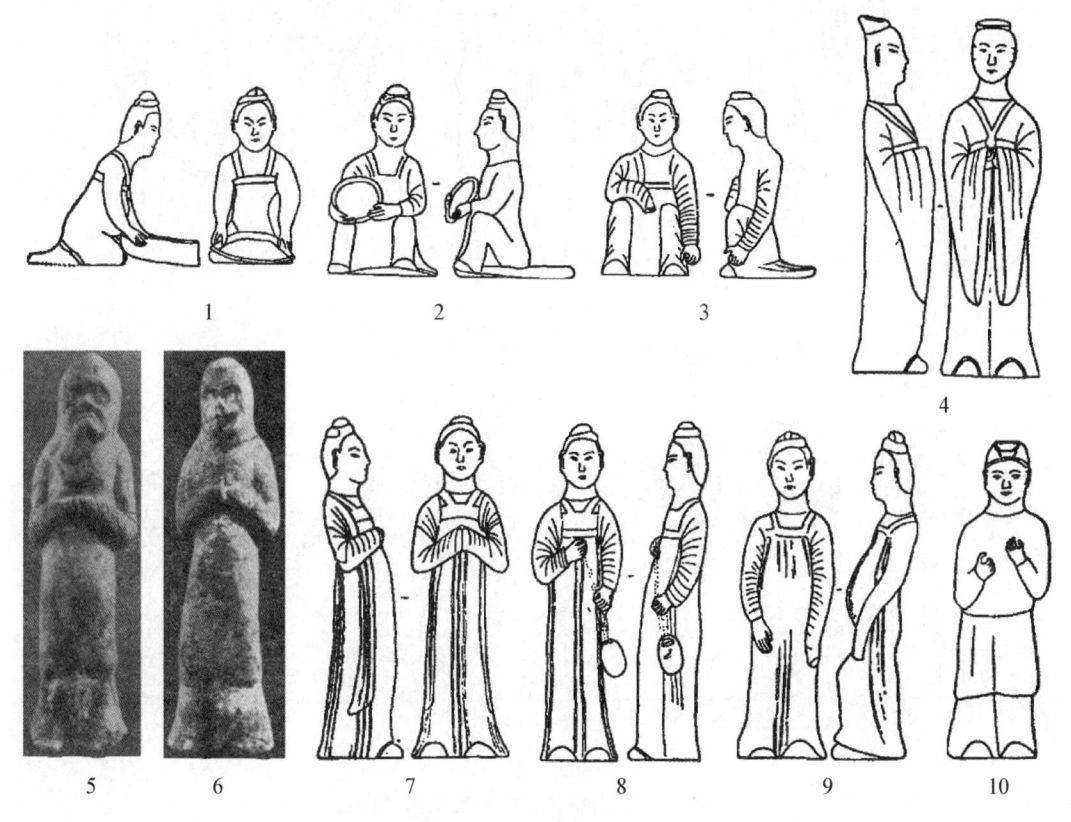

图5-19 临淄东魏崔混墓出土陶俑
1—3. 劳作女俑 4. 文吏俑 5—6. 武士俑 7—9. 女侍俑 10. 胡帽俑

冀定地区的东魏墓兴起单主室带二耳室墓,如高雅夫妇及子女合葬墓,和前、后双室墓,如李希宗夫妇墓、高长命墓等,均为砖室;较多墓葬平面呈近圆形或椭圆形,但为砖室,如高雅夫妇及子女合葬墓、封柔夫妇墓、高长命墓、吴桥北朝墓葬M2。部分墓葬有壁画残迹,如封柔夫妇墓、高长命墓,内容简略,尚体现着北魏晚期壁画不发达的风格。陶俑方面,已发现墓葬的陶俑造型和种类都与邺城地区差不多。

邺城、青齐、冀定三个文化区在北魏晚期同属于河朔地区南小区,都显示出对洛阳地区较多的向心力。但这并不表明邺城、青齐、冀定之间是铁板一块,其间也存在差异,到东魏时期就更加明显起来。青齐、冀定地区之间的文化交流比较密切,北魏晚期青齐地区的圆形或椭圆形墓葬形制就传到冀定地区,东魏时期更为多见,表现为近圆形或椭圆形。冀定地区双室墓和单主室带耳室的形制也与青齐地区相似,并且较青齐地区多见。而这两个地区在墓葬形制、墓葬壁画方面与邺城地区墓葬的差别较大,尤其是不受后者新兴壁画的影响;与邺城地区的交流主要体现在陶俑方面,冀定地区受邺城的影响又比青齐地区

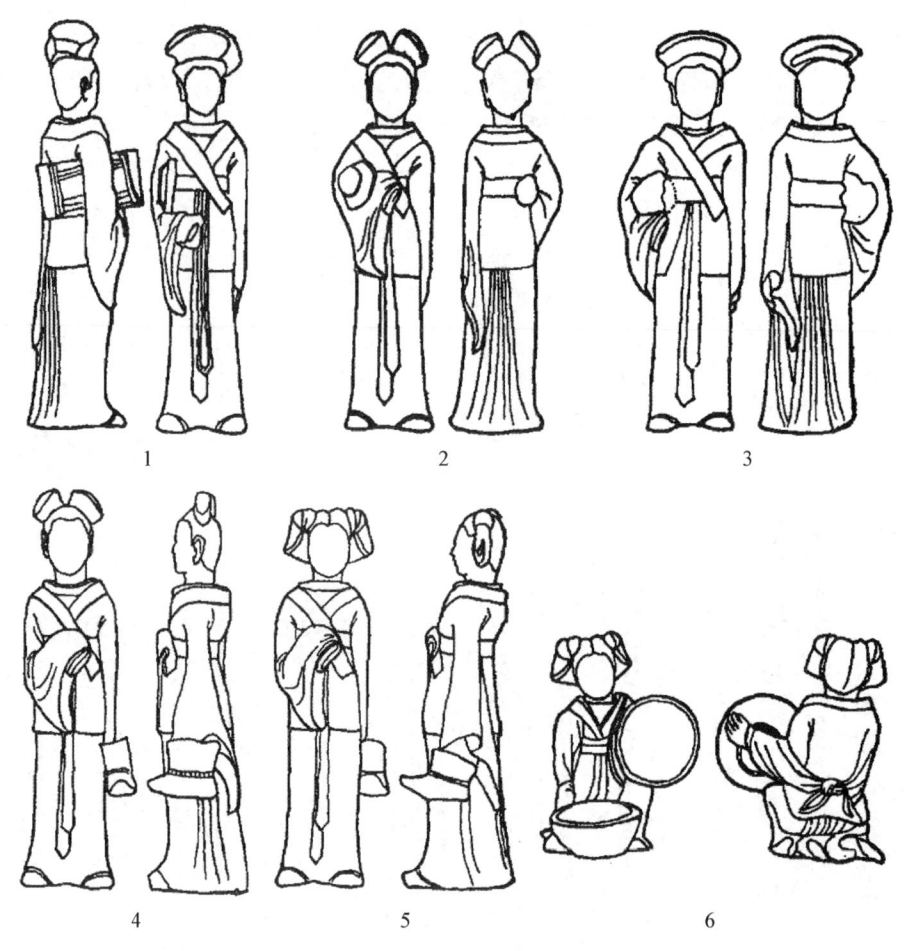

图 5-20　磁县东魏尧赵氏墓出土陶劳作女俑
1—3. 挟物女俑　4—5. 提物女俑　6. 使盆女俑

大。总的来说,邺城作为都城,其文化辐射强度偏弱,对自己近邻的冀定、青齐地区尚做不到文化面貌的统一,遑论对其他地区的文化控制。这种情况实际上是对北魏晚期洛阳墓葬文化相同状况的延续。

随着北齐的建立、王权的重振,东魏墓葬文化格局得到强有力的改造。邺城之外,晋阳崛起为新的文化中心,前者文质彬彬,后者武风赳赳,文武之道,并行发展,构建起北齐墓葬文化的新二元体制。

墓葬形制方面,砖室墓与土洞墓之间的等级关系重新得到建立。邺城、晋阳及其附近地区的北齐墓葬类型单一,只有单室砖墓和单室土洞墓两类,墓室平面呈近方形或长方形。有学者将砖室墓划分为三个等级,指出土洞墓的墓主身份多属中低级官吏,与砖室墓第三等级墓主相当,但墓葬规格明显较低①。循此思路,我们对比一下邺城和晋阳地区北

---

① 李梅田:《北齐墓葬文化论析》,《中国历史文物》2004 年第 6 期。

齐墓葬的等级序列。第一等级属于帝王,只有近方形砖室墓,仅出现在北齐都城邺城附近,如可能属于文宣帝高洋的湾漳大墓[1],墓室尺寸约7.5米见方(表5-5)。第二等级属于封王爵的王族和高级官员,也只见近方形砖室墓,如邺城地区的冯翊王高润墓[2]、修城王高孝绪墓[3],晋阳地区的顺阳王库狄迴洛墓[4]、东安王娄睿墓[5]、武安王徐显秀墓[6]等,墓室尺寸均在5.5—6.5米见方左右。另外,太姬崔幼妃子嗣与北齐六位皇帝中的三位联姻,有一女儿为皇后、一孙女为废后、一孙女为皇妃,两个儿子得以封王,堪称外戚世家,故其父北魏仪同三司崔楷北齐改葬时,依王爵待遇安葬,墓室尺寸约6米见方[7](表5-5)。第三等级多为中低级官吏,包括砖室墓、土洞墓,既有近方形,也有长方形的。近方形墓葬中,砖室墓如邺城地区的刘通墓[8]、尧峻墓[9]、贾宝墓[10]、和绍隆墓[11]、叔孙多奴墓[12],晋阳地区的贺拔昌墓[13]、朔州水泉梁北齐墓[14]、太原热电厂北齐壁画墓[15]等,土洞墓如邺城地区的李华墓[16]、贾进墓[17]、范粹墓[18]、颜玉光墓[19],晋阳地区的夏侯念墓[20]、窦兴洛墓[21]、张肃俗墓[22]、侯莫陈阿伏仁墓[23]等。墓室尺寸在2.5—5米见方左右,大致可以3.5米见方为界,将方形砖室墓与土洞墓分成两个规格(表5-5)。长方形墓葬中,基本都是土洞墓,个别

---

[1] 中国社会科学院考古研究所、河北省文物研究所:《磁县湾漳北朝壁画墓》,北京:科学出版社,2003年,第11、197—199页。
[2] 磁县文化馆:《河北磁县北齐高润墓》,《考古》1979年第3期。
[3] 张晓峥:《河北磁县北齐高孝绪墓》,《2009中国重要考古发现》,北京:文物出版社,2010年,第100—105页。
[4] 王克林:《北齐库狄迴洛墓》,《考古学报》1979年第3期。
[5] 山西省考古研究所、太原市文物考古研究所:《北齐东安王娄睿墓》,北京:文物出版社,2006年,第9、172—175页。
[6] 山西省考古研究所、太原市文物考古研究所:《太原北齐徐显秀墓发掘简报》,《文物》2003年第10期。
[7] 田韶品:《曲阳北魏崔楷墓》,《文物春秋》2009年第6期;倪润安:《河北曲阳北魏崔楷墓的年代及相关问题》,《中国国家博物馆馆刊》2013年第2期。
[8] 河南省文物局:《安阳北朝墓葬》,北京:科学出版社,2013年,第14—23页。
[9] 磁县文化馆:《河北磁县东陈村北齐尧峻墓》,《文物》1984年第4期。
[10] 河南省文物局:《安阳北朝墓葬》,北京:科学出版社,2013年,第80—97页。
[11] 河南省文物研究所、安阳县文管会:《安阳北齐和绍隆夫妇合葬墓清理简报》,《中原文物》1987年第1期。
[12] 河南省文物局:《安阳北朝墓葬》,北京:科学出版社,2013年,第23—34页。
[13] 太原市文物考古研究所:《太原北齐贺拔昌墓》,《文物》2003年第3期。
[14] 山西省考古研究所、山西博物院、朔州市文物局、崇福寺文物管理所:《山西朔州水泉梁北齐壁画墓发掘简报》,《文物》2010年第12期。
[15] 山西省考古研究所、太原市文物管理委员会:《太原南郊北齐壁画墓》,《文物》1990年第12期。
[16] 河南省文物局:《安阳北朝墓葬》,北京:科学出版社,2013年,第65—70页。
[17] 河南省文物管理局南水北调文物保护管理办公室、安阳市文物考古研究所:《河南安阳县北齐贾进墓》,《考古》2011年第4期。
[18] 河南省博物馆:《河南安阳北齐范粹墓发掘简报》,《文物》1972年第1期。
[19] 安阳县文教局:《河南安阳县清理一座北齐墓》,《考古》1973年第2期。颜玉光的墓葬规格与其身份不符,有研究者认为这与北齐宫闱之丑有关,其墓室也非官方修建(见刘伟航、刘玉山:《〈颜玉光墓志〉探微》,《许昌学院学报》2011年第1期)。
[20] 山西省考古研究所、太原市文物考古研究所、晋源区文物旅游局:《太原西北环高速公路建设墓葬发掘简报》,《三晋考古》第三辑,太原:山西人民出版社,第328—335页。
[21] 山西省考古研究所、太原市文物考古研究所、晋源区文物旅游局:《太原开化村北齐洞室墓发掘简报》,《考古与文物》2006年第2期。
[22] 山西省博物馆:《太原圹坡北齐张肃墓文物图录》,北京:中国古典艺术出版社,1958年,第1—4页。
[23] 山西省考古研究所:《太原西南郊北齐洞室墓》,《文物》2004年第6期。

为砖室墓,如邺城地区的元良墓①,晋阳地区的库狄业墓②、狄湛墓③、柳子辉墓④、张海翼墓⑤等,墓室尺寸皆在长 2—4.5、宽 1.5—3 米左右(表 5-6)。从墓葬材质看,砖室墓的等级明显高于洞室墓,是高等级墓葬的一致选择。从墓葬各等级的对应关系看,晋阳地区与邺城地区之间形成了同步发展的机制。

表 5-5　北齐邺城与晋阳地区近方形墓葬的等级比较

等级	邺城地区				晋阳地区			
	墓葬名称	材质与尺寸	墓葬年代	墓主身份	墓葬名称	材质与尺寸	墓葬年代	墓主身份
第一等级	湾漳大墓	砖室 7.56×7.4	乾明元年(560年)?	文宣帝高洋?				
第二等级	高润墓	砖室 6.4×6.45	武平七年(576年)	侍中、假黄钺、左丞相、冯翊王	库狄迴洛墓	砖室 5.44×5.42	河清元年(562年)	定州刺史、太尉公、顺阳王
	高孝绪墓	砖室 5.2×5.6	不详	修城王	娄睿墓	砖室 5.65×5.7	武平元年(570年)	假黄钺、右丞相、东安王
	崔楷墓	砖室 约6×6	不详	北魏仪同三司、北齐外戚太姬崔幼妃之父	徐显秀墓	砖室 6.65×6.3	武平二年(571年)	太尉公、太保、尚书令、武安王
第三等级	刘通墓	砖室 4.86×4.64	武平三年(572年)	开府仪同三司、瀛洲六州大都督,赠赵州刺史、中书监	贺拔昌墓	砖室 4.8×4.8	天保四年(553年)	右卫将军、开府仪同三司
	尧峻墓	砖室 4.38×4.52	天统三年(567年)	开府仪同三司、怀州刺史	朔州水泉梁北齐墓	砖室 4.5×4.5	不详	不详
	贾宝墓	砖室 3.88×3.25	武平四年(573年)	车骑大将军、郑州扶沟县令	夏侯念墓	土洞 3.6×3.4	天保三年(552年)	七帝寺优婆塞

---

① 磁县文物保管所:《河北磁县北齐元良墓》,《考古》1997 年第 3 期。
② 太原市文物考古研究所:《太原北齐库狄业墓》,《文物》2003 年第 3 期。
③ 太原市文物考古研究所:《太原北齐狄湛墓》,《文物》2003 年第 3 期。
④ 王玉山:《太原市南郊清理北齐墓葬一座》,《文物》1963 年第 6 期。
⑤ 李爱国:《太原北齐张海翼墓》,《文物》2003 年第 10 期。

续表

等级	邺城地区				晋阳地区			
	墓葬名称	材质与尺寸	墓葬年代	墓主身份	墓葬名称	材质与尺寸	墓葬年代	墓主身份
第三等级	和绍隆墓	砖室 3.6×3.5	天统四年（568年）	赠东徐州刺史	窦兴洛墓	土洞 3.2×2.83	天保十年（559年）	直斋都督
	叔孙多奴墓	砖室 3.28×2.9	武平元年（570年）	朔军将军、豫州别驾薛君夫人	张肃俗墓	土洞 2.9×2.9	天保十年（559年）	处士
	李华墓	土洞（2.5-3.58)×3.2	武平七年（576年）	郑州刺史陆君夫人	太原热电厂壁画墓	砖室 2.68×2.68	不详	不详
	贾进墓	土洞 3×2.9	武平三年（572年）	郎中令、车骑大将军	侯莫陈阿伏仁墓	土洞 2.6×(1.9-2.7)	天保六年（555年）	直阁正都督
	范粹墓	土洞 2.88×2.7	武平六年（575年）	东雍州刺史、太傅卿				
	颜玉光墓	土洞 2.4×2.36	武平七年（576年）	文宣帝弘德夫人				

表5-6 北齐邺城与晋阳地区长方形墓葬的等级比较

等级	邺城地区				晋阳地区			
	墓葬名称	材质与尺寸	墓葬年代	墓主身份	墓葬名称	材质与尺寸	墓葬年代	墓主身份
第三等级	元良墓	土洞 4.4×3.1	天保四年（553年）	不详	库狄业墓	土洞 4.2×(2.1-2.6)	天统三年（567年）	仪同三司、北尉少卿
					狄湛墓	土洞 3.4×1.77	河清三年（564年）	车骑将军、泾州刺史
					柳子辉墓	砖室 3×1.54	天保七年（556年）	直□大都督
					张海翼墓	土洞 2.2×(1.23-1.83)	天统元年（565年）	徐州司马

墓葬壁画方面，邺城地区进一步完善茹茹公主墓壁画所确立的新思路。湾漳大墓从墓道到甬道的壁画内容基本清楚，墓室四壁模糊不清，结合高润墓室壁画的情况，可把邺城北齐墓的壁画构图方式归纳为：墓道至甬道的两壁绘步行仪仗出行图，最前列一般由青龙、白虎引导，后段仪仗的上方绘神兽、羽人、神禽等；墓室顶部为天象、四神、十二生肖、神兽异禽等，北壁为墓主人与两侧侍从，东壁为牛车出行图，西壁推测为鞍马出行图，南壁

不详。这种图式在晋阳地区有更充分和清晰的展现。从娄睿墓、徐显秀墓、朔州水泉梁北齐墓的情况看(表5-7),墓室四壁与顶部壁画的布局和内容与邺城地区基本相同,顶部绘天象、北壁绘墓主人、东西壁分绘鞍马或牛车出行已形成定式,南壁壁画的内容会有较大变化,有时与墓道、甬道的壁画联系紧密,有时相对独立。晋阳地区墓葬壁画与邺城地区最大的差异出现在墓道(过洞、天井),虽然均为仪仗出行图,但晋阳地区步骑混合,骑行人物突出,表现军乐鼓吹,以娄睿墓最具代表性(图5-21:1);朔州水泉梁北齐墓的墓道虽无壁画,但相应的内容转移到甬道和墓室东、西壁,均绘出远景式的骑行马队。而邺城地区墓道的仪仗出行图全为步行人物,无驼、马,湾漳大墓仪仗图中戴笼冠和小冠的人物占大多数,后段廊庑下树立体现身份等级的㯥麾(图5-21:2)。这两个地区墓道壁画细节的不同,恰恰可以反映出邺城地区标榜文治、晋阳地区崇尚武功的特点。忻州九原岗北齐壁画墓,以鞍马、侍从、武士表现出行的内容,全为步行人物,但较之更为突出的是山林狩猎图①。这一题材是北魏早期壁画墓的主要内容之一,北魏中、晚期伴随壁画的衰落而消失,北齐重现这一题材的墓葬并不多见,反映出墓主人对武功的推崇更为备至,亦符合晋阳地区墓葬壁画的精神内涵。要言之,文武兼备、互为表里应是北齐皇帝处理都城与霸府关系的有意之举。

表5-7 晋阳地区北齐墓葬壁画举例

序号	墓葬名称	墓道(过洞、天井)	甬道	墓室四壁	墓室顶部
1	娄睿墓	墓道西壁绘仪仗出行图,东壁仪仗回归图,步骑混合,有骑队、驼队、无人骑鞍马、军乐鼓吹、拱手仪卫、仗剑仪卫等。后段仪仗的上方绘神兽、羽人、神禽	仪卫	北壁绘墓主夫妇并坐宴乐,东壁绘鞍马出行图,西壁绘牛车出行图,南壁东侧绘两位树下武士、西侧壁画脱落	天象,四神、十二生肖,仙人、雷公等
2	徐显秀墓	墓道、过洞、天井两壁绘仪仗出行图,各有2个神兽作前导,步骑混合,有步行人物、无人骑鞍马、军乐鼓吹等。过洞入口上方绘门楼图	仪卫	北壁绘墓主夫妇并坐宴乐,背设屏风,东壁绘牛车出行图,西壁绘鞍马出行图,南壁绘仪仗队伍	天象,神兽等
3	朔州水泉梁北齐墓	无	仪卫,并绘骑行马队为远景	北壁绘墓主夫妇并坐宴乐,背设屏风,东壁绘鞍马出行图,西壁绘牛车出行图,南壁绘鼓吹人物。东、西两壁南部均绘骑行马队为远景	天象,四神、十二生肖

---

① 山西省考古研究所、忻州市文物管理处:《山西忻州市九原岗北朝壁画墓》,《考古》2015年第7期。

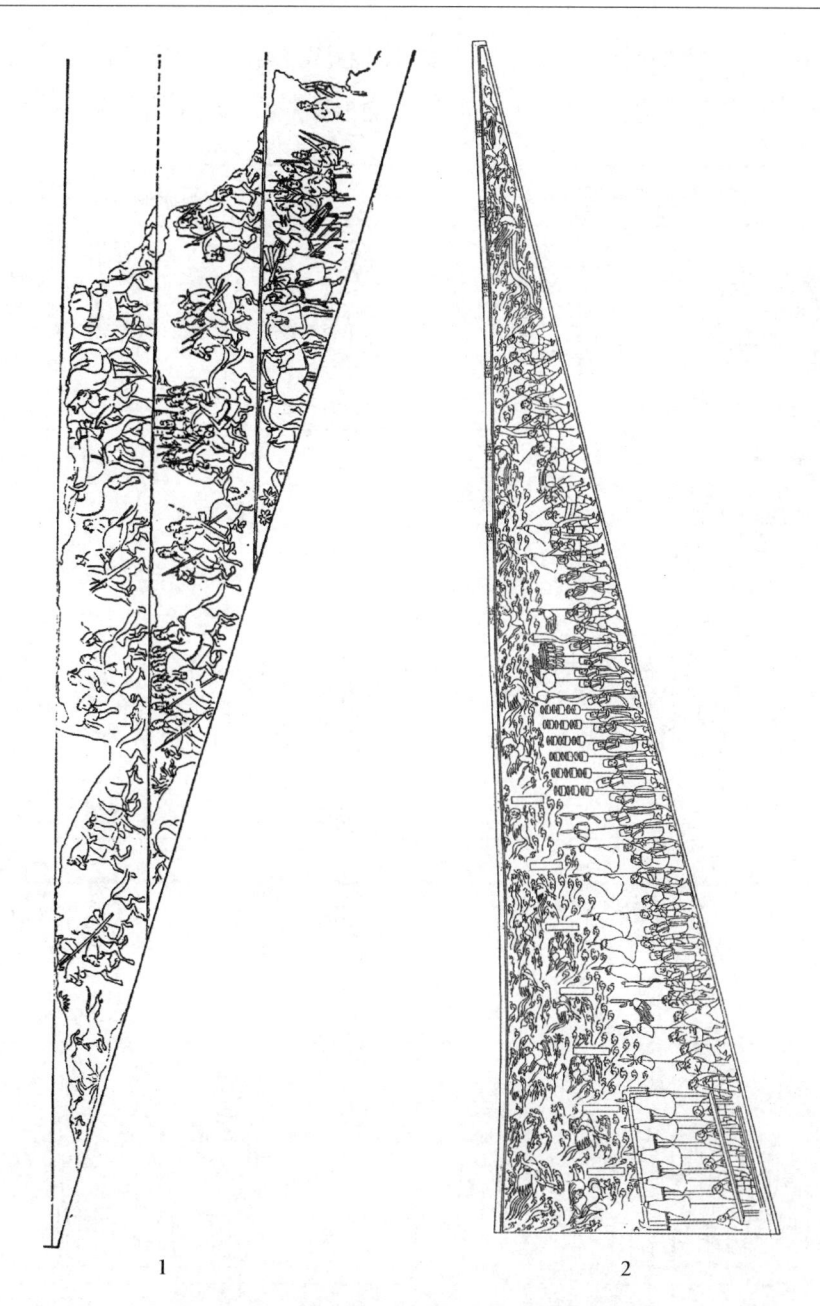

图 5-21 晋阳与邺城北齐墓道仪仗图举例比较
1. 晋阳娄睿墓墓道西壁壁画　2. 邺城湾漳壁画墓墓道东壁壁画

俑群是北齐随葬品中引人注目的内容。从出土陶俑种类大多相同来看,邺城和晋阳遵循着共同的制度,但两地陶俑的造型特色又有着明显差异,有学者因此称它们为北齐陶俑的"两大样式"①。大致说来,邺城地区的陶俑塑制精致,肥瘦适度,头与四肢、躯干的比

---

① [日] 小林仁著,李娜译:《中国北齐随葬陶俑两大样式的形成及其意义》,《文物世界》2012 年第 1 期。

例匀称;晋阳地区的陶俑面相浑圆,下颐丰满,体型显得臃肿,腹胯圆鼓,下肢短而细,使全俑的轮廓近于梭形①(图5-22)。究其背景,晋阳地区北齐墓的墓主人多为鲜卑等北方胡

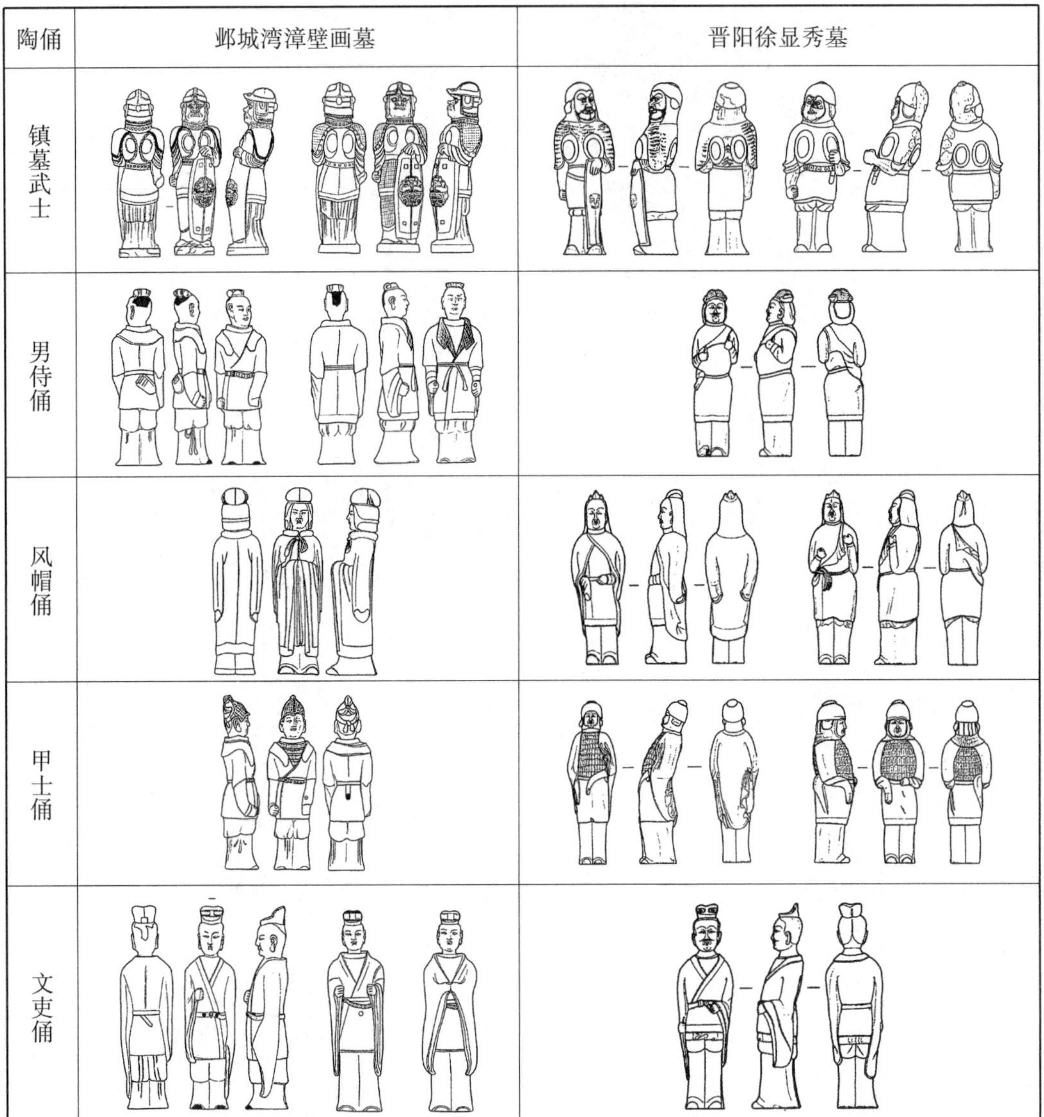

陶俑	邺城湾漳壁画墓	晋阳徐显秀墓
镇墓武士		
男侍俑		
风帽俑		
甲士俑		
文吏俑		
骑马乐俑		

图5-22 邺城与晋阳地区北齐陶俑举例比较

① 杨泓:《隋唐造型艺术渊源简论》,《唐研究》第四卷,北京:北京大学出版社,1998年,第361—372页。

族,所出陶俑多身着胡服,强调浑圆、溜肩、腹部腆起的独特身姿,凸显了上身的魁梧,源于鲜卑视魁梧为"强悍"的审美观①。而邺城地区是汉人士族集中之地,虽然北齐恢复鲜卑服、鲜卑语,但在邺城汉人主导下的汉化进程仍然是时代的主流趋势②。所以,邺城的陶俑讲究匀称中庸,大多是文质彬彬的形象。晋阳与邺城陶俑种类近同、造型有异,实际上显示着北齐胡、汉分治的二元一体文化结构,同样也是文武之道的表现形式。

从墓葬文化各方面的特征看,北齐霸府晋阳与都城邺城形成了一体两面的互动关系,大为改变了北魏晚期洛阳、东魏时期邺城在文化影响力上孤掌难鸣的被动局面。此二元结构互补共生,协力构成北齐文化的新体制,显非二元对立,而是双核共振了。北魏晚期墓葬文化格局的失衡局面至此得以初步化解。

---

① [日]小林仁著,李娜译:《中国北齐随葬陶俑两大样式的形成及其意义》,《文物世界》2012年第1期。
② 钱龙、马军:《东魏北齐的汉化形势》,《沧桑》2007年第5期;黄寿成:《汉士族与东魏北齐政权》,《青岛大学师范学院学报》2011年第1期。

第六章　南北朝墓葬文化的正统争夺

第一节　南北朝正统争夺的形势

南北朝是大分裂时代临近结束的最后阶段，也是南北方对峙角力、一决雌雄的关键时期。双方保持了较长时期的和平共处，军事层面不是优先选择，主要是在政治、文化层面较量，而其中的主线就是对正统地位的争夺。这场争夺从西晋末年胡族进入中原建立政权就开始了，经历东晋十六国时期，延续到南北朝时期。这场正统争夺的优势首先在西晋、东晋一边，南朝取代东晋，也夺得了优先继承司马晋正统的先机。而十六国、北魏胡族政权对正统的争夺在起步时就处于劣势，总是要寻找各种理由来强调自己的合法性，颇费周章。

匈奴刘渊在推翻西晋、建立汉国的过程中，首先要为自己的夷戎身份辩护，还要攀附汉朝刘氏以自重。他自己说：

> 夫帝王岂有常哉，大禹出于西戎，文王生于东夷，顾惟德所授耳。……虽然，晋人未必同我。汉有天下世长，恩德结于人心，是以昭烈崎岖于一州之地，而能抗衡于天下。吾又汉氏之甥，约为兄弟，兄亡弟绍，不亦可乎？且可称汉，追尊后主，以怀人望。①

即汉王位后，他"追尊刘禅为孝怀皇帝，立汉高祖以下三祖五宗神主而祭之"②。刘渊追尊刘禅，是要以蜀汉为正统，也就是要否定曹魏、西晋的正统性。后赵开国之主羯人石勒曾与自古开基创业的帝王相比，认为自己的功业比不过轩辕黄帝，当在西汉高祖与东汉光武帝"二刘之间"，对曹操和司马懿父子则语露鄙视之意③。石勒出身底层，身份卑微，不能像刘渊那样与汉室攀附亲戚，但宣称自己的功业在两汉开国君主之间，同时贬低魏晋基业的奠定者，也是企图降低曹魏、西晋的正统性，以增强自己称帝、与东晋争天下的合法性。但即便如此，石勒仍很担心自己这个夷族帝王得不到人们的承认。他曾对其大臣徐光发过一段感慨："吴蜀未平，书轨不一，司马家犹不绝于丹杨，恐后之人将以吾为不应符箓。

---

① 《晋书》卷一○一《刘元海载记》，北京：中华书局，1974年，第2649页。
② 《晋书》卷一○一《刘元海载记》，北京：中华书局，1974年，第2650页。
③ 《晋书》卷一○五《石勒载记下》，北京：中华书局，1974年，第2749页。

每一思之,不觉见于神色。"①可见十六国前期,汉—前赵、后赵在与两晋争夺正统的策略上,采取了大致相同的思路,都是援汉助己,突出自己与两汉的继承性或关联性关系,以表明自己的合法性由汉而来,非承魏晋,同时又排斥或贬低魏晋,以达到宣扬自己先于魏晋、优于魏晋,理应比魏晋合法的目的。不过,从刘渊、石勒的话语之中,可感觉到他们内心之中对争夺正统是缺乏底气、不自信的。

随后的十六国胡族君主,若再与汉室拉扯关系,更需迂回曲折,实际效果也恐非理想。因此,他们选择了另外一条思路,即追溯三皇五帝作为祖源。此前石勒将自己与轩辕黄帝作比较,已显示出这样的苗头。前燕鲜卑慕容氏,称"其先有熊氏之苗裔,世居北夷"②,有熊氏是指黄帝③。前秦氐族苻氏,称"其先盖有扈之苗裔,世为西戎酋长"④,有扈氏与帝禹同姓,皆为姒姓部族⑤。后秦羌人姚氏,称"其先有虞氏之苗裔","禹封舜少子于西戎,世为羌酋"⑥,有虞氏是指帝舜⑦。大夏赫连勃勃,"自以匈奴夏后氏之苗裔也"⑧,夏后氏是指帝禹⑨。赫连勃勃是刘渊同族之人,刘渊时不提与夏禹的关系,到赫连勃勃时却有了,说明类似的行为都是攀附之举,目的在于粉饰胡族君主的出身。因为这些胡族一旦与中原王朝同祖同宗,他们也便有了争夺天下的合法性。

北魏建立后,拓跋争夺正统的举措更是趋向深化,呈现出复杂性、动态性和长期性的特点。北魏初期,就兼采了十六国胡族君主争夺正统的两种手法。

一方面是道武帝拓跋珪重定国号,由"代"改"魏"。"登国元年(386年)春正月戊申,帝即代王位,郊天,建元,大会于牛川。……夏四月,改称魏王。"⑩拓跋珪改国号为"魏",是为了使自己成为曹魏的继承者⑪。曹魏在西晋之前,承魏则可否定西晋的合法性,为与当时的东晋争正统埋下伏线。这一做法显非拓跋珪率性而为,而是深思熟虑后的长久之计,与刘渊、石勒比附汉朝是同一套路。可是拓跋与汉朝不易找到结合点,需要另寻说法。所以,我们看到道武帝即位后,将所尊的始祖神元帝力微的在位元年提前到220年,即曹魏代汉、汉亡魏兴的黄初元年。如此一来,力微就活了一百〇四岁(174—277年),在位长达五十八年⑫。有理由相信,力微的在位年限是被人为地拉长了,而将他的在位年代提前,他的出生年代也就必须跟着往前推,所以就有了他在位前期完全空白的二十八年,以及超过百岁的长寿纪录⑬。这样做的目的,就是通过力微元年与曹魏元年的巧合为争正

---

① 《晋书》卷一〇五《石弘载记》,北京:中华书局,1974年,第2753页。
② 《晋书》卷一〇八《慕容廆载记》,北京:中华书局,1974年,第2803页。
③ 《史记》卷一《五帝本纪》,北京:中华书局,1959年,第45页。
④ 《晋书》卷一一二《苻洪载记》,北京:中华书局,1974年,第2867页。
⑤ 《史记》卷二《夏本纪》,北京:中华书局,1959年,第89页。
⑥ 《晋书》卷一一六《姚弋仲载记》,北京:中华书局,1974年,第2959页。
⑦ 《史记》卷一《五帝本纪》,北京:中华书局,1959年,第45页。
⑧ 《晋书》卷一三〇《赫连勃勃载记》,北京:中华书局,1974年,第3202页。
⑨ 《史记》卷一《五帝本纪》,北京:中华书局,1959年,第45页。
⑩ 《魏书》卷二《太祖纪》,北京:中华书局,1974年,第20页。
⑪ 何德章:《北魏国号与正统问题》,《历史研究》1992年第3期。
⑫ 《魏书》卷一《序纪》,北京:中华书局,1974年,第3—5页。
⑬ 姚大力:《论拓跋鲜卑部的早期历史——读〈魏书·序纪〉》,《复旦学报(社会科学版)》2005年第2期。

统、立国号造势。

到天兴元年(398年)六月丙子①,借与东晋外交、需报正式国号的机会,拓跋珪组织了一次对国号意义的讨论。"时司马德宗遣使来朝,太祖将报之,诏有司博议国号。"②群臣曰:"昔周秦以前,世居所生之土,有国有家,及王天下,即承为号。自汉以来,罢侯置守,时无世继,其应运而起者,皆不由尺土之资。今国家万世相承,启基云代。臣等以为若取长远,应以代为号。"③唯有崔玄伯附和拓跋珪当初改"代"为"魏"的举措。他的理由是:

> 三皇五帝之立号也,或因所生之土,或即封国之名。故虞夏商周始皆诸侯,及圣德既隆,万国宗戴,称号随本,不复更立。唯商人屡徙,改号曰殷,然犹兼行,不废始基之称。故《诗》云"殷商之旅",又云"天命玄鸟,降而生商,宅殷土茫茫"。此其义也。昔汉高祖以汉王定三秦,灭强楚,故遂以汉为号。国家虽统北方广漠之土,逮于陛下,应运龙飞,虽曰旧邦,受命惟新,是以登国之初,改代曰魏。又慕容永亦奉进魏土。夫"魏"者大名,神州之上国,斯乃革命之征验,利见之玄符也。臣愚以为宜号为魏。④

拓跋珪本就属意于"魏",遂借崔玄伯的议论下诏批准,同时也明确表达了自己称"魏"的意图。他说道:

> 昔朕远祖,总御幽都,控制遐国,虽践王位,未定九州。逮于朕躬,处百代之季,天下分裂,诸华乏主。民俗虽殊,抚之在德,故躬率六军,扫平中土,凶逆荡除,遐迩率服。宜仍先号,以为魏焉。布告天下,咸知朕意。⑤

"于是四方宾王之贡,咸称大魏矣。"⑥北魏君臣议论国号,实际上是做给正在平城的东晋使者看的,拓跋珪明确表达了北魏要与东晋争夺正统的态度,即以魏为号,名正言顺,扫平中土,做诸华之主。同年十二月,拓跋珪又"诏百司议定行次,尚书崔玄伯等奏从土德"⑦。何德章认为:"曹魏受汉禅,定土德继汉火德,将第一个年号定为'黄初',因此,北魏也必须从土德,才能真正成为曹魏的继承者。"⑧

另一方面是追祖黄帝。《魏书·序纪》开篇即云:

> 昔黄帝有子二十五人,或内列诸华,或外分荒服,昌意少子,受封北土,国有大鲜卑山,因以为号。其后,世为君长,统幽都之北,广漠之野,畜牧迁徙,射猎为业,淳朴为俗,简易为化,不为文字,刻木纪契而已,世事远近,人相传授,如史官之纪录焉。黄

---

① 《魏书》卷二《太祖纪》,北京:中华书局,1974年,第32页。
② 《魏书》卷二四《崔玄伯传》,北京:中华书局,1974年,第620页。
③ 《魏书》卷二《太祖纪》,北京:中华书局,1974年,第32页。
④ 《魏书》卷二四《崔玄伯传》,北京:中华书局,1974年,第620—621页。
⑤ 《魏书》卷二《太祖纪》,北京:中华书局,1974年,第32—33页。
⑥ 《魏书》卷二四《崔玄伯传》,北京:中华书局,1974年,第621页。
⑦ 《魏书》卷二《太祖纪》,北京:中华书局,1974年,第34页。
⑧ 何德章:《北魏国号与正统问题》,《历史研究》1992年第3期。

帝以土德王，北俗谓土为托，谓后为跋，故以为氏。其裔始均，入仕尧世，逐女魃于弱水之北，民赖其勤，帝舜嘉之，命为田祖。爰历三代，以及秦汉，獯鬻、猃狁、山戎、匈奴之属，累代残暴，作害中州，而始均之裔，不交南夏，是以载籍无闻焉。积六十七世，至成皇帝讳毛立。①

文中讲到拓跋祖先"世为君长，统幽都之北"，与前文拓跋珪诏书所云"昔朕远祖，总御幽都"的说法一致，表明《序纪》这段关于拓跋祖先来历的历史建构和文本叙述应在拓跋珪时期就已形成。

称国为"魏"和追祖黄帝，如果没有深入广泛的文化措施来支撑，就会流于形式上的宣传口号。因此，北魏需要采取相应的落实措施。

追祖黄帝方面，拓跋力图增强这种说法的可信性。首先在文本上较以往十六国政权的说法更细致、周全，经得起推敲，从黄帝到昌意，到始均，再到毛，给人以世代相传、本源清晰的感觉。其次，拓跋将"鲜卑"纳为自己的专有族称，将慕容、段氏等东部鲜卑改为"徒何"。《资治通鉴》胡三省注"徒河卢鲁元"时说："拓跋与慕容、段氏同出鲜卑，其后强盛，谓东种为徒河。"②拓跋这样做的时间，可能始于北魏平定后燕都城中山之时③。如此一来，昌意少子受封之地的大鲜卑山就只指拓跋的起源地。再进一步就是在大鲜卑山找到拓跋祖先的活动遗迹。太平真君四年（443 年），发生了太武帝遣中书侍郎李敞到大鲜卑山中"祖宗之庙""旧墟石室"祭祀的事情。《魏书·礼志》记载：

> 魏先之居幽都也，凿石为祖宗之庙于乌洛侯国西北。自后南迁，其地隔远。真君中，乌洛侯国遣使朝献，云石庙如故，民常祈请，有神验焉。其岁，遣中书侍郎李敞诣石室，告祭天地，以皇祖先妣配。④

《魏书·乌洛侯传》也记载：

> 世祖真君四年来朝，称其国西北有国家先帝旧墟，石室南北九十步，东西四十步，高七十尺，室有神灵，民多祈请。世祖遣中书侍郎李敞告祭焉，刊祝文于室之壁而还。⑤

于是从道武帝到太武帝时期，北魏就陆续构建了"拓跋是黄帝苗裔"的完整叙述和证明。

称国为"魏"方面，就要求北魏能从文化上反映曹魏的特点。这一点比较难办，曹魏是东汉、西晋之间的过渡阶段，自身文化特征并不鲜明，要从西晋、十六国以来的文化中拣出曹魏文化的遗留因素也是困难的。从墓葬文化看，平城地区北魏早期吸收的十六国文

---

① 《魏书》卷一《序纪》，北京：中华书局，1974 年，第 1 页。
② 《资治通鉴》卷一一九《宋纪一》"武帝永初三年五月条"，北京：中华书局，1956 年，第 3746—3747 页。
③ 王兴振：《徒何流变考》，《东北史地》2014 年第 1 期。
④ 《魏书》卷一〇八《礼志一》，北京：中华书局，1974 年，第 2738 页。
⑤ 《魏书》卷一〇〇《乌洛侯传》，北京：中华书局，1974 年，第 2224 页。

化因素主要来自边疆地区的河西、东北,而不是包括关陇在内的中原地区。由此可看到北魏的解决思路是希望从文化发展较为滞后的边疆地区寻找曹魏文化因素,有意回避洛阳形成的"晋制"文化所影响的中原地区。魏晋十六国时期的河西、东北地区文化能否真实代表曹魏文化,自然是不能确认的,但它们确实形成了不同于中原的文化特征。凭此一点,已能够助力北魏早期统治者将想法付诸实施。他们主要整合河西、东北的文化因素,在平城地区建立了一套有别于"晋制"的文化体系,可将其标榜为曹魏文化,以否定南朝正统性的西晋之源。

然而,北魏早期这套有别"晋制"的文化设计,在正统争夺中的实效并不好。一方面,这套文化体系对南朝缺乏吸引力,南朝不加学习,不受影响;另一方面,中原与边疆存在主次之别,北魏早期文化的主源毕竟来自边疆,与东晋南朝可追承西晋中原文化是有明显心理落差的。结果就是北魏早期文化虽可帮助北魏对抗南朝,但对南朝文化不具备实质性的威胁。于是,北魏逐渐放弃对北魏早期平城文化的继承与发展,逐步向"晋制"转化,在经过北魏早、中期之际以来的文化调整和先期实践后,太和十五年(491年)孝文帝肯定和明确了向"晋制"转变的文化新政策,以上承西晋之水德[①]。向"晋制"转变,也就是向西晋洛阳文化学习,意在直接针对南朝的文化正统性展开同质性、排他性的竞争。孝文帝将都城迁往当时尚处边疆的原西晋都城洛阳,既具有文化指向的象征性,也表达出践行新目标的决心。到北魏晚期的正光、孝昌之际(523—526年),"晋制"终于在洛阳地区全面复归,并得到发展。东魏北齐、西魏北周的墓葬文化面貌虽然差异明显,但都继承了北魏遗留的"晋制"框架。北朝对"晋制"的紧紧追随,逐渐颠覆了南朝所抱持的正统先机。

第二节 南朝墓葬的文化格局与正统争夺的应对策略

面对北朝文化争夺正统的步步紧逼,南朝文化又在如何发展和进行应对呢?我们主要以都城建康为中心的长江下游地区墓葬为对象,通过它们来总结南朝墓葬的基本特征,以进一步了解南朝文化的发展格局及其应对策略。

南朝墓葬的基本特征,至少包括以下八个方面。

(一)墓葬形制单一化为长方形单室券顶墓

长江下游地区的东晋早期墓葬一改江南东吴、西晋时期前后双室墓(有的带耳室)、长方形单室墓(有的带耳室)并行的局面,单室墓成为主流,除了原有的墓室平面呈长方形的券顶单室墓,还受西晋洛阳"晋制"墓葬的影响而新出现墓室平面近方形的

[①] 《魏书》卷一〇八《礼志一》,北京:中华书局,1974年,第2744—2747页。

穹隆顶单室墓。大致到了东晋中期的穆帝永和年间,近方形穹隆顶单室墓基本消失,墓葬形制只有长方形券顶单室墓一种,大多带甬道,与墓室相连呈"凸"字形,面貌变得十分单一;先前常见的直棂假窗突然不见,墓壁上仅留有"凸"字形灯龛,并开始有外弧的趋势。东晋晚期,假窗重新出现在墓壁上,而墓葬形制的变化不甚显著,墓室规模比前一阶段有所增大,墓壁外弧的特征趋向明显。南朝墓葬继续沿着这个轨迹发展,未有质的改变,整体呈"凸"字形、墓室呈长方形的单室券顶墓贯穿整个南朝,只是壁面新出现桃形灯龛,墓葬规模普遍比同级的东晋墓葬要大,有些墓葬的壁面外弧更加明显,使平面呈现为椭圆形①。

(二) 陵墓地面出现神道石刻

南朝陵墓神道石刻一般为三种六件,即石兽、石碑、石柱各一对。石兽的列置显示墓主身份的等级区别,帝陵前悉用麒麟(或谓天禄、麒麟各一),王侯贵族墓前均为辟邪。石碑、石柱为帝陵、王侯贵族墓葬所共有。石碑碑首为圜首,左右为双龙交缠纹,环缀于碑脊,有的碑身两侧刻有神兽、朱雀、白虎、花叶纹,碑座为龟趺。石柱分为三个部分:上为柱首圆盖,往往呈圆形莲花座状,莲花座上立一小辟邪;中为柱身,圆柱形,其上刻凹棱纹,柱身上段嵌一块刻神道铭文的方形柱额;下为柱础②。

(三) 新出现拼镶砖壁画

南方东吴至东晋的部分墓葬壁面有花纹砖或画像砖装饰,题材包括莲花纹、忍冬纹、蕉叶纹等植物纹,四神、怪兽、鱼、虎、鸟等动物纹,三角纹、菱形纹、钱纹等几何纹,少数还有文字。这一时期的画像篇幅较小,基本为单砖模印,即每块砖上只有一幅画像,且独立成图;东晋时期,偶见由 2 或 3 块砖拼成的小幅壁画。进入南朝后,墓壁装饰发生重大变化,除原有纹饰系统继续发展,还新出现了由众多画像砖共同组合而成的大幅拼镶砖画,包括日、月、狮子、仗刀门吏、出行仪仗、飞仙、羽人戏龙(虎)和高士等内容,其中最具代表性的是"竹林七贤与荣启期"砖画③。目前所知出土"竹林七贤与荣启期"砖画的拼镶砖画墓共有 8 座,分别是 1960 年发掘的南京西善桥宫山墓④、1965 年发掘的丹阳胡桥鹤仙坳墓⑤、1968 年发掘的丹阳胡桥吴家村墓和建山金家村墓⑥、2010 年发掘

---

① 耿朔:《最后归宿还是暂时居所?——南京地区东晋中期墓葬观察》,《南方文物》2010 年第 4 期;邹厚本主编:《江苏考古五十年》,南京:南京出版社,2000 年,第 298—305 页;罗宗真、王志高:《六朝文物》,南京:南京出版社,2004 年,第 122 页;韦正:《六朝墓葬的考古学研究》,北京:北京大学出版社,2011 年,第 20—29 页。

② 邹厚本主编:《江苏考古五十年》,南京:南京出版社,2000 年,第 286—288 页;罗宗真、王志高:《六朝文物》,南京:南京出版社,2004 年,第 96—100 页;[日] 曾布川宽著,傅江译:《六朝帝陵》,南京:南京出版社,2004 年,第 4、5、42、8、35 页;邵磊:《对南朝陵墓神道石刻研究的回顾与反思》,《南京晓庄学院学报》2010 年第 1 期。

③ 武翔:《江苏六朝画像砖研究》,《东南文化》1997 年第 1 期;邹厚本主编:《江苏考古五十年》,南京:南京出版社,2000 年,第 316—317 页;姚义斌:《六朝画像砖研究》,镇江:江苏大学出版社,2010 年,第 95—98 页。

④ 南京博物院、南京市文物保管委员会:《南京西善桥南朝墓及其砖刻壁画》,《文物》1960 年第 8、9 期合刊。

⑤ 南京博物院:《江苏丹阳胡桥南朝大墓及砖刻壁画》,《文物》1974 年第 2 期。

⑥ 南京博物院:《江苏丹阳县胡桥、建山两座南朝墓葬》,《文物》1980 年第 2 期。

的南京石子冈雨花软件园 M5①、2012 年发掘的南京铁心桥小村 M1②、2013 年发掘的南京栖霞狮子冲两座南朝大墓③。这些墓葬皆当为南朝帝后或宗王的陵墓。狮子冲两座南朝大墓的墓主基本确认是梁昭明太子萧统（M1）及其生母丁贵嫔（M2）④，丹阳三墓普遍被认为是南齐帝陵。南京西善桥宫山墓所出"竹林七贤与荣启期"砖画保存最为完整，人物形象及题榜姓名也与史书记载一致。此墓发现时间最早，年代分歧也最大，东晋、宋、齐、梁、陈五朝说皆有。按对其陶俑年代的推断⑤，宫山墓的年代可能在宋、齐之间。

（四）流行瓷器

瓷器是南方先进工艺在日常生活中的体现，以青瓷为代表，也有黑瓷，出土数量众多，是六朝墓葬随葬品中最具稳定性的因素之一。长江下游自东吴以来的墓葬瓷器种类和组合，在南朝墓葬中虽有所增损，但核心器类得到延续。其基本组合为盘口壶、鸡首壶、唾壶、罐、灯、盏、钵、砚等，罐、壶器形较以往日渐瘦长，流行方桥形器耳，新出现细长颈圆腹瓶、莲花尊等，以莲瓣纹为装饰的器物较普遍⑥。

（五）墓内新出现成组的石制品

大约从刘宋中晚期开始，建康地区大中型墓葬中除了原有的滑石猪，又涌现出一批新的石制品，可分为两大类：一是墓葬设施，包括门、棺座、祭台（图 6-1：1—4）和器座等；二是明器，包括人俑、马俑、凭几、灶、屋等⑦。东吴西晋时期，棺床和祭台不大常见，少数墓葬在墓室内设有祭台而未设棺床，棺床和祭台都用砖砌成。至东晋，棺床和祭台的设施才普遍流行，仍以砖砌成。南朝时，在砖棺床上出现长方形石棺座，墓室前部则新见放置遗物的石祭台。

---

① 南京市博物馆、南京市雨花台区文化局：《南京雨花台石子岗南朝砖印壁画墓（M5）发掘简报》，《文物》2014 年第 5 期；南京市博物馆总馆、南京市考古研究所：《南朝真迹——南京新出南朝砖印壁画墓与砖文精选》第一节《南京市雨花台区石子冈南朝墓发掘简报》，南京：江苏凤凰美术出版社，2016 年，第 26—43 页。
② 南京市博物馆：《南京市雨花台区铁心桥小村南朝墓发掘简报》，《东南文化》2015 年第 2 期；南京市博物馆总馆、南京市考古研究所：《南朝真迹——南京新出南朝砖印壁画墓与砖文精选》第二节《南京市雨花台区铁心桥小村南朝墓发掘简报》，南京：江苏凤凰美术出版社，2016 年，第 44—61 页。
③ 南京市考古研究所：《南京栖霞狮子冲南朝大墓发掘简报》，《东南文化》2015 年第 4 期；南京市博物馆总馆、南京市考古研究所：《南朝真迹——南京新出南朝砖印壁画墓与砖文精选》第三节《南京市栖霞区狮子冲南朝大墓发掘简报》，南京：江苏凤凰美术出版社，2016 年，第 62—85 页。
④ 许志强、张学锋：《南京狮子冲南朝大墓墓主身份的探讨》，《东南文化》2015 年第 4 期。
⑤ 韦正：《南京西善桥宫山"竹林七贤"壁画墓的时代》，《文物》2005 年第 4 期。
⑥ 冯普仁：《南朝墓葬的类型与分期》，《考古》1985 年第 3 期；邹厚本主编：《江苏考古五十年》，南京：南京出版社，2000 年，第 318—320 页；罗宗真、王志高：《六朝文物》，南京：南京出版社，2004 年，第 173—174 页。
⑦ 耿朔：《建康地区东晋墓葬研究》，北京大学硕士研究生学位论文，2009 年。相关墓例有南京博物院：《梁朝桂阳王萧象墓》，《文物》1990 年第 8 期；南京博物院：《南京西善桥南朝墓》，《东南文化》1997 年第 1 期；南京市博物馆、南京市雨花台区文管会：《江苏南京市花神庙南朝墓发掘简报》，《考古》1998 年第 8 期；南京市博物馆、江宁区博物馆：《南京隐龙山南朝墓》，《文物》2002 年第 7 期；南京市博物馆：《南京市栖霞区东杨坊南朝墓》，《考古》2008 年第 6 期；安徽省当涂县文物事业管理所、安徽省马鞍山市李白研究所：《安徽当涂新市来陇村南朝墓群发掘简报》，《东南文化》2008 年第 1 期。

（六）新出现方形石墓志

东晋墓志以长方形砖质或石质墓志为主,有很少的方形砖墓志①,或为方形石墓志的先声。如南京郭家山所出温峤墓志基本为正方形,长45、宽44厘米,墓志铭中没有纪年,据史书记载温峤卒于东晋咸和四年(329年)②。方形石墓志到南朝齐、梁时期才出现,但数量也不多③。如南京炼油厂附近所出齐永明六年(488年)王宝玉墓志基本为正方形,长46、宽47厘米④,南京甘家巷所出梁天监元年(502年)桂阳王萧融墓志已是标准的正方形,边长60厘米⑤。

（七）新出现小冠文吏俑

洛阳"晋制"墓葬俑群包括镇墓兽、镇墓武士组合,牛车、鞍马和男、女侍俑的仪仗组合,鸡、狗、猪的家畜俑组合等。这一整套内容到南朝时已涣散,只有数量少这个特点还算符合"晋制",但整体不够系统、完整,在同一座墓葬里各组合不会同时出现。

与东晋至南朝早期墓葬陶俑中的胡俑、尖帽男俑、宽沿圆顶帽男俑、平巾帻男俑、尖圆顶小帽男俑、高髻女俑比较,南朝中后期的陶俑面貌发生了急剧变化,胡俑消失,只见男、女俑。男俑的形式是清一色的小冠文吏俑,身着长袍,在东晋至南朝早期墓葬中从未见过。目前出有这种俑的最早纪年墓是刘宋末期的元徽二年(474年)明昙憘墓⑥。女俑流行宽大覆额的发型,始见于梁⑦,如薨于大同二年(536年)的梁桂阳王萧象的墓葬⑧所出。可见,男俑的变化比女俑早。另外,女俑的发型同此前穿环髻覆盖于两侧云鬟上的女俑有演变继承关系,相比之下,男俑的面貌更令人耳目一新。因此,小冠文吏俑是南朝产生的具有引领风气的新形象俑类。明昙憘墓所出小冠文吏俑有两种形态,一种身体中空、呈筒状,另一种为身体中空、背部扁平。武昌三官殿普通元年(520年)梁墓继承和发展了背部扁平式陶俑,男、女俑均背部扁平⑨。

（八）佛教因素流行

佛教因素在南方东吴、西晋墓葬中已经出现,但普遍渗透到墓葬中,真正与之发生内在联系,要到南朝时期。佛教因素在南朝主要出现在构建墓室空间的画像砖上,其所含的

---

① 朱智武：《东晋南朝出土墓志资料概述》,《南京理工大学学报(社会科学版)》2010年第3期。
② 南京市博物馆：《南京北郊东晋温峤墓》,《文物》2002年第7期。
③ 朱智武：《东晋南朝出土墓志资料概述》,《南京理工大学学报(社会科学版)》2010年第3期。
④ 徐湖平总编,庄天明、凌波分卷主编：《(南京博物院珍藏系列)古代铭刻书法》,天津：天津人民美术出版社,2003年,第110、176—177页。
⑤ 南京市博物馆　阮国林：《南京梁桂阳王萧融夫妇合葬墓》,《文物》1981年第12期。
⑥ 南京市文物管理委员会：《南京太平门外刘宋明昙憘墓》,《考古》1976年第1期。
⑦ 韦正：《六朝墓葬的考古学研究》,北京：北京大学出版社,2011年,第213—215页。
⑧ 南京博物院：《梁朝桂阳王萧象墓》,《文物》1990年第8期。
⑨ 武汉市博物馆：《武昌东湖三官殿梁墓清理简报》,《江汉考古》1991年第2期。

佛教因索大致有：佛教人物形象类的佛像、僧人、飞人、伎乐、供养人物,佛教护法类的狮子,以及佛教象征物的杂器、佛塔等①。随葬瓷器上的莲花纹装饰,以及花纹砖上的莲花、缠枝、忍冬等纹样,也应是佛教影响的结果。

基于对上述八个方面墓葬特征的分析,可把南朝墓葬文化发展的格局构成及其应对正统争夺的策略归纳为四种情形。

第一种,南朝放弃"晋制"墓葬形制,墓葬文化特征深陷地方化格局。

南朝墓葬文化最主要的特征表现在墓葬形制和随葬品两方面。东晋王朝的皇帝是司马氏,毫无疑问是西晋正统的继承者。因此,东晋早期时"晋制"在以新都城建康为中心的长江下游地区获得迅速发展。高级官员和世家大族普遍采用平面近方形的穹隆顶单室墓,延续着洛阳西晋中后期墓葬的主流风格。但是经历了东晋中期北伐形势的大起大落,东晋朝野回迁故土的热望遭到破灭,北来世族不得不接受久居南方的现实。东晋晚期至南朝,墓葬形制变得单一化,整体呈"凸"字形、墓室呈长方形的单室券顶墓一统天下,完全放弃洛阳"晋制"墓葬的形制,而只采用南方本地的传统墓葬形制。墓葬尺寸普遍增大,有的壁面弧起、形成椭圆形以扩大空间,进一步反映北来世族的子孙们思想意识发生变化,愿意安居南方、将墓葬作为地下的永久居所②。随葬品中,瓷器数量占据大宗,体现在日常用品的各个方面,成为保存状况较好、最易引人注目的器物群。而瓷器在北朝晚期以前的发展中心一直在南方,以越窑为主的长江下游地区瓷器代表着南方瓷器的最高成就。整体而言,南朝对地方文化的认同感不断上升,与晋的中原正统关系不断疏远,"凸"字形墓和瓷器作为南方本地特征,成为南朝墓葬文化的基本底色。南朝放弃"晋制",甘居一隅,无异于将正统的旗帜拱手让于北朝,而北朝也确实抓住了这个难得的历史机遇。

第二种,"晋制"体系的少量因素仍被南朝沿袭,发展出新的面貌。

男女俑组合、墓志等因素属于"晋制"体系,在南朝墓葬中继续存在,发展出具有新面貌的小冠文吏俑、方形石墓志等。小冠文吏俑是新式男俑,仍与女俑成组出现。方形石墓志是由西晋兴起的碑形墓志发展而来,在东晋南朝经历了长方形砖质或石质墓志→方形砖墓志→方形石墓志的演变过程。这两项基本没有脱离"晋制"原有的发展轨迹。

第三种,南朝与外来文化发生交流,产生新的因素。

南朝墓葬新出现的石制品,有着与高句丽地区文化交流的背景。南朝墓葬中石棺座、石祭台、石门的出现,或受到高句丽地区墓葬的直接影响。408年的德兴里壁画墓(图6-1:5)前室设有石祭台(图6-1:6),后室设有石棺座(图6-1:7)③。集安高句丽王陵中,4世纪末5世纪初的好太王陵墓室内有一屋形石椁,开有两扇石门,内置长方形石棺

---

① 韦正:《试谈南朝墓葬中的佛教因素》,《东南文化》2010年第3期。
② 耿朔:《最后归宿还是暂时居所?——南京地区东晋中期墓葬观察》,《南方文物》2010年第4期。
③ 朝鲜民主主义人民共和国社会科学院、朝鲜画报社编:《德興里高句麗壁画古墳》,東京:講談社,1986年,圖4、圖版3、圖版7。

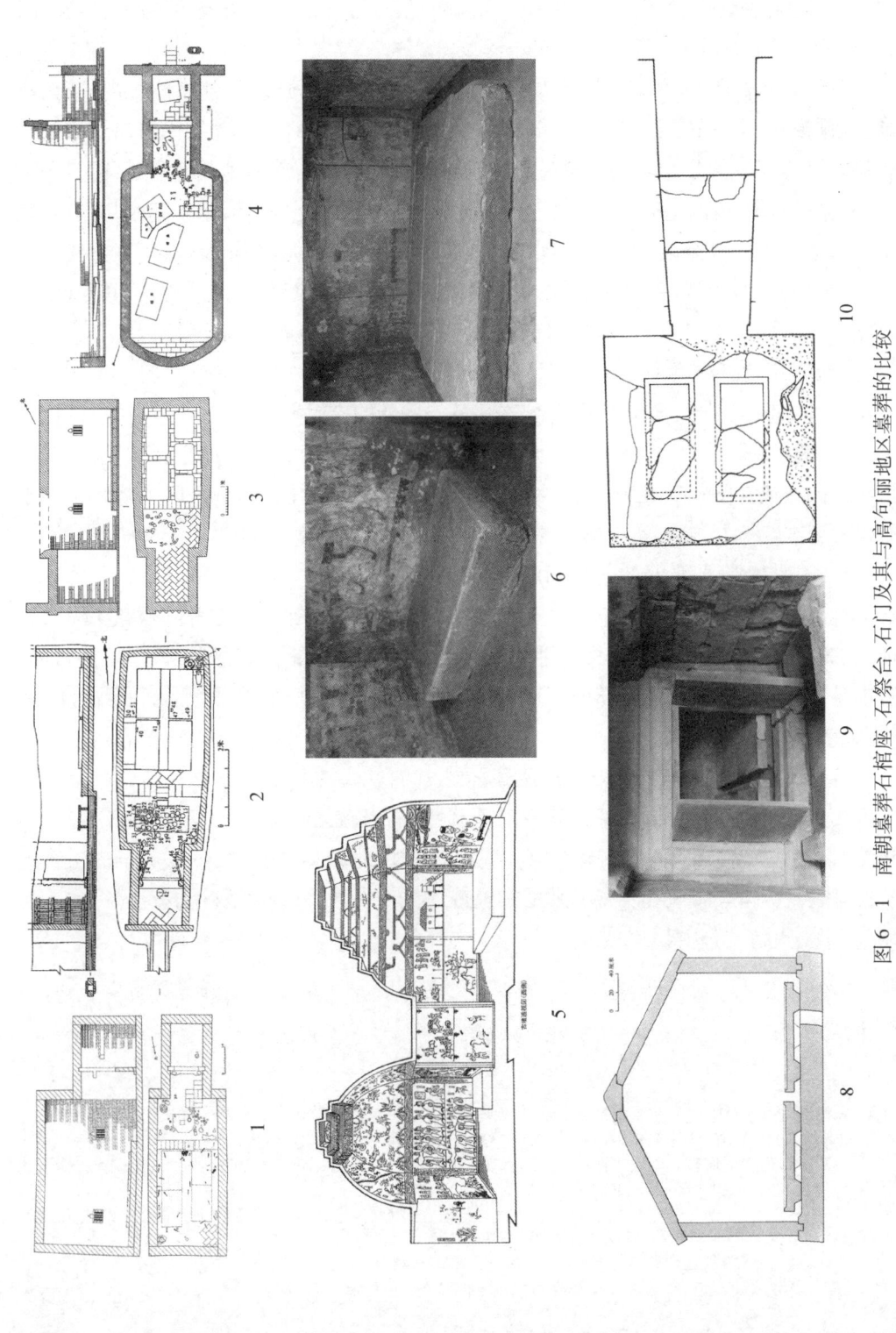

第六章　南北朝墓葬文化的正统争夺 ·287·

图 6-1　南朝墓葬石棺座、石祭台、石门及其与高句丽地区墓葬的比较
1. 南京隐龙山南朝墓 M1　2. 南京市栖霞区东杨坊南朝墓 M1　3. 当涂新市来陇村南朝墓 M4　4. 梁桂阳王萧象墓　5—7. 德兴里壁画墓　8—9. 好太王陵　10. 将军坟

座两具(图6-1:8—9)①;5世纪早期的将军坟也在墓室中放置两具长方形石棺座(图6-1:10)②。高句丽地区墓葬的用石技术传到南朝,估计导致出现模仿陶明器的石明器,只不过技术不精,形象粗糙。

佛教作为外来宗教,汉魏时期尚依附于传统文化,佛只是道教神仙系统中的一种,有所谓"仙佛模式"③。东晋以来,这种形势发生了变化。佛教不但对道教,而且对道家的经典和儒家思想也开始公开贬斥。到南北朝,佛教要求包容儒、道而为三教之首,南方到梁朝时,佛教在与儒、道的论战中获得全胜④。据唐法琳《辨正论》记载,到梁朝时,共有寺院2 846所,僧尼82 700余人,比东晋时增加寺院1 000多所,僧尼增加3倍多⑤。梁武帝本人十分崇拜佛教,唯佛为尊,先后4次舍身同泰寺,施舍财物无数,立丈八佛像,禁断肉食,又创立忏悔法⑥。这些行动,促进了佛教向社会深层的广泛流布。如此背景之下,南朝墓葬中佛教因素广为盛行就很自然了。

第四种,南朝为维护旧有的正统地位,采取一些新的应对举措。

尽管南朝墓葬所含"晋制"因素已相当有限,整体上沦落为一种地方性文化,但统治阶层仍试图在放弃"晋制"的同时,继续维护其旧有的正统地位,于是采取了一些不同于"晋制"框架的应对措施。

其一,追承魏晋风度,从精神层面的立意谋胜北魏。

北魏以曹魏继承者自居,南朝宋、齐就强调对魏晋风度的继承,以"名士风范"应对北方胡族的粗犷习气和世俗眼界,贬低北魏徒有虚名,无有内涵,谋求达到神胜于名的目的。这可能是南朝高门世族趋向没落、寒门庶族地位上升之际却出现"竹林七贤和荣启期"大型拼镶砖壁画的真实动机。

其二,援引"汉制",恢复部分东汉陵墓石刻。

南朝墓葬不能扭转地方化的趋势,在"晋制"范畴内已无优势可言,索性跳出"晋制",模仿"汉制",以反压继承曹魏文化名义下的平城地区北魏早期文化,争取更早的法统地位。此举表现为南朝帝陵和王侯墓葬的神道普遍再现成组的石兽、石碑和石柱。

《宋书·礼志二》记载:

> 汉以后,天下送死奢靡,多作石室石兽碑铭等物。建安十年,魏武帝以天下雕弊,下令不得厚葬,又禁立碑。魏高贵乡公甘露二年,大将军参军太原王伦卒,伦兄俊作

---

① 吉林省文物考古研究所、集安市博物馆:《集安高句丽王陵——1990~2003年集安高句丽王陵调查报告》,北京:文物出版社,2004年,第236—238、248—253、334—335页。
② 吉林省文物考古研究所、集安市博物馆:《集安高句丽王陵——1990~2003年集安高句丽王陵调查报告》,北京:文物出版社,2004年,第338—343、362页。
③ 温玉成:《公元1至3世纪中国的仙佛模式》,《敦煌研究》1999年第1期;温玉成:《用"仙佛模式"论说钱树老君》,《新疆师范大学学报(哲学社会科学版)》2006年第1期。
④ 杜继文主编:《佛教史》,南京:江苏人民出版社,2006年,第187页。
⑤ [唐]法琳:《辨正论》卷三,《大正新修大藏经》第52卷《史传部四》,台北:佛陀教育基金会,1990年,第503页。
⑥ 杜继文主编:《佛教史》,南京:江苏人民出版社,2006年,第162页。

《表德论》,以述伦遗美,云"祗畏王典,不得为铭,乃撰录行事,就刊于墓之阴云尔"。此则碑禁尚严也。此后复弛替。晋武帝咸宁四年,又诏曰:"此石兽碑表,既私褒美,兴长虚伪,伤财害人,莫大于此。一禁断之。其犯者虽会赦令,皆当毁坏。"至元帝太兴元年,有司奏:"故骠骑府主簿故恩营葬旧君顾荣,求立碑。"诏特听立。自是后,禁又渐颓。大臣长吏,人皆私立。义熙中,尚书祠部郎中裴松之又议禁断,于是至今。①

从目前实物发现情况看,魏晋时期墓前石兽、石碑的禁断情况比较好,石柱则相对多见一些,如西晋韩寿墓石柱②、河南博爱县出土的西晋苟府君墓石柱③和重庆巴县出土的东晋隆安三年(399年)杨阳墓石柱④等。

南朝石兽、石碑的形制皆能远溯东汉。东汉石兽的例子,如河南南阳汝南太守宗资墓前的一对石兽⑤、洛阳孙旗屯出土的一对石兽(背颈阴刻"猴氏蒿聚成奴作")(图6-2:1)⑥、陕西咸阳沈家村出土的一对石兽⑦、山东嘉祥武氏墓群建和元年(147年)由"孙宗"制作的一对石兽(图6-2:2)⑧、四川雅安市建安十四年(209年)益州太守高颐墓的一对石兽⑨等,均为昂首阔步的走兽。最早出现石兽的南朝陵墓是南京麒麟铺墓,初定其为宋武帝刘裕初宁陵⑩,进一步考证更可能是宋文帝刘义隆长宁陵⑪,其一对石兽就是以东汉石兽为依据制作的(图6-2:3、4),也作走兽状⑫。《南齐书》记载齐武帝"数幸(萧)嶷第。宋长宁陵隧道出第前路,上曰:'我便是入他冢墓内寻人。'乃徙其表阙骐驎于东岗上。骐驎及阙,形势甚巧,宋孝武于襄阳致之,后诸帝王陵皆模范而莫及也"⑬。可知宋陵石兽是宋孝武帝不远千里从襄阳运来的。原因就是襄阳地近南阳和洛阳,可直接获取到中原东汉造型的石兽。此后,南朝各代帝陵、王侯墓葬的石兽皆采此形制。南朝陵墓前圜首、双龙纹、龟趺形制的石碑,如南京甘家巷梁安成王萧秀墓石碑(图6-2:5)⑭,也来自

---

① 《宋书》卷一五《礼志二》,北京:中华书局,1974年,第407页。
② 洛阳博物馆 黄明兰:《西晋散骑常侍韩寿墓表跋》,《文物》1982年第1期。
③ 刘习祥、张英昭:《博爱县出土的晋代石柱》,《中原文物》1981年第1期。
④ 北京大学图书馆、香港中文大学文物馆编:《中国古代碑帖拓本》,2001年,第38页、第168页32条。
⑤ 傅天仇主编:《中国美术全集·雕塑编2 秦汉雕塑》,北京:人民美术出版社,1985年,图版八七、图版说明第31页。
⑥ 傅天仇主编:《中国美术全集·雕塑编2 秦汉雕塑》,北京:人民美术出版社,1985年,图版九三、图版说明第34页。
⑦ 傅天仇主编:《中国美术全集·雕塑编2 秦汉雕塑》,北京:人民美术出版社,1985年,图版九二、图版说明第33页。
⑧ 傅天仇主编:《中国美术全集·雕塑编2 秦汉雕塑》,北京:人民美术出版社,1985年,图版九一、图版说明第33页;蒋英炬、吴文祺:《汉代武氏墓群石刻研究》,济南:山东美术出版社,1995年,第11、15、16页,图版5-8。
⑨ 耿继斌:《高颐阙》,《文物》1981年第10期;傅天仇主编:《中国美术全集·雕塑编2 秦汉雕塑》,北京:人民美术出版社,1985年,图版八八、图版说明第32页。
⑩ [民国]中央古物保管委员会编辑委员会:《六朝陵墓调查报告》,南京稀见文献丛刊《梁代陵墓考·六朝陵墓调查报告》,南京:南京出版社,2010年,第103—105页。
⑪ 王志高:《南京麒麟铺南朝陵墓神道石刻墓主新考》,《南京晓庄学院学报》2006年第2期。
⑫ [日]曾布川宽著,傅江译:《六朝帝陵》,南京:南京出版社,2004年,第10页。
⑬ 《南齐书》卷二二《豫章文献王嶷传》,北京:中华书局,1972年,第414页。
⑭ [民国]中央古物保管委员会编辑委员会:《六朝陵墓调查报告》,南京稀见文献丛刊《梁代陵墓考·六朝陵墓调查报告》,南京:南京出版社,2010年,第130页、图47。

·290· 光宅中原

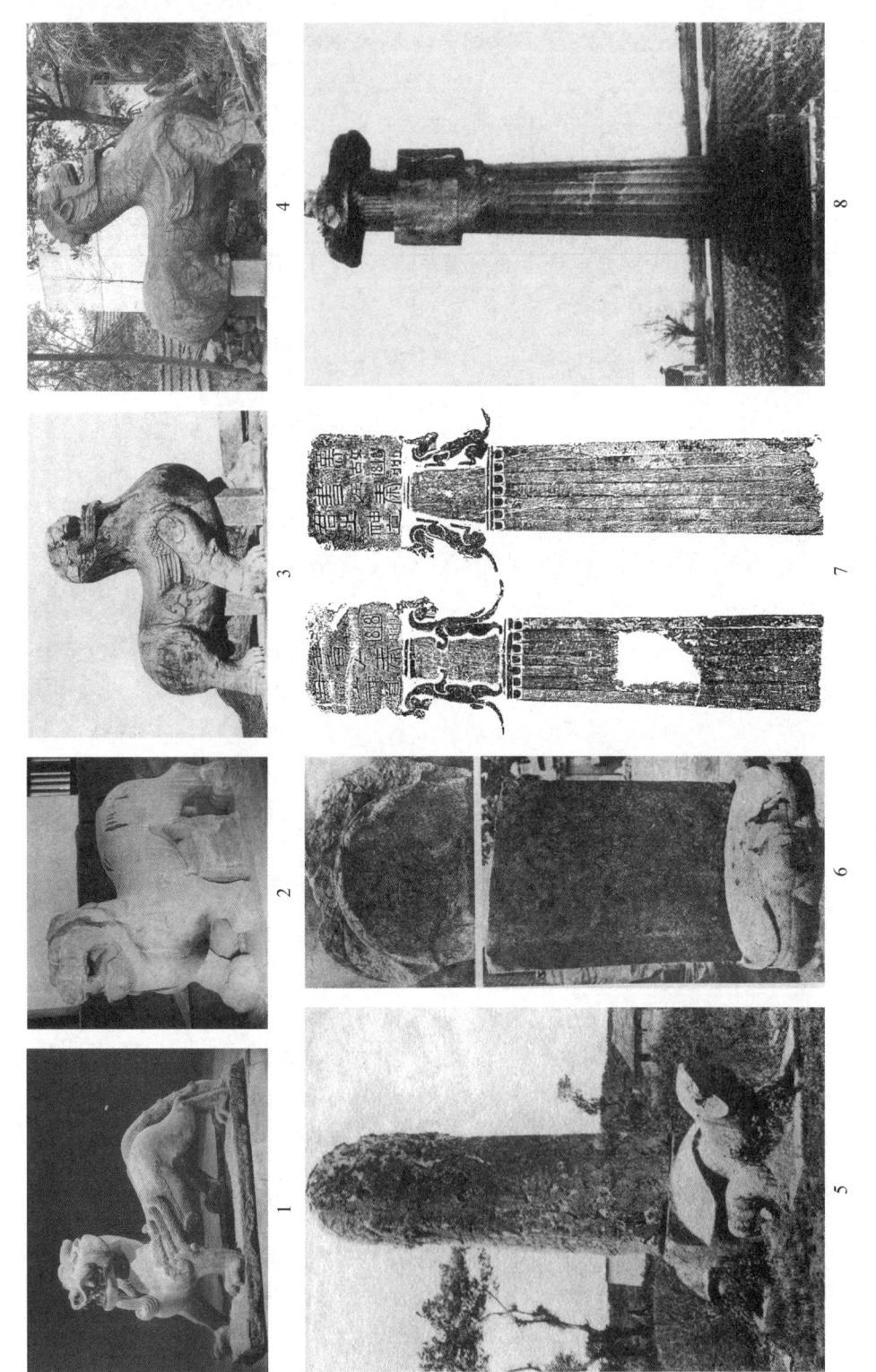

图 6-2 南朝陵墓石刻及相关比较

1. 洛阳孙旗屯出土东汉石兽 2. 山东嘉祥武氏祠东汉石兽 3—4. 南京麒麟铺刘宋帝陵石兽
5. 南京甘家巷梁萧秀墓石碑 6. 山东平度东汉王舍人石碑 7. 东汉幽州秦君神道双柱 8. 句容梁萧绩墓石柱

东汉晚期的石碑式样,如立于光和六年(183年)的王舍人碑(图6-2:6)①。石柱的主体结构更是从汉代经两晋到南朝一脉相承,具有稳定的延续性②。北京所出东汉元兴元年(105年)"汉故幽州书佐秦君之神道"双柱保存较完好,仅失柱顶部分,柱上部为方形榜额,柱身刻纵凹棱纹,底部有柱础(图6-2:7)③。1979年河南叶县夏李出土一对东汉小石兽,兽立圆盘盖上,为一整石雕成,盘盖底有榫眼,据推测应是神道石柱顶部的装饰构件④。两处遗物结合起来的完整石柱结构,正是南朝神道石柱的基本形制,如句容梁南康王萧绩墓石柱(图6-2:8)⑤。石柱虽然在魏晋未断,但其与石兽、石碑一起成组出现,则是"汉制"的表现形式。南朝陵墓石刻突破了魏晋以来"不封不树"的禁断,在刘宋时期出现,是制衡北魏国号号召力的重要措施。

第三节　北朝压制南朝墓葬文化的举措

南朝墓葬出现的新特征,以及不限于"晋制"框架的维护正统的举措,对北朝墓葬文化产生了持续的刺激推动作用。北朝墓葬文化不断增加的新内容,几乎可以和南朝一一对应,形成强烈对比,显示出与南朝竞争、力图压制南朝的势头。可将北朝的相关举措归纳为四种方式。

（一）获 取 先 机

南朝放弃的"晋制",被北朝继承,正统先机由此易手,转移到北方。

从墓葬形制看,尤为明显。洛阳地区北魏晚期墓葬形制,有土洞墓和砖室墓两大类,又各自有斜坡墓道、竖井墓道两种类型,绝大多数是墓室平面近方形的单室墓。东魏北齐墓葬以长斜坡墓道的弧方形或近弧方形单室砖墓为主,另有少量弧方形双室砖墓和圆形单室石墓⑥。西魏北周墓葬中,方形单室砖墓少见,方形单室土洞墓多见,高等级墓葬使用别有特色的前室近方形、后室为长方形或长梯形的前后双室土洞墓⑦。归纳来看,北魏晚期墓葬形制十分符合"晋制"墓葬的特征,东魏北齐、西魏北周墓葬虽然出现一些特色墓,但主流墓葬并没有背离"晋制"墓葬的路线。这与南朝墓葬形制完全走上地方化道路形成鲜明反差。

---

① 王思礼、赖非:《汉碑源流、分期和碑形释义》,中国书法家协会山东分会编《汉碑研究》,济南:齐鲁书社,1990年,第30页。
② 李星明:《佛法与皇权的象征——论唐代帝陵神道石柱》,《复旦学报(社会科学版)》2011年第1期。
③ 北京市文物工作队:《北京西郊发现汉代石阙清理简报》,《文物》1964年第11期;滕艳玲:《关于秦君神道石柱及秦君石墓阙残件考释浅析》,《北京文物精粹大系·石雕卷》,北京:北京出版社,2000年,第33—39页。
④ 杨爱玲:《河南叶县发现的东汉石兽——兼谈汉晋的陵墓华表》,《中原文物》1981年第2期。
⑤ [民国]中央古物保管委员会编辑委员会:《六朝陵墓调查报告》,南京稀见文献丛刊《梁代陵墓考·六朝陵墓调查报告》,南京:南京出版社,2010年,第137页,图64。
⑥ 杨效俊:《东魏、北齐墓葬的考古学研究》,《考古与文物》2000年第5期。
⑦ 倪润安:《北周墓葬的地下空间与设施》,《故宫博物院院刊》2008年第1期。

（二）吸收赶超

北朝吸收、推广南朝具有先进性的文化特色，并创新、发展，逐渐赶超南朝，包括瓷器、墓志、人物俑、壁画等方面。

北朝瓷器流行，制瓷业渐趋成熟。从北魏晚期起，北方制瓷业迅速兴起，改变了瓷器原为南方特产的格局。北朝瓷器多见青瓷、黑瓷等，又以青瓷为主；器形有碗、烛台、多足砚、杯、盏托、盘口壶、鸡首壶、唾壶、罐、钵、尊等，造型受到南方的明显影响，但胎质用料、器形风格却又别于南朝[1]。北魏宣武帝景陵出土12件青瓷器，有龙柄盘口壶1件、龙柄鸡首壶2件、四系盘口壶6件、唾壶2件、钵1件[2]。河北景县北齐天统元年（565年）封子绘和祖氏墓出土4件青瓷莲花尊，造型宏伟，装饰瑰丽，与南京灵山梁朝大墓所出极为相似；根据化学成分分析，一般认为它们当属北方所产，是北朝青瓷中最高水平的产品[3]。更重要的是，北朝制瓷业在摆脱对南朝依赖的同时，还在发展新的制瓷技术，向烧制南朝没有的白瓷迈进。传统的主流看法将北齐范粹墓[4]出土的白釉器物视为白瓷产生之标志，但科学分析的结果表明它们实为低温铅釉产品，出自其他北齐墓、一直被认为是"白瓷"的随葬品也基本都是铅釉器。它们的胎体是经较高温度素烧的瓷胎，施铅釉后，再进行低温釉烧，还不能说是严格意义上的白瓷。但这至少表明北齐时期在生产中出现了向白色产品的倾斜，预示着"白瓷"的产生。至迟到隋初，真正意义上的白瓷就出现了。[5] 而白瓷出现后，北方陶瓷生产的重心便由青瓷转向白瓷，到唐代形成了"南青北白"的生产格局。

方形石墓志在南朝出现最早，但发展缓慢，继续与长方形石质或砖质墓志并行，没有完全占据主导[6]。而北魏孝文帝迁都洛阳以后，中原地区使用的墓志基本定型，志石制作规整，绝大多数采用了正方形的或者接近正方形的石料制作，并产生了覆斗形的志盖，与正方形的志身合为一盒，还可能结合礼制形成了一套等级比较明确的墓志使用制度[7]。这方面，南朝明显落后于北朝。不仅是定型，北朝墓志加志盖的做法也是南朝不见的。

小冠文吏俑在北魏晚期偏早阶段，就进入了洛阳墓葬系统。偃师杏园村熙平元年（516年）赠洛州刺史元睿墓出土5件小冠文吏俑[8]，是北朝纪年墓中所见最早的。此后，小冠文吏俑被东魏北齐墓葬、西魏北周墓葬所继承，是普遍流行的主要俑类[9]。同时，南

---

[1] 张增午、傅晓东：《河南北朝瓷器刍议》，《中原文物》2003年第2期。
[2] 中国社会科学院考古研究所洛阳汉魏城队、洛阳古墓博物馆：《北魏宣武帝景陵发掘报告》，《考古》1994年第9期。
[3] 张柏主编：《中国出土瓷器全集3河北》，北京：科学出版社，2008年，第10页。
[4] 河南省博物馆：《河南安阳北齐范粹墓发掘简报》，《文物》1972年第1期；安阳县文教卫生管理站：《河南安阳发现一座北齐墓》，《考古》1972年第1期。
[5] ［日］小林仁：《北齐铅釉器的定位和意义》，《故宫博物院院刊》2012年第5期。
[6] 朱智武：《东晋南朝出土墓志资料概述》，《南京理工大学学报（社会科学版）》2010年第3期。
[7] 赵超：《试谈北魏墓志的等级制度》，《中原文物》2002年第1期。
[8] 中国社会科学院考古研究所河南二队：《河南偃师县杏园村的四座北魏墓》，《考古》1991年第9期。
[9] 杨效俊：《东魏、北齐墓葬的考古学研究》，《考古与文物》2000年第5期；倪润安：《北周墓葬俑群研究》，《考古学报》2005年第1期。

朝陶俑背部扁平的做法也传入北魏。西安任家口正光元年(520年)邵真墓的镇墓武士俑为合模、中空、平背①，制法最接近南朝。此后，北魏发展出单模、实身、平背的人物俑，包括武士俑、仪仗俑、文吏俑等，洛阳正光三年(522年)郭定兴墓②、洛阳正光五年(524年)侯掌墓③、洛阳正光五年(524年)吕达墓④、河北曲阳正光五年(524年)韩贿妻高氏墓⑤、山东临淄孝昌元年(525年)崔鸿墓⑥、洛阳孝昌元年(525年)淮南王元遵墓⑦、洛阳孝昌二年(526年)射声校尉染华墓⑧、陕西长安县孝昌二年(526年)韦彧墓⑨、洛阳建义元年(528年)元邵墓⑩、偃师前杜楼北魏石棺墓⑪、长安区永熙三年(534年)韦辉和墓和韦乾墓⑫等均有出土。西魏北周墓葬中，人物俑全部为单模、实身、平背⑬，被统治者选作文化独立的标志性特色而得到大力发展。反而是南朝的背部扁平陶俑没有发展起来。

南朝墓葬拼镶砖壁画中的日、月、狮子、仗刀门吏、出行仪仗、飞仙、羽人、龙、虎等题材，从北魏晚期起在北朝流行，尤以北朝石葬具⑭、北齐墓葬壁画上最为集中。在吸收南朝题材的基础上，北朝又有新的发展，至少包括四点：一是形成阵容更加浩大、内容更加丰富的仪仗出行图；二是天象由单独的日、月图发展成为满布墓顶的日、月、星宿、银河图，如北魏元乂墓⑮、湾漳北朝壁画墓⑯、北齐娄睿墓⑰、北齐徐显秀墓⑱等；三是四神组合完整呈现，玄武图像得到重视；四是出现畏兽、十二生肖等新题材。北齐时期，高士图也出现在北方，但仅限于青齐地区，如临朐崔芬墓⑲、济南东八里洼北朝墓⑳，而没有出现于邺城、晋阳这些北齐统治中心地带。北齐高士图的出现，不应属于南北朝正统之争的范畴，而可能是北齐内部青齐士人与邺城、晋阳统治集团文化较量的结果。

---

① 陕西省文物管理委员会：《西安任家口M229号北魏墓清理简报》，《文物参考资料》1955年第12期。
② 洛阳市第二文物工作队：《洛阳纱厂西路北魏HM555发掘简报》，《文物》2002年第9期。
③ 洛阳市文物工作队：《洛阳孟津晋墓、北魏墓发掘简报》，《文物》1991年第8期。
④ 洛阳市文物工作队：《河南洛阳市吉利区两座北魏墓的发掘》，《考古》2011年第9期。
⑤ 河北省博物馆、文物管理处：《河北曲阳发现北魏墓》，《考古》1972年第5期。
⑥ 山东省文物考古研究所：《临淄北朝崔氏墓》，《考古学报》1984年第2期。
⑦ 洛阳市文物考古研究院：《北魏淮南王元遵墓发掘简报》，《洛阳考古》2013年第2期。
⑧ 偃师商城博物馆：《河南偃师两座北魏墓发掘简报》，《考古》1993年第5期。
⑨ 田小利、孙新民、穆晓军：《长安发现北朝韦彧夫妇合葬墓》，《中国文物报》1999年11月14日第1版。
⑩ 洛阳博物馆：《洛阳北魏元邵墓》，《考古》1973年第4期。
⑪ 洛阳市第二文物工作队：《偃师前杜楼北魏石棺墓发掘简报》，《文物》2006年第12期。
⑫ 西安市文物保护考古所：《西安南郊北魏北周墓发掘简报》，《文物》2009年第5期。
⑬ 倪润安：《北周墓葬俑群研究》，《考古学报》2005年第1期。
⑭ 贺西林：《北朝画像石葬具的发现与研究》，《汉唐之间的视觉文化与物质文化》，北京：文物出版社，2003年，第341—373页。
⑮ 洛阳博物馆：《河南洛阳北魏元乂墓调查》，《文物》1974年第12期；王车、陈徐：《洛阳北魏元乂墓的星象图》，《文物》1974年第12期。
⑯ 中国社会科学院考古研究所、河北省文物研究所：《磁县湾漳北朝壁画墓》，北京：科学出版社，2003年，第145—173页。
⑰ 山西省考古研究所、太原市文物考古研究所：《北齐东安王娄睿墓》，北京：文物出版社，2006年，第14—83页。
⑱ 山西省考古研究所、太原市文物考古研究所：《太原北齐徐显秀墓发掘简报》，《文物》2003年第10期。
⑲ 山东省文物考古研究所、临朐县博物馆：《山东临朐北齐崔芬壁画墓》，《文物》2002年第4期。
⑳ 山东省文物考古研究所：《济南市东八里洼北朝壁画墓》，《文物》1989年第4期。

(三) 并行竞争

南北朝有一些同时并行的文化内容,如俑群组合和数量、石制品、佛教因素等,各自发展,各有特色,主观上可能不是为了争夺正统,但客观上形成相互比较、一争高下的局面,其结果将影响到正统争夺的趋势。而在这方面,北朝较南朝强势。

"晋制"墓葬的俑群组合在南北朝均继续发展着。不过,南朝俑群相当弱势,数量很少,也不能保持组合的完整性。而北朝在北魏中期就恢复了完整的俑群组合,并且在男、女侍俑组合、家畜俑组合方面增添了不少新的内容。人物俑不仅有步行的,还有骑马的,不仅有侍从俑,还有文吏俑、武吏俑、笼冠俑、乐舞俑、劳作俑等。家畜俑除了鸡、狗、猪,还出现羊、驼、驴等。人物俑的数量大增,数十件到一二百件实属平常。湾漳北朝壁画墓多达1800余件,同模制造的俑成批出现,形成庞大的阵容。

在南朝墓葬出现石制品的同时,北魏平城地区墓葬里也出现了石制设施,有石封门、石椁和石棺床。目前所见最早的纪年墓例是太安三年(457年)尉迟定州墓,出有石封门和悬山顶石椁,石椁的前廊有廊柱4根,内有石棺床1具①。这可能也是与高句丽地区墓葬文化的直接影响有关。太武帝统一北方后,平城成为文化聚集之地,东北三燕、高句丽文化成为主要来源之一。太延元年(435年)至三年(437年),高句丽短期内连续4次往北魏遣使②,建立了两者之间正式的官方往来和文化交流。而357年安岳三号墓甬道设有石封门,墓室回廊设有石廊柱③;另如前文已提到的,太王陵墓室内也设有屋形石椁、石门扇、石棺座;这种用石传统都要早于北魏。比尉迟定州墓晚的墓葬中,大同智家堡北魏石椁壁画墓④、太和元年(477年)宋绍祖墓⑤也出土悬山顶石椁,前者底部为铺地石板,后者底部是一具石棺床。由于石椁的底部多为石棺床,此后形式简化,墓葬中仅出土石棺床的现象多见起来,如大同太和八年(484年)司马金龙夫妇墓⑥、电焊器材厂北魏墓群M112⑦、七里村北魏墓群M14⑧、田村北魏墓⑨等。大同方山冯太后永固陵多次被盗,石棺床或被盗走,在甬道前后各设有一道大型石券门⑩。北魏迁洛后,北朝墓葬中除了发现石棺床、石椁,开始多见石棺⑪。总之,南北朝墓葬的石制品同是受高句丽地区文化的影响

---

① 大同市考古研究所:《山西大同阳高北魏尉迟定州墓发掘简报》,《文物》2011年第12期。
② 李凭:《高句丽与北朝的关系》,(韩)《高句丽研究》第14辑,2002年,第289—312页。
③ [日]平山郁夫総監修:《高句麗壁画古墳》,東京:共同通信社,2005年,第66—67、94—99页。
④ 王银田、刘俊喜:《大同智家堡北魏墓石椁壁画》,《文物》2001年第7期。
⑤ 山西省考古研究所、大同市考古研究所:《大同市北魏宋绍祖墓发掘简报》,《文物》2001年第7期;大同市考古研究所 刘俊喜主编:《大同雁北师院北魏墓群》,北京:文物出版社,2008年,第71—162页。
⑥ 山西省大同市博物馆、山西省文物工作委员会:《山西大同石家寨北魏司马金龙墓》,《文物》1972年第3期。
⑦ 山西大学历史文化学院、山西省考古研究所、大同市博物馆:《大同南郊北魏墓群》,北京:科学出版社,2006年,第351页。
⑧ 大同市考古研究所:《山西大同七里村北魏墓群发掘简报》,《文物》2006年第10期。
⑨ 大同市考古研究所:《山西大同南郊区田村北魏墓发掘简报》,《文物》2010年第5期。
⑩ 大同市博物馆、山西省文物工作委员会:《大同方山北魏永固陵》,《文物》1978年第7期。
⑪ 贺西林:《北朝画像石葬具的发现与研究》,《汉唐之间的视觉文化与物质文化》,北京:文物出版社,2003年,第341—373页。

而出现,北朝不见南朝那样的石明器,但石设施方面比南朝富于变化和演进性。

佛教因素方面,北朝诸帝除北魏太武帝和北周武帝的短暂灭佛外,无不扶植佛教,而且偏重于兴建寺院、石窟等实体建筑。据《魏书·释老志》记载,北魏太和元年(477年)有寺6 478所,僧尼77 258人;至延昌(513—515年)中,天下州郡僧尼寺共有13 727所,增加1倍多,"徒侣逾众";到东魏时,境内"僧尼大众二百万矣,其寺三万有余"①。麦积山石窟、龙门石窟、云冈石窟和敦煌莫高窟在北朝皆处于兴盛期。佛教在北朝的传播,与南朝相比,有过之而无不及,佛教因素引入墓葬也是难免的。冯太后永固陵陵园设计的最大特色和首创布局,就是将陵寝与佛寺结合起来②,这正符合北朝佛教的发展特点。北魏平城时代墓葬的壁画、漆棺、石棺床或石门楣中,出现天人、力士、童子、护法神等佛教图像③,还有忍冬纹、莲花纹等具有佛教意义的纹饰;陶器上也有各式滚印的忍冬纹带④。北魏迁洛后,忍冬、莲花等佛教纹饰还是广泛运用,护法神与供养天人图像锐减,仙人、四神、畏兽等则大量出现,另外摩尼宝珠成为常见佛教母题⑤。

(四) 反 制 破 解

为破解南朝维护正统的两大举措,北朝采取了针锋相对的反制。

根据文献记载,东汉陵墓的神道石刻有石阙、石碑、石柱、石人、石象、石狮、石虎、石驼、石马、石牛、石羊、石天禄、石辟邪等,目前发现实物的有石阙、石碑、石柱、石人、石兽(天禄、辟邪、狮、羊和象)等⑥。南朝陵墓石刻恢复"汉制"以争正统,但只选择了其中的石碑、石柱、石兽(天禄、辟邪),石兽呈东汉时那种昂首阔步的行进姿态。北朝为抵消南朝这一做法的作用,也恢复了"汉制"的陵墓石刻,但选择的种类恰恰多是南朝未选的,暗含对抗意味。北朝陵墓石刻包括石阙、石碑、石人、石兽(狮、羊)等,但目前北朝石阙、石碑情况不明;北朝石狮为蹲踞状,与南朝石兽姿态不同。据《水经注》卷一三《漯水》记载,冯太后"永固陵"和孝文帝虚宫"万年堂"二陵的"庙前镌石为碑兽,碑石至佳,左右列柏,四周迷禽闇日。院外西侧,有思远灵图,图之西有斋堂,南门表二石阙,阙下斩山,累结御路,下望灵泉宫池"⑦,可知北魏中期的陵墓石刻已有石碑、石兽、石阙等。永固陵地面虽未发

---

① 《魏书》卷一一四《释老志》,北京:中华书局,1974年,第3039、3042、3048页。
② 宿白:《盛乐、平城一带的拓跋鲜卑—北魏遗迹—鲜卑遗迹辑录之二》,《文物》1977年第11期;张庆捷:《北魏永固陵考察与探讨》,《而立集——山西大学考古专业成立30周年纪念文集》,北京:科学出版社,2009年,第222—234页。
③ 林圣智:《墓葬、宗教与区域作坊——试论北魏墓葬中的佛教图像》,《美术史研究集刊》第二十四期,台北:台湾大学艺术史研究所,2008年,第1—66页。
④ 王雁卿、刘贵斌、高峰:《北魏陶器的装饰纹样》,《文物世界》2003年第3期。
⑤ 林圣智:《墓葬、宗教与区域作坊——试论北魏墓葬中的佛教图像》,《美术史研究集刊》第二十四期,台北:台湾大学艺术史研究所,2008年,第1—66页。
⑥ 刘凤君:《东汉魏晋南北朝墓神道石刻的造型艺术》,《美术研究》1987年第3期;[韩]朴汉济著,李椿浩译:《魏晋南北朝时期墓葬习俗的变化与墓志铭的流行》,《故宫学刊》总第六辑,北京:紫禁城出版社,2010年,第267—288页;宫大中:《东汉帝陵及其神道石刻》,《中国古都研究》第四辑,杭州:浙江人民出版社,1989年,第214—229页;宫万琳:《东汉帝陵神道石象与刻铭"天禄""辟邪"》,《美与时代(中旬)·美术学刊》2011年第2期。
⑦ [北魏]郦道元著,陈桥驿校证:《水经注校证》,北京:中华书局,2007年,第312页。

现石人,但在墓内清理出石人1件,头部已被打掉,看其背后和肩部,似戴风帽,双手拱在胸前,握剑,残高0.57米(图6-3:1)。宣武帝景陵封土北发现俯卧于地的缺头石人1件,双手杖剑,残高2.89米(图6-3:2)①。孝庄帝静陵也出土杖剑笼冠石人1件,高3.14米(图6-3:3);另出笼冠石人头1件②和石蹲狮1件(图6-3:6),石蹲狮高1.06米③。湾漳北朝壁画墓封土南侧发现1件杖剑石人,高4.06米(图6-3:5)④。北周上柱国尉迟运墓前发现3件杖剑石人(图6-3:4)、2件石卧羊(图6-3:7)、2件石蹲狮(图6-3:8),石人高1.75米,石羊高1.2米,石狮高1.25米⑤。

  南朝墓葬从精神层面直取魏晋风度,试图对北魏釜底抽薪。而北魏以其人之道还治其人之身,倡行汉代所推崇的孝义思想,在墓葬中推行南朝墓葬不用的孝子、列女故事图,反制南朝走"汉制"的政治用心。一个例子是宁夏固原北魏漆棺画墓,孝子、列女图出现在彩绘漆棺的边饰上,人物皆着鲜卑装,该墓年代为太和十三年(489年)⑥。另一例是太和八年(484年)司马金龙夫妇墓⑦,出土绘有孝子、列女图像的漆画屏风,人物皆为汉装。从北魏孝义图像的系统性分析,该组屏风应绘制于北方,人物虽着南方汉装,但体现的是北方着力提倡的思想。到北魏晚期,刻有孝子、列女图像的石棺、石椁或石棺床流行起来⑧,表明孝义思想的推行颇有成效,比南朝的"魏晋风度"普及程度高。

  综上所述,北朝后来居上,在恢复"晋制"墓葬文化、与南朝易位而获取正统先机的同时,还通过吸收赶超、并行竞争、反制破解等方式(表6-1)使北朝墓葬文化诸方面渐居领先,全面压制与覆盖了南朝墓葬文化。南朝优势丧尽,北朝某些新现象甚至对南朝发生反馈。据研究,梁武帝萧衍建十八班制及流外七班制等重大官品改革多是模仿袭用北魏孝文帝所创类似制度⑨。墓葬文化方面也有反馈踪迹可寻。始见于梁朝晚期的梳髻为双丫髻的女俑⑩,就是北朝影响所致,北魏熙平元年(516年)赠洛州刺史元睿墓中已出现这种新式女俑⑪。

---

① 中国社会科学院考古研究所洛阳汉魏城队、洛阳古墓博物馆:《北魏宣武帝景陵发掘报告》,《考古》1994年第9期。
② 洛阳博物馆 黄明兰:《洛阳北魏景陵位置的确定和静陵位置的推测》,《文物》1978年第7期。
③ 宫大中:《试论洛阳关林陈列的几件北魏陵墓石刻艺术》,《文物》1982年第3期;宫大中:《洛都美术史迹》,武汉:湖北美术出版社,1991年,第281—282页。
④ 中国社会科学院考古研究所、河北省文物研究所:《磁县湾漳北朝壁画墓》,北京:科学出版社,2003年,第11—14页。
⑤ 负安志编著:《中国北周珍贵文物》,西安:陕西人民美术出版社,1993年,第93—97页。
⑥ 宁夏固原博物馆:《固原北魏墓漆棺画》,银川:宁夏人民出版社,1988年,第1—15页;罗丰:《固原北魏漆棺画年代的再确定》,Culture and Cultural Diversity in Early Medieval China (4th-7th Century) International Workshop, Institut für Sinologie Ludwig-Maximilians-Universität München, January 11-14, 2017.
⑦ 山西省大同市博物馆、山西省文物工作委员会:《山西大同石家寨北魏司马金龙墓》,《文物》1972年第3期。
⑧ 贺西林:《北朝画像石葬具的发现与研究》,《汉唐之间的视觉文化与物质文化》,北京:文物出版社,2003年,第341—373页;邹清泉:《行为世范——北魏孝子画像研究》,北京:北京大学出版社,2015年,第23—33页。
⑨ 阎步克:《北朝对南朝的制度反馈——以萧梁、北魏官品改革为线索》,《传统文化与现代化》1997年第3期。
⑩ 韦正:《六朝墓葬的考古学研究》,北京:北京大学出版社,2011年,第214页。
⑪ 中国社会科学院考古研究所河南二队:《河南偃师县杏园村的四座北魏墓》,《考古》1991年第9期。

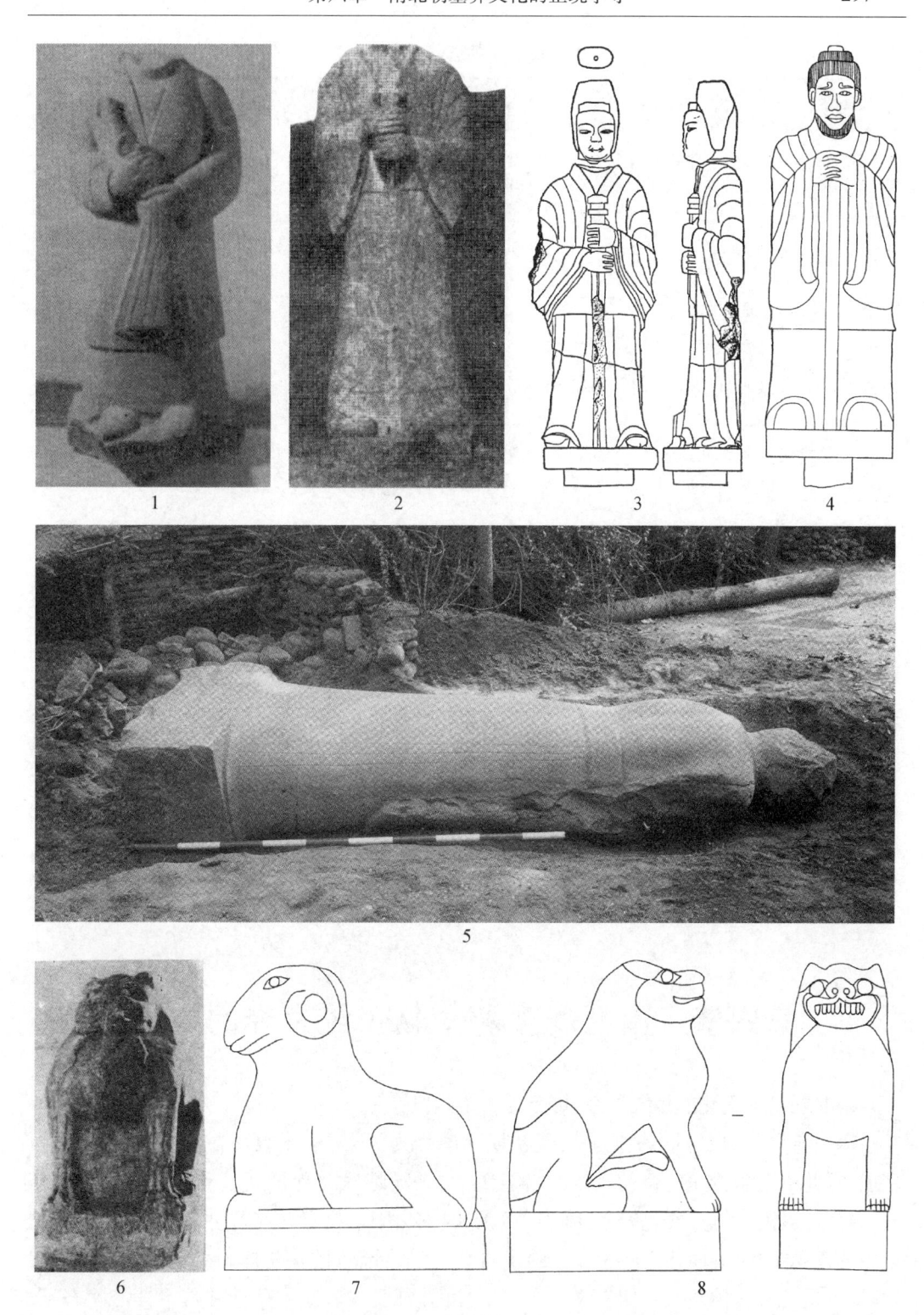

图6-3 北朝墓葬石人与石兽

1. 北魏永固陵石人 2. 北魏景陵石人 3. 北魏静陵石人 4. 北周尉迟运墓石人
5. 湾漳北朝壁画墓石人 6. 北魏静陵石狮 7. 北周尉迟运墓石羊 8. 北周尉迟运墓石狮

表 6-1 北朝压制南朝墓葬文化的内容与方式

与北朝对比的南朝墓葬内容	北朝墓葬内容	北朝方式
"晋制"墓葬消失,基本为地方特征的长方形单室券顶墓	恢复"晋制"墓葬,绝大多数为方形穹隆顶单室墓	获取先机
流行瓷器,有青瓷、黑瓷	北方制瓷业兴起,除青瓷、黑瓷外,制瓷技术向创烧白瓷发展	吸收赶超
新出现方形石墓志,但非主流	方形石墓志定型、流行,形成一定等级差别	
新出现小冠文吏俑,有的人物俑背部扁平	小冠文吏俑进入北朝墓葬系统,成为主要俑类;背部扁平俑在西魏北周成为主流	
新出现的拼镶砖壁画中有日、月、狮子、仗刀门吏、出行仪仗、飞仙、羽人、龙、虎等题材	吸收南朝对应题材,并在北朝石葬具、北齐墓葬壁画上得到集中体现,并有多项新发展	
俑群组合涣散,数量很少,不够系统、完整	俑群组合完整,种类增加,数量大增,同模俑成批出现	并行竞争
墓内新出现成组石制设施和明器	出现石门、石椁、石棺床、石棺等石制设施,较南朝富于变化	
佛教因素流行	佛教因素流行,较南朝富于变化	
援引汉制,陵墓神道石刻重现,以石走兽、石碑、石柱为组合	亦引汉制,陵墓神道石刻重现,以石人、石蹲狮为主要组合	反制破解
追承"魏晋风度",新出现的拼镶砖壁画中有"竹林七贤与荣启期"题材	推崇汉代孝义思想,孝子、列女故事图重现,主要出现在各类葬具上	

第四节 南北朝墓葬文化正统争夺的结局

南北朝墓葬文化的正统争夺,可分为两个阶段:

第一阶段:5 世纪早、中期。北魏初期称国号为"魏",以示继承曹魏,而曹魏在西晋之前,凭此否定东晋—南朝的正统之源。因此,平城地区北魏早期墓葬文化大量吸收东北、河西地区的十六国文化因素,将多种系统的文化因素拼盘,希望从中继承残留于边疆地区的曹魏文化,从而建立起一套不同于西晋洛阳"晋制"的文化体系。但在争夺正统的效果上,这套文化体系对南朝文化没有实质性的威胁,二者基本处于并行不悖的状态下。同时,南朝刘宋政权尚有继承和维护东晋正统的意识,自居"中华"。当宋元嘉二十七年(450 年)北魏太武帝南侵彭城时,守城者为江夏王刘义恭和武陵王刘骏。北魏大臣李孝伯传太武帝之语称"魏主有诏",刘骏长史张畅回应说:"向语二王,已非逊辞,且有诏之言,政可施于彼国,何得称之于此","向所称诏,非所敢闻","君之此称,尚不可闻于中华,况在诸王之贵"①。张畅以"中华"称刘宋的普通百姓,说明南朝人是以中华正统自居的。北魏虽据有中原地区,却还不能以"中华"自居。正因为刘宋政权在政治心理上仍保持着优越感,所以面对北朝的争夺,应对有序,且颇具气势。他们不仅在军事上有"元嘉北伐"的大动作,在文化上也计有所出,一方面意识形态上以"魏晋风度"相抗衡,另一方面在物质文化方面援引"汉制",力压北魏。本阶段,南朝明显占有优势。

第二阶段:5世纪晚期至6世纪中期。从北魏中期起,北朝墓葬文化逐渐转向"晋制",并坚定实施。孝文帝将"承晋"确定为国策,与南朝进行同质性竞争,直接釜底抽薪,争夺南朝的正统之源,威胁大增。北魏宣武帝即位之初,李彪上表称:"唯我皇魏之奄有中华也,岁越百龄,年几十纪。"②表明北魏迁都洛阳后,已开始不承认南朝的"中华"地位,而认为自己是正宗的"中华"了。而南朝却与"晋制"渐行渐远,深陷于地方化的文化特征之中。于是在"晋制"的框架内,北朝终于能够取代南朝所占的"晋制"先机。同时,北朝采取开放性、主动性的实用主义态度吸收南朝的优势和特色,进而超越、创新,北齐墓葬乃集其大成。相反,南朝中晚期政权特别是处于转折阶段的梁朝,对北朝的模仿、压制策略难以应对,虽然也吸收很少北朝的新因素,但无有良策改变越来越被动的局面。故北魏末期,南朝梁将陈庆之兵败由洛阳返回建康后,"特重北人,朱异怪而问之,庆之曰:'吾始以为大江以北皆戎狄之乡,比至洛阳,乃知衣冠人物尽在中原,非江东所及也,奈何轻之'"③。说明南北朝后期,北朝中原地区文化水平已经超过南朝地区。当北朝也具有南朝的优势甚至超过南朝时,南朝争夺正统的败局也就注定了。

南北朝墓葬文化的正统争夺,以北朝全面压倒南朝而结束。争夺正统的动力促使北朝墓葬文化的内容从北魏早期的多样拼盘,经历北魏中、晚期的"晋制"化简约,走向北齐时期的丰富规整。北周灭北齐、隋又取代北周后,北齐与北周墓葬文化发生碰撞,进行重组,从而形成了被隋唐所继承的新的墓葬制度——"唐制"。

---

① 《宋书》卷五九《张畅传》,北京:中华书局,1974年,第1601—1602页。
② 《魏书》卷六二《李彪传》,北京:中华书局,1974年,第1394页。
③ 《资治通鉴》卷一五三《梁纪九》,北京:中华书局,1956年,第4766页。

结论　拓跋至北魏墓葬文化的演进道路

第一节　拓跋至北魏墓葬文化演进的历史阶段

立足于墓葬资料的分析,并结合史料中片断化的记载,我们对拓跋至北魏的文化演变和社会进程有了新的判断和认知。尽管这一历史过程中还有许多模糊之处和永不可解之谜,但凑得更近一些去观察和解释还是可能的。综合以上各章的论述,拓跋至北魏墓葬文化所反映的历史演进可分为六个阶段。

第一阶段　拓跋所在族群的起源与文化确立。

由于扎赉诺尔圈河墓地和嘎仙洞遗址的发现及其被认定为拓跋鲜卑的早期遗存,研究者们探讨拓跋起源的注意力自然集中到内蒙古呼伦贝尔地区。本书的研究也是围绕着这个地区展开的,应当说前辈学者将呼伦贝尔判断为拓跋起源之地的推论,在新的考古资料面前仍然是经得起推敲的。

拓跋的起源,准确地说应是拓跋所在族群的起源。在起源阶段,拓跋部的名称实际上还没出现。当时是有一群互不统属的氏族或部落分布在呼伦贝尔地区,他们经过较长时间的碰撞、兼并和融合,才逐渐形成一个较为统一的部落联盟。这正如《魏书·序纪》所记载的情形:"积六十七世,至成皇帝讳毛立。聪明武略,远近所推,统国三十六,大姓九十九,威振北方,莫不率服。"①拓跋部后来就是在这个部落联盟中产生的。

从考古资料看,西汉至魏晋时期的呼伦贝尔地区已知墓葬可分为完工组、拉布达林组、扎赉诺尔组、团结组、伊和乌拉墓葬 M2 组五组遗存。西汉时期,呼伦贝尔地区曾归属匈奴左地,匈奴文化因素有较明显的进入,同时嫩江流域的平洋文化因素也翻越大兴安岭在此地出现,二者的结合产生了以完工墓葬为代表的完工组遗存,年代约相当于西汉中晚期。随着霍去病大破匈奴左地,迫使匈奴整体逐步向西北方迁移后,呼伦贝尔地区的匈奴势力也日益退出。此消彼长,嫩江流域的红马山文化得以西进、深入,并立足于这一地区,形成以拉布达林墓葬为代表的拉布达林组遗存,年代大体在两汉之际。匈奴势力的退去,

---

① 《魏书》卷一《序纪》,北京:中华书局,1974 年,第 1 页。

不仅引来了红马山文化,也吸引了外贝加尔地区的布尔霍图伊早期文化。以东来和西北来的这两股新势力为主,在呼伦湖附近结成了以扎赉诺尔圈河墓葬为代表的扎赉诺尔组遗存,其形成年代当在东汉早期,此后长期发展,延续到东汉晚期。这大约是拓跋祖先宣帝推寅"南迁大泽"后的遗迹[①]。到魏晋时期,再次而来的布尔霍图伊文化新因素进入海拉尔河流域,形成团结组遗存。伊和乌拉墓葬 M2 组则反映了魏晋时期东部鲜卑势力向北影响,扩及呼伦贝尔地区的状况。而学界普遍认同将扎赉诺尔组遗存界定为拓跋鲜卑遗存,那么与拓跋起源最为密切的文化因素很显然就是扎赉诺尔组的两种主要来源。这两种文化来源,一种是红马山文化,另一种是布尔霍图伊早期文化。也就是说,拓跋的起源并非单纯由某一种文化发展而来,而是来自不同地域的不同文化的混合体。从时代、地域和文化特征的分析来看,来自嫩江中游的红马山文化的主流源自平洋文化,而平洋文化很可能对应鲜卑;布尔霍图伊早期文化既与匈奴文化有着密切联系,又较大程度上具有自身特色,当是匈奴别部[②]。在后来的发展中,鲜卑影响力日强,替代匈奴成为北族王者。原是匈奴的部落尚自号鲜卑,何况本来与鲜卑就有渊源的拓跋,更易于选择认同鲜卑,强调和突出这一来源。

扎赉诺尔组遗存的文化特征比较简单。墓葬形制均是长方形竖穴土坑墓,普遍发现木棺葬具,部分无葬具,绝大多数为单人葬,殉葬有牛、马或羊的头、蹄骨。随葬品有陶器、骨器、铜器、铁器、桦皮器、漆木器、玉石器、丝织品等。陶器有罐、壶、钵、杯等,以广口罐、镞形罐最具文化代表性,其口沿外侧常饰有戳点纹一周;三鹿纹铜饰牌、桦皮器盖等也是代表性器物。

第二阶段 拓跋部的形成与南迁匈奴故地。

檀石槐鲜卑的兴盛是拓跋部形成和南迁的重大契机。东汉早期,北匈奴败亡西迁后,鲜卑沿长城地带逐步占领匈奴故地,西进至并州塞外,其前锋抵达云中郡。檀石槐正是从云中一带崛起的。此后,他联合和统领鲜卑各部,建立了鲜卑大联盟,"乃自分其地为三部,从右北平以东至辽东,接夫余、濊貊二十余邑为东部,从右北平以西至上谷十余邑为中部,从上谷以西至敦煌、乌孙二十余邑为西部,各置大人主领之"[③]。其中,东部为鲜卑旧地,中部是鲜卑西进所占较稳固的地区,唯有西部虽地域辽阔,却并不稳定。自上谷以西至云中,属于西部的东半部,是檀石槐的根据地。而云中再往西的地区,因缺少鲜卑人众,归附部落基本为见风使舵、望风来降者,难言可靠。对此,檀石槐采取了相应的措施。其一,加强西部与中、东部的联系纽带,将权力中心所在的王庭设于中、西部交接地带的弹汗山、歠仇水上,便于东西兼控。其二,对鲜卑各部大人的领地进行重新分封,既可增强檀石槐的控制力,也使各部因亲疏不同而重新定位,发挥不同的作用。《三国志·鲜卑传》裴

---

① 宿白:《东北、内蒙古地区的鲜卑遗迹——鲜卑遗迹辑录之一》,《文物》1977 年第 5 期。
② 正如第一章所言,拓跋起源问题有着很深的关联性,牵涉面广泛,对拓跋族源文化的族属认定需要系统的论证,笔者正另外进行专题研究。此观点为其中部分认识。
③ 《后汉书》卷九〇《乌桓鲜卑传》,北京:中华书局,1965 年,第 2989—2990 页。

注引王沈《魏书》所记各部大人的分封情况,并不是檀石槐对各部现状的认可,而是基于新的战略目的而进行的重新布局。其中可见西部的宇文部调往东部、东部的慕容部调往中部。其三,在云中郡西部及其西侧的五原郡部署鲜卑力量,为拱卫檀石槐根据地增设一道屏障,于是西部大人中出现了"推演"。这位"推演",即拓跋所在部落的首领献帝邻,与宣帝并号"推寅"。

此时,邻及其所领部落还在呼伦湖边。虽然他们远离鲜卑的中心地带,但仍被视为鲜卑的一支,而纳入到檀石槐的视野之中,将其首领封为西部大人。接受这一分封,意味着拓跋所在的部落将进行一场长途跋涉的艰难迁徙。为此,邻对部落组织结构进行了世袭化的改造。首先"七分国人,使诸兄弟各摄领之,乃分其氏"①,也就是分派各兄弟去统领部落中的其他部族,加强与部落首领的血缘关系;接着是"以位授子",让儿子诘汾接替自己的首领地位。这样一来,拓跋所在的部落就被拓跋邻兄弟全面控制,并实现父子世袭。应当说,这个时候拓跋部才真正出现。

拓跋南迁匈奴故地的时间约在东汉桓帝、灵帝之际。由于目的地明确,拓跋部一路并不纠缠当地和过长滞留,前后时间应不出三五年,可定在延熹十年(167年)至建宁年间(168—172年)。与南迁密切相关的墓葬遗迹,自东北向西南依次有二克浅墓地、大安渔场墓地、北玛尼吐墓地、额日格吐墓地、南杨家营子墓地、苏泗汰墓葬、和日木图遗存、东大井墓地、三道湾墓地、二兰虎沟墓地、百灵庙墓地等处。从二克浅墓地、大安渔场墓地两处遗迹看,拓跋南迁首先是从呼伦贝尔地区翻越大兴安岭北段到达嫩江流域。大兴安岭山区森林茂密,地形复杂;嫩江中下游水网密布,沼泽丛生。这都给南迁带来极大困难和危险。进入北玛尼吐墓地、额日格吐墓地、南杨家营子墓地、苏泗汰墓葬所在的西拉木伦河流域后,拓跋部与当地的其他鲜卑部落发生接触,在北玛尼吐墓地、南杨家营子墓地都有双方文化因素明显并存的情况。从拓跋部的行进路线看,他们基本沿着大兴安岭南段的南侧山麓穿越这一地区,意在绕开山前开阔地带的其他部落领地,以避免矛盾和冲突。走出大兴安岭山地后,拓跋部进入了内蒙古中南部草原。他们在正蓝旗留下的和日木图遗存,是单纯的拓跋遗迹。到达檀石槐王庭附近后,拓跋似有较长时间的驻留,与檀石槐部落发生了较多的接触和交流。檀石槐鲜卑文化的随葬器物包括陶壶、广口陶罐、中口陶罐、小口陶罐、马纹和鹿纹金(铜)饰牌、漩涡纹耳饰、圈点纹骨角器等,以中口陶罐、马纹和鹿纹金(铜)饰牌、漩涡纹耳饰、圈点纹骨角器最具代表性。在广口陶罐、中口陶罐的颈肩部常见一周或两周戳点纹,有的中口罐肩部饰有戳点式附加堆纹或泥条式附加堆纹。拓跋文化与之有明显区别,因此双方的文化交流情况可以看得比较清楚。东大井、三道湾墓地均出现较多的拓跋文化因素,如镀形陶罐(图2-2:1,2)、陶杯(图2-4:2,4,6)、陶钵(图2-4:10)、三鹿纹饰牌(图2-5:9)、桦皮器盖(图2-6:3—5)等。多种拓跋文化因素进入檀石槐部落,并不是因为前者强势控制后者,而应是拓跋部向檀石槐供奉或提供

---

① 《魏书》卷一一三《官氏志》,北京:中华书局,1974年,第3005页。

劳役服务的结果。檀石槐文化因素对拓跋部的渗透,在百灵庙墓地中得到清晰表现。该墓地所出双耳陶壶(图2-18:6)、中口陶罐(图2-20:31)、漩涡纹耳饰(图2-22:2)都是檀石槐文化影响所致。同时,百灵庙墓地也保持着拓跋部从呼伦湖带来的文化特征,如镂形罐(图2-2:8)、广口罐(图2-3:10)等。百灵庙附近地区是拓跋部南迁的终点,正是檀石槐命令拓跋部所要到达的新封地——云中郡西部至五原郡的塞外。在这里,远离了起源地、迁徙中人员损耗也较大的拓跋部只能更加依附于檀石槐鲜卑。后者控制力的增强,使其文化影响在拓跋文化中日益扩大、加深。

第三阶段　第一次文化转型:力微联盟对檀石槐鲜卑文化的继承。

汉魏之际,檀石槐部落的命运深深影响了拓跋部的发展,造成了它的第一次文化转型。拓跋部由原有文化传统向继承檀石槐鲜卑的文化转变。

东汉"光和(178—184年)中,檀石槐死,时年四十五,子和连代立。和连才力不及父,亦数为寇抄,性贪淫,断法不平,众畔者半。后出攻北地,廉人善弩射者射中和连,即死。其子骞曼年小,兄子魁头立。后骞曼长大,与魁头争国,众遂离散。魁头死,弟步度根立"①。檀石槐死后,其子和连能力不足,孙子辈又起内讧,导致鲜卑大联盟瓦解。檀石槐后裔部落仅保得并州塞外的原有根据地。至步度根时期,已是东汉献帝建安至曹魏明帝青龙年间。这时,原联盟的中部地区崛起轲比能部,与步度根长期争斗,以屈服后者、重建对鲜卑各部的领导权为目标。

步度根既立,众稍衰弱,中兄扶罗韩亦别拥众数万为大人。建安(196—220年)中,太祖定幽州,步度根与轲比能等因乌丸校尉阎柔上贡献。……比能便于会上杀扶罗韩,扶罗韩子泄归泥及部众悉属比能。比能自以杀归泥父,特又善遇之。步度根由是怨比能。文帝践阼,田豫为乌丸校尉,持节并护鲜卑,屯昌平。步度根遣使献马,帝拜为王。后数与轲比能更相攻击,步度根部众稍寡弱,将其众万余落保太原、雁门郡。……至黄初五年(224年),步度根诣阙贡献,厚加赏赐,是后一心守边,不为寇害,而轲比能众遂强盛。明帝即位,务欲绥和戎狄,以息征伐,羁縻两部而已。至青龙元年(233年),比能诱步度根深结和亲,于是步度根将泄归泥及部众悉保比能,寇钞并州,杀略吏民。帝遣骁骑将军秦朗征之,归泥叛比能,将其部众降,拜归义王,赐幢麾、曲盖、鼓吹,居并州如故。步度根为比能所杀。……至(青龙)三年(235年)中,(幽州刺史王)雄遣勇士韩龙刺杀比能,更立其弟。②

然后种落离散,互相侵伐,强者远遁,弱者请服。由是边陲差安,漠南少事,虽时颇钞盗,不能复相扇动矣。③

步度根、轲比能相继被杀,轲比能勉强建立、为时不久的鲜卑联盟随之崩溃。并州、幽州塞

---

① 《后汉书》卷九〇《乌桓鲜卑传》,北京:中华书局,1965年,第2994页。
② 《三国志》卷三〇《鲜卑传》,北京:中华书局,1959年,第835—836、839页。
③ 《三国志》卷三〇《鲜卑传》,北京:中华书局,1959年,第832页。

外鲜卑侵钞中原的行动进入低潮,鲜卑内部统控各部的权力架构陷入真空。拓跋部诘汾之子力微正是在这种时代背景之下由弱渐强,发展建立起新的鲜卑联盟。

《魏书·序纪》记载力微元年(220年),拓跋部遭"西部内侵,国民离散,依于没鹿回部大人窦宾"①。《魏书》称力微活到104岁,似有故意拉长之嫌,因此不排除遭内侵之时,仍处于诘汾统部的末期。拓跋部来到五原郡,任务就是担当檀石槐部落的西部屏障。他们遭到攻击,惨败溃散,正印证了檀石槐后裔部落的衰落。其时,步度根率部与轲比能争雄,但部众寡弱,只得南移依附曹魏,难以顾及五原、云中,使拓跋部失去后盾。诘汾应死于这次内侵之中,力微则逃亡到没鹿回部,被其大人窦宾收留。没鹿回部属于檀石槐部落,力微往附实属自然。后来,力微救过窦宾,得娶其女,并"请率所部北居长川,宾乃敬从。积十数岁,德化大洽,诸旧部民,咸来归附"②。力微二十九年(248年),窦宾死后,力微"尽并其众,诸部大人,悉皆款服,控弦上马二十余万"③。力微三十九年(258年),"迁于定襄之盛乐。夏四月,祭天,诸部君长皆来助祭,唯白部大人观望不至,于是征而戮之,远近肃然,莫不震慑"④。至此,力微鲜卑联盟得以建立。这个由衰转强的过程实际上是拓跋部脱胎换骨的过程。西部内侵使拓跋部原有的部众伤亡惨重,力微到长川(今内蒙古兴和县西北土城子)之地召集旧部,能回归的部民其实不会太多。长川地处原檀石槐大联盟中、西部的交接地带,与檀石槐的王庭相近。在轲比能联盟崩溃后,长川是力微依托窦宾招揽轲比能余众、重振实力的好地方。这才是力微去长川驻扎的目的。力微重建后的拓跋部,部民的主体已不再是南迁而来的原部民,而是活动在这一地带的其他鲜卑。力微联盟控制的地域实际上就是原轲比能、步度根的核心领地,相当于原檀石槐大联盟的中部至西部的东半部,东界与东部鲜卑相邻。力微在这片区域所控制的各部鲜卑曾是檀石槐鲜卑的主要力量,力微赖以东山再起的没鹿回部还是檀石槐鲜卑的核心成员。这一切决定了力微联盟从成员到文化都必然要继承檀石槐鲜卑的衣钵,檀石槐鲜卑文化因素会大幅度更替呼伦湖阶段的文化特征,成为拓跋部的新特征。

在力微联盟的基础上,315年拓跋猗卢建立了代国,376年前秦灭代,386年拓跋珪重建代国,同年改国号为"魏"。这段魏晋十六国时期的拓跋墓葬文化发展历程还很模糊。北魏早期的平城墓葬中,尚存续着颈肩部饰两周戳点纹的中口罐,而这种罐是檀石槐鲜卑文化因素的体现。依据这些蛛丝马迹,我们认为自力微联盟至重建代国,拓跋墓葬文化大体是沿袭着檀石槐鲜卑的文化轨迹在发展。

第四阶段 第二次文化转型:北魏早期对边疆文化的整合与"北魏制"的确立。

拓跋部在长城地带目睹了魏晋十六国时期中原地区的来来往往、风云变幻,不免也心存觊觎,到拓跋珪时,终于把这种想法付诸行动。拓跋珪复国后,很快改"代"为"魏",展

---

① 《魏书》卷一《序纪》,北京:中华书局,1974年,第3页。
② 《魏书》卷一《序纪》,北京:中华书局,1974年,第3页。
③ 《魏书》卷一《序纪》,北京:中华书局,1974年,第3页。
④ 《魏书》卷一《序纪》,北京:中华书局,1974年,第3页。

现了进军中原、争夺正统的雄心。"魏"既是中原上国,又在西晋之前。拓跋使自己成为曹魏的继承者,就能名正言顺地征服中原,同时可以否定西晋的合法性,与西晋的继承者东晋争夺正统地位。称国为"魏",在名号上占了先机,但内涵明显不足。代国所承载的檀石槐鲜卑文化传统已不能担负起新的使命,拓跋文化又一次面临转型。

  建立一套与国号"魏"相匹配的礼制,是拓跋珪所面临的重大文化与政治问题。他首先针对的目标是占据魏地的后燕,希图借鉴后燕的文化体系来达到这一目的。在灭后燕的过程中,拓跋珪御驾亲征,皇始元年(396年)九月先占领后燕的西部重镇晋阳,再东进,于皇始二年(397年)十月攻占后燕都城中山,但他并未止于中山,而是在天兴元年(398年)正月攻下邺城后,亲临其地。此后,他由邺城北归,经中山,凿直道返代。可见,拓跋珪亲征,心中是以邺城为目的地的,占领邺城的意义甚或高过中山。因为邺城是曹魏代汉前的根据地,也是拓跋国名的依托地。在这里,他"巡登台榭,遍览宫城,将有定都之意"①。虽然他没有将在此定都的想法落实,却已然坚定了以国号为"魏"的初衷。拓跋珪在邺城还做了一件重要的事情,就是特意向后燕汉人官吏崔宏(玄伯)咨询古今历史和制度。当时,"玄伯弃郡,东走海滨。太祖素闻其名,遣骑追求。执送于军门,引见与语,悦之"②。二人见面之地就在邺城,"太祖幸邺,历问故事于玄伯,应对若流,太祖善之"③。拓跋珪便封崔宏为黄门侍郎,将他带回代地。返抵代地的拓跋珪,马上以后燕制度为蓝本,大张旗鼓地开始本国制度与文化的建设。天兴元年(398年)六月,借东晋使者来平城的机会,拓跋珪组织群臣讨论国号,决定"宜仍先号,以为魏焉"④,明确表达了自己要扫平中土、做诸华之主的态度,意在向东晋示威,向东晋的正统性发起挑战。七月,正式"迁都平城,始营宫室,建宗庙,立社稷"⑤。"八月,诏有司正封畿,制郊甸,端径术,标道里,平五权,较五量,定五度。"⑥十一月,"命有司制官爵,撰朝仪,协音乐,定律令,申科禁,玄伯总而裁之,以为永式"⑦。归降北魏才10个月左右的崔玄伯此时已任吏部尚书,成为这次制度变革的总设计师。

  基于后燕文化的天兴制度对平城北魏早期墓葬文化的影响,现在还看不清楚,因为中原地区后燕墓葬的文化特征尚不为人所知。在后燕占领的山西、河北、山东、河南境内,都没有发现后燕墓葬的报道。这种状况的出现,不是因为后燕墓葬没被发掘,而是我们尚不能将其辨识出来。辨识不出的原因,就在于后燕墓葬的汉化程度太高,已经与西晋墓葬混同。而天兴变革所创各种制度的渊源,也多是承继自西晋⑧。如果天兴制度长期发展下去,北魏早期的文化、制度就与西晋差不多了。但随着拓跋珪做诸华之主思想的发展,竟

---

① 《魏书》卷二《太祖纪》,北京:中华书局,1974年,第31页。
② 《魏书》卷二四《崔玄伯传》,北京:中华书局,1974年,第620页。
③ 《魏书》卷二四《崔玄伯传》,北京:中华书局,1974年,第621页。
④ 《魏书》卷二《太祖纪》,北京:中华书局,1974年,第32页。
⑤ 《魏书》卷二《太祖纪》,北京:中华书局,1974年,第33页。
⑥ 《魏书》卷二《太祖纪》,北京:中华书局,1974年,第33页。
⑦ 《魏书》卷二四《崔玄伯传》,北京:中华书局,1974年,第621页。
⑧ 何德章:《北魏初年的汉化制度与天赐二年的倒退》,《中国史研究》2001年第2期。

争对象由后燕转向东晋,北魏的政策也就变得贬斥东晋起来,并延伸到对西晋的抵制。而天兴制度的趋势与抑晋的意图是不相符合的。所以,到天赐二年(405年)的时候,天兴制度遭到拓跋珪的废除,重新被鲜卑旧俗所取代①。后燕文化中那些中原化的因素在平城墓葬中应该没有来得及深入和全面发展,不过也并非无迹可寻,作为秘器出现的漆棺算是一个证据。在北魏初期的平城墓葬中,出现一批宽平口沿、器身饰磨光暗纹的陶壶、陶罐。宽平沿、磨光暗纹这两项特征,恰恰是早期慕容鲜卑陶器所具有的。这应当是后燕墓葬文化中所保留的鲜卑旧俗。在天赐年间鲜卑旧俗重兴的思潮下,它们被平城文化所吸收。

拓跋珪未能做成的大事最终由太武帝拓跋焘来完成。延和元年(432年),诏曰:"自始光至今,九年之间,戎车十举。……兵不极武,而二寇俱灭。师不违律,而遐方以宁。……修废官,举俊逸,蠲除烦苛,更定科制,务从轻约,除故革新,以正一统。"②这一诏书的目的是再次调整礼制政策。此举的推动者当为崔浩,史载崔浩辅佐太武帝时,"朝廷礼仪,优文策诏,军国书记,尽关于浩"③。其背景是太武帝自即位以来,为了实现统一,屡兴战事,432年以前已击败柔然、灭亡大夏,即所谓"二寇俱灭",大量的人口和财富由此汇聚到平城及其附近。平城又一次面临不同文化因素注入的新局面,需要有相适应的礼制来应对。唯有除繁就简、革故迎新,才能为平城包容新因素以进一步重组整合拓展出回旋的空间。新的形势拓展了太武帝的眼界,引导他从更大的范围去寻求新礼制的建设方案。他的思路就是从文化发展较为滞后的十六国边疆地区寻找曹魏文化因素的遗留,有意回避西晋洛阳形成的"晋制"文化所影响的中原地区。他所搞的这套有别于"晋制"的文化体制,名义上是对"曹魏制"的追随,实际上形成了自具特色的"北魏制"。从墓葬方面分析,主要整合了两大地域的文化因素,一是东北地区,另一是河西地区。东北因素主要是汉魏文化影响下形成的三燕文化、高句丽地区文化因素,对平城墓葬图像的影响很大,墓主宴乐图、车马出行图、山林狩猎图、门吏武士图的题材或构图基本上是全面吸收东北因素,庄园生活图也少部分受到影响。河西因素反映的是河西地区魏晋五凉时期的文化,其对平城墓葬的影响主要表现在墓葬形制和图像方面。在平城、盛乐及周边地区,结合竖穴土坑墓和用砖两要素而短期出现的竖穴砖椁墓,以及逐步替代竖穴土坑墓的诸类墓葬形制,如竖井墓道土洞墓、长斜坡墓道土洞墓、长斜坡墓道砖室墓,都与河西因素有关;墓葬图像方面,河西的影响仅次于东北,包括庄园生活图主体、伏羲、女娲、青龙、白虎等。

第五阶段 第三次文化转型:北魏中、晚期文化向"晋制"的复归。

太武帝建立起来的文化体制,最大的作用是使北魏摆脱了文化贫乏单薄的境地,有效地巩固和稳定了北魏在北方的统治,与南朝文化之间形成一种对立平衡。自450年太武帝兵至瓜步、饮马长江,迫使宋文帝遣使求和之后,南北朝进入了较长时期的和平阶段。

---

① 何德章:《北魏初年的汉化制度与天赐二年的倒退》,《中国史研究》2001年第2期。
② 《魏书》卷四《世祖纪》,中华书局,1974年,第80页。
③ 《魏书》卷三五《崔浩传》,中华书局,1974年,第812页。

和平时期的较量,以文化为上,军事其次。对于南、北对立的两国而言,文化较量根本上还是争夺文化的正统性。然而,太武帝这套有别于"晋制"的文化体制,在正统争夺中的实效并不好。一方面,这套体制对南朝吸引力不足,南朝可不受其影响;另一方面,这套体制的主要来源是边疆文化,与东晋南朝所追承的西晋中原文化相比,缺乏心理优势,信心不足。因此,北魏早期的这套文化体制对南朝文化不具备实质性的威胁,并不能压倒对方,也就不能在正统争夺中取得胜算。

于是,北魏早、中期之际的文成帝、献文帝时期,北魏的文化实践开始逐步向"晋制"变化。到太和十五年(491年),孝文帝正式肯定和明确了向"晋制"转型的文化新政策。北魏中期的平城墓葬文化忠实见证了这一转型。这个时期的墓葬形制以弧方形为稳定态,单室墓最为常见,复杂不过前、后双主室墓,恰是西晋洛阳墓葬演变到最后阶段的形制;西晋洛阳墓葬没有壁画,而有俑群和模型明器,北魏中期平城墓葬就明显地抑制墓室壁画,而恢复出完整的俑群组合;对墓主生平的记录,北魏早期既可以附着在葬具或壁画上,也出现了专用的砖、石墓铭,到北魏中期则与西晋一样,集中到长方形砖志、碑形或长方形石志等专用墓志上。迁都之后,"晋制"在北魏晚期的洛阳地区,更得到进一步的落实和发展。相比平城而言,一个鲜明的变化是俑群的鲜卑装基本为汉装所替换,并涌现出新式的汉装俑。这样一来,不仅有形式上的模仿,还有内涵上的自觉,北魏文化便完成了向"晋制"所体现的中原文化的复归。

向"晋制"转型,也就是要与南朝展开同质性、排他性的文化竞争。本书把北朝与南朝的竞争方式主要总结为四点,即获取正统先机、吸收赶超、并行竞争、反制破解等。在北朝不断模仿"晋制",并越来越像"晋制"的时候,南朝却与"晋制"渐行渐远,深陷于地方化的文化特征之中。于是在"晋制"的框架内,北朝终于取代南朝所占的先机。这一点从墓葬形制上看得尤为明显。北朝普遍流行墓室平面近方形的单室墓,南朝墓葬则流行整体呈"凸"字形、墓室平面呈长方形的单室券顶墓。北朝还在瓷器、墓志、人物俑、壁画等方面,吸收、推广南朝具有先进性的文化特色,然后创新、发展,终于赶超南朝。在一些南北朝同时并行的文化内容,如俑群、石制品、佛教因素等方面,虽各自发展,各有特色,但北朝更显强势。南朝为应对北朝的紧逼,尽力维护原有的正统地位,一方面以"竹林七贤和荣启期"拼镶砖壁画表明对魏晋风度的追承,谋求从精神层面贬低北魏对国号"魏"的利用;另一方面,南朝跳出自己已不能坚守的"晋制",援引"汉制",恢复部分东汉陵墓石刻,以石走兽、石碑、石柱为组合,以反压"魏"。北朝则进一步采取针锋相对的反制措施,以孝子、列女故事图对阵"竹林七贤和荣启期"壁画,以石人、石蹲狮为主的石刻组合抗衡南朝的石刻组合。北朝的石刻要素同样源自东汉陵墓石刻,只是石狮的造型为蹲姿,以示与南朝石兽行进状的不同。

第六阶段　第四次文化转型:北魏文化余脉开启"唐制"新模式。

北魏晚期文化全面复归"晋制",貌似带来的一个严重后果是北魏的分裂与灭亡。细究其原因,复归"晋制"的方向并没有错,问题出在处理平城与洛阳的关系上过于着急和武断。复归"晋制"是从北魏中期的平城地区开始的,北魏晚期的洛阳地区把这一文化政策贯彻到底,二者本没有矛盾,是前后自然衔接的两个阶段。但孝文帝迁都洛阳后,强行割断平城与洛阳的文化往来和互动,导致平城文化复归"晋制"的过程停滞,甚至倒退,从而走向洛阳文化的对立面。新旧二都的二元对立,撕裂了北魏文化,是最终导致北魏在政治、军事上全面崩溃的罪魁祸首。

北魏遗留的二元对立问题是由东魏北齐来接盘和解决的。东魏北齐以"邺城—晋阳"的新二元结构替代了"平城—洛阳"的旧二元结构,其间最大的变化是新结构以二元一体、一体两面、互补共生为特征,而非对立,从而消解了北魏晚期文化结构的基本矛盾。到北齐时期,邺城与晋阳地区的墓葬形制实现了同步发展,墓葬类型均为单室砖墓和单室土洞墓两大类,墓室平面呈近方形或长方形,砖室墓与土洞墓之间的等级关系重新得到建立,砖室墓的等级明显高于洞室墓。这基本上恢复到北魏晚期"河阴之变"前洛阳地区墓葬形制的发展状况。随葬俑群方面,邺城地区的陶俑体型匀称,大多文质彬彬,晋阳地区的陶俑体型浑圆,腹部腆起,显示了武人的魁梧,但两地陶俑种类和组合近同,遵循着共同的制度,表明了北齐将胡、汉两大群体糅为一体的努力。墓葬壁画方面,东魏北齐墓葬突破了北魏晚期墓葬文化所受"晋制"的圈囿,在追承北魏早期墓葬壁画的基础上,通过简化壁画内容和将壁画空间由墓室延展到墓道两项举措,建立起一套以墓主人为中心的新壁画模式,即作为墓室正壁的北壁上绘墓主人正坐或墓主人夫妇并坐宴乐、有的背设屏风,东、西两侧壁分绘鞍马出行图、牛车出行图,南壁绘门吏武士或仪仗,顶部绘天象、四神、十二生肖等,墓道两侧壁所绘主要内容是仪仗出行图。这套壁画模式在邺城、晋阳两地均流行。可见,东魏北齐在"邺城—晋阳"双核的协力之下,将北魏文化余脉推向一条新的发展道路。

北魏晚期的二元对立由东魏北齐解决了,但北魏分裂所致的东西对立又产生了。与东魏北齐相敌对的西魏北周也在利用北魏文化余脉走着自己的道路。在东魏北齐、西魏北周、南朝的三足鼎立中,西魏北周的实力基础是最为薄弱的。为了逆势而起,西魏北周必须有一套不同于东魏北齐、南朝的文化表现方式来凝聚人心、积存力量,因此在继承北魏文化的同时,做了一定程度的改变。从文化特点趋于定型的北周墓葬文化来看,墓葬形制继承了北魏末期"河阴之变"后洛阳地区的特点,以方形单室土洞墓为主,少见方形单室砖室墓,另发展出前室近方形、后室为长方形或长梯形的前后双室土洞墓新形制,用于高等级墓葬[①]。随葬俑群的种类和组合与北魏晚期洛阳地区基本一致,但陶俑制作方式大为不同,人俑均为半模、实身、平背,制作不够精致,形象也较为粗陋[②]。墓葬壁画方面,在过洞或甬道的入口上方绘门楼图,从墓道、过洞、天井、甬道到墓室绘有红色边框所喻示的影作木构,影作木构之下绘武士、男侍或女侍,各个人物常见独立成幅[③]。这套壁画模

---

① 倪润安:《北周墓葬的地下空间与设施》,《故宫博物院院刊》2008年第1期。
② 倪润安:《北周墓葬俑群研究》,《考古学报》2005年第1期。
③ 倪润安:《北周墓葬的地下空间与设施》,《故宫博物院院刊》2008年第1期。

式和东魏北齐一样，不再受北魏晚期的限制，内容和空间得以发展。空间上，壁画分布从墓室、甬道扩展到墓道、过洞、天井，但壁画的内容与组合没有东魏北齐那样丰富和浩大，人物常常独立成幅，且不绘墓主人形象，尚存北魏中晚期墓葬壁画受抑时期的基调。由上可知，西魏北周所选的道路方向与东魏北齐是不同的。

把东魏北齐、西魏北周这两条北魏文化余脉的分支重组到一起，是在隋代。北周大象二年（580年），大丞相杨坚平毁邺城；开皇二年（582年），隋文帝下诏营建新都大兴城；大业元年（605年），隋炀帝下诏营建东京洛阳城。这样在摧毁北齐"双核"后，隋朝又新建起以长安、洛阳为中心的两京体制，为东、西部文化的融合创造了良好的环境。开皇三年（583年），隋文帝明令参照梁和北齐制度制定新礼制，改变了北齐文化作为亡国余孽的被动地位，为其进入新王朝的主流文化铺平了道路。北齐文化因素大举进入关中，与北周文化因素的融合进程主要在这里进行。潼关税村隋代壁画墓是这一融合过程的很好见证。该墓年代在仁寿末年至大业初年（604—606年），很可能是废太子杨勇墓[1]，是迄今发掘的最高等级的隋墓。

墓葬形制方面，税村墓由北周式的墓道和北齐式的墓室构成。该墓坐北朝南，由长斜坡墓道、7个过洞、6个天井、4个壁龛、甬道和砖砌单墓室组成。这种带天井、过洞和壁龛的墓葬建构与咸阳发掘的大量高规格的北周墓葬呈现出很大的相似性，而东魏北齐墓葬中，带天井的极为少见，只有娄睿墓与徐显秀墓各出现了一个天井，且形制也不统一[2]。税村墓墓室平面呈圆形，材质和形状都是北齐东方地区的墓葬形制，但在关中隋墓中为孤例。关中隋墓的主体是土洞墓，分为双室和单室，双室墓的前室为方形、后室为长方形，单室墓平面以近方形为主[3]。这两种形制正是北周墓葬的典型形制，而北齐墓葬形制以平面呈弧方形的单室砖墓为主[4]。所以，从关中隋墓的整体情况看，墓葬形制沿袭北周。

随葬品方面，税村墓出土最多的是各类陶俑。北周与北齐陶俑的区别是十分明显的，前者为半模制成，平背、实身，塑工较稚拙，后者为合模制成，中空，塑工较精致。到隋代关中地区，在三原县开皇二年（582年）李和墓[5]中尚看到北周特征的俑类要多于北齐特征的俑类。北周特征的俑一直持续到开皇中期仍有出现，如西安郊区开皇十二年（592年）吕武墓所出部分风帽男侍俑[6]等。开皇后期起，北周特征的俑类消失，制作方式基本上转为北齐陶俑那样的合模制法。因此，税村墓中已看不到具有北周制作特征的俑；造型上，虽可寻北周遗痕，但并不引人注意，即犬俑没有采用北齐的趴卧式，而吸收了北周的蹲踞式。该墓还出有一套重要的随葬品——画像石棺，是对西魏、北周石棺的延续，形制基本相同；在纹饰上，西魏、北周石棺前挡刻门吏或门神与朱雀，后挡刻玄武或神人御玄武，两

---

[1] 陕西省考古研究院：《潼关税村隋代壁画墓》，北京：文物出版社，2013年，第134—136页。
[2] 邵小莉：《隋唐墓葬艺术渊源新探——以陕西潼关税村隋代壁画墓为中心》，《文艺研究》2011年第1期。
[3] 刘呆运：《关中地区隋代墓葬形制研究》，《考古与文物》2012年第4期。
[4] 杨效俊：《东魏、北齐墓葬的考古学研究》，《考古与文物》2000年第5期。
[5] 陕西省文物管理委员会：《陕西省三原县双盛村隋李和墓清理简报》，《文物》1966年第1期。
[6] 中国科学院考古研究所：《西安郊区隋唐墓》，北京：科学出版社，1966年，第7、42页。

侧挡分刻青龙、白虎,棺盖上刻伏羲、女娲,如西魏魏后三年(556年)葬郭生墓石棺[1]、北周保定四年(564年)葬李诞墓石棺[2]等;税村墓石棺前、后挡分别刻门吏与朱雀、神人御玄武,两侧挡刻仙人驾车出行,前、后挡的纹饰近与北周类似、远可追及北魏晚期,两侧挡和棺盖上的纹饰则承袭了北魏晚期画像石棺的图案形式,各处边饰也体现了多种文化内涵。可见,税村墓石棺沿着西魏、北周石棺的历史轨迹上溯至北魏晚期传统,并广泛综合利用了大一统时代不同民族、不同地域、不同宗教的相关图像素材[3]。

墓葬壁画方面,税村墓也是北齐式和北周式壁画的结合体。除天井上部和壁龛外,该墓自墓道直至墓室的所有壁面均绘壁画。墓道东、西二壁绘出行仪仗图,呈对称布局,各有46人、1匹马和1座辇架,分为七组,这种大场面的仪仗队列与东魏茹茹公主墓、湾漳北朝壁画墓、北齐徐显秀墓墓道仪仗图有渊源关系[4]。第一过洞入口外上方的门楼图,天井底部两壁的杖刀侍卫、过洞、甬道及墓室内的影作木构,系北周做法。徐显秀墓过洞上方也出现门楼图,表明北齐晚期晋阳墓葬已受到北周墓葬的一定影响。税村墓墓室顶部绘星象图,四壁壁画脱落,从壁画残块看有侍女、蜡烛等画面。墓室四壁绘影作木构之下持物的侍女,是初唐墓葬壁画的常见题材,如龙朔三年(663年)新城长公主墓[5]。初唐墓室壁画中,已无法确认墓主人是谁,墓主人形象的消隐成为唐墓壁画的通例。由此上推,颇疑税村隋墓中就不绘墓主人形象,且这种做法可进一步追至北周墓葬壁画,西魏也大致如此。这条墓主人形象消隐的壁画发展脉络,仍延续着北魏中晚期墓葬壁画受抑制、主体内容消退的影响。

通过分析税村隋墓,可知北周、北齐文化因素在关中融合的大致情况。墓葬形制上,北周因素占优势;墓葬壁画上,二者平分秋色;随葬品上,北齐因素在陶俑方面占优势,葬具方面以西魏、北周石棺为基础,追溯至北魏晚期传统。总之,隋墓文化对北周、北齐因素各有取舍,重组交融,力图建构统一的文化面貌,从而奠定了"唐制"墓葬文化的基本模式。

第二节　光宅中原:"中原道路"的选择及其历史意义

拓跋至北魏的各个历史阶段,反映了拓跋及其领导的鲜卑部众从边疆走向中原、走进

---

[1] 陕西省考古研究院:《北周郭生墓发掘简报》,《文博》2009年第5期。
[2] 程林泉、张翔宇、张小丽:《西安北周李诞墓初探》,《艺术史研究》第七辑,广州:中山大学出版社,2005年,第299—308页。
[3] 邵小莉:《隋唐墓葬艺术渊源新探——以陕西潼关税村隋代壁画墓为中心》,《文艺研究》2011年第1期。
[4] 邵小莉:《隋唐墓葬艺术渊源新探——以陕西潼关税村隋代壁画墓为中心》,《文艺研究》2011年第1期。
[5] 陕西省考古研究所、陕西历史博物馆、礼泉县昭陵博物馆:《唐新城长公主墓发掘报告》,北京:科学出版社,2004年,第108—114页。

中原,不断实现文化转型,而逐步融入中原文明的发展进程。也就是说,拓跋的道路是向着中原方向发展的,可谓之为"中原道路"。

"中原道路"的最后一步是由孝文帝拓跋宏实施的。对于此举的意义,他曾对任城王元澄解释道:

> 今日之行,诚知不易。但国家兴自北土,徙居平城,虽富有四海,文轨未一,此间用武之地,非可文治,移风易俗,信为甚难。崤函帝宅,河洛王里,因兹大举,光宅中原,任城意以为何如?①

言语之中,"光宅中原"一词可谓总包拓跋发展道路的指向与目标。在嘎仙洞石刻祝文中,已首次使用了这一词汇,即"历载亿年,聿来南迁。应受多福,光宅中原。惟祖惟父,拓定四边。庆流后胤,延及冲人。阐扬玄风,增构崇堂。克翦凶丑,威及四荒"。与此类似的词语在《魏书》中还有"光宅中区"②"光宅天邑"③"光宅土中"④"光宅洛邑"⑤"光宅函洛"⑥等。从当代史学的眼光来看,鲜卑拓跋部是中国史上第一个在中原地区站稳了脚跟又统一了北方地区的草原部族,其创建的北魏王朝则是世界史上第一个完全吸纳了北方草原部族因子的中原王朝。北魏一朝既是永嘉以来北方地区自乱而治的转折点,在魏晋南北朝史中具有关键的承前启后地位,也是自汉至唐社会变迁过程中,许多问题从纠结爆发至舒展缓和的关键时期,是北方草原部族与中华民族关系史上的一座极其重要的界标。拓跋部及其所创建的北魏,不仅空前深切地影响了中华民族和中国历史的进程,影响了东北亚这个世界史上著名的民族迁徙策源地中各族存在、发展和相互关联的大势,而且也在北方草原部族中成功地竖起了第一个扎根塞北而统治中原地区的样板,从而无可避免地构成了影响和改变各部族传统迁徙格局和今后发展方向的重大因素。⑦

后来,契丹建立的辽朝、女真建立的金朝,正是以拓跋为榜样,要走向中原,建立类似北魏王朝的国家。辽朝兴起于内蒙古东部西拉木伦河、老哈河流域的松漠地带,其初期在吞并紧邻的奚族,北讨乌古、室韦,西降黑车子室韦、占领阴山南北,西北征阻卜,东灭渤海国之后,更向南从后晋手中割得燕云十六州。中原地区由于割地而丧失天然的山脉屏障,门户洞开,辽军得以数度进出,并试图占据不走,直接统治中原。这种南进中原的意图,直到与北宋多次对战而签订"澶渊之盟"后,才基本停滞。随着南下日益受阻,辽朝转而加强了对西北边疆的经营,捍御阻卜,在漠北草原设立了西北路招讨司等军镇机构,将该地

---

① 《魏书》卷一九中《任城王澄传》,北京:中华书局,1974年,第464页。
② 《魏书》卷八《世宗纪》,北京:中华书局,1974年,第198页;《魏书》卷五九《刘昶传》,北京:中华书局,1974年,第1311页;《魏书》卷六〇《韩显宗传》,北京:中华书局,1974年,第1341页。
③ 《魏书》卷八《世宗纪》,北京:中华书局,1974年,第204页。
④ 《魏书》卷二四《张伦传》,北京:中华书局,1974年,第617页;《魏书》卷五三《李冲传》,北京:中华书局,1974年,第1183页。
⑤ 《魏书》卷六〇《韩显宗传》,北京:中华书局,1974年,第1343页。
⑥ 《魏书》卷六六《李崇传》,北京:中华书局,1974年,第1471页。
⑦ 楼劲:《探讨拓跋早期历史的基本线索——田余庆先生〈拓跋史探〉一书读后》,《中国史研究》2005年第2期。

区正式纳入辽朝版图。辽朝由此混合和保持着中原定居与内亚游牧的社会体制和文化传统。但是,处于内亚的漠北地区对辽朝来说属于边疆,政治地位并不太高,其政治中心和核心地区仍是在西拉木伦河、老哈河至燕云十六州的长城地带。辽五京之中,上京临潢府(今内蒙古巴林左旗)、中京大定府(今内蒙古宁城县)设在西拉木伦河、老哈河流域,西京大同府(今山西大同市)、南京幽都府(今北京市)则是在燕云境内。可见,辽朝对与北宋接壤的南境是十分重视的,总体策略仍是向南靠近中原,更多地吸收中原文化。因此,到辽代中晚期,辽朝人开始自比为华夏之邦,以"北朝"或"南赡部洲"自称①。辽朝与北魏相比,追求的目标是相同的,区别在于实现的程度有所差异。北魏终将中原道路完全走通,而辽朝受北宋所阻,只完成了走向中原的部分道路。辽之后的金朝与拓跋的历史进程最相似,它从东北到长城地带,进而完全进占中原,都城也内迁,先迁于中都,再迁于汴京,受中原文化的影响也更显深刻。而且金朝没能像辽朝那样有效地控制和经略漠北草原各族各部,在亡国之后也很大程度地融入中原之地。在北方民族与中原文化的互动关系中,拓跋—北魏、契丹—辽、女真—金可归为一组,统称为"拓跋模式"。

但是,拓跋走上"中原道路",并非是她的唯一选择,以匈奴为代表的内亚传统本也是其选项之一。匈奴帝国与两汉王朝的关系,虽有较多的文化交流,但保持自己的文化独立性、维护自身的内亚传统占主导是其特点。在匈奴帝国强盛之时,战争与掠夺是他们与汉王朝交往的主旋律,双方经历了一段激烈的对抗阶段。在其衰亡的过程中,除了占少数的南匈奴归降汉朝,匈奴的主体在亡国之时,或留在蒙古高原、归附新的草原帝国,或西迁遁逃、远走异域,民族的主体并未走向和融入中原。此后,柔然帝国、突厥帝国、回鹘帝国都重复着与匈奴类似的发展道路,可称之为"匈奴模式"。辽朝灭亡之际,耶律大石率铁骑二百北遁,得到漠北辽军和内亚草原势力的支持,"遂得精兵万余"②,后来向西进发,在中亚建立了西辽。这一点看起来非常符合"匈奴模式"。但需要指出的是,随同耶律大石西迁的契丹人只是很少数;又辽朝末帝天祚帝并未远逃异域,而是避于阴山附近,伺机反攻金军,意图收复燕、云,失败后被俘,死于金朝;同时,契丹族的主体仍留在原地,在金朝的统治之下融入中原文化之中。以此为标准,则辽朝不可归为"匈奴模式"。

在匈奴帝国灭亡之后,强盛起来的鲜卑实际上最初选择的是"匈奴模式"的道路,率先实践者是檀石槐鲜卑。《后汉书·乌桓鲜卑传》称檀石槐"兵马甚盛,东西部大人皆归焉。因南抄缘边,北拒丁零,东却夫余,西击乌孙,尽据匈奴故地,东西万四千余里,南北七千余里,网罗山川水泽盐池","朝廷积患之,而不能制,遂遣使持印绶封檀石槐为王,欲与和亲。檀石槐不肯受,而寇抄滋甚。乃自分其地为三部,从右北平以东至辽东,接夫余、濊貊二十余邑为东部,从右北平以西至上谷十余邑为中部,从上谷以西至敦煌、乌孙二十余邑为西部,各置大人主领之,皆属檀石槐"③。上述文献记载了檀石槐的两种做法,都与匈

---

① 刘浦江:《德运之争与辽金王朝的正统性问题》,《中国社会科学》2004年第2期。
② 《辽史》卷三〇《天祚皇帝纪四》,北京:中华书局,1974年,第356页。
③ 《后汉书》卷九〇《乌桓鲜卑传》,北京:中华书局,1965年,第2989—2990页。

奴相关。一是拒绝东汉王朝的封王与和亲,不断寇抄汉境,表明檀石槐志向远大,欲建立与东汉王朝地位对等、与当年匈奴盛况比肩的鲜卑帝国;二是三分其地为东、中、西三部,而这正是模仿匈奴帝国的政治构架。为凝聚鲜卑诸部,达到与东汉王朝长期抗衡的目的,檀石槐还在积极发展具有自身特色的鲜卑文化。从考古学文化上看,饰戳点纹或戳点式附加堆纹、泥条式附加堆纹的中口陶罐、漩涡纹耳饰、马纹饰牌、鹿纹饰牌、圈点纹骨角器等,都是檀石槐鲜卑文化体现的新元素。这些元素的来源,有可能是部分吸收了漠北地区的内亚性文化因素。可惜的是,檀石槐鲜卑帝国并未能从萌芽走向成熟,而是较快地趋于瓦解。鲜卑对"匈奴模式"道路的第一次尝试,几乎成功,终归失败。

　　檀石槐之后的鲜卑强者是轲比能,他志在复兴檀石槐的伟业,却面临着相当不利的境况。《三国志·鲜卑传》记载:"延康初,(轲)比能遣使献马,文帝亦立比能为附义王","后与东部鲜卑大人素利及步度根三部争斗,更相攻击",后"复制御群狄,尽收匈奴故地,自云中、五原以东抵辽水,皆为鲜卑庭"①。可见,轲比能为把分裂后的鲜卑东、中、西三部重新统一在自己的号令之下,花费了大量的精力用于鲜卑内部的争斗。为了制胜他部,轲比能不得不向中原王朝进贡,试图排除后者的干预,曾受曹魏所封为附义王。他由此付出的重大代价是放弃了檀石槐所坚持的独立性。对于他部鲜卑,轲比能时而拉拢,时而征伐;对于曹魏朝廷,他也是时附时叛。反复其间的做法,使轲比能的威信远逊于檀石槐,他更多的是靠威权来重建了包括三部的鲜卑王庭。虽然又一次模仿了"匈奴模式",但轲比能政权的基础是十分脆弱的,所辖鲜卑诸部并非真心拥戴。所以,当曹魏幽州刺史王雄遣刺客将轲比能刺杀后,其政权就迅速崩溃了。

　　第三次模仿"匈奴模式"是由拓跋部来做的。西晋元康五年(295年),力微之子昭帝禄官继任拓跋部落联盟的首领,"分国为三部:帝自以一部居东,在上谷北,濡源之西,东接宇文部;以文帝之长子桓皇帝讳猗㐌统一部,居代郡之参合陂北;桓帝之弟穆皇帝讳猗卢统一部,居定襄之盛乐故城"②。猗㐌、猗卢之父是文帝沙漠汗,本为力微的继承人,因深受中原文化影响而被逸杀。禄官即位之前,已出现沙漠汗少子弗从叔叔绰手中夺位的现象③。禄官为了避免家族内斗继续发展下去,遂借用"匈奴模式"分国为三部,与两个侄子并立为主,且自己不统中部,将拓跋部根据地所在的中、西部让与沙漠汗两子去管理。前两次对"匈奴模式"的模仿,都是为了聚拢鲜卑诸部,统一号令,以对抗中原王朝。而拓跋部的这次模仿,目的则大为转变,意在平息内斗,分权以安内。三部分治后,东部与势力正强的东部鲜卑为邻,无力东扩,主要任务是通过联姻等方式与他们搞好关系;向西,猗㐌发起了五年的西征,"诸降附者二十余国"④,达于西域⑤。拓跋部的扩张方式也体现着

---

① 《三国志》卷三〇《鲜卑传》,北京:中华书局,1959年,第831、838—839页。
② 《魏书》卷一《序纪》,北京:中华书局,1974年,第5、6页。
③ 张金龙:《北魏政治史(一)》,兰州:甘肃教育出版社,2008年,第81页。
④ 《魏书》卷一《序纪》,北京:中华书局,1974年,第6页。
⑤ 张金龙:《北魏政治史(一)》,兰州:甘肃教育出版社,2008年,第88—90页。

"匈奴模式"的特点。三部分立的局面持续了10余年。305、307年,猗㐌、禄官先后去世。猗卢在"昭帝崩后,遂总摄三部,以为一统"①。

在猗卢结束"匈奴模式"的前后,新的历史机遇向拓跋部敞开大门。西晋中原地区爆发"八王之乱",304年刘渊乘乱率领并州的匈奴部众起兵反晋,自立汉国。随后,西晋与匈奴的战争,搅乱了并州局势,为拓跋南下中原创造了良机。就在同一年,西晋"并州刺史司马腾来乞师,桓帝率十余万骑,(昭)帝亦同时大举以助之,大破渊众于西河、上党"②。这是拓跋鲜卑第一次跨出塞北,正式参与中原地区的军事角逐,也使拓跋部开始转入走进中原的轨道。此后,拓跋部又多次南下协助西晋并州刺史司马腾或刘琨对抗匈奴刘氏汉国的军队。310年,"晋怀帝进帝(猗卢)大单于,封代公"③,猗卢趁机要得陉北五县之地。313年,猗卢"城盛乐以为北都,修故平城以为南都。帝登平城西山,观望地势,乃更南百里,于灅水之阳黄瓜堆筑新平城,晋人谓之小平城,使长子六脩镇之,统领南部"④。南都及新平城的修筑,显示拓跋的政治中心开始南移,并表露出拓跋进一步经略中原的意向。中原王朝的内乱与衰落,为拓跋的发展提供了走"中原道路"的选择。当然,这个选择不只是给拓跋的,匈奴、羯、氐、东部鲜卑、羌都做出了同样的选择,纷纷逐鹿中原。但后者都没能成功立足,只有拓跋在汲取此前胡族统治中原的经验、教训后,把"中原道路"走通了,在中原建立了承前启后的北魏王朝,并从南朝手中夺得了华夏正统地位,自身也融入中原文明之中。

纵观中国历史,北方民族与中原王朝的关系不只有"匈奴模式"和"拓跋模式",还有第三种模式,即"蒙古模式"。这种模式综合了前两种模式的特点,内亚传统与中原文化并存、并重,在同一国体内在各自区域并行发展,相互间不乏交流,但未能互相替代。这一模式的实践者有蒙古族和满族。

蒙古族的直系祖先是蒙兀室韦,与鲜卑、契丹、女真一样都出自东北亚,但蒙古族却没有实践"拓跋模式"。原因在于鲜卑、契丹、女真在走向中原的过程中,重心首先是放在靠近中原的长城地带,对漠北的控制处于羁縻或半羁縻状态,不会将漠北的内亚传统与中原文化等量齐观。而蒙兀室韦先是迁徙到漠北草原,在那里成吉思汗统一了漠北诸部,才形成了蒙古族,其重心和根基是在漠北,蒙古帝国的都城和林就在这里。此后,蒙古再由漠北南下,进入中原,建立元朝帝国。尽管蒙古贵族歧视和压迫汉族人,但他们在统治原金国和南宋的领土时,仍不得不采用中原的制度和文化。同时,漠北地区继续保持着他们的本族习俗,而不接受汉人的礼法⑤。这种模式的好处在于,当汉人把元朝统治者驱赶出中原后,他们仍能在漠北立国,国名先后为"大元"(史称"北元")和"蒙古",直到被女真人

---

① 《魏书》卷一《序纪》,北京:中华书局,1974年,第7页。
② 《魏书》卷一《序纪》,北京:中华书局,1974年,第6页。
③ 《魏书》卷一《序纪》,北京:中华书局,1974年,第7页。
④ 《魏书》卷一《序纪》,北京:中华书局,1974年,第8页。
⑤ 韩儒林主编:《元朝史(修订本)(下)》,北京:人民出版社,2008年,第581页。

建立的后金所征服,残存长达267年。

满族建立的清朝,也欲以"蒙古模式"来管理明朝和蒙古的旧地。对明朝旧地的统治,清政府任用汉人为官,沿用中原的制度与文化,满人学习汉语,并与汉人通婚。对广大蒙古地区的管理,清政府在原来部落制的基础上建立了盟旗和扎萨克制,给予蒙古各部落王公一定的自主权;在政治、经济上笼络蒙古王公,让他们拥有较高的政治地位,享受种种政治特权,获得丰厚的俸禄和各种赏赐,成为清政府在蒙古地区的管理者和代理人;清政府支持蒙古族信仰黄教,但是实行政教分离,通过笼络上层喇嘛进而笼络蒙古王公贵族来达到笼络蒙古牧民的目的[1]。清政府还在蒙古地区实行封禁制度,严禁汉人随意往来蒙古地区和在蒙古地区居住,禁止蒙古人学习汉文化[2]。这些措施使得蒙古在清政府有效管辖下基本沿着原来的文化和习俗在发展。在东北地区,清政府也实施了封禁政策,动机之一就是为了保存满族原来的风俗习惯,保全"龙兴之地",不让外族人主要是汉族人占有满族的根据地[3]。这样一来,东北和蒙古地区就成为与关内汉人地区隔离的文化区,类似于元朝时期漠北与中原的关系,得以保持内亚传统,一旦满人失去中原,尚有退守之地。这正是"蒙古模式"的思维方式。从清朝的结局看,历史的发展不是按照清统治者的初衷在运行的。东北地区的封禁造成东北地广人稀,边备空虚,为沙俄所乘,失去大片领土。蒙古地区的封禁造成外蒙古轻易独立。关内的满人则与中原汉人融为一体,实际上走了"拓跋模式"的道路。

通过比较,可以看到"拓跋模式"与中国历史的结合最为深刻。在这种模式中,北方民族树立了入主中原、统治华夏的信心,中原汉人则相信胡族终将融入华夏文明的潮流之中。于是,"拓跋模式"在中国历史的运行轨道上成为一种历史惯性。当然,这种历史惯性的形成,需要经历不断的转型并付出沉重的代价。

---

[1] 修文强:《论清王朝对蒙古族的羁縻制》,《满族研究》2015年第3期。
[2] 哈斯达赖:《清封禁蒙古的几个不同层次及其目的》,《内蒙古社会科学》1990年第4期。
[3] 李普国:《清代东北的封禁与开发》,《吉林大学社会科学学报》1962年第1期。

参 考 文 献

（一）文献史籍

《史记》卷一《五帝本纪》,北京：中华书局,1959 年。
《史记》卷二《夏本纪》,北京：中华书局,1959 年。
《后汉书》卷一〇下《皇后纪下》,北京：中华书局,1965 年。
《后汉书》卷三四《梁竦传》,北京：中华书局,1965 年。
《后汉书》卷八九《南匈奴传》,北京：中华书局,1965 年。
《后汉书》卷九〇《乌桓鲜卑传》,北京：中华书局,1965 年。
《后汉书》卷九六《礼仪下》,北京：中华书局,1965 年。
《三国志》卷三〇《鲜卑传》,北京：中华书局,1959 年。
《晋书》卷一〇一《刘元海载记》,北京：中华书局,1974 年。
《晋书》卷一〇五《石勒载记下》,北京：中华书局,1974 年。
《晋书》卷一〇五《石弘载记》,北京：中华书局,1974 年。
《晋书》卷一〇八《慕容廆载记》,北京：中华书局,1974 年。
《晋书》卷一一二《苻洪载记》,北京：中华书局,1974 年。
《晋书》卷一一三《苻坚载记上》,北京：中华书局,1974 年。
《晋书》卷一一六《姚弋仲载记》,北京：中华书局,1974 年。
《晋书》卷一三〇《赫连勃勃载记》,北京：中华书局,1974 年。
《宋书》卷一五《礼志二》,北京：中华书局,1974 年。
《宋书》卷五九《张畅传》,北京：中华书局,1974 年。
《宋书》卷九五《索虏传》,北京：中华书局,1974 年。
《南齐书》卷二二《豫章文献王嶷传》,北京：中华书局,1972 年。
《南齐书》卷五七《魏虏传》,北京：中华书局,1972 年。
《魏书》卷一《序纪》,北京：中华书局,1974 年。
《魏书》卷二《太祖纪》,北京：中华书局,1974 年。
《魏书》卷三《太宗纪》,北京：中华书局,1974 年。
《魏书》卷七下《高祖纪下》,北京：中华书局,1974 年。
《魏书》卷八《世宗纪》,北京：中华书局,1974 年。
《魏书》卷一一《后废帝安定王纪》,北京：中华书局,1974 年。
《魏书》卷一三《文成文明皇后冯氏传》,北京：中华书局,1974 年。

《魏书》卷一六《阳平王熙传》,北京:中华书局,1974年。
《魏书》卷一八《广阳王深传》,北京:中华书局,1974年。
《魏书》卷一九中《任城王澄传》,北京:中华书局,1974年。
《魏书》卷二四《张伦传》,北京:中华书局,1974年。
《魏书》卷二四《崔玄伯传》,北京:中华书局,1974年。
《魏书》卷二九《叔孙俊传》,北京:中华书局,1974年。
《魏书》卷三四《王洛儿传》,北京:中华书局,1974年。
《魏书》卷三七《司马楚之传》,北京:中华书局,1974年。
《魏书》卷三七《司马金龙传》,北京:中华书局,1974年。
《魏书》卷四一《源贺传》,北京:中华书局,1974年。
《魏书》卷五三《李冲传》,北京:中华书局,1974年。
《魏书》卷五八《杨播传》,北京:中华书局,1974年。
《魏书》卷五九《刘昶传》,北京:中华书局,1974年。
《魏书》卷六〇《韩显宗传》,北京:中华书局,1974年。
《魏书》卷六二《李彪传》,北京:中华书局,1974年。
《魏书》卷六六《李崇传》,北京:中华书局,1974年。
《魏书》卷九五《铁弗刘卫辰传》,北京:中华书局,1974年。
《魏书》卷九九《沮渠牧犍传》,北京:中华书局,1974年。
《魏书》卷一〇〇《乌洛侯传》,北京:中华书局,1974年。
《魏书》卷一〇二《西域传》,北京:中华书局,1974年。
《魏书》卷一〇三《匈奴宇文莫槐传》,北京:中华书局,1974年。
《魏书》卷一〇八《礼志一》,北京:中华书局,1974年。
《魏书》卷一一〇《食货志》,北京:中华书局,1974年。
《魏书》卷一一三《官氏志》,北京:中华书局,1974年。
《魏书》卷一一四《释老志》,北京:中华书局,1974年。
《北齐书》卷二《神武纪下》,北京:中华书局,1972年。
《周书》卷一《文帝纪上》,北京:中华书局,1971年。
《北史》卷一《魏本纪一·序纪》,北京:中华书局,1974年。
《北史》卷二《魏本纪二》,北京:中华书局,1974年。
《北史》卷一一《隋本纪上》,北京:中华书局,1974年。
《北史》卷五四《高隆之传》,北京:中华书局,1974年。
《隋书》卷三〇《地理志中》,北京:中华书局,1973年。
《辽史》卷三〇《天祚皇帝纪四》,北京:中华书局,1974年。
《辽史》卷四一《地理志五·西京道条》,北京:中华书局,1974年。
《资治通鉴》卷七七《魏纪九》,北京:中华书局,1956年。
《资治通鉴》卷一一九《宋纪一》,北京:中华书局,1956年。
《资治通鉴》卷一五三《梁纪九》,北京:中华书局,1956年。
[三国吴]韦昭注:《国语》,北京:中华书局,1985年。

［北魏］郦道元著,陈桥驿校证:《水经注校证》,北京:中华书局,2007年。
［唐］杜佑:《通典》卷一九六《边防十二》,北京:中华书局,1984年。
［唐］法琳:《辨正论》卷三,《大正新修大藏经》第52卷《史传部四》,台北:佛陀教育基金会,1990年。
［唐］张楚金撰,［唐］雍公叡注:《翰苑》,金毓绂主编《辽海丛书》第四册,沈阳:辽沈书社,1985年影印本。
［清］丁谦:《汉书匈奴传下地理考证》,《蓬莱轩地理丛书》第一册,北京:北京图书馆出版社,2008年。

（二）文物考古资料

1. 简报

A

安徽省当涂县文物事业管理所、安徽省马鞍山市李白研究所:《安徽当涂新市来陇村南朝墓群发掘简报》,《东南文化》2008年第1期。

安路、贾伟明:《黑龙江讷河二克浅墓地及其问题探讨》,《北方文物》1986年第2期。

安阳县文教局:《河南安阳县清理一座北齐墓》,《考古》1973年第2期。

安阳县文教卫生管理站:《河南安阳发现一座北齐墓》,《考古》1972年第1期。

B

白劲松:《陈巴尔虎旗西乌珠尔古墓清理简报》,《辽海文物学刊》1989年第2期。

包头市文物管理处:《包头固阳县发现北魏墓群》,《考古》1987年第1期。

北京市文物工作队:《北京西郊发现汉代石阙清理简报》,《文物》1964年第11期。

北京市文物研究所:《延庆县东王化营魏晋十六国墓葬发掘报告》,《北京考古》第二辑,北京:北京燕山出版社,2008年。

北京市文物研究所、延庆县文物管理所:《北京市延庆县西屯墓地西区(Ⅰ区)考古发掘简报》,《北京文博论丛》2012年第4期。

C

朝阳地区博物馆、朝阳县文化馆:《辽宁朝阳发现北燕、北魏墓》,《考古》1985年第10期。

朝阳市博物馆:《辽宁朝阳北魏墓》,《边疆考古研究》第5辑,北京:科学出版社,2007年。

陈大为:《朝阳县沟门子晋壁画墓》,《辽海文物学刊》1990年第2期。

陈大为、李宇峰:《辽宁朝阳后燕崔遹墓的发现》,《考古》1982年第3期。

陈凤山、白劲松:《内蒙古扎赉诺尔鲜卑墓》,《内蒙古文物考古》1994年第2期。

程道宏:《伊敏河地区的鲜卑墓》,《内蒙古文物考古》总第2期,1982年。

磁县文化馆:《河北磁县东陈村东魏墓》,《考古》1977年第6期。

磁县文化馆:《河北磁县北齐高润墓》,《考古》1979年第3期。

磁县文化馆:《河北磁县东陈村北齐尧峻墓》,《文物》1984年第4期。

磁县文化馆:《河北磁县东魏茹茹公主墓发掘简报》,《文物》1984年第4期。

磁县文物保管所:《河北磁县北齐元良墓》,《考古》1997年第3期。

崔汉林、夏振英:《陕西华阴北魏杨舒墓发掘简报》,《文博》1985年第2期。

D

大同市博物馆:《山西大同南郊出土北魏鎏金铜器》,《考古》1983年第11期。

大同市博物馆:《大同东郊北魏元淑墓》,《文物》1989年第8期。

大同市博物馆：《大同北魏方山思远佛寺遗址发掘报告》，《文物》2007年第4期。
大同市博物馆 马玉基：《大同市小站村花圪塔台北魏墓清理简报》，《文物》1983年第8期。
大同市博物馆、山西省文物工作委员会：《大同方山北魏永固陵》，《文物》1978年第7期。
大同市考古研究所：《山西广灵北关汉墓发掘简报》，《文物》2001年第7期。
大同市考古研究所：《山西大同下深井北魏墓发掘简报》，《文物》2004年第6期。
大同市考古研究所：《山西大同七里村北魏墓群发掘简报》，《文物》2006年第10期。
大同市考古研究所：《山西大同沙岭北魏壁画墓发掘简报》，《文物》2006年第10期。
大同市考古研究所：《山西大同迎宾大道北魏墓群》，《文物》2006年第10期。
大同市考古研究所：《山西大同南郊区田村北魏墓发掘简报》，《文物》2010年第5期。
大同市考古研究所：《山西大同文瀛路北魏壁画墓发掘简报》，《文物》2011年第12期。
大同市考古研究所：《山西大同阳高北魏尉迟定州墓发掘简报》，《文物》2011年第12期。
大同市考古研究所：《山西大同云波里路北魏壁画墓发掘简报》，《文物》2011年第12期。
大同市考古研究所：《山西大同沙岭新村北魏墓地发掘简报》，《文物》2014年第4期。
大同市考古研究所：《山西大同恒安街北魏墓（11DHAM13）发掘简报》，《文物》2015年第1期。
戴应新、魏遂志：《陕西绥德黄家塔东汉画像石墓群发掘简报》，《考古与文物》1988年第5、6期合刊。
代尊德：《太原北魏辛祥墓》，《考古学集刊》第1集，北京：中国社会科学出版社，1981年。
邓宏里、蔡全法：《沁阳县西向发现北朝墓及画像石棺床》，《中原文物》1983年第1期。
东北博物馆：《辽阳三道壕两座壁画墓的清理工作简报》，《文物参考资料》1955年第12期。

G

甘肃省文物考古研究所：《甘肃酒泉西沟村魏晋墓发掘报告》，《文物》1996年第7期。
甘肃省文物考古研究所：《甘肃酒泉孙家石滩魏晋墓发掘简报》，《考古与文物》2005年第5期。
甘肃省文物考古研究所：《甘肃省高台县汉晋墓葬发掘简报》，《考古与文物》2005年第5期。
甘肃省文物考古研究所：《甘肃玉门官庄魏晋墓葬发掘简报》，《考古与文物》2005年第6期。
甘肃省文物考古研究所：《甘肃玉门白土良汉晋墓发掘简报》，《考古与文物》2006年第1期。
甘肃省文物考古研究所：《甘肃玉门金鸡梁十六国墓葬发掘简报》，《文物》2011年第2期。
甘肃省文物考古研究所、高台县博物馆：《甘肃高台县骆驼城墓葬的发掘》，《考古》2003年第6期。
甘肃省文物考古研究所、高台县博物馆：《甘肃高台地埂坡晋墓发掘简报》，《文物》2008年第9期。
盖山林：《内蒙古察右后旗赵家房村发现匈奴墓群》，《考古》1977年第2期。
固原县文物工作站：《宁夏固原北魏墓清理简报》，《文物》1984年第6期。
关丽娟、刘桂兰：《扎鲁特旗额日格吐鲜卑墓》，《内蒙古文物考古》2007年第2期。
郭珉：《吉林大安县后宝石墓地调查》，《考古》1997年第2期。
郭治中、魏坚：《察右前旗下黑沟鲜卑墓及其文化性质初论》，《内蒙古文物考古文集》第一辑，北京：中国大百科全书出版社，1994年。

H

韩生存、曹承明、胡平：《大同城南金属镁厂北魏墓群》，《北朝研究》1996年第1期。
河北省博物馆、文物管理处：《河北曲阳发现北魏墓》，《考古》1972年第5期。
河北省沧州地区文化馆：《河北省吴桥四座北朝墓葬》，《文物》1984年第9期。
河北省文管处：《河北景县北魏高氏墓发掘简报》，《文物》1979年第3期。

河北省文物研究所：《河北抚宁邴各庄汉墓发掘简报》，《文物春秋》1997年第3期。

河北省文物研究所、临城县文物保管所：《临城县南孟村唐墓发掘报告》，《河北省考古文集（二）》，北京：北京燕山出版社，2001年。

河南省博物馆：《河南安阳北齐范粹墓发掘简报》，《文物》1972年第1期。

河南省文化局文物工作队：《河南巩县石家庄古墓葬发掘简报》，《考古》1963年第2期。

河南省文化局文物工作队：《洛阳北魏长陵遗址调查》，《考古》1966年第3期。

河南省文物管理局南水北调文物保护办公室、安阳市文物考古研究所：《河南安阳县东魏赵明度墓》，《考古》2010年第10期。

河南省文物管理局南水北调文物保护管理办公室、安阳市文物考古研究所：《河南安阳县北齐贾进墓》，《考古》2011年第4期。

河南省文物管理局南水北调文物保护办公室、河南省文物考古研究所：《河南安阳市固岸墓地Ⅱ区51号东魏墓》，《考古》2008年第5期。

河南省文物研究所、安阳县文管会：《安阳北齐和绍隆夫妇合葬墓清理简报》，《中原文物》1987年第1期。

黑龙江省博物馆：《嫩江下游左岸考古调查简报》，《考古》1960年第4期。

黑龙江省博物馆、齐齐哈尔市文管站：《齐齐哈尔市大道三家子墓葬清理》，《考古》1988年第12期。

黑龙江省文物考古研究所：《黑龙江小登科墓葬及相关问题》，《北方文物》1986年第2期。

黑龙江省文物考古研究所：《黑龙江讷河市二克浅青铜时代至早期铁器时代墓葬》，《考古》2003年第2期。

黑龙江省文物考古研究所：《黑龙江讷河市库勒浅青铜至早期铁器时代墓葬》，《考古》2006年第5期。

黑龙江省文物考古研究所、吉林大学历史学系考古专业：《黑龙江肇源白金宝遗址1986年发掘简报》，《北方文物》1997年第4期。

侯鸿钧：《洛阳西车站发现北魏墓一座》，《文物参考资料》1957年第2期。

呼伦贝尔盟文物管理站：《陈巴尔虎旗西乌珠尔古墓葬调查清理简报》，《内蒙古文物考古》1997年第2期。

呼伦贝尔盟文物管理站：《鄂伦春自治旗嘎仙洞遗址1980年清理简报》，《内蒙古文物考古文集》第二辑，北京：中国大百科全书出版社，1997年。

呼伦贝尔盟文物管理站：《新巴尔虎旗伊和乌拉鲜卑墓》，《内蒙古文物考古文集》第二辑，北京：中国大百科全书出版社，1997年。

呼伦贝尔盟文物管理站、额尔古纳右旗文物管理所：《额尔古纳右旗七卡鲜卑墓清理简报》，《内蒙古文物考古文集》第二辑，北京：中国大百科全书出版社，1997年。

怀仁县文物管理所：《山西怀仁北魏丹扬王墓及花纹砖》，《文物》2010年第5期。

黄明兰：《西晋裴祇和北魏元眰两墓拾零》，《文物》1982年第1期。

J

吉林大学历史系考古专业：《吉林扶余北长岗子遗址试掘简报》，《考古》1979年第2期。

吉林大学历史系考古专业、吉林省博物馆考古队：《大安汉书遗址发掘的主要收获》，《东北考古与历史》第1辑，北京：文物出版社，1982年。

吉林省博物馆：《吉林大安东山头古墓葬清理》，《考古》1961年第8期。

吉林省博物馆文物队、吉林大学历史系考古专业:《吉林大安渔场古代墓地》,《考古》1975年第6期。
吉林省文物工作队、集安县文物保管所:《集安长川一号壁画墓》,《东北考古与历史》第一辑,北京:文物出版社,1982年。
吉林省文物考古研究所:《吉林九台市石砬山、关马山西团山文化墓地》,《考古》1991年第4期。
济南市博物馆,王建浩、蒋宝庚:《济南市东郊发现东魏墓》,《文物》1966年第4期。
金学山:《内蒙古托克托县皮条沟发现三座鲜卑墓》,《考古》1991年第5期。

K

孔令忠、侯晋刚:《记新发现的嘉峪关毛庄子魏晋墓木板画》,《文物》2006年第11期。
寇玉峰、于俊玉:《辽宁朝阳养路费征稽处北魏唐代墓葬》,《边疆考古研究》第3辑,北京:科学出版社,2005年。

L

赖非:《北魏高道悦墓地调查及其墓志补释》,《德州考古文集》,南昌:百花洲文艺出版社,2000年。
雷云贵、高士英:《朔县发现的匈奴鲜卑遗物》,《山西省考古学会论文集(1)》,太原:山西人民出版社,1992年。
李爱国:《太原北齐张海翼墓》,《文物》2003年第10期。
李龙彬、马鑫、王爽:《新发现的辽阳河东新城东汉壁画墓》,《东北史地》2016年第1期。
李庆发:《辽阳上王家村晋代壁画墓清理简报》,《文物》1959年第7期。
李树涛:《一件春秋时期的鄂尔多斯式金马佩饰》,《文物春秋》2002年第4期。
李文信:《辽阳发现的三座壁画古墓》,《文物参考资料》1955年第5期。
李新全:《朝阳市教育教学研究中心住宅楼工地唐墓》,《中国考古学年鉴(1993)》,北京:文物出版社,1995年。
李逸友:《内蒙古土默特旗出土的汉代铜器》,《考古通讯》1956年第2期。
李逸友:《关于内蒙古土默特旗出土文物情况的补正》,《考古通讯》1957年第1期。
李逸友:《内蒙古西部地区的匈奴和汉代文物》,《文物参考资料》1957年第4期。
李逸友:《呼和浩特市美岱村北魏墓》,《内蒙古文物资料选辑》,呼和浩特:内蒙古人民出版社,1964年。
辽宁省博物馆、辽阳博物馆:《辽阳旧城东门里东汉壁画墓发掘报告》,《文物》1985年第6期。
辽宁省博物馆文物队、朝阳地区博物馆文物队、朝阳县文化馆:《朝阳袁台子东晋壁画墓》,《文物》1984年第6期。
辽宁省文物考古研究所:《辽宁辽阳南环街壁画墓》,《北方文物》1998年第3期。
辽宁省文物考古研究所、北票市文物管理所:《辽宁北票市西官营四号墓发掘简报》,《东北史地》2014年第4期。
辽宁省文物考古研究所、朝阳市博物馆:《朝阳市发现的几座北魏墓》,《辽海文物学刊》1995年第1期。
辽宁省文物考古研究所、朝阳市博物馆:《朝阳王子坟山墓群1987、1990年度考古发掘的主要收获》,《文物》1997年第11期。
辽宁省文物考古研究所、朝阳市博物馆:《辽宁朝阳北朝及唐代墓葬》,《文物》1998年第3期。
辽宁省文物考古研究所、朝阳市博物馆、北票市文物管理所:《辽宁北票喇嘛洞墓地1998年发掘报告》,《考古学报》2004年第2期。
辽宁省文物考古研究所、朝阳市博物馆、朝阳县文物管理所:《朝阳柳城镇郭家前燕墓葬》,《辽宁省道路建设考古报告集(2003)》,沈阳:辽宁民族出版社,2004年。

辽宁省文物考古研究所、朝阳市博物馆、朝阳县文物管理所:《朝阳柳城镇腰而营子村小湾地北魏墓地发掘简报》,《辽宁省道路建设考古报告集(2003)》,沈阳:辽宁民族出版社,2004年。

辽宁省文物考古研究所、朝阳县文物管理所:《辽宁省朝阳县土城子两座前燕墓》,《北方文物》2015年第2期。

辽宁文物考古研究所、朝阳市博物馆、朝阳市双塔区文物管理所:《朝阳自来水管道工地墓葬发掘简报》,《辽海文物学刊》1993年第1期。

辽阳博物馆:《辽阳市三道壕西晋墓清理简报》,《考古》1990年第4期。

辽阳市文物管理所:《辽阳发现三座壁画墓》,《考古》1980年第1期。

林西县文物管理所:《林西县苏泗汰鲜卑墓葬》,《内蒙古文物考古文集》第二辑,北京:中国大百科全书出版社,1997年。

刘俊喜、高峰:《大同智家堡北魏墓棺板画》,《文物》2004年第12期。

刘瑞娥、朱家龙:《鸡鸣驿北魏壁画墓清理随想》,《呼和浩特文物》总第四期,1999年。

刘习祥、张英昭:《博爱县出土的晋代石柱》,《中原文物》1981年第1期。

卢瑞芳、刘汉芹:《河北吴桥北魏封龙墓及其相关问题》,《文物春秋》2005年第3期。

陆思贤:《巴图湾水库区的古墓》,《内蒙古文物考古》创刊号,1981年。

洛阳博物馆:《洛阳北魏元邵墓》,《考古》1973年第4期。

洛阳博物馆:《河南洛阳北魏元乂墓调查》,《文物》1974年第12期。

洛阳博物馆:《洛阳北魏画象石棺》,《考古》1980年第3期。

洛阳博物馆:《洛阳北魏杨机墓出土文物》,《文物》2007年第11期。

洛阳市第二文物工作队:《洛阳纱厂西路北魏HM555发掘简报》,《文物》2002年第9期。

洛阳市第二文物工作队:《北魏孝文帝长陵的调查和钻探——"洛阳邙山陵墓群考古调查与勘测"项目工作报告》,《文物》2005年第7期。

洛阳市第二文物工作队:《偃师前杜楼北魏石棺墓发掘简报》,《文物》2006年第12期。

洛阳市第二文物工作队:《洛阳邙山陵墓群的文物普查》,《文物》2007年第10期。

洛阳市第二文物工作队:《洛阳衡山路北魏墓发掘简报》,《文物》2009年第3期。

洛阳市第二文物工作队 石战军:《北魏董富妻郭氏墓》,《中原文物》1996年第2期。

洛阳市文物工作队:《洛阳孟津晋墓、北魏墓发掘简报》,《文物》1991年第8期。

洛阳市文物工作队:《洛阳孟津北陈村北魏壁画墓》,《文物》1995年第8期。

洛阳市文物工作队:《河南洛阳市吉利区两座北魏墓的发掘》,《考古》2011年第9期。

洛阳市文物考古研究院:《洛阳孟津朱仓北魏墓》,《文物》2012年第12期。

洛阳市文物考古研究院:《北魏淮南王元遵墓发掘简报》,《洛阳考古》2013年第2期。

洛阳市文物考古研究院:《洛阳孟津南陈北魏墓发掘简报》,《洛阳考古》2014年第1期。

洛阳市文物考古研究院:《洛阳孟津后沟玉冢调查勘探报告》,《洛阳考古》2014年第3期。

洛阳市文物考古研究院:《洛阳吉利济涧北魏墓发掘简报》,《文物》2015年第4期。

洛阳市文物考古研究院:《洛阳涧西衡山路北魏墓发掘简报》,《文物》2016年第7期。

M

马志军、孙铁山:《咸阳机场陵照导航台基建工地秦汉墓葬清理简报》,《考古与文物》1992年第2期。

孟县人民文化馆　尚振明:《孟县出土北魏司马悦墓志》,《文物》1981年第12期。
孟县文化馆　尚振明:《孟县出土北魏司马悦墓志》,《河南文博通讯》1980年第3期。
孟昭林:《无极甄氏诸墓的发现及其有关问题》,《文物》1959年第1期。
孟昭林:《记后魏邢伟墓出土物及邢峦墓的发现》,《考古》1959年第4期。
苗润华:《巴林右旗巴彦琥绍辽墓和元代遗址》,《内蒙古文物考古》1994年第1期。

N

南京博物院:《江苏丹阳胡桥南朝大墓及砖刻壁画》,《文物》1974年第2期。
南京博物院:《江苏丹阳县胡桥、建山两座南朝墓葬》,《文物》1980年第2期。
南京博物院:《梁朝桂阳王萧象墓》,《文物》1990年第8期。
南京博物院:《南京西善桥南朝墓》,《东南文化》1997年第1期。
南京博物院、南京市文物保管委员会:《南京西善桥南朝墓及其砖刻壁画》,《文物》1960年第8、9期合刊。
南京市博物馆:《南京北郊东晋温峤墓》,《文物》2002年第7期。
南京市博物馆:《南京市栖霞区东杨坊南朝墓》,《考古》2008年第6期。
南京市博物馆:《南京市雨花台区铁心桥小村南朝墓发掘简报》,《东南文化》2015年第2期。
南京市博物馆、江宁区博物馆:《南京隐龙山南朝墓》,《文物》2002年第7期。
南京市博物馆、南京市雨花台区文管会:《江苏南京市花神庙南朝墓发掘简报》,《考古》1998年第8期。
南京市博物馆、南京市雨花台区文化局:《南京雨花台石子岗南朝砖印壁画墓(M5)发掘简报》,《文物》2014年第5期。
南京市博物馆　阮国林:《南京梁桂阳王肖融夫妇合葬墓》,《文物》1981年第12期。
南京市考古研究所:《南京栖霞狮子冲南朝大墓发掘简报》,《东南文化》2015年第4期。
南京市文物管理委员会:《南京太平门外刘宋明昙憘墓》,《考古》1976年第1期。
内蒙古博物馆:《卓资县石家沟墓群出土资料》,《内蒙古文物考古》1998年第2期。
内蒙古博物馆　郭素新:《内蒙古呼和浩特北魏墓》,《文物》1977年第5期。
内蒙古文物工作队:《内蒙古扎赉诺尔古墓群发掘简报》,《考古》1961年第12期。
内蒙古文物工作队:《内蒙古呼和浩特美岱村北魏墓》,《考古》1962年第2期。
内蒙古文物考古研究所:《凉城崞县窑子墓地》,《考古学报》1989年第1期。
内蒙古文物考古研究所:《扎赉诺尔古墓群1986年清理发掘报告》,《内蒙古文物考古文集》第一辑,北京:中国大百科全书出版社,1994年。
内蒙古文物考古研究所:《土默特左旗国营苗圃北魏墓清理报告》,《内蒙古文物考古》2008年第1期。
内蒙古文物考古研究所、呼伦贝尔盟文物管理站、额尔古纳右旗文物管理所:《额尔古纳右旗拉布达林鲜卑墓群发掘简报》,《内蒙古文物考古文集》第一辑,北京:中国大百科全书出版社,1994年。
内蒙古文物考古研究所、通辽民族博物馆:《内蒙古南宝力皋吐鲜卑墓地发掘简报》,《华夏考古》2010年第2期。
内蒙古文物考古研究所、伊克昭盟文物工作站:《内蒙古准格尔煤田黑岱沟矿区文物普查述要》,《考古》1990年第1期。
内蒙古文物考古研究所、扎鲁特旗文物管理所:《扎鲁特旗达米花鲜卑遗址调查报告》,《内蒙古文物考古》2009年第1期。

内蒙古自治区博物馆、鄂尔多斯博物馆：《乌审旗翁滚梁北朝墓葬发掘简报》，《内蒙古文物考古文集》第二辑，北京：中国大百科全书出版社，1997年。

内蒙古自治区博物馆、和林格尔县文化馆：《和林格尔县另皮窑村北魏墓出土的金器》，《内蒙古文物考古》总第3期，1984年。

内蒙古自治区文物工作队：《和林格尔县土城子试掘记要》，《文物》1961年第9期。

内蒙古自治区文物工作队：《内蒙古陈巴尔虎旗完工古墓清理简报》，《考古》1965年第6期。

内蒙古自治区文物考古研究所、鄂尔多斯博物馆、乌审旗文物管理所：《内蒙古乌审旗郭家梁大夏国田翌墓》，《文物》2011年第3期。

内蒙古自治区文物考古研究所、乌兰察布市博物馆、察右前旗文物管理所：《察右前旗常家村东滩鲜卑墓文物调查简报》，《草原文物》2015年第1期。

内蒙古自治区文物考古研究所、乌兰察布市博物馆、化德县文物管理所：《化德县陈武沟鲜卑墓地发掘简报》，《草原文物》2014年第1期。

宁夏固原博物馆：《彭阳新集北魏墓》，《文物》1988年第9期。

宁夏回族自治区博物馆、同心县文管所、中国社会科学院考古研究所宁夏考古组：《宁夏同心县倒墩子汉代匈奴墓地发掘简报》，《考古》1987年第1期。

宁夏文物考古研究所、同心县文管所：《宁夏同心县李家套子匈奴墓清理简报》，《考古与文物》1988年第3期。

宁夏文物考古研究所、中国社会科学院考古所宁夏考古组、同心县文物管理所：《宁夏同心倒墩子匈奴墓地》，《考古学报》1988年第3期。

P

潘行荣：《内蒙古陈巴尔虎旗完工索木发现古墓葬》，《考古》1962年第11期。

平朔考古队：《山西朔县秦汉墓发掘简报》，《文物》1987年第6期。

璞石：《辽宁朝阳袁台子北燕墓》，《文物》1994年第11期。

Q

齐齐哈尔市文物管理站：《黑龙江省齐齐哈尔市东土岗青铜时代墓葬清理简报》，《北方文物》2002年第3期。

钱玉成、孟建仁：《科右中旗北玛尼吐鲜卑墓群》，《内蒙古文物考古文集》第一辑，北京：中国大百科全书出版社，1994年。

秦明智、任步云：《甘肃张家川发现"大赵神平二年"墓》，《文物》1975年第6期。

S

310国道孟津考古队：《洛阳孟津邙山西晋北魏墓发掘报告》，《华夏考古》1993年第1期。

桑植县文物管理所：《湖南桑植朱家台西汉墓》，《江汉考古》1995年第4期。

山东省博物馆文物组：《山东高唐东魏房悦墓清理纪要》，《文物资料丛刊(2)》，北京：文物出版社，1978年。

山东省文物考古研究所：《临淄北朝崔氏墓》，《考古学报》1984年第2期。

山东省文物考古研究所：《济南市东八里洼北朝壁画墓》，《文物》1989年第4期。

山东省文物考古研究所、临朐县博物馆：《山东临朐北齐崔芬壁画墓》，《文物》2002年第4期。

山西省大同市博物馆、山西省文物工作委员会：《山西大同石家寨北魏司马金龙墓》，《文物》1972年第

3 期。

山西省大同市考古研究所：《大同湖东北魏一号墓》，《文物》2004 年第 12 期。

山西省考古研究所：《太原西南郊北齐洞室墓》，《文物》2004 年第 6 期。

山西省考古研究所：《大同县国营粮食原种场北魏墓》，《三晋考古》第三辑，太原：山西人民出版社，2006 年。

山西省考古研究所、大同市博物馆：《大同南郊北魏墓群发掘简报》，《文物》1992 年第 8 期。

山西省考古研究所、大同市考古研究所：《大同市北魏宋绍祖墓发掘简报》，《文物》2001 年第 7 期。

山西省考古研究所、大同市考古研究所：《山西大同市大同县陈庄北魏墓发掘简报》，《文物》2011 年第 12 期。

山西省考古研究所、大同市考古研究所：《山西大同县湖东北魏墓(M11)发掘简报》，《文物》2014 年第 1 期。

山西省考古研究所、大同市考古研究所：《山西大同南郊仝家湾北魏墓(M7、M9)发掘简报》，《文物》2015 年第 12 期。

山西省考古研究所、吕梁地区文物工作室、离石县文物管理所：《山西离石马茂庄东汉画像石墓》，《文物》1992 年第 4 期。

山西省考古研究所、吕梁地区文物管理所、离石县文物管理所：《山西离石再次发现东汉画像石墓》，《文物》1996 年第 4 期。

山西省考古研究所、山西博物院、朔州市文物局、崇福寺文物管理所：《山西朔州水泉梁北齐壁画墓发掘简报》，《文物》2010 年第 12 期。

山西省考古研究所、太原市文物管理委员会：《太原南郊北齐壁画墓》，《文物》1990 年第 12 期。

山西省考古研究所、太原市文物考古研究所：《太原北齐徐显秀墓发掘简报》，《文物》2003 年第 10 期。

山西省考古研究所、太原市文物考古研究所、晋源区文物旅游局：《太原开化村北齐洞室墓发掘简报》，《考古与文物》2006 年第 2 期。

山西省考古研究所、太原市文物考古研究所、晋源区文物旅游局：《太原西北环高速公路建设墓葬发掘简报》，《三晋考古》第三辑，太原：山西人民出版社，2006 年。

山西省考古研究所、忻州市文物管理处：《山西忻州市九原岗北朝壁画墓》，《考古》2015 年第 7 期。

山西省考古研究所、忻州市文物管理处、原平市博物馆：《原平北贾铺东汉墓葬发掘简报》，《三晋考古》第三辑，太原：山西人民出版社，2006 年。

山西省文物管理委员会：《太原西南郊清理的汉至元代墓葬》，《考古》1963 年第 5 期。

陕西省考古研究所：《西安北郊北朝墓清理简报》，《考古与文物》2005 年第 1 期。

陕西省考古研究院：《北周郭生墓发掘简报》，《文博》2009 年第 5 期。

陕西省考古研究院：《西安南郊韦曲北塬北朝墓发掘简报》，《考古与文物》2015 年第 5 期。

陕西省考古研究院、榆林市文物保护研究所、榆林市考古勘探工作队、靖边县文物管理办公室、靖边县统万城文物管理所：《陕西靖边县统万城周边北朝仿木结构壁画墓发掘简报》，《考古与文物》2013 年第 3 期。

陕西省文物管理委员会：《西安任家口 M229 号北魏墓清理简报》，《文物参考资料》1955 年第 12 期。

陕西省文物管理委员会：《陕西省三原县双盛村隋李和墓清理简报》，《文物》1966 年第 1 期。

商彤流、董楼平、王金元：《离石马茂庄村汉墓》，《文物季刊》1995 年第 4 期。

尚振明：《河南省孟县出土北魏司马悦墓志》，《考古》1983年第3期。
沈阳市文物工作组：《沈阳伯官屯汉魏墓葬》，《考古》1964年第11期。
沈阳市文物考古研究所：《沈阳大南街古代遗存发掘报告》，《沈阳考古文集》第2集，北京：科学出版社，2009年。
石家庄地区革委会文化局文物发掘组：《河北赞皇东魏李希宗墓》，《考古》1977年第6期。
寿光县博物馆：《山东寿光北魏贾思伯墓》，《文物》1992年第8期。
司马国红：《洛阳市亚啤有限公司改扩建工地发掘报告》，《洛阳考古发现（2007）》，郑州：中州古籍出版社，2009年。
苏俊、王大方、刘幻真：《内蒙古和林格尔北魏壁画墓发掘的意义》，《中国文物报》1993年11月28日第3版。
孙国平：《朝阳西大营子北魏墓》，《辽宁文物》总第4期，1983年。
孙勐、刘风亮、郭京宁、陈亚洲：《岩上墓葬区考古发掘报告》，《北京段考古发掘报告集（南水北调中线一期工程文物保护项目第1号）》，北京：科学出版社，2008年。
孙衷然：《扎旗额日格吐鲜卑墓》，《哲盟博物馆馆刊》总第4期，1996年。

T

太原市文物考古研究所：《太原北齐狄湛墓》，《文物》2003年第3期。
太原市文物考古研究所：《太原北齐贺拔昌墓》，《文物》2003年第3期。
太原市文物考古研究所：《太原北齐库狄业墓》，《文物》2003年第3期。
唐山市文物管理处、滦县文物管理所：《滦县塔坨鲜卑墓群清理简报》，《文物春秋》1994年第3期。
唐山市文物管理处、滦县文物管理所：《河北滦县新农村东汉墓发掘简报》，《文物春秋》2002年第4期。
田广金：《桃红巴拉的匈奴墓》，《考古学报》1976年第1期。
田立坤：《科左后旗新胜屯鲜卑墓地调查》，《文物》1997年第11期。
田立坤、万欣、杜守昌：《朝阳吴家杖子墓地发掘简报》，《辽宁考古文集（二）》，北京：科学出版社，2010年。
田韶品：《曲阳北魏崔楷墓》，《文物春秋》2009年第6期。
田小利、孙新民、穆晓军：《长安发现北朝韦彧夫妇合葬墓》，《中国文物报》1999年11月14日第1版。
托克托县博物馆：《呼和浩特托克托县郝家窑鲜卑墓葬的清理》，《草原文物》2014年第2期。

W

万欣：《朝阳市衬布总厂唐墓》，《中国考古学年鉴（1990）》，北京：文物出版社，1991年。
王成：《扎赉诺尔圈河古墓清理简报》，《北方文物》1987年第3期。
王大方：《内蒙古首次发现北魏大型砖室壁画墓》，《中国文物报》1993年11月28日第1版。
王克林：《北齐库狄迴洛墓》，《考古学报》1979年第3期。
王克林、宁立新、孙春林、胡生：《山西省右玉县善家堡墓地》，《文物季刊》1992年第4期。
王太明：《榆社县发现一批石棺》，《山西省考古学会论文集（三）》，太原：山西古籍出版社，2000年。
王太明、贾文亮：《山西榆社县发现北朝画像石棺》，《考古》1993年第8期。
王银田、曹臣民：《北魏石雕三品》，《文物》2004年第6期。
王银田、韩生存：《大同市齐家坡北魏墓发掘简报》，《文物季刊》1995年第1期。
王银田、刘俊喜：《大同智家堡北魏墓石椁壁画》，《文物》2001年第7期。

王玉山:《太原市南郊清理北齐墓葬一座》,《文物》1963年第6期。
王增新:《辽阳三道壕发现的晋代墓葬》,《文物参考资料》1955年第11期。
王增新:《辽宁辽阳县南雪梅村壁画墓及石墓》,《考古》1960年第1期。
温雅棣:《史记丹青——和林格尔两座壁画墓的比较研究》,《肇庆学院学报》2011年第4期。
乌兰察布博物馆:《察右后旗三道湾墓地》,《内蒙古文物考古文集》第一辑,北京:中国大百科全书出版社,1994年。
乌兰察布盟文物工作站、和林格尔县文物管理所:《内蒙古和林格尔西沟子村北魏墓》,《文物》1992年第8期。
吴松岩:《七郎山墓地再认识》,《内蒙古文物考古》2009年第1期。
武汉市博物馆:《武昌东湖三官殿梁墓清理简报》,《江汉考古》1991年第2期。
武亚琴、李铁军:《开鲁县福兴地鲜卑墓》,《内蒙古文物考古》2007年第2期。

X

西安市文物保护考古所:《西安南郊北魏北周墓发掘简报》,《文物》2009年第5期。
咸阳市文物考古研究所:《陕西邮电学校北朝、唐墓清理简报》,《文博》2001年第3期。
咸阳市文物考古研究所:《咸阳平陵十六国墓清理简报》,《文物》2004年第8期。
辛岩、曲枫:《朝阳市重型厂唐墓》,《中国考古学年鉴(1990)》,北京:文物出版社,1991年。
徐蝉菲:《洛阳北魏元怿墓壁画》,《文物》2002年第2期。

Y

偃师商城博物馆:《河南偃师南蔡庄北魏墓》,《考古》1991年第9期。
偃师商城博物馆:《河南偃师两座北魏墓发掘简报》,《考古》1993年第5期。
杨富斗:《山西曲沃县秦村发现的北魏墓》,《考古》1959年第1期。
杨宁国、祁悦章:《宁夏彭阳县近年出土的北方系青铜器》,《考古》1999年第12期。
伊克坚、陆思贤:《土默特左旗出土北魏时期文物》,《内蒙古文物考古》总第3期,1984年。
伊克昭盟文物站、内蒙古文物工作队:《西沟畔汉代匈奴墓地调查记》,《内蒙古文物考古》创刊号,1981年。
伊盟文物工作站:《伊克昭盟补洞沟匈奴墓清理简报》,《内蒙古文物考古》创刊号,1981年。
原平:《鲜卑金饰牌及篦纹陶罐》,《呼和浩特文物》总第一期,1987年。

Z

张柏忠:《哲里木盟发现的鲜卑遗存》,《文物》1981年第2期。
张柏忠:《内蒙古科左中旗六家子鲜卑墓群》,《考古》1989年第5期。
张季:《河北景县封氏墓群调查记》,《考古通讯》1957年第3期。
张家口地区文管所、康保县文管所:《河北康保县白脑包发现辽代石棺墓》,《文物春秋》1989年第4期。
张平一:《河北吴桥县发现东魏墓》,《考古通讯》1956年第6期。
张泰湘、曲炳仁:《黑龙江省富裕小登科出土的青铜时代遗物》,《考古》1984年第2期。
张晓峥:《河北磁县北齐高孝绪墓》,《2009中国重要考古发现》,北京:文物出版社,2010年。
张掖地区文物管理办公室、高台县博物馆:《甘肃高台骆驼城画像砖墓调查》,《文物》1997年第12期。
赵善桐:《黑龙江官地遗址发现的墓葬》,《考古》1965年第1期。
赵雅新:《科左后旗毛力吐鲜卑金凤凰步摇冠饰》,《哲盟博物馆馆刊》总第4期,1996年。

赵雅新：《科左后旗毛力吐发现鲜卑金凤鸟冠饰》，《文物》1999年第7期。
赵玉明：《鄂温克旗二道沟墓葬调查清理简报》，《呼伦贝尔文物》总第五期，2000年。
赵越：《内蒙古额右旗拉布达林发现鲜卑墓》，《考古》1990年第10期。
郑隆：《内蒙文物工作组再一次调查二兰虎沟的匈奴古墓》，《文物参考资料》1956年第11期。
郑隆：《内蒙古扎赉诺尔古墓群调查记》，《文物》1961年第9期。
郑隆：《内蒙古包头市姚齐姬墓》，《考古》1988年第9期。
郑隆、李逸友：《察右后旗二兰虎沟的古墓群》，《内蒙古文物资料选辑》，呼和浩特：内蒙古人民出版社，1964年。
郑新城：《吉林松原市后土木村发现古代墓葬》，《考古》1999年第4期。
中国科学院考古研究所内蒙古工作队：《内蒙古巴林左旗南杨家营子的遗址和墓葬》，《考古》1964年第1期。
中国科学院考古研究所内蒙古工作队：《宁城南山根遗址发掘报告》，《考古学报》1975年第1期。
中国社会科学院考古研究所、内蒙古自治区文物考古研究所、北京大学考古文博学院、呼伦贝尔民族博物院呼伦贝尔联合考古队：《内蒙古陈巴尔虎旗岗嘎墓地》，《考古》2015年第7期。
中国社会科学院考古研究所河北工作队：《河北磁县北朝墓群发现东魏皇族元祜墓》，《考古》2007年第11期。
中国社会科学院考古研究所河北工作队：《河北赞皇县北魏李仲胤夫妇墓发掘简报》，《考古》2015年第8期。
中国社会科学院考古研究所河北工作队：《河北赞皇县北魏李翼夫妇墓》，《考古》2015年第12期。
中国社会科学院考古研究所河南二队：《河南偃师县杏园村的四座北魏墓》，《考古》1991年第9期。
中国社会科学院考古研究所洛阳汉魏城队、洛阳古墓博物馆：《北魏宣武帝景陵发掘报告》，《考古》1994年第9期。
中国社会科学院考古研究所新疆工作队、新疆巴音郭楞蒙古自治州文管所：《新疆轮台县群巴克墓葬第二、三次发掘简报》，《考古》1991年第8期。
中澍、相伟：《通榆县兴隆山鲜卑墓清理简报》，《黑龙江文物丛刊》1982年第3期。
周铮：《河北景县封氏墓群丛考》，《文物春秋》1992年第2期。
淄博市博物馆、临淄区文管所：《临淄北朝崔氏墓地第二次清理简报》，《考古》1985年第3期。

2. 报告与图录

B

北京大学图书馆、香港中文大学文物馆编：《中国古代碑帖拓本》，2001年。
北京市文物研究所：《镇江营与塔照——拒马河流域先秦考古文化的类型与谱系》，北京：中国大百科全书出版社，1999年。

D

大同市考古研究所　刘俊喜主编：《大同雁北师院北魏墓群》，北京：文物出版社，2008年。

F

傅天仇主编：《中国美术全集·雕塑编2 秦汉雕塑》，北京：人民美术出版社，1985年。

G

甘肃省文物队、甘肃省博物馆、嘉峪关市文物研究所编:《嘉峪关壁画墓发掘报告》,北京:文物出版社,1985年。

甘肃省文物考古研究所:《酒泉十六国墓壁画》,北京:文物出版社,1989年。

甘肃省文物考古研究所:《敦煌祁家湾——西晋十六国墓葬发掘报告》,北京:文物出版社,1994年。

甘肃省文物考古研究所:《敦煌佛爷庙湾:西晋画像砖墓》,北京:文物出版社,1998年。

郭建邦:《北魏宁懋石室线刻画》,北京:人民美术出版社,1987年。

H

河南省文物局:《安阳北朝墓葬》,北京:科学出版社,2013年。

黑龙江省文物考古研究所:《平洋墓葬》,北京:文物出版社,1990年。

湖北省博物馆:《曾侯乙墓》,北京:文物出版社,1989年。

湖南省博物馆、中国科学院考古研究所:《长沙马王堆一号汉墓》,北京:文物出版社,1973年。

黄明兰:《北魏孝子棺线刻画》,北京:人民美术出版社,1985年。

黄明兰:《洛阳北魏世俗石刻线画集》,北京:人民美术出版社,1987年。

J

吉林省文物考古研究所:《榆树老河深》,北京:文物出版社,1987年。

吉林省文物考古研究所、集安市博物馆:《集安高句丽王陵——1990～2003年集安高句丽王陵调查报告》,北京:文物出版社,2004年。

L

辽宁省博物馆:《北燕冯素弗墓》,北京:文物出版社,2015年。

洛阳区考古发掘队:《洛阳烧沟汉墓》,北京:科学出版社,1959年。

N

南京市博物馆总馆、南京市考古研究所:《南朝真迹——南京新出南朝砖印壁画墓与砖文精选》,南京:江苏凤凰美术出版社,2016年。

内蒙古自治区文物工作队:《内蒙古出土文物选集》,北京:文物出版社,1963年。

内蒙古自治区文物考古研究所、吉林大学边疆考古研究中心编著,王立新、塔拉、朱永刚主编:《林西井沟子:晚期青铜时代墓地的发掘与综合研究》,北京:科学出版社,2010年。

宁夏固原博物馆:《固原北魏墓漆棺画》,银川:宁夏人民出版社,1988年。

宁夏文物考古研究所、吴忠市文物管理所:《吴忠北郊北魏唐墓》,北京:文物出版社,2009年。

S

三门峡市文物考古研究所:《三门峡向阳汉墓》,北京:北京燕山出版社,2007年。

山西大学历史文化学院、山西省考古研究所、大同市博物馆:《大同南郊北魏墓群》,北京:科学出版社,2006年。

山西省博物馆:《太原圹坡北齐张肃墓文物图录》,北京:中国古典艺术出版社,1958年。

山西省考古研究所、太原市文物考古研究所:《北齐东安王娄睿墓》,北京:文物出版社,2006年。

陕西省考古研究所:《白鹿原汉墓》,西安:三秦出版社,2003年。

陕西省考古研究所:《高陵张卜秦汉唐墓》,西安:三秦出版社,2004年。

陕西省考古研究所、陕西历史博物馆、礼泉县昭陵博物馆:《唐新城长公主墓发掘报告》,北京:科学出版社,2004年。

陕西省考古研究所、榆林市文物管理委员会办公室:《神木大保当:汉代城址与墓葬考古报告》,北京:科学出版社,2001年。

陕西省考古研究院:《潼关税村隋代壁画墓》,北京:文物出版社,2013年。

W

魏坚编著:《内蒙古中南部汉代墓葬》,北京:中国大百科全书出版社,1998年。

魏坚主编:《内蒙古地区鲜卑墓葬的发现与研究》,北京:科学出版社,2004年。

X

西安市文物保护考古所:《西安东汉墓》,北京:文物出版社,2009年。

西安市文物保护考古所、郑州大学考古专业:《长安汉墓》,西安:陕西人民出版社,2004年。

咸阳市文物考古研究所:《咸阳关中十六国墓》,北京:文物出版社,2006年。

徐湖平总主编,庄天明、凌波分卷主编:《(南京博物院珍藏系列)古代铭刻书法》,天津:天津人民美术出版社,2003年。

Y

负安志编著:《中国北周珍贵文物》,西安:陕西人民美术出版社,1993年。

Z

张柏主编:《中国出土瓷器全集3 河北》,北京:科学出版社,2008年。

中国科学院考古研究所:《西安郊区隋唐墓》,北京:科学出版社,1966年。

中国社会科学院考古研究所:《汉长安城未央宫——1980—1989年考古发掘报告》,北京:中国大百科全书出版社,1996年。

中国社会科学院考古研究所、河北省文物研究所:《磁县湾漳北朝壁画墓》,北京:科学出版社,2003年。

中国社会科学院考古研究所、呼伦贝尔民族博物馆、海拉尔区文物管理所:《海拉尔谢尔塔拉墓地》,北京:科学出版社,2006年。

[民国]中央古物保管委员会编辑委员会:《六朝陵墓调查报告》,南京稀见文献丛刊《梁代陵墓考·六朝陵墓调查报告》,南京:南京出版社,2010年。

(三)中文研究论文

A

安介生:《试论拓跋鲜卑的早期迁徙问题》,《原学》第二辑,北京:中国广播电视出版社,1995年。

安志敏:《关于内蒙古扎赉诺尔古墓群的族属问题》,《文物》1964年第5期。

安志敏:《朝鲜德兴里壁画墓的墓主人考略》,《历史与考古信息·东北亚》2002年第2期。

B

薄小莹:《敦煌莫高窟六世纪末至九世纪中叶的装饰图案》,《敦煌吐鲁番文献研究论集》第五辑,北京:北京大学出版社,1990年。

卜扬武、程玺:《呼和浩特地区鲜卑墓所反映的社会问题》,《内蒙古文物考古》1991年第1期。

C

曹臣明:《北魏方山永固陵地理环境的选择与陵园制度》,《中国古都研究》第十辑,天津:天津人民出版社,1997年。

曹熙:《〈楚辞〉中的鲜卑与幽都考》,《齐齐哈尔师范学院学报》1983年第4期。
曹熙:《早期鲜卑史初探》,《齐齐哈尔师范学院学报》1985年第1期。
曹汛:《北魏刘贤墓志》,《考古》1984年第7期。
曹汛:《北魏宁想石室新考订》,《中国建筑史论汇刊》第4辑,北京:清华大学出版社,2011年。
曹永年:《拓跋鲜卑南迁匈奴故地时间和契机考》,《内蒙古社会科学》1987年第4期。
曹永年:《早期拓跋鲜卑的社会状况和国家的建立》,《历史研究》1987年第5期。
曹永年:《关于拓跋鲜卑的发祥地问题——与李志敏先生商榷》,《中国史研究》2010年第3期。
常之坦:《北魏孙龙石椁"百戏"图考辨》,《戏剧》1991年第3期。
陈可畏:《拓跋鲜卑南迁大泽考》,《黑龙江民族丛刊》1989年第4期。
陈连开:《鲜卑山考》,《社会科学战线》1982年第3期。
陈连开:《鲜卑史研究的一座丰碑》,《民族研究》1982年第6期。
陈平:《辽西三燕墓葬论述》,《内蒙古文物考古》1998年第2期。
陈启汉:《论拓跋鲜卑南迁及其氏族制度解体》,《广东社会科学》1985年第1期。
陈棠栋、陆思贤:《鲜卑动物形装饰中反映的拓跋氏族源与祖源神话的创作》,《辽海文物学刊》1993年第2期。
陈雍:《扎赉诺尔等五处墓葬陶器的比较研究》,《北方文物》1989年第2期。
陈仲安:《王真保墓志考释》,《魏晋隋唐史论集》第二辑,北京:中国社会科学出版社,1983年。
程林泉、张翔宇、张小丽:《西安北周李诞墓初探》,《艺术史研究》第七辑,广州:中山大学出版社,2005年。
崔明德:《李陵·拓跋氏·黠戛斯——兼论汉唐时期北方少数民族的寻根现象和认同心态》,《烟台大学学报(哲学社会科学版)》1995年第1期。

F

冯继钦:《读林幹先生新著〈东胡史〉》,《黑龙江民族丛刊》1991年第4期。
冯普仁:《南朝墓葬的类型与分期》,《考古》1985年第3期。
冯永谦、米文平:《拓跋鲜卑与慕容鲜卑同源的考古学研究——兼论乌桓考古学文化》,《博物馆研究》2004年第3期。

G

干志耿、孙秀仁:《关于鲜卑早期历史及其考古遗存的几个问题》,《民族研究》1982年第1期。
高峰、赵亚春:《北魏平城绘画简述》,《山西省考古学会论文集(四)》,太原:山西人民出版社,2006年。
高敏:《论北魏的社会性质》,《魏晋南北朝史发微》,北京:中华书局,2005年。
耿朔:《最后归宿还是暂时居所?——南京地区东晋中期墓葬观察》,《南方文物》2010年第4期。
宫大中:《试论洛阳关林陈列的几件北魏陵墓石刻艺术》,《文物》1982年第3期。
宫大中:《东汉帝陵及其神道石刻》,《中国古都研究》第四辑,杭州:浙江人民出版社,1989年。
宫万琳:《东汉帝陵神道石象与刻铭"天禄""辟邪"》,《美与时代(中旬)·美术学刊》2011年第2期。
古顺芳:《一对北魏时期的龙形金耳饰》,《收藏家》2013年第11期。
[日]古田真一著,曲翰章译:《对六朝绘画的一项美学考察——关于司马金龙墓出土的漆画屏风》,《国外社会科学》1993年第6期。
郭建邦:《北魏宁懋石室和墓志》,《河南文博通讯》1980年第2期。

郭物：《青铜鍑在欧亚大陆的初传》，《欧亚学刊》第一辑，北京：中华书局，1999年。
郭物：《一人双兽母题考》，《欧亚学刊》第四辑，北京：中华书局，2004年。
郭物：《第二群青铜(铁)鍑研究》，《考古学报》2007年第1期。

H

哈斯达赖：《清封禁蒙古的几个不同层次及其目的》，《内蒙古社会科学》1990年第4期。
韩国河：《东汉北魏陵寝制度特征和地位的探讨》，《文物》2011年第1期。
郝思德、杨志军、李陈奇：《平洋墓葬族属初论》，《北方文物》1989年第3期。
何德章：《北魏国号与正统问题》，《历史研究》1992年第3期。
何德章：《北魏初年的汉化制度与天赐二年的倒退》，《中国史研究》2001年第2期。
何光岳：《鲜卑族的来源与迁徙》，《黑龙江文物丛刊》1984年第4期。
贺西林：《北朝画像石葬具的发现与研究》，《汉唐之间的视觉文化与物质文化》，北京：文物出版社，2003年。
侯旭东：《北魏申洪之墓志考释》，《"1—6世纪中国北方边疆·民族·社会国际学术研讨会"论文集》，北京：科学出版社，2008年。
胡传耸：《北京地区汉代墓葬初步研究》，《平谷杜辛庄遗址》，北京：科学出版社，2009年。
胡传耸：《北京地区魏晋北朝墓葬述论》，《文物春秋》2010年第3期，又载《北京文博》2010年第1期。
黄烈：《拓跋鲜卑早期国家的形成》，《魏晋隋唐史论集》第二辑，北京：中国社会科学出版社，1983年。
黄寿成：《汉士族与东魏北齐政权》，《青岛大学师范学院学报》2011年第1期。

J

金刚：《虎狮民族鲜卑源流(上、下)》，《满语研究》2003年第1、2期。
靳维柏：《关于鲜卑早期文化的再认识》，《北方文物》1988年第3期。

K

康捷(即安志敏)：《朝鲜德兴里壁画墓及其有关问题》，《博物馆研究》1986年第1期。
康乐：《鲜卑石室的发现》，(台湾)《历史月刊》第5期，1988年。
康乐：《北魏的司马金龙墓》，(台湾)《历史月刊》第13期，1989年。

L

李德山：《试论鲜卑史研究中的几个问题》，《社会科学战线》1993年第2期。
李海叶：《关于宇文部世系问题的考辨与补充》，《史学月刊》2009年第8期。
李建丽、李振奇：《临城李氏墓志考》，《文物》1991年第8期。
李梅田：《北齐墓葬文化论析》，《中国历史文物》2004年第6期。
李凭：《高句丽与北朝的关系》，(韩)《高句丽研究》第14辑，2002年。
李凭：《从平城时代到洛阳时代——论述北魏王朝的发展历程》，《黄河文化论坛》第九辑，北京：中国戏剧出版社，2003年。
李凭：《北朝的发展轨迹》，《4—6世纪的北中国与欧亚大陆》，北京：科学出版社，2006年。
李凭：《北朝发展的轨迹》，《北朝研究存稿》，北京：商务印书馆，2006年。
李普国：《清代东北的封禁与开发》，《吉林大学社会科学学报》1962年第1期。
李树云：《大同北魏墓出土的瓷器》，《北魏平城研究文集》，太原：山西人民出版社，2008年。
李星明：《佛法与皇权的象征——论唐代帝陵神道石柱》，《复旦学报(社会科学版)》2011年第1期。

李逸友：《扎赉诺尔古墓为拓跋鲜卑遗迹论》，《中国考古学会第一次年会论文集》，文物出版社，1980年。

李志敏：《关于〈魏书〉两个重要地名地望的考实》，《中国历史地理论丛》2000年第2期。

李志敏：《嘎仙洞的发现与拓跋魏发祥地问题》，《中国史研究》2002年第1期。

梁建波：《关于北魏司马金龙墓志的几个问题》，《河北北方学院学报（社会科学版）》2015年第1期。

林干：《鲜卑拓跋、秃发、乞伏三部的早期历史及其南迁路线的初步探索》，《北方文物》1989年第3期。

林圣智：《墓葬、宗教与区域作坊——试论北魏墓葬中的佛教图像》，《美术史研究集刊》第二十四期，台北：台湾大学艺术史研究所，2008年。

刘呆运：《关中地区隋代墓葬形制研究》，《考古与文物》2012年第4期。

刘凤君：《东汉魏晋陵墓神道石刻的造型艺术》，《美术研究》1987年第3期。

刘海峰：《科举制的起源与进士科的起始》，《历史研究》2000年第6期。

刘俊喜、张海啸：《太和俑像》，《中国文物报》2001年1月7日第5版。

刘浦江：《德运之争与辽金王朝的正统性问题》，《中国社会科学》2004年第2期。

刘伟航、刘玉山：《〈颜玉光墓志〉探微》，《许昌学院学报》2011年第1期。

刘绪：《方山二陵的发掘与文明皇后的评价》，《山西省博物馆八十年》，太原：山西人民出版社，1999年。

刘永智：《幽州刺史墓考略》，《历史研究》1983年第2期。

楼劲：《探讨拓跋早期历史的基本线索——田余庆先生〈拓跋史探〉一书读后》，《中国史研究》2005年第2期。

龙华：《对鲜卑源流关系的文化考察》，《贵州师范大学学报》1990年第6期。

陆思贤：《对另皮窑和讨合气金饰牌的几点认识》，《内蒙古文物考古》总第3期，1984年。

罗丰：《固原北魏漆棺画年代的再确定》，*Early Medieval North China: Archaeological and Textual Evidence*（《从考古与文献看中古早期的中国北方》），Edited by Shing Müller, Thomas O. Höllmann, and Sonja Filip, Harrassowitz Verlag · Wiesbaden：2019.

罗新：《民族起源的想像与再想像——以嘎仙洞的两次发现为中心》，《文史》2013年第2辑。

罗振玉：《松翁近稿补遗》之"后魏虎符拓本跋"条，《罗雪堂先生全集》续编第1册，台北：文华出版公司，1969年。

洛阳博物馆　黄明兰：《洛阳北魏景陵位置的确定和静陵位置的推测》，《文物》1978年第7期。

洛阳博物馆　黄明兰：《西晋散骑常侍韩寿墓墓表跋》，《文物》1982年第1期。

M

马衡：《北魏虎符跋》，《考古通讯》1956年第4期。

马剑斌、彭维斌：《读〈北魏虎符跋〉札记》，《中国国家博物馆馆刊》2013年第5期。

马明达：《北魏王真保墓志考略》，《（甘肃）社会科学》1979年第3期。

马明达：《北魏〈王真保墓志〉补释》，《西北民族研究》创刊号，1986年。

米文平：《鲜卑石室的发现与初步研究》，《文物》1981年第2期。

米文平：《鲜卑石室所关诸地理问题》，《民族研究》1982年第4期。

牟发松、盖金伟：《新出四方北朝韦氏墓志校注》，《故宫博物院院刊》2006年第4期。

慕容浩：《"鲜卑"族名与山名关系初探》，《北方经济》2005年第9期。

N

倪润安：《河北临城"孟宾墓"为北魏墓葬考》，《中国历史文物》2004年第6期。

倪润安：《北周墓葬俑群研究》，《考古学报》2005 年第 1 期。

倪润安：《北周墓葬的地下空间与设施》，《故宫博物院院刊》2008 年第 1 期。

倪润安：《怀仁丹扬王墓补考》，《考古与文物》2012 年第 1 期。

倪润安：《北京石景山八角村魏晋墓的年代及墓主问题》，《故宫博物院院刊》2012 年第 3 期。

倪润安：《河北曲阳北魏崔楷墓的年代及相关问题》，《中国国家博物馆馆刊》2013 年第 2 期。

P

潘玲：《完工墓地的文化性质和年代》，《考古》2007 年第 9 期。

潘玲：《透雕网格纹牌饰及相关问题的初步研究》，《边疆考古研究》第 7 辑，北京：科学出版社，2008 年。

潘玲：《圈点纹浅析》，《边疆考古研究》第 8 辑，北京：科学出版社，2009 年。

潘玲：《两汉时期匈奴和鲜卑考古遗存的对比分析》，《辽宁考古文集（二）》，北京：科学出版社，2010 年。

潘玲：《东汉至魏晋早期鲜卑葬俗的特征与演变分析——以性别和年龄差异为例》，《草原文物》2012 年第 1 期。

潘玲：《长城地带早期鲜卑遗存文化因素来源分析》，《边疆考古研究》第 11 辑，北京：科学出版社，2012 年。

潘玲：《对部分与鲜卑相关遗存年代的再探讨》，《边疆考古研究》第 13 辑，北京：科学出版社，2013 年。

潘玲、林沄：《平洋墓葬的年代与文化性质》，《边疆考古研究》第 1 辑，北京：科学出版社，2002 年。

潘玲、萨仁毕力格：《鲜卑马形牌饰的来源》，《边疆考古研究》第 16 辑，北京：科学出版社，2014 年。

潘其风：《平洋墓葬人骨的研究》，《平洋墓葬》，北京：文物出版社，1990 年。

潘其风：《内蒙古和东北地区商周时期至汉代居民的人种类型及其相互关系》，《中国考古学论丛》，北京：科学出版社，1993 年。

潘其风、韩康信：《东汉北方草原游牧民族人骨的研究》，《考古学报》1982 年第 1 期。

［韩］朴汉济著，李椿浩译：《魏晋南北朝时期墓葬习俗的变化与墓志铭的流行》，《故宫学刊》总第六辑，北京：紫禁城出版社，2010 年。

Q

齐东方：《祔葬墓与古代家庭》，《故宫博物院院刊》2006 年第 5 期。

钱龙、马军：《东魏北齐的汉化形势》，《沧桑》2007 年第 5 期。

乔梁：《内蒙古中部的早期鲜卑遗存》，《青果集——吉林大学考古系建系十周年纪念文集》，北京：知识出版社，1998 年。

乔梁：《鲜卑遗存的认定与研究》，《中国考古学的跨世纪反思（下）》，香港：商务印书馆（香港）有限公司，1999 年。

乔梁：《北朝墓葬研究》，《宿白先生八秩华诞纪念文集（上）》，北京：文物出版社，2002 年。

乔梁：《赤城马营村金马饰牌的年代与族属》，《文物春秋》2002 年第 6 期。

乔梁：《二克浅墓地出土三鹿纹饰牌的年代——兼析汉书二期文化的年代下限》，《北方文物》2005 年第 4 期。

乔梁：《鄂尔多斯的鲜卑遗存》，《鄂尔多斯青铜器国际学术研讨会论文集》，北京：科学出版社，2009 年。

乔梁：《匈奴、鲜卑的金属饰牌》，《俞伟超先生纪念文集·学术卷》，北京：文物出版社，2009 年。

乔梁：《山西原平北贾铺东汉墓葬所见的北方草原文化因素——附汉鲜卑遗存的发现与辨识》，《考古与文物》2015 年第 2 期。

乔梁、杨晶:《早期拓跋鲜卑遗存试析》,《内蒙古文物考古》2003年第2期。

S

单月英:《匈奴腰饰牌及相关问题研究》,《故宫博物馆院刊》2008年第2期。
邵磊:《对南朝陵墓神道石刻研究的回顾与反思》,《南京晓庄学院学报》2010年第1期。
邵小莉:《隋唐墓葬艺术渊源新探——以陕西潼关税村隋代壁画墓为中心》,《文艺研究》2011年第1期。
邵毅平:《〈国语〉的作者与时代》,《图书馆杂志》2004年第4期。
沈睿文:《永固陵与北魏政治》,《国学研究》第二十二卷,北京:北京大学出版社,2008年。
舒顺林:《"匈奴故地"初探》,《内蒙古社会科学》1983年第1期。
宋馨:《司马金龙墓葬的重新评估》,《北朝史研究:中国魏晋南北朝史国际学术研讨会论文集》,北京:商务印书馆,2004年。
苏小定:《北魏司马金龙墓漆画屏风的工笔重彩艺术研究》,《美术学报》2014年第2期。
宿白:《朝鲜安岳所发现的冬寿墓》,《文物参考资料》1952年第1期。
宿白:《东北、内蒙古地区的鲜卑遗迹——鲜卑遗迹辑录之一》,《文物》1977年第5期。
宿白:《盛乐、平城一带的拓跋鲜卑—北魏遗迹——鲜卑遗迹辑录之二》,《文物》1977年第11期。
宿白:《北魏洛阳城和北邙陵墓——鲜卑遗迹辑录之三》,《文物》1978年第7期。
宿白:《"鲜卑"考古的提出和近期的发展》,(日本)橿原考古学研究所纪要《考古學論攷》第10册,奈良县立橿原考古学研究所,1984年。
宿白:《东汉魏晋南北朝佛寺布局初探》,《庆祝邓广铭教授九十华诞论文集》,石家庄:河北教育出版社,1997年。
孙进己:《鲜卑源流考》,《黑龙江文物丛刊》1982年第3期。
孙进己:《晋代宇文鲜卑的文化》,《东北各民族文化交流史》,沈阳:春风文艺出版社,1992年。
孙进己、孙海:《鲜卑考古学文化》,《内蒙古文物考古》2003年第2期。
孙危:《内蒙古地区鲜卑墓葬的初步研究》,《内蒙古文物考古》2001年第1期。
孙危:《鲜卑"毁器"葬俗研究》,《边疆考古研究》第8辑,北京:科学出版社,2009年。

T

塔娜:《内蒙古通辽地区出土的鲜卑金饰牌及其历史文化蕴涵》,《中央民族大学学报(哲学社会科学版)》2006年第2期。
汤池:《东魏茹茹公主墓壁画试探》,《文物》1984年第4期。
陶克涛:《论嘎仙洞刻石》,《民族研究》1991年第6期。
滕艳玲:《关于秦君神道石柱及秦君石墓阙残件考释浅析》,《北京文物精粹大系·石雕卷》,北京:北京出版社,2000年。
田立坤:《三燕文化遗存的初步研究》,《辽海文物学刊》1991年第1期。
田立坤:《鲜卑文化源流的考古学考察》,《青果集——吉林大学考古专业成立二十周年考古论文集》,北京:知识出版社,1993年。
田立坤:《三燕文化墓葬的类型与分期》,《汉唐之间文化艺术的互动与交融》,北京:文物出版社,2001年。
佟柱臣:《嘎仙洞拓跋焘祝文石刻考》,《历史研究》1981年第6期。

W

王车、陈徐:《洛阳北魏元乂墓的星象图》,《文物》1974年第12期。

王承礼、张忠培、林沄、方起东：《东北考古的主要收获》，《东北考古与历史》第1辑，北京：文物出版社，1982年。

王飞峰：《关于永固陵的几个问题》，《中国国家博物馆馆刊》2012年第11期。

王力春：《辽宁出土〈刘贤墓志〉入窆年代献疑》，《兰台世界》2012年第18期。

王敏之：《河北吴桥北朝墓丛考》，《文物春秋》1993年第3期。

王世民：《一九八一年的中国考古研究》，《考古》1982年第5期。

王思礼、赖非：《汉碑源流、分期和碑形释义》，中国书法家协会山东分会编《汉碑研究》，济南：齐鲁书社，1990年。

王希恩：《宇文部东迁时间及隶属檀石槐鲜卑问题略辨》，《中国史研究》1986年第4期。

王兴振：《徒何流变考》，《东北史地》2014年第1期。

王雁卿：《山西大同出土的北魏石棺床》，《文物世界》2008年第2期。

王雁卿：《北魏永固陵陵寝制度的几点认识》，《山西大同大学学报（社会科学版）》2008年第4期。

王雁卿：《大同北魏墓葬出土俑群的时代特征》，《北魏平城研究文集》，太原：山西人民出版社，2008年。

王雁卿、刘贵斌、高峰：《北魏陶器的装饰纹样》，《文物世界》2003年第3期。

王银田：《丹扬王墓主考》，《文物》2010年第5期。

王银田：《丝绸之路与北魏平城》，《暨南学报（哲学社会科学版）》2014年第1期。

王志高：《南京麒麟铺南朝陵墓神道石刻墓主新考》，《南京晓庄学院学报》2006年第2期。

韦正：《南京西善桥宫山"竹林七贤"壁画墓的时代》，《文物》2005年第4期。

韦正：《鲜卑墓葬研究》，《考古学报》2009年第3期。

韦正：《试谈南朝墓葬中的佛教因素》，《东南文化》2010年第3期。

韦正：《试谈酒泉丁家闸5号壁画墓的时代》，《文物》2011年第4期。

韦正：《大同南郊北魏墓群研究》，《考古》2011年第6期。

温海清：《北魏、北周、唐时期追祖李陵现象述论——以"拓跋鲜卑系李陵之后"为中心》，《民族研究》2007年第3期。

温玉成：《公元1至3世纪中国的仙佛模式》，《敦煌研究》1999年第1期。

温玉成：《集安长川一号高句丽墓佛教壁画研究》，《北方文物》2001年第2期。

温玉成：《用"仙佛模式"论说钱树老君》，《新疆师范大学学报》（哲学社会科学版）2006年第1期。

温玉成：《嘎仙洞遗迹考察》，《中国国家博物馆馆刊》2011年第10期。

温玉成：《论拓跋部源自索离》，《新疆师范大学学报（哲学社会科学版）》2012年第6期。

乌恩：《试论汉代匈奴与鲜卑遗迹的区别》，《中国考古学会第六次年会论文集》，北京：文物出版社，1990年。

吴松岩：《七郎山墓地再认识》，《内蒙古文物考古》2009年第1期。

吴松岩：《内蒙古准格尔旗二里半墓葬属性探讨》，《草原文物》2011年第2期。

吴松岩：《嘎仙洞考古发现意义的再思考》，《边疆考古研究》第12辑，北京：科学出版社，2012年。

［日］武田幸男著，李运铎译，何恭倨校：《德兴里壁画古坟被葬者的出自和经历》，《历史与考古信息·东北亚》2002年第2期。

武翔：《江苏六朝画像砖研究》，《东南文化》1997年第1期。

毋有江：《天兴元年徙民与北魏初年的行政区划》，《历史研究》2007年第5期。

X

肖黎:《对历史研究热点的思考》,《光明日报》1988年12月7日第3版。

[日]小林仁著,朱岩石译:《北朝的镇墓兽——胡汉文化融合的一个侧面》,《4—6世纪的北中国与欧亚大陆》,北京:科学出版社,2006年。

[日]小林仁著,李娜译:《中国北齐随葬陶俑两大样式的形成及其意义》,《文物世界》2012年第1期。

[日]小林仁:《北齐铅釉器的定位和意义》,《故宫博物院院刊》2012年第5期。

谢振发:《北魏司马金龙墓的漆画屏风试析》,《美术史研究集刊》第十一期,台北:台湾大学艺术史研究所,2001年。

辛占山:《从三座壁画墓的发现看辽东、三燕、高句丽壁画墓之间的关系》,《东北亚考古学论丛》,北京:科学出版社,2010年。

修文强:《论清王朝对蒙古族的羁縻制》,《满族研究》2015年第3期。

徐基:《关于鲜卑慕容部遗迹的初步考察》,《中国考古学会第六次年会论文集》,北京:文物出版社,1990年。

徐苹芳:《中国秦汉魏晋南北朝时代的陵园和茔域》,《考古》1981年第6期。

徐润庆:《从沙岭壁画墓看北魏平城时期的丧葬美术》,《古代墓葬美术研究》第一辑,北京:文物出版社,2011年。

许永杰:《鲜卑遗存的考古学考察》,《北方文物》1993年第4期。

许志强、张学锋:《南京狮子冲南朝大墓墓主身份的探讨》,《东南文化》2015年第4期。

Y

阎步克:《北朝对南朝的制度反馈——以萧梁、北魏官品改革为线索》,《传统文化与现代化》1997年第3期。

杨爱玲:《河南叶县发现的东汉石兽——兼谈汉晋的陵墓华表》,《中原文物》1981年第2期。

杨泓:《北朝陶俑的源流、演变及其影响》,《中国考古学研究——夏鼐先生考古五十年纪念论文集》,北京:文物出版社,1986年。

杨泓:《北朝文物源流探讨之一:司马金龙墓出土遗物的再研究》,《北朝研究》创刊号,1989年。

杨泓:《隋唐造型艺术渊源简论》,《唐研究》第四卷,北京:北京大学出版社,1998年。

杨晶:《吉林大安渔场墓地的时代与族属》,《考古与文物》1988年第4期。

杨军:《拓跋鲜卑早期历史辨误》,《史学集刊》2006年第4期。

杨效俊:《东魏、北齐墓葬的考古学研究》,《考古与文物》2000年第5期。

杨永俊:《论北魏的西郊祭天制度》,《兰州大学学报(社会科学版)》2002年第2期。

扬之水:《北魏司马金龙墓出土屏风发微》,《中国典籍与文化》2005年第3期。

姚大力:《论拓跋鲜卑部的早期历史——读〈魏书·序纪〉》,《复旦学报(社会科学版)》2005年第2期。

姚研晶:《山西省右玉县善家堡墓地文化因素分析》,《内蒙古文物考古》2010年第2期。

亦邻真:《中国北方民族与蒙古族族源》,《内蒙古大学学报(哲学社会科学版)》1979年第3、4期合刊。

殷宪:《一方鲜为人知的北魏早期墓志》,《北朝研究》1998年第1期。

殷宪:《北魏早期平城墓铭析》,《北朝研究》第一辑,北京:北京燕山出版社,2000年。

殷宪:《近年所见北魏书迹二则》,《书法丛刊》2005年第3期。

殷宪:《〈叱干渴侯墓砖〉考略》,《山西省考古学会论文集(四)》,太原:山西人民出版社,2006年。

殷宪:《盖天保墓砖铭考》,《北朝研究》第六辑,北京:科学出版社,2008年。

殷宪:《盖天保墓砖铭考》,《晋阳学刊》2008年第3期。

殷宪:《贺多罗即破多罗考》,《学习与探索》2009年第5期。

殷宪:《北魏〈申洪之墓铭〉及几个相关问题》,《山西大同大学学报(社会科学版)》2010年第1期。

殷宪、刘俊喜:《北魏尉迟定州墓石椁封门石铭文》,《文物》2011年第12期。

于长春、谢力、张小雷、周慧、朱泓:《拓跋鲜卑和匈奴之间亲缘关系的遗传学分析》,《遗传》2007年第10期。

岳起、刘卫鹏:《关中地区十六国墓的初步认定——兼谈咸阳平陵十六国墓出土的鼓吹俑》,《文物》2004年第8期。

员小中:《云冈石窟中的龙形图像》,《山西大同大学学报(社会科学版)》2011年第3期。

Z

张博泉:《嘎仙洞刻石与对拓跋鲜卑史源的研究》,《黑龙江民族丛刊》1993年第1期。

张光明:《山东淄博市发现北魏傅竖眼墓志》,《考古》1987年第2期。

张海啸:《北魏宋绍祖石室研究》,《文物世界》2005年第1期。

张景明:《乌审旗翁滚梁墓葬年代问题》,《内蒙古文物考古》2001年第1期。

张久和:《东胡系各族族名研究及其存在问题——兼谈译名研究的可行性条件》,《内蒙古大学学报(哲学社会科学版)》1996年第1期。

张久和:《室韦地理再考辨》,《中国边疆史地研究》1998年第1期。

张久和:《阴山达怛史迹钩沉》,《内蒙古大学学报(人文社会科学版)》1999年第2期。

张丽:《北魏司马金龙墓屏风漆画研究》,《河南科技大学学报(哲学社会科学版)》2005年第3期。

张亮:《滦县塔坨墓地族属的初步探讨》,《边疆考古研究》第11辑,北京:科学出版社,2012年。

张铭心:《司马金龙墓葬出土碑形墓志源流浅析》,《纪念西安碑林九百二十周年华诞国际学术研讨会论文集》,北京:文物出版社,2008年。

张庆捷:《北魏破多罗氏壁画墓所见文字考述》,《历史研究》2007年1期。

张庆捷:《北魏永固陵考察与探讨》,《而立集——山西大学考古专业成立30周年纪念文集》,北京:科学出版社,2009年。

张全民:《略论关中地区北魏、西魏陶俑的演变》,《文物》2010年第11期。

张书城:《拓跋魏系李陵之后小考》,《兰州大学学报(社会科学版)》1990年第2期。

张书城:《拓跋鲜卑起源、形成与南迁年代考异》,《北朝研究》1993年第4期。

张伟:《松嫩平原战国两汉时期文化遗存研究》,《北方文物》2005年第4期。

张伟:《红马山文化辨析》,《北方文物》2007年第3期。

张伟:《东北地区鸭形陶壶研究》,《文物》2009年第6期。

张伟:《嫩江流域夏至东汉时期的五支考古学文化》,《北方文物》2010年第2期。

张学锋:《墓志所见北朝的民族融合——以司马金龙家族墓志为线索》,《许昌学院学报》2014年第3期。

张增午、傅晓东:《河南北朝瓷器刍议》,《中原文物》2003年第2期。

张志忠:《北魏宋绍祖墓石椁的相关问题》,《北朝史研究:中国魏晋南北朝史国际学术研讨会论文集》,北京:商务印书馆,2004年。

张志忠:《大同北魏墓葬胡俑的粟特人象征》,《文物世界》2005年第6期。

张志忠:《大同七里村北魏杨众庆墓砖铭析》,《文物》2006年第10期。
张志忠:《北魏宋绍祖墓相关问题的研究》,《文物世界》2007年第4期。
张志忠:《大同北魏宋绍祖墓陶车模型浅议》,《收藏家》2008年第2期。
张志忠:《大同北魏彩绘乐俑鉴赏》,《收藏家》2008年第12期。
张志忠、古顺芳:《北魏平城墓铭砖的初步研究》,《山西省考古学会论文集(四)》,太原:山西人民出版社,2006年。
赵超:《试谈北魏墓志的等级制度》,《中原文物》2002年第1期。
赵瑞民、刘俊喜:《大同沙岭北魏壁画墓出土漆皮文字考》,《文物》2006年第10期。
赵越:《论呼伦贝尔发现的室韦遗迹》,《内蒙古文物考古文集》第一辑,北京:中国大百科全书出版社,1994年。
郑君雷:《察右后旗三道湾墓地文化因素分析》,《内蒙古文物考古》1998年第2期。
郑君雷:《早期东部鲜卑和早期拓跋鲜卑族源关系概论》,《青果集——吉林大学考古系建系十周年纪念文集》,北京:知识出版社,1998年。
郑君雷:《乌桓遗存的新线索》,《文物春秋》1999年第2期。
郑隆:《北魏"姚齐姬墓"浅议》,《包头文物资料》第二辑,1991年。
郑如珀:《与死者为伍:6世纪北朝墓葬中死者的"需要"与陶俑陈设模式的变化》,《汉唐之间的视觉文化与物质文化》,北京:文物出版社,2003年。
志工:《略谈北魏的屏风漆画》,《文物》1972年第8期。
周伟洲、贾麦明、穆小军:《新出土的四方北朝韦氏墓志考释》,《文博》2000年第2期。
朱泓:《从扎赉诺尔汉代居民的体质差异探讨鲜卑族的人种构成》,《北方文物》1989年第2期。
朱泓:《扎赉诺尔汉代墓葬第三次发掘出土颅骨的初步研究》,《人类学学报》1989年第2期。
朱泓:《人种学上的匈奴、鲜卑与契丹》,《北方文物》1994年第2期。
朱泓:《辽宁朝阳魏晋时期鲜卑墓葬人骨的研究》,《辽海文物学刊》1996年第2期。
朱泓:《察右后旗三道湾汉代鲜卑族颅骨的人种学研究》,《内蒙古文物考古文集》第二辑,北京:中国大百科全书出版社,1997年。
朱泓:《中国东北地区的古代种族》,《文物季刊》1998年第1期。
朱泓:《吉林省大安县渔场墓地汉晋时期人骨研究》,《边疆考古研究》第2辑,北京:科学出版社,2004年。
朱泓:《东胡人种考》,《文物》2006年第8期。
朱永刚:《夏家店上层文化的初步研究》,《考古学文化论集(一)》,北京:文物出版社,1987年。
朱智武:《东晋南朝出土墓志资料概述》,《南京理工大学学报(社会科学版)》2010年第3期。
邹清泉:《"子贵母死"与北魏中晚期孝风骤盛及孝子图的刻画》,《文艺研究》2006年第10期。

(四) 中文研究著作

A

[俄] И·В·阿谢耶夫、И·И·基里洛夫、Е·В·科维切夫著,王德厚、高秀云译:《中世纪时代外贝加尔的游牧民族》,《东北亚考古资料译文集·俄罗斯专号》,哈尔滨:北方文物杂志社,1996年。
艾冲:《公元7—9世纪鄂尔多斯高原人类经济活动与自然环境演变研究》,北京:中国社会科学出版社,2012年。

B

［日］白鸟库吉著,方壮猷译:《东胡民族考》,上海:商务印书馆,1934年。

白寿彝总主编,史念海主编:《中国通史》第六卷《中古时代·隋唐时期(上)》,上海:上海人民出版社,1997年。

C

程林泉、韩国河:《长安汉镜》,西安:陕西人民出版社,2002年。

D

杜继文主编:《佛教史》,南京:江苏人民出版社,2006年。

杜士铎主编:《北魏史》,太原:山西高校联合出版社,1992年。

G

宫大中:《洛都美术史迹》,武汉:湖北美术出版社,1991年。

［日］谷川道雄著,李济沧译:《隋唐帝国形成史论》,上海:上海古籍出版社,2004年。

H

韩儒林主编:《元朝史(修订本)(下)》,北京:人民出版社,2008年。

何光岳:《东胡源流考》,南昌:江西教育出版社,2004年。

黄烈:《中国古代民族史研究》,北京:人民出版社,1987年。

J

蒋英炬、吴文祺:《汉代武氏墓群石刻研究》,济南:山东美术出版社,1995年。

K

康乐:《从西郊到南郊——国家祭奠与北魏政治》,台北:稻乡出版社,1995年。

孔祥星、刘一曼:《中国铜镜图典》,北京:文物出版社,1992年。

L

李德山:《东北古民族与东夷渊源关系考论》,长春:东北师范大学出版社,1996年。

李凭:《北魏平城时代》,北京:社会科学文献出版社,2000年。

李晓杰:《东汉政区地理》,济南:山东教育出版社,1999年。

林幹:《东胡史》,呼和浩特:内蒙古人民出版社,1990年初版,2007年再版。

林幹、再思:《东胡乌桓鲜卑研究与附论》,呼和浩特:内蒙古大学出版社,1995年。

刘学铫:《鲜卑史论》,台北:南天书局,1994年。

逯耀东:《从平城到洛阳——拓跋魏文化转变的历程》,台北:联经出版事业公司,1979年;北京:中华书局,2006年。

罗新:《中古北族名号研究》,北京:北京大学出版社,2009年。

罗新:《黑毡上的北魏皇帝》,北京:海豚出版社,2014年。

罗宗真、王志高:《六朝文物》,南京:南京出版社,2004年。

吕思勉:《中国民族史》,北京:东方出版社,1996年。

M

马长寿:《乌桓与鲜卑》,上海:上海人民出版社,1962年;桂林:广西师范大学出版社,2006年。

米文平:《鲜卑史研究》,郑州:中州古籍出版社,1994年。

米文平:《鲜卑石室寻访记》,济南:山东画报出版社,1997年。

P

潘玲：《伊沃尔加城址和墓地及相关匈奴考古问题研究》，北京：科学出版社，2007年。

Q

[日]前田正名著，李凭、孙耀、孙蕾译：《平城历史地理学研究》，北京：书目文献出版社，1994年。

S

宿白：《中国石窟寺研究》，北京：文物出版社，1996年。
孙机：《中国圣火：中国古文物与东西文化交流中的若干问题》，沈阳：辽宁教育出版社，1996年。
孙机：《中国古舆服论丛（增订本）》，北京：文物出版社，2001年。
孙同勋：《拓跋氏的汉化》，台北：文盛印书馆，1965年。
孙危：《鲜卑考古学文化研究》，北京：科学出版社，2007年。
孙彦：《河西魏晋十六国壁画墓研究》，北京：文物出版社，2011年。

T

塔拉主编：《草原考古学文化研究》，呼和浩特：内蒙古教育出版社，2007年。
谭其骧主编：《中国历史地图集》第二册、第四册，北京：地图出版社，1982年。
谭其骧主编：《〈中国历史地图集〉释文汇编·东北卷》，北京：中央民族学院出版社，1988年。
陶克涛：《毡乡春秋·拓跋篇》，呼和浩特：内蒙古人民出版社，1997年。
田余庆：《拓跋史探》，北京：三联书店，2003年。

W

万绳楠：《魏晋南北朝史论稿》，合肥：安徽教育出版社，1983年。
万绳楠整理：《陈寅恪魏晋南北朝史讲演录》，合肥：黄山书社，1987年。
王凯：《北魏盛乐时代》，呼和浩特：内蒙古人民出版社，2003年。
王献唐：《炎黄氏族文化考》，济南：齐鲁书社，1985年。
王钟翰主编：《中国民族史》，北京：中国社会科学出版社，1994年。
王仲荦：《魏晋南北朝史》下册，上海：上海人民出版社，1980年。
魏存成：《高句丽考古》，长春：吉林大学出版社，1994年。
韦正：《六朝墓葬的考古学研究》，北京：北京大学出版社，2011年。
乌恩岳斯图：《北方草原考古学文化研究——青铜时代至早期铁器时代》，北京：科学出版社，2007年。
吴洪琳：《铁弗匈奴与夏国史研究》，北京：中国社会科学出版社，2011年。

X

夏鼐：《中国文明的起源》，北京：文物出版社，1985年。

Y

严耀中：《北魏前期政治制度》，长春：吉林教育出版社，1990年。
杨泓：《汉唐美术考古与佛教艺术》，北京：科学出版社，2000年。
杨宽：《中国古代陵寝制度史研究》，上海：上海古籍出版社，1985年。
姚薇元：《北朝胡姓考（修订版）》，北京：中华书局，2007年。
姚义斌：《六朝画像砖研究》，镇江：江苏大学出版社，2010年。

Z

张博泉：《鲜卑新论　女真新论》，长春：吉林文史出版社，1993年。

张继昊：《从拓跋到北魏——北魏王朝创建历史的考察》，台北：稻乡出版社，2003年。
张金龙：《北魏政治史（1—9册）》，兰州：甘肃教育出版社，2008年、2011年。
张庆捷：《民族汇聚与文明互动——北朝社会的考古学观察》，北京：商务印书馆，2010年。
赵超：《汉魏南北朝墓志汇编》，天津：天津古籍出版社，2008年。
郑岩：《魏晋南北朝壁画墓研究》，北京：文物出版社，2002年。
中国科学院考古研究所：《新中国的考古收获》，北京：文物出版社，1961年。
[日]曾布川宽著，傅江译：《六朝帝陵》，南京：南京出版社，2004年。
邹厚本主编：《江苏考古五十年》，南京：南京出版社，2000年。
邹清泉：《行为世范——北魏孝子画像研究》，北京：北京大学出版社，2015年。

（五）中文学位论文

曹丽娟：《大同沙岭北魏壁画墓研究》，中央美术学院硕士学位论文，2009年。
耿朔：《建康地区东晋墓葬研究》，北京大学硕士学位论文，2009年。
王宇：《辽西地区慕容鲜卑及三燕时期墓葬研究》，吉林大学硕士学位论文，2008年。

（六）外文研究论著

[日]白鳥庫吉：《東胡民族考》之《托跋氏考》，（日本）《史学雑誌》第22编第11、12號，1911年。
[日]船木勝馬：《古代遊牧騎馬民の国：草原から中原へ》，東京：誠文堂新光社，1989年。
[日]川本芳昭：《魏晋南北朝時代の民族問題》，東京：汲古書院，1998年。
[日]村元健一：《北魏永固陵の造営》，（日本）《古代文化》第52卷第2號，2000年。
[日]岡村秀典编：《雲岡石窟：山西省北部における新石器・秦漢・北魏・遼金時代の考古学的研究（遺物篇）》，京都：朋友書店，2006年。
[日]岡村秀典、向井佑介：《北魏方山永固陵の研究——東亞考古學會1939年收集品を中心として》，（日本）《東方學報（京都）》第80册，2007年。
[日]菅谷文則：《安岳三号墳出行図札》，（韩国）《清溪史學》第16、17合輯《悠山姜仁求教授停年紀念東北亞古文化論叢》，2002年。
[日]江上波夫：《内蒙古百靈廟砂凹地の古墳》，《東洋文化研究所紀要》第5册，東京：東京大学東洋文化研究所，1954年。
[日]江上波夫：《アジア文化史研究・論考篇》，東京：東京大學東洋文化研究所，1967年。
[日]江上波夫：《江上波夫文化史論集4・北アジア諸民族の歴史と文化》，東京：山川出版社，2000年。
[日]梅原末治：《蒙古ノイン・ウラ發見の遺物》，東京：東洋文庫，1960年。
[日]内田吟風：《魏書序紀特に其世系記事に就て——志田不動麿学士〈代王世系批判〉を読む》，（日本）《史林》第22卷第3號，1937年。
[日]内田吟風：《北アジア史研究・鮮卑柔然突厥篇》，京都：同朋舍，1975年。
[韩]朴漢濟：《中國中世胡漢體制研究》，서울：一潮閣，1988年。
[日]平山郁夫総監修：《高句麗壁画古墳》，東京：共同通信社，2005年。
[日]水野清一、長廣敏雄：《大同近傍調查記》，《雲岡石窟——西曆五世紀における中國北部佛教窟院

の考古學的調查報告》第 16 卷上册《補遺》,京都:京都大學人文科學研究所,1956 年。

[日] 松下憲一:《北魏胡族体制論》,札幌:北海道大學出版会,2007 年。

[日] 武田幸男:《德興里壁画古墳被葬者の出自と経歴》,(日本)《朝鮮学報》第 130 辑,1989 年。

蘇哲:《北魏孝子伝図研究における二、三の問題点》,(日本)《実践女子大学美學美術史學》第 14 號,1999 年。

蘇哲:《魏晋南北朝壁画墓の世界》,東京:白帝社,2007 年。

朝鮮民主主義人民共和国社会科学院、朝鮮画報社編:《德興里高句麗壁画古墳》,東京:講談社,1986 年。

Andrew Eisenberg. *Kingship in Early Medieval China*. Leiden; Boston: Brill, 2008.

A. G. Wenley. The Grand Empress Dowager Wen Ming and the Northern Wei Necropolis at Fang Shan, *Freer Gallery of Art Occasional Papers*, Vol. 1, No. 1, WASHINGTON, 1947.

Jennifer Holmgren. *Marriage, Kinship and Power in Northern China*. Aldershot, Hampshire, Great Britain; Brookfield, Vermont, USA: Variorum, 1995.

Louis Ligeti. Le Tabghatch, un dialecte de la Langue Sien-pi, *Mongolian Studies* (Bibliotheca Orientalis Hungarica, Vol. XIV), Budapest: 1970, pp. 265 – 308.

Peter A. Boodberg. The language of the T'o-pa Wei, *Harvard Journal of Asiatic Studies*, Vol. 1, No. 2, 1936, pp. 167 – 185.

Wu Hung. A Case of Cultural Interaction: House-shaped Sarcophagi of the Northern Dynasties, *Orientations*, Vol. 34, No. 5, 2002, pp. 34 – 41.

后　　记

本书的基础是我2009年完成的北京大学博士学位论文,此后历经多次大幅度增改,而成现貌。作为十余年学术积累的结果,既是我学术成长的见证,也满载着我的人生磨砺和体验。千言万语,思绪纷繁,最终汇聚在一起的首先是感恩的心情和愿望。

1998年、2004年,我师从北京大学考古文博学院齐东方教授先后攻读历史学硕士、博士学位。在他的长期引导和支持下,我的学术之路得以不断延伸。拓跋至北魏的考古学研究是一个不折不扣的难题,要做好很不容易,具有相当的风险。齐老师因材施教,结合我的学术兴趣和知识构成,肯定了我的博士论文选题,鼓励我尝试未知,大胆探索,给予我莫大的信心。齐老师每每从大处着眼,高屋建瓴,循循善诱,拓展我的视野,在细节处又给予我充分的空间和发挥的自由。我虽勉力而为,但自愧离齐老师的期望还有较大差距。当本书将要出版之际,齐老师又慨允为序,鼓励我继续前行,走得更远,令吾不胜感激。另外,在博士论文审阅和答辩的过程中,中国社会科学院考古研究所杨泓研究员、北京大学考古文博学院赵化成教授、山西省考古研究所张庆捷研究员、西北大学文化遗产学院王维坤教授、清华大学美术学院尚刚教授、中央美术学院人文学院郑岩教授等也提出诸多宝贵意见和建议,鞭策着我继续提高。嘎仙洞北魏祝文刻石的发现者米文平先生曾来北大赠予我他的专著《鲜卑史研究》,并在早期拓跋的生存环境方面多有指点。中国人民大学考古文博系李梅田教授与我研究方向相近,常常相谈甚欢,关键时刻给予我支持。求学之路上,还难忘师兄沈睿文教授,同窗孙莉、迟雁程、单月英、滕磊、马东峰、林立、路菁、吴霄龙等对我的关照和慰藉。

我是在职攻读博士学位的,既要完成学业,又要以工作为重。在北京大学社会科学部工作和奋斗的八年里,领导和同事们在工作、学业和生活上给予我最仁厚的支持和理解,提供了安定的工作条件和研究环境。时任社科部部长的程郁缀教授对我的关切和培养更是无微不至,令我如沐春风,常常感怀于心。在我向往教学科研、回归学术之路的过程中,还得到当时学校党委常务副书记吴志攀教授、文科主管副校长张国有教授、人事部部长周岳明教授、考古文博学院院长赵辉教授等领导的鼎力支持。特别是吴书记处处为我着想,提出一些善意的建议,让我格外感动和难忘。八年的青春年华和事业激情投入在社科部,这段经历注定是我人生中不可磨灭的篇章。再回首,社科部的诸位同仁仍温暖地在我身旁。

2009年博士毕业后,我转回北京大学考古文博学院任教。教学之余,我有更多的时间投入到博士论文的拓展和修改之中，并与从事科技考古的同事崔剑锋副教授多次搭档考察鲜卑的起源与发展之地，考虑以新的思路与方法深化对鲜卑的研究。中国社会科学院考古研究所刘国祥研究员、大同市考古研究所古顺芳女士、中央美术学院博士后耿朔师弟等还多方联络，亲自带领，使我得以分别在呼伦贝尔、大同、南京等地踏查考古现场和观摩相关文物，体味南北方共性与差异之中鲜卑文化的进展。

本书部分章节的部分内容曾以论文的形式单独发表，在本书最后定稿的过程中均有进一步修订和补充。然而，拓跋至北魏的考古学研究并非能够毕其功于一役。本书所得出的结论尚有待进一步检验，只能算是阶段性成果，先呈交出来，供学界评议，希冀获得诸方教益和启发。本书未能解决的问题，将作为新的学术目标继续努力。

本书的写作，伴随了我结婚、生子、父母过世、孩子上学等一系列人生大事。为支持我把更多的精力投入到工作和研究中，妻子王彩旗和岳父、岳母承担了大部分的家庭杂务和抚育幼子的重担，为此付出了巨大的精神和健康代价，我愿以今生好好爱他们！同时，也以此书告慰父母在天之灵。

本书的研究于2009年获得教育部人文社会科学研究一般项目（项目批准号：09YJC780001）资助。在李伯谦先生的大力支持下，本书得以列入北京大学震旦古代文明研究中心学术丛书系列。责任编辑缪丹女史专业而严谨，为本书的出版资助和编辑完善付出辛苦的努力，敬业精神令人感动。在日本访学的范佳楠同学，帮助核对了部分日文文献。还有许多师友通过各种方式惠助于我，难以一一述及。谨此一并表达诚挚的谢意！

倪润安

二〇一七年二月

于北大畅春园

再版后记

对我而言，书获再版是一次重新检视自己学术成果的良机。自初版以来，我在书中陆续发现个别笔误、错讹之处，趁此机会皆能加以纠正。还有一些文字上的修改，并非出于错误，而是希望能更清晰地表达我的观点，例如明确提出并强调"北魏制"的概念。北魏追承曹魏，以否定西晋、东晋的正统性，因而在北魏早期主要吸收了魏晋十六国时期的边疆文化，建立起自具特色的"北魏制"；后来，为了进一步夺取南朝的正统地位，在北魏中期转向复归"晋制"。这种提法揭示了拓跋从草原文化向中原文化演变所经历的二次过程。这一概念的提炼是近20年来北魏平城墓葬大量积累且不断深化认识的结果。在中国古代墓葬制度自"周制""汉制"至"晋制""唐制"的演变链条中，加入"北魏制"这样一个重要的环节，将有助于把握北魏乃至南北朝墓葬文化的演变规律。

再版保持了初版的篇章结构，没有进行增补。初版在拓跋起源问题上所留出的余地，在拓跋代国考古学文化认知上的模糊性，对北魏陵寝制度的探讨付之阙如，都是不能一蹴而就获得解决的问题，需要夯实基础，层层剥茧。因而，对于这些缺憾，我正列为单独的课题继续探究。近几年来，我常常从以下三个方面做资料准备，逐步推进思考。

第一，拓跋起源与境外考古学文化的关系。拓跋起源的一个重要文化源头来自俄罗斯外贝加尔地区，当时该地处于匈奴帝国的控制之下。要开展深入的研究，就需要系统了解蒙古国、俄罗斯境内的匈奴以及相关的考古学文化，建立较为完备的知识背景体系。为此，2018年6月和2019年8月，我与同事或学生两次赴蒙古国考察古代民族遗存，赫列克苏尔、鹿石、石板墓，以及匈奴、鲜卑、柔然、突厥、回鹘、契丹、蒙古的遗存皆备加关注。从土拉河到鄂尔浑河、色楞格河，从哈努伊河到塔米尔河，从肯特山到杭爱山，从戈壁到森林、草原，亲临其境，设身处地，感应着古代草原民族的习俗与观念。2019年9月，借参加国际会议的机会，我还去了俄罗斯布里亚特共和国首府乌兰乌德。色楞格河从蒙古国出境后，北流经过此地，即将注入浩瀚似海的贝加尔湖。该城市的西南郊有一处匈奴城址，即伊沃尔加古城，城内房址密布，实用功能非常强。这一特点明显不同于蒙古国的匈奴城址。这里的匈奴人或被俘掠来的汉人从事着半游牧和定居的农业、手工业生产，应当是匈奴帝国后方的保障基地。从乌兰乌德向东，经外贝加尔地区，便可到达拓跋起源的呼伦贝尔地区。这其间的历史迷雾尚等待着我们去拨开。

第二，关东地区十六国墓葬文化的辨识。力微联盟至拓跋代国的年代是魏晋十六国时期，但代国并未被列入十六国。十六国时期墓葬考古的发现与研究，长期以来是汉唐考古的薄弱环节,模糊区域很多。开展研究较早、较多的是东北地区的三燕文化墓葬和西北地区的五凉文化墓葬。近年来,关中地区十六国墓葬集中发现,关键信息层出不穷,甚至在西安南郊焦村发掘了前、中、后三室的帝王级大墓,预示着将有重大突破。远在南方巴蜀的成汉,文化特征也已有迹可循,墓葬出土的大耳大眼陶俑,形象特征格外突出。唯独让人感到困惑的是关东地区的十六国墓葬几近空白。个别墓葬因与辽西的三燕墓葬相似,而被认定为十六国墓葬。但这样特征的墓葬并没有在关东地区被广泛发现,关东地区十六国墓葬的主流形制应另有归属。而拓跋珪重建代国后,改国号为"魏",又与后燕争战,都与来自关东十六国,特别是前燕、后燕的影响有关。那么,前燕、后燕曾长期占据的华北大平原,为何至今没有大范围地发现他们在辽西所推行的那种墓葬文化呢?是墓葬仍没有被发现,还是说他们进入华北后,全面地汉化,接受了西晋墓葬乃至汉墓的文化特征?因此,关东地区十六国墓葬文化的辨识工作任重道远。这方面一旦能够取得明显进展,将对解读北魏初期平城墓葬文化的建构过程、把握代国文化向北魏文化的转变大有裨益。

第三,北魏金陵的探索。北魏金陵是孝文帝迁都洛阳之前的皇陵,和蒙元帝陵一样,都是中国古代陵寝制度史上的重大缺环。据史书记载,北魏金陵有"云中金陵""盛乐金陵"和"金陵"三种叫法。有研究者认为这三种叫法代表金陵有三处。但从考古学上,尚无一处金陵能够落实。金陵的研究尚需从有到无,即从已知的北魏皇陵去追寻未知的皇陵。而迁洛之前的已知皇陵只有大同方山上的冯太后永固陵和孝文帝虚宫万年堂。以往的研究者常常潜意识里将永固陵排除在金陵之外,实际上永固陵应该是金陵最后阶段的皇陵,是追寻此前皇陵的可靠基点和坐标。永固陵本身长期以来遭到多次的盗掘和破坏,墓室内出土遗物很少。陵园内的重要建筑,也只发掘了思远佛寺。陵园的整体布局、功能分区、道路系统并不清楚。2018年至2019年,我们多次调查永固陵,仔细琢磨它所能反映的金陵建设的规律性。北魏金陵具体位置虽不明,但大致分布在晋蒙交界处。在做好永固陵调查的基础上,进一步通过持续的实地勘察追寻金陵,是我们的目标。

围绕着上述问题所展开的考察活动,得到数位学者的热心帮助,在此要一一表达谢意。内蒙古文物考古研究所宋国栋研究员长期带队与蒙方合作在蒙古国发掘古代民族遗存,熟悉相关情况,为我们在蒙古国每次长达十余天的考察行程提供了全力支持;蒙古国考古学者昂哈巴雅尔中文很好,为我们全程担当向导。陕西省考古研究院刘呆运研究员带领我集中参观了省院和西安市文物保护考古研究院发掘的多处十六国墓葬,计划以此申报国家社会科学基金重大项目,整理数本发掘报告,并进行系统的研究。此议若成,受益者诚多矣。山西大同大学北魏历史文化研究所许孝堂研究员致力于大同地方史的研究,对北魏史尤为热衷。我们与他合作,共同寻找北魏金陵。他想象力丰富,反复研读文献,从中发现他人忽略的线索;而且实干肯干,不辞辛苦,屡次三番到实地去做访谈和踏查,为探寻金陵提出了不少具有建设性的意见和思路。内蒙古文物考古研究所张文平研究员亦十分关注北魏金陵。在内蒙古长城资源调查中,他对北魏长城、军镇、行宫、古道、战场等遗迹均有深入的调查与研究,为金陵调查作了很好的学术资源准备。未来在晋、蒙两地学者的合力之下,揭开北魏金陵的面纱将不会太遥远。

  回顾本书,虽有一得之见,但终非畅销书籍,能够再版,得益于上海古籍出版社对学术的尊重。责任编辑缪丹女史再次对全书字斟句酌,严格把关,并精心考虑版式设计的问题,使得本书以全新的装帧和更完善的文字与读者再次见面,我心里自然是十分的欢喜。再版在版式上的一个重要变化是增加了彩色插页。要选择的图片不能多,需精炼而具代表性,让图片自身显示出起承转合的逻辑性。如此,轻翻数页,已然"一日看尽长安花",纵览千年沧桑事了。

倪润安

二〇一九年十一月于北大畅春园再记

三版后记

五年间，拙著将要第三版，多少有点感慨。不是畅销，而是渗透式地逐渐销售出去，说明这书还是有人在读、在关注，体现了一点儿价值。感谢读者，吾自欣慰。

此版又要设计新的封面。特请导师齐东方教授亲题书名，实现了论文指导者、书序撰写者、书名题写者的三位一体，恩师的关爱将继续引领我前行。同时，大同市考古研究所古顺芳女士、洛阳市文物考古研究院刘斌先生为封面、彩插的设计提供了高清北魏陶俑照片，令拙著增色不少，面貌一新，深表感谢。

拙著初版后，我对书中相关问题的思索仍在持续，力图把未说透的地方说清楚。这些内容如果放进书中，将影响原来的行文方式。故不作增补，仅把后续研究论文的目录胪列于此，供有兴趣的读者参考。

1.《檀石槐鲜卑的文化认同与帝国构想》，《考古学研究》第11辑，科学出版社，2020年。

2.《北魏平城墓葬分期标准探讨》，《北方民族考古》第5辑，科学出版社，2018年。

3.《北朝至隋代墓葬文化的演变》，《社会科学战线》2022年第2期。

4.《佛风入墓：北魏平城墓葬佛教因素的演进》，《丝绸之路研究集刊》第8辑，社会科学文献出版社，2022年。

倪润安

二〇二二年九月八日记于肖家河

魏晋南北朝考古

◈ 光宅中原
拓跋至北魏的墓葬文化与社会演进
倪润安 著

◈ 将毋同
魏晋南北朝图像与历史
韦 正 著

◈ 葬之以礼
魏晋南北朝丧葬礼俗与文化变迁
李梅田 著

◈ 纹样与图像
中国南北朝时期的石窟艺术
［日］八木春生 著 姚 瑶 等译

◈ 回望桑干
北朝、辽金考古研究
王银田 著

上海古籍出版社